에듀윌과 함께 시작하면,
당신도 합격할 수 있습니다!

꿈꾸었던 공무원이 되기 위해 도전하여
시험에 합격한 20살 청년

육아와 병행하며 5개월간 공부해
필기+실기 동차 합격한 40대 육아맘

직장생활과 병행하며 3개월간 공부해
당당히 합격한 59세 직장인까지

누구나 합격할 수 있습니다.
해내겠다는 '열정' 하나면 충분합니다.

마지막 페이지를 덮으면,

**에듀윌과 함께
직업상담사 합격이 시작됩니다.**

직업상담사 1위

꿈을 실현하는 에듀윌
Real 합격 스토리

합격생 강*서

노력은 배신하지 않는다.

필기 준비가 어느 정도 됐을 때, 필기와 실기를 동시에 준비하였습니다. 필기와 실기에서 공통적으로 중요한 것은 '기본 개념'의 이해와 '기출문제'의 반복풀이입니다. 다만 필기와 달리 실기는 직접 써보면서 공부하였고 결국 동차합격을 할 수 있게 되었습니다.

합격생 정*명

직장인 동차합격하였습니다.

진로상담 관련해서 공부해 보자는 취지로 직업상담사 2급을 공부하게 되었습니다. 그러나 용어가 생소하여 에듀윌에 수강신청을 하게 되었고 교수님들께서 정리해주신 교안 덕분에 필기와 실기 모두 좋은 결과를 받아 자격증을 취득하게 되었습니다.

합격생 강*지

필기와 실기 한 번에 합격

필기는 약 한 달 반 동안 준비했는데, 강의와 기출문제집 풀이를 병행했습니다. 실기는 필기 끝난 후 바로 준비해서 약 4주가 걸렸습니다. 풀다 보니 반복되는 게 많았습니다. 학습방법은 노트에 적어가며 외워서 결국 85점으로 합격했습니다. 핵심이론강의와 기출강의를 잘 이용하시길 바랍니다. 모두 합격하세요.

다음 합격의 주인공은 당신입니다!

더 많은 합격스토리

에듀윌 직업상담사

1위 에듀윌만의
체계적인 합격 커리큘럼

원하는 시간과 장소에서, 1:1 관리까지 한번에
온라인 강의
① 전 과목 최신 교재 제공
② 업계 최강 교수진의 전 강의 수강 가능
③ 맞춤형 학습플랜 및 커리큘럼으로 효율적인 학습

쉽고 빠른 합격의 첫걸음
직업상담사 핵심개념서 무료 신청

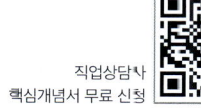
직업상담사
핵심개념서 무료 신청

친구 추천 이벤트

"**친구 추천**하고 한 달 만에
920만원 받았어요"

친구 1명 추천할 때마다 현금 10만원 제공
추천 참여 횟수 무제한 반복 가능

※ "a*o*h****" 회원의 2021년 2월 실제 리워드 금액 기준
※ 해당 이벤트는 예고 없이 변경되거나 종료될 수 있습니다

친구 추천 이벤트
바로가기

* 2023 대한민국 브랜드만족도 직업상담사 교육 1위(한경비즈니스)

직업상담사 2급 2차 실기
단기 합격 플래너

DAY 1	DAY 2	DAY 3	DAY 4	DAY 5	DAY 6	DAY 7
Ⅰ 직업상담 및 취업지원	Ⅱ 직업심리	Ⅲ 직업정보	Ⅳ 노동시장	2024년 기출	2023년 기출 & 2024년 기출 복습	2022년 기출 & 2023년 기출 복습
완료 □	완료 □	완료 □	완료 □	완료 □	완료 □	완료 □

DAY 8	DAY 9	DAY 10	DAY 11	DAY 12	DAY 13	DAY 14
2021년 기출 & 2022년 기출 복습	2020년 기출 & 2021년 기출 복습	2019년 기출 & 2020년 기출 복습	2018년 기출 & 2019년 기출 복습	2017년 기출 & 2018년 기출 복습	2017년 기출 복습 **1회독** / 워크북 2024년 기출	워크북 2023년 기출 & 2024년 기출 복습
완료 □	완료 □	완료 □	완료 □	완료 □	완료 □	완료 □

DAY 15	DAY 16	DAY 17	DAY 18	DAY 19	DAY 20	DAY 21
워크북 2022년 기출 & 2023년 기출 복습	워크북 2021년 기출 & 2022년 기출 복습	워크북 2020년 기출 & 2021년 기출 복습	워크북 2019년 기출 & 2020년 기출 복습	워크북 2018년 기출 & 2019년 기출 복습	워크북 2017년 기출 & 2018년 기출 복습	2017년 기출 복습 & 오답 정리 **2회독**
완료 □	완료 □	완료 □	완료 □	완료 □	완료 □	완료 □

DAY 22	DAY 23	DAY 24	DAY 25	DAY 26	DAY 27	DAY 28
Ⅰ 직업상담 및 취업지원 & Ⅱ 직업심리	Ⅲ 직업정보 & Ⅳ 노동시장	워크북 2024~23년 기출 & Ⅰ~Ⅳ 이론 복습	워크북 2022~21년 기출 & 2024~23년 기출 복습	워크북 2020~19년 기출 & 2022~21년 기출 복습	워크북 2018~17년 기출 & 2020~17년 기출 복습 **3회독**	오답 정리 & 최종 복습
완료 □	완료 □	완료 □	완료 □	완료 □	완료 □	완료 □

1회독 핵심이론을 정리한 뒤, 기출문제 모범 답안을 확인하며 이해 중심의 학습을 진행하세요!

2회독 워크북을 활용해 직접 답안을 작성하고, 실제 시험처럼 연습해 보세요. 모범 답안과 비교하며 부족한 부분이 있다면 보완하며 답안을 완성해 보세요!

3회독 전체 이론을 정리하고, 빈출 기출문제를 중심으로 워크북을 작성하며 시험 전 마무리 학습을 진행하세요!
에듀윌에서 제공하는 워크북을 활용해 시험을 완벽하게 대비하세요!

워크북 PDF 파일은 에듀윌 도서몰 ▶ 도서자료실 ▶ 부가학습자료에서 다운받으실 수 있습니다.

**에듀윌이
너를
지**지할게

ENERGY

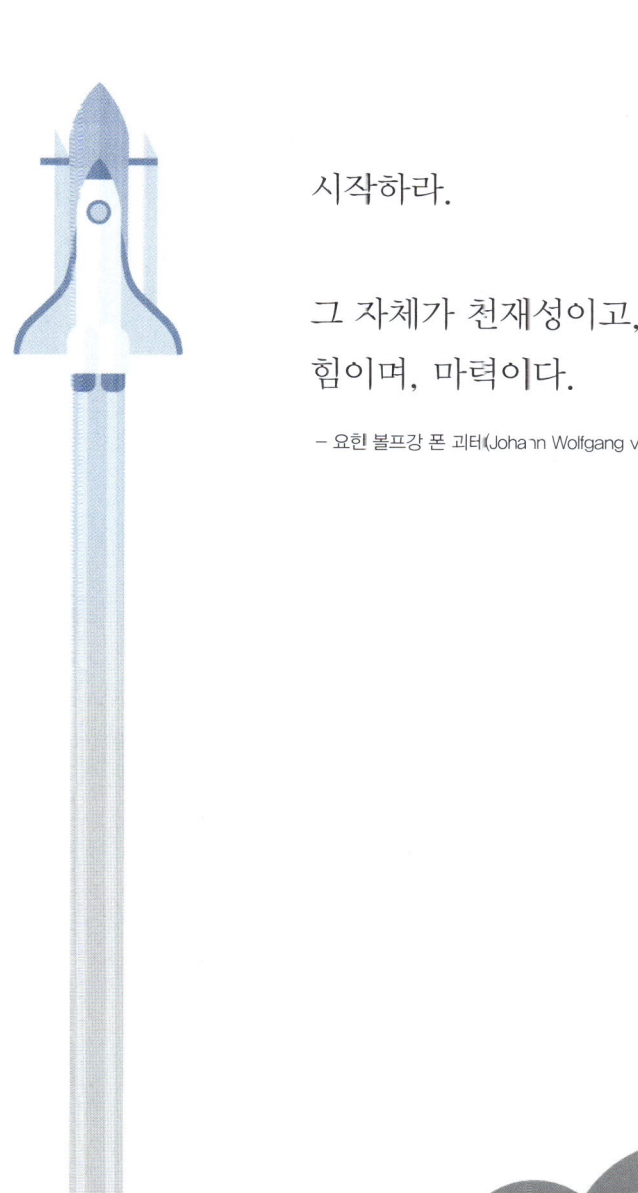

시작하라.

그 자체가 천재성이고,
힘이며, 마력이다.

– 요한 볼프강 폰 괴테(Johann Wolfgang von Goethe)

2025 직업상담사 2급 출제기준 변경

2025년 직업상담사 2급 시험의 출제기준이 변경되었습니다. 이에 따라 25년 첫 해 시험을 준비하는 수험생들의 혼란이 많을 것으로 예상됩니다.

직업상담사 2급 시험의 출제기준은 비단 올해뿐만 아니라 주기적으로 수차례 변경되었습니다. 하지만 출제기준 변경에도 불구하고 직업상담사 시험의 시행청인 한국산업인력공단은 지난 출제 범위에서 문제를 출제하거나 기존 문제를 변형해서 사용해온 바 있습니다.

따라서 수험생들은 기존 기출문제를 중심으로 학습하는 것이 좋습니다.
본 교재는 새로운 출제 기준의 영역은 이론으로 준비하고 기존에 출제비중이 높았던 영역도 역대 기출문제로 함께 준비할 수 있도록 균형을 맞추었습니다.

에듀윌 직업상담사 2급
2차 실기 핵심이론

직업상담실무

이 책의 강점

교재가이드

STEP 1 | 스마트하게 이론 정리
STEP 2 | 최신 8개년 기출문제
+ STEP 3 | 워크북 최신 8개년 기출문제(PDF 제공)

[핵심이론] 시험에 나오는 핵심이론 학습!

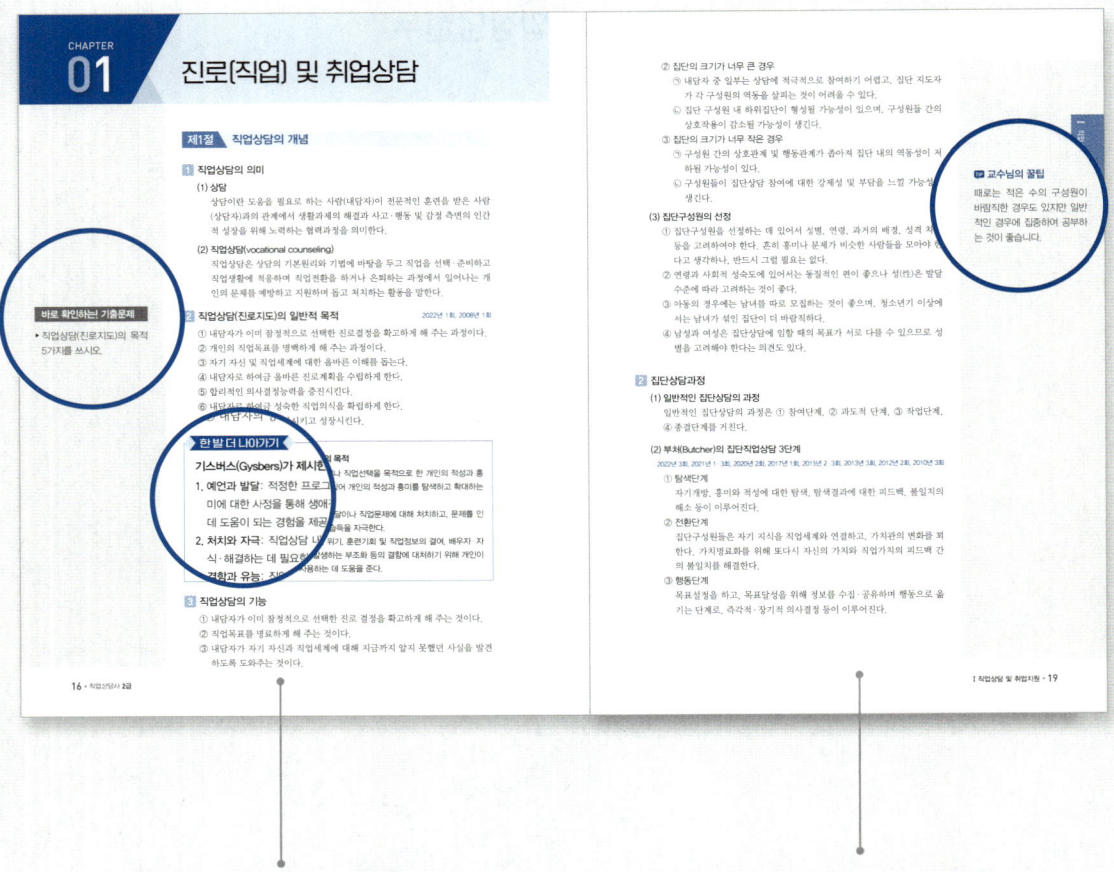

☑ **[바로 확인하는! 기출문제]** 본문을 학습하면서 관련 기출문제를 바로 확인할 수 있습니다.

☑ **[한 발 더 나아가기]** 심화 이론 및 보충 설명을 함께 제시하여 더 깊이 있는 학습을 할 수 있습니다.

☑ **[교수님의 꿀팁]** 교수님이 직접 전수하는 핵심 Tip을 제시합니다.

초단기 합격을 위한 최적의 구성
핵심이론 + 8개년 기출문제
한 권으로 한 번에 학습!

▎[8개년 기출문제] 모범 답안을 회독하며 서술형 완벽 대비!

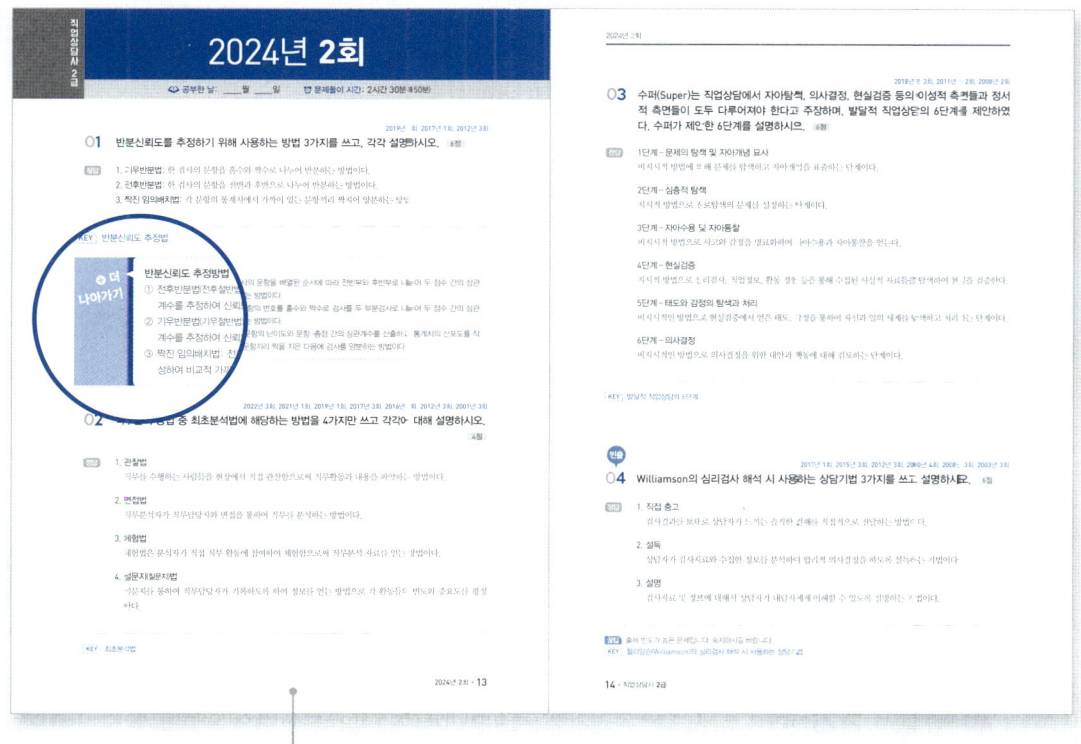

- ☑ **[8개년 기출]** 기출 복원문제를 직접 풀어보고 빠르게 정답을 확인할 수 있습니다.
- ☑ **[꿀팁]** 교수님이 직접 전수하는 핵심 꿀팁을 제시합니다.
- ☑ **[KEY]** 각 문제별 핵심단어를 정리하여 주요 출제 키워드를 바로 확인할 수 있습니다.
- ☑ **[더 나아가기]** 문제와 관련된 보충 이론으로 확장된 개념을 학습할 수 있습니다.

▎[워크북 최신 8개년 기출문제] (PDF 제공)

- ☑ 실전 시험처럼 최신 8개년 기출문제를 직접 풀어보며 답안 작성을 연습할 수 있습니다.

* '워크북 8개년 기출문제' PDF 파일은 에듀윌 도서몰 내 도서자료실에서 다운로드 가능

시험 안내

1 직업상담사 2급 시험 일정

구분	필기원서접수 (인터넷)	필기시험	필기합격 (예정자)발표	실기원서접수	실기시험	최종합격자 발표일
제1회	01.13~01.16	02.07~03.04	03.12	03.24~03.27	04.19~05.09	06.13
제2회	04.14~04.17	05.10~05.30	06.11	06.23~06.26	07.19~08.06	09.12
제3회	07.21~07.24	08.09~09.01	09.10	09.22~09.25	11.01~11.21	12.24

TIP 정확한 시험 일정은 큐넷(www.q-net.or.kr)을 참고하시기 바랍니다.

2 직업상담사 2급 시험 정보

구분	시험 과목	시험 형태	문항 수	합격 기준	시험 시간
1차 필기	직업상담 및 취업지원 직업심리 직업정보 노동시장 고용노동관계법규(Ⅰ)	객관식 (4지선다형)	각 과목별 20문제씩, 총 100문제	매 과목 40점 이상, 전 과목 평균 60점 이상	150분 (2시간 30분)
2차 실기	직업상담실무	필답형 (서술형)	18~20문제 내외	60점 이상	150분 (2시간 30분)

원서접수 큐넷(www.q-net.or.kr)
실시기관 한국산업인력공단
응시료 1차 필기 – 19,400원
2차 실기 – 20,800원

3 직업상담사 2급 출제경향

현장중심형 직무내용	직업상담 및 직업심리검사의 실시, 관련 직업정보 수집·가공·제공과 직업상담 관련 행정업무 수행능력 평가
국가직무능력표준 (NCS) 도입	07. 사회복지·종교 → 02. 상담 → 01. 직업상담 서비스 NCS 용어 및 직무능력 반영

4 직업상담사 2급 2차 실기시험 과목별 출제 비율

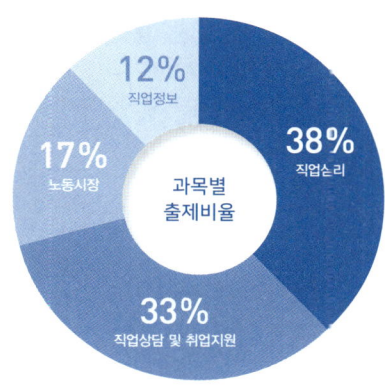

직업상담사 2급 2차 실기시험은 출제 비율에 따라 효율적인 학습이 필요합니다. 직업상담 및 취업지원과 직업심리의 비율이 전체 문제의 70% 이상이므로 두 과목을 집중적으로 학습하는 것이 효율적입니다.

* 출제 비율은 분류 기준에 따라 달라질 수 있음
* 과목별 출제 비율은 2024년 기준

5 시험 직전 Q&A

 직업상담사 2급 2차 실기시험 소요시간은 얼마나 되나요?

 시험은 총 150분(2시간 30분) 동안 진행됩니다.

 꼭 챙겨가야 할 준비물은 뭐가 있을까요?

 수험표와 신분증을 소지해야 합니다. 흑색 볼펜을 준비해야 하며, 샤프나 연필은 사용하지 않습니다. 계산기 또한 소지 가능합니다.

 볼펜으로 답안을 작성하다가 수정 사항이 생기면 어떻게 수정하나요?

 수정액이나 수정테이프는 사용불가이며, 수정 사항에 볼펜으로 두 줄을 그은 뒤 새로운 내용을 작성하면 됩니다.

 시험 중간에 쉬는 시간이 있나요?

 시험 중간 쉬는 시간은 없으며, 시험시간 30분 경과 후 1인당 1회만 화장실 이용이 가능합니다.

출제가이드

1 직업상담사 2급 2차 실기 출제기준

주요항목	세세항목	
직업상담 진단	• 진단실시 결정하기 • 진단하기	• 진단결과 해석하기 • 진단결과 보고서 작성하기
직업상담 초기면담	• 친밀교감 형성하기 • 호소논점 파악하기 • 구조화하기	• 전략 수립하기 • 초기면담 종결하기
진로상담	• 진로논점 파악하기 • 자기탐색 지원하기 • 직업정보 탐색 지원하기	• 진로설계 지원하기 • 실행 지원하기
취업상담	• 내담자역량 파악하기 • 취업목표 설정하기 • 구인처 확보하기	• 구직활동 지원하기 • 내담자 사후관리하기
직업복귀상담	• 직업복귀동기 파악하기 • 진로자본 파악하기 • 직업복귀 목표설정하기	• 직업복귀 지원하기 • 활동계획 평가하기 • 직업복귀 사후관리하기
직업훈련 상담	• 내담자 직무역량 파악하기 • 직업훈련정보 수집하기	• 훈련과정 선택 지원하기 • 훈련목표달성 촉진하기
집단상담프로그램 운영	• 대상자특성 파악하기 • 집단상담프로그램 개발하기 • 집단상담프로그램 실시하기	• 집단상담프로그램 평가하기 • 사후관리하기
직업상담행정	• 직업상담인력 관리하기 • 직업상담실적 관리하기 • 직업상담사무 관리하기	• 직업상담시설 관리하기 • 전산망 관리하기
취업지원행사운영	• 행사범위 결정하기 • 행사 계획하기 • 행사 홍보하기	• 행사 운영하기 • 행사 평가하기
직업상담서비스 협업체계 구축	• 협업범위 정하기 • 협업체계 구축하기	• 협업체계 운영하기 • 협업체계 운영 평가하기
직업정보 수집	• 직업정보수집 계획하기 • 직업정보수집 실행하기	• 수집정보 점검하기
직업정보 제공	• 직업정보 제공하기 • 직업정보 평가하기	• 직업정보 환류하기

TIP 정확한 출제기준 및 세세항목의 내용은 큐넷(www.q-net.or.kr)을 참고하시기 바랍니다.

2 직업상담사 2급 2차 실기 출제경향

출제기준
내용에 따른 서술형,
단답형 위주의 문제

＋

직업상담
사례형 문제

- 문제 수: 18~20문제 내외
- 문제별 배점: 2~10점 내외

3 답안 작성법

1 부분점수와 배점? 1점도 놓치지 말자!

답안 가짓수에 대한 배점에 따라 점수가 달라지므로, 문제에서 요구하는 최소 가짓수는 반드시 적어야 점수를 다 가져갈 수 있습니다.
답안이 다 기억나지 않더라도 아는 내용에 한해서는 최대한 작성하여 1점이라도 더 가져갈 수 있도록 합시다.

2 계산형 문제는 풀이까지 정확하게 작성하자!

계산을 요구하는 문제가 매회 최소 한 문제씩은 출제되고 있습니다.
계산형 문제는 계산 과정과 답을 빠짐없이 정확하게 써야 하며, 작성한 계산과정이 틀리거나 없는 경우 점수를 받지 못하므로 유의하세요.
단위가 있는 문제의 경우 단위를 기재하는 것 또한 잊지 마세요!

3 점수의 기준이 되는 핵심 내용을 놓치지 말자!

답안의 형식은 자유로우나 점수가 매겨지는 핵심 내용은 놓치지 않아야 합니다.
핵심 용어 및 핵심 개념이 누락되지 않도록 답안을 작성하세요.

이 책의 목차

I 핵심이론

I 직업상담 및 취업지원

- Chapter 01 | 진로(직업) 및 취업상담 ... 16
- Chapter 02 | 직업상담의 이론 ... 26
- Chapter 03 | 직업상담 접근방법 ... 60
- Chapter 04 | 직업상담의 초기면담 ... 69
- Chapter 05 | 취업지원 ... 104

II 직업심리

- Chapter 01 | 진로발달이론 ... 114
- Chapter 02 | 직업상담 진단 ... 129
- Chapter 03 | 직무 스트레스 및 직업복귀상담 ... 170

III 직업정보

- Chapter 01 | 직업분류 활용 ... 180
- Chapter 02 | 산업분류 활용 ... 187
- Chapter 03 | 각종 직업관련 자료 활용 ... 190
- Chapter 04 | 직업정보의 분석 및 해석 ... 195

IV 노동시장

- Chapter 01 | 노동시장의 현황 분석 ... 204
- Chapter 02 | 임금의 이해 ... 230
- Chapter 03 | 실업과 노사관계 ... 240

8개년 기출

2024년
- 1회 ········ 4
- 2회 ········ 13
- 3회 ········ 24

2023년
- 1회 ········ 38
- 2회 ········ 48
- 3회 ········ 60

2022년
- 1회 ········ 76
- 2회 ········ 89
- 3회 ········ 103

2021년
- 1회 ········ 114
- 2회 ········ 125
- 3회 ········ 136

2020년
- 1회 ········ 150
- 2회 ········ 162
- 3회 ········ 173
- 4회 ········ 184

2019년

1회	200
2회	210
3회	222

2018년

1회	236
2회	248
3회	263

2017년

1회	276
2회	287
3회	297

에듀윌
직업상담사 2급
2차 실기 핵심이론+8개년 기출

핵심이론

Vocational Counselor

eduwill

I

직업상담 및 취업지원

CHAPTER **01** 진로(직업) 및 취업상담

CHAPTER **02** 직업상담의 이론

CHAPTER **03** 직업상담 접근방법

CHAPTER **04** 직업상담의 초기면담

CHAPTER **05** 취업지원

CHAPTER 01 진로(직업) 및 취업상담

제1절 직업상담의 개념

1 직업상담의 의미

(1) 상담

상담이란 도움을 필요로 하는 사람(내담자)이 전문적인 훈련을 받은 사람(상담자)과의 관계에서 생활과제의 해결과 사고·행동 및 감정 측면의 인간적 성장을 위해 노력하는 협력과정을 의미한다.

(2) 직업상담(vocational counseling)

직업상담은 상담의 기본원리와 기법에 바탕을 두고 직업을 선택·준비하고 직업생활에 적응하며 직업전환을 하거나 은퇴하는 과정에서 일어나는 개인의 문제를 예방하고 지원하며 돕고 처치하는 활동을 말한다.

2 직업상담(진로지도)의 일반적 목적 2022년 1회, 2008년 1회

① 내담자가 이미 잠정적으로 선택한 진로결정을 확고하게 해 주는 과정이다.
② 개인의 직업목표를 명백하게 해 주는 과정이다.
③ 자기 자신 및 직업세계에 대한 올바른 이해를 돕는다.
④ 내담자로 하여금 올바른 진로계획을 수립하게 한다.
⑤ 합리적인 의사결정능력을 증진시킨다.
⑥ 내담자로 하여금 성숙한 직업의식을 확립하게 한다.
⑦ 내담자의 능력을 향상시키고 성장시킨다.

> **바로 확인하는! 기출문제**
> ▶ 직업상담(진로지도)의 목적 5가지를 쓰시오.

한발 더 나아가기

기스버스(Gysbers)가 제시한 직업상담의 목적

1. **예언과 발달**: 적정한 프로그램의 선정이나 직업선택을 목적으로 한 개인의 적성과 흥미에 대한 사정을 통해 생애진로발달에 있어 개인의 적성과 흥미를 탐색하고 확대하는 데 도움이 되는 경험을 제공한다.
2. **처치와 자극**: 직업상담 내담자의 진로발달이나 직업문제에 대해 처치하고, 문제를 인식·해결하는 데 필요한 지식과 기능의 습득을 자극한다.
3. **결함과 유능**: 직업상담에서는 개인의 위기, 훈련기회 및 직업정보의 결여, 배우자·자녀·동료·상사와의 인간관계에서 발생하는 부조화 등의 결함에 대처하기 위해 개인이 가진 재능과 유능을 개발하고 사용하는 데 도움을 준다.

3 직업상담의 기능

① 내담자가 이미 잠정적으로 선택한 진로 결정을 확고하게 해 주는 것이다.
② 직업목표를 명료하게 해 주는 것이다.
③ 내담자가 자기 자신과 직업세계에 대해 지금까지 알지 못했던 사실을 발견하도록 도와주는 것이다.

> **한발 더 나아가기**
>
> **직업상담의 기본원리**
> 1. 개인의 특성을 객관적으로 파악한 후, 직업상담사와 내담자 간의 신뢰관계를 형성한 뒤에 실시하여야 한다.
> 2. 직업상담 과정 속에는 의사결정에 대한 상담과정이 포함되어야 한다.
> 3. 진로발달이론에 근거하여야 한다.
> 4. 변화하는 직업세계에 대한 이해를 토대로 이루어져야 한다.
> 5. 각종 심리검사를 활용하여 그 결과를 토대로 합리적 결과를 끌어내야 한다.
> 6. 상담윤리를 따라야 한다.
> 7. 진학과 직업선택을 목적으로 해야 한다. 즉, 진로의사결정과정을 도와주어야 한다.

바로 확인하는! 기출문제
▶ 직업상담의 기본원리에 대해서 4가지 기술하시오.

4 상담의 과정

(1) 상담의 일반적 과정 2007년 1회, 2005년 3회, 2002년 3회

① 문제 제시 및 상담 필요성의 인식단계
② 촉진적 관계형성의 단계(관심 기울이기, 경청, 공감, 수용)
③ 목표설정의 구조화 단계
④ 문제해결 노력의 단계(개입, 중재, 훈습 단계)
⑤ 자각과 합리적 사고의 촉진단계
⑥ 실천행동의 계획단계
⑦ 실천결과의 평가와 종결단계

(2) 직업상담의 단계 2020년 1회, 2009년 1회, 2005년 3회, 2003년 3회, 2002년 3회, 2000년 3회

① 관계형성
　상호 존중에 기초한 개방적이고 신뢰가 있는 관계를 형성한다.
② 진단 및 측정
　표준화된 심리검사를 이용한 공식적 측정 절차를 통해 내담자들이 자신의 흥미, 가치, 적성, 개인의 특성, 의사결정방식 등에 대해 자각할 수 있도록 돕는다.
③ 목표설정
　직업상담의 목적이 문제해결, 자기발전, 자기계발임을 분명히 밝히고 내담자들의 목표가 명백해지면 잠재적 목표를 밝혀 우선순위를 정한다.
④ 개입(중재)
　내담자가 목표를 달성하는 데 도움이 될 수 있는 중재를 제안한다. 실제적인 문제해결의 단계이다.
⑤ 평가
　직업상담사와 내담자는 그동안의 중재가 얼마나 효과적으로 적용되었는지를 평가한다.

바로 확인하는! 기출문제
▶ 직업상담의 5단계를 기술하시오.

5 직업상담사의 역할과 자질

(1) 직업상담사의 역할
① 상담자 ② 처치자
③ 조언자 ④ 개발자
⑤ 지원자 ⑥ 해석자
⑦ 정보분석자 ⑧ 협의자
⑨ 관리자 ⑩ 연구 및 평가자

(2) 직업상담사의 일반적 자질 <small>2022년 2회, 2020년 4회, 2006년 1회</small>
① 내담자에 대한 존경심(수용과 존중)
② 자신의 편견에서 벗어나는 능력
③ 객관적인 통찰력
④ 도덕적이고 윤리적인 자세
⑤ 심리학적 지식

(3) 직업상담사의 전문적 자질
① 전문가적인 소양을 갖추어야 한다.
② 인성의 조직과 발달, 사회환경에 대한 깊은 지식을 지녀야 한다.
③ 전문가적인 심리학적 지식 및 인간행동과 신체적·사회적·심리학적 규정요인에 대한 지식을 지녀야 한다.
④ 다양한 임상적 경험을 가져야 한다.
⑤ 개인의 심리적 특성을 평가할 수 있어야 한다.
⑥ 직업정보 분석능력을 지녀야 한다.

제2절 집단직업상담

1 집단직업상담의 개요

(1) 집단상담의 의의
집단상담은 한 사람의 상담자가 동시에 여러 명의 내담자들을 상대로 각 내담자의 관심사, 대인관계, 사고 및 행동양식의 변화를 이끌어내는 노력이다. 즉, 집단구성원 간의 상호작용 관계(역동적 관계)를 바탕으로 내담자 개개인의 문제해결 및 변화가 이루어지는 '집단적 접근방법'이다.

(2) 집단상담에서 집단의 크기 <small>2006년 3회, 2002년 3회</small>
① 상담집단의 크기 결정 시 고려할 점
㉠ 집단의 목표, 내담자들에게 기대하는 몰입 정도에 따라 결정한다.
㉡ 일반적으로 6~8명에서 8~10명의 수준이 적절하다.

바로 확인하는! 기출문제
- 집단상담의 크기 결정 시 고려할 점에 대해 설명하시오.
- 집단상담을 할 때 적정인원을 쓰고, 집단의 크기가 너무 큰 경우와 작은 경우를 비교하여 설명하시오.

② 집단의 크기가 너무 큰 경우
  ㉠ 내담자 중 일부는 상담에 적극적으로 참여하기 어렵고, 집단 지도자가 각 구성원의 역동을 살피는 것이 어려울 수 있다.
  ㉡ 집단 구성원 내 하위집단이 형성될 가능성이 있으며, 구성원들 간의 상호작용이 감소될 가능성이 생긴다.
③ 집단의 크기가 너무 작은 경우
  ㉠ 구성원 간의 상호관계 및 행동관계가 좁아져 집단 내의 역동성이 저하될 가능성이 있다.
  ㉡ 구성원들이 집단상담 참여에 대한 강지성 및 부담을 느낄 가능성이 생긴다.

(3) 집단구성원의 선정

① 집단구성원을 선정하는 데 있어서 성별, 연령, 과거의 배경, 성격 차이 등을 고려하여야 한다. 흔히 흥미나 문제가 비슷한 사람들을 모아야 한다고 생각하나, 반드시 그럴 필요는 없다.
② 연령과 사회적 성숙도에 있어서는 동질적인 편이 좋으나 성(性)은 발달수준에 따라 고려하는 것이 좋다.
③ 아동의 경우에는 남녀를 따로 모집하는 것이 좋으며, 청소년기 이상에서는 남녀가 섞인 집단이 더 바람직하다.
④ 남성과 여성은 집단상담에 임할 때의 목표가 서로 다를 수 있으므로 성별을 고려해야 한다는 의견도 있다.

> **TIP 고수들의 꿀팁**
> 때로는 적은 수의 구성원이 바람직한 경우도 있지만 일반적인 경우에 집중하여 공부하는 것이 좋습니다.

2 집단상담과정

(1) 일반적인 집단상담의 과정

일반적인 집단상담의 과정은 ① 참여단계, ② 과도적 단계, ③ 작업단계, ④ 종결단계를 거친다.

(2) 부처(Butcher)의 집단직업상담 3단계

2022년 3회, 2021년 1·3회, 2020년 2회, 2017년 1회, 2015년 2·3회, 2013년 3회, 2012년 2회, 2010년 3회

① 탐색단계
  자기개방, 흥미와 적성에 대한 탐색, 탐색결과에 대한 피드백, 불일치의 해소 등이 이루어진다.
② 전환단계
  집단구성원들은 자기 지식을 직업세계와 연결하고, 가치관의 변화를 꾀한다. 가치명료화를 위해 또다시 자신의 가치와 직업가치의 피드백 간의 불일치를 해결한다.
③ 행동단계
  목표설정을 하고, 목표달성을 위해 정보를 수집·공유하며 행동으로 옮기는 단계로, 즉각적·장기적 의사결정 등이 이루어진다.

3 집단상담의 특성

(1) 집단상담의 장단점
2020년 4회, 2017년 3회, 2011년 3회, 2010년 1·4회

> **바로 확인하는! 기출문제**
> ▸ 집단상담의 장점과 단점을 3가지씩 쓰시오.
> ▸ 집단상담의 장점을 5가지 쓰시오.

① 장점
  ㉠ **경제성(실용성)**: 집단상담의 이점 중에서 가장 명백한 것으로 여러 내담자를 한번에 상담할 수 있어 시간, 에너지, 경제적인 면에서 효과적이다.
  ㉡ **사회성, 대인관계 향상**: 효과적인 대인관계를 위해서 필수적인 기술과 행동을 학습하여 내담자의 사회성과 대인관계 능력을 증진시킨다.
  ㉢ **소속감, 동료의식 발전**: 서로의 관심사나 감정을 터놓고 이야기할 수 있기 때문에 보편성, 소속감, 동료의식을 발달시킬 수 있다.
  ㉣ **풍부한 학습경험 제공**: 다양한 성격을 가진 사람들을 접하게 되므로 학습경험을 풍부히 할 수 있다.
  ㉤ **보편적 경험 제공**: 현실적이고 실제생활에 근접한 사회장면이 이루어져 실제적인 대인관계의 패턴·태도·사고가 반영되며, 나아가 개인에게 새로운 행동에 대하여 현실검증해 볼 수 있는 기회를 제공한다.
  ㉥ **피드백**: 상담자의 지시나 조언이 없어도 참여자들 상호 간에 깊은 사회적 교류경험을 가질 수 있다.
  ㉦ 개인상담에 비하여 집단상담은 내담자들이 큰 부담 없이 편안하게 느끼고 받아들일 수 있다.
  ㉧ 성숙도가 낮은 내담자들에게 적합하다.
  ㉨ 타인들도 자신이 겪는 것과 비슷한 문제를 가지고 있다는 것을 느끼면서 자신의 문제를 객관화할 수 있는 기회를 갖는다.

② 단점
  ㉠ 모든 집단구성원에게 만족을 줄 수는 없으며, 모든 내담자에게 적합한 것은 아니다.
  ㉡ 상담자의 역할이 훨씬 더 분산되고 복잡하다. 경험이 부족한 상담자는 집단구성원들에게 이끌려 가기도 한다.
  ㉢ 시간을 낭비하는 집단과정의 문제에만 집착하게 되고, 집단구성원의 개인적인 문제는 등한시하게 될 수 있다.
  ㉣ 어떤 내담자는 집단에서 신뢰감을 발전시키기가 어렵다.
  ㉤ 상담의 비밀보장이 이루어지기 어렵다.
  ㉥ 개인에게 집단적 압력이 가해져 개인의 개성이 상실될 우려가 있다.
  ㉦ 아직도 어떤 유형의 내담자의 문제가 개인상담보다 집단상담에서 더 잘 해결될 수 있는가에 대해 논란이 있고, 이에 대한 정보가 부족하다.

(2) 집단상담의 형태

지도집단	구성원의 개인적 욕구나 관심사에 맞는 적절한 정보를 제공하는 데 사용되는 형태이다. 예 교육, 직업, 사회 등
상담집단	집단구성원들의 대인관계 문제, 자기이해 증진, 부적응행동의 극복 등을 도와주는 형태로, 일상생활에서 어려움을 경험하는 일반인을 대상으로 진행된다.
치료집단	주로 병원이나 임상장면에서 치료를 목적으로 장기집단형태로 운영된다. 예 알코올중독 치료, 약물남용 치료, 도박중독 치료 등
자조집단	공통의 문제나 관심을 가진 사람들이 모여 문제를 해결하고 자신의 생활양식을 변화시키려는 동기를 갖는다. 비전문가들이 이끌어간다는 점에서 치료집단과 구분된다. 예 암환자가족회, 단주회, 단약모임, 정신장애인 가족모임

▶ 집단상담은 그 형태와 접근 방식에 따라 여러 가지로 나눌 수 있다. 집단상담의 형태를 3가지 쓰고 각각 설명하시오.

(3) 톨버트(Tolbert)의 집단직업상담의 과정과 관련된 5가지 활동유형

2015년 2회, 2014년 3회, 2010년 1회, 2005년 3회

① 자기탐색(수용적인 분위기 속에서 감정, 태도, 가치 등을 탐색)
② 상호작용(개개인의 개인적인 직업계획과 목표에 대한 구성원들의 피드백)
③ 개인적 정보의 검토 및 목표와의 연결
④ 직업적 및 교육적 정보의 획득과 검토
⑤ 의사결정

▶ 톨버트(Tolbert)가 제시한 것으로 집단직업상담의 과정에서 나타나는 5가지 활동유형을 쓰시오.

한발 더 나아가기

톨버트(Tolbert)의 진로발달에 영향을 주는 9가지 요인

1. 직업적성
2. 직업적 흥미
3. 인성
4. 직업성숙도
5. 성취도
6. 가정·성별·인종
7. 장애물
8. 교육 정도
9. 경제적 조건

(4) 집단상담에서 고려해야 할 사항

2002년 3회

① 집단구성원의 선정
  성별·연령·과거의 배경·성격 차이 등을 고려하여 집단원을 구성해야 한다.
② 집단의 크기
  집단의 목표와 내담자들에게 기대하는 몰입 정도를 고려하여, 일반적으로 6~8명에서 8~10명의 수준으로 집단의 크기를 결정한다.
③ 모임의 빈도
  집단상담은 일주일에 한 번 혹은 두 번 정도 만나는 것이 보통이다.

▶ 집단상담을 할 때 고려해야 할 점에 대해 설명하시오.

④ 모임의 시간
  ㉠ 집단상담의 적절한 시간은 내담자의 연령이나 모임의 종류 및 모임의 빈도에 따라 달라진다.
  ㉡ 1주에 한 번 만나는 집단은 1시간에서 1시간 30분 정도로 지속되는 것이 바람직하며, 2주에 한 번 만나는 집단이라면 한 번에 2시간 정도가 바람직하다.

⑤ 모임의 장소
  ㉠ 집단상담을 하는 공간은 너무 크지 않으며, 외부로부터 방해를 받지 않아야 한다.
  ㉡ 효과적인 참여를 위해서는 모든 집단원이 서로 잘 볼 수 있고 잘 들을 수 있어야 한다. 일렬로 앉거나 장방형으로 앉는 것보다 원형으로 앉는 것이 효과적이다.

⑥ 집단의 폐쇄성과 개방성
  집단의 목표에 따라 집단의 운영을 폐쇄형으로 할 것인지, 혹은 개방형으로 할 것인지를 미리 정해야 한다.

제3절 직업상담 문제유형

1 직업상담 문제의 의의

직업상담의 문제를 유형별로 분류(진단)하는 이유는 상담자 간의 전문적 의사교류, 예후나 치료전략에 대한 효율적 예측을 마련하기 위함이다.

2 윌리암슨의 직업상담 문제유형 분류(변별진단)
2022년 2회, 2021년 3회, 2020년 4회, 2015년 1회, 2014년 3회, 2010년 1회, 2009년 1회

윌리암슨(Williamson)은 내담자의 직업문제를 '문제의 상태'에 무게를 두고 기술적 분류를 시도하였다. 윌리암슨은 특성-요인 직업상담에서 변별진단을 통해 문제유형을 분류하였다.

(1) 진로 무선택
  ① 진로를 선택(결정)한 바 없다고 답한 내담자 유형이다.
  ② 선호하는 진로(장래직업)가 몇 가지 있지만 어느 것을 선택할지 모르는 경우이다.

(2) 불확실한 진로선택
  ① 선택한 진로(직업)는 있으나 자신감이 없는 내담자 유형이다.
  ② 타인으로부터 자기가 그 직업에서 성공할 것이라는 위안을 받으려고 하는 경우이다.

(3) 흥미와 적성의 불일치(모순)
  ① 흥미를 느끼는 직업이 있으나 그 직업을 가질(수행할) 능력이 부족한 내담자 유형이다.

변별진단

변별진단은 일련의 관련 있는 또는 관련 없는 사실로부터 일관된 의미를 논리적으로 파악하여 문제를 하나씩 해결해 나가는 과정이다.

바로 확인하는! 기출문제
- 윌리암슨의 직업상담 문제유형 3가지를 쓰고 설명하시오.
- 직업문제에 대한 대표적 분류법 중 윌리암슨의 변별진단 4가지를 쓰고 설명하시오.
- Williamson의 특성-요인 직업상담에서 직업의사결정에서 나타나는 여러 가지 문제들에 대한 변별진단 결과를 분류하는 4가지 범주를 쓰고 각각에 대해 설명하시오.

② 적성이 있는 직업에는 흥미가 적고, 흥미가 있는 직업은 적성과 별로 맞지 않는 경우이다.

(4) 현명하지 못한 선택(어리석은 진로선택)
① 저능력·저동기인 개인이 고능력·고동기를 요하는 직업을 지원하는 경우이다.
② 특별한 재능을 요하는 직업을 가지려 하지만 그러한 특수재능이 부족한 경우이다.
③ 흥미가 별로 없는 분야나 수요가 많지 않은 직업을 선택하려는 경우이다.
④ 자신의 능력보다 훨씬 낮은 능력을 요하는 직업을 선택하려는 경우이다.

3 보딘의 직업상담 문제유형 분류

보딘(Bordin)은 직업상담 문제유형을 기술적으로 분류한 윌리암슨과는 달리 심리적 원인(특성)과 진로문제가 관계가 있음을 주장하였다.

(1) 의존성
내담자가 문제해결이나 의사결정을 타인에게 의존하는 경우이다.

(2) 정보의 부족
경험 폭의 제한, 경험의 부적절성, 필요한 기술을 습득할 기회가 부족한 경우이다.

(3) 진로 선택의 불안
자신의 선택과 타인의 요구가 달라서 자아개념과 환경자극 간에 차이가 있는 경우이다.

(4) 내적 갈등
서로 다른 자아 간의 갈등으로 대안들 가운데 선택·결정하지 못하고 불안해하는 경우이다.

(5) 불확신(문제는 없지만 확신이 부족한 경우)
결정·선택은 하였으나 확신이 없어서 타인으로부터 확신을 구하려는 경우이다.

4 크릿츠의 직업상담 문제유형 분류

크릿츠(Crites)는 내담자들이 경험하는 문제의 유형에 대해 독립적이고 상호 배타적인 진단체계를 통해 흥미와 적성을 고려한 직업상담의 문제유형을 분류하였다.

(1) 적응성

적응형	흥미와 적성이 일치하는 유형
부적응형	• 흥미와 적성이 맞는 분야를 찾지 못한 유형 • 흥미 분야의 적성수준이 일치하지 않는 경우

바로 확인하는! 기출문제
▶ 보딘은 심리적 원인 5가지 중 3가지를 쓰고 설명하시오.
▶ 보딘은 직업문제를 진단할 때 심리적 원인이 드러나도록 해야 한다고 주장했다. 보딘이 제시한 직업문제의 심리적 원인을 3가지만 쓰시오.
▶ Bordin은 정신역동적 직업상담을 체계화하면서 직업문제의 진단에 관한 새로운 관점을 제시하였다. 그가 제시한 직업문제의 심리적 원인 4가지를 설명하시오.

바로 확인하는! 기출문제
▶ 크릿츠는 직업상담의 문제유형 분류에서 흥미와 적성을 3가지 변인들과 관련지어 분류했다. 3가지 변인을 쓰고 설명하시오.

(2) 결정성

다재다능형	가능성이 많아 흥미와 적성을 가진 직업 사이에서 결정을 못 내리는 유형
우유부단형	흥미와 적성에 관계없이 성격적으로 선택과 결정을 못 내리는 유형

(3) 비현실성

비현실형	흥미를 느끼는 분야는 있지만 그 분야에 대해 적성을 가지고 있지 못한 유형
불충족형	자신의 적성(능력, 기술) 수준보다 낮은 직업을 선택한 유형
강압형	• 적성 때문에 진로를 선택했지만 흥미를 못 느끼는 유형 • 부모나 교사에 의해서 강요된 진로를 가지는 경우

> **한 발 더 나아가기**
>
> **행동주의 상담에서 의사결정을 내리지 못하는 내담자의 문제유형**
> 1. **우유부단형**: 정보의 부족, 학습적응 기회의 부족으로 적절한 의사결정을 하지 못하는 것으로, 사회적인 압력이나 요구와 갈등으로 인한 불안이 생겨나는 형태
> 2. **무결단성**: 내담자가 직업선택에 대해서 무력감을 느끼게 되고, 그로 인해 발생된 불안 때문에 직업결정을 내리지 못하는 것

5 필립스의 직업상담 문제유형 분류

필립스(Phillips)는 내담자와의 직업상담과정(직업의사를 결정하는 과정)에서 내담자의 상담목표와 관련하여 진로문제를 분류하였다.

(1) 자기탐색의 발견을 목표한 유형
① 자기 능력이 어느 정도인지 궁금한 경우이다.
② 원하는 직업의 분야가 무엇인지 궁금한 경우이다.
③ 왜 일하기 싫은지가 궁금한 경우이다.

(2) 선택을 위한 준비과정의 유형
적성 및 성격과 직업 간의 관계, 관심 있는 직업에 관한 정보 등이 필요한 경우이다.

(3) 의사결정과정의 유형
① 적성, 성격과 직업 간의 관계를 파악하려는 경우이다.
② 관심 있는 직업에 관한 정보와 진로·직업선택 및 결정방법을 습득하려는 경우이다.
③ 선택과 결정에서의 장애요소 발견이 목표인 경우이다.

(4) 선택과 결정단계의 유형
내담자가 진로선택과 결정을 해야 할 상태에 직면한 단계로, 다음의 경우에 상담자는 개입을 하게 된다.
① 적성, 흥미, 성격, 가치관, 포부, 계획, 능력 등을 고려하여 최선의 선택을 하고 만족할 만한 결정을 내려야 할 때

바로 확인하는! 기출문제

▶ 직업상담의 문제유형 중 청소년들이 진로나 직업선택 시 의사결정을 미루는 2가지 유형을 쓰고 설명하시오.

TIP 교수님의 꿀팁

필립스는 상담의 목표가 직업상담 문제유형이라고 제시하였습니다.

② 내담자가 결정을 내리지 못하는 무결정·미결정의 상태에 빠져 있는 경우로, 여기서 선택과 결정은 탐색적이 아니라 실천을 전제로 한 결정이라는 점에서 이전 단계의 상담과 차이가 있다.

(5) 실천단계의 유형
① 선택과 결정에 대한 만족, 불만족, 확신, 불확신의 상태에 내담자가 놓여 있는 경우이다.
② 실천단계에서의 상담은 의사결정의 내용을 행동으로 옮길 수 있는 가능성의 제고와 최종적인 취업 혹은 합격의 가능성을 높이는 문제로 귀결된다.

CHAPTER 02 직업상담의 이론

제1절 정신분석적 상담

1 정신분석적 상담의 개요

(1) 의의

정신분석적 상담은 프로이트(Freud)의 이론을 기반으로 하며, 각 개인으로 하여금 무의식적인 욕구나 갈등을 인식하게 하거나 통찰력을 갖게 하여 무의식적인 정서적 긴장감을 해소하고 궁극적으로는 이들에 대한 통제력을 갖게 하는 것이다.

(2) 인간관

① 결정론(determinism)
  ㉠ 인간의 모든 행동은 이전의 정신적인 사건에 의하여 유발되거나 결정된다는 것이다.
  ㉡ 인간의 행동은 무의식적 동기, 생물학적 욕구와 충동, 그리고 생후 5년간의 생활경험에 의해 결정된다고 본다.
  ㉢ 이해하기 어려운 환자의 행동도 과거의 심리적인 사건에 의해 형성된 것이기 때문에, 정신분석 치료는 이러한 정신적인 결정요인을 밝혀서 이를 제거하거나 수정하고자 한다.

② 심리내적 힘의 역동
  ㉠ 인간의 마음속 깊은 곳에서 일어나는 서로 다른 힘들 사이의 역동적인 상호작용을 강조한다.
  ㉡ 인간의 성격구조는 원초아(id, 본능), 자아(ego), 초자아(superego)로 이루어진다. 인간은 이 세 가지의 내적 힘과 환경 간의 끊임없는 역학관계 속에서 균형과 적응을 유지하면서 행동한다. 따라서 이들 간의 균형이 깨지거나 외부의 심한 위협이 있어 적응이 곤란한 상태가 되면 심리적 장애가 유발된다고 본다.

(3) 성격발달단계

구강기 (출생~1세)	입과 입술을 통해 쾌락을 얻는다.
항문기 (1~3세)	대소변을 가리는 훈련이 시작되는 1세 내지 1세 반에서 3세까지로, 리비도가 항문에 집중되는 시기를 말한다.
남근기 (성기기, 3~6세)	• 리비도가 아동의 성기로 집중되는 때이며, 아동이 자신의 성기를 만지고 자극하는 데서 쾌감을 느끼는 시기이다. • 이 시기부터 원초아, 자아, 초자아는 역동적으로 작용하기 시작한다.

잠복기 (6~12세)	리비도의 신체적 부위는 특별히 한정된 데가 없고 성적인 힘도 잠재된 시기이다.
생식기 (12세~성인기 이전)	사춘기부터 성적으로 성숙되는 성인기 이전까지의 시기로, 심한 생리적 변화가 특징이며 격동적 단계로 불린다.

2 불안

2021년 2회, 2017년 1회, 2012년 2회

(1) 의미
불안은 무엇을 하기 위해 동기를 유발하게 하는 긴장상태로서 유용한 심적 에너지를 통제할 수 없을 때 발달한다. 자아, 원초아(본능), 초자아 간의 갈등의 형태로 나타난다.

(2) 종류
① 현실적 불안
  현실적 불안은 외부세계로부터 오는 위협에 대한 두려움으로, 불안의 정도는 외부세계가 주는 실제위협에 비례한다.
② 신경증적 불안
  신경증적 불안은 통제되지 않은 본능에 의해 개인이 어떤 행동을 하게 됨으로써 처벌받지 않을까 하는 데 대한 두려움이다.
③ 도덕적 불안
  도덕적 불안은 자신의 양심에 대한 두려움이다.

> **바로 확인하는! 기출문제**
> ▶ 정신분석 상담에서 필수적 개념인 불안의 3가지 유형을 쓰고 각각에 대해 설명하시오.

3 방어기제

2022년 1회, 2021년 2회, 2019년 2회, 2017년 1회, 2009년 1회

(1) 의미
① 방어기제는 성격발달의 수준이나 불안의 정도에 따라 여러 가지 형태로 나타나지만, 현실을 거부하거나 왜곡시키고 무의식적으로 작용한다는 공통적 특성을 가지고 있다.
② 욕구불만과 갈등으로 인한 긴장과 불안을 해소하기 위하여 자기방어를 목적으로 방어기제, 도피기제, 공격기제가 사용된다.

(2) 종류

합리화	용납될 수 없는 자신의 행동을 그럴듯한 이유로 정당화함으로써 불안과 책임을 회피하는 것이다.
억압	받아들이기 힘든 원초적인 욕구나 불쾌한 경험이 의식으로 표출되지 못하도록 무의식에 억압하는 것이다.
전치, 치환	무의식의 욕망이 사회적으로 용납될 수 없거나 실현 불가능할 때 수용 가능한 대상 또는 방법으로 대신 해결하려는 것이다.
동일시	다른 사람의 특징을 자신의 것처럼 여기면서 불안 감정을 회피하는 것이다.
반동형성	받아들이기 힘든 자신의 심리와 반대되는 행동을 함으로써 불안을 회피하는 것이다.

> **바로 확인하는! 기출문제**
> ▶ 정신분석적 상담은 내담자의 자각을 증진시키고 행동에 대한 지적 통찰을 얻도록 돕는다. 내담자는 직접적인 방법으로 불안을 통제할 수 없을 때 무의식적으로 방어기제를 사용한다. 방어기제의 종류 3가지를 쓰고 설명하시오.

4 주요 상담기법

(1) 자유연상
내담자의 무의식에 억압되어 있는 욕구나 갈등, 감정을 의식화시키기 위하여 내담자로 하여금 떠오르는 생각이나 느낌을 의식적으로 검열하지 말고 떠오르는 대로 모두 이야기하도록 하는 것이다.

(2) 꿈의 분석
꿈속에 내재된 본능적이고 무의식적인 욕구를 밝히는 기법이다.

(3) 전이의 분석
전이란 과거의 중요한 사람에게 가졌던 감정을 상담자에게 투사하는 것으로, 내담자가 과거에 중요한 인물, 예를 들면 부모, 형제 또는 중요한 타인들에게 나타냈던 애정, 적개심, 욕망, 기대 등의 감정을 상담자에게 옮겨 나타내는 것이다. 상담자는 이를 분석하고 억압된 감정의 해소를 돕는다.

(4) 저항의 분석
저항이란 무의식적 내용이 의식화되는 것을 막으려는 내담자의 시도로서, 상담과 치료의 진전을 방해하고 상담자에게 협조하지 않으려는 내담자의 무의식적 행동이다. 상담자는 저항의 의미와 이유를 분석하여 내담자의 인식을 돕는다.

(5) 해석
문제를 새로운 각도에서 이해하도록 행동의 의미를 설명해 주는 것으로, 정신분석학에서 해석은 자유연상, 꿈, 저항, 전이 등을 분석하고 그 속에 담긴 행동상의 의미를 내담자에게 지적해 주고 설명하는 것을 말한다.

(6) 훈습
무의식적 갈등이 현실생활에서 어떻게 나타나고 있으며 그에 대한 깨달음을 적응적 행동으로 실천할 수 있는지 반복적으로 해석을 받는 과정으로, 저항을 직면할 수 있도록 도와주는 과정이다.

한 발 더 나아가기

전이와 역전이의 의미와 해결방안

1. **전이**
   ① **의미**: 중요한 사람에게 가졌던 감정을 상담자에게 표현하는 것이다.
   ② **해결방안**: 상담자는 훈습을 통해 내담자의 전이를 이해하지만 감정에 동요되지 않고 객관성을 유지하면서 내담자가 과거의 영향에서 벗어날 수 있도록 전이감정을 해소할 수 있도록 도와야 한다.

2. **역전이**   2022년 1회
   ① **의미**: 상담자가 그들의 객관성을 방해하는 내담자에게 갖는 비합리적인 반응으로, 상담자가 내담자와의 관계에서 갈등을 느끼고 내담자를 싫어하거나 좋아하게 되는 경우를 말한다.
   ② **해결방안**
      ㉠ **자기 탐색**: 자기 탐색 및 성찰, 자기 점검을 진행하여 감정의 원인을 찾는다.

바로 확인하는! 기출문제
- 전이의 의미와 해결방안에 대하여 쓰시오.
- 역전이의 의미와 해결책에 대하여 쓰시오.

ⓛ **지도 감독(슈퍼비전)**: 타 상담자 또는 감독자와의 상담을 통해 역전이를 알아차리고 도움을 받는다.
ⓒ **교육 분석**: 교육분석가들을 통해 자신에 대한 분석을 받고, 직접 분석 경험도 쌓는다.
ⓔ **위임**: 다른 상담자에게 위임한다.

제2절 개인주의 상담

1 개인주의 상담의 개요

(1) 인간관
① 아들러(Adler) 심리학의 가장 중요한 가설은 인간이 통일되고 자아일치된 유기체라는 것이다.
② 인간을 더 이상 분류하거나 쪼리·분할할 수 없는 그 자체로서 완전한 전체로 본다. 아들러는 이러한 자아일치된 통합된 성격구조를 개인의 생활양식이라 부르고 있다.
③ 성격형성에 있어서 유전과 환경의 중요성을 인정하면서도, 개인은 분명히 이 두 요인 이상의 산물이라고 본다. 따라서 인간을 창조적인 힘을 가지고 자기 인생을 좌우할 수 있는 존재로 묘사한다.
④ 모든 개인은 그들 자신이 가진 통각의 도식과 일치하는 방향으로 그들 자신이 설계한 세계 속에서 산다.

(2) 주요 개념
① **목적적이고 행동지향적인 특성**
개인의 결정은 그의 과거 경험, 현재 상황, 그가 추구하고 있는 방향 등에 의해 결정된다고 가정한다.
② **우월성(중요성)을 위한 추구**
인간에게는 완전성을 향한 추구와 지배욕으로 열등감에 대항하려는 욕구가 내재한다는 것을 강조한다.
③ **생활양식**
개인의 성격을 움직이는 체계적 원리로서, 부분에 명령을 내리는 전체의 역할을 한다. 개인의 독특성, 즉 삶의 목적, 자아개념, 가치, 태도 등을 포함하는 것으로 삶의 목적을 달성하는 독특한 방법들이다.
④ **허구적인 결말(목적)주의**
인간의 행동을 이끄는 상상된 중심목표를 언급하기 위해 '허구적인 결말주의' 또는 '가상적 목표'라는 용어를 제시한다. 행동에 방향을 제시하는 이런 개인적인 목표들은 개인의 생활양식의 기본 측면이 된다.

> **바로 확인하는! 기출문제**
> ▶ 아들러의 개인주의 상담이론에서 개인의 열등감 콤플렉스를 일으키는 원인 3가지를 쓰시오.

⑤ 사회적 관심
우리가 경험하는 문제의 대부분은 자신이 가치를 두는 사람들에게 수용되지 못한다는 두려움과 관련되어 있으며, 이러한 소속감이 충족되지 못하면 불안이 발생한다. 아들러는 우리가 소속되고자 하는 강한 욕구를 가졌고 또 소속감을 가질 때만 문제에 직면하고 그것을 처리하려고 노력한다고 주장한다.

⑥ 생활과제
아들러학파는 사회(친구나 가족과의 관계), 일, 성욕, 자기에 대한 감정 그리고 정신적인 영역(생의 목표, 의미, 목적 등을 포함)의 다섯 가지의 주요 과제를 완성해야 한다고 주장한다.

(3) 상담의 목적 및 목표 <small>2022년 3회, 2020년 1회, 2018년 2회, 2016년 1회</small>

개인주의 상담이론의 기본목표는 내담자의 사회적 관심, 즉 잘못된 사회적 가치를 바꾸는 것이다. 아들러학파는 행동수정보다는 동기수정에 관심을 갖는데, 기본적인 삶의 전제들, 즉 생의 목표나 기본 개념들에 도전하려고 하며 단순한 증상제거에는 별로 관심을 갖지 않는다.

① 내담자에게 사회적 관심을 증대시켜 잘못된 사회적 가치를 바꾸게 한다.
② 내담자가 피해의식, 패배감, 열등감을 극복하고 필요한 지식과 기술을 습득하여 자신이 가진 자원을 확인하고 우월의식을 추구하도록 돕는다.
③ 내담자의 잘못된 생활양식을 파악하여 바람직한 생활양식으로 재교육한다.
④ 행동의 변화보다 잘못된 동기의 변화에 더 관심을 갖고, 인생의 목표에 도전하도록 돕는다.
⑤ 사회에 보다 많이 기여하는 태도를 증진시키도록 돕는다.
⑥ 내담자가 다른 사람과 동등한 감정을 갖도록 돕는다.

2 개인주의 상담의 4단계 치료과정 <small>2012년 1회</small>

(1) 관계의 형성
상담과정이 효율적으로 진행되려면 내담자가 중요하다고 인식하여 기꺼이 논의하고 변화시키려는 개인적 문제를 다루어야 한다.

(2) 개인의 역동 탐색 및 이해(평가 및 분석)
내담자의 생활양식을 이해하고, 그것이 현재의 생애 과제에서 어떻게 기능하는지를 이해한다.

(3) 통찰의 격려(해석과 통찰)
내담자가 자신의 생활양식, 현재의 심리적인 문제, 잘못된 신념 등 기본적 오류를 깨닫도록 하고, 그것이 어떻게 내담자에게 문제가 되는지 해석해 준다.

(4) 재교육을 통한 도움(방향 재조정)
행동지향적인 국면으로 내담자가 태도를 수정하거나 내담자의 통찰이 실제 행동으로 전환되게 한다.

바로 확인하는! 기출문제
▶ Adler의 개인주의 상담의 목적을 5가지 쓰시오.
▶ Adler의 개인주의 상담과정의 목표를 3가지만 쓰시오.

바로 확인하는! 기출문제
▶ Adler의 개인주의 상담의 4단계 치료과정을 순서대로 쓰시오.

3 생활양식 2014년 1회

① 생활양식은 삶을 영위하는 근거가 되는 기본적 전제와 가정이다.
② 생활양식은 우리의 독특한 열등감을 극복하기 위한 노력을 나타내며, 4~5세 경에 그 틀이 형성되어 그 후에는 거의 변화하지 않는다. 따라서 우리의 모든 심리적 과정의 의미는 개인의 생활양식의 내용을 보아야만 비로소 알 수 있다.
③ 아들러는 생활양식의 진정한 형태는 생활과제에 접근하고 이를 해결하는 태도에 따라 구별된다고 하였다.
④ 사회적 관심과 활동수준에 따른 생활양식

지배형	사회적 관심이 거의 없으면서 활동수준이 높아 공격적이고 주장적인 유형이다.
획득형 (기생형)	기생적인 방법으로 외부세계와 관계를 맺으며, 다른 사람에게 의존하여 욕구를 충족하는 유형이다.
회피형	사회적 관심도 적고 활동도 적으며, 인생의 모든 문제를 회피함으로써 한 치의 실패 가능성도 모면하는 것을 목표로 하는 유형이다.
사회형 (사회적 유용형)	심리적으로 건강한 사람의 표본이며, 활동수준과 사회적 관심이 높아 자신의 욕구는 물론 다른 사람의 복지를 위해서 협력하려는 의지를 가지는 유형이다.

4 주요 상담기법

(1) 격려하기
불행, 우울, 분노, 불안의 심리 상태에 있는 사람들에게 내적 자원의 개발을 촉진하고 긍정적인 방향으로 나아갈 수 있는 용기를 북돋는 것이다.

(2) 역설적 의도(기법)
바라지 않거나 바꾸고 싶은 행동을 의도적으로 반복하여 실시하게 함으로써 역설적으로 그 행동을 제거하거나 벗어날 수 있게 하는 것이다.

(3) '마치 ~인 것처럼' 행동하기
상담자는 내담자가 마치 자신이 그런 상황에 있는 것처럼 상상하고 행동하도록 하는 역할놀이 상황을 설정한다.

(4) 내담자의 수프를 엎지르기
상담자는 목표를 정해서 어떤 행동을 종식시키며 내담자의 눈앞에서 어떤 행동의 유용성을 감소시킴으로써 게임을 망치게 하기도 한다.

(5) 자신을 파악하기
자신을 파악하는 과정에서 내담자는 자기증결감 없이 자기 파괴적 행동이나 비합리적인 사고를 자각하게 된다.

(6) 단추 누르기
내담자가 대안적으로 유쾌·불유쾌한 경험을 가진 다음, 이 경험들에 수반되는 감정에 주의를 기울이는 것이다.

제3절 교류분석적 상담

1 교류분석 상담의 개요

(1) 의의
① 교류분석(TA; Transactional Analysis)은 번(Bern)에 의해 발달된 접근법으로, 개인상담에 사용될 뿐만 아니라 특히 집단상담에 적합한 상호역동적인 상담기법이다.
② 이 접근법은 대부분의 다른 상담과 달리 계약적이며 의사결정적이다. 즉, 상담과정의 목표와 내용을 뚜렷이 하는 내담자에 의해 발달된 계약을 포함한다.
③ 각 개인의 초기결정을 중요시하며 새로운 결정을 내릴 수 있는 개인의 능력을 강조한다.
④ 성격의 인지적·합리적·행동적인 면을 모두 강조하며, 내담자가 새로운 결정을 통해 생애 과정을 바꿀 수 있도록 하기 위해 자각을 증대시키려는 경향을 가지고 있다.
⑤ 개인 간 그리고 개인 내부의 상호작용을 분석하기 위한 구조를 제공해 준다.

(2) 인간관
① 인간을 자율적이고 자유로운 존재로 본다.
② 인간을 스스로 선택할 수 있는 존재로 파악한다.
③ 인간은 자신의 행동에 대해 책임질 수 있는 존재이며 인간의 모든 것은 어릴 때 결정되나 변화될 수 있다는 입장을 취한다.

2 자아상태

2020년 2회, 2016년 2회

모든 사람은 세 가지 자아상태(ego state)로 그 인격을 이루고, 이 세 개의 인격은 각각 분리되어 특이한 행동의 원천이 된다고 보았다. 의사교류분석은 세 가지로 구분되는 행동 형태인 부모, 성인, 아동의 자아상태(P-A-C)로 묘사된다.

▶ 자아상태의 분석

부모자아 (Parent ego)	P	NP	양육적 부모자아(어머니)(Nurturing Parent)
		CP	비판적·통제적 부모자아(아버지)(Critical Parent)
성인자아 (Adult ego)	A		-
아동자아 (Child ego)	C	FC	자유 아동자아(Free Child ego)
		LP	작은 교수자아(Little Professor ego)
		AC	적응된 아동자아(Adapted Child ego)

바로 확인하는! 기출문제
- 의사교류기법 상담에서 주장하는 역동적 자아상태 3가지를 쓰시오.
- 교류분석적 상담에서 주장하는 자아의 3가지 형태를 쓰고 각각에 대해 간략히 설명하시오.

(1) 부모자아

5세 이전에 부모를 포함한 의미 있는 연장자들의 말이나 행동을 무비판적으로 받아들여 내면화한 것으로, 독선적·비현실적·무조건적·금지적인 것들이 많다.

① 양육적 부모자아(NP)

부모가 자녀를 사랑하고 돌보는 등 자녀를 양육하는 말이나 행동이 그대로 내면화된 자아로서, 구원적·보호적·위안적·배려적·동정적이어서 온화하고 부드러운 말투와 수용적이고 보호적인 자세가 특징이다. 또한 남의 고통을 자신의 고통으로 여기는 면이 있다.

② 비판적·통제적 부모자아(CP)

어버이의 윤리, 도덕, 가치판단의 기준이 그대로 내면화된 자아로서, 다른 사람의 권리를 고려하지 않고 편견적·봉건적·비난적·징벌적·배타적인 말을 단정적·조소적·강압적·교훈적인 말투로 나타내는 경향이 강하다.

(2) 성인자아(어른자아)

① 현실적인 것을 위해 필요한 지식을 축적하고 그것을 합리적으로 이용하는 부분, 즉 진행되고 있는 정보를 수집하는 인간의 객관적인 부분을 말한다.

② 감정이 아닌 사실에 입각해서 행동하기를 좋아하며(감정과 윤리·도덕적인 면은 배제), 외부와 개체 내부의 모든 원천으로부터 정보를 수집·정리·분석하고, 객관적·합리적·분석적·지성적·논리적·사실평가적 경향이 강하다.

(3) 아동자아

인간 내에서 생득적으로 일어나는 모든 충동과 감정, 그리고 5세 이전에 경험한 외적상태, 특히 부모와의 관계에서 경험한 감정과 그에 대한 반응양식이 내면화된 것으로, 기능적인 면에서 자유 아동자아(FC), 작은 교수자아(LP), 적응된 아동자아(AC)로 나누어진다.

① 자유 아동자아(FC)

부모나 어른들의 반응에 영향 없이 내면에서 자연스레 일어나는 그대로 자신을 나타내며 천진난만, 순수성, 창조성, 자유분방, 멋대로 사는 경향이 강하다.

② 작은 교수자아(LP)

인간의 내부에 있는, 재치 있는 작은 어른이의 모습을 나타내는 자아로, 창의적·직관적·탐구적·조정적 기능을 가진 선천적 지혜를 가지고 있다.

③ 적응된 아동자아(AC)

부모나 권위의 관심을 얻기 위해 이들의 요청에 부응하려는 자연적 충동의 적응기능, 어른들에게 칭찬받으려고 하는 행동들을 나타내며, 순응적·소극적·의존적·반항적 특징, 순종, 우등생 기질, 착한 모범생, 규범준수형, 권위복종형 등의 경향이 있다.

3 인생극본(자세의 욕구)　　　　　　　　　　　　　　　　　2019년 1회, 2011년 2회

인생극본		행동성향
자기부정 – 타인긍정 (I'm not O.K. You're OK)	헌신 패턴 예 나이팅게일	• 출생했을 때와 관련된다. • 타인과 친밀한 관계를 맺기 어렵다. • 열등감, 죄의식, 우울, 타인 불신을 느낀다. • 정도가 심하면 자살까지 이른다.
자기부정 – 타인부정 (I'm not O.K. You're not OK)	갈등 패턴 예 햄릿	• 생후 1년 전후와 관련된다. • 인생에 대해 무가치함·허무감, 정신분열 증세, 자살이나 타살의 충동을 느낀다. • 일생 동안 정신병원이나 교도소에 출입한다.
자기긍정 – 타인부정 (I'm O.K. You're not OK)	자기주장 패턴 예 도날드 덕	• 2~3세경의 경험과 관련된다. • 지배감, 우월감, 양심 부재, 타인에 대한 불신을 느끼며, 독재자, 비행자, 범죄자에게서 흔히 볼 수 있다. • 자신의 잘못을 타인이나 사회에 돌려 자신을 희생당하고 박해받는 사람으로 여긴다.
자기긍정 – 타인긍정 (I'm O.K. You're OK)	원만 패턴	• 가장 건강한 생활자세로 정신적·신체적으로 건전하고 사물을 건설적으로 대한다. • 타존재(他存在)의 의미를 충분히 인정하는 건설적인 인생관을 지닌 사람이 된다.

4 상담의 목적 및 목표

(1) 목적

상담의 목적은 개인이 자신의 삶에 대해 책임지고 스스로 지도할 수 있는 자율성을 갖도록 하는 것이다. 자율성을 갖기 위해서는 각성, 자발성, 친밀성이 중요하다고 보았다.

① 각성(자각)

자기 자신의 양식으로 보고, 듣고, 접촉하고, 맛보고, 평가하는 능력이다.

② 자발성

감정을 선택하고 표현할 수 있는 자유, 강박관념으로부터의 해방을 말한다.

③ 친밀성

순수한 직관적 지각을 지니고 지금 여기에 살고 있는 오염되지 않은 아동자아의 자유, 숨김 없이 남과 사랑을 나누고 친숙한 관계를 맺을 수 있는 수용 능력을 말한다.

(2) 목표
① 혼합이 없이 성인자아가 정상적으로 기능할 수 있도록 한다.
② 배타 없이 상황에 따라 세 가지 자아상태(P, A, C)가 적절히 기능할 수 있도록 한다.
③ 라킷(racket)을 각성시켜 게임에서 벗어나게 한다.
④ 초기결단 및 이에 근거한 인생극본(생활각본)을 새로운 결단에 근거한 '자기긍정-타인긍정'의 인생극본(생활각본)으로 바꾼다.

> **배타오·혼합**
> ① 배타
>   자아상태가 경직되어 심적 에너지의 자유로운 이동이 거의 불가능한 상태이다.
> ② 혼합
>   P, A, C의 각 자아상태가 서로의 영역 내에 침입하여 혼합되는 것이다.

5 교류분석의 상담절차

계약 ➡ 구조분석 ➡ 교류분석 ➡ 게임분석 ➡ 생활각본분석 ➡ 재결정

6 분석의 유형   2018년 2회, 2013년 2회

(1) 구조적 분석(structural analysis)
① 의미
  ㉠ 구조적 분석은 어떤 개인에게 내재해 있는 '부모(P)', '어른(A)', '아동(C)'이라는 자아상태의 내용과 기능을 인식하게 하는 도구이다. TA의 내담자는 자신의 자아상태를 어떻게 확인해야 하는가를 배운다.
  ㉡ 구조분석은 내담자가 어쩔 수 없다고 느끼는 행동유형을 해결하는 데 도움을 주며, 자기행동의 기초가 되는 자아상태를 발견하게 해 준다. 이런 지식을 갖고 개인은 자신이 무엇을 선택해야 할지 결정할 수 있게 된다.

② 에고그램(egogram, 자아상태의 객관적 흐름)
  ㉠ 에고그램은 듀세이(Dusay)가 각각의 자아상태가 방출한다고 생각되는 에너지의 양을 눈으로 보이는 기호를 사용하여 그래프로 나타낸 것이다.
  ㉡ 에고그램은 성격구조를 P, A, C를 사용하여 자기분석해 나가는 것으로, 자기 성격의 불균형을 발견하는 데에 목적이 있다.

> **바로 확인하는! 기출문제**
> ▶ 교류분석 상담이론에서 상담자가 내담자를 조력하기 위해서 생활을 분석할 때 사용할 수 있는 분석 유형 3가지를 쓰시오.

한발 더 나아가기

구조적 분석의 특징
1. **혼입성**: 하나의 자아상태의 내용이 또 다른 자아상태와 혼합될 때 존재한다. '부모'나 '아동' 또는 그들이 '어른'의 자아상태의 영역 내에 침입하거나 '어른'의 명석한 사고와 기능을 간섭하는 경우 등을 들 수 있다. '부모'로부터의 혼입은 현실을 왜곡해서 지각하는 것을 포함한다. 이 경우 혼입의 대표적인 양상은 편견이나 맹신으로 나타난다.
2. **배타성**: 세 가지 자아상태 중 하나만으로 자신을 너무 장기간 지나치게 지배하면 완전하고 전체적인 자신 대신에 항상 부모이거나 항상 성인이거나 항상 아동이 되고 마는 상태를 말한다. 즉, 자아상태의 경계가 경직되어 심적 에너지의 자유로운 이동이 거의 불가능한 상태이다.

(2) 의사교류분석
① 의사교류분석은 기본적으로 사람들이 자신과 다른 사람에게 무엇을 하며, 무슨 말을 하는가를 묘사하는 것이다.
② 사람들 사이에서 일어난 것은 무엇이든지 그들 자아상태의 의사교류를 포함한다. 즉, 메시지가 전달되면 반응이 기대된다. 의사교류분석의 유형에는 상호보완적 교류, 교차적 교류, 암시적 교류 3가지가 있다.

(3) 게임과 라켓의 분석
① 게임의 분석
대부분의 게임에서 참가자는 나쁜 감정을 갖고 끝을 맺게 되는데, 이때 왜 게임이 이루어지는지, 게임의 결과가 무엇인지, 어떤 접촉을 받았는지, 그리고 이런 게임들이 어떻게 거리감을 주거나 친밀성을 방해하는지를 관찰하고 이해하는 것이 중요하다.
② 라켓의 분석
라켓은 일차적으로 어떤 사람을 실제세계로부터 가려 주는 방법이기 때문에 다른 사람을 조작하는 데 있어 게임처럼 중요하다. 상담자는 라켓으로써 사용되는 분노, 눈물, 두려움과 진실한 감정의 표현 등을 구별할 수 있는 능력을 가져야 한다.

> **♀ 라켓(racket)**
> 라켓은 만성 부정감정을 말한다.

(4) 극본(각본)분석(script analysis)
① 극본(각본)분석은 내담자가 따르는 인생 유형을 확인해 주는 상담과정이다.
② 문제행동과 관련된 각본을 찾아 이에 정확한 정보와 활력을 불어넣어 재결정하도록 하여 자율적인 삶을 살아가도록 돕는다.
③ 각본의 의미와 종류를 내담자에게 이해시킨다.
④ 내담자와 관련이 많은 각본을 확인시킨다.
⑤ 내담자의 문제행동과 관련된 각본을 확인시킨다.
⑥ 문제행동과 관련된 내담자의 각본이 어떻게 형성되었는지를 명시된 요령에 따라 분석하도록 한다.

7 의사교류분석의 제한점
2022년 1회, 2018년 1회, 2011년 3회

① 주요 개념을 포함한 많은 개념이 인지적이므로 지적 능력이 낮은 내담자에게는 적절하지 않을 수 있다.
② 창의적인 면도 있지만 추상적이어서 실제적용에 어려움이 많다. 이는 의사교류분석에서 사용하는 용어가 많고, 그 의미가 모호하며, 설명이 다양하기 때문이다.
③ 실증적 연구도 있었지만 아직은 그러한 개념들이 과학적인 증거로 제시되었다고 보기 어렵다. 단순하고 피상적이며 단지 증상만 완화시키는 것이라는 비판을 받기도 하였다.

> **바로 확인하는! 기출문제**
> ▶ 의사교류분석 상담의 제한점을 2가지 쓰시오.

제4절　내담자 중심 상담이론

1 내담자 중심(인간 중심) 상담이론의 개요

(1) 의의
① 로저스(Rogers)는 개인상담에서 지시적이고 정신분석적인 접근법에 대한 반동으로 비지시적 상담으로 알려진 상담법을 발전시켰다. 또한 충고, 암시, 상담자의 지시, 설득, 교수, 진단, 해석 등 일반적으로 받아들여지고 있던 상담과정의 타당성에 대해 도전하였다.
② 기본가정은 인간은 본질적으로 신뢰할 수 있으며 상담자 측의 직접적인 지시가 없어도 자신과 자신의 문제를 이해할 수 있는 잠재적 능력을 가지고 있으므로 상담관계에 참여하게 되면 자기지시적으로 성장할 수 있는 가능성이 있다는 것이다.
③ 상담자의 태도, 성격특성, 상담과정의 결과를 결정하는 요소로 내담자와 상담자 간의 관계의 질(quality)을 강조하였다. 또한, 상담자가 가진 이론이나 기법에 관한 지식은 그다음의 문제라고 계속 강조하였다.
④ 내담자 중심 상담이론은 동일한 상담원리를 정상적 상태에 있는 사람이나 정신적으로 부적응 상태에 있는 사람 모두에게 적용한다.
⑤ 내담자 중심 상담이론은 실험적 방법보다는 '지금-여기'의 현상학적 장을 상담에 적용한다.

(2) 인간관
① 존경과 신뢰의 풍토가 조성된다면, 인간은 긍정적이고 건설적인 방향으로 발전하려는 경향을 지닌다고 본다.
② 인간은 신뢰할 수 없으며, 우월하고 탁월한 위치에 있는 사람에 의해 지시받고, 동기화되고, 가르침받고, 처벌받고, 보상받고, 통제되고, 지배받아야 한다는 가정에 기초한 프로이트의 이론이나 행동주의와 같은 결정론적 이론체계에 공감하지 않는다.
③ 인간을 근본적으로 합목적적이고, 전진적이며, 건설적이고, 긍정적이며, 독립적이고, 수용적이며, 현실적인 존재인 동시에 신뢰할 만한 선한 존재로 본다.

(3) 철학적 가정　　　　　　　　　　　　2018년 3회, 2014년 3회, 2010년 4회
① 개인은 가치를 지닌 독특한 존재이다.
② 개인은 자기확충을 향한 적극적인 성장력을 지니고 있다.
③ 개인은 근본적으로 선하며, 이성적이고 믿을 수 있는 존재이다.
④ 개인을 알려면 그의 주관적 생활에 초점을 두어야 한다.
⑤ 개인은 자신이 결정을 내릴 권리를 가지고 있을 뿐 아니라, 자신의 장래를 선택할 권리도 지니고 있다.
⑥ 개인은 결정하고 계획하고 훌륭한 사람이 되는 데 사용되는 내적자원을 지니고 있다.
⑦ 상담의 목표는 개인으로 하여금 자기를 수용하고, 자기 통찰을 통하여 전인적인 기능을 발휘하도록 하는 것이다.

바로 확인하는! 기출문제

▶ Rogers의 인간 중심 상담의 철학적 가정 5가지를 쓰시오.

(4) 내담자 중심 상담의 특징
① 내담자의 능력과 책임감 강조
내담자 중심 접근법은 현실과 좀더 완전하게 만날 수 있는 내담자의 능력과 책임감을 강조한다. 내담자는 자신을 가장 잘 아는 사람으로서, 성장하는 자기자각을 바탕으로 자신에게 보다 적합한 행동을 발견할 수 있는 사람이다.
② 현상적 세계의 강조
내담자 중심 접근법은 내담자의 현상적 세계를 강조한다. 상담자는 정확한 공감과 내담자의 내적 준거를 이해하려는 노력을 하고 주로 내담자의 자아와 세계에 대한 인식에 관심을 갖는다.
③ 광범위한 치료 범위
심리적으로 성숙하고자 하는 충동이 인간 본성에 깊이 뿌리박혀 있다는 관점에 근거한 내담자 중심적 상담은 심리적 부적응의 정도가 심한 사람뿐만 아니라 비교적 정상 수준에서 기능하는 사람들에게도 적용된다. 즉, 상담의 원리들이 모든 내담자들, 즉 '정상인', '신경증 환자', '정신병 환자'에게 모두 적용된다.
④ 건설적 인간관계로서의 상담
내담자 중심 접근법에 의하면 상담은 건설적인 인간관계의 하나의 본보기에 불과하다. 내담자 중심적 접근법에서 상담자의 기능은 즉시 제공되어야 하고, 내담자에게 접근 가능해야 하며, 그들의 관계에서 만들어진 지금-여기의 경험에 초점을 맞추어야 한다.

2 주요 개념

(1) 유기체
① 유기체는 각 개인을 의미하는데, 이때 유기체는 사고, 감정, 행동을 포함한 인간의 자기지각으로 이루어져 있다. 즉, 유기체란 사상, 행동 및 신체적 존재 모두를 포함하는 전체로서의 한 개인을 지칭하는 것이다.
② 유기체의 일차적 목적은 욕구를 만족시키기 위해 행동하는 것이고, 늘 유기체 자신을 향상시키고 유지시키려는 동기를 가지고 있다.

(2) 현상학적 장(phenomenal field)
현상학적 장은 경험적 장으로 바꾸어 말할 수 있다. 즉, 개인(유기체)이 경험하거나 지각한 장으로, 개인의 사적이고 주관적인 경험의 세계를 말한다.

(3) 자아
① 자아는 개인의 전체적인 현상학적 장 혹은 지각적인 장으로부터 분화된 부분이다.
② 자아는 현상학적 장으로부터 '나 혹은 나에게'로 한정짓는 하나의 심상을 형성하게 된다. 즉, 자아란 자기존재의 각성 또는 기능화의 각성을 의미한다.

> **현상학적 장**
> 한 유기체로서의 개인의 실재 세계를 말한다.

(4) 자아실현 경향성

① 인간을 포함한 모든 유기체는 그것 자체가 가지고 있는 고유한 가능성들을 건설적인 방향으로 성취하고자 하는 실현 경향성이 있다. 이러한 경향성은 인간의 기본적 욕구를 충족하고 유지하며, 인간의 성숙과 성장을 촉진·향상하여 유기체의 생존을 보장하려는 기본적인 동기이다.
② 인생 초기에는 신체적 요소가 더 우세하지만, 자아가 발달하면서 심리적인 것으로 실현 경향성이 옮겨 가게 된다.
③ 자아실현은 그 개인의 특성들과 잠재력을 발달시키는 계속적인 성장 과정이다.

> **바로 확인하는! 기출문제**
> ▶ 매슬로우(Maslow)의 이론에서 자기실현을 한 사람의 특성을 설명하시오.
> ▶ 인본주의 심리학자인 매슬로우(Maslow)가 말하는 자아실현한 사람의 특성 중 자신에 대한 관점과 행동특성을 기술하시오.

3 상담의 목표

상담자는 상호 신뢰적인 분위기를 조성하여 내담자가 거리낌 없이 자기를 공개하여 자신의 내면세계를 스스로 이해하고, 내담자가 현재 직면하고 있는 문제들과 앞으로의 문제들을 극복할 수 있도록 내담자의 성장과정을 돕는다.

4 완전히 기능하는 사람의 특성   2015년 3회, 2008년 3회

① 경험에 대해 개방적이다.
② 실존적인 삶을 사는 사람이다.
③ 자기 자신에 대한 유기체적인 신뢰가 있다.
④ 생각과 행동과정의 대안들을 자유롭게 선택할 수 있다.
⑤ 창조적이다.

> **바로 확인하는! 기출문제**
> ▶ 인간 중심 치료에서 '완전히 기능하는 사람'의 특성 5가지를 쓰시오.

5 상담의 기술 및 상담자의 태도
2020년 1회, 2016년 1회, 2015년 1·3회, 2009년 3회, 2007년 3회

(1) 일치성 혹은 진실성

① 일치성은 관계에서 느끼는 분노, 좌절, 좋아함, 매력, 관심, 권태, 귀찮음 등의 감정을 있는 그대로 표현하는 것이다.
② 상담자에게는 거짓된 태도가 없고, 상담자의 내적 경험과 외적 표현이 일치하며, 내담자와의 관계에서 일어나는 감정이나 태도를 솔직하게 표현한다.
③ 부정적인 감정을 표현(수용)함으로써 상담자는 내담자와 정직한 대화를 촉진시킬 수 있다.

(2) 무조건적인 긍정적 관심과 수용적 존중

① 무조건적인 긍정적 관심과 수용적 존중은 상담자가 내담자를 수용함에 있어 규정을 정하지 않고 무조건 존중하고 따뜻하게 받아들이는 것이다.
② 내담자를 하나의 인격체로서 깊고 진실하게 돌보는 것이다. 돌본다는 것은 내담자의 감정이나 생각, 행위의 좋고 나쁨의 평가와 판단에 의해 영향을 받지 않는다는 점에서 무조건적이다.

> **바로 확인하는! 기출문제**
> ▶ 로저스(Rogers)는 내담자 중심 상담을 성공적으로 이끄는 데 있어서 상담자의 능동적 성향을 강조하였으며, 패터슨(Patterson)도 내담자 중심 직업상담은 기법보다는 태도를 필수적으로 보았다. 내담자 중심 접근법을 사용할 때 직업상담사가 갖추어야 할 태도 3가지를 기술하시오.
> ▶ 내담자 중심 상담을 성공적으로 이끌기 위해 상담자가 갖춰야 할 기본적인 태도를 설명하시오.
> ▶ 촉진적 관계를 형성하기 위한 상담자의 바람직한 태도 3가지를 쓰고 설명하시오.

③ 비소유적인 방식으로 관심을 가지고, 칭찬하고, 수용하고, 존중하는 정도가 클수록 상담이 성공적일 가능성이 더 크다.

(3) 공감적 이해
① 공감적 이해란 상담자가 내담자의 감정에 빠져들지 않으면서 내담자의 감정을 자신의 감정인 것처럼 느끼는 것을 의미한다.
② 공감적 이해는 상담자가 마치 자신이 내담자인 것처럼 내담자의 주관적인 세계를 공유하는 것이다. 즉, 상담자가 자신의 정체감을 잃지 않으면서, 내담자가 현재 보고 느끼는 주관적인 세계를 경험할 때 내담자의 건설적 변화가 일어난다고 믿고 있다.
③ 공감은 내담자가 자신에게 더욱 밀접하게 다가가게 하여 더욱 깊고 강한 감정을 경험함으로써 내담자 내부에 존재하는 불일치성을 인식하여 해결하도록 격려하는 데 그 목적이 있다.

> **한발 더 나아가기**
>
> **공감적 이해의 5수준(단계)**
> **수준 1**: 상대방의 언어 및 행동 표현의 내용으로부터 벗어나거나 내용에 주의를 기울이지 않기 때문에 감정 및 의사소통에 있어서 상대방이 표현한 것에는 훨씬 못 미치게 소통하는 수준이다.
> **수준 2**: 상대방이 표현한 감정에 반응은 하지만 상대방이 표현한 것 중에서 주목할 만한 감정은 제외시키고 의사소통을 하는 수준이다.
> **수준 3**: 상대방이 표현한 것과 본질적으로 같은 정서와 의미를 표현하여 상호교류적인 의사소통을 하는 수준이다.
> **수준 4**: 상대방이 스스로 표현할 수 있었던 것보다 더 내면적인 감정을 표현하면서 의사소통하는 수준이다.
> **수준 5**: 상대방이 표현할 수 있었던 감정의 내면적 의미들을 정확하게 표현하거나, 상대방의 내면적 자기탐색과 완전히 같은 몰입 수준에서 상대방이 표현한 감정과 의미에 첨가하여 의사소통하는 수준으로 상대방의 적극적인 성장 동기를 이해하여 표현하는 수준이다.
>
> **로저스(Rogers)가 제시한 상담관계의 3가지 필수조건**
> 1. 두 사람의 심리적인 관계(접촉)
> 2. 내담자의 불안하고 불일치한 상태
> 3. 상담자의 일치성, 무조건적 수용, 공감적 이해

제5절 실존주의 상담

1 실존주의 상담의 개요

(1) 의의
① 실존주의 접근은 실존주의 사상과 심리학에 있어서 제3세력으로 간주되고 있는 인본주의 심리학에 근거하여 출현하였다. 따라서 상담에 있어서 실존주의적 접근은 다른 접근에 비하여 철학적인 면이 강조되며

구체적인 상담 기술보다는 상담의 바탕이 되는 인간관에 더 많은 관심을 둔다.
② 실존주의 사상은 인간의 본질, 현재 세계에서의 인간의 존재, 개인에 대한 인간존재의 의미에 관심을 두며, 그 초점을 인간의 가장 직접적인 경험인 자신의 존재에 둔다.

(2) 기본가정
① 인간존재의 불안의 원인은 시간의 유한성과 죽음에 대한 불안에서 기인한다고 본다.
② 문제해결의 방법은 인간존재의 참된 의미를 발견하는 데 있다고 본다.
③ 인간의 자기책임, 자기존재의 의미, 가치에 대한 자신의 선택을 기본전제로 출발한다.
④ 정서적 장애는 삶에서 보람을 찾는 능력이 없는 실존적 신경증에서 기인하며, 실존적 신경증은 상담자와 내담자의 인간관계의 만남을 통해서 치료될 수 있다고 전제한다.

(3) 인간관
① 인간은 선택하는 주체이고, 그 선택은 미래를 결정하는 기준이며, 그런 결정의 모든 책임을 자신이 져야만 한다.
② 인간은 자신이 창조하며 잠재력을 각성함으로써 인생을 보다 행복하게 만들 수 있는 존재이다. 따라서 인간은 실존하고 난 뒤에 자유로운 자신의 의지에 의하여 선택하고 행동하며, 그 결과에 대해 책임지는 가운데 자신의 본질을 자신이 만든다.
③ 인간은 자기를 각성할 수 있는 능력을 가지고 있고, 무의미한 세계에서 의미와 가치를 추구하며 자아실현의 경향성을 가지고 있다.

2 상담의 목표
① 타고난 가능성 또는 경향성을 포함한 자기존재를 완전히 각성하고 이를 실현하게 한다.
② 내담자가 자유롭게 선택하고 행동하며 그에 대하여 책임지도록 하고, 나아가 자신 스스로 가치와 의미의 창조자가 되도록 한다.
③ 실존주의 상담의 궁극적인 목표는 인간이 의식적으로 자신에 대한 책임감을 수용하도록 하는 것이다.

> **한발 더 나아가기**
>
> **실존주의 인간본성에 대한 관점(인간의 기본조건)**
> 1. 자아인식능력
> 2. 자유와 책임
> 3. 정체성과 대인관계 추구
> 4. 의미 추구
> 5. 삶의 조건으로서의 불안
> 6. 죽음과 비존재에 대한 인식

바로 확인하는! 기출문제
▶ 실존주의적 상담은 실존적 존재로서 인간이 갖는 궁극적 관심사에 대한 자각이 불안을 야기한다고 본다. 실존주의의 궁극적 관심사와 관련하여 중요하게 생각하는 주제를 4가지 제시하고 각각에 대해 설명하시오.

📍 **고립(소외)**
사랑에 빠지는 경우나 강박적인 성욕도 고립을 무서워해서 나타나는 일반적인 반응이라고 본다.

TIP **교수님의 꿀팁**
실존주의의 궁극적 관심사는 교재에 따라 삶의 의미성, 진실성, 자유와 책임, 죽음과 비존재로도 제시되고 있습니다.

바로 확인하는! 기출문제
▶ 실존주의 상담의 양식세계를 세 가지 적고 각각 설명하시오.

③ 얄롬(Yalom)의 실존적 존재로서 인간이 가지는 궁극적 관심사
2020년 2회, 2017년 2회, 2012년 3회, 2010년 2회

(1) 죽음
실존적 관점에서 내적 갈등의 핵심은 불가피한 죽음에 대한 개인적 자각과 삶을 지속시키려는 동시적 소망 사이에 있다. 즉, 죽음 자각에 대항하는 방어가 성격구조를 조성하며, 이를 극복하는 것이 관심사이다.

(2) 자유
인간이 자신의 세계, 자신의 인생 설계, 자신의 선택과 행동에 책임이 있음을 말한다. 자유의 개념은 책임과 의지의 측면을 수반하며, 의지는 책임에서 행동으로 가는 통로이다.

(3) 고립(소외)
실존적 인간은 역동적 갈등을 가지고 있다. 즉, 전체에 융화되고 또한 부분이 되고자 하는 소망 사이에서 갈등한다. 상담을 통해 내담자는 자신의 자아 경계를 누그러뜨리고, 다른 사람의 일부가 되면서 개인적인 성장을 하고, 성장에 수반되는 고립감을 피한다.

(4) 무의미성
모든 인간이 죽어야 하고, 자신의 세계를 세워야 하고, 상이한 우주 안에서 혼자 있어야 한다면, 인생이 지닐 수 있는 의미는 무엇이고 왜 사는지, 어떻게 살아야 하는지에 대한 의문이 생긴다. 따라서 상담자는 내담자가 존재의 패턴, 존재에 대한 설명, 존재의 의미를 찾도록 하며 삶의 가치(우리가 사는 이유와 방법 등)를 깨닫도록 도와주어야 한다.

④ 실존주의 상담의 세 가지 양식세계
2019년 1회

실존주의자들은 개인이 속한 세계 내에서 실존의 방식을 확인한다고 한다. 즉, 인간은 동시에 주변세계, 공존세계, 고유세계, 영적세계에 존재한다.

주변세계	인간이 접하며 살아가는 주변환경 혹은 생물학적 세계를 의미한다.
공존세계	사회적 존재로서 인간만이 갖게 되는 대인관계의 세계를 의미한다.
고유세계	자신의 고유한 세계로서 개인이 자신에게 갖는 관계에 대한 세계를 의미한다.
영적세계	인간 각자가 갖는 믿음이나 신념세계를 의미하는 것으로, 영적 혹은 종교적 가치와의 관계를 의미한다.

⑤ 메이와 패터슨이 제시하는 실존주의적 상담의 기본가정
2013년 2회

① 인간에게는 직접적인 사태를 초월하고, 과거를 넘어서고, 자신을 초월할 수 있는 능력이 있다.
② 모든 현대인은 자신의 세계와 사회로부터 소외된 감정을 가질 수 있다.
③ 인간존재의 불안의 원인은 시간의 유한성과 죽음에 대한 불안에서 시작된다.
④ 문제해결방법은 인간존재의 참의미를 발견하는 것이다.
⑤ 인간은 정적 실체가 아니며 변화, 발생, 생성, 발전의 계속적인 상태에 있다.

⑥ 인간은 미래의 어느 시기에는 자신이 존재하지 않을 것을 안다. 존재는 비존재를 내포하며, 존재의 의미는 비존재의 사실과 관련된다.

제6절 형태주의(게슈탈트) 상담

1 형태주의(게슈탈트) 상담의 개요

(1) 의의

형태주의적 접근은 펄스(Perls)에 의해 창안되었으며, 경험의 즉각성, 비언어적 표현을 강조하며, 말보다는 행동을 강조한다.

(2) 게슈탈트 심리학 이론 중 게슈탈트 상담에 도입한 관점

① 개체는 장을 전경과 배경으로 구조화하여 지각한다.
② 개체는 장을 능동적으로 조직하여 의미 있는 전체로 지각한다.
③ 개체는 자신의 현재욕구를 바탕으로 게슈탈트를 형성·지각한다.
④ 개체는 미해결된 상황을 완결지으려는 경향을 지니고 있다.
⑤ 개체의 행동은 개체가 처한 상황의 전체 맥락을 통하여 이해된다.

(3) 인간관

① 형태주의 상담의 기본가정은 개인은 책임을 질 수 있고 통합된 인간으로 생활할 수 있는 충분한 능력을 가지고 있다는 것이다.
② 사람들은 발달상의 어떤 문제들 때문에 문제를 회피하는 양식을 형성하고, 이로 인하여 개인적 성장을 이루지 못하게 된다.
③ 필요한 중재(개입)와 도전으로써 개인이 통합과 자발성 및 활기에 찬 실존으로 나아가는 데 필요한 지식과 자각을 얻도록 도와준다.
④ 내담자는 자신을 지지하고 상담을 이해하는 데 필요한 책임감을 수용할 능력이 있다고 가정한다.

2 주요 개념

(1) 게슈탈트(gestalt)

① 게슈탈트란 전체, 형상, 형태, 모습 등을 뜻하는 독일어로, 게슈탈트 심리학자들에 의하면 개체는 대상을 산만한 부분들의 집합이 아니라 하나의 의미 있는 전체, 즉 '게슈탈트'로 만들어 지각한다고 말한다.
② 게슈탈트는 개체가 자신의 욕구나 감정을 하나의 의미 있는 전체로 조직화하여 지각한 것을 뜻한다(Thomson, 1968). 즉, 욕구나 감정 자체가 게슈탈트가 아니라, 개체를 하나의 의미 있는 전체로 조직화하여 지각했을 때 게슈탈트라 할 수 있다.
③ 개체는 모든 유기체 활동을 게슈탈트를 형성함으로써 조정·해결한다. 간혹 개체가 자연스런 유기체 활동을 인위적으로 차단하고 방해함으로

써 문제가 발생할 수 있는데, 개체의 이러한 차단행위를 '접촉-경계 혼란'이라고 한다.

(2) 전경과 배경
① 우리가 어떤 대상을 지각할 때 관심 있는 부분은 지각의 중심 부분으로 떠오르고, 나머지는 배경으로 물러나는 것을 체험할 수 있다. 이처럼 관심의 초점이 되는 부분을 전경(도형)이라 하고, 관심 밖으로 물러나는 부분을 배경이라고 한다.
② 게슈탈트 상담은 개체가 게슈탈트를 형성하여 지각하는 것을 전경과 배경의 관계로 설명한다. 따라서 '게슈탈트를 형성한다.'는 말은 '개체가 어느 한 순간 가장 중요한 욕구나 감정을 지각하여 전경으로 떠올린다.'는 것을 의미한다.

(3) 미해결 과제
① 미해결 과제는 분노, 격분, 증오, 고통, 불안, 슬픔, 죄의식, 포기 등과 같은 표현되지 못한 감정들을 포함하는 개념이다.
② 개체가 게슈탈트를 형성하지 못했거나 게슈탈트를 형성하기는 했으나 게슈탈트의 해소를 방해받았을 때, 게슈탈트는 배경으로 사라지지 않고 배경으로 남아서 계속 전경으로 떠오르려고 노력한다. 그러나 전경으로는 떠오르지 못하므로 게슈탈트는 중간층에 남아 있게 된다. 이렇게 완결되지 못한 혹은 해소되지 않은 게슈탈트를 '미해결 게슈탈트' 혹은 '미해결 과제'라고 한다.
③ 미해결 과제는 해결을 계속 요구하며 전경으로 떠오르려고 하면서 전경과 배경의 자연스런 교체를 방해하기 때문에 개체의 적응에 장애가 된다.
④ 미해결 과제가 많을수록 개체는 자신의 유기체 욕구를 효과적으로 해소하는 데 실패하게 되고, 마침내 심리적·신체적 장애를 일으키게 된다.

(4) 현재성('지금-여기'의 중요성)
① 형태주의 관점에서는 지금 이외에는 아무것도 존재하지 않는다고 본다. 즉, 과거는 지나간 것이며 미래는 아직 오지 않았기 때문에 현재만이 의미가 있다는 것이다.
② 형태주의 상담은 지금-여기를 중요시하며, 현재의 순간을 완벽하게 이해하고 경험하며 음미하는 것을 배우도록 강조한다.

(5) 회피
① 회피는 미해결 과제와 관련된 수단으로, 미해결 과제에 직면하거나 미결상황과 관련된 불편한 정서에 직면하는 것을 스스로 막는 데 사용하는 수단을 언급하는 것이다.
② 불안, 슬픔, 죄의식 등의 불편한 감정들을 직면하고 충분히 경험하는 것을 회피하려는 경향을 갖고 있기 때문에 이런 감정들은 마음의 밑바닥에 깔리게 되어 우리가 완전하게 사는 것을 방해한다.
③ 따라서 형태주의 상담자는 상담기간 동안 전에는 결코 표현하지 못했던 강력한 감정들을 표현하고 경험하도록 내담자들을 격려한다.

④ 내담자는 떨쳐버리기 어려웠던 면을 경험함으로써 통합의 과정을 시작하고 성장을 방해했던 장애를 뛰어넘게 된다.

(6) 접촉
① 형태주의 상담에서 접촉은 변화와 성장을 일으키기 위해 필수적이다.
② 우리가 환경과 접하면 필수적으로 변화가 일어난다. 접촉은 보고, 듣고, 냄새 맡고, 만지고, 움직이는 것에 의해 이루어진다.
③ 바람직한 접촉이란 자연스런 상호작용을 일컫는 것이며, 자신의 개별성을 잃지 않고 다른 사람과 상호작용하는 것이다.

3 성격 변화단계(5개의 심리층)
펄스(Perls)는 상담을 통한 성격 변화의 단계를 5개의 심리층 개념으로 설명하였다.

피상층 (허위층)	사람들이 서로 형식적이고 의례적인 규범에 따라 피상적으로 만나는 단계이다.
공포층 (연기층)	• 개체가 공유한 자신의 모습으로 살지 않고 부모나 주위환경의 기대에 맞추어 행동하며 살아가는 단계이다. • 개체는 환경에 적응하기 위해 자신의 욕구를 억압하고 주위에서 바라는 역할 행동을 연기하며 사는데, 자신이 하는 행동이 연기라는 것을 망각하고 그것이 진정한 자신인 줄로 착각하고 산다.
교착층 (난국층)	• 개체가 이제껏 해 왔던 역할연기를 그만두고 자립하려고 시도하지만 동시에 심한 공포를 체험하는 단계이다. • 지금까지 환경으로부터 도움을 받기 위해 해 온 역할연기를 포기했지만, 다른 한편으로는 아직 스스로 자립할 수 있는 능력은 생기지 않은 상태이므로 오도 가도 못하는 실존적인 딜레마에 빠지게 됨으로써 심한 공포를 체험한다.
내파층	• 이제까지 자신이 억압하고 차단해 왔던 욕구나 감정을 알아차리는 단계이다. • 이 단계의 내담자들은 처벌에 대한 두려움 때문에 혹은 상대편에게 상처를 줄까 두려워 자신의 감정을 표현하지 않고 억제하며, 타인에게 분노감을 표현하는 대신에 자기 자신에게 공격성을 돌려 자신을 비난하고 질책하는 행위를 한다.
폭발층 (외파층)	• 자신의 감정이나 욕구를 더 이상 억압하거나 차단하지 않고 밖으로 표출할 수 있게 되는 단계이다. • 자신의 욕구와 감정을 분명하게 알아차려 강한 게슈탈트를 형성하고, 환경과의 접촉을 통해 이를 완결짓는다. • 이 단계의 내담자들은 온몸으로 자신의 억압되었던 감정을 표출하고 인지적으로 깊이 몰입하여 정신과 신체의 총체적인 통합을 체험하기도 한다

4 상담의 목표
2022년 2회, 2017년 2회, 2012년 2회

(1) 자각(체험의 확장)
내담자가 자신의 욕구나 충동을 억압하지 않으면서 동시에 환경의 자극이나 상황에 대해서도 열려 있어, 자신의 유기체 욕구를 자연스럽게 지각하고 표현하여 환경과 자유롭고 유기적으로 교류할 수 있어야 한다(Zinker, 1977).

바로 확인하는! 기출문제

▶ 펄스의 게슈탈트 상담이론에서 인간의 인격은 양파껍질을 까는 것과 같다고 했다. 인간이 심리적 성숙을 얻기 위해 신경증의 층을 벗어나야 한다고 가정한다. 버려야 할 신경증적 요인 3가지를 설명하시오.

바로 확인하는! 기출문제

▶ 형태주의 상담의 목표 6가지를 쓰시오.

(2) 통합
분할되고 소외된 인격의 부분을 다시 접촉하고 체험하게 함으로써 내담자가 이들을 자신의 인격의 일부로 통합시키도록 해 준다. 특히, 외부로 투사한 에너지를 다시 지각하여 통합하는 것을 중요시하는데, 외부로 투사한 에너지는 창조적으로 사용되지 못하고 파괴적으로 쓰이게 될 가능성이 크기 때문이다.

(3) 책임의 자각
형태주의 요법에서는 내담자가 자신을 자학하거나 열등감을 개발함으로써 책임을 회피하려 하는 등의 모든 것을 각자의 선택으로 본다. 상담은 궁극적으로 내담자가 타인에게 의존하려는 자세를 버리고 자립함으로써 자신의 행동을 스스로 선택하고 책임질 수 있도록 도와주는 것이다.

(4) 각성과 자립(실존적 삶)
내담자가 스스로 자신을 보살필 수 있다고 믿으며 상담자가 내담자의 자립능력을 일깨워 주고 그 능력을 다시 회복하도록 도와주는 방향으로 상담이 이루어져야 한다. 상담자는 외부지지를 받기 위해 타인에게 의존하거나 타인을 조종하는 내담자의 시도를 좌절시킴으로써 자신의 에너지를 동원하여 주체적으로 행동하고 자기지지를 배우도록 도와준다.

(5) 변화와 성장
형태주의에서는 개체를 어떤 고정적인 대상으로 보기보다는 환경과의 관계 속에서 스스로 성장·변화해 나가는 생명체로 보기 때문에, 내담자의 증상을 제거하기보다는 성장에 더욱 관심을 기울인다. 개체는 스스로 자신의 가장 이상적인 상태로 변화하고 성장해 나갈 수 있다는 신념을 가지고 있다.

5 주요 상담기법
2019년 3회, 2017년 2회, 2012년 2회

(1) 욕구와 감정 자각
개체가 자신의 욕구와 감정을 자각함으로써 게슈탈트 형성을 원활히 할 수 있고 환경과의 생생한 접촉도 가능해지기 때문에, 상담자는 내담자들의 생각이나 주장 혹은 질문들의 배후에 있는 욕구와 감정을 자각하도록 주의를 환기시킨다. 특히, 지금-여기에서 일어나는 욕구와 감정을 자각하는 것이 중요하다.

(2) 신체 자각
내담자로 하여금 자신의 신체감각을 자각하도록 함으로써 자신의 감정이나 욕구 혹은 무의식적인 생각을 알아차리게 해 줄 수 있다.

(3) 환경 자각
내담자로 하여금 주위 사물과 환경을 자각하도록 함으로써 환경과의 접촉을 증진시킬 수 있다. 내담자들은 흔히 미해결 과제로 자기 자신에게 몰입해 있기 때문에 주위 환경에서 일어나는 사건들이나 상황을 잘 알아차리지 못한다. 이러한 환경자각 연습은 공상과 현실에 대한 분별 지각력을 높여 준다.

바로 확인하는! 기출문제

▶ 형태주의(게슈탈트) 상담의 상담기법을 3가지만 쓰고 각각에 대해 설명하시오.

(4) 언어 자각

내담자가 사용하는 언어 소재가 불명확한 경우 상담자는 내담자로 하여금 자신의 감정과 동기에 대해 책임을 지는 형식의 문장으로 바꾸어 말하도록 함으로써 내담자의 책임 의식을 높여 줄 수 있다.

(5) 과장하기

내담자가 어떤 상황에서 자신의 감정을 체험하지만 아직 그 정도와 깊이가 미약하여 감정을 명확히 자각하지 못하고 있을 때, 상담자는 내담자로 하여금 행동이나 언어를 과장하여 표현하게 함으로써 내담자가 감정을 자각할 수 있게 도와준다(Perls, 1969). 이 기법은 내담자의 신체언어를 이해하고 자각시키는 데 도움이 된다.

(6) 반대로 하기

내담자가 회피하고 있는 행동과 감정들을 만나게 해 줌으로써 스스로 차단하고 있는 자신의 성장에너지를 접촉하게 해 주는 방법이다. 내담자가 흔히 보이는 행동은 근저에 억압된 반대의 표현에 불과하므로, 반대되는 행동을 해 보도록 요구함으로써 억압하고 통지해 온 자신의 다른 측면을 접촉하고 통합할 수 있게 도와줄 수 있다.

(7) 느낌에 머물러 있기

내담자들은 일반적으로 고통스러운 감정뿐만 아니라 받아들이기 힘든 좋은 감정에 대해서도 중단시키는 경향이 있는데, 그 감정을 피하거나 대항해서 싸우기보다는 감정을 있는 그대로 받아들이고 동일시함으로써, 그것을 중단시키는 대신에 완결시킬 수 있다.

(8) 빈 의자 기법

게슈탈트 상담에서 가장 많이 사용하는 기법 가운데 하나로, 현재 상담 상황에 있지 않은 사람과 상호 작용할 필요가 있을 때 사용되며, 내담자는 그 인물이 맞은편 의자에 앉아 있다고 상상하고 그와 대화를 나눔으로써 자신의 억압된 부분과의 접촉을 통하여 자신의 내면세계에 대해 더욱 깊이 탐색할 수 있다.

(9) 자기 부분들 간의 대화

내담자의 인격에서 분열된 부분들을 찾아내어 대화를 나누게 함으로써 분열된 자기 부분들을 통합시키는 방법이다. 상담자는 내담자의 분열된 자기들을 빈 의자에 바꾸어 가며 앉혀서 서로 간에 대화를 시킴으로써 서로 간의 갈등을 줄일 수 있다.

(10) 꿈 작업

형태주의 요법에서는 꿈에 나타난 인물이나 사물들은 모두 내담자의 소외된 자기 부분들이 투사되어 상징적으로 나타난 것이라고 본다(Perls, 1969). 꿈을 다루는 방법은 내담자로 하여금 투사된 것들을 동일시하게 함으로써 이제까지 억압하고 회피해 왔던 자신의 욕구와 충동, 감정들을 다시 접촉하고 통합하도록 해 주는 것이다.

(11) 투사놀이

어떤 사람은 자신의 감정을 부정하고 동기를 다른 사람에게 돌리는 데 너무 많은 에너지를 투사한다. 특히, 집단에서는 가끔 한 개인이 자신에게 또는 다른 사람에게 하는 말들이 사실은 자신이 갖고 있는 어떤 속성의 투사인 경우가 있다. 투사놀이를 통해 상담자는 "난 당신을 믿을 수 없어요."라고 말하는 사람에게 믿을 수 없는 사람의 배역을 하도록, 즉 상대방이 되어 보도록 요구하여 불신감이 어느 정도로 내적 갈등을 일으키는가 알아보게 할 수 있다.

(12) 행동연습의 실험

펄스(Perls)는 우리 사고의 대부분은 행동연습이라고 본다. 즉, 사회에서 기대한다고 생각되는 배역을 상상 속에서 연습한다. 상담집단의 구성원들은 그들의 사회적 역할 수행을 지원하는 데 효과가 있는 수단들을 더 잘 자각하기 위해 서로가 이런 행동연습 실험에 참여한다. 그들은 점차로 다른 사람의 기대에 부응하는 것, 인정받고 수용되고 사랑받으려는 정도, 그리고 인정받으려고 스스로 노력하는 범위 등에 대해 자각하게 된다.

(13) 뜨거운 자리

개인의 자아각성을 촉진시키기 위해 활용되는 기술로, 먼저 구성원에게 '뜨거운 자리'에 대해 설명을 해 주고 나서 해결하고 싶은 문제가 있는 성원으로 하여금 상담자와 마주보이는 빈자리에 앉게 한다. 이 빈자리가 바로 '뜨거운 자리'가 되는 것이므로, 흔히 '도마 위에 앉은 식'의 장면이 연출되는 것이다.

제7절 행동주의 상담

1 행동주의 상담의 개요

(1) 의의

① 행동주의 상담은 개인의 인지적 영역을 강조하며 내담자가 그의 행동을 한 단계씩 변화시켜 나가도록 돕는 다양한 행동지향적인 방법들을 제공해 준다.
② 행동수정이나 행동치료는 다음의 두 가지로 정의된다(Craighead, Kazdin, & Mahoney, 1976).
   ㉠ 그 기술과 이론에서 심리학적 연구의 실험적 발견에 의존하는 광범위하게 정의된 임상절차를 사용하는 것
   ㉡ 객관적이고 측정 가능한 결과를 바탕으로 임상적 자료를 경험하고 분석적으로 접근하는 것
③ 행동수정에 대한 또 다른 정의는 개인적·사회적 문제를 해결하고 인간 기능을 증대시키고자 하는 실험심리학의 기본적 연구와 이론을 적용하는 것이다.

바로 확인하는! 기출문제

▶ 행동주의 상담이론의 기본적인 가정을 3가지만 쓰시오.

◉ 초기의 인간관

초기의 행동주의자들은 과학적 법칙성에 의해 인간의 행동을 설명할 수 있다고 보았다. 즉, 주로 환경에 반응하는 수동적인 것이었으며, 기계론적이고 결정론적인 입장이었다.

◉ 1970년 이후의 인간관

시간이 지남에 따라 행동주의자들 중에서 인간의 자유와 의지적 선택을 강조하는 경향이 늘어났다.

(2) 인간본성에 대한 반두라(Bandura)의 인간관
① 인간의 행동은 부분적으로나마 환경을 창조할 수 있고, 환경도 인간의 행동에 영향을 미칠 수 있다.
② 인간은 자기를 조절할 수 있는 능력이 있다.
③ 환경에 영향을 줄 수도 있고 받을 수도 있는 인간은 자기를 지도할 수 있는 능력이 있다.

2 상담의 목적
① 행동주의적 접근에서는 내담자의 바람직하지 못한 행동도 바람직한 행동과 마찬가지로 학습된 행동으로 보기 때문에, 잘못 학습되었다고 생각되는 행동을 소거하고 보다 효과적이고 바람직한 행동을 새롭게 학습하도록 내담자를 도와주는 데 목적이 있다.
② 초기에는 사회적 활동을 저해하는 비현실적인 공포나 불안을 제거하는 것이 중요한 상담 목적이었고, 그 후에는 잘못 학습된 행동에 대치되는 새로운 행동의 학습을 통한 행동수정이 주축을 이루었다.
③ 최근에는 앞의 2가지와 더불어 자신의 행동을 스스로 지도해 가는 프로그램이 발전해 가고 있다.

3 상담의 과정

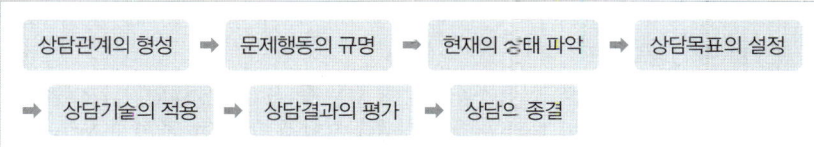

4 주요 상담기법
상담과 심리치료에서의 행동주의적 접근법의 중요한 강점 중 하나는 과학적 방법을 통한 특수한 상담절차의 발달이다.

(1) 이완훈련
① 이완훈련은 사람들에게 일상의 삶에서 받는 스트레스에 대처하는 법을 가르치는 방법으로서 보편화되었다. 신체와 정신의 이완을 목적으로 하며, 쉽게 배울 수 있다.
② 이완절차는 일차적으로는 체계적 둔감화 과정의 한 부분으로 사용되었지만, 자주 다른 행동기법과 결합되어 사용되고 있다. 이는 상상적 둔감화, 주장훈련, 자기관리 프로그램, 녹화된 강의 생체환류로 유도된 이완, 최면, 명상, 신체의 자발적인 훈련통제 및 자동암시를 통한 상상적 기능 등으로 구성되어 있다.
③ 이완훈련을 받는 내담자는 자의적으로 계약을 맺고 근육을 이완시키는 동안 조용한 환경에서 수동적이고 이완될 상황에 놓인다. 깊고 규칙적인 호흡과 함께 근육을 이완시키는 동시에 정신적으로는 즐거운 상상이

💡 **자기관리 프로그램**
내담자 스스로 자신의 문제를 조정하고 해결하도록 돕는 것으로, 내담자가 변화하기 위하여 자신이 행동을 수정하고 행동의 결과를 조정하며 관리하는 것을 말한다.

나 생각에 초점을 맞춘다. 매일 20~25분 정도 훈련하면 습관적인 유형이 생길 수 있어 이완을 원활히 할 수 있다.

(2) 체계적 둔감법
_{2021년 1회}

① 고전적 조건화 이론에 기초한 체계적 둔감법은 행동주의 상담과정에서 가장 널리 쓰이고 임상적으로 검증된 기법이다. 체계적 둔감법은 일차적으로 불안이 원인이 된 부적응행동이나 회피행동에 적용된다.

② 체계적 둔감법은 인간관계에 대한 불안이나 예기적인 두려움, 일반화된 두려움, 신경증적 불안 그리고 성기능 장애와 같은 불안을 야기시키는 광범위한 상황에 효과적으로 적용될 수 있다. 동물·죽음·상처·성관계 등에 대한 두려움, 백일몽, 신경성 식욕부진, 강박증, 충동증, 떨림, 우울증에도 효과적이다.

③ 체계적 둔감법의 절차 2017년 3회, 2015년 1회, 2013년 2회, 2010년 3회
  ㉠ 근육이완훈련을 학습시킨다.
  ㉡ 불안을 일으키는 자극을 행동적으로 분석하여 불안의 정도에 따라 불안위계목록을 작성한다.
  ㉢ 내담자가 눈을 감고 이완 상태에 도달하면 불안위계목록 중 가장 적게 불안을 일으키는 장면부터 상상하도록 한다. 이 상상장면에 대해 내담자가 불안을 일으키면 상담자는 다시 이완 상태로 유도하여 불안을 야기한 자극과 불안반응 간의 관계가 소거될 때까지 이완훈련을 하면서 반복해서 실시한다.

(3) 토큰법, 상표제도

① 토큰법은 바람직한 행동을 인정해 주는 등 직접적 강화인자만으로는 별 효과가 없을 때, 토큰을 주어 나중에 음료수, 사탕 및 입장권 등 내담자가 원하는 물건이나 권리와 바꿀 수 있도록 하는 치료 절차를 말한다.

② 개인적으로 실시되기보다는 교실에서나 빈둥거리는 청소년들이 있는 가정 그리고 정신과 병동과 같은 집단상황에 적용된다.

③ 토큰법은 토큰이라는 강화인자로 적응행동을 발달시키려는 목적을 가지고 있다.

(4) 처벌

① 처벌은 원치 않는 행동을 소거하기 위해 상담자가 사용하는 조작적 조건화의 중재전략이다. 즉, 바람직하지 않은 행동의 결과에 대해 불쾌하거나 혐오스러운 자극을 제공하는 것이다.

| 격리법
(타임아웃, T.O;
Time Out) | • 긍정적 강화로부터 격리시키는 기법으로, 개인이 긍정적 강화를 겪을 기회가 박탈된다면 목표행동의 빈도가 감소될 것을 가정한다.
예 교실에서 파괴적인 행동을 하는 아동을 잠시 강화인자(다른 사람의 관심이나 즐거움)가 제공되는 상황에서 분리시키는 것
• 다른 기법보다 덜 혐오적이지만 부모, 교사 또는 병원 관계자의 일관성 있고 주의 깊은 관심을 요구한다.
• 공격성, 난폭성, 자기파괴 행동을 관리하는 데 유용하게 사용할 수 있다. |

바로 확인하는! 기출문제

▶ 체계적 둔감화 절차 3단계를 설명하시오.
▶ 행동주의 직업상담 기법 중 체계적 둔감화의 단계를 설명하시오.
▶ 체계적 둔감화의 의미와 단계를 설명하시오.

과잉교정	· 잘못된 행동이 지나치게 일어날 때 특히 효과적이며, 강화로 제공될 대안행동이 거의 없거나 효과적인 강화인자가 없을 때 유용한 기법이다. · 파괴행동을 하는 아동이나 병원에 있는 어른들에게 적용된다. · 부적응 행동을 한 내담자에게 즉각적으로 부적응행동을 하기 이전보다 더 나은 상황을 저구성하도록 요구하는 것이다.

② 스키너(Skinner)에 의하면 처벌은 그것이 암시하는 것처럼 그렇게 효과적인 것은 아니며, 단지 반응 경향을 감소시킬 뿐이다. 처벌이 소거되면 부정적 행동은 다시 일어날 수 있으며, 처벌을 사용하면 분노나 우울증과 같은 부정적인 정서반응을 일으킬 위험이 따르기도 하므로, 처벌을 사용하려면 긍정적 강화와 결합시켜 사용해야 한다.

(5) 모델링
① 모델링, 관찰학습, 모방, 사회학습, 그리고 대리학습과 같은 용어들은 서로 바꾸어 사용할 수 있다.
② 다른 사람이 하는 시범을 관찰학습함으로써 자신도 시행착오 없이 바람직한 행동을 하는 법을 배울 수 있다.

(6) 주장훈련(자기표현훈련)
① 주장훈련 또는 자기표현훈련은 주로 대인관계의 문제를 해결하는 데 쓰인다.
② 분노나 적개심을 표현하지 못하는 사람, 거절하지 못하는 사람, 지나치게 겸손하거나 다른 사람에게 이용당하는 사람, 애정이나 다른 긍정적 반응을 표현하는 데 어려움을 느끼는 사람, 자신의 생각이나 신념, 느낌을 표현할 권리가 자신에게 없다고 느끼는 사람 등에게 효과가 있다.
③ 특히 상담자와 내담자가 문제가 된 대인관계 상황을 놓고 서로 역할을 바꾸어 가면서 자유롭게 자신의 감정과 의사를 표현하는 역할행동 연습을 통해 이루어질 수 있다. 상대방의 입장에서 느낀 바를 서로 이야기하면서 상담자는 내담자가 보다 효과적으로 자기표현 또는 주장을 할 수 있도록 지도한다.
④ 주장훈련의 절차
  ㉠ 주장적 행동, 비주장적 행동을 구분한다.
  ㉡ 주장성검사를 통해 자기주장경향을 진단한다.
  ㉢ 비주장적 사고, 정서, 행동의 이유를 확인한다.
  ㉣ 비주장적 행동과 관련된 사고를 전환하여 주장적 사고를 한다.
  ㉤ 주장훈련기법을 훈련한다.
  ㉥ 주장적으로 행동한다.

(7) 혐오치료
① 증상이 나타날 때마다 고통스런 혐오자극을 가하여 문제행동을 소거시키는 치료법이다.
② 혐오자극으로 사용되는 것으로는 전기쇼크, 화학적 혐오자극, 시각 혐오자극, 내재적 과민성 제거, 타임아웃, 처벌의 추가, 반응가가 있다.

바로 확인하는! 기출문제
▶ 오적 행동변화의 자기주장 훈련 절차를 쓰시오.

③ 자폐증 어린이의 문제행동, 알코올 및 약물중독, 흡연, 강박증 등에 적용이 가능하다.

> **한발 더 나아가기**
>
> **반응가**
> 강화인자가 부적절하거나 소망과 다른 행동을 할 때 주어지는 벌의 유형으로, 이미 보유하고 있던 정적 강화를 박탈하는 것을 의미한다.
> 예 숙제를 저녁 9시까지 끝내면 1시간의 인터넷 사용을 할 수 있는 강화조건이 제시되었을 때 9시까지 끝마치지 못했을 경우 인터넷 사용을 할 수 없게 하는 것

(8) 긍정적 강화
① 바람직한 행동을 할 때마다 보상을 주어 그 행동을 강화시키는 방법이다.
② 강화물에는 음식, 수면 등 생리적 욕구를 충족시켜 주는 것과 미소, 인정, 칭찬, 돈, 선물 등 사회적 욕구를 충족시켜 주는 것이 있다.
③ 치료 절차는 먼저 바람직한 행동을 세부적으로 조사하고 내담자 개인에게 보상이 될 수 있는 것을 찾아낸다. 그런 후에 내담자가 바람직한 행동을 할 때마다 체계적으로 보상(보수)을 준다.

(9) 조형법
① 복잡한 도달점 행동을 습득시키기 위하여 그 행동에 접근하는 모든 행동을 소단계로 나누어 각 소단계의 행동을 단계적으로 강화해 나가는 방법이다.
② 조형에서 사용되는 강화자극은 1차적 강화자극(예 음식)일 수도 있고, 2차적 강화자극(예 칭찬)일 수도 있다.
③ 조형에서는 내담자의 여러 행동 중 상담자가 바라는 행동에 대해서만 강화를 주고 그렇지 않은 행동은 강화해 주지 않는다. 이는 주로 동물 훈련에 많이 사용되었으나, 인간 행동의 변화에도 사용될 수 있다.

(10) 역할연기
① 일상생활 속에서 수행하지 못하거나 수행하기 곤란한 역할행동 때문에 이상행동을 하는 내담자에게 현실적 장면이나 극적 장면을 통하여 역할행동을 시키고, 그것을 연습시킴으로써 이상행동을 적응행동으로 바꾸는 기술이다.
② 역할연기의 구체적인 과정은 다양하지만, 분위기 조성, 행동, 피드백, 일반화의 4단계로 요약할 수 있다.

(11) 행동연습(시연)
① 행동연습은 구체적인 어떤 장면에서 자신이 하고 싶은 그대로 행동하지 못하여 이상행동을 하는 내담자에게 도움이 된다.
② 내담자의 실제 생활에서 구체적인 행동이 어려운 장면에 대해 역할연기 등을 통해 반복해서 연습하는 것으로, 상담자가 바라는 행동 수준에 이를 때까지 시범이나 교육, 피드백을 통해 계속 반복하게 한다.

(12) 자기지시
① 불안이나 기타 부적응 행동에 대해 불안을 줄이거나 적응행동을 할 수 있도록 자기 자신에게 지시하거나 자기 스스로 말하는 것(자기진술)이다.
② 자기지시에는 정서적 안정을 위한 근육 이완을 하도록 하는 지시, 비합리적 생각을 합리적 생각으로 바꾸도록 하는 지시, 그리고 구체적 행동을 하도록 하는 지시 등이 있다.
③ 이러한 자기지시는 자기지도나 자기 통제 등의 프로그램에서 많이 사용하고 있으며, 자기지시만으로도 행동 수정에 도움을 줄 수 있다.

(13) 사고중지
① 스스로 통제할 수 없는 지속적·강박적·비생산적인 생각에 빠져 그 밖의 다른 일에는 정신을 집중하기 어려운 내담자에게 사용하는 방법이다.
② 내담자로 하여금 비생산적이고 자기 파괴적인 생각을 억제하게 하거나 제거하게 함으로써 그러한 생각들을 통제하도록 도와준다.
③ 바람직하지 못한 줄 알면서도 완전히 떨쳐버리지 못하고, 그 생각에 사로잡혀 고통을 받는 내담자에게 도움이 될 수 있다.

(14) 행동계약
① 둘 또는 그 이상의 사람들이 정해진 기간 내에 각자가 할 행동을 분명하게 정한 후, 그 내용을 서로가 지키기로 계약하는 것이다.
② 상담에서는 주로 상담자와 내담자 간, 또는 상담자·내담자·내담자의 부모(친구) 간에 계약이 이루어진다. 계약된 그대로 잘 지켜지면 어떤 정해진 보수에 의해 강화자극이 주어진다.
③ 효과적으로 계약을 맺기 위한 지침
  ㉠ 계약된 보상은 즉시 주어져야 한다.
  ㉡ 행동계약 시 보상의 기회를 자주 가질 수 있도록 계약 조건을 설정한다.
  ㉢ 약속되는 보상의 무게가 상호 비슷하도록 한다.
  ㉣ 계약 내용이 명확해야 한다
  ㉤ 계약은 개별적일 때 더욱 효과적이다.
  ㉥ 내담자가 한 계약은 정해진 시간에 충분히 할 수 있는 것이어야 한다.

(15) 인지적 행동수정
① 내담자의 행동을 수정하기 위해 내담자의 인지구조를 수정하는 것이다.
② 인지적 행동수정에 대해 이제까지 나온 과정들을 종합해 보면 다음과 같이 요약할 수 있다.
  ㉠ 사고의 조직적 양상이라고 할 수 있는 인지 구조를 바꾼다.
  ㉡ 자기와의 대화를 바꾼다.
  ㉢ 합리적이고 자기 긍정적인 자기와의 대화에 따라 그대로 행동한다.

(16) 자기지도
① 인지적 측면이 강조된 또다른 기법으로, 자신의 행동을 스스로 지도해 가는 기법 중 대표적인 것이 자기통제 또는 자기조종과 혼용되어 사용되는 자기지도이다.
② 자기지도는 내담자 스스로 자신의 행동수정 프로그램을 이끌어 간다.

(17) 금지조건 형성

내담자에게 추가적인 강화 없이 불안반응을 반복하여 제시함으로써 불안자극에 대한 대항력을 만드는 것이다.

> **한발 더 나아가기**
>
> **1. 학습촉진기법과 불안감소기법**
> 2022년 1회, 2016년 2·3회, 2015년 1·2회, 2012년 3회, 2011년 1회
> - **학습촉진기법**: 목적 행동의 빈도를 촉진시키기 위한 학습기법으로, 강화, 변별학습, 모델링, 토큰법, 대리학습이 있다.
> - **불안감소기법**: 불안감정을 감소시키는 홍수법, 주장훈련기법, 체계적 둔감법, 금지조건 형성이 있다.
>
> **2. 내적·외적 행동변화 촉진기법**
> - **내적 행동변화 촉진기법**: 체계적 둔감법, 근육이완법, 인지적 모델링, 사고중지
> - **외적 행동변화 촉진기법**: 상표법, 모델링, 주장훈련, 자기관리 프로그램, 토큰법, 행동계약, 행동연습(시연), 혐오치료, 처벌, 반응가 등

TIP 교수님의 꿀팁

학습촉진기법과 불안감소기법은 'Chapter 03 직업상담 접근방법'에서 자세히 다루고 있습니다.

바로 확인하는! 기출문제

▶ 행동주의적 상담에서 외적인 행동변화를 촉진시키는 방법을 5가지만 쓰시오.
▶ 행동주의 상담에서 내적인 행동변화를 촉진시키는 방법과 외적인 행동변화를 촉진시키는 방법을 각각 3가지씩 쓰시오.

바로 확인하는! 기출문제

▶ 행동주의 상담에서 노출치료법의 3가지 방법을 쓰고, 각각에 대하여 설명하시오.

5 노출법

공포자극에 대한 노출을 통해 치료를 돕는 기법이다.

실제적 노출법	실제로 공포자극에 노출시키는 기법이다.
심상적 노출법	공포자극을 상상하게 하여 노출시키는 기법이다.
점진적 노출법	공포자극의 수위를 낮은 것에서부터 높은 쪽으로 점차 높여 노출시키는 기법이다.
홍수법	단번에 강한 자극에 직면시키는 기법이다.

> **한발 더 나아가기**
>
> **중다양식 상담이론** 2012년 1회
>
> 1. 라자루스(Lazarus)가 개발한 체계적이고 종합적인 행동치료, 심리치료 접근으로, 이는 포괄적이고 단기적인 상담을 강조한다. 상담을 통해 내담자가 폭넓은 자기 행동을 다루는 기술을 배우는 것이 중요하다.
> 2. 라자루스의 7가지 주요문제(BASIC-ID모델)
>
> | 행동(B; Behavior) | 싸움, 방해, 훔치기, 떠들기, 미루는 버릇 등과 같은 행동 |
> |---|---|
> | 정서(A; Affect) | 분노의 표현, 불안, 공포, 우울과 같은 감정 |
> | 감각(S; Sensation) | 두통, 요통과 복통, 학교에서의 부적응 |
> | 심상(I; Image) | 악몽, 낮은 자아개념, 거부에 대한 공포, 지나친 공상과 환상 |
> | 인지(C; Cognition) | 비합리적 사고, 의사결정의 어려움, 문제해결의 어려움, 목표설정의 어려움 |
> | 대인관계(I; Interpersonal relationships) | 다른 사람 앞에서의 위축(수줍음, 성인과 갈등, 또래와 갈등, 가족문제) |
> | 약물(D; Drug) | 약물 남용, 담배, 술 그 외의 약물 상용 |

제8절 인지정서적 상담

1 인지적·정서적·행동적 상담(REBT)의 개요

(1) 의의
① 인지·정서·행동 상담(REBT; Rational Emotive Behavior Therapy)은 엘리스(Ellis)에 의해 처음으로 창안되었다.
② 인간을 이해하는 데 있어서 핵심을 이루는 세 가지 영역, 즉 인지, 정서, 행동에 초점을 맞춘다.
③ 인지, 정서, 행동이 서로 상호 작용하는 과정에서, 특히 인지 부분이 중심이 되어 정서와 행동에 영향을 준다고 강조한다. REBT도 인지 행동 상담의 한 영역으로 볼 수 있으나, 초기 행동주의적 접근에서는 인간을 어떤 자극에 대하여 반응하는 수동적 존재로 받아들인 반면에, REBT에서는 인간이 자극을 어떻게 지각하느냐에 따라 반응이 달라질 수 있다는 입장을 취하고 있는 점이 다르다.

(2) REBT의 기본원리 및 원칙   2020년 4회, 2015년 2회, 2008년 3회

① 원칙1
㉠ 인지는 인간의 정서를 결정하는 요소로서 가깝고 접근하기 쉬운 가장 중요한 요인이다.
㉡ 어떤 사건이나 타인이라는 외적인 요인보다는 오히려 외적 사건에 대한 개인의 지각과 평가와 같은 내적 사건이 인간의 정서적 반응의 직접적인 원천이다.

② 원칙2
㉠ 역기능적 사고는 정서적 고통을 결정하는 핵심적인 요소이다.
㉡ 역기능적 사고 과정은 지나친 과장, 과잉 단순화, 과잉 일반화, 비논리적인 가정의 사용, 잘못된 추정, 절대적으로 고정화된 개념도식 등으로 나타난다.

③ 원칙3
㉠ 우리는 생각하는 것을 느끼기 때문에 정서적 문제에서 벗어나기 위해서는 먼저 사고의 분석부터 시작해야 한다.
㉡ 만약, 고통이 비합리적 사고의 산물이라면 그 고통을 극복하기 위해 사고를 바꿔야 한다.

④ 원칙4
유전적이고 환경적인 영향을 포함한 다양한 요소들이 비합리적 사고와 정신병리의 원인이 된다.

⑤ 원칙5
행동에 대해 과거보다 현재에 초점을 둔다.

⑥ 원칙6
㉠ 비합리적 신념은 쉽지 않지만 노력에 의해 변화할 수 있다.

바로 확인하는! 기출문제
▶ 인지·정서적 기법의 관점에서 볼 때, 내담자가 혼란을 겪고 전직을 고려하게 된 이유를 쓰시오.

바로 확인하는! 기출문제
▶ REBT의 기본원리 6개를 쓰시오.

ⓒ 비록 그러한 변화가 쉽게 일어나지는 않을지라도, 인식하고 도전하고 자신의 사고를 수정하기 위한 활동과 지속적인 노력을 통하여 비합리적인 신념은 변화될 수 있다.

(3) 인간관
① 인간은 합리적인 생각을 할 수 있음과 동시에 파괴적인 생각을 할 수 있는 잠재적인 능력이 있다. 즉, 자기실현의 경향성과 자기파괴 경향의 양면이 존재한다.
② 인간은 양면의 잠재능력을 가졌기 때문에 독특하고 고유한 이성적인 존재이다.
③ 인간은 자기 대화, 자기평가, 자기 유지적이다.
④ 단순한 선호(예 사랑, 인정, 성공에 대한 욕망)를 없어서는 안 될 필수불가결한 요구로 잘못 생각할 때 정서적·행동적 장애를 겪게 된다.
⑤ 인간은 성장이나 실현 경향을 가지고 태어났으며, 올바르지 못한 사고와 학습된 자기 패배적 양식 때문에 성장지향성이 방해를 받는다.

2 적용 및 주요 상담기법　　　2019년 2회, 2012년 3회

바로 확인하는! 기출문제
▶ REBT에서 사용하는 상담기법 3가지를 쓰고 설명하시오.

REBT는 인지적·정서적·행동적 기법을 내담자 개개인에게 맞추어 다양하게 사용한다. 이 접근법은 매우 실용적이고 적용하기 좋은 기법으로 입증되었으며, 내담자를 포기하지 않고 적절한 결과로 이끈다.

(1) 인지적 기법
① 비합리적 신념에 대한 상담자의 논박
　상담자가 적극적으로 내담자의 비합리적 신념을 논박하는 것으로 가장 일반적인 방법이다. 상담자는 내담자에게 그가 장애를 겪는 것은 어떤 사건이나 상황 때문이 아니라 그런 상황이나 사건을 반복해서 자기진술하기 때문이라는 것을 보여 주고, 자각하는 방법을 알려 준다.
② 인지적 과제 부과
　내담자의 내면화된 자기-메시지의 일부인 추상적인 '해야만 한다(should, must)'를 사용한 부정적인 자기진술을 긍정적인 메시지로 바꾸는 인지적 과제를 생활 속에서 이행하도록 격려한다.
　예 REBT에 관한 책을 읽거나 상담기간 중에 녹음한 것들을 듣도록 한다.
③ 내담자 자신의 비합리적 신념에 대한 자기 논박
　매일 일정시간 내담자는 자신의 비합리적인 신념이 약화될 때까지 대표적인 자신의 비합리적 신념을 논박하도록 한다.
④ 새로운 진술문의 사용(자신의 말을 바꾸기)
　내담자는 절대적인 '해야만 한다(should, must)'를 절대적인 것이 아닌 '하고 싶다(preferable)'로 대치함으로써 보다 합리적인 사고로 자신을 진술하는 법을 배울 수 있다. 이를 통해 내담자는 개인적인 힘을 얻으며 자신의 언어유형을 바꾸고 새로운 자기진술을 함으로써 기존과 다르게 생각하고 행동하게 된다.

(2) 정서적 기법

① **합리적·정서적 이미지**
내담자로 하여금 습관적으로 부적절한 느낌이 드는 장면을 생생하게 상상하도록 한다. 그리고 그 장면에서의 부적절한 행동을 적절한 행동으로 바꾸도록 한다.

② **역할놀이**
역할놀이에는 정서적·행동적 구성요소가 모두 포함되어 있다. 불쾌한 감정과 연관된 중요한 비합리적 신념을 통해 작업하는 것이 중요하다. 내담자는 문제행동과 관련된 장면에서 어떤 일이 일어나는지를 알기 위하여 그 장면에서의 행동을 시도해 본다.

③ **부끄러움-공격 연습**
내담자들은 원래 다른 사람들이 자신을 어떻게 생각할까 하는 것을 두려워하므로 어떤 것을 과감히 해 보는 과제를 받게 될 것이다. 그런 과제를 수행함으로써 내담자는 다른 사람들이 자신의 행동에 그리 큰 관심을 갖고 있지 않은 것을 발견하게 된다. 내담자는 다른 사람들의 반응에 더 이상 연연해할 필요가 없으며 그런 반대가 그로 하여금 자신이 하고 싶어 하는 일을 못하도록 방해하지 못한다는 것을 배운다.

④ **모델링**
내담자가 겪고 있는 정서적 혼란에 대해 그것과 다르게 생각하고 도전하며 행동하는 사람들의 생각이나 행동을 상담자가 연출해 보여 주는 것이다.

⑤ **무조건적 수용**
내담자의 어떤 말이나 행동을 무조건적으로 수용하는 기술이다.

⑥ **유머**
내담자에게 혼란을 일으키는 어떤 생각을 줄이기 위해 상담자는 유머를 사용한다.

(3) 행동적 기법

행동을 통해 신념체계를 변화시키는 것으로, REBT는 인지적·행동적 상담의 한 형태이기 때문에 행동적 상담기법(예 조작적 조건화, 자기관리, 체계적 둔감법, 도구적 조건화, 생체 자기제어, 이완 등)을 거의 그대로 활용할 수 있다.

3 상담의 목적

REBT 상담의 목적은 내담자가 가진 핵심적인 자기 파괴적 생각을 최소화하고, 삶에 있어 더욱 현실적이고 관대한 철학을 갖도록 하며, 바람직하지 못한 결과가 나왔을 경우 자기 자신이나 다른 사람에 대한 비난을 줄이고 미래에 닥쳐올 장애에 효과적으로 대처하도록 하는 것이다.

① 자기에 대한 관심을 촉진한다. ② 사회에 대한 관심을 촉진한다.
③ 자기지도력을 기른다. ④ 관용성을 기른다.
⑤ 융통성을 기른다. ⑥ 불확실성을 수용하도록 한다.
⑦ 심신을 몰입하도록 한다. ⑧ 과학적으로 생각할 수 있도록 한다.
⑨ 자기 자신을 수용할 수 있도록 한다. ⑩ 모험을 할 수 있도록 한다.
⑪ 유토피아적인 생각을 갖지 않도록 한다.

> **TIP 교수님의 꿀팁**
> REBT는 처음 엘리스에 의해 창안되었을 당시 인지정서치료(RET)로 시작되어 이후 인지정서행동치료(REBT)로 발전하였습니다.

> **바로 확인하는! 기출문제**
> ▶ 벡(Beck)은 주변의 사건이나 상황의 의미를 해석하는 정보처리과정에서 범하는 체계적인 잘못을 인지적 오류라고 하였다. Beck이 제시한 인지적 오류를 3가지만 제시하고 각각에 대해 간략히 설명하시오.
> ▶ 실직하고 나서 "나는 무능하다."라는 부정적인 자동적 사고가 떠올라 우울감에 빠진 내담자에게 벡(Beck)의 인지행동적 상담을 한다고 하자. 이 내담자의 부정적인 사고를 반박하고 긍정적인 대안적 사고를 찾게 하기 위해 사용할 수 있는 방법 3가지를 설명하시오.

4 벡의 인지적 치료

(1) 개념

① 벡(Beck)의 인지적 치료(cognitive therapy)는 내담자로 하여금 자기패배적인 인식을 자각하고 버리게 한다는 점에서 엘리스의 REBT와 근본적으로 같은 목표를 가지고 있다.

② 인지적 치료기법은 소크라테스식의 대화술을 강조하고, 내담자가 잘못된 신념을 발견하도록 돕는 것을 강조하며, REBT보다 더 구조적이다.

③ 내담자의 인지유형에 따라 장애유형이 다르고, 장애유형에 따라 각기 다른 기법을 적용한다고 주장하며 엘리스의 '비합리적 신념'이라는 용어에 대해 부정확하며 추상적이라고 비판하였다.

④ 벡은 불안, 우울, 공포를 치료하기 위한 인지적 기법에 초점을 두었는데, 이후 우울증척도(BDI)를 개발하여 우울증 환자의 증상관찰과 치료에 적용하였다.

(2) 인지적 오류의 유형 _{2022년 2회, 2020년 1회, 2014년 2회, 2011년 2·3회}

벡은 주변의 사건이나 상황의 의미를 해석하는 정보처리과정에서 범하는 체계적인 잘못을 인지적 오류라고 하였다.

① **흑백논리(이분법적 사고)**
'모 아니면 도'의 사고로 완전한 실패 아니면 대단한 성공, 좋은 것 아니면 나쁜 것과 같이 이분적인 방법으로 둘 중 하나로 해석하는 오류이다. 양극단만으로 구분하고, 둘 사이의 중간영역이 존재하는 것을 인정하지 않는다.

② **임의적(자의적) 추론**
어떠한 결론을 내릴 때 충분한 증거가 없음에도 최종적인 결론을 성급히 내리는 오류이다. 이러한 왜곡은 상황에 대한 비극적 결말이나 최악의 시나리오를 생각하게 한다.

③ **과잉일반화**
한두 건의 사건에 근거하여 일반적인 결론을 내리고 무관한 상황에도 그 결론을 적용시키는 것이다. 한 번의 부정적 사건을 마치 계속적으로 반복되고 있는 실패인 것처럼 생각하는 것이다.

④ **선택적 추상(정신적 여과)**
부정적인 일부 세부 사항(실패 또는 부족한 점)만을 기초로 결론을 내리고, 전체 맥락 중의 중요한 부분을 무시하는 것이다.

⑤ **개인화**
실제로는 자기와 관련이 없는 문제임에도 불구하고 자기가 직접적인 원인 제공을 했다고 여기는 것이다.

5 엘리스의 ABCDE(F)모형

2022년 1·2회, 2021년 1·2·3회, 2020년 2·3회, 2018년 1·3회, 2016년 2회, 2008년 1회

① 선행사건(A; Activating events)
  개인에게 정서적 혼란을 야기하는 어떤 사건을 뜻한다.
② 신념체계(B; Belief system)
  선행사건으로 인해 생긴 신념체계를 뜻한다.
③ 결과(C; Consequence)
  선행사건을 자신의 가치관이나 태도에 비추어 평가하고, 그로 인해 정서적이거나 행동적인 결과, 즉 우울해하거나 초조해하거나 화를 내는 행동 등을 하게 된다. 또한 불안, 우울, 열등감, 시기, 질투, 죄의식 등과 같은 정서적 반응을 보인다.
④ 논박(D; Dispute)
  자신이 가지고 있는 비합리적인 신념이나 사고에 대해서 도전해 보고 과연 그 생각이 사리에 맞는 것인지를 검토해 보도록 상담자가 촉구하는 것이다. 혼란된 정서는 합리적인 신념에 의해 효과적으로 논박될 때 사라지게 된다.
⑤ 효과(E; Effects)
  논박의 결과로 새로운 철학이나 새로운 인지체계를 가져오는 결과가 생긴다.
⑥ 느낌(F; Feeling)
  논박의 결과로 합리적인 새로운 신념으로 변화하여 감정적인 면에서도 긍정적으로 변화함을 의미한다. 즉, 합리적인 신념에서 비롯된 새로운 감정이나 행동을 말한다.

> **바로 확인하는! 기출문제**
> ▶ 인지적, 정서적, 행동적 상담의 7 본개념인 ABCDEF의 의미를 쓰시오.
> ▶ 내담자의 정보 및 행동의 이해 기법에 근거 없는 신념(믿음) 확인하기가 있다. 근거 없는 신념 확인 과정을 ABCDEF 모형으로 설명하시오.

6 비합리적 신념의 뿌리인 3가지 당위성

① 자신에 대한 당위성
  예) 나는 반드시 훌륭한 일을 수행하며, 타인의 인정을 받아야 한다.
② 타인에 대한 당위성
  예) 타인은 반드시 나를 공정하게 대우하며 가족들은 나를 사랑해야만 한다.
③ 상황(세상)에 대한 당위성
  예) 세상은 반드시 내가 원하는 방향으로 가야만 한다.

> **바로 확인하는! 기출문제**
> ▶ 인지-정서적 상담이론에서는 개인을 파멸로 몰아넣는 근본적인 문제는 개인이 갖고 있는 비합리적 신념 때문이라고 한다. 대체적으로 비합리적인 신념의 뿌리를 이루고 있는 것은 3가지 당위성과 관련되어 있다. 3가지 당위성을 각각의 예를 들어 설명하시오.

CHAPTER 03 직업상담 접근방법

제1절 특성-요인 직업상담

1 특성-요인 직업상담의 개요

(1) 의의
① 특성-요인 직업상담은 파슨스(Parsons)가 1900년대 초에 제시한 이론이다.
② 개인분석, 직업분석, 과학적 조언의 조화를 주장한다.
③ 강점과 약점을 포함한 개인적 성향을 충분히 이해하고, 주어진 직업에서의 성공조건·보상·승진 등에 관한 정보를 알려 주며, 수집된 직업정보를 바탕으로 선택과정에서 '진실한 추론'을 해 나가야 한다고 본다.

(2) 기본가정 및 명제
① 각 개인은 신뢰할 수 있고 타당하게 측정될 수 있는 고유한 특성의 집합체이다.
② 각 직업은 성공을 위해서 특정한 특성을 소유하고 있는 근로자를 필요로 한다.
③ 직업의 선택은 직선적인 과정이며 연결이 가능하다.
④ 개인의 특성과 직업의 요구 간에 연결이 잘될수록 성공의 가능성, 즉 생산성과 만족은 커진다.

(3) 직업선택의 원리
파슨스는 개인의 특성 분석, 직업요인 분석을 통해 내담자에게 가장 적합한 직업을 연결하는 것을 강조하였다.
① 개인에 대한 이해(내담자 특성의 객관적인 분석)
  면담 또는 심리검사를 통하여 개인의 적성, 흥미, 성격 등의 고유한 특성을 분석한다.
② 직업에 대한 이해(직업요인 분석)
  직업분석을 통하여 보수, 승진제도, 직무환경, 요구되는 작업자의 특성 등을 분석한다.
③ 개인과 직업의 합리적 연결(매칭)
  내담자의 고유한 특성과 직업에서 요구하는 요인이 일치할 때 가장 조화로운 연결이 된다는 과학적 조언을 제시한다.

2 인간본성에 대한 기본가정 2017년 2회, 2013년 2회, 2010년 2회

패터슨(Patterson)과 윌리암슨(Williamson)의 상담에 대한 견해에 기초한 인간본성에 대한 5가지 기본가정은 다음과 같다.

특성과 요인
① 특성
  검사를 통해 측정될 수 있는 개인의 특성
  예 적성, 흥미, 성격 등
② 요인
  작업환경에서 성공적인 수행을 위해 요구되는 특징
  예 책임, 성실, 성취도 등
  직업의 구성요소

바로 확인하는! 기출문제
▶ 파슨스(Parsons)의 특성-요인이론에 입각하여 직업상담을 전개할 경우 상담자가 해야 할 핵심적인 일 3가지를 쓰시오.
▶ 이성적·지시적 직업상담의 3원리에 대해 기술하시오.

바로 확인하는! 기출문제
▶ 특성-요인 상담에서 윌리암슨의 인간본성에 대한 기본가정 3가지를 쓰시오.

① 인간은 선과 악의 잠재력을 모두 지니고 있는 존재이다.
② 인간은 선을 실현하는 과정에서 타인의 도움을 필요로 하는 존재이다.
③ 선의 본질은 자아의 완전한 실현이다.
④ 인간의 선한 생활을 결정하는 것은 자기 자신이다.
⑤ 우주와 인간의 관계, 즉 세계관은 개인적인 것으로 인간은 누구나 자신만의 독특한 세계관을 지닌다.

3 윌리암슨의 상담의 과정 2019년 2회

윌리암슨(Williamson)은 특성-요인 직업상담의 과정을 분석, 종합, 진단, 예측, 상담, 추후지도 등 여섯 단계로 구분하였다.

(1) 분석단계
① 상담하기 전에 객관적·주관적 방법을 이용하여 내담자의 적성, 흥미, 지식, 학업성취도, 신체건강, 정서적 균형, 가정적 배경 등에 관한 자료를 수집 및 분석한다.
② 누가기록, 면접, 시간할당표, 자서전, 일화기록, 심리검사 등을 활용한다.

(2) 종합단계
① 내담자의 성격, 경향성, 욕구, 태도, 적응, 비적응 등에 대한 이해를 얻기 위한 자료를 요약하고 조직한다.
② 다음 단계인 진단단계에서 활용하기 위한 배열작업을 하는 과정이다

(3) 진단단계
① 내담자의 특성과 진로문제를 기술한다.
② 이에 대응하는 교육 및 직업능력 프로파일을 비교하여 문제의 원인을 밝힌다.

(4) 예측단계(예후단계, 처방단계)
① 진로문제를 해결할 수 있는 대안과 가능성을 탐구한다.
② 진단이 내려지면 상담자가 처방을 준비해야 한다는 의미에서 처방단계라고도 한다.

(5) 상담단계
① 바람직한 적응을 위해 무엇을 해야 하는지 내담자와 협동적으로 상의한다.
② 상담단계에서 활용하는 상담기법은 합리적이고 인지적인 모형을 반영한 것이다.

(6) 추후지도(추수지도)
① 결정과정의 적합성을 검토하고 새로운 문제를 해결하며, 동일한 문제의 재발을 막기 위해 도움이 더 필요한지를 확인한다.
② 상담의 효율성을 평가하고 점검한다.

♀ 윌리암슨의 변별진단 4가지
① 진로 무선택
② 불확실한 진로선택
③ 흥미와 적성의 불일치
④ 현명하지 못한 선택(어리석은 진로선택)

4 주요 상담기법 및 원칙

(1) 주요 상담기법

① 촉진적 관계 형성
  상담자는 내담자에게 신뢰감을 주고 문제해결을 촉진할 수 있는 관계를 형성해야 한다.

② 자기이해의 신장
  상담자는 내담자의 장점을 최대한으로 이용하여 진로를 선택하고 성공과 만족을 얻도록 조력해야 한다.

③ 행동계획의 권고 또는 설계
  상담자는 내담자의 학문, 직업적인 선택이나 강점, 태도 등에 대해 언어로써 명료화시켜 주며, 실제적인 행동을 계획하고 설계하도록 한다.

④ 계획의 수행
  내담자가 계획을 실행에 옮기고 직접 직업선택을 해 보도록 조력한다.

⑤ 위임
  필요한 경우 다른 상담자에게 내담자를 위임할 수 있다.

(2) 달리(Darley)가 제시한 상담자가 지켜야 할 상담원칙

① 강의하는 듯한, 거만한 자세로 진행하여서는 안 된다.
② 간단한 어휘를 사용해야 한다.
③ 상담 초기 정보제공의 범위를 좁혀야 한다.
④ 정보나 해답 제공 전에 내담자가 정말로 알고 싶은지를 탐색하여야 한다.
⑤ 내담자를 잘 파악하고 있는지를 확인하여야 한다.

(3) 검사 해석단계의 상담기법   2015년 3회, 2012년 3회, 2010년 4회, 2008년 3회

① 특성-요인 직업상담은 내담자의 특성에 대한 자료를 과학적으로 수집하고 분석·종합하여 객관적이고 합리적인 의사결정을 하도록 조력하는 것을 강조한다.

② 검사의 결과를 해석해 주는 방법에 대해 윌리암슨(Williamson)은 직접 충고, 설득, 설명의 방법을 제시한다.

  ㉠ 직접 충고
  • 내담자가 가장 만족할 만한 선택이나 행동 또는 실행계획에 대해 상담자가 자신의 견해를 솔직히 표명하는 것이다.
  • 내담자가 고집스럽게 상담자의 솔직한 견해를 요구하거나, 내담자가 심각한 좌절이나 실패를 가져올 행동이나 진로선택을 고집하는 때에만 이 방법을 사용해야 한다.
  ㉡ 설득: 상담자는 내담자가 비합리적인 선택을 하지 않도록 설득한다.
  ㉢ 설명: 상담자는 내담자가 이해할 수 있도록 검사자료 및 정보를 설명한다.

③ 직접상담, 설득, 설명의 방법에 의해 내담자가 진로결정에 있어서 검사결과를 유용하게 사용할 수 있게 되면 상담자는 상담의 초점을 의사결정과정에 맞추게 된다. 직업선택과 결정은 특성-요인 상담의 핵심이다.

바로 확인하는! 기출문제
▶ 특성-요인 상담에서 상담자가 지켜야 할 상담원칙을 4가지 쓰시오.

바로 확인하는! 기출문제
▶ 윌리암슨의 심리검사 해석 시 사용하는 상담기법 3가지를 쓰고 설명하시오.
▶ 윌리암슨이 제시한 특성-요인 직업상담에서 검사의 해석단계에 이용되는 상담기법 3가지를 설명하시오.

5 브레이필드(Brayfield)의 직업정보의 기능

2022년 ·회, 2017년 3회, 2015년 1회, 2011년 2회, 2008년 3회

(1) 정보제공 기능
내담자의 모호한 의사결정을 돕기 위하여 상담자가 내담자에게 정보를 제공하는 기능을 한다.

(2) 재조정 기능
내담자가 비현실적이고 부적당한 선택을 했는지를 재조명해 볼 수 있는, 현실검증을 위한 기초정보를 제공하는 기능을 한다.

(3) 동기화 기능
내담자가 자신의 진로의사결정에 적극적 참여를 할 수 있도록 동기화시키는 기능을 한다.

> **바로 확인하는! 기출문제**
> ▶ 이성적·지시적 상담이론에서 브레이필드(Brayfield)가 제시한 직업정보의 기능을 3가지 쓰고 각각에 대해 설명하시오.

제2절 내담자 중심 직업상담

1 의의
① 개인을 자아실현의 경향성을 지닌 존재로 규정하고, 개인의 구체적이고 현상적인 경험의 세계를 중시한다.
② 내담자의 일반문제와 직업문제를 구분하지 않는 경향이 강하나, 패터슨(Patterson) 등은 이를 구분하여 별도의 관심을 갖는 것이 옳다고 보았다.

2 스나이더(Snyder)의 내담자 중심 상담의 반응범주

안내를 수반하는 반응범주	면접의 방향을 결정짓는 범주
감정에 대한 비지시적 반응범주	내담자가 표현하는 감정을 재진술하는 범주
감정에 대한 준지시적 반응범주	내담자의 감정에 대해 해석하는 범주
지시적 상담범주	상담자가 내담자의 생각을 변화시키려 시도하거나 내담자의 생각에 상담자의 가치를 주입하려는 범주

3 패터슨의 직업정보제공의 원리

2013년 1회

① 내담자에게 자진해서 전달하지 않는다.
② 내담자에게 영향을 주기 위해 혹은 조작하기 위해 직업정보를 사용하지 않는다.
③ 평가적인 방법으로 직업정보를 활용하지 않는다.
④ 내담자가 자발성과 책임감에 입각하여 스스로 정보를 획득하도록 지지하고 격려하는 것이 가장 좋다.
⑤ 직업정보 제공 후 직업과 일에 대한 내담자의 태도와 감정을 자유롭게 표현할 수 있도록 하며, 그것이 상담에 효과적으로 이용될 수 있도록 해야 한다.

> **바로 확인하는! 기출문제**
> ▶ 내담자 중심 직업상담에서 '직업정보의 활용의 원리'는 검사해석의 원리와 같다. 이를 패터슨(Patterson)은 어떻게 설명하고 있는지 3가지를 기술하시오.

> **내담자 중심 상담에서 상담자의 태도**
>
> 내담자 중심 상담에서는 진단과 처방 또는 상담의 기술보다는 상담자의 태도와 내담자와의 관계를 더욱 중요하게 보았다. 로저스(Rogers)는 상담자의 능동적 성향을 강조하였고, 패터슨(Patterson) 또한 내담자 중심 직업상담에서 상담자의 태도를 필수적으로 보았다.

> **한발 더 나아가기**
>
> **로저스(Rogers)의 내담자 중심 직업상담 시 상담자의 태도**
> 1. 일치성
> 2. 무조건적인 긍정적 수용
> 3. 공감적 이해

제3절 정신역동적 직업상담

1 의의
① 정신분석학에 뿌리를 둔 것으로, 진로선택과 의사결정에 있어서 심리학적인 요인을 중시한다.
② 내적인 동기유발상태와 외부에 대처하는 자아방어기제에 대해 명료하고 복합적인 초점을 두고, 특성-요인 이론과 내담자 중심 직업상담의 개념과 기법을 통합하여 전개된다.

2 보딘(Bordin)의 정신역동적 상담과정
2020년 3회, 2015년 3회, 2013년 1·2회, 2012년 1회, 2009년 1회

(1) 탐색과 계약설정단계
내담자가 정신역동적 상태를 탐색할 수 있도록 돕고, 앞으로의 상담전략을 합의(예행연습)하고, 내담자의 삶에 있어서의 인성과 직업과의 접촉관계에 초점을 맞추어야 한다.

(2) 중대한(비판적) 결정단계
① 성격적 제한을 그대로 받아들이고 성격에 맞게 직업을 택할 것인지, 성격을 변화시켜 직업을 선택할 것인지를 결정한다(재조명).
② 진로에 대한 비판적 결정뿐만 아니라 선택이 제한된 것들 또는 인성변화를 포괄하는 문제들에 대한 결정도 반드시 포함한다.

(3) 변화를 위한 노력의 단계
① 직업과 관련하여 성격의 변화를 모색하는 단계이다(재구성).
② 비록 직업의 실제에 한정된 것이라 하더라도 내담자에게 적어도 어느 정도의 인성변화를 일으킬 것이라고 가정한다.

3 주요 상담기법
(1) 명료화
① 현재의 진로문제와 관련된 내담자의 생각과 감정을 언어로 명료하게 재인식시켜 준다.
② 진로상담 초기에 내담자의 진로문제를 명료화하기 위해서 개방적 질문, 충고적인 제안을 한다.

> **바로 확인하는! 기출문제**
>
> ▶ 정신역동 직업상담 모형을 구체화시킨 보딘(Bordin)의 3단계 직업상담과정을 쓰고 각각에 대해 설명하시오.

③ 설명이 포함된 형태의 질문을 사용한다.

(2) 비교
① 내담자가 가지고 있는 문제와 진로발달의 관계, 역동적인 현상을 설명하는 데 초점을 둔다.
② 상담과정 전체를 통해 사용하며, 일반적으로 중간단계에서 가장 특징적인 반응기법이다.
③ 내담자의 과거행동에서 진로상담의 과정을 암시받고 그 과정상의 새로운 방향을 탐색하기 위하여 현재의 행동과 비교하기도 한다.

(3) 소망·방어체계에 대한 해석
① 내담자의 욕구·소망·방어체계에 대해 상담자가 해석해 주는 방법이다.
② 상담자가 내담자의 내적 동기 상태와 진로의사결정 과정 간의 관계를 인식하고, 그에 따른 도움을 줄 수 있다.

제4절 발달적 직업상담

1 의의
① 진로발달 측면에 중점을 두고, 진로의사결정의 문제와 진로성숙 간의 일치성을 다룬다.
② 내담자의 진로발달을 촉진하는 데 목표가 있다.
③ 수퍼(Super)에 의하면 개인은 자신의 심리 및 생리적 속성과 의미 있는 타자를 포함하는 환경조건에 의해서 결정된 타율에 따른 전체 발달의 한 측면으로 직업적 발달이 이루어진다.

2 수퍼의 직업상담 6단계 2018년 1회, 2016년 2회, 2015년 2회, 2011년 1·2회, 2008년 3회

1단계	문제탐색 및 자아개념의 묘사	비지시적인 방법으로 문제탐색을 하고 자아개념을 표출한다.
2단계	심층적 탐색	지시적인 방법으로 심층적 탐색을 위한 주제를 설정한다.
3단계	자아수용 및 자아통찰	비지시적인 방법으로 사고와 감정을 명료화하여 자아수용과 자아통찰을 한다.
4단계	현실검증	지시적인 방법으로 검사, 직업정보, 과외활동을 통해서 현실을 검증한다.
5단계	태도와 감정의 탐색과 처리	비지시적인 방법으로 현실검증에서 얻은 태도와 느낌을 탐색한다.
6단계	의사결정	비지시적인 방법으로 의사결정을 돕기 위해 가능한 행동의 윤곽을 고찰한다.

바로 확인하는! 기출문제

▶ 수퍼(Super)가 제안한 발달적 직업상담의 6단계를 쓰시오.

바로 확인하는! 기출문제

▶ 발달적 직업상담에서 수퍼(Super)는 진단이라는 용어 대신에 평가라는 말을 사용하였다.

▶ 수퍼(Super)의 평가 3가지를 설명하시오.

3 수퍼의 평가(직업문제유형)

2021년 3회, 2020년 4회, 2013년 1·3회, 2010년 1회

문제의 평가	내담자의 문제와 직업상담에 대한 기대가 평가된다.
개인의 평가	내담자의 심리적·사회적·신체적 사례연구와 직업적인 자산과 부채가 평가된다.
예언평가	직업적·개인적 평가를 바탕으로 성공 여부를 예후한다.

4 주요 상담기법

2019년 3회, 2009년 3회

직업(진로)서류철	노동시장 진입 및 재진입 시 사용하며, 승진 가능성, 직업전환의 가능성을 대비하여 개인의 일, 교육, 훈련, 개인적 경험, 획득한 기술 등을 기록한다. 예 직무성취증명서, 개인소개장
직업(진로)수첩	직무성취증명서의 내용을 재정리한 것으로, 고용주의 예상질문 등을 기록한다. 예 면접기법, 개인소개서, 면접시험준비지 등
진로일기	예상 사망 나이, 인생목표, 쟁취하고자 하는 목표설정, 기간별 계획, 유언 남기기 등을 기록한 것이다.
진로자서전	내담자가 과거에 어떻게 진로의사결정을 했는가를 알아보는 재검토 자료로서뿐만 아니라 면담하는 동안 토론의 기폭제로도 유용한 자료이다.
의사결정일기	내담자가 매일 어떻게 결정을 하는가 하는 현재의 상황을 설명하는 것으로서 진로자서전의 보충역할을 한다.

바로 확인하는! 기출문제

▶ 발달적 직업상담에서 직업상담가가 사용할 수 있는 기법으로 '진로자서전'과 '의사결정일기'가 있다. 각각에 대해 설명하시오.

제5절 행동주의 직업상담

1 의의

① 행동주의 직업상담의 목표는 내담자의 진로행동을 변화시키는 데 있다.
② 내담자가 가진 직업적 문제도 학습된 부적응적 행동으로 보고 내담자의 부적응적 행동을 바람직한 새로운 행동으로 대치시키도록 조력한다.
③ 진로의사결정에 영향을 미치는 학습과정을 다루게 된다.

행동주의 직업상담의 모형

① 진단
굿스타인(Goodstein)은 진로선택문제들의 원인으로 불안이 중심적 역할을 한다고 보았다.

② 과정
불안제거를 위한 '반조건형성'을 동원하고 이어서 조작적 학습을 실시한다.

③ 상담의 결과
선행원인과 결과로서의 불안을 줄이거나 제거하고 새로운 적응행동을 학습하며, 직업결정 기술을 습득한다.

2 주요 상담기법

2016년 1·3회, 2015년 1·2회, 2014년 2회, 2011년 1회

(1) 불안감소기법

① 체계적 둔감법
㉠ 불안반응을 제거하기 위해 울페(Wolpe)에 의해 개발된 행동수정의 기법으로, 불안이나 긴장이 야기하는 부적응 행동이나 회피행동을 치료하는 데 효과적인 기법이다.

ⓒ 근육이완훈련, 불안위계목록 작성, 낮은 수준의 불안부터 상상하게 하여 최고 수준의 불안까지 점차적으로 둔감화하는 과정을 거친다.
② 금지조건 형성(내적 금지)
불안을 생성하는 단서를 지속적으로 제시한다. 계속적인 불안반응 유발을 통해 내담자를 지치게 하여, 내담자 내에 또 다른 변화를 가져오는 방법으로 불안중지를 이끌어 낸다.
③ 반조건(역조건) 형성
문제행동이 결손 없이 과도하게 일어나고 있을 때 그 과도한 행동을 소거하거나 약하게 하여야 한다. 증상행동과 상반되는 자극을 제시하여 문제행동을 소거하는 방법으로, 행동주의 기법에서 많이 사용하는 기법 중 하나이다.

(2) 학습촉진기법
2021년 2회

① 강화
내담자의 진로선택이나 결정에 대해 긍정적 또는 부정적인 반응을 보임으로써 내담자의 진로결정을 촉진시킨다. 강화란 행동의 빈도를 증가시키는 것으로, 정적강화와 부적강화가 있다.
② 사회적 모방과 대리학습
다른 사람들의 진로결정행동이나 결과를 관찰하여 의사결정의 학습을 촉진시키는 방법이다.
③ 변별학습
검사도구 등을 사용하여 진로선택이나 결정능력을 변별·구별하고 비교해 보게 하는 방법이다.

3 크롬볼츠와 바커의 상담의 과정

① 상담의 문제와 내담자의 목표를 정의한다.
② 상담목표 달성을 위하여 상담자와 내담자가 동의한다.
③ 문제해결을 위하여 대안적인 방법을 일반화한다.
④ 대안에 관한 정보수집을 한다.
⑤ 대안의 결과를 조사한다.
⑥ 목표·대안·결과를 재평가한다.
⑦ 의사결정을 하거나, 새로운 발달이나 기회에 관계되는 대안을 잠정적으로 선택한다.
⑧ 새로운 문제에 대한 결정과정을 일반화한다.

바로 확인하는! 기출문제
▶ 행동주의 상담기법은 불안감소기법과 학습촉진기법의 유형으로 구분할 수 있다. 각 유형별 대표적 방법을 각각 3가지 쓰시오.

바로 확인하는! 기출문제
▶ 행동주의 상담 치료기법 중 적응행동증진기법 3가지를 설명하시오.

TIP 교수님의 꿀팁
적응행동증진기법은 학습촉진기법에 해당합니다.

제6절 포괄적 직업상담

1 의의

내담자가 자신의 진로계획과 직업선택, 의사결정에 적극적으로 참여하도록 도우며, 능력 있는 개인으로서 목표를 향하여 성취할 수 있도록 돕는 통합적 관점으로, 직업상담의 모형을 제시한 주요 학자들로는 크릿츠(Crites), 키너와 크롬볼츠(Kinner & Krumboltz), 수퍼(Super) 등이 있다. 포괄적 직업상담에서 결단이 없는 내담자와 비현실적인 내담자에게는 별도의 현실능력을 키운 후에 직업정보가 제공되어야 한다.

2 상담의 과정
2022년 3회, 2019년 1회, 2014년 2회, 2011년 3회, 2008년 3회, 2005년 3회

(1) 진단의 단계

내담자의 진로문제를 진단하기 위하여 내담자의 태도, 능력, 의사결정유형, 성격, 흥미 등 내담자에 대한 폭넓은 검사자료와 상담을 통해 자료가 수집되는 단계이다.

(2) 명료화 또는 해석의 단계

① 문제를 명료화하거나 해석하는 단계이다.
② 내담자와 상담자가 협력을 통해 의사결정과정을 방해하는 태도와 행동을 확인하며 함께 대안을 탐색하는 단계이다.

(3) 문제해결의 단계

① 내담자가 자신의 문제를 확인하고 적극적으로 참여하며 문제해결을 위해 어떤 행동을 실제로 취해야 하는가를 결정하는 단계이다.
② 일상적인 상황에서 야기되는 다양한 문제들을 현명하게 해결하고 의사결정을 하는 방법을 배우게 되며, 자신에 대한 능력과 신뢰감을 느낄 수 있게 된다.

◉ 포괄적 상담의 접근법

① 초기단계
  인간 중심 접근법과 발달적 접근법을 주로 활용한다.
② 중기단계
  주로 정신역동적 접근법을 활용한다.
③ 말기단계
  특성-요인 및 행동주의적 접근법에 따른 검토나 강화의 기법을 주로 사용한다.

바로 확인하는! 기출문제

▶ 크릿츠(Crites)의 포괄적 직업상담과정 3단계를 순서대로 쓰고 설명하시오.

CHAPTER 04 직업상담의 초기면담

제1절 초기면담의 이해

1 초기면담의 개요

(1) 의의

심리검사, 자료제공, 접수면접 등을 통해 만났더라도, 상담의 첫 면접은 공식적인 상담과정의 첫 번째 만남이다.

(2) 초기면담을 운영하는 요령
① 내담자가 원하는 것이 무엇인지를 파악한다.
② 상담의 분위기가 긍정적·희망적이 되도록 이끈다.
③ 내담자가 상담의 효과에 대해 긍정적인 기대를 갖도록 돕는다.

2 초기면담의 유형

(1) 정보지향적 면담
① 탐색
  ㉠ '누가, 무엇을, 어디서, 어떻게'로 시작되는 질문으로, 한두 마디 이상의 응답을 구할 수 있다.
  ㉡ '왜'라는 질문은 내담자를 방어적인 위치에 둘 수 있으므로 피하는 것이 좋다.
② 폐쇄형 질문
  ㉠ '예, 아니요'와 같은 특정하고 제한된 응답을 요구하는 것이다.
  ㉡ 짧은 시간에 상당한 양의 정보를 추출해 내는 데 아주 효과적이나, '왜'라는 질문과 마찬가지로 바람직한 질문유형은 아니다.
③ 개방형 질문
  ㉠ 폐쇄적인 질문과는 대조적으로 '무엇을, 어떻게, 가능하였다' 등과 같은 대답을 유도할 수 있는 질문이다.
  ㉡ 내담자가 답변할 수 있도록 가능한 한 많은 시간을 허락하는 것이 좋다.

(2) 관계지향적 면담
① 재진술
  내담자의 언어적 표현에 대해 반응하는 것이다.
② 감정의 반영
  내담자의 감정이나 태도 등 비언어적 표현에까지 반응하는 것이다.

3 초기면담의 주요 요소

(1) 래포 형성

상담자와 내담자 간의 친근감 및 신뢰감 형성을 기초로 상담관계에 필요한 사항과 진행방향에 대해 안내를 함으로써 내담자의 불안을 감소시키고 긴장감을 풀어 주는 상호 긍정적인 친화관계를 형성하는 단계이다.

(2) 감정이입
상담자가 길을 잃어버리지 않고 내담자가 느끼는 세계에 대해 함께 경험한 것처럼 느끼는 것을 말한다.

(3) 언어적·비언어적 행동 2021년 1회, 2015년 1회
① 도움이 되는 언어적·비언어적 행동

언어적 행동	• 이해 가능한 언어를 사용한다. • 내담자의 진술을 들어보고 명백히 한다. • 적절한 해석을 한다. • 근본적인 신호에 대한 반응을 한다. • 언어적 강화(예 예, 음, 알지요 등)를 활용한다. • 적절하게 정보를 제공한다. • 자아에 대한 질문에 답한다. • 긴장을 줄이기 위해 가끔 유머를 사용한다. • 비판단적 태도를 취한다. • 내담자의 진술을 더 많이 이해하도록 돕는다.
비언어적 행동	• 내담자와 유사한 언어의 톤을 사용한다. • 기분 좋은 눈의 접촉을 유지한다. • 가끔 고개를 끄덕이거나 미소를 지으며 손짓을 한다. • 내담자에게 신체적으로 가깝게 근접한다. • 부드러운 태도를 취한다. • 내담자에게로 적절히 몸을 기울이고 가끔 접촉한다. • 개방적인 몸짓 등을 한다.

② 도움이 되지 않는 언어적·비언어적 행동

언어적 행동	• 충고, 타이름, 달래기, 비난, 감언, 권유 등의 언어를 사용한다. • 광범위한 시도와 질문, '왜'라는 질문, 지시적·요구적·생색내는 언어를 사용한다. • 과도한 해석 및 분석을 한다. • 내담자가 이해하지 못하는 단어를 사용한다. • 화제 거리에 머무른다. • 지시적인 표현을 많이 사용한다. • 과도하게 자기 노출을 한다.
비언어적 행동	• 내담자를 멀리 쳐다본다. • 내담자로부터 떨어져 앉거나 돌아앉는다. • 조소한다. • 얼굴을 찡그리거나 언짢은 얼굴을 한다. • 입을 꽉 문다. • 손가락질을 한다. • 몸짓이 흐트러지거나 하품을 한다. • 눈을 감는다. • 즐겁지 않은 목소리를 낸다. • 너무 빠르거나 너무 느리게 이야기한다.

(4) 상담자의 자기노출
　① 자기노출이란 상담자가 자신의 사적인 정보를 드러내 보이는 것이다.
　② 내담자의 자기노출은 성공적인 상담을 위해 필요한 것일 수 있으나, 상담자의 자기노출은 필수적인 것은 아니다.

(5) 즉시성
　상담자가 자신의 바람은 물론 내담자의 느낌, 인상, 기대 등에 대해 깨닫고 이를 주제로 하여 대화를 나누는 것이다.
　① 관계의 즉시성
　　상담자-내담자 관계의 질에 대해서 그것이 긴장되어 있는 것인지, 지루한 것인지, 혹은 생산적인 것인지에 대해 내담자와 이야기를 나누는 상담자의 능력이다.
　② 지금-여기에서의 즉시성
　　지금-여기에서 발생하고 있는 어느 특정 교류에 대해서 의논하는 것이다.

(6) 유머
　① 유머는 적절하게 활용된다면 여러 가지 치료적 시사를 갖는 임상도구이다.
　② 유머를 통해 내담자의 저항을 우회할 수 있고 긴장을 없애거나 내담자를 심리적 고통에서 벗어날 수 있도록 도울 수 있다.

(7) 직면
　문제를 있는 그대로 확인시켜 주어 내담자가 문제와 맞닥뜨리도록 함으로써 내담자로 하여금 현실적인 대처방안을 찾을 수 있도록 도전시키는 과정이다.

(8) 계약
　① 목표달성에 포함된 과정과 최종결과에 초점을 두는 것이다.
　② 초기면담 시 내담자가 하고 싶어 하는 일을 파악하여 내담자와 관련된 변화를 위한 구체적인 목표를 설정해야 한다. 상담자는 내담자의 행동, 사고, 혹은 느낌상의 변화를 촉진하는 계약을 강조해야 한다.

(9) 리허설
　일단 계약이 설정되면, 상담자는 내담자에서 선정된 행동을 연습하거나 실천하도록 함으로써 내담자가 계약을 실행하는 기회를 최대화하도록 도울 수 있다.
　① 명시적 리허설
　　내담자로 하여금 그가 하고자 하는 것을 말로 표현하거나 혹은 행위로 나타내 보일 것을 요구하는 것이다.
　② 암시적 리허설
　　원하는 목표를 상상하거나 숙고해 보는 것이다.

4 초기면담의 단계

(1) 면담 준비
　① 첫 면접을 위해 검사, 질문지, 구조화된 질문지 등을 이용할 수 있다.

② 상담 신청 시 받은 접수 자료나 기존의 자료를 통해 내담자에 대한 예비적 인상을 얻을 수 있다. 평가과정의 중복을 피하거나 면담을 준비하기 위해 자료를 세밀하게 검토한다.

(2) 내담자와의 만남 및 관계 형성을 위한 준비 2020년 3회, 2007년 1·3회
① 상담회기를 준비한다(사례자료 검토).
② 내담자를 만나고 즉각 내담자의 관심에 동참한다.
③ 언어적·비언어적 행동으로 온정, 존중, 보호를 표현한다.
④ 문화적 차이와 성별에 따라 내담자의 관심에 민감하게 반응한다.
⑤ 내담자와 상담자의 역할에 따라 초기 기대를 발전시킨다.
⑥ 좋은 관계형성을 위한 전략을 사용한다.
⑦ 내담자의 문제를 정확하고 효율적으로 명시하고 내담자가 목표를 수립하도록 돕는다.

(3) 구조화
① 상담의 구조화는 첫 회 상담에서 필수적인 요소이다.
② 초기면담에서는 내담자와 상담자 모두 직업상담 과정에서 어떤 일이 일어날지, 어떤 일이 일어나야 하는지에 대한 기대를 갖게 된다.
③ 구조화에서 이루어져야 할 요소
  ㉠ 상담의 목표와 성질 구조화
  ㉡ 상담자와 내담자의 역할 구조화
  ㉢ 시간, 비용, 장소의 결정
  ㉣ 비밀유지의 한계 설정: 초기면담이 어느 정도 진행되면 상담자는 내담자에게 내담자 자신이나 주변사람이 위험하지 않는 한 비밀을 유지하겠다는 말을 해야 한다.

(4) 내담자에 관한 평가사항
① 내담자의 검사점수와 프로필, 표정, 옷의 특징, 말의 속도, 상담자를 대하는 태도, 자세 등과 같은 비언어적 행동
② 태도, 흥미, 가치관, 성격변인을 포함하는 특성
③ 대인관계기술, 직무기술, 작업습관, 정보탐색기술, 검사수행기술, 의사결정기술 등을 포함한 행동
④ 전반적인 기술, 자아 또는 주어진 영역에서 형성되는 지각된 능력과 관련된 인지(자기효능감)

(5) 초기면담의 종결
① 내담자와 상담자 간의 역할과 비밀유지에 관해 그들이 약속한 내용을 상담자 또는 내담자가 요약하여야 한다.
② 상담 진행 시 필요한 경우 과제물을 부여할 수도 있으며, 상담 시 반드시 지켜야 할 준수사항을 모두 지킨다.
  ㉠ 내담자에 대한 정보를 얻을 수 있는 모든 자료를 검토하여 섣불리 내담자에 대해 결론을 내리지 않도록 한다.
  ㉡ 찾아올 내담자에게 초점을 맞추기 위해 마음의 준비를 한다.

바로 확인하는! 기출문제
▶ 내담자와의 초기면담 수행 시 상담자가 유의해야 할 사항 5가지를 쓰시오.

바로 확인하는! 기출문제
▶ 상담의 구조화의 내용을 설명하시오.

ⓒ 내담자를 따뜻하게 맞이하고, 좋은 관계를 형성할 수 있는 기법을 사용한다.
ⓓ 상담과정과 역할에 대한 서로의 기대를 명확히 한다.
ⓔ 비밀성에 대해 논의·설명한다.
ⓕ 어떤 자료평가방법을 사용할지를 결정한다.
ⓖ 제시된 문제 또는 목표를 결정한다.
ⓗ 동기를 평가한다.
ⓘ 다음 면담으로 넘어갈 근거를 만들어 놓고 종결한다.

제2절 구조화된 면담법

1 생애진로사정

(1) 생애진로사정(LCA; Life Career Assessment)의 의미

2018년 1회, 2014년 1회, 2010년 3회

① 상담자가 내담자와 처음 만났을 때 이용할 수 있는 구조화된 면접기법이다.
② 내담자에 관한 가장 기초적인 정보를 얻는 질적인 절차이다.
③ 시간이 많이 소요되지 않는다. 전체 면접은 30~45분 내에 끝낼 수 있고, 시간을 10~15분으로 나누어 몇 번에 걸쳐 내담자와 접촉할 수도 있다. 예비적 단계에서 활용한다.
④ 상담자와 내담자에게 내담자의 환경과의 관계를 이해하는 데 도움을 주며, 아들러(Adler)의 개인심리학에 기초한다.
　㉠ 아들러는 세계와 개인의 관계를 일, 사회(사회적 관계), 성(우정)의 세 가지 평생과제로 구분한다. 세 가지 과제는 뒤얽혀 있어 분리할 수 없고, 하나가 변하면 다른 것도 변화하게 된다. 생애의 한 부분에서의 어려움은 생의 나머지 부분에서의 어려움을 의미한다.
　㉡ 개인은 세 가지 모든 영역에서 비슷한 방식으로 보상 혹은 만족을 얻으려 시도하는 경향이 있는데, 이러한 세계와의 일관된 타협방식을 서술하기 위해 생애진로주제의 단계를 사용한다. 사람들은 관념을 표현하는 방식, 신념, 태도 그리고 일반적으로 자신, 타인, 세계에 대한 가치를 주제로 표현하고, 이를 조작하여 많은 다른 주제를 만든다.
　㉢ 개인의 일, 사회(사회적 관계), 성(우정)에 대한 내담자의 접근방법을 사정함으로써 그들의 움직임을 분석하고 종합하는 확고한 방법을 제공할 수 있다.

(2) 생애진로사정의 역할

① 내담자의 강점과 직면할 수 있는 장애를 발견하고, 생활의 다양한 장면에서 내담자의 기능 수준을 발견하여 수립된 목표를 제시할 수 있으며, 이 목표에 도달하기 위한 행동으로 변화시킬 수 있다.

② 작업자·학습자·개인의 역할을 포함한 다양한 생애역할에서의 내담자의 기능 수준뿐만 아니라 그들의 환경을 어떻게 극복할 것인가에 대한 정보의 산출까지 할 수 있으며, 상담자가 내담자와 긍정적인 관계를 형성하는 데 도움을 줄 수 있다.
③ 내담자가 부정적인 선입견으로 연관 지을 수 있는 인쇄형식이나 소책자 그리고 지필도구 등은 사용하지 않는 것이 좋다.

(3) 생애진로사정의 구조
2021년 3회, 2020년 1회, 2017년 3회, 2016년 2회, 2014년 1회, 2011년 2회, 2010년 3회, 2009년 1회

> **바로 확인하는! 기출문제**
> ▶ 상담의 구조화된 면담법으로 생애진로사정(LCA)의 구조 4가지에 대해 설명하시오.

① 진로사정
  ㉠ 진로사정 부분은 일의 경험, 교육 또는 훈련과정 및 관심사, 오락 등으로 나뉘며 또다시 세분화될 수 있다.
  ㉡ 구조가 진전하는 가운데 싫음과 좋음으로 나타나는 주제들에 대해서는 반복적으로 명확하게 반영하여, 내담자가 주제들을 통해 지속적인 일관성 혹은 불일치를 인식할 수 있도록 해야 한다.

일의 경험	• 일의 성격에 따라 시간제·정시제·유급·무급 등으로 구분한다. • 마지막 직업(과거 또는 현재의 직업): 가장 좋았던 것과 싫었던 것을 적게 한다. • 좋음과 싫음을 기술하게 한다.
교육 또는 훈련과정 및 관심사	• 일반적 평가: 학교 학습에 관해 가장 좋은 것과 가장 싫은 것을 구분하게 한다. • 교사 특성에 대한 좋음과 싫음을 기술하게 한다(예 친밀도, 권위). • 교실 또는 훈련조건 선호도에 대한 사정: 독립적-의존적 공부, 다른 학생 또는 다른 훈련생과의 접촉, 학습방식
오락	• 여가시간 활용에 대해 사정한다. • 여가 내용 중에 사회생활이나 친구에 대해 기술하게 하고, 저녁 시간이나 주말을 어떻게 보내는지 질문한다. 이때 오락 활동이 일과 교육적 주제와 일치하는지의 여부에 주의를 기울일 필요가 있으며, 여가시간에 대한 사정은 사랑과 우정관계를 탐색하는 데에도 유용하다.

② 전형적인 하루
  ㉠ 생애진로사정에서 전형적인 하루 동안 검토되어야 할 성격차원은 '의존적-독립적 성격차원', '자발적-체계적 성격차원'이다.
  ㉡ 전형적인 하루에서 나타난 주제들은 학교, 훈련, 직업에서 문제를 일으키는 것들로, 이에 대한 인식은 내담자가 자신의 삶을 어떻게 조직하고 이행하는지에 대해 좀더 분명한 이해를 얻게 한다.

③ 강점 및 장애
  ㉠ 강점과 장애에 대한 사정은 내담자가 다루고 있는 문제와 내담자를 돕기 위해 내담자가 사용하는 자원 등에 대하여 직접적인 정보를 준다.
  ㉡ 내담자에게 자신의 강점과 장애를 몇 가지 말하게 한 후, 이러한 점들이 내담자에게 어떤 의미를 가지는지 질문함으로써 깊이 조사하여야 한다.

ⓒ 정보가 없는 모호한 대답에 대해서는 보다 많은 정보를 얻을 수 있도록 내담자의 하루에 대해 유사한 사항을 계속 질문하여야 한다.
ⓔ 어떠한 강점도 내세우지 않는 내담자의 경우에는 장애부분을 제거하고 숨겨진 강점에 대처하여야 한다.

④ 요약
주도적인 생애주제, 강점, 장애 등 면접하는 동안 수집된 정보를 강조하거나, 내담자가 자신의 직업선택, 진로탐색, 혹은 진로계획을 향상시키기 위해 상담을 통해 목표를 성취하도록 자극하는 정보를 강조하는 데 목적이 있다.

> **한발 더 나아가기**
>
> **생애진로사정에서 얻을 수 있는 정보**   2020년 2회, 2018년 1회, 2014년 1회, 2010년 3회
> 1. 내담자의 직업경험과 교육수준을 나타내는 객관적 사실
> 2. 내담자 자신의 기술과 능력에 대한 자기평가와 상담자의 평가
> 3. 내담자 자신의 가치와 자기인식
> 4. 일, 학교, 훈련 또는 여가 등과 관련된 내담자의 활동으로부터 얻은 생애진로주제

바로 확인하는! 기출문제
▶ 생애진로사정(생애진로평가, LCA)의 의미와 생애진로사정으로 얻을 수 있는 정보 4가지를 적으시오.

2 직업가계도(제노그램, genogram)

(1) 직업가계도의 의의

① 가족치료(family therapy)에서 기원한 것으로, 내담자의 생물학적 친조부모와 양조부모, 양친, 숙모와 삼촌, 형제자매 등의 직업들을 도해로 표시하는 것이다. 이외에도 직업·경력·포부·직업선택 등에 관해 영향을 주었던 다른 사람들도 포함시킨다.

② 직업상의 지각에 영향을 끼쳤을지도 모르는 모형들을 찾는 데 사용할 뿐 아니라 작업자로서 자기지각(self-perception)의 근거를 밝히는 데 사용할 수 있다. 즉, 내담자를 도와 가족의 핵심구성원인 부모와의 상호작용들을 체계적으로 탐색해 봄으로써 내담자 자신에 대한 관점과 그들이 직업을 선택하고자 하는 이유를 인식할 수 있게 하는 도구로 사용할 수 있다.

바로 확인하는! 기출문제
▶ 생애진로사정 시 사용되는 직업가계도의 의미와 활용을 설명하시오.

(2) 직업가계도의 사용 과정

① 도입
직업가계도를 사용하는 의의나 과정을 이야기한다.

② 유도질문들
ⓐ **구애단계**: 구애 기간, 서로에게 끌린 점 등에 대한 여러 가지 유도질문
ⓑ **자녀를 갖기 전의 결혼 상태**: 결혼 전의 생활방식, 결혼 동기 등에 대한 질문
ⓒ **자녀를 둔 가족**: 첫 아이를 갖게 된 동기, 출산 후 부부관계의 변화 등에 대한 질문
ⓓ **상담을 요하는 자녀를 둔 가족**: 아동의 특성, 장애 자녀에 대한 우려사항이나 관련 사건

　　　　　ⓜ 넓은 의미의 가족에 대한 질문: 가정 분위기, 가족들의 직업, 가족들과 내담자 간의 역동 등에 대한 질문
　　　　　ⓗ 전형적인 하루에 대한 질문

> **한발 더 나아가기**
>
> **직업상담에서 내담자 이해를 위한 질적 측정도구**　　2022년 2회, 2017년 3회, 2013년 2회
> 1. **역할놀이**: 취업관련 상황을 제시하여 역할연기를 통해 취업에 필요한 사회적 기술을 측정한다.
> 2. **제노그램(직업가계도)**: 직업과 관련된 내담자의 가족 정보를 살펴보고 직업의식, 직업선택, 직업태도에 대한 가족의 영향력을 분석한다.
> 3. **직업카드 분류**: 직업카드를 통해 선호 분류활동을 하여 내담자의 직업적 선호, 흥미, 동기와 가치 등을 탐색한다.
> 4. **자기효능감 척도**: 어떤 과제를 수행할 수 있는 자신의 능력에 대한 평가와 믿음을 측정한다.

제3절　내담자 사정

1 동기사정

(1) 동기사정의 의의
① 상담을 위해 찾아오는 내담자들의 동기가 결여되어 있는 이유는 다양한 요인에서 기인한다.
② 예를 들어 너무 높은 목표를 잡은 결과 자긍심이 낮아서 힘들어하는 경우, 양극적인 사고의 잘못된 결과로 인한 동기 결여, 인지적 명확성의 결여로 인해 동기가 결여되어 있거나 참여의지가 저하되는 경우가 있다.
③ 상담자는 이러한 동기상의 문제를 예측하는 방법에 대해 잘 알고 있어야 하며, 이러한 동기문제가 진로선택이나 직업선택을 불완전하게 종결짓는 요소가 된다면 이러한 문제를 사정하고 해결할 수 있도록 조력해야 한다.

(2) 인지적 명확성 결여 시 행해야 하는 사정
① 상황의 중요성에 대한 사정
　　지금 시점에서 진로를 선택하거나 현재의 진로를 바꾸는 것이 얼마나 중요한가에 대한 사정을 말한다.
② 자기효능감 기대에 대한 사정
　　진로를 선택하거나 현재의 진로를 바꾸는 것을 성공적으로 했는지에 대한 내담자의 확신 여부에 대한 사정을 말한다.
③ 결과 기대에 대한 사정
　　내담자가 자신의 상황이 어느 정도 호전될지 혹은 현재보다 악화될지 등의 가능성에 대해 기대하는 것에 대한 사정을 말한다.

④ 수행의 기준에 대한 사정

진로의 선택이나 전환에 있어서 일의 수행정도가 내담자에게 얼마나 중요한가에 대한 사정을 말한다.

(3) 동기사정 자료 사용하기

① 진로선택에 대한 중요성 증가시키기
  ㉠ 진로선택에 동기가 어떻게 작용하는지를 논의하기 위해 생동감 있는 모델이나 비디오테이프를 이용한다.
  ㉡ 손해 없이 진로선택이 연기될 수 있다는 기저의 논리에 대해 직면시킨다.

② 좋은 선택이나 전환을 할 수 있도록 자기효능감 증가시키기
  ㉠ 성공적인 진로선택 방법을 논의하기 위해 내담자와 유사한 모델이나 비디오테이프를 보여 준다.
  ㉡ 내담자의 장점을 강조하고 격려한다.
  ㉢ 긍정적 단계를 강화한다.
  ㉣ 내담자가 자신의 계획 또는 의사결정과제를 완수했을 때 자기강화할 수 있는 방법을 알려 준다.

③ 기대한 결과를 이끌어 낼 수 있다는 확신 증가시키기
  ㉠ 직업계획의 결과로 성공한 인물(모델)이나 비디오테이프를 보여 준다.
  ㉡ 직업계획 또는 진로계획을 한 결과 성공한 사례를 들려 준다.

④ 직업상담의 결과를 최대화하기 위한 내담자의 충분한 노력 여부에 대한 확인 기준 증가시키기
  ㉠ 수행기준이 낮은 사람에게는 높은 수행기준이 필요함을 인식시킨다.
  ㉡ 높은 수준의 수행을 강화시킨다.
  ㉢ 수행기준을 증가시키는 목표설정에 내담자가 가담할 수 있도록 한다.

> **한발 더 나아가기**
>
> **자기보고방법**
> 내담자의 동기와 역할을 사정하는 데에는 자기보고방법이 가장 많이 사용된다. 자기보고 방법은 내담자가 스스로 자기를 탐색하여 보고하게 하는 것으로, 인지적 명확성이 있는 내담자에게는 매우 효과적이지만, 인지적 명확성이 낮은 내담자는 명료성이 낮아 해석이 어려우므로 먼저 개인상담을 실시한 후 직업상담을 실시하는 것이 일반적이다.

2 역할사정

(1) 역할사정의 의의

역할이 사회적으로 규정된 활동세트를 포함하는 삶의 한 기능이라고 볼 때, 한 개인의 학생, 가족, 일하는 사람, 또는 친한 사적관계, 여가, 영조·종교적 관계, 그리고 지역사회성원 등과 같은 생애역할 간의 내적 관계의 속성을 결정하는 것을 의미한다.

(2) 역할 내 일치성 사정

내담자가 지금 직업과 잘 맞는지 또는 잘 맞게 될지의 정도를 나타내 주는 것으로, 작업자 만족(흥미, 가치관, 성격의 강화)과 수행의 만족(작업환경에 적절한 직무수행에 필요한 능력이 있을 때의 강화) 측면에서 사정될 수 있다.

(3) 상호역할관계의 사정

① 개인의 여러 가지 생애역할 중 어떤 역할들이 상호보완적이고, 보상적이며, 상충적인지를 확인하기 위해 이루어진다.

② 목표
  ㉠ 현재나 미래의 어느 지점에서 작업역할을 방해하는 역할을 결정하는 것
  ㉡ 개인이 불운한 작업역할에 빠져 있을 때 이 부정적인 작업결과를 보상해 주는 역할들을 찾아내는 것
  ㉢ 현재 또는 미래에 보완될 역할들을 결정하는 것(최소 2개 이상의 역할 증진)

③ 용도 *2014년 3회*
  ㉠ 직업계획에서 상호역할 사정은 여러 가지 생애역할들 중 하나의 역할에 해당하는 직업 또는 일에 대한 인식을 높여 주는 자극제로 쓰인다.
  ㉡ 직업적응상담에서는 내담자의 삶의 다른 역할들에 부정적인 영향을 주는 직업전환을 피해갈 수 있도록 내담자를 도와주는 수단으로 쓰인다.
  ㉢ 생애를 윤택하게 하는 계획에서 잠재적으로 보완적인 역할을 찾아내는 수단으로 쓰일 수 있다.

④ 사정 방법 *2015년 3회*
  ㉠ 질문을 통해 사정하기
    • 내담자가 개입하고 있는 생애역할 나열하기
    • 각 역할에 소요되는 시간의 양 추정하기
    • 내담자의 가치를 이용한 순서 정하기
    • 상충적·보상적·보완적 역할 찾아내기
  ㉡ 동그라미로 역할관계 그리기: 내담자로 하여금 동그라미를 그리게 하여 역할관계 알아보기
  ㉢ 생애-계획연습(생애역할목록 작성)으로 전환시키기: 생애역할목록 작성을 통해 자신의 미래의 삶을 생각해 보고 생애계획 탐색하기

3 가치사정

(1) 가치의 의의

가치는 우리를 자극하여 어떤 활동이나 마음상태로 다가가게 하거나 멀어지게 하는 신념과 같은 것이다.

(2) 가치사정의 용도

① 자기인식의 발전
② 현재의 직업불만족의 근거 확인
③ 역할 갈등의 근거 확인
④ 저수준의 동기, 성취의 근거 확인
⑤ 직업선택이나 직업전환의 전략

(3) 자기보고식 가치사정법 2019년 3회, 2016년 3회, 2012년 3회, 2011년 1회, 2010년 3회
① 체크목록의 가치에 순위 매기기
② 과거의 선택 회상하기
③ 절정경험 조사하기
④ 자유시간과 금전 사용계획 조사하기
⑤ 백일몽 말하기
⑥ 존경하는 사람 기술하기

4 흥미사정

(1) 흥미의 의의
흥미는 어떤 사람의 관심이나 호기심을 자극하거나 일으키는 어떤 것이다. 즉, 어떤 사람이 하고 싶어 하는 것이나, 즐기거나 좋아하는 것의 지표가 되는 것이다.

(2) 흥미사정의 목적 2021년 3회, 2018년 2회, 2015년 2회, 2012년 2회
① 자기인식을 발전시킨다.
② 직업대안을 규명한다.
③ 여가선호와 직업선호를 구별한다.
④ 직업·교육상의 불만족의 원인을 규명한다.
⑤ 직업탐색을 조장한다.

(3) 수퍼의 흥미사정의 방법

표현된 흥미	어떤 활동이나 직업에 대해 '좋다' 또는 '싫다'라고 간단하게 말하여 직업적 흥미를 확인하는 방법이다.
조작된 흥미	• 활동에 대한 질문을 하거나 활동에 참여하는 사람들이 어떻게 시간을 보내는지를 관찰하는 것이다. • 사람들이 자신이 좋아하거나 즐기는 활동과 연관된다는 것을 가정한다.
조사된 흥미	가장 빈번히 사용되는 흥미사정기법으로, 각 개인에게 다양한 활동에 대해 좋고 싫음을 묻는 표준화된 검사를 통해 확인하는 방법이다.

(4) 상담자가 사용할 수 있는 흥미사정기법
2021년 2회, 2020년 3회, 2016년 2회, 2014년 1회, 2013년 3회, 2010년 2회

① 직업선호도검사
홀랜드(Holland)의 흥미유형 6가지에 대입하여 내담자와 직업 선호도를 사정하는 기법이다.

② 흥미평가기법
㉠ 알파벳(또는 한글 자음) 등을 쓰고, 그 문자와 관련 있는 흥밋거리를 기입하게 한다.
㉡ 관련 인물을 기입하게 한다.
㉢ '10년 동안만 살 수 있다.'는 가정하에 하고 싶은 일을 기입하게 한다.
㉣ 신문, 잡지 등을 읽게 하면서 흥미가 있다고 여겨지는 직업목록을 적게 한다.
㉤ 가족과 친구들로부터 내담자가 즐거워할 수 있다고 보는 직업에 대해 토론한다.

③ 작업경험 분석

내담자가 경험했던 일과 관련된 작업들을 분석하여 직업적 흥미를 찾아내는 기법이다.

1단계	내담자가 자신이 경험해 본 모든 직무를 확인하거나 직무가 너무 많을 경우 지난 5년에서 10년 사이에 했던 직무에 대해 확인한다.
2단계	각 직무에서의 과제를 서술한다.
3단계	내담자가 좋아하는 과제와 싫어하는 과제를 분류한다.
4단계	상담자와 내담자가 함께 과제와의 불일치성(예 가족과 함께 할 시간과 일에 투입해야 할 시간의 갈등문제 등)을 토론하고 정보를 정리한다.

④ 직업카드 분류

홀랜드 유형론에 따라 구분하여 기술과 직업수준이 서로 다른 직업들을 담고 있는 형태로 제작된 직업카드를 선호군, 혐오군, 미결정중성군으로 분류하여 흥미를 사정한다.

5 성격사정

(1) 성격사정의 의의

① 성격은 직업선택과 직업적응에서 핵심적인 설명변인에 해당된다.
② '판매직 사원은 외향적이어야 한다.', '상담자는 영향력을 끼치는 사람이어야 한다.', '주식중개인은 위험을 감수하는 사람이어야 한다.' 등의 주장들은 어느 정도는 진실이면서도 또 허구적인 측면들이 있다.
③ 홀랜드(Holland)의 분류 체계에 의한 성격사정방법(예 스트롱검사, 자기방향탐색검사, 직업선호도검사)과 융(Jung)의 유형론을 바탕으로 한 마이어스-브릭스 유형지표(MBTI)가 빈번히 사용된다.

(2) 성격사정의 목적

2014년 2회

① 자기인식을 증진할 수 있다.
② 좋아하는 작업역할, 작업기능, 작업환경을 확인할 수 있다.
③ 작업불만족의 원인과 출처를 확인할 수 있다.

(3) 홀랜드의 유형 분류를 이용한 성격사정

① 홀랜드의 6가지 직업흥미 유형을 서술한 형용사 목록을 체크하여 가장 빈번히 나온 2~3코드에 대한 사정을 할 수 있다.
② 자기방향탐색과 같은 흥미검사를 토대로 한 사정이다.
③ 내담자가 표현한 흥미, 능력, 작업경험, 학창시절 때 좋아한 주제 등을 분류하여 가장 빈번히 나온 코드에 대한 사정이다.
④ 홀랜드 코드가 결정된 이후에는 직업색인을 통해 본인의 코드와 일치하는 직업들을 찾아보도록 한다.

> **바로 확인하는! 기출문제**
> ▶ 내담자의 성격사정의 목적을 3가지 설명하시오.

진로유형	성격 적성	직업
현실형 (R)	솔직하고 성실하고 검소하며, 신체적으로 건강하고 소박하며 말이 적고 기계적 적성이 높다.	경호요원, 경찰관, 자동차정비원, 전자장비수리원, 귀금속세공원, 항공기조종사, 기계설계기술자, 컴퓨터프로그래머, 컴퓨터조립원, 항공기정비사, 조리사, 특용작물재배자, 프로운동선수, 소방관, 안경사 등
탐구형 (I)	탐구심이 많고 논리적·분석적·합리적이며, 지적호기심이 많고 수학적·과학적 적성이 높다.	대학교수(인문·경영학교수), 환경공학자, 기술서적저자, 천문학자, 사설탐정, 수의사, 웹사이트개발자, 기술학원강사, 기상연구원 등
예술형 (A)	상상력이 풍부하고 감수성이 강하며 자유분방하고 개방적이며 예술에 소질이 있고 창의적 적성이 높다.	만화가, 카피라이터, 의상디자이너, 시인, 배우, 소설가, 화가, 성악가, 사진기자, 음악교사, 화훼디자이너, 프로게이머, 건축가, 시각디자이너, 메이크업아티스트 등
사회형 (S)	다른 사람에게 친절하고 이해심이 많으며 남을 도와주려 하고 봉사적이며, 인간관계가 원만하고 사람들을 좋아한다.	사회복지사업종사자, 간호사, 상담가, 초등·중등학교 교사, 물리치료사, 음악치료사, 성직자, 학원강사, 고객상담원, 응급구조사, 헤어디자이너, 작업치료사, 직업상담사 등
진취형 (E)	지도력과 설득력이 있으며 열성적이고 경쟁적·야심적이며, 외향적이고 통솔력이 있으며, 언어 적성이 높다.	기업경영인, 변호사, 아나운서, 상점판매원, 레스토랑 경영인, 호텔지배인, 호텔매니저, 여행안내원, 군장교, 식당지배인 등
관습형 (C)	책임감이 있고 빈틈이 없으며, 조심성이 많고 변화를 좋아하지 않으며, 계획성이 있고, 사무 능력과 계산 능력이 높다.	사서, 우체국사무원, 은행원, 비서, 공인회계사, 관세사무원, 법무사, 특허사무원, 홍보 사무원, 유가증권매매원(증권거래인), 보험사무원, 선물포장원 등

(4) 마이어스-브릭스 유형지표(MBTI; Myers-Briggs Type Indicator)

① **MBTI의 4가지 양극차원**   2013년 1회, 2009년 2회

융(Jung)의 유형론을 바탕으로 하며, 4가지 양극 선호차원에 대해 각 개인이 할당하는 자기보고식의 강제선택 검사이다. 각 분류의 다양한 조합에 의해 16개 성격유형이 만들어질 수 있다.

세상에 대한 태도(에너지 방향)	• 외향형(E): 사람과 사건들과 같은 외부세계에 관심이 있는가? • 내향형(I): 관념과 내적 반응 같은 내부세계에 관심이 있는가?
인식의 과정	• 감각형(S): 정보를 오감을 통해 수집하고 사실과 자료에 초점을 맞추는가? • 직관형(N): 직관을 거친 가연성과 육감에 초점을 맞추는가?
판단과 결정의 과정	• 사고형(T): 논리와 이성에 의거해서 정보를 사정하는가? • 감정형(F): 개인의 가치에 따라 다른 사람에 대한 영향을 고려하면서 사정하는가?

바로 확인하는! 기출문제
- 마이어스-브릭스 유형지표 (MBTI)의 4가지 양극차원을 쓰시오.
- 마이어스-브릭스 유형지표 (MBTI) 4가지 양극차원의 선호 부분을 적으시오.

생활양식	• 판단형(J): 일을 종결하기 위해서 신속하고 확고한 의사결정을 하는가? • 인식·지각형(P): 정보를 더 수집하기 위해서 의사결정을 미루는가?

② MBTI 성격유형과 직업

자신의 직업과 관련된 지치고 부적절한 느낌이 곧 직업과 잘못 매칭되었다는 표시가 된다고 보았는데, 이것은 자신이 덜 선호하는 기능을 사용하면 피로를 더 느끼게 되기 때문이다.

> 예 혼자 있는 시간과 개인적인 작업환경을 선호하는 사람(내향형)이 많은 사람을 만나야 하는 영업직이나 서비스직에 종사하게 될 경우, 외부환경과 다양한 관계 속에서 에너지를 얻을 수 있는 외향형에 비해 그 직업 환경에서 강한 부적절감을 느낄 것이다.

③ MBTI의 용도

㉠ 현재의 직업불만족을 탐색하는 데 활용한다.
㉡ 내담자를 도와 직업대안들을 창출하고, 양립할 수 있는 적합한 직업 장면들을 탐색하는 데 활용한다.
㉢ 구체적인 직업들에 대한 제시가 가능한 흥미검사와 특정 직업에 대한 가능성을 제시하여 주는 MBTI를 함께 사용할 경우, 보다 유용한 정보를 얻을 수 있다.

제4절 목표설정 및 진로시간전망

1 목표설정

(1) 목표의 의의

① 목표란 노력이 지향하는 바의 목적을 말한다.
② 직업상담의 목적은 상담에서 추구되는 결과로, 상담의 방향을 제시한다.
③ 목표는 변화되고 수정될 필요도 있다.

(2) 목표설정의 이용

① 상담의 방향을 제공한다.
② 상담전략의 선택 및 개입에 대한 기초를 마련한다.
③ 상담결과를 평가하는 기초제이다.

(3) 내담자 목표설정의 유의사항   2020년 3회, 2015년 2회

① 목표는 구체성을 지녀야 한다.
② 목표는 실현 가능해야 한다.
③ 목표는 내담자가 원하고 바라는 것이어야 한다.
④ 목표는 상담자의 기술과 양립 가능해야 한다.
⑤ 목표는 기간이 있어야 한다.

바로 확인하는! 기출문제

▸ 목표를 설정할 때 목표의 내용과 목표설정의 원리 3가지를 쓰고 설명하시오.

▸ 내담자와의 상담 목표 선정 시 유의사항을 4가지 쓰시오.

(4) 내담자 목표 확인하기

① 내담자의 결과목표 결정(면접 안내, interview leads)
상담결과로 어떤 목표가 달성되기를 원하는지, 달성된 결과에 따라 어떤 변화가 예상되는지를 탐색한다.

② 목표의 실현 가능성 결정
'이 목표에 도달하기 위해서 당신이 해야 할 것은 무엇인가요?', '목표달성을 위한 시간계획은 가지고 있나요?'와 같은 질문을 통해 목표의 실현 가능성을 탐색한다.

③ 하위목표 설정
내담자의 가치, 기술, 자산에 대한 평가, 직업적 대안 창출, 직업정보의 수집, 의사결정 모형의 적용 등 하위목표를 구체적으로 설정한다.

④ 목표몰입도 평가
서명제도 등의 도입을 통해 목표에 대한 인식을 높인다.

2 진로시간전망

(1) 진로시간전망의 의의

① 진로시간전망이란 과거, 현재, 미래의 정신적인 상을 의미하는 것으로, 진로에 대한 시간전망 개입은 미래에 대한 내담자의 관심을 증가시키고 현재의 행동을 미래의 목표에 연결시키는 것이어야 한다.

② 내담자에게 미래에 초점을 맞추고 자신의 미래를 설계할 수 있도록 가르치는 것은 진로선택과 조정에 필요한 계획태도와 기술을 발달시킨다.

(2) 진로시간전망 검사지의 사용 목적   2015년 2회

① 미래의 방향을 이끌어 내기 위해 사용한다.
② 미래에 대한 희망을 심어 주기 위해서 미래가 실제인 것처럼 느끼도록 하기 위해 사용한다.
③ 계획에 대한 긍정적 태도를 강화하기 위해 사용한다.
④ 목표설정을 촉구하기 위해 사용한다.
⑤ 현재의 행동을 미래의 결과와 연계시키기 위해 사용한다.
⑥ 계획기술을 연습하기 위해 사용한다.
⑦ 진로의식을 높이기 위해 사용한다.

바로 확인하는! 기출문제

▶ 진로시간전망 검사지의 사용 목적 5가지를 쓰시오.

(3) 진로계획의 의미

① 객관적 진로와 주관적 진로(Hughes)

객관적 진로	지위와 명백히 정의된 사무로 구성되어 관찰이 가능한 영역
주관적 진로	자신의 인생을 전체로 보고 다양한 속성, 행동, 자신에게 일어날 일들의 의미로 해석하는 동적인 관점으로 관찰이 어려운 영역

교수님의 꿀팁

누구에게나 객관적 진로는 있지만, 누구나 주관적 진로를 가지고 있는 것은 아닙니다.

② 시간차원에 따른 진로 결정

미래지향적 진로 결정	• 과거나 현재보다 미래에 가장 좋을 것이 무엇인지에 기초하여 진로선택을 한다. • 미래지향적 시간전망 개입: 직업상담사의 개입은 미래지향적 시간전망에 개입하는 것이다.

과거지향적 진로 결정	미래를 과거의 반복으로 보며 일단 타인에 의해 자신의 역할이 결정되면 그 역할을 수행하는 특성을 갖는다.
현재지향적 진로 결정	미래에는 흥미가 없고, 당장의 의식주를 위한 금전이나 오락에 더 관심을 보이는 특성을 갖는다.

(4) 코틀(Cottle)의 원형검사   2015년 3회

① 원형검사의 의의
  ㉠ 원의 의미: 과거, 현재, 미래를 의미한다.
  ㉡ 원의 크기: 시간차원에 대한 상대적 친밀감을 나타낸다.
  ㉢ 원의 배치: 시간차원이 어떻게 연관되어 있는지를 나타낸다.

② 시간전망 개입의 세 가지 국면   2021년 3회, 2017년 2회, 2014년 1회, 2011년 1회
  원형검사에 기초한 시간전망 개입은 시간에 대한 심리적 경험의 세 가지 측면에 반응하는 방향성, 변별성, 통합성의 세 가지 국면으로 나뉜다.

  ㉠ 방향성

목표	미래에 대한 낙관적 입장을 구성하여 미래지향성을 증진시킨다.
원리	진로계획을 위한 시간조망은 미래지향적인 것으로서, 과거나 현재지향은 진로선택 및 계획에서 결정력과 현실감을 약화시킨다.
절차	1. 내담자에게 빈 종이를 제시하고 원형검사 지시를 내린 후 과거, 현재, 미래를 원의 형태로 생각해 보게 한다. 2. 내담자가 과거, 현재, 미래에 대해 어떻게 느끼는지 이 원을 배열해 보게 한다. 그때 원들은 각각의 크기가 다르게 나타난다. 3. 배열을 다 마치면 각각의 원들에 과거, 현재, 미래를 나타내는 이름표를 붙인다. 4. 내담자로 하여금 그 원의 의미를 탐색하도록 한다. 5. 탐색을 통해 내담자들은 미래가 중요하며, 미래가 낙관적이라는 것을 인식하고 미래를 위한 강화를 받게 된다. 6. 상담자는 진로결정이 현재의 선호도나 과거의 습관이 아니라 미래의 결과에 기초한다고 내담자를 독려한다.

  ㉡ 변별성

목표	미래를 현실처럼 느끼게 하고, 목표를 신속하게 설정하도록 한다.
원리	변별된 미래는 개인의 목표설정에 의미 있는 맥락을 제공한다. 내담자는 자신이 가지는 진로에 대한 인식을 미래 속에서 그려 볼 수 있기 때문에 미래에 대한 불안을 감소시킬 수 있다.
절차	1. '당신은 어떤 사람이 되고 싶습니까?', '당신은 무슨 일을 할 것 같습니까?'라는 두 가지 질문에 대한 반응목록을 만들도록 내담자에게 요구한다. 2. 내담자에게 그들의 미래에 일어날 것 같은 사건 10가지를 작성해 보게 한다. 3. 10가지 사건이 그들에게 언제쯤 실현될지 그때의 나이를 말해 보도록 한다. 4. 미래에 어떤 사람이 되고 싶고 무엇을 할지의 질문에 대한 반응 수를 계산한다. 10가지 사건 중 어떤 것이 미래까지 확장될 수 있을지를 규명하고 확장점수를 산출한다.

바로 확인하는! 기출문제

▶ 코틀의 원형검사에서 원의 의미, 원의 크기, 원의 배치를 설명하시오.

▶ 진로시간전망 검사 중 원형검사에서 시간전망 개입의 3가지 차원을 쓰고 각각에 대해 설명하시오.

5. 미래에 대한 강도와 확장 모두에 대해 피드백을 제공한다. 이 피드백에 대한 내담자의 반응을 탐색한다.
6. 백지에 직선 하나를 그린 후 왼쪽 끝에는 '출생'이라는 단어를 쓰고, 오른쪽 끝에는 '사망'이라는 단어를 쓴다. 직선의 어느 지점에 내담자가 고등학교를 졸업했는지를 표시하게 하고 10가지 사건에 대해 선 위에 그들의 반응을 나타내도록 한다. 사건이 일어날 것으로 예상되는 나이를 적게 한다.
7. 내담자의 출생에서 사망에 이르는 인생선에 대해 논의하고 미래에 실현될 수 있을 것 같은 가정을 명확하게 한다.
8. 내담자가 전반적인 미래를 그려본 후에는 자신의 미래에 대해 꿈(비전)을 갖게 한다. 그들의 미래에 대한 상상의 자서전을 써 보라고 한다.
9. 상담자는 내담자에게 좀더 성취 가능하고, 믿을 수 있고, 통제할 수 있는 구체적인 용어로 목표를 재진술하게 한다.

ⓒ 통합성

목표	현재 행동과 미래의 결과를 연결시키고, 진로에 대한 인식을 증진시킨다.
원리	과거, 현재, 미래 간의 관계를 인식하는 것은 내담자가 자신의 목표를 달성하기 위해 계획을 수립할 수 있도록 내담자에게 인지적 도식(schema)을 제공한다. 이러한 인지적 도식을 통해서 내담자는 자신의 직업행동의 방향을 설정할 수 있다.

절차	1. 내담자에게 과거, 현재, 미래의 역의 크기가 시간의 방향성을 나타내고, 사건의 수가 시간적 분화를 나타낸다는 점을 상기시킨다.
	2. 과거와 현재의 연합을 이해하는 것은 진로의사결정에 중요한 지식을 제공한다. 이때 기능적인 자기분석기법(Haldane, 1975)을 사용할 수 있다. 기능적 자기분석기법은 다음과 같이 사용된다.
	  • 시간연상을 보여 주는 한 가지 방법으로서 내담자는 과거의 실패가 아닌 성공으로부터 스스로에 대해 학습한다.
	  • 내담자는 그들이 잘해 왔고 일하기를 즐기는 10가지 구체적인 성취사건목록을 작성한 후, 각각의 성취가 어떤 욕구를 경험하게 했는지 분석한다.
	  • 내담자들은 현재와 미래의 운이 중첩되는 시간영역 내의 활동을 통해 자신의 미래를 통제할 수 있다고 말한다. 이 시간영역 안에서의 활동을 계획할수록 내담자들은 자신의 목표를 더 많이 성취할 수 있게 된다.
	3. 내담자에게 좋은 계획의 구성요소를 말해 준다. 계획은 목표로 이끄는 일련의 활동이나 통로이다.
	4. 내담자에게 진로목표에 수반되는 통로의 예를 보여 준다.
	5. 내담자에게 계획기법을 가르치기 위해 '미래계획 질문지'를 사용한다.
	6. 내담자에게 15장의 빈 종이를 주고, 각 종이를 계획의 '단계별 페이지'로 보라고 말한다.
	7. 계획을 논의하고 필요한 경우 계획을 수정한다.
	8. 계획 통로에서의 각 단계의 성취기준을 논의한다.
	9. 새롭게 획득된 내담자의 계획기술을 다른 목표에까지 일반화시킨다.

③ 원의 상대적 배치의 시간관계성
  ㉠ **시간차원의 고립형**: 어떤 것도 서로 접해 있지 않은 원들을 말한다. 이것은 내담자가 자신의 미래를 위해 현재 아무것도 하지 않음을 의미한다.
  ㉡ **시간차원의 연결형**: 중복되지 않고 경계선에 접해 있는 원들을 의미한다. 그것은 구별된 사건들의 선형적 흐름인데, 이 시간관점은 사건들이 아직은 각각 독립적이고 구별된 것임을 의미한다.
  ㉢ **시간차원의 연합형**: 부분적으로 중첩된 원들을 말한다. 현재는 과거로부터 물려받은 것이고 미래는 현재로부터 물려받는다는 것이다. 현재와 미래의 원들이 중첩된 지역은 내담자가 자신의 미래를 예측할 수 있다는 것을 의미한다.
  ㉣ **시간차원의 통합형**: 완전히 중첩된 원들을 말한다. 예를 들어, 과거와 미래의 원을 현재의 원 안에 그려 넣은 사람은 단지 현재만 있을 뿐이다. 이들은 과거의 일들도 현재이며, 현재의 일도 현재이고, 미래의 일도 현재이다.

제5절 내담자의 인지적 명확성 사정

1 인지적 명확성

인지적 명확성이란 자기자신의 강점과 약점을 객관적으로 평가하고, 그 평가를 환경상황에 연관시킬 수 있는 능력을 말한다.

2 면담의존사정

(1) 면담의존사정의 의의
  ① 면담의존사정은 상담 전반에 걸쳐 상담자가 내담자의 문제에 대한 정보를 수집해서 그 문제의 핵심을 판단하는 이상적인 사정이다.
  ② 후속되는 치료개입의 영향을 관찰하려는 의도가 담겨 있다.
  ③ 직업상담에서 사정은 어떤 이론의 틀을 사용하든, 사람들이 기능하는 방식을 상담자가 제대로 지각하도록 하는 것보다는 내담자의 기능을 심층적으로 탐색하는 것이 더 중요하다.
  ④ 상담자는 사정을 통해 내담자의 인지적 명확성, 직업문제, 다른 생애역할과 일과의 상호작용, 상담관계 내에서의 문제들을 동시에 파악해야 한다.

(2) 내담자에 대한 가설의 기초(Strohmer & Newman)
  ① 비공식적 이론
     인간이 기능하는 방식에 대한 상담자의 내재적 믿음에 근거한 것으로, 자기지각, 사회화 경험 등과 같이 다양한 요소와 관련되어 있는 이론이다.

② 공식적 이론
  ㉠ 상담이론가들에 의해서 만들어진 것으로, 정신분석 상담, 인간 중심 상담, 합리적 정서 상담, 인지치료 등과 같은 것이다.
  ㉡ 직업상담사는 내담자의 문제를 사정할 때 공식적 이론에 의거하여 가설을 세워야 한다.

(3) 내담자의 자기진단
  ① 사정의 첫 단계로서, 내담자가 자신의 문제에 대한 자기진단이 올바른지 파악해 보는 것이다.
  ② 다양한 초기진술을 통해 내담자는 상담자에게 자신을 노출시키며, 내담자의 이러한 자기진단에 의해 인지적 명확성의 존재 여부를 가리게 된다.

(4) 내담자의 자기진단에 따른 다양한 견담전략
  ① 내담자의 자기진단 과정에서 추출된 정도에 기초하여 상담자는 자신의 이론적 관점에 근거하여 다양한 전략을 세운다.
    예 특성-요인 이론을 지지하는 상담자가 내담자의 직업문제가 정보결여와 연관되어 있다고 가정하였다면, 내담자가 자기 자신과 직업에 대해 가진 정보들 중에서 어떠한 부분이 결여되어 있는지, 어떠한 부분이 왜곡되어 있는지를 우선적으로 판단할 것이다.
  ② 상담자는 직업관련 문제를 사정할 뿐 아니라, 내담자의 직업선택, 직업적응, 직무에서 내담자의 잠재력을 최대한 계발시킬 수 있도록 인지적 명확성과 동기에 대한 진단 및 개입을 한다.

(5) 사정 시의 가정
  ① 가정 1
    내담자가 심리적 문제를 경험하고 있다면 직업선택과 적응에 대한 결정을 적절하게 할 수 없다.
  ② 가정 2
    ㉠ 직업상담과정을 완수하려면 내담자의 동기가 꼭 필요하다.
    ㉡ 동기에 관한 문제는 정신건강의 문제(심각하거나 중간 정도)나 심리적 문제, 또는 인지적 명확성의 결여와 연결되어 있을 수도 있다.
      예 단순 정보가 결핍되어도 동기 수준이 낮을 수 있다.
  ③ 가정 3
    ㉠ 내담자의 작업자의 역할은 다른 생애역할과 복잡하게 얽혀 있다.
    ㉡ 생애역할들은 상호 의존적이어서 작업자 역할의 변화는 다른 역할에도 영향을 미치게 되므로 다른 생애역할의 맥락을 함께 고려한다.
    ㉢ 직업상담사는 생애역할들 간의 상호 작용에 대해 어느 정도 사정할 수 있어야 하고, 직업변화 역할들의 상호작용에 대한 정확한 진단을 내려야 한다.
  ④ 가정 4
    신규 직업선택, 직업전환, 직업적응 등에 따라 내담자 사정 과정이 각각 조금씩 다르다.

⑤ 기타 가정

직업선택 또는 전환과 같은 직업상담 과정에 선행하여, 인지적 명확성의 문제와 동기 각각에 관한 일련의 개입이 필요하다.

3 사정과 가설발달

① 직업상담에서의 사정은 내담자의 직업관련 문제를 비롯해 내담자가 최대한의 선택을 할 수 있을 가능성 모두에 대한 일련의 가설을 세워야 한다.
② 가설에서 가장 중요한 것은 내담자가 인지적 명확성과 동기를 가지고 있는지, 혹은 인지적 명확성과 동기가 결여되어 있는지의 문제이다.
③ 인지적 명확성의 문제
  ㉠ 정보결핍, 고정관념, 경미한 정신건강 문제, 심각한 정신건강 문제, 기타 외적 요인(예 사별, 불화, 일시적·장기적 스트레스)의 5가지 요인으로 분류할 수 있다.

정보결핍	왜곡된 정보에 집착하거나(예 자신과 직업에 대한 지식 부족) 정보 분석 능력이 보통 이하인 경우, 변별력이 낮은 경우
고정관념	경험 부족에서 오는 고정관념, 편협한 가치관(예 종교문제 등), 낮은 자기효능감, 의무감에 의한 집착성을 보이는 경우
경미한 정신건강 문제	잘못된 결정 방법이 진지한 결정 방법을 방해하는 경우, 낮은 자기효능감, 비논리적 사고, 공포증, 말더듬 증상을 보이는 경우
심각한 정신건강 문제	심각하게 손상된 정신건강(예 만성정신분열증, 주정중독애), 약물남용장애 등
기타 외적 요인	일시적 위기(예 주변의 중요한 인물들과의 사별, 이혼 등 부부간의 불화), 일시적 또는 장기적 스트레스로 직업문제에 집중하는 데 어려움을 겪는 경우

  ㉡ 정보결핍이나 고정관념의 문제가 있을 경우에는 바로 직업상담에 투입함으로써 인지적 명확성의 문제를 다룰 수 있지만, 기타 정신건강상의 문제나 외적 요인으로부터 심적 스트레스가 있을 경우에는 개인상담 혹은 다른 치료기법을 사용한 이후에 직업상담이 이루어질 수 있다.

> **한발 더 나아가기**
>
> **인지적 명확성 문제에 따른 상담 과정**
> 1. 정보결핍이나 고정관념 문제 → 직업상담
> 2. 경미한 정신건강, 심각한 정신건강 → 심리치료적 개인상담 → 직업상담
> 3. 기타 외적 요인들 → 심리치료적 개인상담 → 직업상담

4 인지적 명확성이 부족한 내담자의 유형에 따른 개입

2021년 1회

유형	개입
단순 오정보	정확한 정보 제공
복잡한 오정보	논리적 분석 → 분석 제공 → 잘못된 논리체계의 재구성
구체성의 결여	구체화시키기
가정된 불가능·불가피성	논리적 분석, 격려
원인과 결과 착오	논리적 분석
파행적 의사소통	저항에 다시 초점 맞추기
강박적 사고	REBT 기법
양면적 사고	역설적 사고
걸러내기(좋다, 나쁘다만 듣는 경우)	• 재구조화(지각을 바꾸기) • 역설적 기법 쓰기(긍정적인 측면을 강조)
순교자형	논리적 분석
비난하기	직면, 논리적 분석
잘못된 의사결정	불안에 대처하기, 의사결정 돕기
자기인식의 부족	은유나 비유
좁고 도달할 수 없는 기준에 기인한 낮은 자긍심	비합리적 신념에 대해 논박하기
무력감	지시적 상상
고정성	정보 제공, 가정에 도전하기
미래시간에 대한 미계획	정보 제공, 실업 극복하기
실업충격	실업 충격완화 프로그램 제공

바로 확인하는! 기출문제
▶ 인지적 명확성의 부족을 나타내는 내담자 유형을 6가지만 쓰시오.

제6절 내담자의 정보 및 행동에 대한 이해

1 내담자의 정보 및 행동에 대한 이해기법(내담자의 저항에 대한 상담기법)

2021년 2회, 2016년 1회, 2012년 1회, 2011년 1회, 2010년 1회

기스버스(Gysbers)와 무어(Moore)가 제시한 내담자와 관련된 정보를 수집하고 내담자의 행동을 이해하고 해석하는 데 기본이 되는 9가지 상담기법은 다음과 같다.

(1) 가정 사용하기

상담자가 내담자에게 그러한 행동이 이미 존재했다는 것을 가정하여 내담자의 행동을 추측하려는 방법이다.

바로 확인하는! 기출문제
▶ 내담자와 관련된 정보를 수집하고 내담자의 행동을 이해하고 해석하는 데 기본이 되는 상담기법을 6가지 쓰시오.
▶ 내담자의 정보 및 행동에 대한 기법 중 가정하기, 왜곡된 사고 확인하기, 변명에 초점 맞추기를 설명하시오.

가정을 사용하지 않은 예	가정을 사용한 예
직업이 마음에 드시나요?	• 진로에 대한 계획은 어떤 것이죠? • 어떤 부분을 좋아합니까? • 직업상담을 해야겠다고 결정을 내린 과정을 말해 주시겠습니까?
당신은 일을 마음에 들어 합니까?	• 당신의 직업에서 마음에 드는 것은 어떤 것들입니까? • 당신의 직업에서 좋아하지 않는 것은 무엇입니까?
당신의 상사는 어때요?	• 어떤 사람이 당신의 상사가 되었으면 좋겠나요? • 당신의 상사는 어떤 일로 미움을 받습니까?

(2) 의미 있는 질문 및 지시 사용하기

① 의미 있는 질문 및 지시 사용하기 기법은 내담자와의 면접에 있어 직접적이고 실제적인 질문을 던지기보다는 대답의 범위를 광범위하게 개방시킬 수 있는 공손한 명령의 의미를 가진다.

> **예** 당신이 특별히 좋아하는 것이 있으면 말씀해 주시겠어요? 당신이 이러한 일을 할 수 있을지 잘 모르겠네요.

② 즉, 가정법을 지지하는 의미 있는 질문과 지시를 내리는 것이다. 내담자들은 이러한 질문들에 대답한다기보다 스스로에 대해 변호하는 방식을 취하기 때문에 명령이나 강제적인 것보다는 대답하기에 더 편리함을 느낀다.

(3) 전이된 오류 정정하기   2014년 2회

직업상담에서는 정보의 오류, 한계의 오류, 논리적 오류 등 전이된 오류가 자주 발생한다. 전이된 오류를 바로잡아 주는 것은 내담자가 문제를 명확히 해 나가도록 하는 하나의 과정이 될 수 있다. 전이된 유형은 다음과 같다.

① 정보의 오류

㉠ 내담자가 실제의 경험과 행동을 이야기함에 있어서 대강대강 이야기할 때 나타난다.

삭제	내담자의 경험을 이야기함에 있어서 중요한 부분이 빠졌을 경우
불확실한 인물의 인용	명사나 대명사를 잘못 사용하는 경우
불분명한 동사의 사용	자신의 행동에 대하여 이야기하는 과정에서 행동과 동사가 서로 일치하지 않는 경우
참고자료	내담자가 어떤 사람이나 장소, 사건 등에 관한 구체적으로 언급을 하지 않는 경우
제한된 어투의 사용	"나는 할 수 없어요(가능).", "나는 이렇게 해야만 해요(필수)."라는 어투를 사용함으로써 자기 자신의 세계를 제한하는 경우

㉡ 내담자들은 자신이 직업세계에 대해서 충분한 정보를 알고 있다고 잘못 생각하는 경우가 많다. 이러한 경우에는 보충질문을 하거나 되물음으로써 내담자의 잘못을 정확히 인식시켜 주어야만 효과적으로 대처할 수 있다.

바로 확인하는! 기출문제

▶ 내담자의 정보 및 행동이해 기법 중 직업상담 과정의 전이된 오류 유형 3가지를 쓰고 설명하시오.

ⓒ 내담자의 말을 잘 이해하지 못했을 경우에는 내담자의 마음을 읽거나 이해할 수 있다는 편견으로 아는 체하여 상담자 자신의 경험에 비추어 미루어 짐작하지 말고, 이해하지 못한 부분에 대해 구체적으로 질문하는 것이 내담자에게 도움이 된다.

② 한계의 오류
　ⓐ 내담자가 경험이나 느낌의 한정된 정보만을 노출시킬 때 일어난다.
　ⓑ 종류
　　• 예외를 인정하지 않는 것
　　• 불가능을 가정하는 것
　　• 어쩔 수 없음을 가정하는 것

③ 논리적 오류
　ⓐ 내담자가 논리에 맞지 않는 진술을 함으로써 의사소통을 방해하는 경우를 말한다.
　ⓑ 내담자가 상담의 과정을 왜곡해서 생각하고 있을 때 일어난다.
　ⓒ 잘못된 인간관계 오류
　　• 어떤 한 사람의 행동이 자신 또는 다른 사람의 변화에 직접적이고 물리적인 원인이 된다고 믿는 내담자들에게서 찾아볼 수 있다. 내담자들은 자신들이 선택이나 통제에 전혀 상관을 하지 못하며, 책임도 없다는 식으로 생각한다.
　　• 이 경우 내담자가 겪은 경험에 대한 느낌이나 감각의 원인이 어떤 사람에게 있는지 세부적인 과정을 나열하게 함으로써 하나하나 짚어가면서 내담자가 선택을 재인식하도록 지원할 필요가 있다.
　　　예) 내담자: 그 일이 나를 이렇게 만들었죠. 사장님이 나를 엉망진창으로 만들었어요.
　　　　 상담자: 사장님이 어떤 식으로 당신의 기분을 상하게 했죠?
　ⓓ 마음의 해석
　　직접 의사소통을 해 보지도 않고 그 사람의 마음을 읽을 수 있다고 자신하는 사람에게서 발생한다.
　ⓔ 제한된 일반화
　　한 사람의 견해가 모든 사람에게 공유된다는 개인의 생각에서 비롯한다.

(4) 분류 및 재구성하기

① 분류 및 재구성하기
　바꾸어 말하기 또는 반영과 유사한 면을 지닌 상담기법이다. 내담자의 표현을 분류하고 재구성해 주는 것은 내담자로 하여금 자신과 그들의 세계를 다른 각도에서 바라볼 기회를 갖게 하여 내담자의 경험을 이끌어 내는 것을 도와주고, 경험의 중요성을 새로운 언어로 구사함으로써 주의 깊게 경험을 재구성하는 데 도움을 준다.

② 재분류 및 재구성하기
　ⓐ 일차적으로 분류된 기능 중에서 내담자의 긍정적인 측면들에 다시 초점을 맞추어 내담자가 할 수 있는 것, 내담자가 소유한 유능 등을 강조한다.

ⓒ 자아개념이 낮은 내담자들에게 매우 효과가 있으며, 지속적으로 이 처치를 해 줄 필요가 있다.
　③ 역설적 의도
　　㉠ 분류 및 재구성 관념을 사용한 효과적인 기법이다.
　　ⓒ 간단한 긍정화 기법으로, 내담자의 말·행동·태도·비음성적 메시지 등을 토대로 거기에서 긍정적인 면을 발견하여 그 점을 부각시키는 기술을 말한다.

(5) 저항감 재인식하기 및 다루기

상담에 대해 전혀 동기화되어 있지 않거나 저항감을 나타내는 내담자의 경우에는 그런 저항의 목적이 무엇인지 이해하고 재인식하는 것과 저항을 다루는 기술이 필요하다.

① 저항감 재인식하기
　㉠ **책임감에 대한 두려움**: 내담자는 자신이 살아가면서 스스로 내린 결정에 책임을 져야 한다는 사실에 두려움을 느끼는 경우가 많다. 따라서 상담자는 내담자의 잠재적인 부담과 책임감을 갖게 하는 위협 등을 식별하고 인식하여 긍정적인 태도로 저항을 다루어 주어야 한다.
　ⓒ **방어기제**: 방어기제는 내담자가 일상의 일들로부터 도피할 수 있는 여건을 만들어 준다. 방어기제 중의 하나인 '이중의 대비(Shulman & Mosak)'는 일상에서 흔히 나타나는 방법이다.
　ⓒ **고의로 의사소통을 방해하기**: 내담자들은 의사소통을 완전히 하지 않고 상황을 적당히 얼버무리는 것으로 자신을 정당화시키고, 말에 따르는 책임이나 위임에서 개인을 자유롭게 해 주는 전략을 사용하기도 한다.

② 저항감 다루기 　　　　　　　　　　　　　　　　　　2013년 1회
동기화되어 있지 않은 내담자들의 저항감을 다루기 위한 기법들은 다음의 4가지가 있다.
　㉠ **변형된 오류 수정하기**: 내담자가 결부되어 있으나 피하고 싶은 유형이나 부정적인 독백을 부정하고 이를 수정하는 기법을 사용한다.
　ⓒ **친숙해지기**: 감정이입 이상의 상태로서, 내담자는 생애 역할에 대한 독특함과 과제에 대한 책임을 진다. 상담자는 내담자가 피할 수 없는 고통, 긴장, 안정 등의 영역을 확인하고 이러한 영역에 대해 민감히 반응하여야 한다. 상담자가 내담자를 이해하고 있음을 알리고, 내담자와 함께 문제를 풀어 나갈 긴장감을 갖고 있다는 느낌을 준다면 친숙해질 수 있다.
　ⓒ **은유**: 마음이 내키지 않고 저항적이며 솔직한 내담자에게 은유 기법을 사용하는 것은 단순하고 솔직한 측면에 초점을 두는 기법이다. 가장 효과적인 은유는 자연성과 계획성의 조화에서 비롯될 수 있다. 은유는 모든 사람들이 공통적으로 갖고 있는 여러 가지 광범위한 경험이 소재가 될 수 있다.

바로 확인하는! 기출문제

▶ 직업상담 시 저항적이고 동기화되지 않은 내담자들을 동기화시키기 위한 효과적인 전략 3가지를 설명하시오.

ⓔ 대결: 아들러 학파는 달래고 공격하기 전략을 많이 사용했는데, 내담자의 구체적인 행위를 지적하고 공격하는 데는 노련한 솜씨가 요구되며, 유머와 과장과 같은 것이 이러한 장면을 완화하기 위해 사용될 수 있다.

(6) 근거 없는 믿음 확인하기(Lewis & Gilhousen)
① 내담자들은 어떤 일을 해 보지도 않고(ⓔ 결정하기, 정보수집, 헤쳐 나갈 위기에 대해 아무것도 하지 않은 것) 그렇게 될 것이라고 확신하는 생각들로 모순을 낳게 된다. 상담자는 이러한 잘못된 믿음에 확신을 가지고 있는 사람들에게 그들의 믿음과 노력이 근거가 없는 잘못된 것임을 알게 함으로써 새로운 대안을 찾을 수 있도록 도움을 줄 수 있는 면담기법을 사용해야 한다.
② 근거 없는 믿음에 바탕을 둔, 진로발달과정에 대한 주요한 내담자의 사고과정(진로신화)을 상담자는 이성적 신념으로 수정해 주어야 한다.
> ⓔ 나는 앞으로 이런 종류의 일을 하고 싶지 않을 것이라고 믿어요. 나는 앞으로 반 년간은 신용을 잃어 직업을 바꾸는 일이 없을 것을 확신합니다. ⇨ 나는 확신할 수는 없지만 지금 아무것도 할 수 없다고는 생각하지 않아요. 내가 어떤 조치를 취하면 미래를 위한 결정에 중요한 정보가 되는 그러한 사실들을 얻을 수 있을 것 같군요.

(7) 왜곡된 사고 확인하기(Mckay, Davis & Fanning)
① 왜곡된 사고란 결론 도출, 재능 지각, 지적 및 정보의 부적절하거나 부분적인 일반화, 관념 등에서 정보의 한 부분만을 보는 경우이다. 상담자는 왜곡된 사고를 밝혀 줌으로써 내담자에 대해 더 많은 부분을 이해할 수 있다.
② 왜곡된 사고의 종류

여과하기	상황의 긍정적인 면은 모두 여과시키고 부정적인 면만을 확대한다.
극단적인 생각	모든 것을 흑과 백 또는 선과 악으로 판단하는 것으로, 성공 아니면 실패이고 중간노선은 없는 것이다.
과도한 일반화	사건의 일부분이나 한 가지 면만을 보고 성급하게 일반화시킨다.
마음 읽기	말을 하지 않았는데도 상대방의 마음을 자기 마음대로 읽고 해석하는 것으로, 특히 상대가 자신에 대해서 어떤 생각을 갖고 있는지에 대해서 이런 오류가 많으며, 나쁜 것이 되풀이해서 일어난다고 기대한다.
파국	불행을 기대하는 것으로 '재난이 일어난다면 어떻게 하지?' 하는 식으로 문제를 듣거나 예상한다.
인격화	다른 사람들의 모든 말이나 행동이 자신과 연결되어 있다고 생각하는 것으로, 타인과 비교하여 누가 더 멋진지, 누가 더 잘생겨 보이는지 등을 정하려 하는 것이다.
오류의 통제	외적인 사람은 자신을 운명의 희생물이라고 생각하지만, 내적인 사람은 고통과 행복의 책임을 주위의 다른 사람에게 돌리려고 한다.

공정성의 오류	자신은 어떤 것이 옳은지 잘 알고 있는데 다른 사람들이 이에 동조하지 않을 때 느끼는 감정을 말한다.
비난	자신의 고통이 남에게서 비롯된다고 믿는 생각. 남의 방침을 가져오는 것, 또는 모든 문제나 반전의 탓을 자신에게 돌리는 것이다.
의무	자신과 다른 사람들이 어떻게 행동해야 한다는 규칙을 갖고 있는데, 사람들이 그 규칙을 지키지 않아서 속상해하거나 자신이 그 규칙을 지키지 못해서 부끄러움을 느끼는 경우이다.
정서적 이성	자신이 진실이라고 믿는 것은 반드시 진실이며, 자신이 어리석다는 생각이 들면 어리석어야 한다는 것이다.
변화의 오류	압력을 넣거나 꾀어서 사람들이 자신에게 맞추어 변해야 한다고 생각하는 것이다.
포괄적 분류	포괄적인 부정적 판단을 가지고 하나 또는 두 가지를 질적으로 일반화하는 것이다.
정당화하기	자신의 행동이나 의견이 옳다는 것을 계속해서 밝히려고 노력하는 것으로, 나쁜 것을 생각하지 않고 옳다는 것을 보여 주려고 노력한다.
인과응보의 오류	자기희생이나 자기 부정에 대해 대가가 반드시 돌아올 것이라고 믿으며 점수가 있다고 믿는 것으로, 대가가 돌아오지 않으면 비참해한다.

(8) 반성의 장 마련하기
① 내담자가 자신, 타인 그리고 내담자가 살고 있는 세상 등에 대한 판단을 내리는 과정을 알 수 있는 상황을 만들어 주는 것이다.
② 진행과정(Welfel)

1단계	개인이 가진 독단적인 사고, 권위적인 위치에서의 절대적인 진리를 밝히는 단계이다.
2단계	• 이상적인 지식이란 정확하고 확실하게 얻을 수 있는 것이라고 생각하면서 현실의 대안적인 개념에 대해 어느 정도 인식하기 시작하는 단계이다. • 준법적인 권위와 위법적인 권위를 가지고 있으며, 자신의 신념을 준법적인 권위로써 합리화한다.
3단계	• 지식의 확실성을 의심하여 준법적인 권위조차 받아들일 수 없는 단계이다. • 불확실한 영역에서의 진리가 출현될 때까지 제멋대로의 사실을 믿으며 정당화되지 못한 믿음이 주위환경과 불협화음을 일으키는 단계이다.
4단계	• 모든 지식의 불확실성을 깨닫는 단계이다. • 확실성이 없어지고 실제적인 회의론자들이 되며 자신의 유일한 믿음에 의존하지만, 이 단계에서는 절대적인 권위란 존재하지 않는다.
5단계	존재의 법칙에 따라서 논쟁을 숙고하고 평가하며 법칙을 배우게 되는 단계이다.

6단계	5단계에서 얻은 개인적인 경험과 서로 다른 사람에 대한 여러 가지 관점을 비교하면서, 자신의 판단체계를 벗어나서 일반화된 지식을 비교·대조할 수 있게 된다.
7단계	• 전반적인 반성적 판단이 이루어지며, 비판적 탐구 및 평가과정을 통하여 실제에 대한 판단이 다른 것보다 더 정확하다는 사실을 인식하는 단계이다. • 권위주의에 사로잡혀 있던 사람은 여러 단계를 거치면서 지식을 쌓아 이성적인 인간이 되며 폭넓은 안목을 갖게 된다.

(9) 변명에 초점 맞추기

① 내담자가 타인이나 자신의 행동의 부정적인 면을 줄이려는 행동이나 설명으로 자신의 긍정적인 면을 계속 유지시키려는 행위나 변명을 말한다.
② 종류
  ㉠ 책임을 회피하기
  ㉡ 결과를 다르게 조작하기
  ㉢ 책임을 변형시키기

2 상담면접의 주요 기법   2020년 1회, 2005년 3회

(1) 래포의 형성

① 상담자와 내담자 간에 형성되는 래포(rapport)의 정도는 상담의 깊이와 계속성, 내담자의 통찰에 크게 영향을 미치기 때문에 절대적인 조건이 되며, 상담에서 이러한 신뢰관계의 형성은 필수적이다.
② 상담자와 내담자의 관계는 세계의 축소판이라 할 수 있는데, 래포는 내담자가 다른 사람들과 관계를 맺는 유형을 반영한다.
③ 내담자에게 수용적이고 깊은 관심이 있다는 것이 전달될 때 내담자는 상담자를 믿고 자기 세계를 개방할 수 있게 되므로 상담자는 내담자와의 래포 형성을 위해 노력해야 한다.

(2) 공감적 이해

① 내담자가 전달하려는 내용에서 한 걸음 더 나아가 그 내면적 감정에 대해 반영하는 것으로, 상담자는 내담자의 입장이 되어 그 주관적 세계를 이해한다.
② 내담자들은 흔히 진정으로 말하고 싶은 자신의 생각이나 느낌을 명확하게 직설적으로 말하기보다는 자신의 생각이나 감정을 확실하게 드러내지 않으려 한다. 따라서 상담자는 내담자가 겉으로 표현하는 말에도 주의를 기울여야 하지만, 그 내면에 깔려 있는 감정까지도 포착하여 전달해 줄 수 있어야 한다.

(3) 반영

① 반영은 내담자가 표현한 기본적인 감정 및 태도를 상담자가 다른 참신한 말로 부연해 주는 시도라고 정의할 수 있다.

② 상담자는 반영을 통해 내담자의 태도를 거울에 비추듯 보여 줌으로써 자기이해를 도와줄 뿐 아니라, 내담자로 하여금 자기가 이해받고 있다는 인식을 갖게 한다.
③ 느낌의 반영
상담자는 내담자의 말 속에 흐르는 주요 감정을 놓치지 않고 반영하기 위해 감수성을 동원하여 내담자의 내면적 감정을 정확히 파악하고 내담자에게 전달해 주어야 한다.
④ 행동 및 태도의 반영
상담자는 내담자의 자세, 몸짓, 목소리의 어조, 눈빛 등에 의해 표현되고 있는 것도 반영할 수 있도록 노력해야 한다.

(4) 수용
① 수용이란 상담자가 내담자에게 주의를 기울이고 있으며 내담자의 말을 받아들이고 있다는 상담자의 태도와 반응을 의미한다. 수용은 내담자로 하여금 자기 이야기를 계속해 나갈 수 있도록 강화시키는 효과가 있고, 생각이나 대화의 중간을 연결해 줌으로써 대화가 부드럽게 되어 간다는 느낌을 갖게 한다.
② 상담자는 내담자의 인간됨 그대로를 받아들이고 존중함으로써 내담자가 아무런 위압감이나 의무감 없이 대화를 하게 한다.

(5) 구조화
① 구조화란 상담과정의 본질, 제한 조건 및 방향에 대하여 상담자가 정의를 내려 주는 것이다. 구조화를 통해 내담자는 상담관계가 합리적인 계획을 가지고 있다는 점을 느끼게 된다.

> **TIP 교수님의 꿀팁**
> 상담이 여행의 한 과정이라면, 구조화는 그 여행의 이정표에 비유될 수 있습니다.

② 구조화의 종류

정규적인 구조화	내담자에게 상담과정을 의도적으로 설명하고 제약을 가하는 형식의 구조화이다.
암시적인 구조화	이미 알려진 상담자의 역할과 내담자가 처해 있는 상황이 자동적으로 상담관계에 어떤 구조를 가하게 되는 것이다.

③ 구조화의 일반원칙

불처벌의 원칙	구조화는 적절한 시점에서 이루어지되 내담자를 처벌하는 식으로 진행되어서는 안 된다.
상호평안의 원칙	상담자와 내담자가 서로 편안히 느끼도록 감정 표현·행동에 대한 규제를 최소한으로 한다.
행동규범의 원칙	면담시간, 내담자의 행동규범에 관해서는 구체적으로 정해야 한다.

④ 구조화의 내용
㉠ 시간과 상담과정에 대한 제한: 상담자가 내담자에게 얼마 동안 상담면접이 가능한지, 상담기간과 비용에 대해 미리 말해 둠으로써 상담과정을 성공적으로 이끌어 나갈 수 있다.

ⓒ **내담자 행동의 제한**: 내담자의 감정을 직접적인 행동으로 표시하는 것에는 한계가 있음을 밝혀 둔다.
　　ⓒ **상담자 역할의 구조화**: 상담자 역할의 한계를 내담자에게 이야기해 줌으로써 상담자를 대하는 데에 혼란을 일으키지 않도록 한다.
　　ⓔ **내담자 역할의 구조화**: 성공적인 상담과정이 되기 위해서는 내담자가 상담과정에서 중요한 몫을 수행해야 하는 책임이 있음을 깨닫도록 해야 한다. 구조화를 통해 내담자에게 알려 주어야 하는 상담면접의 자세는 다음과 같다.
　　　　• 자의 행동의 원칙　　　　• 비난회피의 원칙
　　　　• 책임소재의 원칙　　　　• 감정자유의 원칙
　　　　• 과거탐색의 원칙

(6) 환언(재진술)
① 상담자가 내담자의 이야기를 듣고 나서 상담자 자신의 표현 양식으로 바꾸어 말해 주는 것이다.
② 환언의 효과
　ⓐ 내담자가 한 말을 간략하게 반복함으로써 내담자의 생각을 구체화시킬 수 있다.
　ⓑ 바꾸어 말하여 줌으로써 내담자의 입장을 이해하려고 상담자가 노력하고 있음을 알려 줄 수 있다.
　ⓒ 내담자가 말하고 있는 바를 상담자 자신이 제대로 이해하고 있는지를 확인해 볼 수 있다.

(7) 경청　　　　　　　　　　　　　　　　　　　　　　　2004년 3회
① 상담을 성공적으로 이끄는 주요 요인으로, 내담자로 하여금 생각이나 감정을 자유롭게 표현하게 하고 이것을 상담자가 잘 들어 보는 것이다. 즉, 상담자가 선택적으로 주목함으로써 내담자로 하여금 특정문제에 대해 탐색하도록 해 주는 기법이다.
② 효과적인 경청
　ⓐ 상담자가 내담자에게 관심이 있음을 나타내는 자연스럽고 이완된 자세를 취한다.
　ⓑ 내담자가 말할 때 눈길을 보냄으로써 그와 함께 있다는 것을 알려 준다.
　ⓒ 내담자의 말을 가로막거나, 내담자의 발언 중에 질문을 던지거나, 새로운 문제를 제기하지 않는다.

(8) 명료화
① 내담자의 말 중에서 모호한 점이나 모순된 점이 발견될 때, 이를 명확히 이해하고 넘어가기 위해서 다시 그 점을 상담자가 질문함으로써 내담자가 그 의미를 명백하게 하도록 하는 기술이다.
② 상담자가 내담자의 말을 정확히 이해하기 위해서도 필요하고, 내담자가 스스로의 의사와 감정을 구체화하여 재음미하도록 돕기 위해서도 중요하다.

> **바로 확인하는! 기출문제**
> ▶ 상담자가 갖추어야 할 기본 기술인 적극적 경청, 공감, 반영, 직면에 대해 각각 설명하시오.

③ 명료화의 지침
  ⊙ 내담자에게 명료화를 요청할 때는 상담자가 내담자에게 도움을 주기 위하여 질문하고 있다는 느낌을 주어야 한다.
  ⓒ 내담자 스스로 자기의 말을 재음미하거나 구체적인 예를 들어 명확히 해 줄 것을 요청해서 빈틈이 없도록 한다.
  ⓒ 내담자의 말이 모호하거나 잘 이해되지 않았음을 밝힌다.
  ⓔ 상담자의 반응은 개인적인 반응이 되지 않도록 하며, 직면과 같이 직접적이고 강렬하지 않도록 해야 한다.
  ⓜ 내담자의 진술에 대한 상담자 자신의 반응을 나타냄으로써 내담자의 반응을 명료화한다.

(9) 직면
  ① 문제를 있는 그대로 확인시켜 주어 내담자가 문제와 맞닥뜨리도록 함으로써 내담자로 하여금 현실적인 대처방안을 찾을 수 있도록 도전시키는 과정이다.
  ② 내담자가 잘 받아들인다면 매우 효과적인 방법이지만, 그렇지 않다면 상담자가 전달하고자 하는 내용이 제대로 전달되지 않은 채 내담자에게 상처만 주고 효과적인 상담관계를 저해할 수 있으므로 주의하여야 한다.
  ③ 직면은 먼저 확고한 신뢰관계가 형성된 이후에 내담자에게서 문제가 드러날 때 사용하는 것이 효과적이다.

(10) 해석
  ① 해석은 내담자가 새로운 방식(예 대안 제시)으로 자신의 문제를 볼 수 있도록 그의 생활경험과 사건들의 의미를 설명해 주는 것으로, 내담자로 하여금 자신의 문제에 대한 통찰력을 갖게 하여 결국에는 생활 속의 사건들을 내담자 스스로가 해석하도록 도와주는 데 목표가 있다.
  ② 해석은 느낌의 반영이나 환언과 비슷하지만, 해석을 할 때 상담자가 내담자에게 보다 새롭고 기능적인 참조세계를 제공하게 된다는 것을 분명히 하는 것으로, 내담자의 메시지에 상담자가 부여한 새로운 의미와 가설들이 첨가된다.

(11) 상담자의 자기개방
  ① 내담자를 도울 목적으로 상담자 자신의 감정, 태도, 경험 등을 공개하는 것을 말한다.
  ② 상담자는 자신에 관한 것을 적절한 때에 적절한 내용으로 공개함으로써 내담자로 하여금 자신을 개방하도록 유도한다.

(12) 질문의 사용
  ① 상담장면에서 상담자가 질문을 많이 사용하는 것은 어떠한 경우든지 바람직하지 않다. 상담은 치료적 면접인 만큼 상담자는 심문자나 조사

관의 역할을 해서는 안 되며 많은 질문, 특히 '왜'라는 질문은 내담자의 문제해결에 도움이 되지 않고 오히려 상담자의 역할과 상담의 성격을 오해하게 만들 소지가 있다.
② 질문은 내담자로 하여금 이야기를 계속하여 자기탐색을 중단하지 않고 진행시키는 방향으로 유도하기 위해서나, 내담자의 자기이해를 돕기 위해서 명료화나 직면의 한 기법으로서 사용될 때 이상적이다.

(13) 침묵의 처리

① 상담의 과정에서 가끔 내담자가 침묵을 지속하는 경우가 있다. 대부분의 경우에는 내담자가 자기 자신을 음미해 보거나 머릿속으로 생각을 정리하는 과정에서 침묵이 발생하므로 이런 때의 침묵은 유익한 필요조건이다. 그러므로 상담자는 침묵을 깨뜨리려 하지 말고 인내심을 가지고 어느 정도 기다려 보는 것이 바람직하다.
② 내담자의 침묵의 원인 2016년 2회, 2012년 1회, 2009년 3회
  ㉠ 상담자 개인에 대한 적대감에서 오는 저항이나 불안
  ㉡ 내담자의 생각이 바닥났거나 다음에 무슨 말을 해야 할지 모를 경우
  ㉢ 내담자가 자신의 느낌을 표현하려고 최대한 노력하는데도 말로 잘 표현되지 않는 경우
  ㉣ 내담자가 상담자에게서 재확인을 바라거나 상담자의 해석 등을 기대하며 침묵에 들어가는 경우
  ㉤ 내담자가 방금 이야기했던 것에 관해서 생각을 계속하고 있는 경우
  ㉥ 내담자가 이전에 표현했던 감정 상태에서 생긴 피로를 회복하고 있는 경우
③ 상담관계가 제대로 이루어지기도 전에 일어난 침묵은 대개 부정적이며 거절의 형태로 해석될 수 있다.

(14) 요약

① 내담자의 여러 생각과 감정을 매회의 상담이 끝날 무렵 하나로 묶어 정리하는 것이다. 즉, 대화의 내용과 감정들의 요체 그리고 일반적인 줄거리를 정리하는 것이다.
② 요약은 상담자 또는 내담자가 상호 간에 결정해서 실시할 수 있다.
③ 요약의 기능
  ㉠ 내담자가 한 말의 전체적인 면을 상담자가 올바로 지각하고 있는지 검토해 볼 수 있다.
  ㉡ 내담자가 의식하지 못한 면을 학습시키고 탐색하도록 돕는다.
  ㉢ 상담을 자연스럽게 종결하며 생각을 정리하고 새로운 해결책을 강구하게 한다.
  ㉣ 상담의 연속성을 확실하게 한다.
  ㉤ 상담에서 탐색된 주요 문제점, 진행 정도 및 다음 단계에 대한 계획을 파악하는 데 도움이 된다.

바로 확인하는! 기출문제

▶ 상담에서 대화 중단 또는 내담자의 침묵은 자주 일어나는 일이다. 내담자의 침묵이 발생하는 원인을 3가지 쓰시오.

④ 요약의 과정
　㉠ 요약할 대상(상담자 혹은 내담자)을 결정한다.
　㉡ 내담자의 말 중에서 중요한 내용과 감정에 주의를 기울인다.
　㉢ 파악한 주된 내용과 감정을 통합해서 전달한다.

> **한발 더 나아가기**
>
> **대화를 가로막는 상담자의 반응**　　　　　　　　　　　　　　　2018년 3회
> 1. **너무 이른 조언**: 내담자의 특성과 내담자가 가진 문제의 배경에 대해 충분히 알지 못하기 때문에, 이때의 조언은 적합하기 어렵다.
> 2. **가르치기**: 조언에서와 같이 내담자는 상담자가 가르치기 시작하는 순간 자신에 대한 이야기를 더 이상 하지 않거나 상담자에게 의존하려는 경향이 생기게 된다.
> 3. **지나친 질문**: 내담자로 하여금 수동적인 위치에 있게 할 수 있고, 상담자로 하여금 내담자에 대한 공감이나 이해를 어렵게 할 가능성이 있다.

바로 확인하는! 기출문제
▶ 상담에서 상담자와 내담자의 대화를 가로막을 수 있는 상담사의 반응을 3가지만 쓰고 설명하시오.

제7절　대안개발과 의사결정

1 대안의 탐색

① 문제 해결을 위한 대안탐색은 문제의 성격과 의사결정 상황조건에 따라 탐색활동의 방향과 범위가 크게 달라질 수 있다.
　㉠ **정형적 문제**: 기존 자료가 있으므로 대안의 탐색이 비교적 쉽다.
　㉡ **비정형적 문제**: 대안탐색 범위가 넓어지고 탐색 방향을 새롭게 찾아내야 한다.
② 대안탐색은 가깝고 쉬운 것(예 경험한 것, 문헌, 가족친지의 면담 등)에서부터 시작한다.

2 대안선택 과정에서 내담자의 과제

① 한 가지 선택을 하도록 준비하기　　　② 직업들을 평가하기
③ 직업들 가운데서 한 가지를 선택하기　④ 선택조건에 이르기

바로 확인하는! 기출문제
▶ 직업선택 시 대안선택 과정에서 내담자가 달성할 과제 4가지를 쓰시오.

> **한발 더 나아가기**
>
> **요스트(Yost)의 직업평가연습**
> 1. 원하는 성과연습　　　　　2. 찬반연습
> 3. 대차대조표 연습　　　　　4. 확률추정 연습
> 5. 미래를 내다보는 연습

3 진로의사결정 과정

(1) 목표 명료화
　① 결정을 내리기 위해서는 우선 결정해야 할 문제나 주변 상황에 대한 올바른 이해가 필요하다.
　② 가장 먼저 거쳐야 할 단계는 우리 자신이 '원하는 것(목표)'을 명확하게 파악하는 것이다.

(2) 대안 탐색
① 원하는 목표를 성취할 수 있는 방법을 찾아보는 단계이다.
② '과거의 상황에서 어떻게 했는가?', '다른 사람들은 어떻게 했는가?', '해결을 위해 어떤 도움이 필요한가?' 등을 잘 생각해 보고, 여러 가지 대안을 모색한다.

(3) 기준 확인
① 각각의 대안들 중 어떤 것을 선택할 것인가에 대한 기준을 설정하는 단계이다.
② 먼저, 각각의 대안에 대하여 자신을 만족시켜 줄 수 있는 장점을 나열하고 해결책을 받아들이기 위해 충족되어야 할 조건들을 열거해 본다. 그 후 이루고자 하는 목표의 충족 기준을 열거한다.

(4) 대안의 평가 및 선택
① 제시된 각각의 대안을 설정한 기준과 비교해 가면서 판단해 보는 단계이다.
② 각 대안이 갖는 바람직한 정도, 가능성, 위험성 등에 대해 상·중·하로 등급을 매겨서 최선의 대안을 선택한다.

(5) 진로 계획의 수립 및 실행
① 의사결정의 마지막 단계이다.
② 목표달성을 위한 구체적인 활동 계획을 수립하고 이를 철저히 실천한다.

4 겔라트의 처방적 모델

(1) 개요
① 겔라트(Gelatt)의 처방적 진로의사결정 모델은 개인이 진로를 결정하려고 할 때 그 오류를 최소화하여 보다 나은 결정을 하도록 도와주기 위한 방식으로서, 케츠(Ketz), 칼리도(Kalido), 쥐토우스키(Zytowski)와 같은 관점을 취하고 있다.
② 겔라트는 어떤 결정보다도 의사결정 과정을 제일 중시한다. 또한 상담의 중요한 목적 중 하나가 학생들이 올바른 결정을 하도록 돕는 것이라는 가정에 더하여, 의사결정 과정을 전개하였다.
③ 겔라트는 직업선택과 직업발달의 과정을 의사결정의 순환과정으로 파악한다. 이러한 순환과정은 의사결정 시에 계속 반복된다.
④ 이러한 결정은 개인의 목적에 따라 최종결정이 되거나 탐색적 결정이 되며, 또한 평가과정을 거쳐 수정·보완되고 목표 수정을 위한 피드백의 자료로 이용된다.

> 바로 확인하는! 기출문제
>
> ▶ 겔라트(Gelatt)가 제시한 진로 의사결정의 단계를 쓰시오.

(2) 겔라트의 의사결정 8단계 `2022년 2회, 2019년 1·3회`
① 목적의식(진로목표설정)
② 정보수집
③ 가능한 대안의 열거
④ 각 대안의 결과 예측
⑤ 각 대안의 실현 가능성 예측
⑥ 가치평가
⑦ 의사결정
⑧ 의사결정의 평가 및 재투입

제8절 사이버 상담

1 사이버 상담의 의미
전화나 대면과는 다르게 컴퓨터로 진행되는 상담으로, 단순한 정보교환이나 의사소통의 수준을 넘어서 인간의 내면세계를 다루는 과정까지 진행될 수 있다.

2 사이버 상담의 필요성 및 장단점

(1) 사이버 상담의 필요성 `2022년 3회, 2017년 2회, 2010년 4회`
① 인터넷 보급의 확대로 간편하고 활용이 용이하다.
② 익명성이 보장되어 내담자의 불안, 죄의식, 망설임 감소의 효과가 있다.
③ 청소년 및 젊은 층 내담자의 경우 인터넷 상담을 더 친밀하게 여긴다.
④ 서면으로 상담내용을 남길 수 있어 활용도가 높다.
⑤ 문장을 작성해 나가면서 감정 정화 및 정리의 효과를 얻을 수 있다.
⑥ 대면상담에 비해 비용이 경제적이다.

> 바로 확인하는! 기출문제
>
> ▶ 인터넷을 이용한 사이버 상담의 필요성을 6가지로 쓰시오.

(2) 사이버 상담의 장점
① 상담서비스의 접근성을 증진할 수 있다.
② 시·공간적 제약을 극복할 수 있다.
③ 보장된 익명성으로 내담자의 솔직성을 유도할 수 있다.
④ 신속성을 높일 수 있다.
⑤ 내담자의 자발적 참여로 문제해결에 대한 동기가 높다.
⑥ 자유로운 표현으로 감정 정화 기능이 가능하다.
⑦ 경제적이다.
⑧ 고정관점을 배제시킬 수 있다.

(3) 사이버 상담의 단점
① 관계형성에 한계가 있다.
② 지속성에 제한이 있다.
③ 비언어적 단서를 획득하기 어렵다.
④ 사이버상 관계에 대한 거부감을 느낄 가능성이 있다.

3 사이버 직업상담의 기법

① 내담자의 자기노출 및 주요 진로논점 파악
② 핵심 진로논점 분석
③ 진로논점 유형 결정
④ 답변내용 구상
⑤ 직업정보 가공
⑥ 답변 작성

제9절 위기 상담

1 위기 상담의 의미

인간이 삶을 영위해 갈 때 발생하는 각종 위기와 고난을 효과적으로 극복할 수 있도록 돕는 심리적 조력의 기술과 절차이다.

2 위기조정의 기본적 관점

① 위기상황에 처해 있는 사람에게 즉시 도움을 준다는 것이 봉사의 기본자세이다.
② 위기상황으로 인해 정서적 균형이 붕괴된 사람을 이전의 상태로 균형을 회복시키는 것을 최소한의 목표로 하지 않으면 안 된다.
③ 위기 상담을 할 때에는 내담자의 위기상황에 관한 정확한 진단과 해석이 선행되어야 한다. 따라서 상담자는 객관적 태도를 상실해서는 안 된다.
④ 내담자가 처해 있는 위기적 상황은 상담자 혼자서 처리하거나 해결해 주기 힘든 경우가 대부분이다. 따라서 내담자를 돕는 데 필요한 사람들과의 관계 유지, 다른 도움을 줄 수 있는 사람 및 기관과의 유대형성 등이 요구된다.

3 위기 상담의 진행단계

① 상담자는 관심을 가진 효과적인 협조자라는 것을 나타낸다.
② 내담자로 하여금 위기에 관련된 감정표현을 하도록 촉진하고, 내담자의 표현된 정서와 생각의 주요 내용을 확인한다.
③ 상담자는 내담자가 표현한 주요 정서와 생각에 공감을 해 준다.
④ 위기를 유발시킨 상황과 관련된 정보를 수집한다.
⑤ 내담자가 인정하는 범위에서 위기상황이 형성된 과정을 포괄적으로 요약하여 언급한다.
⑥ 문제를 해결하기 위한 책략을 상담자와 내담자가 함께 탐색한다.
⑦ 장차 다시 경험하게 될지도 모르는 긴장을 해소하기 위한 방법 및 책략을 서로 협의하고 결정한다.

CHAPTER 05 취업지원 *NCS 적용 신규 이론

1 몰입이론 적용 진로상담의 기술
① 몰입 경험의 목록 만들기
② 현실 가능한 활동 선택하도록 하기
③ 스스로에게 성공 경험 주기
④ 즉각적인 피드백이 가능한 통로 찾기
⑤ 자신의 기술 수준에 적합한 과제 선택하기

2 SWOT 분석의 개념
① 강점(S: Strength): 분석 대상이 가지고 있는 유·무형의 자산으로 성과를 만드는 데 긍정적인 역할을 하는 내부 요소
② 약점(W: Weakness): 특정한 목표를 달성하거나 성과를 만드는 데 방해가 되는 내부 요소
③ 기회(O: Opportunity): 분석 대상의 지속적인 생존이나 성장에 긍정적인 영향을 주는 외부 요소
④ 위협(T: Threat): 목표를 달성하는 데 장애가 되거나 위험이 되는 외부 요소

3 강점 분류체계(Peterson & Seligman)

덕목	요소
지혜 및 지식	창의성, 호기심, 개방성, 학구열, 지혜
용기	용감성, 끈기, 활력, 진실성
자애	사랑, 친절, 사회지능
절제	용서, 겸손, 신중성, 자기조절
정의	시민의식, 리더십, 공정성
초월성	감상력, 낙관성, 감사, 영성, 유머감각

4 하렌(Harren)의 의사결정 유형
① 합리적 유형(Rational style): 의사결정과정에서 자신과 상황에 대한 정확한 정보를 수집하고, 논리적이고 체계적으로 접근하는 유형이다. 의사결정에 대한 책임을 자신이 진다.
② 직관적 유형(Intuitive style): 의사결정의 기초로 상상을 사용하고 현재의 감정에 주의를 기울이며 정서적 자각을 사용한다. 선택에 대한 확신은 비교적 빨리 내리지만 그 결정의 적절성은 내적으로만 느낄 뿐 설명하지 못할 경우가 있다.
③ 의존적 유형(Dependent style): 의사결정에 대한 개인적 책임을 부정하고 그 책임을 외부로 돌리는 경향이 있다. 의사결정과정에서 타인의 영향을 많이 받고, 수동적이며 순종적이다.

5 GROW 코칭 모델

① 목표(Goal): 내담자가 진정 원하는 바가 무엇인지를 먼저 생각할 수 있게 한다.
② 현실(Realty): 현재의 문제 상황, 즉 현실에 대해 살펴본다.
③ 대안(Option): 목표를 이루기 위해 그동안 시도했던 실패와 성공의 경험들을 토대로 새로운 대안을 탐색하게 한다.
④ 실행의지(Will): 구체적인 실행계획에 대해 합의하고 지속적으로 실행할 수 있도록 다짐을 한다.

6 사회적 지지 척도

① 정서적 지지: 인간의 기본적인 사회 정서적 욕구를 만족시켜 주는 지지
② 평가적 지지: 자신의 행위를 인정해 주거나 부정하는 등 자기평가와 관련된 정보
③ 정보적 지지: 개인이 문제에 대처하는 데 이용할 수 있는 정보 제공
④ 물질적 지지: 일을 대신해 주거나 필요 시 돈, 물건, 서비스, 시간 등을 제공함으로써 직접적으로 돕는 행위

7 진로동기 모델(London)

① 진로 정체성: 진로동기의 안정과 방향성을 결정하는 요인
② 진로 통찰력: 진로동기를 촉발하는 요인
③ 진로 탄력성: 진로동기를 유지하는 요인(좌절 극복 능력)

8 취업 효능감

① 성공경험(성취경험)
② 대리경험(다른 사람의 성취에서 얻는 경험)
③ 언어적인 설득(주변 사람들에게 듣는 말)
④ 정서적 고양으로 생리적이고 정서적인 상태(자신의 능력과 기능에 대한 판단과 관련 정서)

9 구직 역량군

역량군	하위 역량
구직 지식군	자기 이해, 구직 희망 분야 이해, 전공지식, 외국어 능력, 구직 일반 상식
구직 기술군	구직 의사결정 능력, 구직 정보탐색 능력, 인적 네트워크 활용 능력, 구직 서류 작성 능력, 구직 의사소통 능력
구직 태도군	긍정적 가치관, 도전 정신, 글로벌 마인드, 직업윤리
직무 적응군	직무 및 조직 몰입, 현장 직무수행 능력, 대인관계 능력, 문제 해결 능력, 자원 활용 능력, 자기 관리 및 개발 능력

10 여성의 진로장벽(오리아레이; O'leary)

내적 장벽	• 실패에 대한 두려움 • 낮은 자존감 • 역할 갈등 • 성공에 대한 두려움 • 직업적 승진에 따른 지각된 결과들 • 결과 기대와 관련된 유인가
외적 장벽	• 사회적 성 역할 고정관념 • 관리직 여성에 대한 태도 • 여성의 능력에 대한 태도 • 남성 관리 모형의 유행

11 여성의 진로 성취에 대한 장벽(파머; Farmer)

7가지 내적 장벽	① 성공 공포　　　　② 성 역할 지향성 ③ 위험 감수 행동　　④ 가정과 진로의 갈등 ⑤ 낮은 학문적 자존감　⑥ 대리 성취 동기 ⑦ 여성과 일에 대한 신화들
3가지 환경적 장벽	① 차별 ② 가정 사회화 ③ 자녀 양육과 같은 자원의 활용 가능성

12 직업복귀 동기 파악

여성의 직업복귀 동기에 영향을 미치는 요인	제대군인의 직업복귀 지원의 필요성
① 성역할과 직업적 고정관념 ② 낮은 자기효능감 ③ 일과 가정의 다중 역할 ④ 수학과 과학기술분야에 낮은 흥미와 회피	① 국가의 책임성 측면 ② 생애주기를 고려한 사회안전망 측면 ③ 군 사기와 우수 인력 확보 측면 ④ 인적 자원 활용 측면

13 모린과 카도레트(Morin & Cadorette)의 직업전환의 과정

① 종료(1단계): 감정적인 문제가 매우 크게 부각되며, 과거의 상실감에 대해 충분한 공감이 필요한 단계
② 탐색(2단계): 새로운 기회로 전환할 수 있는 가능성을 갖는 단계
③ 새로운 시작(3단계): 새로운 환경에 적응하며 미래에 대한 가능성과 합리적인 수용과 새로운 역할을 선택하는 단계

14 진로자본의 핵심역량

① 진로성숙역량(Knowing-Why): 개인이 자신의 진로에 대해 갖고 있는 태도와 관점
② 전문지식역량(Knowing-How): 자신의 일과 관련하여 가지는 진로 관련 기술과 업무지식

③ 인적관계역량(Knowing-Who): 개인들이 진로 안에서 갖게 되는 다양한 형태의 인간관계 및 사회적 연결망을 발전시키는 능력

15 메이로퍼 외(Mayrhofer at el.)의 진로자본의 구성

문화적 자본(개인역량)	사회적 자본(사회적 관계망)	경제적 자본
내가 할 수 있는 것 (개인의 전문적 지식, 학위, 자격 경험 등)	내가 아는 사람과 나에 대해 아는 사람 (사회적 네트워크, 멤버십 등)	내가 가지고 있는 것 (돈, 자금 확보, 비자금, 여유자금 등)

16 진로자본의 내적자본 구성요소

긍정적 내적 자본	부정적 내적 자본
• 자기효능감 및 진로결정 효능감 ① 정보수집 효능감 ② 목표설정 효능감 ③ 진로계획 효능감 ④ 문제해결 효능감 ⑤ 자기평가 효능감	• 역기능적 신념 (Beck의 당위적 신념 ~해야만 한다) ① 사회적 의존성: 타인의 인정과 애정이 과도하게 집착하는 경향을 의미함 ② 자율성: 개인의 독립성과 성취에 과도 하게 집착하는 경향을 의미함

17 활동계획서 작성 시 유의할 점

① 긍정적인 언어로 성취해야 할 것을 나타내기
② '~하는'[쓰는, 부르는, 찾는 등]으로 끝나는 동사를 사용하여 행동을 표현하기
③ 현재에서 출발하여 활동목표를 달성하기 위한 활동방법에 대해 구체화하기
④ 단기계획과 장기계획으로 구분하여 구체적인 활동 기간을 명시하기
⑤ 내담자가 스스로 수행할 수 있는 활동에 초점을 두기

18 긍정적 사고 전환하기를 통해 구직의지를 높이는 2가지 기법

① 부정적 구직태도를 가진 내담자에게 긍정적인 사고로 전환하기 위한 '여외 질문하기'
② 비합리적인 구직태도를 가진 내담자에게 긍정적으로 사고를 전환하기 위한 '생각 가다듬기'

19 수퍼(Super)의 4가지 진로적응성 차원

① 진로에 대한 관심
② 진로 관련 문제에서의 통제감
③ 진로에 대한 호기심
④ 진로 관련 자신감

20 린덴(Linden)의 협업이 바람직하지 않은 7가지 상황

① 시간이 촉박할 때
② 담당자에게 보다 중요한 일들이 산적해 있을 때
③ 협업대상에 대한 신뢰가 높지 않을 때
④ 과제 옹호자(진행주체자)가 충분한 관리역량을 갖추지 못한 경우
⑤ 협업의 비용이 편익을 초과할 때
⑥ 고객들의 관심이 저조하거나 충족될 수 있는 니즈(needs)보다 더 시급한 니즈를 가지고 있을 때
⑦ 시기가 적절하지 않을 때

21 비공식적(informal) 네트워크와 공식적(formal) 네트워크

공식적 네트워크 인위적(의도적) 조직	비공식적 네트워크 자연발생적 조직
• 수직관계 지향	• 수평관계 지향
• 능률(이윤) 추구	• 인간의 감정 추구
• 전체적 질서 촉구	• 부분적 질서 추구
• 공적 성격의 목적 추구	• 사적 성격의 목적 추구
• 권위적 의사결정	• 개인적 요구, 동기 중시
• 기업, 공공기관 등	• 동아리, 사적모임 등

22 직업상담 행정의 기술(Katz)

① 사무처리기술: 사무 또는 실무를 처리하는 기술
② 인화적 기술: 사람들과 더불어 효율적으로 일하는 기술
③ 구상적 기술: 조직을 전체적 시야에서 보는 상황파악적 기술

23 문서처리의 원칙

① 즉일 처리 원칙
② 책임 처리 원칙
③ 적법성의 원칙

24 정보보안 원칙

① 기밀성(Confidentiality): 허락되지 않은 사용자 또는 객체가 정보의 내용을 알 수 없도록 하는 것으로 원치 않는 정보의 공개를 막는다는 의미에서 개인의 비밀 보호와 관련됨
② 무결성(Integrity): 허락되지 않은 사용자 또는 객체가 정보를 함부로 수정할 수 없도록 하는 것
③ 가용성(Availability): 허락된 사용자 또는 객체가 정보에 접근하고자 할 때 방해받지 않도록 하는 것

25 갈등관리의 공식적인 해결방법

① 명령단계: 당사자들의 이야기를 들어본 후 무엇을 할 것인가를 결정
② 중재단계: 제3자가 문제해결을 위해 개입
③ 청문단계: 갈등과 관련 개인이나 부서에서 자신의 입장을 설명하고 해결방법에 대한 논의를 도출

26 홍보의 종류

① 뉴스 릴리스: 언론 보도를 위한 자료의 작성과 제공
② 인터뷰: 주요 정보에 대한 홍보효과를 극대화할 때 사용
③ 기자회견: 기관장 또는 관련부서 책임자가 직접 설명
④ 기자간담회: 정보를 제공하면서 긍정적 기사를 유도

27 홍보방법

① 인쇄매체: 신문, 잡지, 브로셔 등
② 옥외광고: 현수막, 교통광고 등
③ 방송광고: CM, PPL, 인터넷 등
④ 거리홍보: 전단지 등
⑤ DM(Direct Mail)
⑥ 바이럴 마케팅(Viral Marketing): 입소문, 구전마케팅 등
⑦ 인터넷 광고: 배너, 검색, 메일, 스플래시 스크린, 스토리싱, URL, 채팅룸

28 온라인 홍보의 특징

① 실시간으로 쌍방향 커뮤니케이션 가능
② 시간과 공간의 제약 없이 가능
③ 제공하는 홍보 내용 변경이 실시간 가능
④ 자발적이며 주도적인 정보 접근으로 합리적 의사 결정이 가능
⑤ 홍보 효과 실시간으로 측정 가능

**에듀윌이
너를
지지할게**

ENERGY

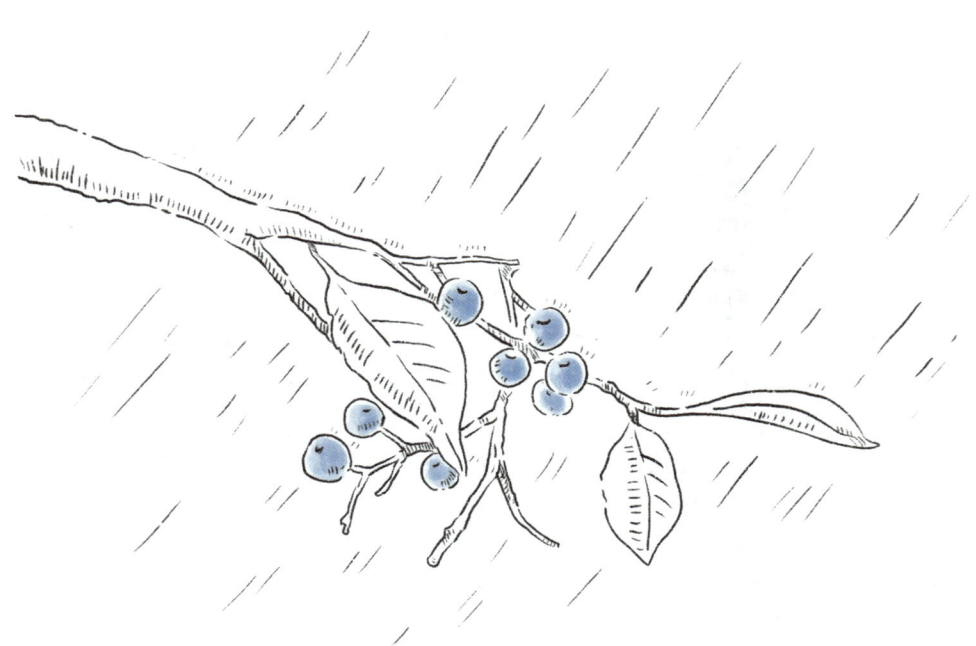

대추가 저절로 붉어질 리는 없다

저 안에
태풍 몇 개,
천둥 몇 개,
벼락 몇 개

– 장석주, 『대추 한 알』, 이야기꽃

II

직업심리

CHAPTER **01** 진로발달이론

CHAPTER **02** 직업상담 진단

CHAPTER **03** 직무 스트레스 및 직업복귀상담

CHAPTER 01 진로발달이론

제1절 특성-요인이론과 홀랜드 직업선택이론

1 특성-요인이론

(1) 파슨스(Parsons)의 직업선택원리 2018년 1회, 2011년 3회
① 개인에 대한 이해
직업심리검사를 통하여 객관적인 방법으로 내담자의 적성이나 흥미, 성격 등 개인의 특성들을 파악한다.
② 직업에 대한 이해
직업정보의 수집·분석을 통해 직업환경, 직업에서 요구하는 능력 및 특성 등 다양한 직업요인을 파악한다.
③ 개인과 직업의 합리적인 연결(매칭)
개인과 직업에 대해 수집한 정보를 바탕으로 내담자는 합리적으로 직업을 선택하게 된다.

(2) 윌리암슨(Williamson)의 인간본성에 대한 기본가정
① 인간은 선과 악의 잠재력을 모두 가지고 있는 존재이다.
② 인간은 선을 실현하는 과정에서 타인의 도움을 필요로 한다.
③ 선의 본질은 자아의 완전한 실현이다.
④ 선한 생활을 결정하는 것은 자기 자신이다.
⑤ 우주와 인간의 관계, 즉 세계관은 개인적인 것으로 인간은 누구나 그만의 독특한 세계관을 지닌다.

(3) 윌리암슨의 직업상담의 과정

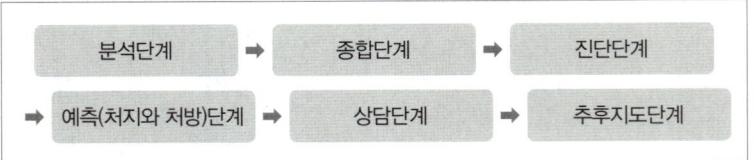

> **한 발 더 나아가기**
>
> **윌리암슨의 직업상담의 과정 중 진단단계와 상담단계**
> 1. 진단단계의 절차
>   ① 문제 확인단계: 진로의사결정에 나타나는 여러 문제를 진단하는 데 도움을 주기 위하여 변별적인 진단이 이루어진다.
>   ② 원인 발견단계: 과거, 현재, 잠재적인 것 등의 관계를 통해 증상과 원인을 이해한다.
> 2. 상담단계의 기법
>   ① 촉진적 관계 형성: 상담자는 내담자에게 신뢰감을 주고 문제해결을 촉진할 수 있는 관계를 형성해야 한다.

TIP 교수님의 꿀팁

특성-요인이론에 대한 개념은 Ⅰ 직업상담 및 취업지원 Chapter 03 제1절에서 자세하게 다룬 내용입니다. 빈출되는 주제이므로 확실히 알아 두어야 합니다.

📍 변별진단

윌리암슨(Williamson)은 변별진단의 4가지 범주로 '흥미와 적성의 불일치, 어리석은 선택, 불확실한 직업선택, 진로 무선택'을 제시하였다.

② **자기이해 신장**: 상담자는 내담자의 장점을 최대한으로 이용하여 진로를 선택하고 성공과 만족을 얻도록 조력해야 한다.
③ **행동계획 설계**: 상담자는 내담자의 학교, 직업적인 선택이나 강점, 태도 등을 언어로써 명료화한다. 또한 실제적인 행동을 계획하고 설계하도록 한다.
④ **계획의 수행**: 내담자가 계획을 실행에 옮기고 직접 직업선택을 해 보도록 조력한다.
⑤ **위임**: 필요한 경우 다른 상담자에게 내담자를 위임할 수 있다.

(4) 윌리암슨의 검사의 해석방법

① 직접 충고
  ㉠ 내담자가 가장 만족할 만한 선택이나 행동 또는 실행계획에 대해 상담자가 자신의 견해를 솔직히 표명하는 것이다.
  ㉡ 내담자가 상담자의 솔직한 견해를 고집스럽게 요구하거나, 내담자가 심각한 좌절이나 실패를 가져올 행동이나 진로선택을 고집하는 때에만 이 방법을 사용해야 한다.

② 설득
  심리검사 결과를 토대로 상담자는 내담자가 비합리적인 선택을 하지 않도록 설득한다.

③ 설명
  상담자는 내담자가 이해할 수 있도록 검사자료 및 정보를 설명한다.

(5) 한계

① 객관적인 절차, 특히 심리검사를 통해 개인의 특성을 타당하고 신뢰할 수 있게 측정할 수 있다고 가정하는데, 이러한 검사도구에 대한 예언타당도의 문제가 제기되고 있다.
② 직업선택을 1회적인 행위로 간주하여 장기간에 걸친 인간의 직업적 발달을 도외시하고 있다.
③ 개인의 특성이 어떻게 발달하는지 및 왜 그런 특성을 가지게 되었는지에 대한 설명이 없다.
④ 특성-요인이론 자체로는 진로상담을 위한 효율적인 지침을 제공해 주지 못한다.

2 홀랜드의 직업선택이론

(1) 의의

① 성격과 직업 환경에 대한 유형론이라고도 한다.
② 개인의 행동양식이나 성격유형이 직업선택과 발달에 중요한 영향을 미친다고 보았다.
③ 안정성과 진로 변경에 관계된 개인 및 환경특성에 대한 흥미유형을 설명한다.
④ 직업적 흥미는 일반적으로 성격의 일부분이기 때문에 개인의 직업적 흥미에 대한 설명은 곧 개인의 성격에 대한 설명이라고 본다.

> **TIP 교수님의 꿀팁**
> 홀랜드의 직업선택이론의 개념은 'Chapter 02 제6절 직업흥미검사'의 홀랜드의 흥미검사 부분에서 다루게 됩니다.

(2) 기본가정

① 직업적 흥미와 개인의 성격은 같은 차원이다.
② 대부분의 사람들은 6가지 유형으로 분류될 수 있다.
③ 6가지 종류의 직업 환경이 존재한다. 일반적으로 각 환경에는 그 성격유형과 일치하는 사람들이 머물고 있다.
④ 자신의 기술과 능력을 발휘할 수 있고 태도와 가치를 표현할 수 있으며, 자신에게 어울리는 문제와 역할을 담당할 환경을 추구한다.
⑤ 인간 행동은 자신의 성격과 환경의 특성 간의 상호 작용에 의해 결정된다.

> **한발 더 나아가기**
>
> **개인의 행동양식과 성격유형이 직업선택에 미치는 영향**
> 1. 직업선택은 유전적 소질과 문화적 요소가 상호 작용한 결과이다.
> 2. 개인의 행동은 성격과 환경 간 상호 작용의 함수관계로 설명할 수 있다.
> 3. 개인의 직업선택 행동은 인성의 표출이다.

(3) 6가지 성격유형

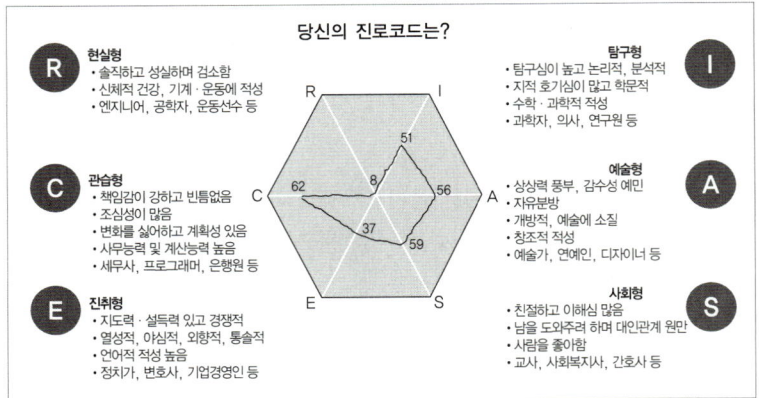

(4) 5가지 주요 개념 2021년 3회, 2016년 2·3회, 2013년 3회, 2010년 2회

① 일관성(근접성)
거리가 가까울수록 공통점을 많이 가지고 있다. 즉, 6가지 유형들의 어떤 쌍들은 다른 쌍들보다 더 많은 공통점을 가지고 있다.

② 변별성(차별성, 분화도)
㉠ 유사성이 나타나는 정도를 말한다.
㉡ 사람에 따라 한 가지 유형에서는 유사성이 많이 나타나지만 다른 유형에서는 별로 나타나지 않는 등 유사성이 나타나는 정도가 다르다.
㉢ 한 개인이 여러 유형에서 똑같은 유사성을 나타내면 특징이 없거나 잘 규정되지 않았다고 본다.
㉣ 한 개인이 어떤 한 가지 유형만 높은 점수를 보이고 다른 유형들에서는 낮은 점수를 보일 때 '분화가 되어 있다.', '차별 또는 변별이 된다.'고 해석한다.

바로 확인하는! 기출문제

▶ 홀랜드이론의 육각형 모형이 갖는 의미 5가지를 쓰시오.
▶ 홀랜드(Holland) 육각형 모델과 관련된 해석 차원 중에서 일관성, 변별성, 정체성에 대해 설명하시오.

③ 정체성(6가지 성격유형과 환경의 조직화를 보충해 주는 요인)
  ㉠ 개인적 측면과 환경적 측면의 정체성

개인적 측면의 정체성	개인의 목표, 흥미, 재능에 대한 명확하고 견고한 청사진
환경적 측면의 정체성	조직의 투명성, 안정성, 목표·일·보상의 통합

  ㉡ 개인의 직업 정체성은 홀랜드 이론을 이용한 심리검사 중 자기직업상황(MVS)으로 측정할 수 있다. MVS에서 점수가 낮은 사람들은 자신의 특성과 반대되는 직업목표를 가진 경우가 많다.
④ 일치성
  ㉠ 자신의 유형과 비슷하거나 정체성이 있는 환경에서 일할 때 일치성이 높아진다.
  ㉡ 육각형의 반대 위치에 있는 것은 일치도가 낮음을 나타내므로 자신의 유형과 환경을 일치시키면 효과적으로 능력을 발휘할 수 있다.
⑤ 계측성
  육각형 모델에서 유형들 간의 거리가 멀어질수록 직업 적응도와 성공도가 낮음을 나타낸다.

> **홀랜드 모형에서 '거리'**
> 홀랜드(Holland)의 육각 모형에서 '거리'는 각 유형 간 차이의 정도를 말한다.

(5) 한계
① 성격만이 강조되어 개인적·사회적·환경적 요인이 도외시되었다.
② 진로상담에 적용할 수 있는 구체적인 절차를 제공해 주지 못하고 있다.
③ 성(性)에 대해 6가지의 직업 유형에서 차별적이다.
④ 성격이론에 바탕을 두어 발달 관점에 대한 사고가 부족하다.
⑤ 환경의 변화에 따라 인간의 행동이 변화됨을 간과하고 있다.

제2절 직업적응이론

1 데이비스와 롭퀴스트의 직업적응이론

(1) 의의
① 인간은 작업요구를 성취하도록 동기화되고, 일을 통해 개인적 욕구를 성취하도록 동기화된다.
② 개인이 이러한 조화를 유지하도록 노력하는 것을 직업적응이라고 하며, 직무유지·만족도·효율성과 체계적으로 연관되어 있다.
③ 보다 발전된 특성지향이론으로, 만족·효과·직무유지 등과 같은 진로사건을 예측하기 위한 것이다. 최근에는 미네소타 직업분류체계Ⅲ(MOCS Ⅲ ; Minnesota Occupational Classification System Ⅲ)와 연관지어 사용할 수 있게 되었다. 이 체계를 개인-환경 대응상담이라고도 한다.

(2) 직업적응과정
데이비스와 롭퀴스트(Dawis & Lofquist)는 직업적응과정을 직업성격과 직업적응방식으로 설명하였다.

바로 확인하는! 기출문제

▶ 직업적응이론에서는 개인환경과 상호작용하는 특성을 나타내는 4가지 성격유형 요소를 가정한다. 성격유형 요소 중 3가지를 설명하시오.

바로 확인하는! 기출문제

▶ 롭퀴스트와 데이비스의 직업적응이론에서 직업적응방식의 유형 3가지를 쓰시오.

① **직업성격적 측면**   2022년 3회, 2020년 2회, 2016년 2회, 2015년 2회, 2010년 3회

민첩성	• 과제를 얼마나 일찍 완성하느냐와 관계된 것으로, 정확성보다는 속도를 중시한다. • 민첩성이 없다는 것은 반응의 신중함, 지연, 반응의 긴 잠재기를 뜻한다.
역량	근로자의 평균활동 수준을 말하고 개인의 에너지 소비량을 의미한다.
리듬	활동의 다양성을 말한다.
지구력	다양한 활동수준의 기간을 의미한다.

② **직업적응방식적 측면**   2019년 1회

융통성	• 개인이 작업환경과 개인적 환경 간의 부조화를 참아 내는 정도를 말한다. • 작업과 개인의 부조화가 크더라도 잘 참아 낼 수 있는 사람은 융통성이 있는 사람이다.
끈기	환경이 자신에게 맞지 않아도 얼마나 오랫동안 견딜 수 있는가의 정도를 말한다.
적극성	개인이 작업환경을 개인적 방식과 좀더 조화롭게 만들어 가려고 노력하는 정도를 의미한다.
반응성	개인이 작업성격의 변화로 인해 작업환경에 반응하는 정도를 말한다.

2 직업적응이론과 관련하여 개발된 검사도구   2019년 2회, 2016년 1회, 2010년 3회

(1) 미네소타 중요성 질문지(MIQ; Minnesota Importance Questionnaire)
① 개인이 일의 환경에 대하여 지니는 20개의 욕구와 6개의 가치관을 측정하는 도구이다.
② MIQ의 6개의 가치관   2022년 3회, 2013년 1회

안정성	혼란스러운 조건이나 환경을 피하고 정돈되고 안정된 환경에서 일하고자 하는 욕구이다.
편안함	직무에 대해 스트레스를 받지 않고 편안한 직업환경을 바라는 욕구이다.
지위	타인에 의해 자신이 어떻게 지각되는지와 사회적 명성에 대한 욕구이다.
이타성	타인을 돕고 그들과 함께 일하고자 하는 욕구이다.
성취	자신의 능력을 발휘하고 성취감을 얻는 일을 하려는 욕구이다.
자율성	자신의 의사대로 일할 기회를 가지고 자유롭게 생각하여 결정하고자 하는 욕구이다.

바로 확인하는! 기출문제

▶ 직업적응이론(TWA)에서 중요하게 다루는 직업가치를 6가지 쓰시오.
▶ 데이비스와 롭퀴스트(Dawis & Lofquist)의 직업적응이론에 기초하여 개발된 직업적응과 관련된 도구를 3가지만 쓰시오

(2) 직무 기술 질문지(JDQ; Job Description Questionnaire)
① 일의 환경이 MIQ에서 정의한 20개의 욕구를 만족시켜 주는지의 정도를 측정하는 도구로, 하위 척도는 MIQ와 동일하다.
② JDQ는 욕구와 직무만족가설을 검증하기 위해 제작된 검사도구이다.

(3) 미네소타 만족 질문지(MSQ; Minnesota Satisfaction Questionnaire)
① 직무만족의 원인이 되는 일의 강화요인을 측정하는 도구이다.
② 능력의 사용, 성취, 승진, 활동, 다양성, 작업조건, 회사의 명성, 인간자원의 관리체계 등의 척도로 구성된다.

제3절 발달적 이론

1 긴즈버그의 발달이론

(1) 의의
① 개인의 직업선택의 과정이 아동기부터 초기 성인까지의 사회·문화적 환경에 따라 주관적으로 평가·발달되었다고 보는 점이 독특하다.
② 긴즈버그(Ginzberg)는 초기의 연구에서 직업적 의사결정의 발달과정은 심리적으로든 연대기적으로든 다시 돌아갈 수 없다는 점에서 불가역적이라고 보았으나, 후에 초기의 입장이 반박되면서 수정하였다.
③ 지속적인 진로선택과정에서의 초기선택이 매우 중요하며, 동시에 직업선택은 일생 동안, 즉 사람이 일하는 동안 병존하는 것이라고 본다.
④ 직업선택은 일생 동안의 의사결정과정이며, 사람들은 자신의 일로부터 상당한 만족을 추구한다. 이를 통해서 사람들은 자신의 변경된 진로목표와 직업세계라는 현실 간의 조정을 어떻게 해 나갈 수 있는지를 반복적으로 재평가하게 된다.

(2) 진로발달 3단계
긴즈버그와 그 동료들은 직업선택을 단일결정이 아닌 장기간에 걸친 발달적 과정으로 보았다.
① **환상기(11세 이전)**
  ㉠ 놀이가 점차 일지향(work-oriented)이 되며, 처음으로 특정 활동에 대한 선호를 나타낸다.
  ㉡ 다양한 직업적 역할이 놀이를 통해서 나타나며, 직업세계에 대한 최초의 가치판단이 반영된다.
② **잠정기(11~17세)**
  ㉠ 흥미단계: 좋아하는 것과 그렇지 않은 것에 대해 보다 분명한 결정을 하게 된다.
  ㉡ 능력단계: 직업적인 열망과 관련하여 자신의 능력을 깨닫게 된다.
  ㉢ 가치단계: 자신의 직업에 대한 가치와 스타일에 대하여 보다 명확한 이해를 하게 된다.
  ㉣ 전환단계: 직업선택에 대한 결정과 진로선택에 수반되는 책임을 인식하게 된다.
③ **현실기(18세~청장년기)** 　　2018년 2회, 2014년 1회, 2012년 3회, 2010년 2회
  ㉠ 탐색단계: 개인은 자신의 진로선택을 2~3가지 정도로 좁혀 간다. 이러한 선택은 대부분 애매하여 확실한 결정의 상태라고 보기는 어려우나 진로에 대한 초점의 범위는 훨씬 좁혀진 상태이다.
  ㉡ 구체화단계: 특정 직업분야에 몰두하게 된다.
  ㉢ 특수화단계: 각자가 직업을 선택하거나 혹은 특정 진로에 맞는 직업훈련을 받게 된다. 이 단계에서 자신의 결정을 구체화시키고 보다 세밀한 계획을 세우며, 고도로 세분화·전문화된 의사결정을 하게 된다.

> **교수님의 꿀팁**
> 잠정기는 선택의 변화기라고도 합니다.

> **바로 확인하는! 기출문제**
> ▶ 긴즈버그(Ginzberg)에 따르면 직업선택은 환상기, 잠정기 및 현실기 3단계로 이루어진다. 현실기의 3가지 하위단계를 쓰고 설명하시오.

2 수퍼의 진로발달이론

(1) 의의
① 장기적이고 발달적인 접근을 하며, 진로모델을 생애 과정의 발달로 본다.
② 진로는 일생을 통해 발달하고 변화해 간다.
③ 이전의 행동은 이후의 행동에 영향을 미친다.
④ 각기 다른 연령 혹은 단계에서는 서로 다른 진로관련 문제들을 경험하게 된다. 연령별 혹은 단계별로 경험하는 각기 다른 문제들에 대해 중재하는 방법도 각각 다르다.
⑤ 일생에 걸친 진로발달단계를 대순환으로 명명하고, 각 발달단계를 '성장기 → 탐색기 → 확립기 → 유지기 → 쇠퇴기'로 구분하며, 보다 역동적인 관점을 채택하였다.

> **한발 더 나아가기**
>
> **학자별 발달이론 비교**
>
> | 구분 | 긴즈버그(Ginzberg) | 수퍼(Super) |
> | --- | --- | --- |
> | 진로발달 | 아동 초기부터 성인 초기에 국한된 과정 | 인생의 전 생애에 걸쳐 이루어지고 변화하는 것 |
> | 직업선택 | 타협의 과정 | 타협과 선택이 상호 작용하는 일련의 적응과정 |
> | 가역성 | 불가역성을 주장 | 필요하다면 발달과정의 가역성 인정 |

(2) 직업(진로)발달단계

① **성장기(출생~14세)**
주요 인물과 동일시함으로써 자아개념을 발달시키며, 초기에는 욕구와 환상이 지배적이고 사회참여 활동과 현실검증이 증가함에 따라 흥미와 능력을 중요시한다.
  ㉠ 환상기(4~10세): 아동적 욕구가 지배적이고, 자신의 역할 수행을 중시하며 직업에 환상을 갖는다.
  ㉡ 흥미기(11~12세): 취향이 활동의 목표 및 내용을 결정한다.
  ㉢ 능력기(13~14세): 능력을 중요시하는 시기로, 직업의 요구조건을 고려하게 된다.

② **탐색기(15~24세)**
학교생활, 여가활동, 시간제 일 등을 통해 자아검증, 역할시행, 직업적 탐색을 한다.
  ㉠ 잠정기(15~17세): 욕구, 흥미, 능력, 가치, 직업적 기회 등을 고려하기 시작하고 잠정적인 진로 선택을 하게 된다. 환상, 토의, 일, 기타 경험을 통해 시행해 본다.
  ㉡ 전환기(18~21세): 취업, 취업훈련, 취업교육을 받으며 자아개념을 확립하려 하며, 현실적 요인을 중요시한다.
  ㉢ 시행기(22~24세): 최초의 직업을 선택하여 종사하기 시작한다.

바로 확인하는! 기출문제

▶ 수퍼(Super)의 발달단계 다섯 단계를 설명하시오.

③ 확립기(25~44세)

자신에게 적합한 분야를 발견하게 되며, 사회적 기반을 다지고 안정을 위해 노력한다.
- ㉠ 시행기(25~30세): 자신이 선택한 직업이 맞지 않을 경우 적합한 일을 발견할 때까지 변화를 겪는다.
- ㉡ 안정기(31~44세): 자신의 진로에 대한 유형이 분명해짐에 따라 직업세계에서의 안정과 만족, 소속감, 지위 등을 가진다.

④ 유지기(45~64세)

직업에 정착하고 자신의 자리를 유지하기 위한 노력을 하는 시기이다.

⑤ 쇠퇴기(65세 이후)

정신적·육체적 기능의 쇠퇴에 따라 직업에서 은퇴 후 여가활동 및 기타 활동을 하게 된다.

(3) 직업발달 과업단계

① 결정화(14~17세)
- ㉠ 직업에 대한 것을 인식하여 일반적인 직업목적을 형성하는 지적과정 단계의 과업이다.
- ㉡ 선호하는 진로에 대한 계획과 실행을 고려한다.

② 구체화(18~21세)
- ㉠ 잠정적인 직업에서 특정 직업에 대한 선호로 옮겨 가는 과업의 단계이다.
- ㉡ 직업선택을 객관적으로 명백히 하며, 선택된 직업에 대해 구체적으로 이해하여 진로계획을 특수화한다.

③ 실행화(22~24세)

교육훈련을 끝마치고 취업하는 과업의 단계이다.

④ 안정화(25~35세)
- ㉠ 직업에서 실제 일을 수행하는 과업의 단계이다.
- ㉡ 직업세계에서 자신의 위치를 확립한다.

⑤ 공고화(35세 이후)

승진, 지위획득, 경력개발을 통해 자신의 진로를 안정되게 하는 과업의 단계이다.

3 고트프레드슨의 직업포부 발달이론

(1) 의의

① 고트프레드슨(Gottfredson)에 따르면 사람들은 자신의 자아 이미지에 알맞은 직업을 원하기 때문에 직업 발달에 있어서 자아개념은 진로선택의 중요한 요인이 된다.

② 자아개념 발달의 중요한 결정요인은 사회계층, 지능수준 및 다양한 경험 등이다.

> **한발 더 나아가기**
>
> **타협의 3원칙**
>
> 직업포부 형성과정은 제한과 타협의 과정이다. 타협의 3원칙은 다음과 같다.
>
> | | |
> |---|---|
> | 1원칙 | • 타협 순서에 대한 원칙이다.
• '흥미 < 명성 < 성'의 크기 순으로 직업선택이 이루어진다.
　예 흥미는 없지만, 사회적 명성을 얻을 수 있는 직업분야라면 선택한다. |
> | 2원칙 | 최상이 아닌 최선의 선택을 한다는 원칙이다. |
> | 3원칙 | • 회피의 원칙이다.
• 기존 노동시장으로의 진출보다 남녀차별이 덜한 공직으로의 진출 등이 이에 해당한다. |

(2) 직업포부의 발달단계   2016년 3회, 2015년 3회, 2011년 2·3회

① 힘과 크기 지향성(3~5세)

　어른이 된다는 것의 의미를 알게 된다. 사고과정이 구체화되며, 자신의 미래 직업에 대해서 긍정적 입장을 취한다.

② 성역할 지향성(6~8세)

　자아개념이 성(gender)의 발달에 의해서 영향을 받는다. 자신이 선호하는 직업에 대해서 보다 엄격한 평가를 할 수 있게 된다.

③ 사회적 가치 지향성(9~13세)

　사회계층에 있어서의 자아를 인식하게 되고, 일의 수준에 대한 이해를 확장시킨다. 직업에 대한 평가를 하기 위한 보다 많은 기준을 갖게 된다.

④ 내적, 고유한 자아 지향성(14세 이후)

　내성적인 사고를 통하여 자아인식이 발달되며, 타인에 대한 개념이 생겨난다. 자아성찰과 사회계층의 맥락에서 직업적 포부가 더욱 발달하게 된다.

제4절　욕구이론

1 욕구이론의 특성

① 매슬로우(Maslow)의 욕구위계이론에 영향을 받은 로(Roe)는 아동기에 부모와의 상호 작용에 따라서 성격과 태도, 흥미, 가치관, 욕구 충족의 행동양식이 달라지며, 이러한 아동기의 경험에 따라 직업관과 직업선택 및 결정 등 직업 행동도 달라질 수 있다고 보았다.

② 직업선택의 주요한 심리적 구성물인 흥미의 결정요소로 심리적 에너지를 설명하였다.

③ 각 직업에서 곤란도와 책무성을 고려하여 8개의 직업군(field)과 6단계 수준(level)의 2차원으로 직업분류체계를 설정하였다.

④ 어느 직업군을 선택하는가도 중요하지만, 어느 수준까지 상승해야 만족하는가는 아동기의 경험에 따라 좌우된다고 보았다. 즉, 각 직업군 내에서의 수준은 개인의 욕구의 강도에 따라 결정되고 욕구의 강도는 가정 및 사회·경제적 배경과 밀접하게 관련되어 있다.

바로 확인하는! 기출문제

▶ 고트프레드슨(Gottfredson)의 직업과 관련된 개인발달의 4단계를 쓰고 각각에 대해 설명하시오.

2 8개의 직업군(field)

2011년 2회

> **바로 확인하는! 기출문제**
>
> ▶ 로(Roe)의 직업군 8가지를 쓰시오.

서비스직 (service)	• 기본적으로 다른 사람의 욕구와 복지에 관심을 가지고 봉사하는 것과 관련된다. • 본질적인 요인은 다른 사람을 위해서 무엇인가를 하고 있는 환경이다. 예 복지와 관련된 사회사업 등
비즈니스직 (business contact)	대인관계가 중요하나, 타인을 도와주기보다는 상대방을 설득하여 거래를 성사시키는 직업군이다. 예 일대일 만남을 통해서 공산품, 투자상품, 부동산 등을 판매하는 직업들
단체직 (managerial)	• 주로 기업의 조직 및 효율적인 기능과 관련된 직업군이다. • 인간관계의 질은 대개 형식화되어 있다. 예 사업, 제조업, 행정에 종사하는 화이트컬러 관리직
기술직 (technology)	• 상품과 재화의 생산·유지·운송과 관련된 직업을 포함하는 직업군이다. • 대인관계는 상대적으로 덜 중요하며, 사물을 다루는 데 관심을 둔다. 예 운송과 정보통신에 관련된 직업뿐만 아니라 공학, 기능, 기계, 무역에 관계된 직업들
옥외활동직 (outdoor)	• 기계화의 진전으로 인해 이 직업군에 속하던 많은 직업들이 기술직으로 옮겨졌다. • 대인관계는 중요하게 다루어지지 않는다. 예 농산물, 수산자원, 임산물 기타의 천연자원을 개발·보존·수확하는 것과 축산업에 관련된 직업들
과학직 (science)	• 기술직과는 달리 과학이론과 그 이론을 특정한 환경에 적용하는 것과 관련된다. • 과학적 연구에서도 더 구체적인 인간관계에 호소하는 직업군인 일반문화직과 관련이 있다. 예 의학직, 심리학·인류학 관련직, 물리학 관련직
예능직 (art & entertainment)	• 대부분의 경우 개인과 대중 또는 조직화된 한 집단과 대중 간의 관계에 초점을 둔다. • 인간관계가 중요하나, 서비스직에서의 인간관계와 똑같은 특성을 지닌 것은 아니다. 예 창조적인 예술과 연예에 관련된 특별한 기술을 사용하는 것과 관련된 직업들
일반문화직 (general culture)	• 문화 유산의 보존 및 전수와 관련된다. • 개인보다는 인류의 활동에 흥미가 있다. • 대부분의 초·중등학교 교사들은 이 직업군에 속하나, 고등교육기관의 교사들은 가르치는 교과에 따라 서로 다른 직업군에 포함된다. 예 교육, 언론, 법률, 성직, 언어학과 인문학이라 불리는 과목들과 관련된 직업들

3 6단계 수준(level)

2019년 1회, 2014년 3회

> **바로 확인하는! 기출문제**
>
> ▶ 흥미사정에 관한 로(Roe)의 2차원 분류체계에서 6가지 수직차원을 쓰시오.

1단계	고급전문관리 (상급)	전문가, 개혁자, 창조자, 최고 경영관리자로, 중요한 정책에 독립적인 책임을 진다.
2단계	중급전문관리 (보통)	정책을 집행하거나 해석하며, 타인에 대한 중간 정도의 책임을 지거나 부분적인 독립적 지위를 갖는다.
3단계	준전문관리	타인에 대한 낮은 수준의 책임을 진다. 정책을 적용하거나 오직 자신만을 위한 의사결정을 하며, 고등학교나 기술학교 또는 그에 준하는 정도의 교육 수준을 갖는다.
4단계	숙련직	견습이나 다른 특수한 훈련과 경험을 필요로 한다.
5단계	반숙련직	약간의 훈련과 경험을 요구하지만 숙련직보다 낮은 수준으로 훨씬 더 적은 자율과 주도권이 주어진다.
6단계	비숙련직	특수한 훈련이나 교육을 필요로 하지 않으며, 간단한 지시를 따르거나 단순한 반복활동에 종사하기 위해서 필요한 능력 이상을 요구하지 않는다.

제5절 진로선택의 사회학습이론

1 진로선택의 사회학습이론

(1) 의의

크롬볼츠(Krumboltz)는 전체 인생에서 각 개인의 독특한 학습경험이 진로선택의 주요한 영향요인이 될 것이라고 보았다. 이러한 영향요인은 다음과 같다.
① 학습기준과 관련된 경험과 수행으로부터 도출된 개인의 일반화
② 환경에 대응하는 데 이용하기 위한 개발된 기술 일체
③ 어떤 직업에 지원하거나 교육기관 및 훈련기관을 선택하는 것과 같은 진로진입 행동 등

(2) 개인의 진로에 영향을 미치는 4가지 요인

2022년 3회, 2018년 2회, 2014년 1회, 2012년 3회, 2010년 2회

> **바로 확인하는! 기출문제**
>
> ▶ 크롬볼츠(Krumboltz)의 사회학습이론에서 개인의 진로에 영향을 미치는 것으로 가정한 요인을 3가지 쓰시오.

유전적 요인과 특별한 능력	유전적 요인과 특별한 능력은 개인의 진로기회를 제한하는 타고난 특질을 포함한다.
환경적 조건과 사건	• 환경적 조건과 사건은 종종 개인의 통제를 넘어서 영향을 미친다. • 개인환경에서의 특정한 사건이 기술발달, 활동, 진로선호 등에 영향을 미친다는 것을 강조한다. ◉ 어떤 천연자원의 이용이나 어떤 직업을 규제하는 정부의 정책은 고용기회와 경험에 상당한 영향을 미칠 수 있다.

학습경험	• 개인이 과거에 학습한 경험은 미래의 교육적·직업적 의사결정에 영향을 미친다. • 도구적 학습경험: 개인이 결과에 대한 반응을 통해 학습하는 것, 행동의 직접적이고 관찰 가능한 결과를 통해 학습하는 것 등이다. • 연상적 학습경험: 이전의 중립적 상황에 대한 부정적·긍정적 반응을 통해 이루어진다. 이러한 연상은 관찰, 출판물, 영화 등을 통해 학습될 수 있다. 예 '모든 정치인들은 부정직하다.', '은행가들은 모두 부자이다.'와 같은 진술은 그 직업에 대한 개인의 인식에 영향을 미친다.
과제접근기술	• 문제해결기술, 작업 및 학습습관 등과 같이 개인이 개발해 온 기술 일체를 말하며, 이는 개인이 직면한 문제와 과업의 결과를 상당 정도 결정한다. • 과제접근기술은 종종 바람직한 결과나 또는 바람직하지 않은 결과를 통하여 수정된다.

한발 더 나아가기

직업선호에 영향을 미치는 요인

1. 교육적 작업선호는 행동의 직접적이고 관찰가능한 결과이며 진로과업과 관련된 학습경험의 관찰 결과이다.
2. 어떤 개인이 학습과정이나 직업에 종사하는 동안 긍정적인 강화를 받았다면 그 사람은 그러한 학습과정이나 작업분야에 보다 높은 선호를 드릴 것이다.
3. 학교나 직업에서의 학습 경험은 개인이 미래에도 유사한 학습경험을 가질 확률을 높일 수 있다.
4. 그러나 부정적인 피드백은 진로방향의 변화를 초래할 수 있다.

2 진로선택과 진로상담

① 진로결정은 학습된 기술이다.
② 진로선택은 부정확한 정보와 잘못된 대체물로부터 이루어질 수도 있다. 따라서 진로선택을 했다고 주장하는 사람들 또한 도움이 필요하다.
③ 성공은 진로결정에서의 기술에 의해 측정될 수 있다. 따라서 결정 기술의 평가가 필요하다.
④ 내담자는 다양한 집단으로부터 나온다.
⑤ 진입한 진로가 확실하지 않다고 해서 죄책감을 느낄 필요는 없다.
⑥ 어떠한 직업도 모든 개인에게 가장 좋은 것으로 보이지는 않는다.

제6절 새로운 진로발달이론

1 인지적 정보처리이론(CIP; Cognitive Information Processing)

(1) 의의
① 인지적 정보처리이론은 피터슨(Peterson), 샘슨(Sampson), 리어든(Reardon)이 개발한 것이다.
② 개인이 진로결정을 내리고 진로문제해결과 의사결정을 할 때 어떻게 정보를 이용하는지의 측면에 중점을 두는 인지적 정보처리이론을 진로발달에 적용시킨 것이다.

(2) 주요 전제
① 진로선택은 인지적 및 정의적 과정들이 상호작용한 결과이다.
② 진로를 선택한다는 것은 하나의 문제해결 활동이다.
③ 진로문제 해결자의 잠재력은 지식은 물론이고 인지적 조작의 가용성에 의존한다.
④ 진로문제 해결은 고도의 기억력을 필요로 하는 과제이다.
⑤ 동기의 근원을 알게 됨으로써 자신을 이해하고 만족스러운 진로선택을 하려는 욕망을 갖는다.
⑥ 진로발달은 지식구조의 끊임없는 성장과 변화를 포함한다.
⑦ 진로정체성은 자기지식에 의존한다.
⑧ 진로성숙은 진로문제를 해결할 수 있는 자신의 능력에 의존한다.
⑨ 진로상담의 최종목표는 정보처리기술의 신장을 촉진시킴으로써 달성된다.
⑩ 진로상담의 최종목표는 진로문제의 해결자이자 의사결정자인 내담자의 잠재력을 증진시키는 것에 있다.

(3) 인지적 정보처리 과정
① 정보처리의 단계
  ㉠ 단기기억에서 입력을 선별
  ㉡ 전사한 후 부호화
  ㉢ 장기기억 속에 저장
  ㉣ 작업기억 속에서 입력정보를 활용하며 재생·변형시켜 문제해결
② 상담자는 내담자의 욕구를 분류하고 내담자가 지식을 획득하여 자신의 욕구가 무엇인지 알 수 있도록 도와주려는 개입 기능을 수행한다.
③ 진로문제해결은 일차적으로 인지적 과정이며, 진로문제해결 과정(CASVE)을 통해 증진시킬 수 있다.
  ㉠ 의사소통(Communication): 질문들을 받아들여 부호화하고 송출하는 것
  ㉡ 분석(Analysis): 한 개념적 틀 안에서 문제를 찾고 분류하는 것
  ㉢ 통합(Synthesis): 일련의 행위를 형성시키는 것
  ㉣ 가치부여(Valuing): 승패의 확률에 관해 각각의 행위를 판단하고 다른 사람에게 미칠 여파를 판단하는 것
  ㉤ 집행(Execution): 책략을 통해 계획을 실행시키는 것

2 사회인지적 진로이론(SCCT; Social Cognitive Career Theory)

(1) 의의
① 반두라(Bandura)의 일반적 사회인지이론에 영향을 받은 것으로, 진로 관련 행동을 설명하고 예언하는 틀이 된다.
② 사회인지이론은 사회인지적 전망의 진로발달 기본가정, 인지적 과정, 자기규제과정, 동기과정 등을 성애 현상어 혼합한 이론이다.

(2) 반두라의 인과적 모형
① 개인과 환경 간에 상호 작용하는 인과적 영향을 분류하고 개념화한다. 사회인지적 진로이론은 3축 호혜성이라고 불리는 반두라의 인과적 모형을 따른다.
② 인과적 모형 안에는 3개의 변인인 '개인과 신체적 속성(P)', '외부환경 요인(E)', '외형적 행동(B)'이 있고, 이 세 변인은 모두 개인 발달의 인과적 힘으로 서로 영향을 주면서 상호 작용한다.
③ 사회인지적 진로이론은 개인과 행동, 환경 사이에서 상호 작용하는 힘들을 개념화하고 최종적으로 자신들의 사고와 행동에 영향을 주는 상황에 각 개인이 어떻게 영향을 주는지 확인한다.

(3) 사회인지적 진로이론의 3가지 영역모델 2017년 1회, 2013년 2회
사회인지적 진로이론은 흥미, 선택, 수행의 3가지 영역에 대한 이론모형을 제안한다. 흥미모형과 선택모형은 개인이 일하고 싶어 하는 영역이나 구체적인 직업과 같은 진로선택에 대한 내용을 포함하지만, 수행모형은 개인이 이미 선택한 영역에서 추구하는 수행수준을 예측한다.

① 흥미모형
  직업적 흥미는 결과기대와 자기효능감에 의해 예측된다는 흥미모형을 나타내고 있다. 흥미는 목표를 예언하고, 목표는 활동의 선턱 및 실행을 가져오며, 나아가 수행결과로 이어진다.

② 선택모형
  ㉠ 흥미는 단순히 자기효능감이나 결과기대에 의해 형성되는 것이 아니라 학습경험이나 개인적 배경 및 환경적 배경에 의해 제한된다.
  ㉡ 주변 상황이나 맥락은 흥미를 제한하기도 하지만, 개인은 어떤 가능한 대안이 있는지, 자신의 자기효능감과 결과기대는 어느 정도인지, 주변에서 얻을 수 있는 지지나 자원 또는 장애가 있는지에 따라 자신의 선택을 결정한다.
  ㉢ 진로에 대한 제한은 흥미를 실천으로 전환시키려는 개인의 의지나 능력에 부정적으로 작용하므로 개인으로 하여금 진로선택의 폭을 넓힐 수 있도록 적절한 개입이 요구된다.

③ 수행모형
  개인의 수행 수준 및 수행의 지속성을 설명하기 위해 개인의 능력, 자기효능감, 결과기대, 수행목표를 요인으로 제시한다.

> **바로 확인하는! 기출문제**
> ▶ 반두라의 사회인지이론(SCCT) 에서 3가지 영역모델을 쓰고 설명하시오.

바로 확인하는! 기출문제
▶ 반두라의 사회인지이론 (SCCT)에서 진로발달의 개인적 결정요인 3가지를 쓰고 설명하시오.

(4) 진로발달의 개인적 결정요인 2017년 2회

① 자기효능감
  ㉠ 정해진 수행을 해내기 위해 필요한 활동을 조직화하고 실행해 낼 수 있는 자신의 능력에 대한 주관적인 신념이다.
  ㉡ 자기효능감은 고정되거나 단일한 특성이 아니라, 특정 수행영역에 대한 신념체계로 보아야 한다.
  ㉢ 자기효능감은 개인적인 수행성취, 간접경험, 사회적 설득, 생리적 상태와 반응의 4가지 학습경험을 거쳐서 발전된다.
  ㉣ 자기효능감은 한 수행영역에서 성공을 경험하면 강화되지만, 거듭하여 실패하면 약화된다.

② 결과기대(성과기대)
  ㉠ 어떤 행동의 결과로 얻게 될 것에 대한 기대를 의미한다.
  ㉡ 결과기대 또한 기대에 관한 개인적인 신념이나 활동의 결과로 간주된다.
  ㉢ 어떤 사람들은 내적·외적 동기에 따라, 혹은 실제 활동과정에 따라 동기가 부여되기도 한다.
  ㉣ 결과기대도 자기효능감과 유사한 학습활동에 의해 구성된다.

③ 개인적 목표
  ㉠ 개인이 어떤 특정한 활동에 열중하거나 어떤 미래의 결과를 이루겠다고 결심하는 것을 의미한다.
  ㉡ 개인은 목표를 세워 그에 필요한 행동을 실행하고 어떤 성취를 추구한다. 개인목표가 중요한 이유는 바로 이런 목표들이 행동을 지속시키도록 유도하기 때문이다.

CHAPTER 02 직업상담 진단

제1절 직업심리검사의 이해

1 심리검사의 개요

(1) 심리검사의 정의
심리검사(psychological testing)란 인간의 능력, 성격, 흥미, 태도 등과 같은 내적인 특성, 즉 심리적 구성물을 수량화하기 위해서 행동 표본을 측정하는 표준화된 도구를 말한다.

(2) 심리검사의 목적
2022년 2회, 2020년 1회, 2007년 1회

① 개인적 기능(자기이해 증진)
심리검사 결과는 눈에 보이지 않는 개인의 심리적 구성물에 대한 기초정보를 제공해 줌으로써 자기에 대한 이해를 증진시켜 개인성장을 돕고 진로(직업)선택 등과 같은 의사결정과정에 도움을 준다.

② 조사적 기능
특정 집단의 일정한 행동이나 특징의 경향을 조사·연구하여 기술하거나 규명하기 위해 사용되기도 한다.

③ 미래의 행동이나 성과에 대한 예측
심리검사는 향후의 행동이나 성과를 예측하려는 용도로도 쓰인다.
예를 들면, 직업적성검사의 결과는 미래의 성공가능성을 예측해 주는데, 이는 특정 직무가 요구하는 능력을 많이 가진 사람들은 그렇지 못한 사람들에 비해 그 직무에서 성공할 가능성이 높기 때문이다.

④ 개인 특성 및 문제의 진단
개인의 정서적 특성, 지능을 포함한 다양한 분야의 능력, 태도나 가치관 등의 특정 속성에서 볼 수 있는 개인차 및 문제를 진단할 수 있다.

⑤ 분류 및 배치
심리검사는 어떤 기준에 따라 대상을 특정한 범주에 배치하는 분류 기준으로 사용되며, 조직에서의 선발·배치·승진 등과 같은 인사결정의 자료로 사용되기도 한다.

> **바로 확인하는! 기출문제**
> ▶ 심리검사의 목적 3가지를 쓰시오

2 심리검사의 특성

(1) 표준화된 심리검사(측정도구)의 특징
① 검사의 목적 및 측정이 비교적 명확하다.
② 검사의 신뢰도 및 타당도가 확보되어 있다.
③ 검사실시의 시간, 순서, 상황 등에 대한 표준화 방법이 제시되어 있다.
④ 채점의 표준화 방법이 제시되어 있다.
⑤ 개인의 점수를 쉽게 해석할 수 있는 기준을 보유하고 있다.
⑥ 해석을 위한 지침이 제시되어 있다.
⑦ 검사개발과정 및 검사 양호도에 대한 정보가 제시된다.

(2) 검사점수의 변량에 영향을 미치는 요인
① 개인의 지속적이고 일반적인 특성
  ㉠ 일반적 특성에서의 능력 수준, 기능
  ㉡ 검사의 지시사항을 이해하는 능력
  ㉢ 검사에 익숙한 정도, 수험의 요령
  ㉣ 검사에 출제된 형식의 문제를 푸는 일반적인 능력
  ㉤ 검사장면과 같은 상황에서 일반적으로 작용하는 태도, 정서적 반응, 습관 등
② 개인의 지속적이고 독특한 특성
  ㉠ 특정 검사에서 요구하는 특성의 능력 수준
  ㉡ 특별한 검사문항 유형에 적합한 지식
  ㉢ 특정한 검사자극에 관련된 반응 습관
③ 개인의 일시적이고 일반적인 특성   2017년 1회
  ㉠ 건강, 피로 등 개인의 신체적 상태
  ㉡ 개인의 정서적 상태
  ㉢ 검사에 임하는 개인의 동기
  ㉣ 주변 환경
  ㉤ 검사 요령
  ㉥ 검사에 대한 이해 정도
  ㉦ 검사 메커니즘의 이해
④ 개인의 일시적이고 독특한 특성   2008년 1회
  ㉠ 독특한 검사과제의 이해
  ㉡ 특정 검사자료나 도구를 다루는 특수한 기교나 기술
  ㉢ 특수한 검사의 연습 정도
  ㉣ 특정 검사에 대해 일시적으로 독특하게 반응하는 습관
  ㉤ 검사문항에 대한 독특성

교수님의 꿀팁
개인의 지속적이고 독특한 특성은 상황에 따라 모든 검사에 영향을 미치는 요인입니다.

바로 확인하는! 기출문제
▶ 검사점수의 변량에 영향을 미치는 요인 중 개인의 일시적이고 일반적인 특성 5가지를 쓰시오.

바로 확인하는! 기출문제
▶ 검사점수의 변량에 영향을 미치는 요인 중 개인의 일시적이고 독특한 특성 4가지를 쓰시오.

(3) 검사도구의 선택과 유의사항
검사도구를 선택할 때에는 다음과 같은 사항에 유의하여야 한다.
① 검사도구의 사용 여부
  ㉠ 직업심리검사가 진로 및 직업상담 장면에서 반드시 필요한 것은 아니므로 어떤 검사를 사용할지 결정하기 전에 검사의 사용 여부부터 결정하여야 한다.
  ㉡ 다른 방법을 통해서는 얻을 수 없는 정보를 검사가 제공해 줄 수 있는지, 시간을 절약해야 할 필요가 있는지, 내담자의 목표에 적절한지 등을 고려하여 검사도구의 사용 여부를 결정한다.
② 검사의 심리측정적 속성
  ㉠ 직업심리검사가 내담자의 목표에 유용하기 위해서는 어떤 특수한 기술적인 필수사항, 즉 검사의 심리측정적 속성을 갖추고 있어야 한다.
  ㉡ 어떤 내담자가 자신의 성격특성이 상담분야에 적합한지를 알고 싶어할 때, 아무리 구성타당도 및 예언타당도가 우수한 검사라고 하더라도 상담분야에 대한 예언타당도를 가지고 있지 않다면 그 검사는 내담자의 목적에 부적합할 수 있으므로 이 검사의 유용성은 의심스럽다.
③ 검사선택 과정에 내담자 포함시키기
  ㉠ 검사자료의 적절한 해석은 검사선택 과정과 함께 시작되며, 이는 내담자의 협조하에 이루어진다.
  ㉡ 상담자는 선택과정에 내담자를 포함(또는 개입)시키기 위해서 상담자는 물론 내담자에게 도움이 되고 유용할 것 같은 검사도구를 제안할 수 있어야 하고, 상담자는 검사에서 알 수 있는 결과의 유형을 명확히 기술할 수 있어야 한다.

(4) 심리검사 시 윤리적 고려사항 2022년 2회, 2019년 3회, 2016년 3회, 2010년 2회, 2008년 1회
① 알기 쉬운 언어로 설명해 주어야 한다.
② 시대에 뒤떨어질 수 있음을 인정한다.
③ 검사와 사용 여부, 비밀보장 등 의뢰인의 권리를 존중한다.
④ 신뢰도와 타당도 한계의 제한점을 지적한다.
⑤ 타당도와 신뢰도가 높은 표준화된 검사를 사용한다.
⑥ 심리검사에 대한 자격을 가진 유자격자가 검사를 실시한다.

바로 확인하는! 기출문제
▶ 심리검사 시 윤리적 고려사항 4가지를 쓰시오.
▶ 심리검사 사용의 윤리적 문제와 관련하여 주의할 사항 6가지를 쓰시오.

3 심리검사의 개발 및 적용

(1) 심리검사의 개발 과정
① 1단계(가설개념의 영역규정단계)
  개발자는 포함시킬 것과 배제할 것을 명확히 규정하여야 한다. 대부분의 경우 문헌연구를 통해 개념을 정의하게 된다.
② 2단계(문항표집단계)
  ㉠ 문항표집은 구체적으로 언급한 영역을 측정할 문항을 만드는 과정이다.

ⓒ 문항표본 작성 초기에는 구성개념을 반영하는 행동들에 관해 가능한 모든 문항을 만드는 것이 좋은데, 이는 최초의 문항목록이 수정을 거쳐서 최종적으로 검사에 사용될 문항들을 선별하는 기초가 되기 때문이다.

ⓒ 이 과정에는 탐색적 조사, 즉 문헌조사와 질문지 조사 등의 기법들을 사용한다. 이렇게 표집된 문항목록을 대상으로 문항편집을 하게 된다.

③ 3단계(사전검사의 자료수집단계)
문항편집을 통해 확정한 문항을 분석하여 사전검사를 실시한다.

④ 4단계(측정의 세련화단계)
측정의 세련화를 위해서 문항분석을 하게 되는데, 보통은 각 문항과 전체점수의 상관관계를 살펴보거나 내적 합치도를 살펴본다.

⑤ 5단계(본검사의 자료수집단계)
문항들을 수정·첨가·삭제하여 적절한 요건을 충족시키는 문항군을 구성한 후, 새로운 표본을 이용하여 본검사의 자료를 수집한다.

⑥ 6·7단계(신뢰도 평가단계 및 타당도 평가단계)
어느 정도 세련화된 표본으로 새로운 사람들에게 검사를 실시하여 신뢰도와 타당도를 평가해야 한다.

⑦ 8단계(규준개발단계)
최종검사지를 제작한 후 검사규준을 마련하고 규준집단을 표집해야 한다. 규준은 인구통계변인에 의해 집단별로 제작하는 것이 일반적이다.

(2) 심리검사 예비문항 제작 시 고려사항 2021년 2회, 2014년 2회, 2010년 1회, 2007년 3회

① 문항 난이도
수검자의 수준에 따라 난이도를 고려하여 적절한 문항을 추출해야 한다. 문항 난이도 지수는 각 문항에서 정답을 고른 학생 수의 전체 학생 수에 대한 비율로, 문항의 어렵고 쉬운 정도를 나타낸다.

② 문항 변별도
검사에서 각 문항이 그 검사에서 득점이 낮은 사람과 높은 사람을 식별해 줄 수 있는 변별력으로, 한 가지 이상으로 해석될 수 있는 문항이 없도록 구성한다.

③ 오답 능률도
문항의 각 답지에 대한 반응의 분포상태를 분석함으로써 각 답지가 의도했던 바의 기능이나 역할이 제대로 적용되고 있는지를 알아보는 것이다.

④ 문항의 적절성(기회 균등성)
성별, 지역별, 문화적 차이 등에 따라 특정 집단에 유리하지 않도록 해야 한다.

⑤ 문항의 참신성
기존 검사와 중복되지 않는 새로운 문항을 제시한다.

⑥ 문항의 중립성
특정 집단에 불쾌감을 줄 수 있는 문항은 포함되지 않도록 주의를 기울여야 한다.

바로 확인하는! 기출문제

▶ 심리검사 제작을 위한 예비문항 제작 시 고려해야 할 사항 3가지를 설명하시오.
▶ 심리검사 제작을 위한 예비문항 제작 시 고려해야 할 사항인 문항 난이도, 문항 변별도, 오답 능률도의 의미를 설명하시오.

⑦ 문항의 구조화
질문의 내용이 모호하지 않게 하고, 측정요인을 고려한 타당도 있는 문항으로 구성해야 한다.

(3) 심리검사 해석 시 윤리강령
① 전문적인 자질과 경험을 갖춘 사람이 검사결과를 해석해야 한다.
② 규준에 따라 해석해야 한다.
③ 다른 검사나 관련 자료를 함께 고려하여 결론을 내려야 한다.
④ 내담자를 명명하거나 낙인찍어서는 안 된다.
⑤ 검사결과가 악용되어서는 안 된다.

(4) 심리검사 해석 시 유의사항
① 해석에 대한 내담자의 반응을 고려한다.
② 검사결과에 대해 이해하기 쉬운 언어를 사용한다.
③ 내담자의 점수 범위를 고려한다.
④ 검사결과에 대한 중립적 판단을 한다.
⑤ 검사결과에 대한 내담자의 방어를 최소화한다.
⑥ 검사의 대상과 용도를 명확히 한다.

(5) 부정적인 심리검사 결과가 나온 내담자에게 검사결과를 통보하는 방법
2022년 2회, 2017년 2회
① 내담자의 방어를 최소화하기 위해 해석의 기회를 갖는다.
② 내담자가 충격을 받지 않도록 유의한다.
③ 타인에게 부정적인 결과가 노출되지 않도록 비밀보장에 유의한다.
④ 내담자에게 결과를 기계적으로 전달하기보다는 전반적인 수행을 설명하고 질적인 해석을 추가로 진행한다.
⑤ 심층적 질문을 통해 내담자가 검사결과와 자신을 연결시키게 하고 피드백을 독려한다.

(6) 틴슬리(Tinsley)와 브래들리(Bradley)의 검사결과 검토의 2단계
2021년 3회, 2012년 1회
① 이해
점수가 내담자에게 어떤 의미가 있는지 생각해야 한다. 상담자는 심리검사 이전에 들은 내담자 정보에 의거해 결과를 검토하고, 해석을 실시하는 회기에서 논의될 의미에 대해 생각해 보아야 한다.
② 통합
상담자가 내담자에 대하여 알고 있는 다른 정보들과 검사결과를 통합하는 단계로, 검사의 목적과 내담자의 협조하에 검사결과를 분별하는 태도를 갖는다.

(7) 틴슬리와 브래들리의 검사해석 4단계
2020년 4회, 2007년 3회
① 해석 준비하기
㉠ 내담자가 검사 자체와 점수의 의미어 관하여 충분히 이해하고 있는지, 내담자의 교육, 가정환경 등 중요한 관련 정보와 검사 결과의 의미가 어떻게 통합되는지를 잘 알고 있는지 등을 심사숙고한다.

ⓒ 2개 이상의 검사를 해석할 때에는 그 순서를 결정하고, 해석의 흐름을 간략하게 미리 생각해 둔다.

② 내담자 준비시키기
내담자가 검사결과 해석을 받아들일 수 있도록 준비시킨다. 피검사자(내담자)는 검사결과를 기대하기 마련이지만, 먼저 측정의 목적이 무엇이었으며 검사에 응답하는 동안 어떤 경험을 했는지, 점수나 프로파일은 어떻게 나올지 등을 생각해 보도록 하면 도움이 된다.

③ 결과 전달하기
내담자가 이해하기 쉬운 언어로 점수가 의미하는 바를 비평가적인 방법으로 전달한다.

④ 추후활동
내담자가 결과를 어떻게 이해했는지 확인하며 그들이 검사를 통해 알게 된 내용들과 그 외의 도구 활용 결과나 관련 자료들을 잘 통합할 수 있도록 도와준다.

4 직업상담에서 검사 선택 시 고려기준
2020년 1회, 2013년 2회, 2007년 2회, 2000년 2회

① 상담의 목적과 심리검사의 목적이 일치함을 확인해야 한다.
② 신뢰도와 타당도가 확인된 표준화 검사방법을 사용해야 한다.
③ 심리검사 시행의 실용성(경제성, 시간, 간편성)을 고려해야 한다.
④ 상담목표와 내담자 특성에 맞는 적합성과 타당성이 있어야 한다.
⑤ 내담자에게 검사 선택권을 주어야 한다.
⑥ 검사 제작 시기와 차이성을 검토해야 한다.
⑦ 훈련과 교육을 받은 상담자가 실시하여야 한다.

> **바로 확인하는! 기출문제**
> ▶ 직업상담에서 검사 선택 시 고려해야 할 사항 3가지를 쓰시오.

제2절 심리검사의 분류

1 실시방식에 따른 분류
2017년 1회

(1) 실시시간에 따른 분류
2020년 1회, 2015년 1회, 2012년 2회

속도검사	• 제한된 시간 내의 수행능력을 측정하는 것으로서 일종의 숙련도를 측정하는 검사이다. • 속도검사는 지능검사처럼 문항의 난이도 면에서는 쉬운 편이지만, 문항 수가 많아서 주어진 시간 안에 다 풀 수 없도록 구성되어 있다. 예 지능검사, 산수계산문제
역량검사	• 숙련도보다는 궁극적인 문제해결력을 측정하는 검사이다. • 원칙적으로 시간제한은 없으나, 매우 어려운 소수의 문항으로 구성되어 있다. 예 수학경시대회 등

> **바로 확인하는! 기출문제**
> ▶ 심리검사의 실시방식에 따른 종류 3가지를 쓰시오.
> ▶ 역량검사와 속도검사에 대해 설명하시오.
> ▶ 역량검사의 개념을 예를 들어 설명하시오.

(2) 검사자의 수에 따른 분류

개인검사	• 검사할 때 한 사람씩 실시해야 하는 검사로, 개인에 관한 총체적이고 심층적인 분석을 할 때 유용하다. ⓔ 한국판 웩슬러 지능검사(K-WAIS), 로샤(Rorschach)검사, 주제통각검사(TAT) 등
집단검사	• 한꺼번에 여러 사람에게 동시에 실시하는 검사로, 선다형 검사이며 컴퓨터로 한꺼번에 객관적으로 채점한다. ⓔ 직업선호도검사(VPI), 다면적 인성검사(MMPI), 성격유형검사(MBTI) 등

(3) 검사의 도구에 따른 분류

지필검사	• 문항이 인쇄된 검사지를 읽고 연필로 답하도록 제작된 검사로서 물리적·신체적 조작이나 행동을 요구하지 않으며, 실시하기가 쉽고 집단검사로 제작하기에 좋다. ⓔ 운전면허시험의 필기시험, 각종 자기보고 항목표(self-report inventory), 문장완성검사 등
수행검사 (동작검사)	• 수검자가 대상이나 도구를 직접 다루어야 하는 검사로서, 주로 일상생활과 유사한 상황에서 직접 행동하도록 하는 방식을 취한다. ⓔ 지능검사에 포함된 동작성 검사, 운전면허시험의 주행검사 등

2 사용목적에 따른 분류
<small>2021년 1·3회, 2019년 2회, 2018년 3회, 2016년 1·3회, 2011년 2회, 2010년 1회</small>

(1) 규준참조검사(norm-reference test)
① 규준참조검사는 개인의 점수를 다른 사람의 점수와 비교해서 상대적으로 어떤 수준인지를 알아보는 검사이다.
　ⓔ 대학수학능력시험, 선발고사 등
② 비교기준이 되는 점수들을 규준(norm)이라고 하며, 이런 비교점수들은 규준집단(norm group) 또는 표준화 집단이라고 하는 대표적 표본 집단을 통해 얻어 낸다.

(2) 준거참조검사(criterion-reference test)
① 준거참조검사는 검사점수를 다른 사람들과 비교하는 것이 아니라 어떤 기준점수와 비교해서 이용하는 검사이다.
　ⓔ 직업상담사 자격시험, 운전면허시험 등
② 기준점수는 검사 자체나 검사를 사용하는 조직의 특성 또는 검사의 시기나 목적에 따라 달라질 수 있다.

3 내용에 따른 분류
<small>2020년 2회, 2018년 1회, 2013년 3회, 2010년 3회, 2009년 2회</small>

(1) 인지적 검사(능력검사, 극대수행검사, 성능검사)
① 인지적 검사는 개인의 다양한 인지능력을 평가하기 위한 검사이다.
　ⓔ 지능검사, 적성검사, 성취도검사 등
② 인간의 전체가 아닌 일부 능력만을 측정하기 때문에 능력검사라고도 하며, 수검자가 자신의 능력을 최대한 발휘할 것을 요구하기 때문에 극대수행검사라고도 한다.

바로 확인하는! 기출문제
▶ 심리검사를 사용목적에 따라 규준참조검사와 준거참조검사로 구분할 수 있다. 각각에 대해 예를 들어 설명하시오.
▶ 규준참조검사와 준거참조검사의 차이점에 대해 설명하시오.

바로 확인하는! 기출문제
▶ 극대적 수행검사와 습관적 수행검사에 대해 설명하고 각 유형의 예를 2가지씩 쓰시오.
▶ 성능검사, 성향검사의 종류를 3가지씩 적으시오.

③ 일반적으로 문항의 정답이 있고 시간제한이 엄격하게 적용되므로 수검자가 자신의 능력을 최대한 발휘하여 응답하는 것이 중요하다.

(2) 정서적 검사(성향검사, 습관수행검사)
① 정서적 검사는 비인지적 검사이며, 인간의 인지능력 이외의 정서, 동기, 흥미, 태도, 가치 등을 측정하는 검사이다.
   예 성격검사, 흥미검사, 태도검사 등
② 인지적 검사와는 달리 시간적 제한이 없고 정답이 없기 때문에 수검자가 자신을 최대한 정직하게 드러내는 것이 중요하다. 따라서 '~검사'보다는 '~목록' 또는 '항목표(inventory)'라고 부른다.
③ 정서적 검사는 성격검사라고 하기도 하며, 자신이 가장 습관적으로 하는 전형적인 행동을 선택하도록 한다는 측면에서 습관적 수행검사(typical performance test)라고도 한다.

> **한 발 더 나아가기**
>
> **심리검사에서 준거장면에 따른 분류**   2021년 3회, 2019년 1회
> 1. **모의장면 검사**: 실제적인 장면을 인위적으로 만들어 놓고, 그 장면에서 수검자의 수행과 그 성과를 관찰하고 평가하는 검사이다.
> 2. **실제장면 검사**: 수검자의 실제적 생활상황 또는 작업 장면에서 수행하는 행동과 그 결과를 관찰하고 측정하는 검사이다.
> 3. **경쟁장면 검사**: 작업 장면과 같은 상황에서 실제 문제 또는 작업을 제시하고, 문제해결을 요구하되, 특히 경쟁적으로 수행하도록 하는 검사이다.
> 4. **축소상황 검사**: 실제적인 장면과 같지만 구체적인 과제나 직무를 매우 축소시켜 제시하고 그 수행 또는 결과를 관찰하고 평가하는 검사이다.

4 객관적 검사와 투사적 검사

(1) 객관적 검사(자기보고형 검사)
① 검사 형태가 구조화되어 있으며, 선다형 또는 '예, 아니요' 형태의 자기보고형 검사이다.
② 객관적 검사의 장단점
   2022년 3회, 2021년 2회, 2019년 2회, 2014년 3회, 2009년 3회, 2006년 3회, 2002년 1·3회, 2000년 3회
   ㉠ 장점
      - 검사실시가 간편하다.
      - 신뢰도와 타당도가 높다.
      - 객관성이 보장된다.
      - 경제적이다.
      - 해석이 용이하다.
   ㉡ 단점
      - 사회적 바람직성의 문제가 있다. 즉, 피검자는 사회적으로 바람직하다 여겨지는 문항에 긍정적으로 반응하는 경향이 있다.

바로 확인하는! 기출문제
- 투사적 검사와 비교하여 객관적 검사의 장점 3가지를 적으시오.
- 투사적 검사와 객관적 검사의 장점을 각각 3가지씩 적으시오.
- 투사적 검사의 장점과 단점을 3가지씩 적으시오.

- 반응경향성의 문제가 있다. 즉, 피검자가 응답하는 방식에 일관된 패턴이 있어 응답결과에 영향을 미칠 수 있다.
- 심층적이거나 무의식적인 내용을 묻는 것이 어렵다. 즉, 문항 내용이 제한적이다.

(2) 투사적 검사
① 비구조적인 과제를 제시하고 자유롭게 응답하도록 하여 분석하는 방법이다.
② 투사적 검사의 장단점

_{2020년 3회, 2018년 1회, 2016년 1회, 2011년 2회, 2010년 3회, 2009년 3회}

㉠ 장점
- 반응의 독특성을 분석할 수 있다.
- 내담자의 방어가 어렵다.
- 내담자의 반응이 풍부하다.
- 무의식적 내용의 반응을 분석할 수 있다.

㉡ 단점
- 검사의 신뢰도 및 타당도가 떨어진다.
- 반응에 대한 상황적 요인에 영향을 많이 받는다.
- 검사의 해석과정 훈련에 많은 시간과 비용이 든다.
- 검사해석자의 주관적 판단이 개입할 가능성이 있다.

제3절 규준과 점수해석

1 검사의 표준화와 규준

(1) 검사의 표준화
① 검사의 표준화란 검사의 실시·채점·해석 방법의 일관성을 유지하여 검사자가 달라져도 동일한 검사 과정이 이루어지도록 함으로써 측정된 결과를 서로 비교할 수 있게 하는 것을 의미한다.
② 검사의 표준화를 위해서는 검사재료, 검사의 실시, 채점, 해석 등에 대한 상세한 지시사항이 검사요강(manual)에 포함되어야 한다.

(2) 표준화를 위한 규준의 설정
① 원점수(raw score)
㉠ 실시한 심리검사를 채점해서 얻은 최초의 점수를 원점수라고 한다.
㉡ 원점수는 해당 검사 또는 하위검사(sub-test)의 문항 수나 채점체계에 따라 매우 다양하게 나타날 수 있으므로 그 자체로는 수검자의 심리적 구성물이 어느 정도의 수준인지 극히 초보적인 정보만 제공해 줄 뿐, 이를 평가할 수 있는 정보를 제공해 주지는 못한다.

② 규준(norm)
규준은 원점수를 표준화된 집단의 검사점수와 비교하여 의미를 해석하

기 위한 기준이 되는 것으로서, 어떤 대표집단의 사람들에게 실시한 검사점수를 일정한 분포도로 작성하여 만든다.

> **예** 어떤 지능검사를 많은 사람들(규준집단)에게 실시하여 점수의 분포를 살펴보았을 때 평균이 100점이고 표준편차가 15점으로 나타났다면, 어떤 개인의 지능점수 100점은 평균수준의 지능을 의미한다.

③ 규준의 필요성
  ㉠ 심리적 구성물들에는 절대 영(0)이 없는 경우가 많으며 심리검사가 측정해 내는 특성이나 검사점수는 거의 대부분 상대적인 것이기 때문에 이를 올바르게 해석하기 위해서는 어떤 기준이 있어야 한다.
  ㉡ 이때의 기준이 바로 규준이며, 어떤 개인이나 집단이 얻은 원점수는 규준에 비추어 상대적 측정치로 변환하여 사용하게 된다.
  ㉢ 상대적 측정치는 대표집단 내에서 해당 수치가 차지하는 위치를 쉽게 파악할 수 있게 한다. 또한, 상대적 측정치는 상호비교가 가능한 측정치가 되기 때문에 한 개인이 서로 다른 종류의 검사에서 얻은 결과를 비교하는 것이 가능해진다.

2 규준의 제작

(1) 규준집단
① 규준은 절대적이거나 보편적인 것이 아니며 영구적인 것도 아니다. 따라서 규준을 구성할 때에는 이용한 특정 모집단에 한정하여 해석해야 하며, 검사 사용자는 그 규준을 만든 방법을 잘 알고 있어야 한다.
② 규준은 특정 모집단을 대표하는 표본을 구성하고 이들에게 검사를 실시하여 얻은 점수를 체계적으로 분석해서 만들게 되는데, 규준 제작을 위해 검사를 실시하는 표본을 규준집단(norm group)이라고 한다.

(2) 표본추출방법
2022년 3회, 2020년 2회, 2018년 3회, 2016년 3회, 2015년 2·3회, 2011년 3회, 2010년 1회

규준집단을 구성할 때에는 모집단에 대한 대표성을 확보할 수 있도록 표본을 추출하는 것이 매우 중요한데, 이러한 표본추출방법에는 확률표집방법과 비확률표집방법이 있다.

① 확률표집방법

단순무선표집	모집단의 구성원들이 표본에 속할 확률이 동일하도록 표집하는 방법이다.
층화(유층)표집	모집단이 규모가 다른 몇 개의 이질적인 하위집단으로 구성되어 있는 경우에 사용하며, 각 하위집단에서 필요한 만큼 무선표집하는 방법이다.
집락(군집)표집	모집단을 서로 동질적인 하위집단으로 구분하여 집단 자체를 표집하는 방법이다.
체계적 표집	단순무선표집과 달리 번호를 주고 그 번호를 규칙적으로 선정하는 방법이다.

> **바로 확인하는! 기출문제**
> ▶ 규준 제작 시 사용되는 확률표집방법 3가지를 쓰고 설명하시오.

② 비확률표집방법
  ㉠ 모집단을 구성하는 사례들이 표본에 속할 확률을 모른 채 표본을 추출하는 것으로서, 오차를 알 수가 없기 때문에 규준을 만들기 위한 표집방법으로는 적절하지 않다.
  ㉡ 연구자의 주관적인 판단에 따라 임의로 표집하는 것이다.
  ㉢ 유형: 가용표집, 지원자표집, 의도적 표집, 할당표집, 우연적 표집, 판단표집, 눈덩이표집, 소개를 받아 가며 조사대상자를 늘리는 방법 등

(3) 표집절차 오류의 해결방법 2022년 2회, 2019년 3회, 2016년 2회, 2013년 1회, 2011년 2회
표준화를 위해 수집된 자료가 정규분포에서 벗어나는 것은 검사도구의 문제라기보다는 표집절차의 오류에 원인이 있다. 이를 해결하기 위한 방법은 아래와 같다.
  ① 완곡화 방법
  정상분포와 비슷하게 나왔을 때 사용하는 방법으로, 정상분포의 모습을 갖추도록 점수를 더해 주거나 빼 주는 방법이다.
  ② 절미법
  집중경향치 간의 관계는 평균(M)을 기준으로 하여 최빈치가 평균보다 큰가 또는 작은가에 따라 분포곡선의 형태가 결정된다. 한쪽으로 치우친 꼬리를 편포라고 하는데, +값의 편포는 오른쪽으로 치우치고, -값의 편포는 왼쪽으로 치우치게 된다. 이때 길게 늘어진 편포, 즉 꼬리를 잘라내 주는 방법이다.
  ③ 면적 환산법
  각 점수들의 백분위를 찾아 그 백분위에 해당하는 Z점수(표준점수)를 찾는 방법이다.

(4) 측정의 표집오차(표본오차)를 줄이는 방법
       2022년 3회, 2019년 2회, 2013년 2회, 2010년 3회
  ① 표준화된 검사를 사용한다.
  ② 검사의 실시와 채점을 표준화한다.
  ③ 표준화된 지시와 설명을 한다.
  ④ 신뢰도에 나쁜 영향을 주는 문항을 제거한다.
  ⑤ 검사 항목을 명확히 구성한다.
  ⑥ 검사 문항의 수와 반응 수를 늘린다.

3 변인의 측정

변인(variable)이란 서로 다른 수치를 부여할 수 있는 모든 사건이나 대상의 속성을 말한다. 예를 들면, 성별의 경우 '남자에게 1', '여자에게 2'라는 수치를 부여할 수 있다면 이것이 하나의 변인이다.

(1) 변인의 종류
  ① 연속변인과 불연속변인
    ㉠ 연속변인: 무한히 많은 값을 취할 수 있는 변인이다.
      예 키나 몸무게처럼 이론적으로 무한한 수치를 할당할 수 있는 변인

▶ 바로 확인하는! 기출문제
▶ 표준화를 위해 수집된 자료가 정규분포에서 벗어나는 것은 검사도구의 문제라기보다는 표집절차의 오류에 원인이 있다. 이를 해결하기 위한 방법을 3가지 쓰고 각각에 대해 설명하시오.
▶ 표준화를 위해 수집된 자료가 정규분포에서 벗어나는 것을 해결하기 위한 방법 3가지를 쓰시오.

▶ 바로 확인하는! 기출문제
▶ 측정의 신뢰도를 높이기 위해 측정오차를 줄이기 위한 구체적 방법 3가지를 쓰시오.

ⓒ 불연속변인: 한정된 수치만을 할당할 수 있는 변인이다.
　　예 가정 내 자녀의 수, 구직을 위한 방문 빈도 등을 나타내는 변인

② 양적 변인과 질적 변인
　㉠ 양적 변인: 변인에 할당한 수치들이 그 자체로서 양적인 차이를 나타낼 수 있는 변인이다.
　　예 나이나 시간, 길이나 무게 등
　㉡ 질적 변인: 수치의 차이가 질적인 차이를 나타내는 변인이다.
　　예 성별, 졸업한 학교, 사는 지역, 인종 등

③ 독립변인과 종속변인
　㉠ 독립변인: 어떤 다른 변인의 원인이 되는 변인이다.
　㉡ 종속변인: 그 독립변인의 결과가 되는 변인이다.
　㉢ 이때 특정 변인은 항상 독립변인이고 다른 변인은 항상 종속변인이 되는 것은 아니다. 동일한 변인도 연구자의 관심에 따라 독립변인으로 취급되기도 하고 종속변인으로 취급되기도 한다. 독립변인이냐 종속변인이냐 하는 것은 변인 자체의 특성에 의해 결정되는 것이 아니라 연구자가 해당 변인을 어떻게 다루었느냐에 따라 분류된다.

④ 예언변인과 준거변인
　㉠ 예언변인: 그 변인의 값을 통해 어떤 다른 변인의 값을 예언하려는 용도로 사용되는 변인이다.
　㉡ 준거변인: 예언변인으로 예측하고자 하는 변인이다.
　　예 어떤 기업이 영어, 전공, 적성검사 점수를 종합해서 신입사원을 선발한다고 할 때 이런 선발방법을 이용하는 이유는 그 점수가 높은 사람들이 나중에 입사해서 업무성과가 높을 것이라고 가정하기 때문이다. 이런 가정을 확인하기 위해 영어, 전공, 적성검사 점수로 업무성과를 예측해 볼 수 있는데, 이때 앞의 세 변인이 예언변인이고 업무성과가 준거변인이 된다.

(2) 척도의 종류　　　　2020년 2회, 2016년 1·2회, 2012년 1회, 2006년 1회

측정이란 현상에 대해 체계적으로 수치를 부여하는 과정(변인에 숫자를 부여하는 과정)이고, 이들 수치를 분석자료로 삼아 결론을 내리는 것이다. 이때 수치를 체계적으로 할당하는 데 사용하는 도구를 측정도구라고 하며, 일반적으로 이를 척도(scale)라고 부른다. 척도는 다음의 네 가지 유형으로 구분할 수 있다.

① 명명척도(nominal scale)
　㉠ 명명척도란 숫자의 차이로 측정한 속성이 대상에 따라 다르다는 것만을 나타내는 것이다.
　㉡ 명명척도인 경우 그 숫자들을 통계적인 기법을 이용해서 분석하는 것은 무의미하다.
　　예 자료처리를 위해 남자를 1로 여자를 2로 정리한 경우, 1과 2는 성별이 다른 사람이라는 정보만을 나타낼 뿐이다.

② 서열척도(ordinal scale)
　㉠ 서열척도는 숫자의 차이가 측정한 속성의 차이에 관한 정보뿐 아니라 그 순위관계에 대한 정보도 포함하고 있는 척도이다.

> **바로 확인하는! 기출문제**
> ▶ 직업심리검사에서 측정의 기본 단위인 척도(scale)의 4가지 유형을 쓰고, 각각에 대해 설명하시오.
> ▶ 직업심리검사에서 측정의 기본 단위인 척도(scale)의 4가지 유형을 쓰고, 각각에 대해 설명하시오.

예 소득 수준, 학력 수준 등은 서열척도가 된다.
ⓒ 숫자들이 서열척도의 특성을 갖는 경우, 일부 통계적 기법을 이용한 분석이 가능하다.
③ 등간척도(동간척도, interval scale)
㉠ 등간척도는 수치상의 차이가 실제 측정한 속성 간의 차이와 동일한 숫자집합을 말한다.
ⓒ 척도의 단위가 같은 간격이라는 조건을 만족시킨 척도로, 명명척도와 서열척도의 특성을 모두 가지며, 절대 0점이 없는 척도로 비율에 대한 정보는 갖지 못한다.
예 온도의 측정 결과 등은 등간척도가 된다.
④ 비율척도(ratio scale)
㉠ 비율척도는 차이정보와 서열정보, 등간정보 외에 수의 비율에 관한 정보도 담고 있는 척도로, 절대 0점의 속성이 추가된 척도이다.
예 무게, 키 등은 비율척도가 된다.
ⓒ 모든 수학적 운용이 가능한 척도이다.
예 '80kg인 물건은 40kg인 물건에 비해 무게가 두 배이다.'라는 명제가 성립한다.

4 척도화 방식
2012년 2회

척도화는 측정에 필요한 체계적인 규칙과 의미 있는 단위를 개발하는 과정이다. 척도치는 각 대상에 부여된 수치를 의미하며, 전통적인 척도화의 방식은 다음의 3가지로 구별한다.
① 리커트 척도 ⇨ 사람 중심 방법
  리커트 척도는 인간의 태도를 측정하는 태도척도로 척도의 신뢰도와 타당도를 높이기 위해 일련의 수 개 문항들을 하나의 척도로 사용하는 다문항척도이다.
② 서스톤 척도 ⇨ 자극 중심 방법
  어떤 사실에 대하여 가장 긍정적인 태도와 가장 부정적인 태도를 나타내는 양극단에 등간격을 구분하고 여기에 수치를 부여하여 사용하는 방법이다.
③ 거트만 척도 ⇨ 반응 중심 방법
  태도의 강도에 대한 연속적 증가유형을 측정하고자 내용의 강도에 따라 일관성 있게 서열을 이루고 있어서 단일 차원적이고 누적적인 척도를 구성한다.

바로 확인하는! 기출문제
▶ 심리검사에서 흔히 사용되는 전통적 척도화 방식 3가지를 쓰시오.

5 규준의 종류

(1) 발달규준
2012년 1회
① 발달규준이란 수검자가 정상적인 발달경로에서 얼마나 이탈해 있는지를 표현하는 방식으로, 원점수에 의미를 부여하는 것이다.
② 발달규준을 토대로 한 점수는 심리측정학적으로는 다소 조잡해서 점수 자체를 통계적으로 처리하기에는 적합하지 않다는 평가를 받고 있다. 그러나 기술적인 목적, 특히 개개인에 관한 집중적인 임상 연구와 연구 목적에서는 상당히 유용하다.

바로 확인하는! 기출문제
▶ 규준의 종류 중 발달규준을 3가지 쓰고 각각에 대해 설명하시오.

③ 발달규준의 예

연령규준	개인의 점수를 규준집단에 있는 사람들의 연령과 비교해서 몇 살에 해당되는지를 해석할 수 있게 하는 방법이다.
학년규준	주로 성취검사에서 이용하기 위해 학년별 평균이나 중앙치를 이용해서 규준을 제작하는 방법이다.
정신연령규준	정신연령의 수준을 규준집단에 있는 사람들과 비교해서 정신연령수준의 발달 정도를 해석할 수 있게 하는 방법이다.

(2) 집단 내 규준
2021년 2회, 2020년 1회, 2019년 1회, 2018년 3회, 2017년 3회, 2015년 1회, 2014년 3회, 2012년 3회, 2010년 4회

거의 모든 표준화검사들은 집단 내 규준을 제공한다. 즉, 개인의 원점수를 규준집단의 수행과 비교해 볼 수 있다. 원점수가 서열척도에 불과한 것에 비해 집단 내 규준점수들은 심리측정학상 등간척도의 성질을 갖도록 변환하는 것이 일반적이며, 그 의미가 명확할 뿐만 아니라 대부분의 통계적 분석에 적절하게 사용할 수 있다. 이러한 집단 내 규준점수에는 백분위점수, 표준점수, 표준등급 등이 포함된다.

① 백분위점수
   ㉠ 백분위점수는 개인이 표준화된 집단에서 차지하는 상대적 위치를 가리키는 것으로, 100개의 동일한 구간에서 개인 점수의 순위를 정한다.
   예) 어휘력검사에서 정답을 맞힌 문제가 10개 미만인 사례가 전체의 25%라면, 원점수 10에 해당하는 백분위점수는 25가 된다.
   ㉡ 백분위점수는 계산이 쉽고 기술적인 통계훈련을 받지 않은 사람들도 쉽게 이해할 수 있으며, 적용대상이나 심리적 구성물의 종류 등과 관계없이 보편적으로 이용할 수 있다는 장점을 가지고 있다.
   ㉢ 원점수의 분포가 정상분포에 가까울 경우에는 백분위점수가 평균에 가까운 점수들의 차이를 과장하고 양극단에 가까운 점수들의 차이는 과소평가할 수 있다는 점에 유의해야 한다.

② 표준점수
   ㉠ 표준점수는 원점수를 주어진 집단의 평균을 중심으로 한 분포의 표준편차(등간척도)로 전환시킨 점수이다.
   예) 미네소타 다면적 인성검사(MMPI)의 표준화점수(T점수)가 이에 속한다. 표준화점수는 표준점수에 상수를 더하거나 곱해서 익숙한 수치로 변환하는 것으로서, 표준점수에 10을 곱한 후 50을 더해서 평균이 50이고 표준편차가 10인 분포로 만든다.
   ㉡ 표준점수(Z점수)란 평균이 0이고 표준편차가 1이 되도록 변환한 것으로서 원점수에서 평균을 뺀 후 표준편차로 나누어 산출한다.
   ㉢ 원점수에 상수를 더하거나 빼는 등 점수를 변환하는 것이 원점수들의 크기에 따른 순위에는 전혀 영향을 미치지 않으므로 전체 분포의 평균과 표준편차를 변화시킴으로써 점수의 해석을 용이하게 하고, 서로 다른 단위를 가진 점수들을 동일선상에서 비교하는 것이 가능하다.

바로 확인하는! 기출문제
▶ 집단 내 규준 3가지를 쓰고 설명하시오.

▶ Z점수와 T점수 산출 공식

Z점수 산출 공식	T점수 산출 공식
Z점수 = {원점수 − 평균} / 표준편차	T점수 = 10 × Z + 50

③ 표준등급
　㉠ 표준등급은 원점수를 1에서 9까지의 범주로 나누는 것으로서 원점수를 크기 순서에 따라 배열한 후에, 아래 표에 제시된 백분율에 맞추어 표준등급을 매기면 된다. 이때 각 등급에 포함시키는 사례의 수는 중간등급이 가장 많고, 그보다 높거나 낮은 등급일수록 사례를 적은 비율로 포함시킴으로써 전체적인 분포가 정상분포가 되도록 하는 것이 일반적이다.
　　예 우리나라의 고등학교 내신등급제 등
　㉡ 이 방법은 매우 쉽고 이론적인 토대도 튼튼해서 널리 이용되며, 검사 결과 얻어진 점수를 정해진 범주에 집어넣음으로써 수검자들 간의 원점수 차가 작을 때 생길 수 있는 지나친 확대해석을 미연에 방지할 수 있다.

▶ 표준등급 점수변환에 쓰이는 정상곡선의 백분율(%)

표준등급	1	2	3	4	5	6	7	8	9
백분율(%)	4	7	12	17	20	17	12	7	4

6 분산도(산포도)　　2014년 2회, 2011년 2회, 2008년 3회

어떤 집단의 심리검사 점수가 분산되어 있는 정도를 판단하기 위하여 사용되는 기준을 말한다. 심리검사 점수 분포의 흩어진 정도를 '분산'이라고 하며, 분산을 설명하기 위해서는 범위, 분산, 표준편차, 사분위편차를 사용한다.

(1) 범위
집단의 점수 분포의 정도를 알아보기 위한 방법으로, 집단의 최고 점수에서 최저 점수를 뺀 값이다. 점수의 폭이 클수록 분산도가 높은 것을 뜻한다.

(2) 분산
① 분산은 통계에서 각 점수가 평균으로부터 떨어져 있는 정도를 나타내는 값이다.
② 분산은 평균에서 벗어난 평균 면적으로, 표준편차의 제곱이다. 이 값은 범위와 같이 변인의 동질성을 측정하는 데 사용된다.

(3) 표준편차
① 각 점수가 평균치에서 얼마나 떨어져 있는가를 나타내는 편차들의 평균으로, 편차란 평균에서 주어진 점수를 뺀 값을 의미한다.
② 표준편차란 집단에 속하는 사람들의 점수가 어느 정도나 다른지를 나타내는 수치를 의미하는데, 이 수치를 통해 사람들 점수가 평균값 근처에 밀집해 있는지 아니면 상하 골고루 분산되어 있는지를 알 수 있다.

(4) 사분위편차
① 사분위편차란 자료들이 얼마나 중앙부분에 집중되어 있는가를 나타내 주는 퍼짐의 정도를 말한다.
② 범위가 양극단의 점수에 의해 좌우되는 단점이 있으므로 점수분포상에서 자료를 크기 순으로 4등분하여, 양극단의 점수가 아닌 어떤 일정한 위치에 있는 점수 간의 거리를 비교하고자 하는 것이다.

7 점수 분포에 대한 중심경향치(집중경향치) 2015년 1회

(1) 평균
한 집단의 특성을 쉽고 간편하게 표현한 값으로, 통상적으로 흔히 활용하는 개념이다. 측정값을 모두 더한 후 집단의 개수로 나눈 값이다.

(2) 중앙값
측정값을 크기 순서대로 나열하였을 때 중앙에 위치하는 값이다.

(3) 최빈값
측정값 중 빈도가 가장 높은 값이다.

> **바로 확인하는! 기출문제**
> ▶ 점수 분포에서 전체 점수의 특징을 단일한 수치로 나타내는 요약치를 '중심경향치'라고 한다. 가장 흔히 사용되는 중심경향치(집중경향치) 3가지를 쓰고 각각 간략히 설명하시오.

8 규준해석의 유의점
① 규준은 절대적이거나 보편적·영구적인 것이 아니므로, 규준집단이 모집단을 잘 대표하는지를 확인하는 것이 중요하다.
② 검사요강을 검토하여 규준집단의 다양한 변인들을 잘 고려하여 제작된 것인지를 살펴보아야 한다.
③ 오래된 규준제작에 대해서는 특별히 해석에 주의해야 한다.

제4절 신뢰도

1 신뢰도의 개요
① 검사의 신뢰도(reliability)란 동일한 사람을 상대로 검사를 실시했을 때 검사조건이나 검사시기 등과 관계없이 검사점수가 얼마나 일관성 있게 나타나며 얼마나 믿을 수 있는지의 정도를 말한다.

② 검사가 측정하려고 하는 심리적 구성물의 속성이 전혀 변화하지 않았음에도 불구하고 검사를 반복해서 실시할 때마다 관찰된 점수가 계속 변화한다면 그 검사의 결과를 믿을 수 없게 되어 더 이상 그 검사를 사용하려 하지 않을 것이다.

③ 실시환경, 지시 내용, 수검자가 검사를 받는 시기, 수검자의 건강상태, 시간 제한 등 검사목적과 관련이 없는 조건은 모두 오차변량에 해당된다. 이러한 요인들을 통제해서 균일한 검사 조건을 유지하려고 애쓰는 것은 이런 요인들에 의한 오차변량을 줄여서 검사 점수를 더욱 신뢰성 있게 하기 위함이다.

2 신뢰도의 종류   2021년 3회, 2020년 2회, 2018년 1회, 2013년 1회

바로 확인하는! 기출문제

▶ 신뢰도를 추정하는 방법 3가지를 쓰고 설명하시오.

(1) 검사-재검사 신뢰도(test-retest reliability)

① 검사-재검사 신뢰도란 동일한 사람을 대상으로 하여 서로 다른 시기에 두 번 실시한 검사점수들의 상관계수를 말한다.

② 검사점수가 시간의 변화에 따라 얼마나 일관성이 있는지를 알려 주므로 시간에 따른 안정성을 나타내는 안정성계수라고도 한다.

③ 어떤 검사의 신뢰도가 높다고 한다면 첫 번째 시점에서 높은 점수를 받은 사람들은 두 번째 시점에서도 높은 점수를 받을 것이고, 그 역의 경우도 성립한다. 그러나 그 검사가 신뢰할 만하지 않다면 두 번의 검사에 따른 개인의 점수들 간에는 어떠한 유사성이나 규칙성을 발견하지 못할 것이다. 따라서 안정성계수를 보고할 때에는 두 검사를 실시한 시기의 시간 간격을 보고하는 것이 중요하다.

④ 검사-재검사에 영향을 미치는 요인
   2020년 3회, 2018년 2회, 2012년 2회, 2009년 3회

   ㉠ **환경요인**: 피검사자의 기분의 변화, 검사를 실시할 때의 주변환경요인이 검사-재검사 신뢰도에 영향을 미친다.

   ㉡ **검사 시행 사이의 기간**: 검사 시행 후 시간경과에 따라 학습효과와 이월효과가 나타난다.

학습효과	피검사자가 속성에 반복 노출되어 변할 수 있다(성숙요인).
이월효과	검사 실시 간격이 짧을 때 기억효과 또는 연습효과에 따라 신뢰도 계수가 낮아질 수 있다.

   ㉢ **시행절차상의 차이**: 검사 후 재검사까지의 절차에 따라 결과가 달라질 수 있다.

   ㉣ **속성의 변화**: 응답자의 연령, 측정하려는 특성의 본질 등 속성의 변화가 영향을 미친다.

바로 확인하는! 기출문제

▶ 신뢰도 추정방법 중 사람들이 하나의 검사에 대해 서로 다른 시점에서 얼마나 일관성 있게 반응하는지 알아보는 검사-재검사의 단점을 4가지 쓰시오.

TIP 교수님의 꿀팁

검사-재검사에 영향을 미치는 요인과 유사한 내용으로, 기출문제에서 단점을 묻는 문제로 출제되기도 했습니다. 한 발 더 나아가기에서는 다르게 정리하였습니다.

> **한 발 더 나아가기**
>
> **검사-재검사 신뢰도의 단점**　　　　　　　2022년 1회, 2018년 3회, 2014년 3회
> 1. **이월효과**: 검사 간 시간 간격이 짧을 때 기억효과, 연습효과가 나타날 수 있다.
> 2. **반응 민감성 효과**: 검사 간 시간 간격이 길 때 새로운 학습효과, 성숙효과가 나타날 수 있다.
> 3. **개인적 요인 변화**: 검사와 재검사 사이에 피검자의 질병, 피로, 기분 등 개인적 요인에 따라 결과가 달라질 수 있다.
> 4. **환경적 요인 변화**: 날씨, 소음, 기타 방해요인과 같은 환경요인에 따라 두 검사 결과에 차이가 발생할 수 있다.
> 5. **측정 속성의 변화**: 응답자 연령에 따라 측정하려는 특성의 변화가 나타날 수 있다.

　⑤ 검사-재검사 신뢰도 추정 시 충족되어야 할 조건
　　㉠ 측정내용 자체는 일정 시간이 경과하더라도 변하지 않는다고 가정할 수 있어야 한다.
　　㉡ 동일한 수검자에게 검사를 두 번 실시하지만 처음 받은 검사경험이 두 번째 검사의 점수에 영향을 미치지 않는다는 확신이 있어야 한다.
　　㉢ 검사와 재검사 사이의 어떤 학습활동이 두 번째 검사의 점수에 영향을 미치지 않는다고 가정할 수 있어야 한다.

(2) 동형검사 신뢰도(equivalent form reliability)

① 동형검사 신뢰도란 한 사람에게 어떤 검사를 실시하고, 그 검사와 같은 속성을 측정하면서 이미 신뢰성이 입증된 또 다른 검사를 실시하여 두 검사점수의 상관계수를 계산한 것이다.
② 두 검사의 동등성 정도를 나타낸다는 측면에서 동등성계수라고 부르기도 한다.
③ 시간에 따른 안정성과 반응의 안정성을 모두 포함하여 검사-재검사 신뢰도보다 널리 이용할 수 있기는 하지만, 검사가 다루는 행동기능이 연습효과에 매우 취약한 것이라면 동형검사의 이용이 연습효과를 줄여 주기는 해도 그것을 아예 없애지는 못하며, 진정으로 동등한 검사인 평행검사를 구하거나 제작하는 일이 매우 어렵기 때문에 동형검사 신뢰도 역시 대부분의 검사에 쉽게 이용하기는 어렵다.
④ 동일한 유형의 검사임에도 서로 다른 결과가 나타나는 원인
　　　　　　　　　　　　　　　　　　　　　2021년 2회, 2018년 2회, 2007년 3회

　㉠ 시행 절차상의 차이　　　　㉡ 응답자의 속성 변화
　㉢ 문항 속성 차이　　　　　　㉣ 두 검사의 내용 차이
　㉤ 문항 수 차이　　　　　　　㉥ 시행 시간의 내용 차이
　㉦ 문항의 반응 수 차이　　　　㉧ 문항의 난이도 차이

바로 확인하는! 기출문제

▶ 동일한 유형의 검사임에도 서로 다른 결과가 나타나는 원인을 5가지 쓰시오.

(3) 반분신뢰도(동질성계수)

① 반분신뢰도란 한 가지 검사를 한 번 실시한 자료로도 구할 수 있는 신뢰도로, 해당 검사를 문항수가 같도록 반씩 나눠서 각각 채점한 두 개의 점수들의 상관계수를 계산한 것이다.

② 이때 얻은 신뢰도는 반분된 것이므로 교정공식을 사용하여 검사 전체의 신뢰도를 산출하여야 한다. 교정공식으로는 스피어만-브라운 공식을 이용한다.

③ 반분신뢰도 추정방법 2019년 3회, 2017년 1회, 2012년 3회
㉠ 전후반분법: 검사를 앞부분과 뒷부분으로 나누는 방법이다.
㉡ 기우반분법: 문항을 짝수 문항과 홀수 문항으로 양분하는 방법이다.
㉢ 난수표법: 난수표에 의해 두 부분으로 나누는 방법이다.
㉣ 짝진 임의배치법: 의식적인 비교에 의한 반분법으로, 하나의 검사를 문항의 난이도와 문항, 총점 간의 상관계수에 의해 반분하는 방법이다. 두 문항씩 짝을 지은 후 각 짝에서 한 문항을 임의로 선택하여 양분한다.

(4) 문항 내적 합치도(계수)
① 한 검사 내에 있는 문항 하나하나를 각각 독립된 별개의 검사로 간주하여 문항 내 득점의 일관성을 상관계수로 표시한 신뢰도계수를 말한다.
② 둘로 구분된 문항들의 내용이 얼마나 일관성이 있는가를 측정한 것이어서 내적 합치도계수라고도 한다.
③ 내적 합치도계수의 문제점을 해결하기 위해 크론바흐 알파계수, 쿠더-리처드슨 공식, 호잇(Hoyt)의 공식을 사용한다.

(5) 채점자 간 신뢰도
① 채점자들의 판단에 기초하여 채점 또는 평가가 이루어질 때에는 채점자 간에 불일치가 일어날 수 있다. 즉, 대부분의 검사들이 실시와 채점을 위하여 표준화 절차를 제공하고 있기 때문에 실시나 채점요인으로 인한 오차변량을 무시해도 좋지만, 창조성 검사나 투사적 성격검사 등과 같이 채점자에게 많은 재량권이 있는 검사의 경우에는 채점자의 판단에 따른 왜곡이나 오류로 인하여 동일한 수검자에 대해서도 다른 점수가 나타날 수 있다.

② 채점자나 평정자로 인해 발생하는 오차
㉠ 후광오류: 평가자가 평가 대상자의 수행에 대하여 느낀 특정 인상을 토대로 다양한 수행 차원 모두에서 획일적으로 좋고 나쁨을 평가하는 평정오류를 의미한다.
　ⓔ 특정 근로자가 성실한 태도로 근무하는 것에 대해 강한 인상을 받은 평가자가 리더십, 창조성, 동기 등과 같은 '성실성'과 전혀 관련이 없는 다른 요인을 평가할 때에도 획일적으로 좋은 수행을 나타낸다고 평가하는 것
㉡ 관대화오류: 평가자가 관대성에서 서로 다른 특징을 지니고 있기 때문에 나타나는 오류로, 일반적으로 평가자가 자신의 성격이나 과거 경험으로부터 유래된 개인적 기준을 적용하기 때문에 발생한다. 관대화에는 정적 관대화와 부적 관대화가 있다.
㉢ 중앙집중오류: 평가자가 극단적으로 높거나 낮은 평정을 내리는 것을 꺼려서 평가 대상자의 진짜 수행 수준과는 달리 지나치게 많은 사람들의 수행을 분포의 중간이나 보통이라고 평가하는 평정오류를 말

바로 확인하는! 기출문제

▶ 심리검사에서 검사-재검사 신뢰도와 반분신뢰도에 대해 설명하시오.
▶ 반분신뢰도를 추정하기 위해 가장 많이 사용하는 3가지 방법을 쓰고, 각각에 대해 설명하시오.

◉ 크론바흐 알파계수
문항들 간의 동질성을 나타내는 지수로, 크론바흐 알파계수가 높다는 것은 검사문항이 동질적이라는 의미이다.

◉ 정적 관대화와 부적 관대화
① 정적 관대화
점수를 후하게 주는 평가자가 진짜 능력 수준보다 더 높은 평가를 내리는 것이다.
② 부적 관대화
점수를 박하게 주는 평가자가 진짜 능력 수준보다 더 낮은 평가를 내리는 것이다.

한다. 중앙집중오류 현상은 평가자들이 수행에서 친숙하지 않은 면을 평가할 때 일어나며, 평가자들이 판단을 내리지 않는다고 하기 보다는 안전하게 평가하려고 하는 데서 기인한다고 할 수 있다.
ⓔ 논리적 오류: 특정 행동 특성에 대해 판단한 것이 관련 있어 보이는 다른 특성의 평정에 영향을 주는 오류를 의미한다.
예 외향적인 사람은 사교성도 높을 것이다.

3 신뢰도에 영향을 주는 요인   2021년 2회, 2017년 1·3회, 2010년 2회, 2007년 3회

① 신뢰도 계산 방법
  신뢰도 계산 방법에 따라 신뢰도의 크기가 달라질 수 있다.
② 측정의 특성
  측정하고자 하는 특성이 성능검사일 경우에는 일관성과 안정성이 있어서 성향검사보다 신뢰도가 높게 나타날 수 있다.
③ 문항 수
  문항 수가 많을수록, 검사 길이가 길수록 신뢰도가 높게 나타날 수 있다.
④ 개인차
  개인차가 클수록 신뢰도가 높게 나타날 수 있다.
⑤ 집단의 특성
  표본이 이질적인 집단에서는 측정 특성의 범위와 다양성이 더 크기 때문에 신뢰도계수가 더 높게 나타난다.
⑥ 검사유형
  속도검사의 경우 반분신뢰도를 측정하면 두 부분이 거의 유사한 수행 정도를 보이게 된다. 따라서 실제 신뢰도와 무관하게 높은 반분신뢰도계수를 얻게 된다.
⑦ 채점자 간 신뢰도
  자유 반응형 검사 등의 경우 채점자 간 신뢰도가 낮게 나타날 수 있다.

4 검사결과관련 효과   2019년 1회, 2011년 1회

심리검사의 결과에 영향을 미치는 요인 중 검사자와 수검자 관련 변인이 있다.
① 강화효과
  검사과정에서의 수검자에 대한 강화가 검사점수에 영향을 미치는 것이다.
② 기대효과
  검사자가 어떻게 기대하는가에 따라 기대하는 방향과 유사한 검사결과가 나타나는 것이다.
③ 코칭효과
  어떤 검사를 받으려는 수검자가 그 검사나 유사한 검사로 검사내용과 방법에 대해 설명, 지시, 조언을 듣거나 지도 또는 훈련을 받아 그 행위가 검사점수에 영향을 미치게 된다.

바로 확인하는! 기출문제
▶ 심리검사의 신뢰도에 영향을 주는 요인 5가지를 쓰시오.
▶ 심리검사의 신뢰도계수에 영향을 미치는 요인 3가지를 제시하고 각각에 대해 설명하시오.

바로 확인하는! 기출문제
▶ 심리검사의 결과에 영향을 미치는 검사자 변인과 수검자 변인 중 강화효과, 기대효과, 코칭효과를 설명하시오.

제5절 타당도

1 타당도의 개요

(1) 의미
① 검사의 타당도(validity)란 그 검사가 측정하고자 하는 개념을 측정하는지, 측정하고자 하는 개념을 얼마나 잘 측정하고 있는지에 관한 것이다.
② 검사의 타당도는 검사점수를 이용해서 그 검사가 측정하려는 속성에 관해 추론하는 것이 타당한 일인가를 결정해 준다.

(2) 신뢰도와 타당도의 관계
① 타당도는 측정하려는 것을 얼마나 충실하게 측정하고 있는가와 관계가 있다.
② 신뢰도는 무엇을 측정하든 측정의 정확성과 관계가 있다.
③ 신뢰도는 타당도의 측정조건이 아니고 필요조건이다.
④ 신뢰도를 높이려 할 때 타당도는 오히려 내려갈 수도 있다.
⑤ 신뢰도와 타당도는 매우 밀접한 관계가 있으며 이론적으로 한 검사의 신뢰도는 그 검사의 타당도의 최댓값이 된다. 즉, 신뢰도계수가 70이라면 그 검사의 타당도는 아무리 높아도 70을 넘을 수 없다. 따라서 검사의 신뢰도가 높지 않다면 타당도가 높은 검사를 기대할 수 없게 된다.
⑥ 그러나 검사의 신뢰도가 높다고 해서 항상 타당도가 높은 것은 아니다.
> 예 몸무게를 잴 때 줄자를 이용한다면 아무리 줄자가 정확하다(또는 신뢰롭다) 해도 몸무게를 제대로 측정할 수 없는 것과 마찬가지이다.

2 타당도의 종류   2022년 1회, 2020년 1회

(1) 내용타당도(논리적 타당도, 교과타당도)
① 내용타당도란 검사의 문항들이 그 검사가 측정하고자 하는 내용 영역을 얼마나 잘 반영하고 있는지를 의미한다.
② 내용타당도는 검사를 실시하여 경험적으로 평가되기보다는 검사 구성 시에 검사 개발자의 안목과 지식에 의해 확보되어야 하는 타당도이며, 해당 분야 전문가의 판단에 의존하게 된다.
③ 각 문항이 어떤 내용 범주로 분류되는 것이 적절한지, 그리고 각 문항이 그것이 속하는 내용 범주를 얼마나 잘 대표하고 있는지를 판단함으로써 평가된다.

(2) 안면타당도
① 안면타당도는 내용타당도와 비슷하지만 전혀 다른 개념으로서, 실제로 무엇을 측정하는가의 문제가 아니라 검사가 측정한다고 하는 것을 측정하는 것처럼 보이는가의 문제이다.
② 안면타당도는 수검자에게 그 검사가 타당한 것처럼 보이는가를 뜻한다.

바로 확인하는! 기출문제
▶ 타당도의 종류 4가지를 기술하시오.

(3) 준거타당도
2014년 1회, 2010년 2회

① 준거타당도란 어떤 심리검사가 특정 준거와 어느 정도의 관련이 있는지를 나타낸다.

> 예) 기계적성검사의 점수로 피검자의 공학자로서의 성과를 잘 예측해 줄 수 있는지, 학업적성검사의 점수로 그 학생의 입학 후 학점을 잘 예측해 줄 수 있는지 등

② 검사의 점수와 준거 점수의 상관계수가 바로 준거타당도계수가 된다.

③ 준거타당도 측정방법   2021년 1회, 2018년 2회, 2017년 2회, 2014년 1회, 2010년 2회

㉠ 예언타당도: 검사의 점수를 가지고 다른 준거점수들을 어느 정도 예측할 수 있는지를 의미하며, 검사를 먼저 실시한 후에 어느 정도 일정 기간이 흐른 다음 준거를 측정해서 두 점수들의 상관계수를 측정하여 평가한다.

> 예) 토익시험 점수가 높으면 입사 후 업무성과도 높을 것이다.

㉡ 동시타당도(공인타당도, 공존타당도): 새로 개발한 검사를 그 분야에서 이미 인정받고 있는 검사와 비교하는 것으로서, 타당도계수를 얻기 위해 일정 기간 기다려야 하는 예언타당도의 단점을 해결할 수 있다. 하지만 예언타당도와 마찬가지로 타당도계수 분석에 사용된 집단이 모집단을 잘 대표하지 못함으로써 타당도계수의 축소현상이 나타날 수 있다.

> 예) 토익시험 점수가 높으면 외국인과의 영어 프리토킹을 잘할 것이다.

한발 더 나아가기

직업상담에서 준거타당도가 중요한 이유
1. 선발이나 훈련 등의 인사관리에 필요한 의사결정의 설득력을 제공해 주기 때문이다.
2. 신뢰도와 타당도가 입증된 심리적 척도를 이용하여 미래행동을 예측하기 때문이다.

실제연구와 실증연구의 타당도계수가 다른 이유
실제연구에서의 타당도계수는 실증연구의 타당도계수보다 낮다. 실증연구에서는 연구자가 상황을 통제하기도 하고 신뢰도에 악영향을 미치는 변인을 제거하기도 하지만, 실제연구에서는 통제될 수 없기 때문이다. 즉, 실제연구에서 타당도가 낮은 이유는 가외변인을 통제할 수 없기 때문이라고 할 수 있다.

(4) 구성타당도(구인타당도, 심리적 타당도)

① 구성타당도란 그 검사가 이론적 구성개념이나 특성을 측정할 수 있는 정도를 말한다.

② 적성, 흥미, 직무만족, 불안, 우울 등 심리검사에서 사용하는 구성개념들은 그 자체가 본질적으로 추상적이고 논란의 여지가 있는 것이어서 구성타당도를 구하는 방법도 매우 복잡하고 다양할 수밖에 없다.

③ 구성타당도 측정방법
2020년 3·4회, 2019년 3회, 2016년 1·3회, 2015년 1회, 2012년 3회, 2010년 4회, 2009년 2·3회

㉠ 수렴타당도: 어떤 검사가 측정하고자 하는 속성을 제대로 측정하는 것이라면, 검사점수가 이론적으로 그 속성과 관계가 있는 변인들과는 높은 상관관계를 가질 때 수렴타당도가 높다고 한다.

예언타당도의 상관계수
검사점수와 일정 시간이 지난 후 측정한 준거점수 간의 상관계수를 의미한다.

바로 확인하는! 기출문제
- 여러 가지 타당도 중에서 특히 직업상담에서 준거타당도가 중요한 이유 2가지를 설명하시오.
- 실증연구에서 얻은 타당도계수보다 실제연구에서의 타당도계수가 낮은 이유를 설명하시오.

구성개념
객관적으로 관찰 가능하지 않은 추상적 개념이다.

바로 확인하는! 기출문제
- 구성타당도의 유형에 해당하는 타당도를 2가지 쓰고, 각각 설명하시오.
- 구성타당도를 분석하는 대표적인 방법 3가지를 쓰고 설명하시오.
- 구성타당도의 측정방법 3가지를 쓰고 설명하시오.

ⓒ **변별타당도**: 검사점수가 이론적으로 그 속성과 관계가 없는 변인들과 낮은 상관관계를 가질 때 변별타당도가 높다고 한다.

ⓒ **요인분석법**: 요인분석은 검사를 구성하는 문항들 간의 상호 상관관계를 분석해서 서로 상관이 높은 문항들을 묶어 주는 통계적 기법이다. 요인분석을 이용하면 어떤 검사가 그 검사의 토대가 된 이론이 예측하는 것과 같은 구조를 가지고 있는지를 확인할 수 있으며, 이는 바로 구성타당도의 증거가 된다.

> **예** 홀랜드(Holland)는 사람들의 직업성격유형을 6가지로 분류하였으며, 사람들은 이들 유형 중 어떤 한 유형과 닮게 되는데, 특정 유형과 닮으면 닮을수록 그 유형의 성격 특성과 관련 있는 행동을 많이 나타내게 되고 직업을 선택할 때에도 자신의 능력을 발휘할 수 있도록 자신의 성격유형과 일치하는 환경을 선택하게 된다고 하였다. 이러한 주장을 토대로 검사를 개발할 경우에 그 검사는 직업성격유형을 대표하는 다양한 활동 특성에 대한 문항들로 구성될 것이며, 이 검사결과를 요인분석하였을 때 서로 상관이 높은 문항군집이 6개가 아니라 2개 또는 7개 등으로 나타난다면 이 검사는 홀랜드의 이론을 제대로 반영하지 못하는 검사이며, 구성타당도가 낮은 것이다.

ⓔ **MTMM(Multi Trait-Multi Method)**: MTMM이란 다속성 다측정방법 행렬 분석으로, 둘 이상의 특성을 둘 이상의 방법으로 측정할 때 그 결과를 분석하는 방법이다. 동일한 특성을 서로 다른 방법들을 통해 측정한 결과 사이에 어느 정도의 상관관계가 있는지를 알아보는 방법이다.

> 동일한 특성을 이질적인 방법으로 측정한 점수들 간의 상관계수들(수렴타당도)이 높고 정적인 상관인지를 확인한다.

↓

> 위의 상관계수들이 이질적인 특성들을 동일한 방법으로 측정한 점수들 간의 상관계수들(변별타당도)보다 훨씬 높은지를 확인한다.

바로 확인하는! 기출문제
▶ 수렴타당도와 변별타당도의 의미를 쓰고, 이를 MTMM으로 확인하는 절차에 대해 설명하시오.

3 준거타당도에 영향을 미치는 요인

2022년 2·3회, 2018년 1·3회, 2012년 3회, 2011년 1회

(1) 표집오차

① 표집오차란 표본이 모집단을 잘 대표하지 못해서 생기는 오차를 말하며, 표집오차가 커지면 타당도계수는 낮아진다.

② 표집오차는 표본의 크기에 영향을 많이 받는다. 표본의 크기가 작아지면 표집오차가 급격하게 증가한다. 따라서 일부 표본을 대상으로 하여 검사점수와 준거점수의 상관계수를 구할 때에는 적절한 표본의 크기를 결정해야 하며, 어떤 검사의 준거타당도를 평가할 때에는 타당도계수를 보고한 연구에서 표본의 크기를 어느 정도로 하였는지 고려할 필요가 있다.

(2) 준거측정치의 신뢰도

① 어떤 검사의 준거타당도 계산을 위해 사용하는 준거측정치의 신뢰도가 그 검사의 타당도계수에 영향을 미친다. 즉, 준거측정치의 신뢰도가 낮으면 검사의 준거타당도도 낮아지게 된다.

> **예** 직무성과 측정의 신뢰도가 낮으면 해당 적성검사와의 상관계수가 낮아지게 된다.

바로 확인하는! 기출문제
▶ 심리검사에서 준거타당도계수의 크기에 영향을 미치는 요인을 3가지만 쓰고 설명하시오.

② 이론적으로 어떤 검사의 타당도계수는 그 검사의 신뢰도계수보다 낮다고 하였는데, 마찬가지로 준거의 신뢰도계수보다 더 높을 수는 없다.

(3) 준거측정치의 타당도
준거측정치(실제준거)가 해당 개념(개념준거)을 얼마나 잘 반영하는지를 나타내는 준거측정치의 타당도는 검사의 준거타당도에 영향을 미친다.

> **한발 더 나아가기**
>
> **준거왜곡**
> 실제로 타당도가 1.0이라는 완벽한 준거측정치는 없기 때문에 검사의 준거타당도도 실제 타당도에 비해 낮아지는 것은 피할 수 없는 현상이다. 준거관련성을 벗어난 경우 발생되는 왜곡적 상황을 준거결핍 또는 준거오염이라고 한다.
> 1. **준거결핍**: 준거 검사도구가 개념준거의 내용을 충분히 반영하지 못하는 경우
> 2. **준거오염**: 개념준거와 관련이 없는 내용을 포함하고 있는 경우

(4) 범위제한
범위제한으로 인한 상관계수의 축소 현상은 준거타당도 계산을 위해 얻은 자료들이 검사점수와 준거점수의 전체 범위를 포괄하지 않고 일부 범위만을 포괄하는 경우의 상관계수가 실제 상관계수보다 작게 나타나는 것을 말한다. 즉, 준거타당도는 범위제한으로 인해 실제타당도에 비해 낮게 나타나는 것이 일반적이다.

> **한발 더 나아가기**
>
> **타당도 확인절차**
> 1단계: 적합한 준거변인을 발굴한다.
> 2단계: 그 변인을 측정할 수 있는 방법을 탐색한다.
> 3단계: 검사가 되었을 때 검사가 적용될 대상모집단을 대표하는 표본집단을 선정한다.
> 4단계: 검사를 실시하여 응답자의 점수를 기록한다.
> 5단계: 준거변인에 관한 자료수집이 가능한 시기에 검사에 참여했던 응답자를 대상으로 점수를 추출한다.
> 6단계: 검사점수와 준거변인점수 간의 상관관계 정도를 계산한다.

제6절 주요 심리검사

1 지능검사

(1) 지능과 지능검사의 의의
① 지능은 일반적으로 학습하는 능력 또는 복잡하고 추상적인 자료를 적절히 취급하는 능력이고, 지능검사는 일반적인 정신능력을 측정하는 것으로 언어, 수리, 동작 능력을 종합하는 검사이다.

② 지능검사는 개인의 독특하고 대표적인 능력인 지능, 즉 일반정신능력을 직접 관찰하고 수량화할 수 있는 대표적인 표준검사이다.

③ 지능지수는 고정되어 있는 것이 아니라 환경적 영향에 의해 변화될 수 있으며, 정확한 측정이라기보다는 한 수행과 다음 수행 사이에 기대되는 변동 범위를 평가한 것이다. 따라서 측정의 표준오차를 고려해야 하며, 각 검사의 점수는 각기 다른 통계적 의미를 가지고 있다.

(2) 지능의 본질
① 추상적인 사고력
② 자신의 경험으로부터 학습하기
③ 통찰력을 가지고 문제 해결하기
④ 새로운 상황에 적응하기
⑤ 목표를 세우고 이를 달성하기

(3) 지능검사를 통해 얻을 수 있는 정보
① 개인의 지적능력 수준을 평가할 수 있다.
② 개인의 인지적·지적기능의 특성을 파악할 수 있다.
③ 임상적 진단을 명료하게 할 수 있는 토대를 제공한다.
④ 기질적 뇌손상 유무를 파악할 수 있다.
⑤ 합리적 치료목표 설정을 가능하게 한다.

2 지능관련 이론

(1) 카텔(Cattell)의 지능 2요인이론

유동성 지능	• 유전적 요인의 영향을 받는 지능으로, 선천적 지능이다. • 연령이 증가함에 따라 점차 쇠퇴한다. 15세까지 지속적으로 발달하다가 그 이후에는 감소한다. • 탈문화적이거나 정보적 내용을 통하여 측정하므로 사물 간의 유사성이나 사물을 분류할 수 있는 능력이라 볼 수 있다.
결정성 지능	• 환경적 요인의 영향을 받는 지능이다. • 연령과 교육 정도가 높을수록 증가하는 경향이 있다. • 개인의 문화적·교육적 경험에 따라 영향을 받으며, 환경에 따라 40세까지 혹은 그 이후에도 발전 가능한 지능이다.

(2) 스턴버그(Sternberg)의 삼원이론

성분요소적 지능	구성적·요소적 지능이다.
경험적 지능	창의적 지능이다.
맥락적 지능	상황적·실용적·실천적 지능이다.

(3) 스피어만(Spearman)의 2요인이론   2022년 1회, 2016년 3회

일반요인	모든 지적 활동에 관여하는 일반적인 능력으로, 단일한 추론능력이다.
특수요인	특정한 과제를 수행하고 해결하는 데 주로 활용되는 여러 가지 구체적인 능력이다.

바로 확인하는! 기출문제

▶ 스피어만(Spearman)의 2요인 이론인 일반요인과 특수요인을 설명하시오.

> **TIP 교수님의 꿀팁**
> 한국판 웩슬러 성인용 지능검사는 대표적으로 다루어지는 지능검사입니다.

3 한국판 웩슬러 성인용 지능검사(K-WAIS)

(1) 한국판 웩슬러 지능검사의 의의
① 웩슬러 성인용 지능검사(WAIS)를 한국임상심리학회에서 한국판으로 표준화한 검사이다.
② 16세 이상부터 64세 이하의 성인을 대상으로 실시한다.
③ 장점
  ㉠ 개인의 독특하고 대표적인 능력을 직접 관찰하고 수량화할 수 있다.
  ㉡ 검사 과정을 통하여 개인의 인격 특성과 적응적·비적응적 행동 양상을 파악할 수 있다.
  ㉢ 검사의 심리 통계적 특성이 상당히 우세한 것으로 밝혀져 있고, 타당도에 관한 연구결과들도 대체로 긍정적이다.
④ 단점
  매우 높은 능력을 가진 성인에 대해서는 변별력이 정교하지 않으며, 150 이상의 IQ에 대한 자료는 없다.

(2) 웩슬러 성인용 지능검사의 목적
① 개인의 전반적인 지적 능력을 평가하고자 한다.
② 지능검사의 소검사 프로파일을 통해 개인의 인지적 특성, 강약점을 파악하고자 한다.
③ 지능검사의 결과에 기초해 임상적 진단을 명료화하고자 하며, 두뇌의 손상 여부 및 두뇌의 손상으로 인한 인지적 손상을 평가하고자 한다.
④ 지능검사의 결과에 기초해 치료 계획 및 합리적인 치료 목표를 수립하고자 한다.

(3) 한국판 웩슬러 성인용 지능검사(K-WAIS)의 구성요소
6개의 언어성 검사와 5개의 동작성 검사로 구성되어 있으며, 언어성 검사와 동작성 검사를 수검자의 특성에 따라 따로 나누어서 실시하거나 한꺼번에 실시할 수 있다. 그러나 수검자의 능력을 전반적으로 측정하기 위해서는 언어성 검사와 동작성 검사를 모두 실시하는 것이 좋다.

	하위 검사명	측정 내용
언어성 검사	기본 지식	개인이 가진 기본 지식의 정도
	숫자 외우기	청각적 단기 기억, 주의력
	어휘 문제	일반지능의 주요 지표, 학습능력과 일반 개념 정도
	산수 문제	수개념 이해와 주의집중력
	이해 문제	일상경험의 응용능력, 도덕적·윤리적 판단 능력
	공통성 문제	유사성 파악능력, 추상적 사고능력
동작성 검사	빠진 곳 찾기	사물의 본질과 비본질 구분 능력, 시각예민성
	차례 맞추기	전체 상황에 대한 이해력과 계획능력
	토막 짜기	지각적 구성능력, 공간표상능력, 시각-운동 협응력
	모양 맞추기	지각능력과 재구성능력, 시각-운동 협응력
	바꿔 쓰기	단기기억 및 민첩성, 시각-운동 협응력

(4) 언어성 지능과 동작성 지능

① 교육 수준을 비롯하여 사회·경제적 수준이 높은 사람일수록 언어성 검사 IQ가 동작성 검사 IQ보다 높은 경향이 있다.

② 교육 수준이 낮거나 육체노동을 하는 직업군일수록 동작성 검사 IQ가 언어성 검사 IQ보다 높은 경향이 있다.

> **한발 더 나아가기**
>
> **동작성 검사의 유용성** 2018년 1회
>
> 1. 비네 지능검사는 언어능력에 지나치게 비중을 두는 반면, 웩슬러 지능검사는 동작성 검사를 통해 비언어적인 능력을 측정할 수 있다.
> 2. 뇌손상이나 정신장애 등 임상적·신경심리 학적 평가에 있어서 중요한 해석 자료를 제공한다.
> 3. 문자해독이 되지 않아도 실시할 수 있다.
> 4. 객관적 및 투사적 정보를 얻을 수 있다.
> 5. 언어성 지능은 좌뇌 기능으로부터 학습능력을 측정할 수 있고, 동작성 검사는 우뇌기능으로부터 사회성을 측정할 수 있다.

(5) 지능지수 수준 분류와 해석

① 지능지수 수준 분류

언어성·동작성·전체 IQ의 분포는 소검사들의 환산점수의 합을 평균이 100이고 표준편차가 15인 표준점수로 변환하여 산출한다. 이를 통해 얻은 개인의 지능수준은 아래 표와 같이 분류한다.

IQ	분류
130 이상	최우수
120~129	우수
110~119	평균상
90~109	평균
80~89	평균하
70~79	경계선
69 이하	정신지체

② 점수의 해석

지능검사 역시 다른 심리 측정과 마찬가지로 오차가 포함되기 때문에 IQ 수치 자체보다는 IQ 점수의 의미를 설명해 주는 것이 중요하다. 따라서 지능점수의 범위, 편차 및 오차 범위를 고려해야 한다.

바로 확인하는! 기출문제

▶ 웩슬러(Wechsler)의 지능검사는 비네(Binet) 지능 검사와는 다르게 지능검사에 동작성 검사를 추가하고 있다. 지능검사에 동작성 검사를 추가할 때 유용한 점 3가지를 쓰시오.

TIP 교수님의 꿀팁

웩슬러 지능검사 결과를 제시한 후 해석하는 문제가 출제된 적이 있습니다. 지능지수 수준과 언어성 검사와 동작성 검사의 지능의 비교를 함께 숙지하여야 합니다.

4 직업적성검사

(1) 직업적성검사의 의의

① 직업적성검사란 개인이 맡은 특정의 직무를 성공적으로 수행할 수 있는지를 측정하는 도구로서, 개인의 잠재적 직업능력을 측정한다.

② 상담과정을 통하여 수검자가 자신을 객관적으로 이해할 수 있게 함으로써 자신이 진정으로 하고 싶어 하는 직업분야에서 요구하는 직무수행요건을 충족시키기 위해 자신을 연마하고 그에 동화시키고자 하는 직업적 동기를 유발하는 데 도움이 된다.

③ 직업적성검사의 기능
  ㉠ 개인이 미처 인식하지 못했던 잠재력을 발견할 수 있다.
  ㉡ 개인의 특수 능력이나 잠재력을 개발하도록 격려할 수 있다.
  ㉢ 학업이나 진로를 결정하는 데 중요한 정보를 제공할 수 있다.
  ㉣ 개인의 미래 학업이나 직업에 있어서의 성공 가능성을 예측할 수 있다.
  ㉤ 다른 발달이나 교육적인 목적에 따라서 학생들을 적성에 따라 분류할 수 있다.

(2) 일반직업적성검사(GATB)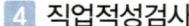

① 미국에서 개발한 적성검사총집을 우리나라의 실정에 맞게 재표준화한 검사로서, 15개의 하위검사로 구성되어 있다. 15개의 하위검사 중 11개는 지필검사이고, 4개는 기구를 사용하는 동작(수행)검사이다.

하위검사명	검출되는 적성	측정방식
기구대조검사	(P) 형태지각	지필검사
형태비교검사		
명칭비교검사	(Q) 사무지각	
종선기입검사	(K) 운동반응	
타점속도검사		
표식검사		
평면도판단검사	(S) 공간적성	
입체공간검사	(S) 공간적성, (G) 지능	
어휘검사	(V) 언어능력, (G) 지능	
산수추리검사	(N) 수리능력, (G) 지능	
계수검사	(N) 수리능력	
환치검사	(M) 손 재치	동작검사
회전검사		
조립검사	(F) 손가락 재치	
분해검사		

② GATB 직업적성검사의 적성요인 2022년 1회

적성요인	검출되는 능력
지능(G)	• 일반적인 학습능력 • 설명이나 지도내용과 원리를 이해하는 능력 • 추리하고 판단하는 능력 • 새로운 환경에 빨리 순응하는 능력
언어능력(V)	• 언어의 뜻과 그에 관련된 개념을 이해하고 사용하는 능력 • 언어 상호 간의 관계와 문장의 뜻을 이해하는 능력 • 보고 들은 것이나 자신의 생각을 발표하는 능력
수리능력(N)	신속하고 정확하게 계산하는 능력
사무지각(Q)	• 문자나 인쇄물, 전표 등의 세부를 식별하는 능력 • 잘못된 문자나 숫자를 직관적으로 비교하고 판별해서 교정하는 능력
공간적성(S)	• 공간상의 형태를 이해하고 평면과 물체의 관계를 이해하는 능력 • 청사진을 읽거나 기하문제를 해결하는 능력 • 2차원이나 3차원의 형체를 시각으로 이해하는 능력
형태지각(P)	• 실물이나 도해 또는 표에 나타나는 것을 세부까지 바르게 지각하는 능력 • 도형의 형태나 음영, 근소한 선의 길이나 넓이 차이를 지각하는 능력 • 시각적 판별력과 예민도
운동반응(K)	• 눈과 손 또는 눈과 손가락을 함께 사용해서 빠르고 정확한 운동을 할 수 있는 능력 • 눈으로 겨누면서 정확하게 손이나 손가락의 운동을 조절하는 능력
손가락 재치(F)	• 손가락을 정교하고 신속하게 움직이는 능력 • 작은 물건을 정확하고 신속하게 다루는 능력
손 재치(M)	• 손을 마음대로 정교하게 조절하는 능력 • 물건을 집고 놓고 뒤집을 때 손과 손목을 정교하고 자유롭게 운동할 수 있는 능력

> **바로 확인하는! 기출문제**
> ▶ 일반직업적성검사(GATB)의 내용을 3가지 쓰고 설명하시오.
> ▶ GATB에서 사용되는 9개의 적성항목을 쓰시오.

③ 각 적성요인 점수의 평가수준

각 요인에 대한 점수는 표준점수전환법을 적용한 것으로서 평균은 100이며, 표준편차는 20이다.

> **한발 더 나아가기**
>
> **GATB 각 요인에 대한 점수가 의미하는 평가수준**
>
> | 점수 | 평가수준 |
> |---|---|
> | 125점 이상 | 최상(상위 11% 이내) |
> | 110~124점 | 상(상위 20% 이내) |
> | 100~109점 | 중상(상위 50% 이내) |
> | 90~99점 | 중(하위 50% 이내) |
> | 75~89점 | 하(하위 20% 이내) |
> | 74점 이하 | 최하(하위 11% 이내) |

5 진로성숙도검사

(1) 진로발달 측정의 의의

개인의 직업선택 행위를 설명하려는 이론적 틀은 크게 구조론적 관점과 발달론적 관점으로 나눌 수 있다.

① **구조론적 관점**

개인이 왜 특정 직업을 선택하고 있으며 어떻게 하면 개인이 최선의 직업을 선택할 수 있는가를 설명하려는 이론으로서, 특정 시기의 직업선택 행위 자체에 초점을 둔다.

② **발달론적 관점**

㉠ 한 개인의 직업의식이 어떤 과정을 거쳐 발달하는가에 대한 이해와 설명을 통해 개인의 직업선택이 일회적인 행위가 아니라 연속적인 과정임을 강조하는 이론으로서, 직업발달 역시 인간발달의 하위영역으로 간주한다.

㉡ 직업선택에 대한 발달론적 관점이 대두되면서 개인의 직업발달(진로발달)이 진로교육이나 진로상담의 중요한 개념으로 등장하게 되었으며, 이를 측정하기 위한 도구들이 다양하게 개발되었다.

(2) 진로발달검사(CDI; Career Development Inventory)

① 수퍼(Super)의 진로발달이론을 기초로 하여 학생들의 진로발달과 직업 또는 진로성숙도를 측정하고, 교육 및 진로계획수립에 도움을 주며, 진로결정을 위한 준비도를 측정하기 위하여 제작되었다.

② 중학교 2학년부터 고등학교 3학년 학생들을 대상으로 하는 학교용과 대학생들을 위한 대학교용이 있다.

③ 진로계획, 진로탐색, 의사결정, 일의 세계에 대한 정보, 선호하는 직업군에 대한 지식 등 5개의 진로발달 특수영역을 측정하기 위한 5개의 하위척도가 있으며, 5개의 하위척도 가운데 동일한 특성을 측정하는 척도들을 조합하여 만든 진로발달-태도, 진로발달-지식과 기술, 총체적인 진로성향 등 3개의 척도로 이루어져 있다.

◉ 진로성숙도와 진로성숙도 검사

① 진로성숙도란 개인이 발달단계상에서 진로와 관련하여 직면하는 문제들을 해결하고 대처해 나갈 수 있는 준비도라고 할 수 있다.

② 진로성숙도검사는 개인이 진로선택에 대하여 어떤 태도를 가지고 있는가와 일과 직업세계에 대해서 어느 정도 알고 있는가를 측정하기 위한 검사라고 할 수 있다.

TIP 교수님의 꿀팁

수퍼(Super)는 진로성숙을 탐색기에서 쇠퇴기에 이르는 직업발달의 연속선상에서 개인이 도달한 위치라고 정의하였습니다.

◉ 진로성숙도와 진로미결정 측정 검사

① 진로성숙도 측정
 진로발달검사(CDI), 진로성숙도검사(CMI)

② 진로미결정 측정
 진로결정검사(CDS), 자기직업상황(MVS), 진로결정척도(ACDM)

(3) 진로성숙도검사(CMI; Career Maturity Inventory)

① 크릿츠(Crites)가 진로성숙도를 검사 대상의 연령에 따라 객관적으로 점수화하고 표준화하기 위하여 개발한 검사도구이다.
② 진로의사결정 과정에서 가장 일반적으로 제기되는 미결정과 비현실성의 문제점을 분석하고, 그것들의 발생 요인을 찾아내는 동시에 진로선택에 대한 태도와 의사결정능력의 관점에서 학생들의 진로성숙 발달을 측정한다. 즉, 개인 진로상담이나 집단 진로상담 과정에서 학생들의 진로성숙도를 과정적인 측면에서 찾아내어 종합적인 진로발달 프로그램 개발에 유용한 정보를 제공할 목적으로 개발된 것이다.
③ 기본적으로 초등학교 6학년부터 고등학교 3학년을 대상으로 표준화를 실시하였으나, 성인들에게도 적용 가능하다.
④ 진로성숙도검사는 태도영역 척도와 능력영역 척도로 구성되어 있다.
  ㉠ **태도척도**: 선발척도와 상담척도 두 가지로 개발되었다.
    - **선발척도**: 직업탐색 및 진로설정과 관련된 문항으로 구성되어 있으며 상담을 위해 학생들을 분류하거나 진로교육의 결과를 평가할 때 적합하다.
    - **상담척도**: 진로 결정성, 참여도, 독립성, 성향, 타협성 등 5개 하위영역으로 구성되어 있으며, 일에 대한 태도의 관점에서 교육 또는 상담의 효과를 자세히 분석하는 데 유용하다.
  ㉡ **능력척도**: 진로의사결정에서 가장 중요한 것으로 간주되는 지식영역, 즉 자기평가, 직업정보, 목표선정, 계획, 문제해결 등 5개 영역을 측정하는 문항들로 구성되어 있다.
  ㉢ **척도별 하위영역** 2022년 3회, 2020년 3회, 2017년 3회, 2015년 2·3회, 2013년 3회

척도	하위영격별 측정 내용
태도척도 (상담척도)	• 진로 결정성: 선호하는 진로의 방향에 대한 확신의 정도 • 참여도: 진로선택 과정에 능동적으로 참여하는 정도 • 독립성: 진로선택을 독립적으로 할 수 있는 정도 • 성향: 진로결정에 필요한 사전이해와 준비의 정도 • 타협성: 진로 선택 시 욕구와 현실을 타협하는 정도
능력척도	• 자기평가: 자신의 흥미, 태도, 성격 등을 명료히 지각하고 자신을 이해하는 능력 • 직업정보: 의사결정에서 자기평가를 보완하는 영역으로서 직업세계에 대한 지식, 과제, 고용기회 등에 관한 정보를 획득하고 평가하는 능력 • 목표선정: 자아와 직업세계에 대한 지식을 바탕으로 하여 직업을 합리적으로 선택하는 능력 • 계획: 직업목표를 선정한 후 그 목표에 도달할 수 있는 계획을 세우는 능력 • 문제해결: 진로선택이나 의사결정 과정에서 부딪치는 어려운 문제를 해결하는 능력

TIP 교수님의 꿀팁

크릿츠(Crites)는 진로성숙이란 진로선택의 과정에서 나타나는 인지적·정의적 특성의 동일 연령층에서의 상대적 위치로서, 보다 일관되고 확실하며 현실적인 진로선택을 할 수 있는 능력으로 정의하였습니다.

바로 확인하는! 기출문제

▶ 칼달적 직업상담에서 활용되는 진로성숙도검사(CMI)의 태도척도와 능력척도를 각각 3가지씩 쓰시오.
▶ 진로성숙도검사 중 태도척도 5가지를 쓰고 설명하시오.

> **바로 확인하는! 기출문제**
>
> ▶ 진로개발을 평가하는 데 사용되는 방법으로 진로결정척도가 있다. 이 방법 외에 진로개발을 평가하는 데 사용될 수 있는 검사, 혹은 척도를 3가지 쓰시오.

6 진로발달평가

2017년 2회, 2011년 1회

(1) 진로결정검사(CDS; Career Decision Scale)
① 오시포(Osipow) 등에 의해서 개발되어 진로 미결정 연구에 가장 많이 사용되는 측정도구이다.
② 내담자와의 면접을 통해 개발된 것으로서, 19개 문항으로 구성되어 있고 진로 미결정에 대해서 16개의 서로 구별되는 선행요인들을 측정한다.
③ 진로결정에 대한 확신과 미결정성의 두 하위척도로 구성되어 있으며, 전체적인 미결정 점수를 산출할 뿐만 아니라, 요인분석을 통해 미결정에 관한 네 가지 원인(구조와 확신의 부족, 접근-접근 갈등, 선호하는 선택에 대한 지각된 외적 장애물, 개인적 갈등)을 진단한다.

(2) 직업의사결정척도(VDMD; Vocational Decision Making Difficulty scale)
① 홀랜드(Holland)는 진로 미결정에 대한 잠재적인 설명력을 확보할 목적으로 13개 문항으로 구성된 직업의사결정척도를 개발하였다.
② 직업의사결정척도의 점수는 개인이 경험하고 있는 미결정의 정도를 나타내 주고 있으며, '나는 지금 당장 결정할 필요가 없다.'와 같은 문항에 대한 응답은 내담자가 지각한 변화에 대한 필요성의 강도를 알게 한다.
③ 직업의사결정척도는 이후 자기직업상황(MVS; My Vocational Situation)이라는 이름으로 개정되었다. MVS는 20개의 문항으로 구성되어 있으며, 진로결정의 방해요인이 되는 개인 내적인 특성을 밝혀 직업정보에 대한 필요, 선택된 직업목표에 대한 장애 등을 측정한다.

(3) 진로결정척도(ACDM; Assessment of Career Decision Making)
하렌(Harren)이 개발한 진로결정척도는 '진로결정유형'과 '진로결정수준'의 두 가지 차원으로 구분된다.

① 진로결정유형
개인이 어떤 결정을 내릴 때 선호하는 접근 방식이다. 합리적 유형, 직관적 유형, 의존적 유형의 하위요인으로 이루어져 있다.

합리적 유형	자기(self)와 상황에 관련한 정보를 얼마나 실제적·논리적으로 신중하게 평가해서 진로를 결정하는가를 측정한다.
직관적 유형	진로결정이 어느 정도나 즉흥적인 느낌과 감정적 자기인식에 의해 이루어지는가를 측정한다.
의존적 유형	진로결정에 대한 책임감이나 적극성이 결여되어 주변 사람들에게 의존하는 정도를 측정한다.

② 진로결정수준
개인의 전공선택 및 직업선택과 관련한 진로결정과정에서의 진행 수준과 장래의 진로에 대한 확고한 정도이다. 학교에 대한 적응, 직업계획, 전공의 하위요인으로 이루어져 있다.

학교에 대한 적응	학교생활과 교우·교사(또는 교수)에 대한 적응과 만족의 정도를 측정한다.
직업 계획	미래의 직업선택에 대한 확신이나 이행의 정도를 측정한다.
전공	전공이나 연구 분야 선택에 대한 확신이나 이행의 정도를 측정한다.

(4) 진로신념검사(CBI; Career Belief Inventory)
① 크롬볼츠(Krumboltz)가 진로결정과정에서 개인이 사용하는 비합리적이고 비논리적인 신념을 확인하기 위해 개발하였다.
② 고교생 이상의 성인을 대상으로 하며, 자기지각과 세계관의 문제점을 파악할 수 있도록 구성되어 있다. 내담자의 응답은 진로결정과정에서 각 신념 때문에 생길 수 있는 장애요인의 수준을 나타낸다.

7 직업흥미검사

(1) 홀랜드(Holland)의 흥미검사(인성검사)   2022년 1회, 2021년 1회
① 6가지 성격유형   2020년 1·3·4회, 2019년 2회, 2018년 2회, 2016년 1회, 2009년 1회

현실형(R)	• 남성적·직선적이며 솔직하고, 성실하며 검소하고, 지구력이 있으며 신체적으로 건조하고, 말이 적은 편으로 고집이 있고 단순하다. • 분명하고 질서정연하게 체계적으로 대상이나 연장·기계·동물들을 조작하는 활동이나 신체적 기술들을 좋아한다. • 교육적·치료적 활동은 좋아하지 않는다. • 대표 직업: 자동차 정비원, 항공기 조종사, 트럭운전원, 목수, 중장비 기사, 엔지니어, 농부, 전기기사, 운동선수 등
탐구형(I)	• 지적 호기심과 탐구심이 많고, 논리적·분석적·합리적·비판적이며, 정확하고 신중하며, 수줍음을 잘 타고 내성적이다. • 물리적·생물학적·문화적 현상을 관찰적·상징적·체계적으로 탐구하는 활동에 흥미를 보인다. • 사회적·반복적 활동들에는 관심이 부족하다. • 대표 직업: 천문학자, 물리학자, 생물학자, 인류학자, 의사, 환경분석가, 시장조사 연구원, 사회과학 연구자 등
예술형(A)	• 감정, 상상력, 감수성이 풍부하고 자유분방하며 개방적이고 독창적이며 개성이 강한 반면, 협동적이지는 않다. • 창조적이고 자유로우며 상징적인 활동을 좋아한다. • 틀에 박힌 것과 명쾌하고 체계적이며 구조화된 활동에는 흥미가 없다. • 대표 직업: 무대감독, 연예인, 소설가, 시인, 음악가, 미술가, 무용가, 디자이너, 카피라이터, 신문 편집인, 미술품 중개인 등
사회형(S)	• 사람들과 어울리기를 좋아하고, 친절하며 이해심이 많고, 타인을 잘 도와주며 봉사적·감정적·이상주의적이다. • 타인의 문제를 듣고, 이해하며 도와주고, 치료해 주며, 봉사하는 활동에 흥미를 보인다. • 명쾌하고 질서정연하며 체계적인 활동에는 흥미가 없다. • 대표 직업: 의료 행정가, 사회사업가, 교사, 간호사, 종교지도자, 상담가, 임상치료가, 언어치료사 등
진취형(E)	• 지배적·설득적·경쟁적·야심적·외향적·낙관적·열성적이고, 통솔력과 지도력이 있으며 언변이 좋다. • 조직의 목적과 경제적 이익을 얻기 위해 타인을 선도·계획·통제·관리하는 일과 그 결과로 얻어지는 위신, 인정, 권위를 얻는 활동을 좋아한다. • 관찰적·상징적·처계적 활동에는 흥미가 없다. • 대표 직업: 기업경영인, 정치가, 영업사원, 방송 아나운서, 광고·홍보담당자, 세무 관련 변호사, 판사, 주식중개인 등

바로 확인하는! 기출문제
▶ 현재 사용되고 있는 흥미검사의 종류 5가지를 쓰시오.
▶ 흥미검사에서 홀랜드(Holland)의 6가지 흥미 유형을 쓰시오.
▶ 홀랜드(Holland)의 직업흥미검사의 6가지 유형을 쓰고, 각각에 대해 간략히 설명하시오.
▶ 홀랜드(Holland)의 6가지 직업적 성격의 특징을 설명하시오.
▶ 홀랜드(Holland) 검사를 실시한 대학생 한 명이 그 결과가 SAE일 때 이를 해석하시오.

TIP 교수님의 꿀팁
홀랜드(Holland)는 각 개인은 6가지 성격유형 중 하나와 유사하며, 그 유형과 얼마나 닮았는가에 따라 사람들을 특징지을 수 있다고 주장하였습니다.

관습형(C)	• 정확하고 빈틈이 없으며 조심성·계획성이 있고, 세밀하며 완고하고 책임감이 강하며, 변화를 좋아하지 않는다. • 정해진 원칙과 계획에 따라 자료들을 기록, 정리, 조직하는 일과 체계적인 작업환경에서 사무적·계산적 능력을 발휘하는 활동을 좋아한다. • 창의적·자율적이고 모험적·비체계적인 활동에는 혼란을 느낀다. • 대표 직업: 공인회계사, 금융분석가, 은행원, 경리·회계사무원, 안전관리사, 사서, 법무사, 비서, 의료기록 담당직원, 원고 교정자 등

② 육각형 성격모형의 특징

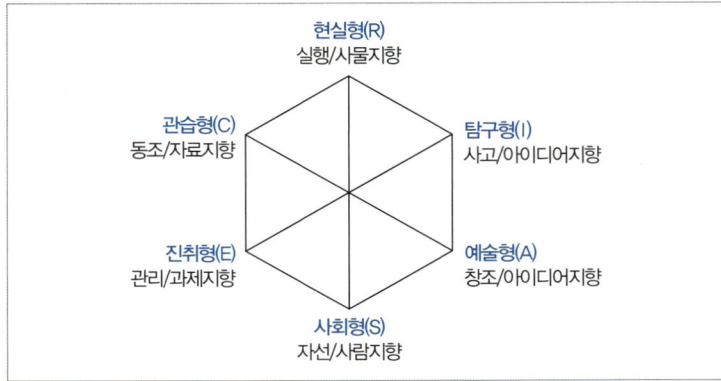

㉠ 사람들이 생활하고 일하는 환경 역시 6가지 환경모형 중 어떤 모형과 얼마나 닮았는가에 따라 특징지어지며, 사람과 환경을 연결하고 성격유형과 환경모형에 대한 지식을 쌓아 감으로써 미래를 보다 잘 예견하고 이해할 수 있게 된다. 그에 따라 직업선택, 직업의 안정성과 직업성취, 교육선택과 교육성취, 개인능력과 사회행동, 외부세계에 대한 민감도가 달라질 수 있다.

㉡ 6가지 성격유형과 직업환경유형을 육각형 모형으로 표현하였는데, 각각의 유형은 육각형의 한 지점을 차지하고 있으며, 두 유형 간의 거리는 심리적인 유사성과 반비례 관계에 있다.

③ 홀랜드의 흥미검사(인성검사)의 한계
㉠ 남녀의 차별을 둔다.
㉡ 인성요인이 중요하다고 강조하나 인성발달 과정에 대한 설명이 없다.
㉢ 사람들이 어떻게 그러한 유형이 되는지에 대한 설명이 없다.
㉣ 진로상담에 적용할 수 있는 구체적인 절차를 제공하지 못한다.
㉤ 특성이론에 내재된 것과 유사한 문제로, 자신과 환경을 변화시킬 수 있는 능력이 있음에도 이를 고려하지 않고 있다.

④ 홀랜드의 이론을 이용한 심리검사
㉠ 직업선호도검사(VPI; Vocational Preference Inventory): 내담자가 160개의 직업목록에 흥미 정도를 표시하는 것으로서 빌딩 수리업자, 의사, 작가, 운전사 등과 같은 직업에 대한 좋고 싫음을 표시할 수 있다.

ⓒ 자기방향탐색(SDS; Self Directed Search)
- 내담자가 점수를 기록하는 1시간을 측정 워크북과 소책자가 있는데, 워크북은 직업공상에 관한 부분으로 시작되어 활동, 능력, 구체적 직업에 대한 태도, 자아평가능력을 다룬다.
- 원점수는 3개의 문자 요약코드로 바뀌는데, 요약코드의 3개 문자의 순서는 위계적이며 첫 번째 문자는 특별 유형에 대한 강한 선호도를 나타낸다.

ⓒ 직업탐색검사(VEIK; Vocational Exploration and Insight Kit)
- 수검자들이 직업 카드를 분류한 방법을 토대로 수검자가 관심 있는 직업과 관심 없는 직업이 무엇인지 분석한다.
- 미래진로로 생각하고 있는 직업의 수를 증가시키도록 돕고, 직업과 진로에서 원하는 것을 이해하도록 도우며, 과거 경험과 현재 직업의 목표가 어떻게 관련되는지, 그리고 지금 어디에 있으며 다음 단계가 무엇인지를 알도록 돕는다.

ⓔ 자기직업상황(MVS; My Vocational Situation)
- 간단하게 스스로 실시할 수 있고 쉽게 점수를 기록하는 검사도구로서 20개의 문항으로 구성되어 있다.
- 직업정보에 대한 필요, 선택된 직업목표에 대한 장애 등을 측정하는 것을 목적으로 한다.

(2) 스트롱(Strong)의 흥미검사

① 역사
ⓐ 1927년 처음 출판되면서 최초로 준거–관련 채점 방식을 채택한 검사로서, 이후에 MMPI나 CPI와 같은 성격검사의 개발을 촉진시켰다.
ⓑ 1970년대 초 개정판이 출판되면서 점수의 구조와 해석의 지침이 되는 이론적 틀이 도입되었고, 기존의 남성/여성 검사지를 합쳐 새로운 직업별 남녀 규준을 마련하였으며, 저학력 직업의 척도 수를 증가시켰다.
ⓒ 한 직업에 속한 사람은 다른 직업의 사람과 공통되는 흥미와 구별된다. 이러한 흥미의 차이는 직접적으로 직업활동에만 나타나는 것이 아니라 학과목이나 취미, 스포츠, 좋아하는 놀이나 책, 사회관계, 그 밖의 일상 생활면에서 다양하게 나타난다. 그러므로 개인의 흥미를 친숙한 여러 방면에서 탐색하고, 개인의 흥미가 특정 직업을 성공적으로 수행하고 있는 사람들의 흥미와 얼마나 유사한지를 결정하는 것이 가능하게 된다.

② 검사의 구성
1994년판 스트롱 검사는 8개 척도, 총 317문항으로 구성되어 있다. 처음 5개 척도(직업, 교과목, 활동, 여가활동, 사람들)에 대하여 응답자는 자신의 선호도를 '좋다', '싫다', '보통이다' 중 하나로 표시하게 되고, 다음 2개 척도는 짝지어진 2개 활동 중 하나를 선택하게 되며, 마지막 척도는 개인 특성에 대한 질문으로 '예', '아니요', '모름'으로 답한다.

> **자기방향탐색(SDS)**
> 사람들이 어떻게 직업적 기회와 진로동기를 갖게 되며, 또 사람들의 직무 만족도와 직업적 성취도를 어떻게 설명할 것인가에 대한 해답을 얻기 위해 발달된 이론이다. 즉, 여러 직업에 종사하는 사람들에 대한 정보와 직무환경에 관한 정보들을 통합한 하나의 이론이다.

③ 스트롱 검사의 척도

2021년 1회, 2020년 3회, 2018년 2회, 2014년 2회, 2011년 1회, 2009년 3회

결과를 해석할 때 3단계의 점수가 산출된다. 가장 이해하기 쉽고 포괄적인 점수는 6개의 GOT점수이다. 그다음은 GOT와 연관성이 깊은 25개의 BIS가 있으며, PSS척도를 통하여 개인적 행동특성을 이해할 수 있다.

㉠ 일반직업분류(GOT; General Occupational Themes): 스트롱 검사의 직업흥미 분류는 이론적 근거를 홀랜드(Holland)의 육각 모형으로부터 도입하였다. 6가지 유형은 개인 유형뿐만 아니라 작업환경의 특성을 나타낸다.

㉡ 기본흥미척도(BIS; Basic Interest Scales): 6개의 일반직업분류(GOT)의 하위에 속하여 이와 상관이 높은 문항들을 집단화하여 25개의 척도를 갖도록 하였다.

㉢ 개인특성척도(PSS; Personal Style Scales)
- 일상생활과 일의 세계에 관련된 광범위한 특성에 대해 개인이 선호하고 편안하게 느끼는 것을 측정한다.
- 개인이 일반적으로 어떻게 학습하고 일하고 놀고 생활하는지에 대해 탐색하게 함으로써, 어떤 특정 환경(교육 혹은 작업환경 등)과 자신과의 관계에 대해 평가할 수 있는 틀을 제공한다. 그뿐만 아니라 사람들에게 그들이 선호한 유형이 작업환경 내에서, 특히 그 환경이 대부분의 사람들이 한 가지 뚜렷한 유형을 보이는 곳이라면, 다른 사람들의 양식과 어떻게 다른지 보여 주는 데 유용할 수 있다.

㉣ 직업척도(OS; Occupational Scales): 각 직업에 대한 개인의 점수는 그 개인이 현재 그 직업을 갖고 있고 그 직업에 만족하고 있는 사람과 얼마나 유사한지를 보여 준다. 이 척도상의 직업은 이들 직업이 GOT와 얼마나 부합하느냐에 따라 분류되어 있다.

④ 직업상담에서 검사의 활용
㉠ 직업 교육이나 전문 교육을 필요로 하는 직업의 선택
㉡ 전문 직업의 선택
㉢ 직업 개발 계획
㉣ 중년의 (자발적이거나 혹은 강제적인) 직업 변경
㉤ 삶의 중요 역할에 대한 재평가
㉥ 훈련이나 재훈련, 또는 학교로의 복귀
㉦ 은퇴 설계

(3) 노동부 직업선호도검사 중 흥미검사

① 노동부 직업선호도검사 중 흥미검사는 홀랜드(Holland)의 진로이론에 기초하여 개발된 만 18세 이상의 성인용 직업흥미검사로서, 학력의 제한이 없으며 이론적 토대가 비교적 탄탄하다는 평가를 받고 있다.

② 흥미검사의 척도 및 측정내용
활동, 유능성, 직업, 선호분야, 일반성향 등 5개 척도로 구성되어 있고, 각 척도들은 6가지 흥미유형별로 동일한 수의 문항이 포함되어 있다.

바로 확인하는! 기출문제

▶ 스트롱 직업흥미검사의 척도를 3가지 쓰시오.

TIP 교수님의 꿀팁

직업척도(OS)는 직업상담사 2급 시험에서 중요하게 다뤄지는 척도는 아니나, 스트롱 검사의 4가지 척도 중 하나입니다.

하위척도	측정 내용
활동	어떤 종류의 일이나 활동을 좋아하는지 또는 하고 싶은지를 측정한다.
유능성	자신이 무엇을 잘 할 수 있고 또 어떤 능력이 있다고 생각하는지를 측정한다.
직업	여러 가지 직업에 대해 개인이 좋아하고 마음에 들어 하는 것이 무엇인지를 측정한다.
선호분야	여러 가지 학문 분야에 대한 선호도를 측정한다.
일반성향	흥미와 관련하여 일반적으로 어떤 성향 또는 태도를 가지고 있는지를 측정한다.

③ 검사결과로서 원점수 및 평균 50, 표준편차 10인 표준점수를 모두 제시해 주며, 원점수의 크기 순으로 요약한 개인의 흥미유형코드를 가지고 직업목록을 참조해서 개인에게 적합한 직업을 추천한다.
④ 검사의 육각 모형은 원점수를 기준으로 흥미패턴을 보기 쉽게 구현한 자료로서, 흥미의 모양과 방향을 한눈에 볼 수 있다.

8 성격검사

(1) 성격
① 성격의 의의
성격이란 개인이 환경에 따라 반응하는 특정적인 양식으로서, 오랜 기간 동안 형성되어 타인과 구별되는 독특하고 일관성 있는 사고, 감정 및 행동 양식의 총체이다.
② 성격의 특징
㉠ 독특성: 어떤 한 개인을 다른 사람과 구별해 주는 특징이다.
㉡ 일관성: 시간이 지나거나 상황이 바뀌어도 크게 변하지 않고 비교적 일관성 있게 나타난다.
㉢ 총체성: 수많은 성격특징들의 단순한 조합이 아니라, 개인이 그 특징들을 조작하여 총체적으로 나타나게 되는 양상이다.
③ 성격관련 이론
㉠ 유형론: 인간을 질적인 방식으로 분류한다.
㉡ 특성론: 인간을 어떤 특질에 따라 양적으로 분류한다.
㉢ 과정론: 프로이트의 성격발달이론과 관련된다.

(2) 성격검사의 의의
① 직업과 직접적인 관계가 없고 미래의 성공을 거의 예측하지 못한다고 하더라도 내담자가 자기를 인식하고 직업환경, 작업역할, 작업기능에 대한 선호와 관련된 자기 이미지를 구축하는 데 매우 유용하다.
② 기존의 많은 성격검사들은 주로 심리 장애 진단용으로 쓰이고 있으며, 직업상담 장면에서 유용한 성격 검사도구들은 한정되어 있다.

> **성격검사의 종류**
> ① 자기보고식 검사
>   • 노동부 직업선호도검사 중 성격검사
>   • 성격유형검사(MBTI)
>   • 다면적 인성검사(MMPI)
>   • 캘리포니아 심리검사(CPI)
>   • 이화방어기제검사 등
> ② 투사적 검사
>   • 로샤(Rorschach)검사
>   • 주제통각검사(TAT) 등

(3) 노동부 직업선호도검사 중 성격검사(5요인검사)

① 성격의 5요인 모델(Big5 성격검사)을 이론적 배경으로 하고 있으며, 5개의 성격요인에 대한 28개의 척도로 구성되어 있다. 성격검사 결과를 보다 객관적으로 해석하기 위한 사회적 바람직성 척도와 부주의 척도를 포함하고 있다.

② 검사결과의 각 요인에 대한 점수는 평균 50, 표준편차 10인 표준점수로 환산하여 제시해 준다.

③ 성격요인별 하위척도 및 측정 내용   2021년 2회, 2019년 1회

성격요인	하위척도	측정 내용
외향성	온정성, 사교성, 리더십, 적극성, 긍정성	타인과의 상호작용을 원하고 타인의 관심을 끌고자 하는 정도
호감성	타인에 대한 믿음, 도덕성, 수용성, 타인에 대한 배려, 겸손, 휴머니즘	타인과 편안하고 조화로운 관계를 유지하는 정도
성실성	유능감, 조직화 능력, 책임감, 목표 지향성, 자기 통제력, 완벽성	사회적 규칙, 규범, 원칙들을 기꺼이 지키려는 정도
정서적 불안정성	불안, 분노, 우울, 자의식, 충동성, 스트레스 취약성	정서적으로 불안정한 정도와, 자신이 세상을 통제할 수 없다고 생각하거나 세상을 위협적인 것으로 생각하는 정도
경험에 대한 개방성	상상력, 문화, 정서, 경험 추구, 지적호기심	자기 자신을 둘러싼 세계에 대한 관심, 호기심, 다양한 경험에 대한 추구 및 포용력 정도

(4) 성격유형검사(MBTI)

① 융(Jung)의 성격유형이론을 근거로 마이어스-브릭스(Myers-Briggs)가 연구 개발한 인간 성격유형에 대한 검사도구이다.

② 각 지표는 인식, 판단 기능과 연관된 4가지 근본적 선호 중 하나를 대표하며, 이는 주어진 상황에서 사람들이 무엇에 주의를 기울이는가, 그들이 인식한 것에 대하여 어떻게 결론을 내리는가에 영향을 미친다.

③ MBTI 검사 결과 수검자는 4가지 지표에 따른 개인의 선호를 선택하며, 그 결과 4글자의 영문조합으로 이루어진 개인의 성격유형이 표현된다.

④ MBTI 양극차원

지표	선호 경향
외향(E) - 내향(I)	에너지의 방향은 어느 쪽인가? • 외향형: 폭넓은 대인관계를 유지하며, 사교적이고 정열적이며 활동적이다. • 내향형: 깊이 있는 대인관계를 유지하며, 조용하고 신중하며, 이해한 다음에 경험한다.

바로 확인하는! 기출문제
▶ 성격 5요인을 열거하고 각 요인을 설명하시오.

바로 확인하는! 기출문제
▶ MBTI 4가지 양극차원의 선호 부분을 적으시오.

감각(S) – 직관(N)	무엇을 인식하는가? • 감각형: 오감에 의존하여 정보를 인식하고, 실제의 경험을 중시하며, 지금-현재에 초점을 맞추고, 정확하고 철저하게 일처리를 하는 경향이 있다. • 직관형: 직감 및 영감에 의존하여 정보를 수집하고, 미래지향적이고, 가능성과 의미를 추구하며, 신속하고 비약적으로 일처리를 하는 경향이 있다.
사고(T) – 감정(F)	어떻게 결정(평가)하는가? • 사고형: 진실과 사실에 주로 관심을 갖고, 논리적이고 분석적이며, 객관적으로 사실을 판단하는 경향이 있다. • 감정형: 사람과 관계에 주로 관심을 갖고, 상황적이며 정상을 참작한 설명을 주로 한다.
판단(J) – 인식(P)	채택하는 생활양식은 무엇인가? • 판단형: 분명한 목적과 방향이 있으며, 약속과 기준을 중시하고 철저히 시간계획을 한다. • 인식형: 목적과 방향은 변화 가능하고 상황에 따라 일정이 달라지며, 자율적이고 융통성이 많다.

> **TIP 교수님의 꿀팁**
>
> 직업상담과 관련하여 중요하게 다루는 양극차원은 S-N입니다.

한 발 더 나아가기

MBTI의 16가지 성격유형의 특성

ISTJ	신중하고 조용하며 집중력이 강하고 매사에 철저하며 사리분별력이 뛰어나다.
ISFJ	조용하고 차분하며 친근하고 책임감이 있으며 헌신적이다.
INFJ	인내심이 많고 통찰력과 직관력이 뛰어나며 양심이 바르고 화합을 추구한다.
INTJ	사고가 독창적이며 창의력과 비판분석력이 뛰어나며 내적 신념이 강하다.
ISTP	조용하고 과묵하고 절제된 호기심으로 인생을 관찰하며 상황을 파악하는 민감성과 도구를 다루는 뛰어난 능력이 있다.
ISFP	말없이 다정하고 온화하며 친절하고 연기력이 뛰어나며 겸손하다.
INFP	정열적이고 충실하며 목가적이고 낭만적이며 내적 신념이 깊다.
INTP	조용하고 과묵하며 논리와 분석으로 문제를 해결하기 좋아한다.
ESTP	현실적인 문제해결에 능하며 적응력이 강하고 관용적이다.
ESFP	사교적이고 활동적이며 수용적이고 친절하며 낙천적이다.
ENFP	따뜻하고 정열적이고 활기에 넘치며 재능이 많고 상상력이 풍부하다.
ENTP	민첩하고 독창적이며 안목이 넓으며 다방면에 관심과 재능이 많다.
ESTJ	구체적이고 현실적이고 사실적이며 활동을 조직화하고 주도해 나가는 지도력이 있다.
ESFJ	마음이 따뜻하고 이야기하기를 좋아한다.
ENFJ	따뜻하고 적극적이며 책임감이 강하고 사교성이 풍부하고 동정심이 많다.
ENTJ	열정이 많고 솔직하고 단호하고 지도력과 통솔력이 있다.

📍 MMPI의 해석

MMPI의 해석은 많은 훈련과 고도의 전문성을 요하며, 해석을 할 때에는 무정보 해석을 먼저 하지만, 타당하고 적절한 해석을 하기 위해서는 수검자의 다른 정보도 참고해야 하며, 척도 간 양상에 따라 추론적인 해석을 할 때에도 지나친 추론은 금물이다.

바로 확인하는! 기출문제

▶ MMPI의 타당성 척도 중 ?척도, L척도, F척도, K척도에 대해 설명하시오.

(5) 미네소타 다면적 인성검사(MMPI; Minnesota Multiphasic Personality Inventory)

① 개인의 정서적 적응수준과 검사에 임하는 태도를 양적으로 측정할 수 있도록 광범위한 자기기술을 이끌어 내는 표준화된 질문지이다.

② 미네소타 대학에서 정신과 병동의 성인 환자를 평가하고 장애의 정도를 정확히 판단하며 심리치료에 따른 변화를 객관적으로 평가하도록 돕기 위하여 개발하였다. 검사의 일차적 목적은 정신과적 진단분류이지만, 일반적 성격특성에 대한 유추도 어느 정도 가능하다.

③ 투사법적 함축성을 띠고 있으며 대부분의 문항들이 경험주의적 접근에 기초하고 있다. 다만, L척도(15문항)만 논리적 제작방법으로 만들어졌다. 따라서 객관형 검사도구이지만 임상가의 풍부한 경험이 매우 중요하다.

④ 검사에 타당도 척도가 포함되어 있어 피검사자의 수검태도를 측정할 수 있다.

⑤ T점수를 이용한다.

⑥ MMPI의 척도별 측정내용

내용상으로는 550개의 문항이나 16문항이 중복문항으로 제시되어 총 문항수는 566개인 항목표이다. 비정상 행동의 종류를 측정하는 10가지 임상척도와 수검자의 검사 태도를 측정하는 4개의 타당도 척도에 따라 채점되며, 각 척도가 측정하는 바는 다음 표와 같다.

구분	척도	측정 내용
타당도 척도	? (Cannot say)	무응답 개수로 수검자의 검사태도를 측정한다.
	L (Lie)	수검자가 자신을 좋은 모양으로 나타내어 보이려는 부정직의 정도를 측정한다.
	F (Infrequency)	대답이 얼마나 비전형적인지, 그리고 평균으로부터 얼마나 벗어나 있는지를 측정한다.
	K (Correction, Defensiveness)	방어심과 경계심의 정도, 즉 자신을 지나치게 긍정적으로 기술하는 정도를 측정한다.
임상척도	건강염려증	신체적 건강에 대한 불안과 다양한 신체적 증상에 대한 집착 정도를 측정한다.
	우울증	수검자가 느끼는 슬픔의 정도를 측정한다.
	히스테리	어떤 현실적 어려움이나 갈등을 회피하기 위한 방법으로 부인을 사용하는 정도를 측정한다.
	반사회성	반사회적 성격으로서 비사회적이며 비도덕인 정도를 측정한다.
	남성성 – 여성성	수검자의 남성적 또는 여성적 성향 정도를 측정한다.

	편집증	편집성에 관한 것으로 수검자의 대인관계에서의 민감성, 의심성, 자기주장성 정도를 측정한다.
	강박증	주로 오랫동안 지속되어 온 만성적 불안의 정도를 측정한다.
	정신분열증	정신적 혼란의 정도를 측정한다.
	경조증	수검자의 정신적 에너지의 정도를 측정한다.
	내향성	내·외향성의 정도를 측정한다.

CHAPTER 03 직무 스트레스 및 직업복귀상담

제1절 직무스트레스

1 일반적응증후군(GAS; General Adaptation Syndrome)

(1) 일반적응증후군의 정의
① 일반적(General)
스트레스의 결과가 신체부위에 영향을 준다는 의미이다.
② 적응(Adaptation)
스트레스에 신체를 적응시킨다는 의미이다.
③ 증후(Syndrome)
스트레스 결과에 의해 어떤 반응이 일어난다는 의미이다.

(2) 일반적응증후군의 배경
셀리에(Selye)는 스트레스에 대한 최초의 학문적 연구를 하면서, 질병에 관계없이 환자들에게 공통적으로 나타나는 모습인 생기가 없거나 안색이 나쁜 현상에 주목하였다. 이후 체내에는 외부로부터 오는 자극에 대응하기 위해 스스로를 변화시키는 작용이 있고, 그 변화는 자극의 내용을 불문하고 항상 일정하다는 사실을 발견하게 되었다.

2 일반적응증후군의 반응단계

(1) 경고단계(경계단계)
① 정신적 혹은 육체적 위험 앞에 갑자기 노출되었을 때 나타나는 최초의 즉각적인 반응단계이다.
② 하위단계

충격기 (쇼크단계)	• 위협에 처했을 때 즉각적으로 나타나는 반응이다. • 맥박이 빨라지고 체온과 혈압이 감소하며 근육의 긴장도가 낮아진다.
역충격기 (역쇼크단계)	방어력을 동원하는 대응현상이 일어나는 단계로, 긴급 상황에 대처하도록 해 준다.

(2) 저항단계
① 신체가 외부자극에 대해 완전히 적응하여 저항하고 있는 시기로, 스트레스에 완전히 적응하기 때문에 증상은 호전되거나 없어져 버린다.
② 그러나 스트레스에 계속 노출되어 있으면 획득한 적응력이 다시 기능을 잃게 되어 소진단계에 들어가게 된다.

(3) 소진단계(탈진단계)
① 스트레스에 대한 적응에너지가 제한되어 있기 때문에 스트레스에 계속 노출되면 증상은 다시 나타나고, 우리의 신체는 탈진상태에 빠지게 된다.

TIP 교수님의 꿀팁
우리의 신체는 경고단계에만 머물러 있을 수 없습니다. 외부자극이 너무 강해 생명에 위협을 느끼게 되면 몇 시간이나 며칠 내에 죽어버리기 때문입니다. 생존을 위해서는 다음 단계인 저항단계를 거쳐야 합니다.

② 대개의 경우 신체는 육체적·정신적 스트레스가 처음의 두 단계에서 종결될 수 있도록 적응을 하고 있으나, 이러한 조건이 지나치게 되면 죽음에 이르기도 한다.

3 라자루스의 스트레스이론

(1) 인지평가적 스트레스 과정
① 1차 평가

무관적 평가	환경과의 관계가 인간의 안녕에 아무런 의미를 지니지 않으며, 어떤 결과를 얻으려는 노력도 하지 않는 것이다.
온건·긍정적 평가	만남의 결과가 긍정적으로 해석된다. 결과가 안녕을 유지하거나 증진시킬 때 일어난다. 기쁨, 행복 등의 감정을 일으킨다.
스트레스 평가	해로움, 위협, 도전을 포함한다. 사건이 얼마나 위협적인지를 평가한다.

바로 확인하는! 기출문제
▶ 라자루스(Lazarus)의 스트레스의 3단계 과정을 기술하시오.

◉ 인지적 평가
인간과 환경 간의 특수한 전이작용이나 일련의 전이작용이 왜 스트레스가 되며, 어느 정도 스트레스가 되는가를 결정하는 평가의 과정이다.

② 2차 평가
자신의 대처자원과 선택안에 대한 판단을 의미한다. 신체적·환경적·물리적·심리적 자원들을 포함한 자신의 대처능력에 대한 평가이다.
③ 3차 평가(재평가)
1차 평가를 수정하는 평가이다. 대처 후 효과적인 전략이었는지 여부를 평가하는 부분도 포함된다.

(2) 대처 과정
① 정서중심 대처
사건의 의미를 변화시키지 않는 것이다. 객관적 상황을 변화시키지 않고 직면한 상황을 해석하는 방향으로 변호를 유도한다.
② 문제중심 대처
㉠ '문제 정의 → 대안적 해결책 만들기 → 이득과 비용 고려 → 대안에 가치 부여 → 선택 → 행동' 순으로 이루어진다.
㉡ 환경에 대한 전략: 환경적 압력, 장애, 자원, 절차 등을 변화시키는 전략을 포함한다.
㉢ 자신에 대한 전략: 열망 수준의 변화, 자아수준의 감소, 행동의 새로운 표준개발, 새로운 기술이나 학습 등과 같은 동기적·인지적 변화 등에 초점을 둔다.

◉ 대처
스트레스로 평가되는 인간-환경 관계에서의 요구와 이로 인한 정서를 다루는 과정이다.

4 조직에서의 스트레스 요인

(1) 스트레스 요인(stressor)의 의의
① 스트레스 출처란 직무에서 많은 사람들에게 신체적 혹은 심리적으로 부정적인 결과를 초래하는 자극을 말한다.
② 스트레스 출처의 주요 유형(Kahn & Byosere)
㉠ 단순-복잡, 단조로움-다양함과 같은 차원을 포함하는 과업내용
㉡ 감독자와의 관계, 역할갈등과 같은 것을 포함하는 역할 속성으로서 직무의 사회적 측면

> **바로 확인하는! 기출문제**
>
> ▶ 직무와 조직에서 주된 스트레스를 받는 원인 3가지를 쓰고 설명하시오.

(2) 조직에서의 스트레스 요인 2015년 3회

① 과제특성
  ㉠ **복잡한 과제**: 일반적으로 정보과부하 조건을 요구하기 때문에 상대적으로 높은 인지활동을 요구하지만, 인간이 갖고 있는 일의 처리능력에는 한계가 있기 때문에 과제가 복잡해지면 그만큼 스트레스에 쉽게 노출될 수 있다.
  ㉡ **단순하고 반복적인 과업**
    - 기계화 및 자동화 시대에 살고 있는 오늘날 가장 위험한 스트레스 요인이 될 수 있다. 단조로운 자동화는 근로자들로 하여금 일에 대한 흥미와 참여의식, 그리고 도전의식을 상실하게 한다.
    - 조립대 히스테리라는 증상이 나타나기도 하는데, 이러한 증상은 주로 단순노동직 여성에게서 볼 수 있다. 작업장이 아무리 위생적이라도 현기증, 두통, 구토 및 호흡곤란 등의 증세를 동반하면서 갑자기 나타나며, 단 한 명이라도 이런 증세를 보이게 되면 순식간에 전체 근로자에게 파급되어 생산을 중단해야 할 만큼 빠른 전염성을 갖는다. 이는 단조로움, 지루함, 일의 반복성, 상사의 생산압력 등이 원인으로 거론되고 있다.

② 역할갈등
  ㉠ 개인의 역할 내용과 역할 구성요인들의 상대적 중요성에 대한 지각적 차이로부터 비롯된다. 이러한 차이는 작업집단 내의 타인들이 가지고 있는 역할 기대가 서로 다르기 때문에 일어나며, 동일한 사람에게 서로 다른 역할을 요구할 때에도 갈등이 일어날 수 있다.
  ㉡ 직장에서 보내는 시간과 가정에서 보내는 시간을 분명하게 구분하기가 힘든 군대, 경찰, 교육장면에서 일하는 직업에서 자주 발생한다.
  ㉢ **역할 과부하**: 역할 갈등의 한 가지 변형으로, 양, 시간일정, 질을 동시에 충족시킬 수 없기 때문에 어쩔 수 없이 타협해야 하는 경우에 느끼는 갈등이다.
  ㉣ **역할 모호성**: 개인이 자신의 직무에 대해 목표와 책임한계 등을 명확하게 인지하지 못할 때 발생하는 갈등이다.

③ 산업의 조직문화와 풍토
  ㉠ 집합주의 문화와 개인주의 문화의 충돌은 근로자에게 스트레스 요인이 된다.
  ㉡ 최근 산업현장에서의 인간행동을 이해하기 위해 발표되었던 기존의 이론들을 문화적인 관점에서 재해석하거나, 비교문화적 시각에서 연구하기 위한 모델이 개발되고 있다.

5 직무스트레스의 조절변인(요인)   2018년 2회, 2017년 3회, 2013년 1회

(1) A/B 성격유형
개인의 성격유형은 직무스트레스의 요인이 될 수 있다. 이와 관련하여 A 성격유형이 B 성격유형보다 스트레스를 받는 정도와 가능성이 큰데, B 성격유형과 상반되는 A 성격유형의 특징은 다음과 같다.

① 경쟁심
A유형 사람들은 짧은 시간 내에 더욱더 많은 일을 성취하고 이기려 한다.

② 언어적 공격
A유형 사람들은 말이 빠르고, 대화 중에 핵심 단어를 지나치게 강조하거나 일순간 감정이 폭발하면 욕설을 퍼붓기도 한다.

③ 정력적
A유형 사람들은 자신을 극한 상황까지 몰아붙이는 경향이 있다. 이들은 보통 동시에 여러 가지의 과제를 수행하고 자신의 일정을 지나치게 빡빡하게 잡아 놓는다.

④ 이완의 어려움
A유형 사람들은 휴가 중인데도 무언가 생산적인 활동을 하지 못하고 있다는 사실에 자책감을 느낀다.

⑤ 시간 개념
A유형 사람들은 시계 없이 하루를 보내는 것을 상상할 수 없다. 이들은 융통성이 거의 없는 엄격한 일정을 유지하고 시간 낭비를 증오한다.

⑥ 분노감
A유형 사람들은 쉽게 화를 내고 발끈하는 경향이 있다.

⑦ 적대감
분노가 일반적인 특징이고 어떤 사건이나 대상을 향한 것이라면, 적대감은 사람에게 초점을 맞춘 것이다. A유형 사람들은 다른 대상에 대해 적대적이고 다른 사람들은 그들의 분노의 표적이다.

(2) 통제의 위치
① 자신에게 일어나는 모든 일을 자신이 통제할 수 있다고 믿는 사람들과 자신의 삶에서 중요한 사건들이 주로 타인이나 외부의 힘에 의해 결정된다고 믿는 사람들을 구별한다.
② 통제의 위치가 주로 내부에 있다고 믿는 내적 통제자는 외부에 있다고 믿는 외적 통제자들과 스트레스에 대해 다르게 반응한다.
③ 내적 통제자는 어떤 일의 결과가 자신에게 달려 있다고 보며, 외적 통제자들보다 스트레스를 받는 정도가 낮다.

(3) 사회적 지원
① 완화효과를 제공하는 것으로 추정되는 중요한 변인은 사회적 지원이다. 사회적 지원은 직무스트레스를 일으키는 다양한 출처와 정신 및 신체건강에 관한 지표(예 불안, 우울, 초조함) 간의 관계를 약화시킨다.
② 사회적 지원은 직무스트레스 출처로부터 초래된 권태감이나 직무 불만족 그 자체를 감소시키는 것은 아니다.

바로 확인하는! 기출문제

▶ 동일한 스트레스일지라도 개인이 받는 스트레스는 각각 다를 수 있다. 스트레스의 조절변인을 2가지로 설명하시오.

> **한발 더 나아가기**
>
> **스트레스를 조절하는 상황변인**
> 1. **상황의 특성**: 개인의 특성과 더불어 상황의 특성도 스트레스 출처의 영향을 조절하거나 완화시킬 수 있다.
> 2. **완화효과**: 조직적 속성들이 스트레스 출처로 작용할 가능성을 감소시키고, 스트레스 출처들에 대한 지각과 인식을 변경하며 평가과정 후에 나타나는 반응들을 조절한다. 또한 그러한 반응들에 의해 건강을 해치는 결과가 일어날 가능성을 줄여 준다.
>
> **스트레스에 잠재적 완화효과가 있는 상황변인**
> 1. **스트레스 출처의 발생을 예측할 수 있는 정도**: 가장 큰 완화효과를 지니고 있다. 스트레스를 일으키는 사건의 발생을 예측할 수 있다면 그러한 사건이 언제 발생하지 않을지도 예측할 수 있다. 따라서 개인은 언제 긴장을 풀고 쉬어도 되는지를 알 수 있고 경계상태나 불안한 상태를 계속 유지할 필요가 없게 된다.
> 2. 스트레스 출처를 이해할 수 있는 정도
> 3. 스트레스를 겪는 사람이 그러한 스트레스 출처를 통제할 수 있는 정도

6 직무스트레스에 따른 행동결과 2021년 1회, 2016년 3회

① 일정 수준 이상의 스트레스가 증가하면 직무수행 실적은 역U자 형태로 감소한다.
② 지각, 결근 및 이직이 나타난다.
③ 스트레스로 인해 자신의 직무에 대해 불만족이 형성된다.
④ 스트레스로 인해 주의집중이 어려워 실수가 늘고, 그로 인해 사고가 증가할 수 있다.
⑤ 인간관계, 가치관의 불일치, 기업 문화에서의 갈등이 발생한다.

바로 확인하는! 기출문제
▶ 직무스트레스로 인한 직장에서의 행동결과(행동특성)를 5가지 쓰시오.

제2절 직업복귀상담

1 야호다의 박탈이론 – 고용의 잠재효과 2017년 2회, 2012년 2회

(1) 의의

야호다(Jahoda)는 불만족스러운 취업이라 하더라도 실직상태보다 낫다고 주장하며, 고용이 주는 이득과 현실과의 연관성을 유지해 주는 고용의 잠재적 혜택을 제시했다.

(2) 재직자의 잠재효과

① 시간 조직화
하루일과에 규칙적인 시간 부여를 통해 일정을 조직화시킬 수 있다.
② 사회적 접촉효과
가족 외 타인과의 접촉을 통해 사회적 경험을 공유할 수 있다.
③ 정체성
직업을 통해 사회적 신분과 자신의 정체성을 확립할 수 있다.

바로 확인하는! 기출문제
▶ 실업과 관련된 야호다(Jahoda)의 박탈이론에 따르면, 일반적으로 고용상태에 있게 되면 실직상태에 있는 것보다 여러 가지 잠재효과가 있다고 한다. 5가지 잠재효과를 쓰시오.

④ 활동하게 함
  육체적인 활동을 하게 하고, 의미 있고 규칙적인 활동을 하게 한다.
⑤ 외부적인 목표 참여
  공유된 공동의 목표를 위해 공동적인 계획이나 기획에 참여하여 자신의 가치를 인식한다.

2 작업동기이론

(1) 매슬로우(Maslow)의 욕구위계이론

① 동기의 근원은 욕구로, 욕구는 생물학적 또는 본능적인 성질을 지닌다. 이러한 욕구가 인간의 특징을 정의하며, 종종 무의식적으로 행동에 영향을 미친다고 본다.
② 사람들이 어떤 행동을 하는 원인을 욕구를 충족시키기 위한 과정으로 본다. 한 가지 욕구가 충족된 후에는 그 욕구는 더 이상 행동을 발생시키지 않으며, 또 다른 욕구가 행동을 일으킨다. 인생은 끊임없이 욕구충족을 추구하는 과정이다.
③ 욕구는 위계적으로 구성되어 있어 하위의 욕구가 충족되어야 상위의 욕구가 발생한다.

바로 확인하는! 기출문제
▶ Maslow의 욕구위계를 차례대로 기술하시오.

(2) 5가지 욕구의 범주

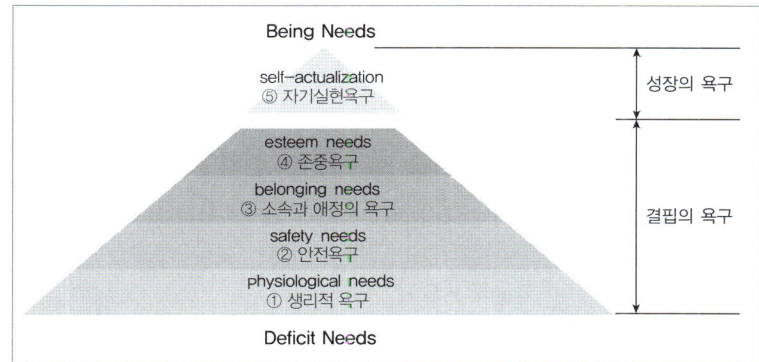

① 생리적 욕구
  ㉠ 인간이 자신의 신체적 균형을 유지하기 위해 필요한 욕구를 말하는 것으로, 배고픔, 갈증, 성욕, 수면과 같이 가장 기본적인 신체적 욕구이다.
  ㉡ 생존을 위해서 이러한 욕구는 반드시 충족되어야 한다.
② 안전욕구
  ㉠ 신체적·정서적 위협, 위험, 박탈로부터 벗어나고자 하는 욕구이다.
  ㉡ 자신을 보호하려는 욕구이다.
③ 소속과 애정의 욕구
  ㉠ 주로 인간관계와 관련된 욕구이다.
  ㉡ 타인과 조화로운 관계를 유지하고자 하는 개인의 욕구로서 관계, 사교, 소속 등에 대한 욕구를 포함한다.

④ 존중욕구
　㉠ 자신감, 인정, 칭송, 동료들로부터의 존경을 포함하는 욕구이다.
　㉡ 이 욕구가 충족되면 우월감을 느끼지만 충족되지 않으면 열등감이나 무력감을 느끼게 된다.
⑤ 자기실현욕구
　㉠ 한 인간으로서 자기발전을 위해 실현할 수 있는 욕구를 말한다.
　㉡ 자신의 잠재력을 극대화시키려는 욕구이다.

3 립탁(Liptak)이 제시한 자발적 실직을 경험한 내담자들의 5가지 비합리적 신념

① 직업을 구하기 위해 완전한 직업탐구가 이루어져야 한다는 신념
② 직업탐구가 더 이상 필요하지 않을 것이기 때문에 직업탐색기법을 습득할 필요가 없다는 신념
③ 진로상담자는 전문가이기 때문에 내담자에게 직업을 찾아 줄 것이라는 신념
④ 면접 후 거절당하는 것은 재앙과도 같다는 신념
⑤ 직업탐색과정에 대하여 신경을 써야만 하고 몰두해야 한다는 신념

4 성인기의 직업전환을 촉진하는 요인

① 전체 노동인구 중 젊은 층의 비율이 많은 경우
② 단순직 근로자의 비율이 높을 경우
③ 여성근로자의 비율이 높을 경우
④ 경제구조가 완전고용의 상태일 경우

5 직업전환자를 위한 직업지도 프로그램의 선택단계

① 능력과 적성, 흥미 등을 새롭게 파악해 홀랜드(Holland)의 모델을 적용하여 그 사람의 진로코드를 알아본다.
② 변경 가능한 직종을 탐색한다.
③ 결과에 따라서 적합한 직업목록을 찾아본다.
④ 특정 직업을 발견했을 경우 그 실현 가능성을 판단한다.
⑤ 교육훈련의 필요를 찾아내어 관련기관을 안내한다.

바로 확인하는! 기출문제
▶ 립탁(Liptak)이 제시한 자발적 실직을 경험한 내담자들에게서 나타나는 5가지 비합리적 신념을 쓰시오.

TIP 교수님의 꿀팁
성인기의 직업전환을 촉진하는 요인은 주로 1차 시험에서 출제되는 주제입니다.

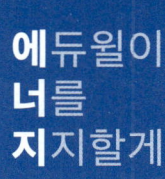

바람이 돕지 않는다면 노를 저어라.

– 윈스턴 처칠(Winston Churchill)

Ⅲ 직업정보

CHAPTER **01** 직업분류 활용

CHAPTER **02** 산업분류 활용

CHAPTER **03** 각종 직업관련 자료 활용

CHAPTER **04** 직업정보의 분석 및 해석

CHAPTER 01 직업분류 활용

제1절 직업분류의 개요

1 한국표준직업분류

(1) 한국표준직업분류의 의미
① 직업분류(classification of occupations)는 수입(경제활동)을 위해 개인이 하고 있는 일을 그 수행되는 일의 형태에 따라 체계적으로 유형화한 것을 말한다.
② 직업분류를 우리나라의 직업구조와 실태에 맞게 표준화한 것이다.

2 직업의 정의

(1) 직무와 직업
① 직무
국제표준직업분류(ISCO-08)에서 직무(job)는 '자영업을 포함하여 특정한 고용주를 위하여 개별 종사자들이 수행하거나 또는 수행해야 할 일련의 업무와 과업(tasks and duties)'으로 정의하고 있다.

② 직업
직업(occupation)은 '유사한 직무의 집합'으로 정의된다. 여기에서 유사한 직무란 '주어진 업무와 과업이 매우 높은 유사성을 갖는 것'을 말한다.

(2) 직업의 조건 2024년 1회, 2017년 2·3회, 2014년 2회, 2013년 1·3회, 2011년 1회, 2006년 3회
① 일의 계속성 2017년 2회, 2013년 1회
직업은 유사성을 갖는 직무를 계속하여 수행하는 계속성을 가져야 하는데, '일의 계속성'이란 일시적인 것을 제외한 다음에 해당하는 것을 말한다.
㉠ 매일, 매주, 매월 등 주기적으로 행하는 것
㉡ 계절적으로 행해지는 것
㉢ 명확한 주기는 없으나 계속적으로 행해지는 것
㉣ 현재 하고 있는 일을 계속적으로 행할 의지와 가능성이 있는 것

TIP 교수님의 꿀팁
직업의 조건은 가장 많이 출제되는 내용 중 하나입니다.

바로 확인하는! 기출문제
▶ 일반적으로 '직업'으로 규정하기 위한 4가지 요건을 쓰고 설명하시오.
▶ 한국표준직업분류에서 일의 계속성에 해당하는 경우 4가지를 쓰시오.

② 경제성
- ㉠ 직업은 경제성을 충족해야 하는데, 이는 경제적인 거래 관계가 성립하는 활동을 수행해야 함을 의미한다. 따라서 무급 자원봉사와 같은 활동, 전업학생의 학습행위는 경제활동 혹은 직업으로 보지 않는다.
- ㉡ 직업의 성립에는 비교적 엄격한 경제성의 기준이 적용되는데, 노력이 전제되지 않는 자연발생적인 이득의 수취나 우연하게 발생하는 경제적인 과실에 전적으로 의존하는 활동은 직업으로 보지 않는다.

③ 윤리성과 사회성
- ㉠ 윤리성: 비윤리적인 영리행위나 반사회적인 활동을 통한 경제적인 이윤추구는 직업 활동으로 인정하지 않는다.
- ㉡ 사회성: 윤리성보다 적극적인 것으로서 모든 직업 활동은 사회 공동체적인 맥락에서 의미 있는 활동, 즉 사회적인 기여를 전제조건으로 하고 있다는 점을 강조한다.

④ 속박된 상태에서의 제반활동이 아닐 것
속박된 상태에서의 제반활동은 경제성이나 계속성의 여부와 상관없이 직업으로 보지 않는다.

(3) 한국표준직업분류(2018)에서 직업으로 보지 않는 활동
2024년 2회, 2022년 2회, 2020년 1회, 2019년 3회, 2015년 1회, 2014년 2회, 2010년 1·2·4회, 2009년 2회, 2008년 3회

① 경제성이 없기 때문에 직업으로 보지 않는 활동
- ㉠ 이자, 주식배당, 임대료(전세금, 월세) 등과 같은 자산 수입이 있는 경우
- ㉡ 연금법, 국민기초생활보장법, 국민연금법 및 고용보험법 등의 사회보장이나 민간보험에 의한 수입이 있는 경우
- ㉢ 경마·경륜·경정·복권 등에 의한 배당금이나 주식투자에 의한 시세차익이 있는 경우
- ㉣ 예금·적금 인출, 보험금 수취, 차용 또는 토지나 금융자산을 매각하여 수입이 있는 경우
- ㉤ 자기 집의 가사활동에 전념하는 경우
- ㉥ 교육기관에 재학하며 학습에만 전념하는 경우
- ㉦ 시민 봉사활동 등에 의한 무급 봉사적인 일에 종사하는 경우

② 속박된 상태에서의 활동이므로 직업으로 보지 않는 활동
- ㉠ 사회복지시설 수용자의 시설 내 경제 활동
- ㉡ 수형자의 활동과 같이 법률에 의한 강제노동을 하는 경우

③ 윤리성이 없기 때문에 직업으로 보지 않는 활동
도박, 강도, 절도, 사기, 매춘, 밀수와 같은 불법적인 활동

바로 확인하는! 기출문제

▶ 한국표준직업분류에서 속박된 상태에서의 제반활동으로 경제성이나 계속성의 여부와 상관없이 직업으로 보지 않는 활동을 쓰시오.
▶ 한국표준직업분류(2018)에서 직업으로 인정하지 않는 활동 6가지를 기술하시오.

제2절 직업분류의 기준

1 한국표준직업분류의 직업분류 기준

(1) 직능
2018년 2회, 2012년 1회

한국표준직업분류는 주어진 직무의 업무와 과업을 수행하는 능력(the ability to carry out the tasks and duties of a given job)인 직능(skill)을 근거로 편제되며, 직능수준과 직능유형을 고려하고 있다.

① **직능수준**
직능수준(skill level)은 직무수행능력의 높낮이를 말하는 것으로, 정규교육, 직업훈련, 직업경험 그리고 선천적 능력과 사회·문화적 환경 등에 의해 결정된다.

② **직능유형**
직능유형(skill specialization)은 직무수행에 요구되는 지식의 분야, 사용하는 도구 및 장비, 투입되는 원재료, 생산된 재화나 서비스의 종류와 관련된다.

(2) 직무 유사성
2021년 2회, 2015년 2회

① **직무 유사성의 의의**
하나의 직업(occupation)은 직무상 유사성을 가지고 있는 여러 직무(job)의 묶음이다. 어떤 직무의 집합을 여타 직업과 구별하고 동일한 직업으로 분류하는 것은 유사성의 정도에 대한 판단을 전제로 하는데, 이는 직무상 서로 다른 것을 규정하는 직업별 직무 배타성(exclusivity)을 제시하는 것과 같다.

② **직무 유사성의 기준**
직무 유사성의 기준에는 해당 직무를 수행하는 사람에게 필요한 지식(knowledge), 경험(experience), 기능(skill)과 함께 직무수행자가 입직을 하기 위해서 필요한 요건(skill requirements) 등이 있다. 때로는 직업 종사자가 주로 일하는 기업의 특성, 생산 과정이나 최종 산출물 등이 중요할 때도 있다.

③ **직무 유사성이 없는 경우**
유사하지 않은 직업은 배타성의 요건이 충족되어 상호 다른 직업이라고 할 수 있으며, 직무별로 노동시장의 형성이 다른 경우에는 가장 분명한 배타성을 갖는다고 할 수 있다.

바로 확인하는! 기출문제

▶ 한국표준직업분류에서 제시하는 직업분류 개념인 직능, 직능수준, 직능유형을 설명하시오.

바로 확인하는! 기출문제

▶ 한국표준직업분류에서 유사 직무를 구분하는 기준 4가지를 쓰시오.

2 한국표준직업분류상의 직능수준

(1) 제1직능 수준

① 수행과업

일반적으로 단순하고 반복적이며 때로는 육체적인 힘을 요구하는 과업을 수행한다. 간단한 수작업 공구나 진공청소기, 전기장비들을 이용한다. 과일을 따거나 채소를 뽑고 단순 조립을 수행하며, 손을 이용하여 물건을 나르기도 하고 땅을 파기도 한다.

② 직무교육

제1직능 수준의 직업은 최소한의 문자이해와 수리적 사고능력이 요구되는 간단한 직무교육으로 누구나 수행할 수 있다.

③ 교육수준

제1직능 수준의 일부 직업에서는 초등교육이나 기초적인 교육(ISCED 수준1)을 필요로 한다.

(2) 제2직능 수준

① 요구능력

일반적으로 완벽하게 읽고 쓸 수 있는 능력과 정확한 계산능력, 그리고 상당한 정도의 의사소통 능력을 필요로 한다.

② 직무교육

제2직능 수준의 직업에 종사하는 자는 일부 전문적인 직무훈련과 실습과정이 요구되며, 훈련실습기간은 정규훈련을 보완하거나 정규훈련의 일부 또는 전부를 대체할 수 있다. 운송수단의 운전이나 경찰 업무를 수행하기도 한다.

③ 교육수준

보통, 중등 이상의 교육과정의 정규교육 이수(ISCED 수준2, 수준3) 또는 이에 상응하는 직업훈련이나 직업경험을 필요로 한다. 일부 직업은 중등학교 졸업 후 교육(ISCED 수준4)이나 직업교육기관에서의 추가적인 교육 또는 훈련을 요구할 수도 있다.

(3) 제3직능 수준

① 요구능력

복잡한 과업과 실제적인 업무를 수행할 정도의 전문적인 지식을 보유해야 하고, 수리계산이나 의사소통 능력이 상당히 높아야 한다.

② 직무교육

제3직능 수준의 직업에 종사하는 자는 일정한 보충적 직무훈련 및 실습과정이 요구될 수 있으며, 정규훈련과정의 일부를 대체할 수도 있다. 또한 유사한 직무를 수행함으로써 경험을 습득하여 이에 해당하는 수준에 이를 수도 있다. 시험원과 진단과 치료를 지원하는 의료관련 분야나 스포츠 관련 직업이 대표적이다.

③ 교육수준

일반적으로 중등교육을 마치고 1~3년 정도의 추가적인 교육과정(ISCED 수준5) 정도의 정규교육 또는 직업훈련을 필요로 한다.

> **B-로 확인하는! 기출문제**
>
> ▶ 한국표준직업분류에서 직능수준을 정규교육과정에 따라 정의하시오.

(4) 제4직능 수준

① 요구능력

매우 높은 수준의 이해력과 창의력 및 의사소통 능력이 필요하다.

② 직무교육

제4직능 수준의 직업에 종사하는 자는 일정한 보충적 직무훈련 및 실습이 요구된다. 또한 유사한 직무를 수행함으로써 경험을 습득하여 이에 해당하는 수준에 이를 수도 있다. 분석과 문제해결, 연구와 교육 그리고 진료가 대표적인 직무분야이다.

③ 교육수준

일반적으로 4년 또는 그 이상 계속하여 학사, 석사나 그와 동등한 학위가 수여되는 교육수준(ISCED 수준6 혹은 그 이상)의 정규교육 또는 훈련을 필요로 한다.

3 표준직업분류와 직능수준의 관계 2023년 2회, 2021년 1회, 2014년 1회

1	관리자	제4직능 수준 혹은 제3직능 수준 필요
2	전문가 및 관련 종사자	제4직능 수준 혹은 제3직능 수준 필요
3	사무 종사자	제2직능 수준 필요
4	서비스 종사자	제2직능 수준 필요
5	판매 종사자	제2직능 수준 필요
6	농림어업 숙련 종사자	제2직능 수준 필요
7	기능원 및 관련 기능 종사자	제2직능 수준 필요
8	장치·기계조작 및 조립 종사자	제2직능 수준 필요
9	단순노무 종사자	제1직능 수준 필요
A	군인	제2직능 수준 이상 필요

> **바로 확인하는! 기출문제**
> ▶ 한국표준직업분류에서 각각의 대분류에 해당하는 직능수준을 빈칸에 쓰시오.
> ▶ 한국표준직업분류의 대분류 중 다음에 해당하는 직능수준을 쓰시오.

제3절 직업분류의 원칙

1 직업분류의 일반원칙 2023년 3회, 2017년 1회, 2015년 1회

(1) 포괄성의 원칙

① 우리나라에 존재하는 모든 직무는 어떤 수준에서든지 분류에 포괄되어야 한다.

② 특정한 직무가 누락되어 분류가 불가능할 경우에는 포괄성의 원칙을 위배한 것으로 볼 수 있다.

(2) 배타성의 원칙

① 동일하거나 유사한 직무는 어느 경우에든 같은 단위직업으로 분류되어야 한다.

② 하나의 직무가 동일한 직업단위 수준에서 2개 혹은 그 이상의 직업으로 분류될 수 있다면 배타성의 원칙을 위반한 것이라 할 수 있다.

> **바로 확인하는! 기출문제**
> ▶ 한국표준직업분류에서 직업분류의 일반원칙을 2가지 쓰시오.

2 포괄적인 업무에 대한 직업분류 원칙
2023년 1회, 2022년 3회, 2020년 2·3·4회, 2016년 2회, 2012년 3회, 2009년 2·3회, 2007년 1회

(1) 포괄적인 업무의 뜻
포괄적인 업무는 한 사람이 2개 이상의 직무를 수행하는 경우를 의미한다.
> 예 소규모 사업체에서 음식조리와 제공이 하나의 단일 직무로 되어 조리사의 업무로 결합되는 경우

(2) 포괄적인 업무에 대한 직업분류 원칙
① 주된 직무 우선의 원칙
  한 사람이 2개 이상의 직무를 수행하는 경우는 수행되는 직무내용과 관련 분류 항목에 명시된 직무내용을 비교·평가하여 관련 직무내용상의 상관성이 가장 많은 항목에 분류한다.
  > 예 교육과 진료를 겸하는 의과대학 교수는 강의 평가, 연구 등과 진료, 처치, 환자상담 등의 직무내용을 파악하여 관련 항목이 많은 쿠야로 분류한다.

② 최상급 직능수준 우선의 원칙
  수행된 직무가 상이한 수준의 훈련과 경험을 통해서 얻어지는 직무능력을 필요로 한다면, 가장 높은 수준의 직무능력을 필요로 하는 일에 분류하여야 한다.
  > 예 조리와 배달의 직무비중이 같을 경우에는, 조리의 직능수준이 높으므로 조리사로 분류한다.

③ 생산업무 우선의 원칙
  재화의 생산과 공급이 같이 이루어지는 경우는 생산단계에 관련된 업무를 우선적으로 분류한다.
  > 예 한 사람이 빵을 생산하여 판매도 하는 경우에는, 판매원으로 분류하지 않고 제빵원으로 분류한다.

바로 확인하는! 기출문제
▶ 포괄적인 업무에 대한 직업분류 원칙 중 주된 직무 우선 원칙의 의미와 사례를 쓰시오.
▶ 한국표준직업분류의 분류 원칙 중 포괄적인 업무에 대해 설명하고, 3가지 분류 원칙에 대해 약술하시오.

3 다수 직업 종사자의 직업분류 원칙
2024년 3회, 2022년 1·3회, 2021년 3회, 2019년 2회, 2011년 1·3회, 2010년 3회, 2008년 3회, 2000년 1회

(1) 다수 직업 종사자의 의미
다수 직업 종사자는 한 사람이 전혀 상관성이 없는 두 가지 이상의 직업에 종사하는 경우를 말한다.

(2) 다수 직업 종사자의 직업분류 원칙
① 취업시간 우선의 원칙
  가장 먼저 분야별로 취업시간을 고려하여 보다 긴 시간을 투자하는 직업으로 결정한다.
② 수입 우선의 원칙
  위 ①의 경우로 분별하기 어려운 경우에는 수입(소득이나 임금)이 많은 직업으로 결정한다.
③ 조사 시 최근의 직업 원칙
  위 ①, ②의 경우로 판단할 수 없는 경우에는 조사시점을 기준으로 최근에 종사한 직업으로 결정한다.

바로 확인하는! 기출문제
▶ 한국표준직업분류에서 한 사람이 전혀 상관성이 없는 두 가지 이상의 직업에 종사하는 경우 그 직업을 결정하는 일반원칙을 설명하시오.
▶ 한국표준직업분류에서 '다수 직업 종사자'란 무엇인지 설명하고 이의 직업을 분류하는 일반적인 원칙을 순서대로 나열하시오.

> **바로 확인하는! 기출문제**
> ▶ 한국표준직업분류의 동일한 분류수준에서 직무단위를 분류하는 순서배열 원칙을 3가지 설명하시오.

4 동일 분류수준에서 직무단위를 분류하는 순서배열 원칙 2011년 2회

동일한 분류수준에서 직무단위의 분류는 다음의 원칙을 가능한 한 준수하여 배열한다.

(1) 한국표준산업분류(KSIC)

동일한 직업단위에서 산업의 여러 분야에 걸쳐 직업이 있는 경우에는 한국표준산업분류의 순서대로 배열한다.

(2) 특수 – 일반분류

직업의 구분에 특수와 그 특수 분야를 포함하는 일반이 있을 경우에는 특수를 먼저 배열하고 일반을 나중에 배열한다.

예) 생명과학 연구원을 먼저 배열하고 자연과학 연구원을 나중에 배열한다.

(3) 고용자 수와 직능수준, 직능유형 고려

① 직능수준이 비교적 높거나 고용자 수가 많은 직무를 우선하여 배열한다.
② 직능유형이 유사한 것끼리 묶어 분류하는데, 이는 직업분류의 용이성과 활용성을 높이기 위함이다.

CHAPTER 02 산업분류 활용

제1절 산업분류의 개요

1 산업, 산업활동의 정의
2024년 1회, 2022년 2회, 2020년 1회, 2019년 1회, 2018년 3회, 2013년 2회, 2010년 2회, 2007년 3회

(1) 산업의 정의
산업이란 '유사한 성질을 갖는 산업활동에 주로 종사하는 생산단위의 집합'으로 정의된다.

(2) 산업활동의 정의
산업활동이란 '각 생산단위가 노동, 자본, 원료 등 자원을 투입하여 재화 또는 서비스를 생산 또는 제공하는 일련의 활동과정'으로 정의된다.

(3) 산업활동의 범위
산업활동의 범위에는 영리적·비영리적 활동이 모두 포함되나, 가정 내의 가사활동은 제외된다.

> **바로 확인하는! 기출문제**
> ▶ 산업, 산업활동의 정의 및 산업활동의 범위를 기술하시오.

2 표준산업분류의 산업분류기준
2022년 2회, 2021년 1회, 2020년 2회, 2019년 1회, 2017년 1회, 2012년 3회, 2011년 2회, 2009년 2회, 2008년 1회, 2007년 1회

(1) 산업분류의 정의
한국표준산업분류(KSIC)는 생산단위(사업체 단위, 기업체 단위 등)가 주로 수행하는 산업활동을 그 유사성에 따라 체계적으로 유형화한 것이다.

(2) 산업분류의 기준
① 산출물(생산된 재화 또는 제공된 서비스)의 특성
  ㉠ 산출물의 물리적 구성 및 가공단계
  ㉡ 산출물의 수요처
  ㉢ 산출물의 기능 등
② 투입물의 특성
  원재료, 생산공정, 생산기술 및 시설 등
③ 생산활동의 일반적인 결합형태

> **바로 확인하는! 기출문제**
> ▶ 한국표준산업분류의 산업분류 기준 3가지를 쓰시오.

3 통계단위의 산업결정

(1) 통계단위의 개념 및 구분   2024년 2회, 2010년 4회, 2009년 3회
① 통계단위란 생산단위의 활동(생산, 재무활동 등)에 관한 통계작성을 위하여 필요한 정보를 수집 또는 분석할 대상이 되는 관찰 또는 분석단위를 말한다.
② 관찰단위는 산업활동과 지리적 장소의 동질성, 의사결정의 자율성, 자료수집 가능성이 있는 생산단위가 설정되어야 한다.

> **바로 확인하는! 기출문제**
> ▶ 한국산업분류(2017)에서 통계단위는 생산단위의 활동에 관한 통계 작성을 위하여 필요한 정보를 수집 또는 분석할 대상이 되는 관찰 또는 분석단위를 말한다. 표에 들어갈 생산활동과 장소의 동질성의 차이에 따라 통계단위를 쓰시오.

③ 산업활동과 장소의 동질성의 차이에 따라 통계단위는 다음과 같이 구분된다.

구분	하나 이상 장소	단일 장소
하나 이상 산업활동	기업집단 단위	지역 단위
	기업체 단위	
단일 산업활동	활동유형 단위	사업체 단위

(2) 생산단위의 활동형태
2022년 3회, 2021년 2회

생산단위의 산업활동은 일반적으로 주된 산업활동, 부차적 산업활동 및 보조적 활동이 결합되어 복합적으로 이루어진다.
① 주된 산업활동은 산업활동이 복합 형태로 이루어질 경우 생산된 재화 또는 제공된 서비스 중에서 부가가치(액)가 가장 큰 활동을 말한다.
② 부차적 산업활동은 주된 산업활동 이외의 재화생산 및 서비스제공 활동을 말한다.
③ 주된 산업활동과 부차적 산업활동은 보조적 활동의 지원 없이는 수행될 수 없다. 보조적 활동은 모 생산단위에서 사용되는 비내구재 또는 서비스를 제공하는 활동으로서 생산활동을 지원해 주기 위하여 존재한다. 보조적 활동에는 회계, 창고, 운송, 구매, 판매촉진, 수리업무 등이 포함된다.

(3) 별개의 사업체로 간주하여야 하는 경우
2011년 3회

다음과 같은 활동단위는 보조단위로 보아서는 안 되며 별개의 사업체로 간주하여 그 자체활동에 따라 분류하여야 한다.
① 고정자산 형성의 일부인 재화의 생산
   예 자기계정을 위한 건설활동을 하는 경우 이에 관한 별도의 자료를 이용할 수 있으면 건설활동으로 분류한다.
② 모 생산단위에서 사용되는 재화나 서비스를 보조적으로 생산하더라도 생산되는 재화나 서비스의 대부분을 다른 사업체에 판매하는 경우
③ 모 생산단위가 생산하는 생산품의 구성 부품이 되는 재화를 생산하는 경우
   예 모 생산단위의 생산품을 포장하기 위한 캔, 상자 및 유사제품의 생산
④ 연구 및 개발활동은 통상적인 생산과정에서 소비되는 서비스를 제공하는 것이 아니므로 그 자체의 본질적인 성질에 따라 전문, 과학 및 기술 서비스업으로 분류한다.

제2절 통계단위의 산업결정방법과 산업분류의 적용원칙

1 통계단위의 산업결정방법
2024년 3회, 2023년 1·3회, 2021년 3회, 2020년 3·4회, 2016년 2회, 2012년 1회, 2008년 3회

(1) 일반적인 산업결정방법
① 생산단위의 산업활동은 그 생산단위가 수행하는 주된 산업활동(판매 또는 제공하는 재화 및 서비스)의 종류에 따라 결정된다.

② 이러한 주된 산업활동은 산출물(재화 또는 서비스)에 대한 부가가치(액)의 크기에 따라 결정되어야 하나, 부가가치(액)의 측정이 어려운 경우에는 산출액에 의하여 결정한다.
③ 상기의 원칙에 따라 결정하는 것이 적합하지 않을 경우에는 그 해당 활동의 종업원 수, 임금 및 급여액 또는 설비의 정도에 의하여 결정한다.
④ 단일사업체가 산업영역을 달리할 수 있는 두 가지 이상의 활동을 복합적으로 결합하여 수행할 경우로서 종업원 수 및 시설 면에서 그 주된 활동을 구분할 수 없을 때에는 그 활동의 결합형태에 따라 산업결정 방법을 달리한다.

(2) 사례별 산업결정방법
① 계절에 따라 정기적으로 산업을 달리하는 사업체의 경우에는 조사시점에서 경영하는 사업과는 관계없이 조사대상 기간 중 산출액이 많았던 활동에 의하여 분류된다.
② 휴업 중 또는 자산을 청산 중인 사업체의 산업은 영업 중 또는 청산을 시작하기 전의 산업활동에 의하여 결정한다.
③ 설립 중인 사업체는 개시하는 산업활동에 따라 결정한다.
④ 단일사업체의 보조단위는 그 사업체의 일개 부서에 포함한다.
⑤ 여러 사업체를 관리하는 중앙보조단위(본부, 본사)는 별도의 사업체로 처리하고, 그 보조되는 사업체 중 주된 사업체와 동일한 산업으로 분류한다.

2 산업분류의 적용원칙
2022년 1회 2020년 4회, 2016년 1·2회, 2012년 1회

(1) 일반원칙
① 생산단위는 산출물뿐만 아니라 투입물과 생산공정 등을 함께 고려하여 그들의 활동이 가장 정확하게 설명된 항목으로 분류한다.
② 복합적인 활동단위는 우선적으로 최상급 분류단계(대분류)를 정확히 결정하고, 순차적으로 중·소·세·세세분류 단계 항목으로 결정한다.

(2) 사례별 원칙
① 수수료 또는 계약에 의하여 활동을 수행하는 단위는 자기계정과 자기책임하에서 생산하는 단위와 동일항목에 분류한다.
② 자기가 직접 실질적인 생산활동은 하지 않고 다른 계약업자에 의뢰하여 재화 또는 서비스를 자기계정으로 생산하게 하고, 이를 자기명의로 자기 책임하에서 판매하는 단위는 이들 재화나 서비스 자체를 직접 생산하는 단위와 동일한 산업으로 분류한다.
③ 각종 기계장비 및 용품의 개량, 개조 및 재생은 그 기계장비 및 용품의 제조업과 동일 산업으로 분류한다.
④ 동일단위에서 제조한 재화의 소매활동은 별개 활동으로 파악하지 않고 제조활동으로 분류한다. 그러나 자기가 생산한 재화와 구입한 재화를 함께 판매한다면 그 주된 활동에 따라 분류한다.
⑤ '공공행정 및 국방, 사회보장사무' 이외의 다른 산업활동을 수행하는 정부기관은 그 활동의 성질에 따라 분류한다.

B·로 확인하는! 기출문제
▶ 한국표준산업분류 중 사례별 산업 결정방법과 산업분류의 적용원칙을 쓰시오.
▶ 한국표준산업분류(2017)에서 생산단위의 산업활동은 그 생산단위가 수행하는 주된 산업활동(판매 또는 제공되는 재화 및 서비스)의 종류에 따라 결정된다. 여기서 주된 산업활동을 결정하는 기준을 우선순위대로 기술하시오.

CHAPTER 03 각종 직업관련 자료 활용

제1절 한국직업사전

1 한국직업사전의 구성체계

(1) 직업사전의 구성항목

직업코드, 본직업명, 직무개요, 수행직무, 부가직업정보

(2) 부가직업정보

2024년 1회, 2021년 1회, 2018년 1회, 2013년 2회, 2010년 1회, 2009년 1회, 2007년 3회

정규교육, 숙련기간, 직무기능, 작업강도, 육체활동, 작업장소, 작업환경, 유사명칭, 관련직업, 자격/면허, 한국표준산업분류 코드, 한국표준직업분류 코드, 조사연도

2 직무정보

(1) 직업코드

특정 직업을 구분해 주는 단위로, 한국고용직업분류(KECO)의 세분류 4자리 숫자로 표기하였다.

(2) 본직업명

산업현장에서 일반적으로 해당 직업으로 알려진 명칭, 혹은 그 직무가 통상적으로 호칭되는 것으로, 한국직업사전에 그 직무내용이 기술된 명칭이다.

(3) 직무개요

직무담당자의 활동, 활동의 대상 및 목적, 직무담당자가 사용하는 기계·설비 및 작업보조물, 사용된 자재, 만들어진 생산품 또는 제공된 서비스, 수반되는 일반적·전문적 지식 등을 간략히 포함한다.

(4) 수행직무

직무담당자가 직무의 목적을 완수하기 위하여 수행하는 구체적인 작업(task) 내용을 작업순서에 따라 서술한 것이다. 단, 공정의 순서를 파악하기 어려운 경우에는 작업의 중요도 또는 작업빈도가 높은 순으로 기술한다.

3 부가직업정보

(1) 정규교육   2020년 3회, 2008년 1회

해당 직업의 직무를 수행하는 데 필요한 일반적인 정규교육 수준을 의미하는 것으로, 해당 직업 종사자의 평균 학력을 나타내는 것은 아니다. 현행 우리나라 정규교육과정의 연한을 고려하여 그 수준을 6개로 분류하였으며, 독학, 검정고시 등을 통해 정규교육과정을 이수하였다고 판단되는 기간도 포함된다.

(2) 숙련기간 2020년 3회, 2018년 2회, 2008년 1회

① 정규교육과정을 이수한 후 해당 직업의 직무를 평균적인 수준으로 스스로 수행하기 위하여 필요한 각종 교육, 훈련, 숙련기간을 의미한다.
② 해당 직업에 필요한 자격 또는 면허를 취득하는 취업 전 교육 및 훈련기간뿐만 아니라 취업 후에 이루어지는 관련 자격 또는 면허 취득교육 및 훈련기간도 포함된다. 또한 자격 또는 면허가 요구되는 직업은 아니지만 해당 직무를 평균적으로 수행하기 위한 각종 교육 또는 훈련기간, 수습교육, 기타 사내교육, 현장훈련 등이 포함된다.
③ 단, 해당 직무를 평균적인 수준 이상으로 수행하기 위한 향상훈련(further training)은 숙련기간에 포함되지 않는다.

수준	숙련기간
1	약간의 시범 정도
2	시범 후 30일 이하
3	1개월 초과 ~ 3개월 이하
4	3개월 초과 ~ 6개월 이하
5	6개월 초과 ~ 1년 이하
6	1년 초과 ~ 2년 이하
7	2년 초과 ~ 4년 이하
8	4년 초과 ~ 10년 이하
9	10년 초과

(3) 직무기능(DPT) 2024년 2회, 2022년 2·3회, 2021년 3회, 2020년 3회, 2008년 1·3회

해당 직업 종사자가 직무를 수행하는 과정에서 자료(Data), 사람(People), 사물(Thing)과 맺는 관련된 특성을 나타낸다. 각각의 작업자 직무기능은 광범위한 행위를 표시하고 있으며 작업자가 자료, 사람, 사물과 어떤 관련이 있는지 보여 준다.

구분	자료(Data)	사람(People)	사물(Thing)
0	종합	자문	설치
1	조정	협의	정밀작업
2	분석	교육	제어조작
3	수집	감독	조작운전
4	계산	오락 제공	수동조작
5	기록	설득	유지
6	비교	말하기-신호	투입-인출
7	–	서비스 제공	단순작업
8	관련 없음	관련 없음	관련 없음

TIP 교수님의 꿀팁
밑으로 내려갈수록 낮은 수준입니다.

① 자료(Data)   2023년 1회
  ㉠ 자료와 관련된 기능은 정보, 지식, 개념 등 세 가지 종류의 활동으로 배열되어 있는데, 어떤 것은 광범위하고, 어떤 것은 범위가 협소하다.
  ㉡ 자료와 관련된 기능은 만질 수 없으며, 숫자, 단어, 기호, 생각, 개념 그리고 구두상 표현을 포함한다.

구분	자료(Data)	내용
0	종합(synthesizing)	사실을 발견하고 지식개념, 또는 해석을 개발하기 위해 자료를 종합적으로 분석한다.
1	조정(coordinating)	데이터의 분석에 기초하여 시간, 장소, 작업순서, 활동 등을 결정한다. 결정을 실행하거나 상황을 보고한다.
2	분석(analyzing)	조사하고 평가한다. 평가와 관련된 대안적 행위의 제시가 빈번하게 포함된다.
3	수집(compiling)	자료, 사람, 사물에 관한 정보를 수집, 대조, 분류한다. 정보와 관련한 규정된 활동의 수행 및 보고가 자주 포함된다.
4	계산(computing)	사칙연산을 실시하고 사칙연산과 관련하여 규정된 활동을 수행하거나 보고한다. 수를 세는 것은 포함되지 않는다.
5	기록(copying)	데이터를 옮겨 적거나 입력하거나 표시한다.
6	비교(comparing)	자료, 사람, 사물의 쉽게 관찰되는 기능적, 구조적, 조합적 특성을 (유사한지 또는 명백한 표준과 현격히 차이가 있는지) 판단한다.

② 사람(People)
  ㉠ 사람과 관련된 기능은 위계적 관계가 없거나 희박하다.
  ㉡ 사람과 관련된 기능은 인간과 인간처럼 취급되는 동물을 다루는 것을 포함한다.

③ 사물(Thing)   2023년 3회
  ㉠ 사물과 관련된 기능은 작업자가 기계와 장비를 가지고 작업하는지 혹은 기계가 아닌 도구와 작업 보조구를 가지고 작업하는지에 기초하여 분류된다. 또한 작업자의 업무에 따라 사물과 관련된 요구되는 활동수준이 달라진다.
  ㉡ 사물과 관련된 기능은 사람과 구분되는 무생물로서 물질, 재료, 기계, 공구, 설비, 작업도구 및 제품 등을 다루는 것을 포함한다.

구분	사물(Thing)	내용
0	설치(setting up)	기계의 성능, 재료의 특성, 작업장의 관례 등에 대한 지식을 적용하여 연속적인 기계가공작업을 수행하기 위한 기계 및 설비의 준비, 공구 및 기타 기계장비의 설치 및 조정, 가공물 또는 재료의 위치 조정, 제어장치 설정, 기계의 기능 및 완제품의 정밀성 측정 등을 수행한다.

1	정밀작업 (precision working)	설정된 표준치를 달성하기 위하여 궁극적인 책임이 존재하는 상황 하에서 신체부위, 공구, 작업도구를 사용하여 가공물 또는 재료를 가공, 조종, 이동, 안내하거나 또는 정 위치시킨다. 그리고 도구 가공물 또는 원료를 선정하고 작업에 알맞게 공구를 조정한다.
2	제어조작 (operating-controlling)	기계 또는 설비를 시동, 정지, 제어하고 작업이 진행되고 있는 기계나 설비를 조정한다.
3	조작운전 (driving-operating)	다양한 목적을 수행하고자 사물 또는 사람의 움직임을 통제하는 데 있어 일정한 경로를 따라 조작되고 안내되어야 하는 기계 또는 설비를 시동, 정지하고 그 움직임을 제어한다.
4	수동조작 (manipulating)	기계, 설비 또는 재료를 가공, 조정, 이동 또는 위치할 수 있도록 신체부위, 공구 또는 특수장치를 사용한다. 정확도 달성 및 적합한 공구, 기계, 설비 또는 원료를 산정하는 데 있어 어느 정도의 판단력이 요구된다.
5	유지 (tending)	기계 및 장비를 시동, 정지하고 그 기능을 관찰한다. 체인징가이드, 조정타이머, 온도게이지 등의 계기의 제어장치를 조정하거나 원료가 원활히 흐르도록 밸브를 돌려주고 빛의 반응에 따라 스위치를 돌린다. 이러한 조정업무에 판단력은 요구되지 않는다.
6	투입-인출 (feeding-off bearing)	자동적으로 또는 타작업원에 의하여 가동, 유지되는 기계나 장비 안에 자재를 삽입, 투척, 하역하거나 그 안에 있는 자재를 다른 장소로 옮긴다.
7	단순작업 (handling)	신체부위, 수공구 또는 특수장치를 사용하여 기계, 장비, 물건 또는 원료 등을 정리, 운반, 처리한다. 정확도 달성 및 적합한 공구, 장비, 원료를 선정하는 데 판단력을 요구하지 않는다.

(4) 작업강도

① 작업강도의 의의

해당 직업의 직무를 수행하는 데 필요한 육체적 힘의 강도를 나타낸 것으로, 5단계로 분류한다. 작업강도에서 심리적·정신적 노동강도는 고려하지 않는다.

② 작업강도의 결정기준   2012년 3회

　㉠ 들어올림: 물체를 주어진 높이에서 다른 높이로 올리거나 내리는 작업
　㉡ 운반: 손에 들거나 팔에 걸거나 어깨에 메고 물체를 한 장소에서 다른 장소로 옮기는 작업
　㉢ 밂: 물체에 힘을 가하여 힘을 가한 쪽으로 움직이게 하는 작업
　㉣ 당김: 물체에 힘을 가하여 힘을 가한 반대쪽으로 움직이게 하는 작업

바로 확인하는! 기출문제

▶ 한국직업사전의 부가직업정보 중 작업강도를 결정하는 기준을 4가지 쓰고 간략히 설명하시오.

③ 작업강도의 구분 2021년 2회, 2020년 1회, 2018년 2회, 2006년 3회

아주 가벼운 작업	• 최고 4kg의 물건을 들어올리고, 때때로 장부·대장·소도구 등을 들어올리거나 운반한다. • 앉아서 하는 작업이 대부분이지만 직무수행상 서거나 걷는 것이 필요할 수도 있다.
가벼운 작업	• 최고 8kg의 물건을 들어올리고, 4kg 정도의 물건을 빈번히 들어올리거나 운반한다. • 걷거나 서서 하는 작업이 대부분일 때 또는 앉아서 하는 작업일지라도 팔과 다리로 밀고 당기는 작업을 수반할 때에는 무게가 매우 적을지라도 이 작업에 포함된다.
보통 작업	최고 20kg의 물건을 들어올리고, 10kg 정도의 물건을 빈번히 들어올리거나 운반한다.
힘든 작업	최고 40kg의 물건을 들어올리고, 20kg 정도의 물건을 빈번히 들어올리거나 운반한다.
아주 힘든 작업	40kg 이상의 물건을 들어올리고, 20kg 이상의 물건을 빈번히 들어올리거나 운반한다.

> **바로 확인하는! 기출문제**
> ▶ 한국직업사전의 부가직업정보 중 작업강도는 해당 직업의 직무를 수행하는 데 필요한 육체적 힘의 강도를 나타낸 것으로 5단계로 분류하였다. 이 5단계를 쓰시오.

(5) 육체활동 2023년 2회, 2020년 4회

해당 직업의 직무를 수행하기 위해 필요한 신체적 능력을 나타내는 것으로, 균형감각, 웅크림, 손사용, 언어력, 청각, 시각 등이 요구되는 직업인지를 보여 준다.

(6) 작업환경

해당 직업의 직무를 수행하는 작업원에게 직접적으로 물리적·신체적 영향을 미치는 작업장의 환경요인을 나타낸 것이다.

① 저온
　신체적으로 불쾌감을 느낄 정도로 저온이거나 두드러지게 신체적 반응을 야기시킬 정도로 저온으로 급변하는 경우

② 고온
　신체적으로 불쾌감을 느낄 정도로 고온이거나 두드러지게 신체적 반응을 야기시킬 정도로 고온으로 급변하는 경우

③ 다습
　신체의 일부분이 수분이나 액체에 직접 접촉되거나 신체에 불쾌감을 느낄 정도로 대기 중에 습기가 충만한 경우

④ 소음·진동
　심신에 피로를 주는 청각장애 및 생리적 영향을 끼칠 정도의 소음, 전신을 떨게 하고 팔과 다리의 근육을 긴장시키는 연속적인 진동이 있는 경우

⑤ 위험내재 2009년 3회
　신체적인 손상의 위험에 노출되어 있는 상황으로 기계적·전기적 위험, 화상, 폭발, 방사선 등의 위험이 있는 경우

⑥ 대기환경미흡
　직무를 수행하는 데 방해가 되거나 건강을 해칠 수 있는 냄새, 분진, 연무, 가스 등의 물질이 작업장의 대기 중에 다량 포함되어 있는 경우

> **바로 확인하는! 기출문제**
> ▶ 한국직업사전(2012)의 부가직업정보 중 작업환경을 나타내는 '위험내재'는 작업자가 제반 위험에 노출되어 있는지 결정한다. 제반 위험의 종류를 5가지 쓰시오.

CHAPTER 04 직업정보의 분석 및 해석

제1절 직업정보의 의의

1 직업정보의 의미와 직업정보의 구분

(1) 직업정보의 뜻
① 직업정보(job information)는 직업과 관련된 모든 정보를 의미한다. 구인·구직 등 취업정보는 물론이고 노동시장의 고용동향, 노동의 수요와 공급, 다양한 노동통계, 직업구조의 변화, 임금 등이 직업정보를 구성한다.
② 직업정보는 직위·직무·직업 등에 관한 모든 종류의 정보를 포함하며, 이 정보는 직업을 선택하고자 하는 사람에게 최대한으로 유용하게 사용되어야 한다.

(2) 직업정보의 구분 _{2020년 2회, 2017년 2회, 2009년 2회}
① 거시적 직업정보
경제활동인구조사를 통해 얻을 수 있는 경제활동참가율이나 실업률, 입직률, 이직률 등과 경제 및 산업동향에 대한 정보이다.
② 미시적 직업정보
각 직업에 대한 정보, 임금이나 근로시간 등 근로조건에 대한 정보, 구인·구직에 대한 정보, 채용·승진 등 고용관리에 대한 정보, 직업훈련에 대한 정보이다.

> **바로 확인하는! 기출문제**
> ▶ 직업정보를 미시와 거시로 나누고 각각 2가지씩 적으시오.

2 직업정보의 종류 _{2007년 3회}

(1) 민간직업정보
① 정부나 공공기관이 아닌 민간에 영리를 목적으로 조사·분석·제공하는 정보를 말한다.
② 필요한 시기에 최대한 활용되도록, 한시적으로 신속하게 생산되어 제공된다.
③ 단시간에 조사되어 집중적으로 제공된다.
④ 특정한 목적에 맞게 해당 분야의 직종을 제한적으로 선택(예 컴퓨터 관련 전문 직종 20선 등)하여 제공된다.
⑤ 정보 자체의 효과가 큰 반면, 부가적인 파급효과는 적다.
⑥ 다른 직업정보와의 비교가 적고 활용성이 낮다.
⑦ 유료로 제공된다.

> **바로 확인하는! 기출문제**
> ▶ 직업정보는 정보의 생산 및 운영주체에 따라 민간직업정보와 공공직업정보로 크게 구분된다. 민간직업정보와 공공직업정보의 직업의 분류 및 구분과 조사, 수록되는 직업의 범위의 빈칸을 채우시오.
> ▶ 공공직업정보의 특성을 3가지 쓰시오.

(2) 공공직업정보 2022년 1회, 2010년 3회, 2008년 3회, 2007년 3회
① 정부, 비영리 기관에서 공익적인 목적으로 생산·제공된다.
② 특정한 시기에 국한되지 않고 지속적으로 조사·분석하여 제공된다.
③ 전체 산업 및 업종에 걸친 직업을 대상으로 한다.
④ 보편적인 항목으로 이루어진 기초적인 직업정보 체계로 구성된다.
⑤ 무료로 제공된다.
⑥ 관련 직업정보 간의 비교·활용이 용이하다.
⑦ 공공직업정보 체계에 대한 직접적·객관적인 평가가 가능하다.

제2절 워크넷의 이해

1 워크넷의 주요 정보

워크넷의 주요 메뉴는 채용정보, 직업·진로, 고용복지정책, 훈련정보 및 인재정보로 구성되어 있다.

(1) 채용정보
① 채용정보의 주요 메뉴
  ㉠ 공채기업관 및 공공기관, 강소기업·청년친화강소기업·중견기업, 4차 산업혁명 채용관, 정부지원 일자리, 시간선택제 일자리 등으로 구분하여 채용정보를 제공하고 있다.
  ㉡ 4차 산업혁명 채용관에서는 사물인터넷(IoT), 인공지능(AI), 빅데이터, 가상·증강현실(VR·AR), 생명과학, 정보보호, 로봇공학, 자율주행, 스마트팜, 환경공학, 스마트헬스케어, 3D프린팅, 드론 등에 대한 채용정보를 구분하여 제공한다.
② 기업형태별 채용정보
  기업형태를 강소기업, 청년친화강소기업, 대기업, 공무원·공기업·공공기관, 코스피·코스닥, 외국계기업, 벤처기업, 일·학습병행기업, 가족친화인증기업 등으로 구분하여 원하는 채용정보를 검색할 수 있도록 서비스를 제공하고 있다.
③ 입력정보
  희망임금, 학력, 경력, 우대조건(청년층, 장년, 여성), 장애인 희망채용 등의 내용을 입력하여 검색할 수 있도록 하였다.

(2) 직업·진로
① 직업·진로의 기본메뉴
  ㉠ 직업·진로에는 직업심리검사, 직업정보, 학과정보, 진로상담, 자료실, 취업가이드, 취업뉴스, 취업 동영상, 기업정보 등의 메뉴를 설치하여 필요한 정보를 검색할 수 있도록 서비스를 제공하고 있다.
  ㉡ 기타 이력서·자기소개서 작성법, 면접전략, 취업성공수기 등을 제공하고 있다.

② 직업정보

직업정보에서는 분류별 찾기, 지식별 찾기, 업무수행능력별 찾기, 통합 찾기(지식, 업무수행능력, 흥미 등), 테마별 찾기, 대상별 찾기(청소년, 인문계 대졸 청년, 이공계열, 3050여성, 중·장년, 창업직종 대상별), 신직업·창직 찾기 등 다양한 방법으로 원하는 직업을 찾을 수 있게 메뉴를 제공하고 있다.

(3) 인재정보
① 직종별, 지역별, 전공계열별 인재정보
희망직종, 희망근무지역, 희망임금, 학력, 전공, 경력, 성별, 연령을 입력하여 인재정보를 검색할 수 있도록 서비스를 제공하고 있다.
② 인재정보
15개 직종별, 16개 희망근무지별, 7개 전공계열별로 인재정보를 검색할 수 있다.

2 직업능력개발훈련의 종류

(1) 훈련의 목적에 따른 구분   2014년 1회
① 양성훈련
근로자에게 직업에 필요한 기초적 직무수행능력을 습득시키기 위하여 실시하는 직업능력개발훈련이다.
② 향상훈련
양성훈련을 받은 자 또는 직업에 필요한 기초적 직무수행능력을 가지고 있는 자에게 더 높은 직무수행능력을 습득시키거나, 기술발전에 대응하여 지식·기능을 보충하기 위하여 실시하는 직업능력개발훈련이다.
③ 전직훈련
근로자에게 종전의 직업과 유사하거나 새로운 직업에 필요한 직무수행능력을 습득시키기 위하여 실시하는 직업능력개발훈련으로, 재취업을 목적으로 실시하는 훈련이다.

(2) 훈련의 방법에 따른 구분
① 집체훈련
직업능력개발훈련을 실시하기 위하여 설치한 훈련전용시설, 그 밖에 훈련을 실시하기에 적합한 시설(산업체의 생산시설 및 근무 장소는 제외)에서 실시하는 방법이다.
② 현장훈련
산업체의 생산시설 또는 근무 장소에서 실시하는 방법이다.
③ 원격훈련
정보통신매체(우편매체, 인터넷) 등을 이용하여 먼 곳에 있는 근로자에게 실시하는 방법이다.

> **바로 확인하는! 기출문제**
> ▶ 직업능력개발훈련에서 목적에 따른 훈련방법 3가지를 쓰시오

제3절 고용정보의 주요 내용

1 노동 및 고용통계
2020년 1·4회, 2019년 1·2·3회, 2018년 1회, 2017년 3회

(1) 생산가능인구
총인구에서 만 15세 미만 인구를 제외한 만 15세 이상 인구를 말한다. 노동가능인구라고도 한다.

$$생산가능인구(노동가능인구) = 총인구 - 15세 미만 인구$$
$$= 경제활동인구 + 비경제활동인구$$

(2) 경제활동인구
생산가능인구에서 비경제활동인구(일할 의사가 없고 구직활동을 하지 않는 학생, 전업주부, 자원봉사자, 연로자, 심신장애인, 구직단념자, 취업준비자 등)를 제외한 인구를 말한다.

$$경제활동인구 = 생산가능인구 - 비경제활동인구 = 취업자 + 실업자$$

(3) 취업자
① 조사대상 주간에 수입을 목적으로 1시간 이상 일한 자이다.
② 동일가구 내 가구원이 운영하는 농장이나 사업체의 수입을 위하여 주당 18시간 이상 일한 무급가족종사자도 포함된다.
③ 직업 또는 사업체를 가지고 있으나 일시적인 병 또는 사고, 연가, 교육, 노사분규 등으로 일하지 못한 일시 휴직자도 포함된다.

(4) 실업자
조사대상 주간을 포함한 지난 4주 동안에 수입이 있는 일이 없었고, 적극적으로 구직활동을 하였으며, 일이 주어지면 즉시 일할 수 있는 자이다.

(5) 경제활동참가율
2021년 2회, 2020년 1·4회, 2018년 1회

경제활동참가율은 생산가능인구(15세 이상 인구)에서 경제활동인구가 차지하는 경제활동인구의 비율을 말한다. 일반적으로 선진국일수록 경제활동참가율이 높아지는 경향이 있다.

$$경제활동참가율(\%) = \frac{경제활동인구}{생산가능인구(15세 \ 이상 \ 인구)} \times 100$$

(6) 실업률
2024년 1회, 2022년 1회, 2021년 2회, 2020년 1·4회, 2019년 1회

실업률은 경제활동인구에서 차지하는 실업자의 비율을 말한다.

$$실업률(\%) = \frac{실업자 \ 수}{경제활동인구} \times 100$$

바로 확인하는! 기출문제

▶ 가상 국가의 실업률을 구하시오.
▶ 가상 국가의 경제활동참가율을 구하시오.
▶ 가상 국가의 자영업주가 90천 명일 때 무급가족종사자는 최소한 얼마인가?
▶ 가상 국가의 경제활동가능인구 중 취업자 비율을 구하시오.
▶ 15세 이상 인구는 35,986천 명, 비경제활동인구는 14,716천 명, 취업자는 20,140천 명이다. 이때 실업률을 구하시오.

(7) 고용률
2022년 2회, 2021년 2회, 2019년 2회, 2017년 1회, 2011년 2회

고용률은 생산가능인구(15세 이상 인구)에서 취업자가 차지하는 비율을 말한다.

$$고용률(\%) = \frac{취업자\ 수}{생산가능인구(15세\ 이상\ 인구)} \times 100$$

(8) 입직률
2015년 1회, 2014년 1회

입직은 근로자가 사업체로 처음 들어오는 신규채용과 동일기업 내의 다른 사업체로부터 배치전환에 의한 전입으로 이루어지는데, 입직률은 입직자 수를 전월말 근로자 수로 나누어 계산한다.

$$입직률(\%) = \frac{입직자\ 수}{전월말\ 근로자\ 수} \times 100$$

2 고용관련 비율(워크넷 통계)
2014년 1회, 2000년 1회

(1) 구인배율

신규구인인원을 신규구직자 수로 나눈 값이다. 구인배율이 1이면 기업이 필요로 하는 구인인원과 취업을 원하는 구직자 수가 같다는 뜻이며, 구인배율이 1 이하로 떨어질수록 일자리를 구하기가 어렵다는 의미이다.

$$구인배율 = \frac{신규구인\ 인원}{신규구직자\ 수}$$

(2) 구직배율

신규구직자 수를 신규구인인원으로 나눈 값으로, 구인배율과 반대되는 개념이다. 구직배율이 1보다 클수록 일자리를 구하기가 어렵다는 의미이므로 일자리경쟁배수라고도 한다.

$$구직배율 = \frac{신규구직자\ 수}{신규구인\ 인원}$$

(3) 유효구인배율

유효구인인원을 유효구직자 수로 나눈 값이다. 유효구인배율이 1보다 작을수록 일자리를 구하기가 어렵다는 의미이다.

$$유효구인배율 = \frac{유효구인인원}{유효구직자\ 수}$$

(4) 취업률(%)

신규구직자 수에 대한 취업자 수의 비율을 백분율(%)로 나타낸 것이다.

$$취업률(\%) = \frac{취업자\ 수}{신규구직자\ 수} \times 100$$

바로 확인하는! 기출문제

▶ 가상국가 A기간의 구인배율은?
▶ 가상국가 A기간의 취업률은?
▶ 가상국가 A기간의 경제동향은?

(5) 충족률(%)

기업이 필요로 하는 인력을 얼마나 충원했는가를 나타내는 것으로, 구인인원(구인 수)에 대한 취업자 수의 비율을 백분율(%)로 나타낸다.

$$충족률(\%) = \frac{취업자\ 수}{신규구인인원} \times 100$$

(6) 알선율(%)

신규구직자 수에 대한 알선건수의 비율을 백분율(%)로 나타낸 것이다. 알선율이 높으면 적중률(한 번의 알선으로 취업이 되면 적중률은 100%)이 낮아지는 경향이 있고, 알선율이 낮으면 알선할 기업이 별로 없다는 의미이다.

$$알선율(\%) = \frac{알선건수}{신규구직자\ 수} \times 100$$

**에듀윌이
너를
지ㅣ지할게**

ENERGY

당신이 상상할 수 있다면 그것을 이룰 수 있고,
당신이 꿈꿀 수 있다면 그 꿈대로 될 수 있다.

– 윌리엄 아서 워드(William Arthur Ward)

IV

노동시장

CHAPTER 01   노동시장의 현황 분석

CHAPTER 02   임금의 이해

CHAPTER 03   실업과 노사관계

CHAPTER 01 노동시장의 현황 분석

제1절 노동수요

바로 확인하는! 기출문제
▶ 노동수요에 영향을 미치는 요인을 5가지 쓰시오.

1 노동수요의 결정요인
2009년 1회

(1) 임금
노동의 가격인 임금이 상승하면 노동수요량은 감소하고, 임금이 하락하면 노동수요량은 증가한다. 즉, 임금과 노동수요량은 부(−)의 관계를 보이는데 이러한 현상을 수요법칙이라고 한다. 수요법칙은 우하향하는 노동수요곡선으로 나타난다.

(2) 자본을 비롯한 다른 생산요소의 가격
자본, 토지 등 다른 생산요소의 가격이 상승하면 기업은 가격이 상승한 다른 생산요소 대신 노동을 더 많이 이용하므로 노동수요는 증가한다.

(3) 상품에 대한 수요
소비자들의 상품에 대한 수요가 증가하면 상품생산이 증가하고, 상품생산이 증가하면 유발수요인 노동수요는 증가한다.

(4) 노동의 생산성
① 노동의 생산성은 노동수요에 이중의 효과를 미친다. 생산성 증대로 동일한 양의 상품을 이전보다 적은 노동으로 생산하게 되면 노동수요는 감소한다. 반면, 생산성의 증대로 생산비가 하락하면 상품의 가격이 하락하므로 상품수요량은 증가하고, 이로 인해 생산량이 증가하면 노동수요는 증가한다.
② 이 경우 경험적으로는 상품생산 증가로 인한 노동수요 증가효과가 큰 것으로 알려져 있다. 즉, 노동의 생산성이 증대되면 노동수요는 증가한다.

(5) 생산기술
기술혁신의 영향은 다양하게 나타난다. 즉, 기술혁신(innovation)으로 노동수요가 감소하기도 하지만, 노동수요가 증가하는 측면도 있다. 일반적으로 기술혁신은 노동수요를 증가시킨다.

2 노동수요량의 변화와 노동수요의 변화

(1) 노동수요량의 변화
노동수요곡선의 세로축에 표시되는 임금이 변화하면 노동수요곡선은 이동하지 않고 노동수요곡선 위에서 노동수요점만 이동하는데, 이러한 현상을 노동수요량의 변화라고 한다(노동수요곡선상에서의 이동).

(2) 노동수요의 변화
노동수요곡선을 도출할 때 일정불변이라고 가정했던, 임금을 제외한 기타 노동수요의 결정요인이 변화하면 노동수요곡선 자체가 이동하는데, 이러한 현상을 노동수요의 변화라고 한다. 노동수요곡선의 우측 이동을 노동수요의 증가라고 한다(노동수요곡선 자체의 이동).

(3) 노동수요의 증가요인(노동수요곡선을 오른쪽으로 이동시키는 요인)
① 노동을 투입하여 생산하는 생산물에 대한 수요의 증가
② 자본이나 토지 등 다른 생산요소의 가격 상승
③ 노동생산성의 증대
④ 생산기술의 진보

3 단기의 노동수요

(1) 단기에서의 기업의 의사결정
① 노동수요자는 기업(firm)이고, 기업은 이윤의 극대화를 추구한다고 가정한다.
② 단기(short run)에는 노동만이 유일한 가변요소이고 자본은 고정되어 있다고 가정한다. 즉, 단기는 기업이 자본투입을 증가시키는 것이 불가능하고 생산량 증가를 위해 노동투입의 증가만이 가능한 기간이다. 장기(long run)에는 자본투입량도 증가시킬 수 있고 새로운 기업도 진입할 수 있다.

(2) 노동의 평균생산과 한계생산
① 노동의 평균생산 2021년 1회, 2016년 1회
노동 1단위당 생산량을 노동의 평균생산(AP_L; Average Products of Labor)이라고 한다.

$$\text{노동의 평균생산}(AP_L) = \frac{\text{총생산(TP)}}{\text{노동투입량(L)}}$$

📌 10명의 노동자가 스마트폰 500개를 생산했다면, 노동의 평균생산은 '500개/10명 = 50개'이다.

② 노동의 한계생산 2022년 1회, 2021년 1회, 2016년 2회, 2013년 3회
노동 1단위를 생산에 추가로 투입할 때 그로 인한 총생산의 증가분을 노동의 한계생산(MP_L; Marginal Products of Labor)이라고 한다.

$$\text{노동의 한계생산}(MP_L) = \frac{\text{총생산의 증가분}(\Delta TP)}{\text{노동투입량의 증가분}(\Delta L)}$$

📌 9명의 노동자가 스마트폰 470개를 생산하고 있을 때 노동자 1명이 추가로 투입되어 스마트폰 생산량이 500개로 증가했다면, 노동의 한계생산은 '500개 - 470개 = 30개'이다.

③ 한계생산 체감의 법칙
㉠ 노동의 투입량을 증가시키면 총생산량은 증가한다. 여기서 총생산량의 증가분, 즉 한계생산은 처음에는 체증하다가 일정 한도를 지나면 체감하는데, 이러한 현상을 한계생산 체감의 법칙 또는 수확체감의 법칙이라고 한다.

바로 확인하는! 기출문제

▶ 노동의 한계생산을 구하시오. (계산 과정과 답 제시)

ⓒ 총생산량이 극대가 되면 한계생산은 0이 되고, 총생산량이 감소하면 한계생산은 음(−)이 된다. 한계생산 체감의 법칙은 노동과 자본을 비롯한 모든 생산요소에 적용된다.

(3) 한계비용과 노동의 한계비용
① 한계비용
ⓐ 기업이 생산량을 증가시키면 생산비(총비용)는 증가한다. 생산물의 한계비용(MC; Marginal Cost)은 생산물 1단위를 추가로 생산하는 경우 그로 인해 증가하는 총비용의 증가분이다.

$$한계비용(MC) = \frac{총비용의\ 증가분(\Delta TC)}{생산량의\ 증가분(\Delta Q)}$$

ⓑ 생산량을 증가시키면 한계비용은 체증하는 경향이 있는데, 이를 한계비용 체증의 법칙이라고 한다. 한계비용이 체증하는 이유는 노동의 한계생산(MP_L)이 체감하기 때문이다.

② 노동의 한계비용 2023년 3회, 2020년 3회, 2016년 3회, 2013년 3회
ⓐ 노동의 한계비용(MC_L) 또는 한계노동비용은 노동 1단위를 추가로 투입할 때 그로 인해 증가되는 총비용의 증가분을 의미한다.

$$노동의\ 한계비용(MC_L) = \frac{총비용의\ 증가분(\Delta TC)}{노동투입량의\ 증가분(\Delta L)}$$

ⓑ 노동의 한계비용을 계산해 보면 아래와 같다.

노동투입량 (시간)	시간당임금 (원)	총노동비용 (원)	노동의 한계비용 (원)
3,000	4,000	12,000,000	−
4,000	5,000	20,000,000	800만 원÷1,000 = 8,000원
5,000	6,000	30,000,000	1,000만 원÷1,000 = 10,000원
6,000	7,000	42,000,000	1,200만 원÷1,000 = 12,000원

노동투입량이 5,000시간일 때 총노동비용은 5,000×6,000원 = 3,000만 원이고, 노동투입량이 6,000시간일 때 총노동비용은 6,000×7,000원 = 4,200만 원이다.
따라서 노동의 한계비용은 (4,200만 원−3,000만 원)÷1,000시간 = 12,000원이다.

(4) 단기에서의 기업의 이윤극대화
① 총이윤
기업의 총이윤은 생산물을 판매해서 얻은 총수입에서 생산에 투입된 총비용을 공제한 것이다.

$$총이윤 = 총수입 − 총비용$$

② 총이윤의 극대화 2024년 3회, 2023년 3회, 2022년 1회, 2021년 1회, 2018년 2회, 2016년 1·2회, 2015년 3회, 2013년 1·3회, 2010년 4회
ⓐ 기업은 노동 1단위를 추가로 고용했을 때 얻는 노동의 한계생산가치

바로 확인하는! 기출문제
▶ 한계노동비용을 구하시오.
(계산 과정과 답 제시)

바로 확인하는! 기출문제
▶ 기업의 한계노동비용과 이윤극대화가 이루어질 때 노동공급 등을 구하시오.
▶ 어느 기업의 이윤을 극대화하기 위한 최적고용량을 구하고 그 이유를 설명하시오.

(VMP$_L$)가 기업이 노동자에게 지급하는 임금률(W)보다 클 경우에는 노동투입량(노동수요량, 즉 고용량)을 늘려 생산을 증가시키고자 할 것이다.

ⓒ 반대의 경우에는 기업이 지급하는 임금률이 더 크기 때문에 노동투입량을 줄여 생산을 감소시키고자 할 것이다.

ⓒ 기업은 이윤을 극대화하기 위해서는 노동의 한계생산가치와 임금률이 같은 수준에서 노동투입량을 결정해야 한다.

> 노동의 한계생산가치(VMP$_L$) > 임금률(W) ⇨ 고용량 증가
> 노동의 한계생산가치(VMP$_L$) < 임금률(W) ⇨ 고용량 감소
> 노동의 한계생산가치(VMP$_L$) = 임금률(W) ⇨ 고용량 결정

③ 경쟁시장에서 단기의 노동수요곡선

ⓐ 다른 생산요소의 투입이 불변인 경우, 우하향하는 노동의 한계생산가치(VMP$_L$)곡선이 단기에서 경쟁적 기업의 노동에 대한 수요곡선이 된다.

ⓑ 임금률(W)이 상승하면 '임금률(W) > 노동의 한계생산가치(VMP$_L$)'가 된다. 이 경우 이윤을 극대화하려는 기업은 노동투입량(수요량)을 감소시켜야 한다. 그래야만 한계생산 체감의 법칙에 따라 VMP$_L$이 커지므로 W = VMP$_L$이 되어 이윤의 극대화가 이루어진다.

ⓒ 임금률과 노동수요량은 음(-)의 관계에 있고, 기업의 노동수요곡선은 우하향한다. 또한 '임금률(W) = 노동의 한계생산가치(VMP$_L$)'에서 고용량(노동수요량)을 정하므로 노동의 한계생산가치(VMP$_L$)곡선이 바로 노동의 수요곡선이 된다.

(5) 수요독점 노동시장의 노동수요곡선

① 한계생산과 한계수입생산   2019년 3회, 2016년 2회, 2013년 3회

ⓐ 노동의 한계생산가치(VMP$_L$)는 한계생산물(MP$_L$)의 시장가치이다. 따라서 한계생산물(MP$_L$)에 생산물의 시장가격(P)을 곱하여 계산할 수 있다.

> 노동의 한계생산가치(VMP$_L$) = 시장가격(P) × 한계생산물(MP$_L$)

ⓑ 한계수입생산물(MRP$_L$; Marginal Revenue Products of Labor)은 한계생산(MP$_L$)에 한계수입(MR; Marginal Revenue)을 곱하여 구한다. 여기서 한계수입(MR)은 생산물 1단위를 추가로 생산하여 판매할 때 그로 인한 총수입의 증가분이다.

> 한계수입생산물(MRP$_L$) = 한계수입(MR) × 한계생산(MP$_L$)

ⓒ 완전경쟁시장에서는 생산물의 가격(P)이 일정하므로 'MR = P'이고, 따라서 'MRP$_L$ = VMP$_L$'이다. 그러나 독점시장에서는 'MR < P'이므로 'MRP$_L$ < VMP$_L$'이 된다.

> **TIP 교수님의 꿀팁**
>
> 완전경쟁시장에서는 다수의 공급자가 동질의 상품을 공급하므로 시장의 누구도 시장가격에 영향을 미칠 수 없는 가격수용자(price taker)입니다. 따라서 완전경쟁시장의 기업은 시장에서 주어지는 가격을 그대로 수용하고 그 가격하에서 이윤을 극대화하는 생산량만 결정하게 되므로 기업의 생산량이 얼마이든 가격은 일정하고 가격이 일정하면 '가격(P) = 한계수입(MR)'이 됩니다.

② 수요독점 노동시장의 노동수요곡선 2016년 3회

㉠ 상품시장이 완전경쟁이 아닌 하나의 기업이 시장을 지배하는 독점(monopoly) 상태에 있는 경우에는 생산물의 가격(P)이 일정하지 않고 기업의 생산량에 따라 달라진다. 따라서 기업의 한계수입(MR)도 달라진다. 그러므로 이러한 조건하에서 수요독점기업의 노동수요곡선은 한계생산가치(VMP_L)곡선이 아니고, $MR \times MP_L$인 한계수입생산(MRP_L)곡선이 된다.

㉡ 경쟁시장에서는 생산물의 가격이 일정하므로 가격(P)과 한계수입(MR)이 같다. 즉, 한계수입곡선은 수평이다. 그러나 독점기업처럼 기업의 생산물에 대한 수요곡선이 우하향일 때는 한계수입곡선은 수요곡선보다 아래에 위치하고, 그 기울기는 더 가파르다.

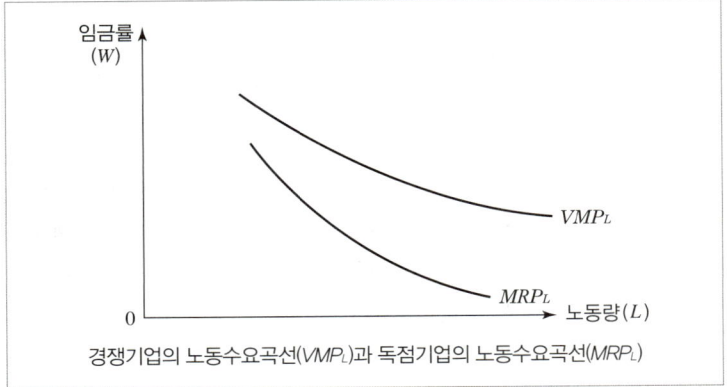

경쟁기업의 노동수요곡선(VMP_L)과 독점기업의 노동수요곡선(MRP_L)

③ 수요독점기업의 이윤극대화 2020년 3회

㉠ 고용량(노동수요량)의 증가에 따라 단위당 임금이 상승하면 이 노동시장은 완전경쟁 노동시장이 아니고 수요독점 노동시장이다.

㉡ 노동시장에서 수요독점인 기업은 이윤극대화를 위해 노동수요곡선, 즉 노동의 한계수입생산곡선(MRP_L)과 노동의 한계요소비용곡선(MFC) 또는 한계노동비용곡선이 일치하는 수준에서 고용량을 결정한다.

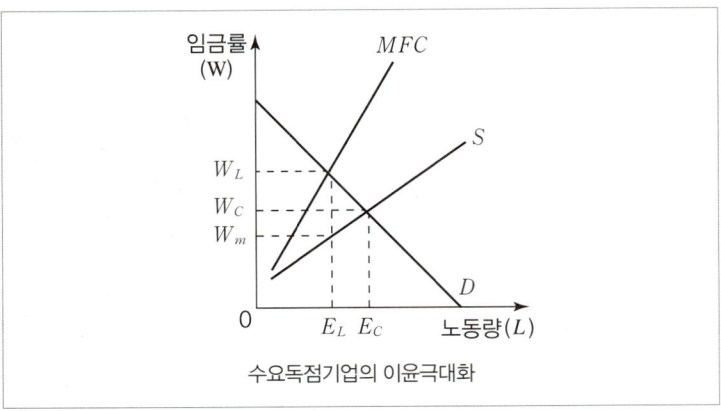

수요독점기업의 이윤극대화

ⓒ [그림]에서 노동수요량, 즉 고용량은 E_L에서 결정되고, 임금은 고용량 E_L에서 노동의 공급곡선과 만나는 수준인 W_m에서 결정한다.

4 장기의 노동수요와 노동수요곡선

(1) 자본의 고용수준 변화
① 노동의 한계생산가치곡선이 노동에 대한 수요곡선이라는 결론은, 노동만이 가변적인 단기에만 타당하다.
② 장기에는 임금이 하락하면 기업은 노동의 고용수준뿐만 아니라 다른 생산요소의 고용량, 예컨대 자본의 고용수준도 변화시키게 된다.
③ 일반적으로 주어진 노동에 보다 많은 자본이 결합되면 노동의 한계생산은 증가하고, 이는 노동의 한계생산가치곡선을 상방으로 이동시킨다.

(2) 대체효과와 규모효과
장기에 임금이 하락하면 생산량과 고용량 및 자본량이 증가하게 되는데, 이를 대체효과와 규모효과로 나눌 수 있다.

① 대체효과(substitution effect)
상대적으로 값이 싸진 노동이라는 요소를 생산에 상대적으로 더 많이 투입하는 효과를 말한다.

② 규모효과(scale effect) 또는 산출량 효과(output effect)
임금률의 하락으로 생산비가 낮아져 해당 기업의 생산량이 증가하는 효과를 말한다.

(3) 장기 노동수요곡선
장기 노동수요곡선은 단기에 비해 더 탄력적(elastic)이다. 즉, 더 완만하다.

5 고임금의 경제와 노동수요

(1) 고임금 경제의 의미
고임금 경제(economies of high wage)는 고임금의 지급이 노동의 생산성을 향상시키고 이로 인해 생산물의 단위당 생산비(평균비용)가 하락하는 효과를 의미한다. 고임금 경제의 효과를 얻으려는 기업의 임금정책을 효율임금(efficiency wage) 정책이라고 한다.

(2) 고임금 경제와 노동수요

2015년 2회, 2011년 2회

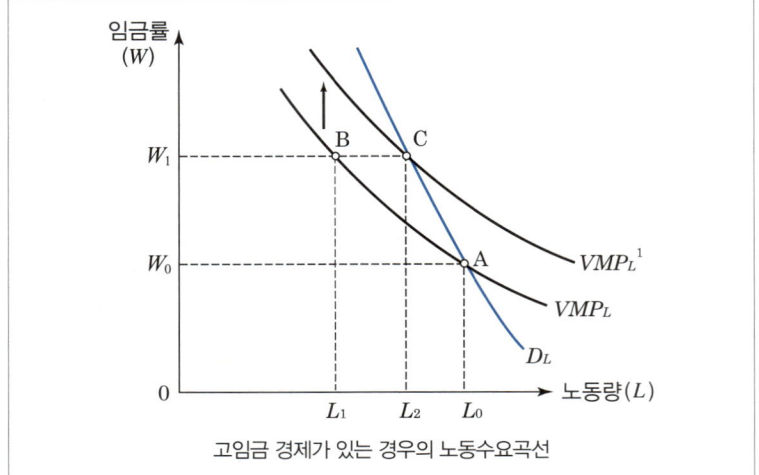

고임금 경제가 있는 경우의 노동수요곡선

① [그림]에서 임금이 W_0일 때 기업의 이윤을 극대화하기 위한 고용량은 L_0이다. 여기서 임금이 W_1으로 상승하면 고용량은 노동수요곡선 (VMP$_L$곡선)상의 A에서 B로 이동하여 L_1으로 감소한다.
② 고임금 경제가 있는 경우, 임금의 상승은 노동의 생산성(MP$_L$)을 증가시키고 이에 따라 노동수요곡선(VMP$_L$곡선)이 VMP$_L^1$로 상방이동하므로 노동수요점이 C로 이동하여 고용량은 L_2로 감소한다.
③ 따라서 고임금 경제가 있는 경우, 노동수요곡선은 A와 C를 연결한 D_L이 되어 고임금 경제가 없는 경우의 노동수요곡선보다 가파른 모양(비탄력적)을 보이게 된다. 그리고 고임금 경제가 없는 경우에 비해 고용량은 적게 감소한다.

6 노동수요의 탄력성

(1) 노동수요의 탄력성의 의미

2023년 1회, 2021년 3회, 2020년 1·2회, 2019년 2·3회, 2018년 3회, 2017년 1·2회, 2014년 2회, 2012년 2회

① 노동수요 탄력성의 뜻

노동수요의 탄력성(elasticity of demand for labor), 정확하게는 노동수요의 임금탄력성은 임금이 변화할 때 노동수요량(고용량)이 변화하는 정도를 측정하는 개념이다. 즉, 임금이 1% 변동될 때 노동수요량은 몇 %나 변동되는가를 나타내는 개념이다.

② 노동수요 탄력성의 계산식

임금과 노동수요량에 관한 데이터가 주어지면 아래의 식에 의해 노동수요 탄력성을 계산할 수 있다. 노동수요 탄력성(E)은 크기만 중요하므로 앞에 마이너스(-)를 넣어 계산한다.

$$\text{노동수요의 탄력성}(E) = -\frac{\text{노동수요량의 변화율}(\%)}{\text{임금의 변화율}(\%)} = -\frac{\dfrac{\text{노동수요량의 변동분}}{\text{원래의 노동수요량}}}{\dfrac{\text{임금의 변동분}}{\text{원래의 임금}}}$$

③ 노동수요 탄력성의 또 다른 계산식   2022년 2회, 2020년 1회, 2014년 2회

노동수요함수가 수식으로 주어지면 노동수요의 탄력성(E)은 다른 방식으로 계산해야 한다. 즉,

$$E = -\frac{\dfrac{노동수요량의 변동분(\Delta L_d)}{원래의 노동수요량(L_d)}}{\dfrac{임금의 변동분(\Delta W)}{원래의 임금(W)}} = -\frac{\Delta L_d}{\Delta W} \cdot \frac{W}{L_d} 이고$$

여기에 극한값을 취하면

$$E = -\frac{dL_d}{dW} \cdot \frac{W}{L_d} 이다.$$

여기서 $\dfrac{dL_d}{dW}$는 노동수요함수를 임금(W)에 대해 미분한 값이다.

예 노동수요함수는 $L_d = 5,000 - 2W$이고, 1시간당 임금이 W = 2,000원일 때, 노동수요의 임금탄력성(E)은 다음과 같이 구한다.

$$E = -\frac{dL_d}{dW} \cdot \frac{W}{L_d} = -(-2) \cdot \frac{2,000원}{1,000원} = 4$$

(2) 노동수요 탄력성의 크기를 결정하는 요인: 힉스-마셜(Hicks-Marshall) 법칙
2023년 1회, 2021년 3회, 2019년 2·3회, 2016년 2회, 2013년 2회, 2009년 3회, 2007년 3회, 2006년 1회, 2005년 1회

① 생산물에 대한 수요 탄력성

생산물에 대한 수요가 탄력적일수록 노동에 대한 수요도 탄력적이다. 즉, '임금 하락 → 생산물의 한계비용 하락 → 기업의 산출량 증가 → 산업의 총공급 증가'로 이루어지는데, 이 경우 생산물에 대한 수요가 탄력적이면 가격은 조금 하락하고 산출량은 크게 증가하며, 노동수요량도 크게 증가한다. 즉, 임금이 조금 하락해도 노동수요량은 크게 증가하므로 노동수요의 탄력성은 크다.

② 노동비용이 총생산비에서 차지하는 비중

노동비용이 총생산비에서 차지하는 비중이 클수록 노동수요의 탄력성은 크다. 즉, 노동비용이 총생산비에서 차지하는 비중이 크면 임금 하락은 생산비를 크게 하락시키므로 산출량 증가효과가 크고, 노동수요량은 크게 증가한다.

③ 다른 생산요소와 노동과의 대체 가능성

자본과 같은 다른 생산요소와 노동의 대체 가능성이 클수록 노동수요의 탄력성은 크다. 만일 다른 사정은 동일한데 노동의 가격인 임금만이 상승하면 기업은 상대적으로 비싸진 노동을 다른 생산요소로 대체하고자 할 것이다. 임금이 상승한 경우 노동을 다른 생산요소로 쉽게 대체할 수 있다면 노동수요량은 크게 감소하므로 노동수요의 탄력성은 커진다.

④ 다른 생산요소의 공급 탄력성

노동과 결합하여 사용되고 있는 다른 생산요소의 공급 탄력성이 클수록 노동수요의 탄력성은 크다. 임금이 상승하여 다른 생산요소, 즉 자본의 투입량을 증가시키고자 할 경우 자본의 공급 탄력성이 크다면 노동을

바로 확인하는! 기출문제

▶ 시간당 임금이 500원일 때 1,000명을 고용하던 기업에서 시간당 임금이 400원으로 감소하였을 때 1,100명을 고용할 경우, 이 기업의 노동수요 탄력성을 계산하시오. (계산 과정과 답 제시)

▶ 노동수요 $L_d = 5,000 - 2W$이고, 1시간당 임금이 W = 2,000원일 때 노동 수요의 임금탄력성의 절댓값과 근로자의 수입이 얼마인지 계산하시오.

바로 확인하는! 기출문제

▶ 노동수요를 탄력적으로 만드는 조건 3가지를 쓰시오.
▶ 노동수요의 탄력성 결정요인을 4가지 쓰시오.
▶ 기업의 노동수요 탄력성에 영향을 미치는 요인 4가지를 쓰시오.

💡 노동수요 탄력성의 크기

노동수요 탄력성은 ⊙ 생산물의 수요가 탄력적일수록, ⓒ 총비용 가운데서 노동비용의 비중이 클수록, ⓒ 다른 생산요소와 노동의 대체 가능성이 클수록, ② 노동 이외의 다른 생산요소의 공급 탄력성이 클수록 커진다. 즉, 임금이 인상될 때 큰 폭의 고용량(노동수요량) 감소가 발생한다.

자본으로 대체하기가 용이하므로 자본의 투입량을 크게 늘리는 대신 노동의 투입량은 크게 감소하게 되어 노동수요가 탄력적이 된다.

(3) 힉스－마셜(Hicks-Marshall) 법칙의 중요성 2017년 2회
정부가 최저임금을 정하거나 고용정책을 수립할 때에는 노동수요의 탄력성에 대한 정보가 매우 중요하다. 노동수요의 탄력성이 중요시되는 대표적인 경우로 노동조합의 임금인상 요구와 최저임금제를 들 수 있다.

① 노동조합의 교섭력 2021년 3회, 2020년 2회, 2018년 3회, 2017년 3회, 2010년 2회
일반적으로 노동조합이 조직되어 임금인상 투쟁을 벌일 때, 노동수요의 탄력성이 작을수록 노조의 힘은 커진다. 임금인상 투쟁이 있을 때, 비탄력적인 노동수요곡선은 임금이 인상되더라도 고용량의 감소가 적다는 사실을 의미하며, 조합원의 고용기회 감소라는 손해를 적게 보면서도 임금인상을 얻을 수 있다는 의미에서 노조의 힘이 커질 수 있다.

② 최저임금제의 역기능
최저임금제를 실시하면 시장임금보다 높은 수준에서 최저임금이 정해지므로 노동에 대한 초과공급, 즉 실업이 발생하게 된다. 이 경우 노동수요 탄력성이 비탄력적일수록 실업의 가능성은 줄어든다.

7 부가급여와 노동수요
2018년 1회, 2015년 3회, 2014년 1회, 2011년 1회, 2010년 1회, 2004년 3회

(1) 부가급여의 의미와 종류
① 부가급여의 의미
기업차원에서의 노동자보수(compensation)는 화폐임금에 부가급여를 더한 것이다. 부가급여(fringe benefits)는 사용자가 개별적 또는 단체적으로 종업원에게 지급하는 화폐임금이 아닌 형태의 모든 보상을 의미한다.

② 부가급여의 종류
부가급여에는 사용자가 적립하는 퇴직금, 유급휴가(월차 및 연차휴가, 산전·산후휴가), 유급휴일, 사용자부담 보험료(국민연금, 건강보험, 고용보험, 산재보험 등), 회사부담의 교육훈련비, 무료 식사제공, 출퇴근 교통편 제공 등이 포함된다.

(2) 부가급여를 선호하는 이유
① 근로자들의 선호
㉠ 동일한 가치의 보상이라면 현금으로 받는 것이 근로자의 효용을 높이지만 보상을 현금으로 받게 되면 근로자는 근로소득세를 부담하게 된다. 그러나 비현금형태(부가급여)로 받게 되면 그에 대해서는 근로소득세를 내지 않는다.
㉡ 현금소득이 줄면 국민연금, 건강보험, 고용보험 등 사회보험료 부담이 줄어든다.

② 사용자들의 선호
㉠ 부가급여만큼 화폐임금액이 줄어들면 그만큼 조세나 보험료 부담(사회보험에 대한 기업부담)이 줄어든다.

ⓒ 사용자는 그들이 희망하는 어떤 노동 특성을 가진 근로자들을 채용하고자 할 때 희망근로자의 기호에 알맞은 부가급여를 제공하는 방법을 채택할 수 있다.
  예 기혼근로자를 선호할 경우 가족의 의료보험 혜택을 실시
ⓒ 정부가 높은 물가상승을 이유로 임금 등에 대한 규제를 강화할 때, 사용자는 규제를 회피하는 수단으로 임금인상 대신 정부측에서 식별하기 어려운 부가급여 수준을 높일 수 있다.
ⓔ 사용자는 이직률이 높은 데에서 오는 각종 채용 및 훈련비용을 절감하고 근로자의 장기근속을 유도하는 방편으로 부가급여를 이용한다.
ⓜ 인사관리 수단으로서 사기를 진작시키며 근로자의 기업에 대한 충성심을 발휘하게 하고 근로자에 대한 내부통제를 용이하게 하는 데 이용된다.

8 사직률과 노동수요   2018년 2회, 2009년 1회

(1) 사용자가 사직률이 낮은 근로자를 선호하는 이유
① 근로자가 사직하면 기업은 사직한 근로자에게 그동안 투입된 교육훈련비용을 회수하지 못할 뿐만 아니라, 신규로 채용하는 경우에도 직접적인 채용비용과 훈련비용이 소요된다.
② 근로자가 사직하면 숙련이 향상될 기회가 없어지므로 노동생산성의 향상이 어려워진다.
③ 이러한 이유로 비용절감을 통해 이윤을 극대화하려는 기업으로서는 사직률이 낮은 근로자를 선호하게 된다.

(2) 낮은 사직률이 사회적으로 바람직하지 않은 이유
① 사회적으로 노동의 자유로운 이동은 근로자를 적재적소에 배치시킴으로써 그들의 생산성을 높이고, 노동에 대한 보상을 높이는 효과가 있다. 그리고 이를 통해 사회 전체의 인적자원을 효율적으로 배분함으로써 사회 전체의 생산성을 향상시키게 된다.
② 사직률이 낮으면 노동의 이동이 원활히 이루어지지 못함으로써 인적자원의 효율적 배분을 저해하여 사회 전체의 생산성을 저하시키기 때문에 바람직하지 못하다고 할 수 있다.

> **바로 확인하는! 기출문제**
> ▶ 사용자는 다른 조건이 일정할 때 사직률이 낮은 근로자를 선호하지만 사회적인 관점에서는 바람직하지 않다. 사용자가 사직률이 낮은 근로자를 선호하는 이유와 사직률이 낮은 근로자가 사회적으로 좋지 않은 영향을 주는 이유를 설명하시오.

제2절 노동공급

1 노동공급의 의의와 노동공급함수

(1) 노동공급의 의의
노동공급은 일정 기간 노동자가 팔기를 원하는 노동의 양을 의미한다. 즉, 노동공급량은 노동자가 팔기를 원하는 일정 기간에 노동시간으로 측정된 동질적인 노동량을 의미한다.

> **바로 확인하는! 기출문제**
> - 노동공급을 결정하는 요인을 4가지로 구별하여 설명하시오.
> - 노동공급결정에 영향을 주는 요인을 5가지 쓰시오.

(2) 노동공급의 구성요인
2018년 3회, 2011년 1·2회, 2010년 1회, 2008년 1회

노동공급은 여러 가지 요인으로 구성되어 있는데, 이를 노동공급의 차원이라고 한다. 배무기 교수는 노동공급의 네 가지 차원을 제시하고 있고, 조우현 교수는 여기에 노력의 강도를 추가하였다. 노동공급의 구성요인은 다음과 같다.

① **인구 또는 생산가능인구의 규모**: 인구의 크기와 구성
② **경제활동참가율**: 노동을 통한 경제활동에의 참가의사를 가진 인구의 비율
③ **노동시간**: 주당 노동시간 및 연간 노동시간
④ **노동력의 질**: 노동력인구의 교육 및 숙련의 정도
⑤ **노동강도**: 일에 대한 노력

(3) 노동공급함수
① **노동공급에 영향을 미치는 요인**
  ㉠ **임금**: 다른 여건이 일정하다면 임금, 즉 노동의 가격이 상승하면 노동공급량은 증가하고, 임금이 하락하면 노동공급량은 감소한다. 이러한 임금과 노동공급량 간의 정(+)의 관계는 노동의 공급법칙을 의미하는 것으로, 이 관계를 그래프로 나타내면 우상향하는 노동의 공급곡선이 그려진다.
  ㉡ **다른 일자리의 임금**: 다른 일자리의 임금이 상승하면 현재 종사하고 있는 일자리의 노동공급은 감소한다.
  ㉢ **일에 대한 노동자의 선호**: 일에 대한 노동자의 선호가 변화하면 노동공급은 달라진다. 노동자들이 지금 하고 있는 일 대신 다른 일을 선호하면 노동공급은 감소한다.
  ㉣ **생산가능인구의 크기**: 생산가능인구, 즉 15세 이상의 인구가 증가하면 노동공급은 증가한다.

② **노동공급곡선의 결정과 변화**
  ㉠ **노동공급곡선의 도출**: 임금을 제외한 나머지 요인이 일정불변이라면 노동공급은 임금의 크기에 의존한다. 각각의 임금에 대응하여 노동자가 일정 기간 공급하려는 노동공급량을 그래프로 표시하면 정(+)의 기울기를 갖는 노동공급곡선이 도출된다.
  ㉡ **노동공급량의 변화와 노동공급의 변화**
    - 노동공급에 영향을 미치는 요인들 중 임금을 제외한 기타 요인들이 일정불변이라면 노동공급은 임금의 증가함수이다. 이에 따라 노동공급곡선은 우상향하는 형태를 보인다.
    - 노동공급에 영향을 미치는 요인들 중 임금이 변화하면 노동공급곡선을 따라 노동공급점이 이동하게 되는데, 이러한 노동공급곡선상의 이동을 노동공급량의 변화라고 한다.
    - 일정불변이라고 가정했던 다른 요인들이 변화하면 노동공급곡선 자체가 이동하는데, 이러한 변화를 노동공급의 변화라고 한다.

(4) 기혼여성의 경제활동 참가에 영향을 미치는 요인

2014년 2회, 2012년 ·회, 2010년 3회, 2007년 1회, 2006년 3회

① 실질임금률

기혼여성의 실질임금률이 높을수록 기혼여성의 경제활동참가율은 높아진다.

② 배우자의 임금수준

배우자가 경제활동을 하지 않거나 임금수준이 낮을수록 기혼여성의 경제활동참가율은 높아진다. 또한 다른 가구원의 소득이 낮은 경우에도 기혼여성의 경제활동참가율은 높아진다.

③ 교육수준

일반적으로 기혼여성의 교육수준이 높을수록 기혼여성의 경제활동참가율은 높아진다.

④ 자녀의 수와 연령

기혼여성의 자녀의 수가 적을수록, 자녀의 나이가 많을수록 기혼여성의 경제활동참가율은 높아진다.

⑤ 기혼여성의 노동력에 대한 기업의 수용태도

기혼여성에 대한 시간제 근무의 편의제공, 기혼여성의 노동력에 적합한 직무의 개발, 기혼여성의 노동력에 적합한 부가급여의 제공 등 기업의 수용자세가 갖추어지면 기혼여성의 경제활동참가율은 높아진다.

⑥ 전반적인 실업수준

사회의 전반적인 실업률이 낮을수록 취업기회가 많으므로 기혼여성의 경제활동참가율은 높아진다.

⑦ 법·제도적 요인

기혼여성의 경제활동을 보호하는 법과 제도가 다양하게 마련되면 기혼여성의 경제활동참가율은 높아진다.

⑧ 사회적 요인

사회나 기업의 문화와 의식이 개방적일수록 기혼여성의 경제활동참가율은 높아진다.

⑨ 가계생산의 기술

가계생산의 기술(household technology)이 향상될수록 기혼여성의 경제활동참가율은 높아진다.

⑩ 도시화의 정도

도시화의 진전은 여가활동에서 시간절약적 여가활동에 의존하지 되어 기혼여성의 시장노동의 가능성을 넓혀 준다.

⑪ 파트타임 노동시장의 형성

파트타임 노동시장의 발달은 기혼여성의 경제활동참가율을 높이는 요인으로 작용한다.

바로 확인하는! 기출문제

▶ 기혼여성의 경제활동 참가에 영향을 주는 요인 6가지를 쓰고 이를 간략히 설명하시오.

▶ 기혼여성의 경제활동참가율을 결정하는 요인 5가지를 적으시오.

TIP 교수님의 꿀팁

기혼여성의 경제활동 참가에 영향을 미치는 요인은 노동시장론 분야에서 가장 자주 출제되는 문제 TOP 5 중 하나입니다.

바로 확인하는! 기출문제

▶ 기혼여성의 경제활동참가율을 낮게 하는 요인 6가지를 쓰시오.

(5) 기혼여성의 경제활동 참가를 낮게 하는 요인

2023년 2회, 2021년 1회, 2018년 3회, 2011년 3회

① 성별 임금격차나 혼인에 따른 경력단절로 인한 낮은 실질임금률과 차별
② 배우자나 다른 가구원의 높은 소득
③ 국가의 전체적인 높은 실업률
④ 기혼여성에 대한 취업기회와 취업직종의 제한
⑤ 육아를 위한 법적 지원이나 육아시설 지원의 부족
⑥ 기혼여성에 대한 시간제 근무의 편의제공이나 기혼여성의 노동력에 적합한 직종개발의 미비

2 노동공급과 소득-여가 선택모형

(1) 소득-여가 선택모형의 의의

① 소득-여가의 선택

㉠ 노동자가 노동을 공급하면 임금소득이 발생하므로 이를 소비하여 효용을 얻고, 여가(leisure)를 즐기면 임금소득은 얻지 못하지만 휴식을 취함으로써 효용을 얻는다.

㉡ 따라서 노동자는 주어진 시간(하루 24시간)을 노동과 여가에 적절히 배분하여 이를 통해 얻는 효용을 극대화한다고 가정한다.

㉢ 이처럼 일정한 제약조건(주어진 시간)하에서 효용을 극대화하는 노동과 여가의 배분원리를 설명하는 모형이 소득-여가 선택모형이다.

② 노동자의 효용함수와 예산제약

㉠ 노동자의 효용함수는 무차별곡선(IC; Indifference Curve)으로 표시되고, 노동자가 직면하는 제약조건은 예산선(BL; Budget Line)으로 표시된다.

㉡ 이를 설명하는 모형은 아래 [그림]에서 보는 것처럼 가로축에는 여가시간(A)을 표시하고, 세로축에는 노동을 통해서 얻는 소득(M)을 표시한다.

㉢ 주어진 최대가용시간(예 하루 24시간)은 T이고, OH_1만큼의 시간을 여가에 이용하고 H_1T만큼의 시간을 노동했을 때 얻는 소득이 OM_1이다.

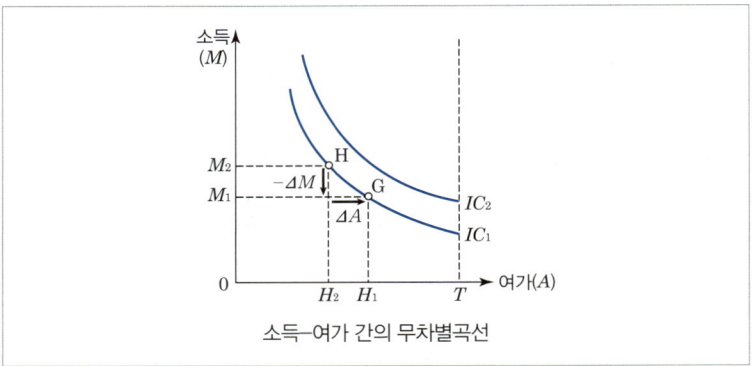

소득-여가 간의 무차별곡선

(2) 노동자의 선호와 무차별곡선
① 무차별곡선의 정의
  ⊙ 무차별곡선(IC)은 노동자에게 동일한 효용을 주는 소득-여가의 배합점(G, H점)들을 연결한 선을 의미한다.
  ⓒ 위 [그림]에서 G점은 OH_1의 여가와 H_1T의 노동을 통해 얻는 소득 OM_1의 배합점이고, H점은 OH_2의 여가와 H_2T의 노동을 통해 얻는 소득 OM_2의 배합점이다. G점과 H점에서 노동자는 동일한 효용을 얻는다.

② 무차별곡선의 특징
  ⊙ 무차별곡선은 우하향하는데, 이는 소득(노동)과 여가는 서로 대체할 수 있음을 의미한다. 즉, 여가시간을 줄이고 노동시간을 늘려도 노동자는 이전과 동일한 수준의 효용을 얻을 수 있다는 것이다.
  ⓒ 여가(A)와 노동(또는 소득 M) 간에 대체되는 비율을 한계대체율(MRS_{AM})이라고 한다. 한계대체율은 이전과 동일한 효용을 유지하면서 여가 한 단위(ΔA)를 늘리기 위해 줄여야 하는 소득의 감소분(ΔM)을 말하는 것으로, 노동자가 주관적으로 평가하는 단위당 임금률, 즉 요구임금률을 의미한다.
  ⓒ 무차별곡선은 일반적으로 원점에 대해 볼록한 모습을 보인다. 이는 여가시간을 늘려갈수록 여가-소득 간의 한계대체율이 체감한다는 것을 의미한다.
  ② 무차별곡선은 무수히 많이 존재한다. 이 경우 원점에서 멀리 위치한 무차별곡선이 더 높은 효용수준을 나타낸다.

(3) 노동자의 제약조건과 예산선
① 예산선의 정의
  ⊙ 예산선(BL)은 노동자의 제약조건, 즉 노동자가 선택가능한 영역을 나타낸다. 노동자에게 주어진 가용시간(하루 24시간)으로 선택할 수 있는 여가-소득의 배합점을 연결한 선이다.
  ⓒ 아래 [그림]에서 노동자가 주어진 시간(T) 전부를 여가에 투입하면 소득은 0이 되고, 주어진 시간 전부 노동을 하면(여가시간 = 0) 소득은 M_1이 되므로 M_1과 T를 연결한 선(BL_1)이 예산선이 된다. 노동자는 예산선 밖의 영역은 선택할 수 없다.
  ⓒ 예산선의 기울기는 단위시간당 시장임금률을 나타낸다. 이에 따라 예산선을 시장임금률선 또는 임금선이라고도 한다.

② 예산선의 이동
  ⊙ 시장임금률이 상승하면 주어진 시간을 전부 노동에 투입한 경우의 소득이 증가하므로 예산선은 BL_2처럼 가파른 형태로 이동한다.
  ⓒ 이자나 임대료와 같은 재산소득, 즉 비임금 소득(또는 비노동 소득)이 N만큼 발생하면 주어진 시간을 전부 여가에 투입하는 경우에도 N만큼의 소득이 있게 되므로 예산선은 비임금 소득(N)만큼 상방으로 이동하여 BL_3가 된다.

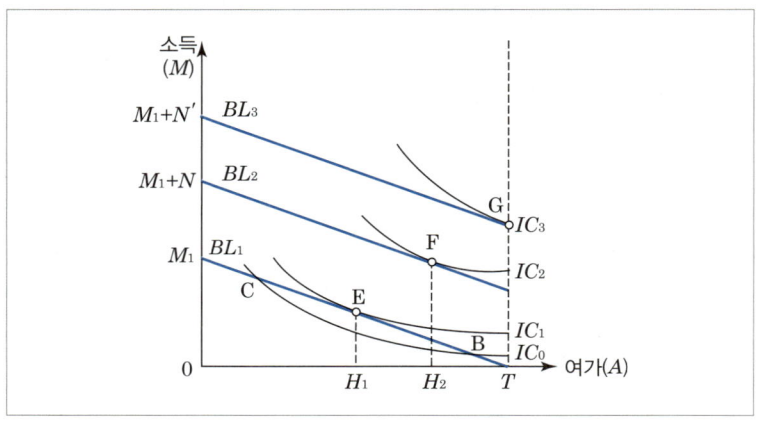

예산선

(4) 노동자의 선택

① 선택의 원리

  ㉠ 노동자는 주어진 제약조건(예산선)하에서 효용을 극대화하려고 한다. 다음 [그림]의 예산선상에서 선택가능한 점은 B, C, E점이다.

  ㉡ 무차별곡선 IC_0상에 있는 B나 C보다는 더 높은 만족을 나타내는 무차별곡선 IC_1상에 있는 E점을 선택하여 OH_1의 여가와 H_1T의 노동을 배합하는 것이 노동자의 효용을 극대화하는 선택이 된다. 이때 E점에서의 효용극대화를 내부 해(interior solution)라고 한다.

② 비임금 소득이 있는 경우 2017년 1회, 2010년 1·2회, 2005년 1회

  ㉠ 비임금 소득(또는 비노동 소득)이 있는 경우 예산선은 BL_2로 이동한다. 따라서 노동자는 전보다 더 큰 효용을 주는 무차별곡선 IC_2와 접하는 F점에서 OH_2의 여가와 H_2T의 노동을 선택하여 효용을 극대화한다.

  ㉡ 따라서 비임금 소득이 있는 경우 이전보다 여가시간을 늘리고 노동시간을 줄여도 전보다 더 큰 효용을 얻게 됨을 알 수 있다.

  ㉢ 비임금 소득이 아주 많은 경우 예산선이 BL_3가 되어 무차별곡선 IC_3와는 코너(G)에서 접하게 된다. 이 경우 노동자는 주어진 시간을 전부 여가에만 투입하고 노동은 하지 않으려고 한다. 이 경우 G점에서의 효용극대화를 코너 해(corner solution) 또는 모서리 해라고 한다.

바로 확인하는! 기출문제

▶ 100억 원의 복권에 당첨되었을 때 노동공급과 여가 선호의 변화를 대체효과와 소득효과로 설명하시오.

▶ 중소기업에 다니고 있는 갑씨는 자식이 없는 고모로부터 세금을 제외하고 약 40억 원의 유산을 증여받았다. 갑씨가 계속해서 경제활동을 할 것인가 결정하기 위해서 노동자의 여가와 소득의 선택모형을 활용하였을 때 어떤 결정이 나올지, 또 그 이유는 무엇인지에 대해서 설명하시오.

▶ 인기 탤런트 A양은 국내 대재벌 기업 회장의 외아들인 B씨와 결혼을 하였다. A양이 결혼 후 계속해서 경제활동에 참여할 것인지 아닌지 여가와 소득의 선택모형에 의해 결정하고 그 이유를 설명하시오.

(5) 임금률의 변화와 노동공급곡선

① 임금률의 변화와 노동시간의 선택

  ㉠ 다음 [그림]에서 보는 것처럼 임금률이 상승하면 예산선은 BL_1에서 BL_2로 이동하고, 전보다 높은 효용을 주는 무차별곡선에 접하게 되어 소비자 선택점은 B에서 C로 이동한다. 이는 임금률의 상승으로 노동공급량이 H_1H_2만큼 증가했음을 의미한다.

  ㉡ 임금률이 상승한 경우 노동자가 더 높은 효용을 얻기 위해 노동공급량을 증가시키는 것은 우상향하는 노동공급곡선으로 나타낼 수 있다.

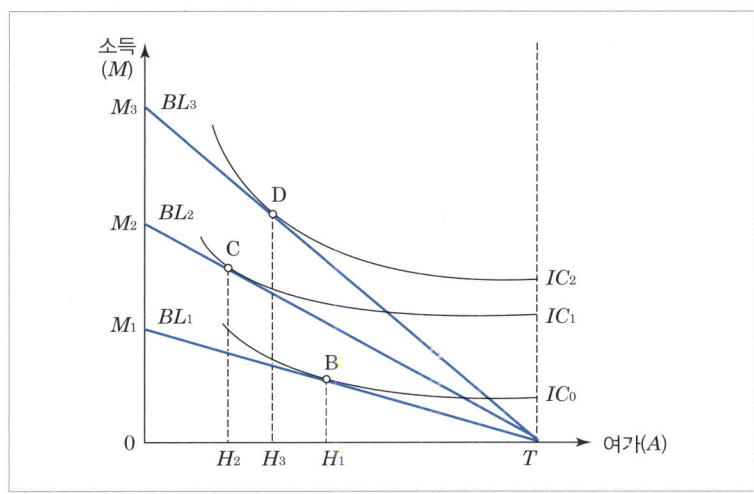

② 우하향의 노동공급곡선

  ㉠ 위 [그림]에서 보는 것처럼 임금률이 아주 크게 상승한 경우에는 예산선이 BL_3가 되어 노동자는 D점에서 노동시간을 선택함으로써 효용을 극대화한다. 이 경우에는 임금률이 전보다 상승했음에도 불구하고 노동공급량은 오히려 H_2H_3만큼 감소하였다.

  ㉡ 이 경우의 노동공급곡선은 우하향하는 모습을 보이게 된다. 우상향하던 노동공급곡선이 임금률이 아주 높아져 우하향하는 모습을 보이므로 후방굴절(backward-bending), 즉 '뒤쪽으로 구부러지는' 노동공급곡선의 모습을 지니게 된다.

  ㉢ 임금수준이 아주 높은 선진국 또는 우리나라의 고소득층의 경우에서 흔히 관찰되는 노동공급곡선이다.

3 임금상승의 효과와 노동공급곡선

(1) 임금상승의 효과   2019년 1회

임금(즉, 여가의 가격 또는 여가의 기회비용) 상승의 효과는 대체효과와 소득효과로 나누어 볼 수 있다.

① 대체효과

  ㉠ 임금상승 → 여가의 기회비용 증가 → 여가 대신 노동공급 증가
  ㉡ 임금상승의 대체효과는 노동공급을 증가시킨다.

② 소득효과
㉠ 임금상승 → 전보다 적은 노동을 공급해도 전과 동일한 소득을 얻음 → 노동공급 감소
㉡ 임금상승의 소득효과는 노동공급을 감소시킨다.
③ 총효과
임금상승의 총효과는 '소득효과+대체효과'이다. 임금상승에 따른 노동공급의 변화는 대체효과와 소득효과의 상대적 크기에 의해 결정된다.

(2) 개인의 노동공급곡선 2020년 2회, 2016년 3회, 2010년 4회, 2009년 2회
① 임금수준이 낮은 경우: 우상향의 노동공급곡선
임금수준이 낮은 경우 임금이 상승하면 대체효과가 소득효과보다 크기 때문에 임금상승은 노동공급량을 증가시킨다. 따라서 우상향하는 노동공급곡선이 도출된다.
② 임금수준이 높은 경우: 후방굴절 노동공급곡선
㉠ 선진국처럼 임금수준이 이미 상당히 높은 경우에는 임금상승에 따른 대체효과보다 소득효과가 더 크다. 따라서 임금이 상승해도 노동 대신 여가를 더 선호하므로 노동공급량은 감소하여 우하향하는 노동공급곡선이 도출된다.
㉡ 임금수준이 낮을 때는 노동공급곡선은 우상향하지만 임금수준이 높을 때는 노동공급곡선이 뒤쪽으로 구부러지는 형태임을 알 수 있다. 이를 후방굴절 노동공급곡선이라고 한다.

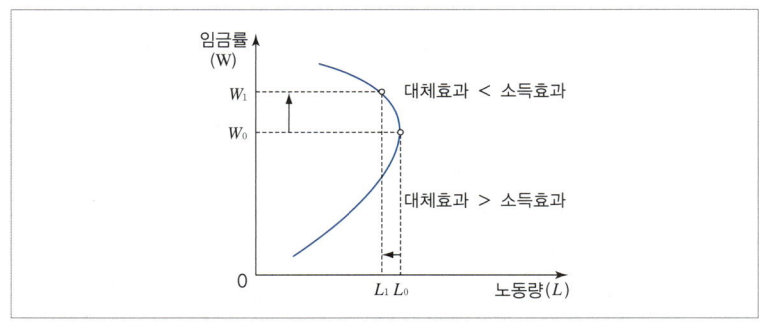

(3) 여가가 열등재인 경우 노동공급곡선 2019년 1회, 2012년 1회, 2010년 4회
① 여가(leisure)가 열등재(inferior goods)라면 임금이 상승하는 경우 임금수준에 상관없이 노동공급은 증가한다. 즉, 임금상승으로 소득수준이 높아져도 여가의 수요는 감소한다. 임금상승에 따른 여가의 수요 감소는 노동공급량의 증가를 의미하므로 노동의 공급곡선은 우상향한다.
② 그러나 여가가 정상재(normal goods)라면 후방굴절형 노동공급곡선의 형태를 보이게 된다.

(4) 가계에 대한 정부보조금과 노동공급
① 소득-여가 모형의 적용
소득-여가 모형은 노동공급에 영향을 줄 수 있는 여러 가지 여건이 변화하는 경우 노동공급에 미치는 효과를 분석하는 데 매우 유용하게 이용된다.

② 근로시간과 관계없는 일정액의 정부보조금과 노동공급   2016년 1회, 2013년 3회
  ㉠ 부모가 육아 보조금이 지급되기 이전에 경제활동에 참여하지 않고 있었던 경우
    • 육아보조금이 지급되기 이전에 경제활동에 참여하지 않고 있었다면 소득-여가 모형에서 무차별곡선과 예산선이 오른쪽 코너에서 접하고 있다는 것(코너 해)을 의미한다.
    • 이 상태에서 육아보조금이 지급되면 이는 비노동소득을 증가시키는 효과가 있으므로 예산선을 상방으로 평행이동시킨다.
    • 예산선이 상방이동해도 예산선과 무차별곡선은 그대로 오른쪽 코너에서 접하게 되므로 기혼여성은 경제활동에 참여하지 않게 된다. 즉, 노동공급은 불변이다.
  ㉡ 부모가 육아 보조금이 지급되기 이전부터 근로를 하고 있었던 경우
    • 육아 보조금이 지급되기 이전부터 근로를 하고 있었다면 내부 해가 성립하는 경우이다.
    • 소득-여가 모형에서 일정액의 보조금 지급으로 예산선이 상방으로 평행이동하면 무차별곡선과 예산선이 접하는 균형점은 모형에서 오른쪽으로 이동하게 되는데, 이는 여가시간을 증가시키고 노동시간을 줄인다는 것을 의미한다. 즉, 노동공급은 감소한다.

③ 근로시간당 일정액의 육아비용보조금과 노동공급
  ㉠ 부모가 보조금 지원시점 이전에는 경제활동에 참가하지 않고 있었던 경우
    • 보조금을 지원하기 이전에 경제활동에 참가하지 않고 있었다면 비노동소득이 있고, 무차별곡선과 예산선이 오른쪽 코너에서 접하고 있다는 것을 의미한다.
    • 이 상태에서 시간당 1,000원의 육아비용보조금이 지원되면 이는 임금상승 효과를 가져오므로 예산선은 세로축의 절편이 상승하여 이전보다 가파른 기울기를 가지게 되고, 그 결과 무차별곡선과 예산선이 내부에서 접하게 되어 여가시간을 줄이고 노동공급을 증가시키게 된다.
  ㉡ 부모가 보조금 지원시점 이전부터 근로를 하고 있었던 경우
    • 보조금 지원시점 이전부터 근로를 하고 있었다면 비노동소득은 없고, 소득-여가모형에서 무차별곡선과 예산선이 내부에서 접하고 있다는 것을 의미한다.
    • 이 경우 보조금의 지급으로 예산선의 기울기가 가파르게 되면 무차별곡선과의 접점은 왼쪽으로 이동하게 되어 노동공급을 증가시키게 된다.

바로 확인하는! 기출문제

▶ 정부가 출산장려를 위하여 근로시간에 관계없이 일정 금액의 육아비용보조금을 지원하기로 했다. 이 육아비용보조금이 부모의 근로시간에 미치는 효과를 설명하시오.

바로 확인하는! 기출문제

▶ 정부가 출산장려를 위해 근로시간당 1,000원의 육아비용보조금을 지원하기로 하였다면 이 근로시간당 육아비용보조금이 부모의 노동공급에 미치는 효과를 다음 두 가지 경우로 구분하여 설명하시오.

> **바로 확인하는! 기출문제**
>
> ▶ 노동수요의 탄력성 및 노동공급의 탄력성을 산출하는 공식을 쓰시오.

4 노동공급의 탄력성

(1) 노동공급의 탄력성의 의미 2014년 1회, 2007년 1회

노동공급의 탄력성은 임금의 변화에 대한 노동공급량의 변화 정도를 나타내는 개념이다. 즉, 임금이 1% 변화할 때 노동공급량은 몇 %나 변화하는가를 의미한다.

$$\text{노동공급의 탄력성} = \frac{\text{노동공급량의 변화율(\%)}}{\text{임금의 변화율(\%)}} = \frac{\dfrac{\text{노동공급량의 변동분}}{\text{원래의 노동공급량}}}{\dfrac{\text{임금의 변동분}}{\text{원래의 임금}}}$$

(2) 노동공급 탄력성의 결정 요인

노동공급 탄력성은 임금의 변화에 따라 노동공급량이 얼마나 신축적으로 변화하는가에 따라 그 크기가 결정된다. 다음의 요인들이 노동의 공급 탄력성에 영향을 미친다.
① 한 나라의 노동력 규모를 나타내는 인구 수
② 노동조합의 결성 여부와 교섭력의 정도
③ 여성 취업기회의 용이성
④ 여러 부문들(지역, 산업) 간의 노동이동의 용이성
⑤ 산업구조의 변화
⑥ 기간(단기와 장기)

(3) 단기와 장기의 노동공급 탄력성

① 단기에 있어 일정한 훈련을 요하는 특정한 직종의 노동공급량은 임금에 대해 매우 비탄력적이다.
② 장기에는 임금이 상승할 때 다른 직종에서의 노동력의 유입, 훈련기간의 경과, 인적자본 투자의 증가 등으로 노동공급이 크게 증가하므로 노동공급은 단기에 비해 탄력적이 된다. 즉, 장기에 노동공급곡선의 기울기는 더 완만하다.

제3절 인적자본이론

1 인적자본이론의 의의 2020년 2회, 2011년 1회, 2009년 3회

(1) 인적자본과 인적자본이론

① 인적자본(human capital)이란 1950년대 말부터 미국의 노동경제학에서 새롭게 나타난 개념으로, 인간에게 축적되어 있는 숙련과 생산적 지식의 저량(stock)을 의미한다. 즉, 인간 각자가 지니고 있는 고유한 능력과 교육과 훈련을 통해 축적되어 생산성을 높이는 기능과 기술, 지식을 의미한다.

② 인적자본이론은 인간을 투자에 의하여 그 경제가치 내지 생산력의 크기를 증가시킬 수 있는 자본으로 보고 있다. 즉, 투자를 통하여 인간에게 인적자본이 축적되면 그만큼 인간의 자본적 가치가 높아지게 되고 생산성이 증대되기 때문에 인적자본 투자가 많을수록 더 높은 소득을 얻게 된다는 것이다.

③ 인적자본이론은 1950년대 말부터 미국의 슐츠(T. W. Schultz), 베커(G. S. Becker), 민서(J. Mincer) 등에 의하여 정교한 이론으로 등장하였다.

(2) 인적자본에 대한 투자대상
2019년 2회, 2012년 2회

> **바로 확인하는! 기출문제**
> ▶ 인적자본의 투자대상을 3가지 쓰고 설명하시오.

인적자본에 대한 투자의 대상은 크게 다섯 가지로 구분할 수 있다. 즉, 정규교육 또는 학교교육, 현장훈련, 이주, 건강, 정보 등이다.

① 정규교육(formal education)
정규교육 또는 학교교육은 가장 일반적인 형태의 인적자본 투자의 대상이 된다.

② 현장훈련(OJT; On-the-Job Training)
현장훈련은 취업자가 취업 후에 사업장의 작업현장에서 작업을 통하여 획득하는 기술훈련을 말한다. 정규교육과 현장훈련을 통한 인적자본의 형성이 인적자본의 투자에 있어서 가장 큰 비중을 차지한다.

③ 이주(migration)
이주란 일정한 인적자본을 축적한 노동자가 자신의 생산능력을 최대한 발휘하기에 보다 알맞은 곳으로 이동함으로써 자신의 가치를 더욱 증가시키는 과정을 말한다. 이주에도 비용이 투입되고, 이주에 의하여 더 높은 수익을 얻을 수 있기 때문에 이것도 일종의 인적자본 투자로 간주된다.

④ 건강(health)
건강에 대한 투자로 건강수준을 높임으로써 노동공급 시간을 일정수준 이상으로 유지시킬 수 있고 결근 등에 따른 경제적 손실을 줄일 수 있다.

⑤ 정보(information)
정보에 대한 투자도 인적자본 투자의 대상으로 볼 수 있다. 특히, 노동시장은 정보가 불완전한 상태에 있으므로 일정한 탐색비용의 지출, 기타 노동시장 관련정보를 얻기 위한 투자비용의 지출은 더 많은 수익을 확보할 수 있게 한다.

2 인적자본 투자의 수익률
2010년 1회, 2004년 3회

교육투자의 수익률은 사적 수익률(개인적 수익률)과 사회적 수익률로 구분하여 살펴볼 수 있다.

(1) 교육의 사적 수익률
교육의 사적 수익률(private rate of return)은 개인이 자신에 대한 개인적인 교육투자에서 얻는 수익률이다

(2) 교육의 사회적 수익률

① 교육의 사회적 수익률(social rate of return)은 개인적으로 부담하는 등록금이나 학원비 등 사적인 교육비용을 포함하여 사회전체가 부담한 교육비용 등 전체적인 교육투자에서 얻는 수익률을 말한다. 사회적 수익률에는 교육을 통해서 사회가 얻게 되는 외부경제 이익(긍정적 외부효과)을 포함해야 한다.
② 사회적 수익률은 측정하기가 매우 어렵지만, 정부의 교육투자 확대로 인한 건강증진, 사회의 민주화 진전, 범죄의 감소, 환경개선의 가치 등이 포함된다.

(3) 수익률의 크기

① 대부분의 선진국에서는 교육의 사적 수익률이 사회적 수익률보다 높게 나타난다. 이는 많은 국가에서 정부나 자치단체의 교육보조금으로 인해 학생들이 교육비를 실제의 교육비용만큼 부담하지 않기 때문이다.
② 교육의 사적 수익률이 사회적 수익률보다 낮다는 것은 개인의 사적인 교육비 부담이 높은 것을 의미한다.
③ 이 경우 정부의 인적자본 투자는 개인이 부담하는 교육비를 줄여 주는 방향으로 이루어져야 한다. 즉, 기초교육에 대해서는 무상교육으로 전환하고, 고등교육에 대해서도 정부와 지방자치단체의 교육비 보조를 확대하여야 한다.
④ 또한, 교육의 질을 높여 교육투자의 기대수익이 증가하면 교육의 사적 수익률이 높아진다.

3 선별가설

2010년 4회

(1) 선별가설의 의의

① 선별가설(screening hypothesis)은 교육·훈련이 생산성을 높여 높은 임금을 가져온다는 인적자본이론을 비판하며 마이클 스펜스(M. Spence) 등이 주장한 가설이다.
② 선별가설은 교육·훈련이 생산성을 직접 높이기보다는 기업으로 하여금 훈련을 통하여 성과를 올릴 수 있는 능력 있는 사람을 식별하거나 선별하는 데만 이용된다고 본다.
③ 즉, 노동자의 채용 시에는 채용 및 선별비용이 드는데, 사용자는 이 선별비용을 줄이기 위해 능력의 대리변수인 교육에 높은 임금을 지불하게 된다는 것이다.
④ 선별가설에 의하면 교육제도는 유능한 사람을 식별 내지 선별하는 기구에 불과하다.

(2) 교육투자의 방향

① 인적자본이론이 주장하는 것처럼 교육·훈련이 생산성을 향상시키는 직접적인 원인이라면 저소득층의 교육수준을 향상시키는 정책을 통해 그들의 빈곤을 해소할 수 있다.

② 그러나 선별가설이 주장하는 것처럼 교육·훈련이 높은 소득을 얻게 하는 직접적인 원인이 아니라면 저소득층에 교육기회를 확대하는 교육기회의 평등화 정책은 의미가 없어진다.

4 신호가설

(1) 신호가설의 의의

① 인적자본이론에 대해 가장 중요한 비판의 하나는 '교육이 과연 노동자의 생산성을 향상시키는가' 하는 것이다. 이러한 비판적인 견해에는 앞에서 본 선별가설과 함께 신호가설(signaling hypothesis)이 있다.

② 신호가설 혹은 시그널링 가설은 교육이 노동자들의 선천적인 재능을 보여 주거나 숨겨져 있는 생산성을 시그널(signal) 혹은 신호로 나타내 줄 뿐 직접적으로 생산성을 높이는 것은 아니라고 주장한다. 신호가설은 마이클 스펜스(M. Spence)가 주장하였다.

(2) 선별가설과 신호가설

① 노동자의 채용에 있어 정보의 비대칭성(information asymmetries)에 직면한 기업이 능력 있고 생산성이 높은 노동자를 선별(screening)하고자 할 때, 기업은 대학교육이라는 간판을 능력과 생산성의 지표로 이용할 수 있다는 것이 선별가설이다.

② 이 경우 노동자 개인은 대학교육을 받아 자신의 선천적 재능과 숨겨져 있는 생산성을 기업에 신호하기 위해 교육투자를 하게 된다. 이처럼 교육은 신호에 대한 투자라는 것이 신호가설이다.

제4절　노동시장의 유형

1 경쟁 노동시장과 독점 노동시장

(1) 경쟁 노동시장의 의의

경쟁 노동시장(competitive labor market)은 수많은 노동자와 고용주가 존재하고 이들 간에 동질적인 노동의 거래가 자유롭게 이루어지는 노동시장을 의미한다.

(2) 경쟁 노동시장의 기본가정

① 노동시장에는 아무런 제약을 받지 않고 서로 경쟁하는 수많은 노동자와 고용주(기업)가 있어, 노동자 개인이나 개별 고용주는 시장에서 결정된 시장임금에 아무런 영향력을 행사할 수 없다. 즉, 누구도 시장임금을 변화시킬 수 없고 시장에서 주어지는 임금을 받아들여야 하는 임금 수용자(wage taker)이다.

② 모든 노동자는 동질적이다. 즉, 노동시장의 공급자인 노동자는 성, 나이, 능력이나 숙련도 등에서 차이가 없다고 가정한다. 그리고 모든 노동자의 일에 대한 자세 및 노력의 강도도 동일하다.

③ 직무(job), 즉 노동자들이 하는 일의 성격은 모두 동일하다.
④ 노동자와 고용주는 자유로이 노동시장에 진입하거나 시장을 떠날 수 있다. 노동자는 자유로이 직장을 옮길 수 있다.
⑤ 노동자의 단결조직(노동조합)이나 사용자의 단결조직(사용자 단체)이 없다. 사용자는 인위적으로 임금을 낮추기 위해 단결하지 않으며, 노동자도 임금을 높이기 위해 어떤 단체도 만들지 않는다.
⑥ 정부는 노동시장에 개입(간섭)하지 않는다. 따라서 노동시장을 규제하는 법률도 없고, 최저임금제 등 정부에 의한 임금결정(wage fixing)도 없다.
⑦ 노동시장에는 완전한 정보가 주어진다. 노동자는 임금·직무·근로조건 등에 관하여, 고용주는 노동자의 특성에 관하여 완전한 정보를 갖는다.
⑧ 모든 직무의 공석(빈 일자리)은 외부 노동시장을 통해서만 채워진다. 내부 노동시장은 존재하지 않는다.

(3) 독점 노동시장

독점 노동시장(monopolistic labor market)은 노동수요자나 공급자가 하나이기 때문에 누군가가 임금이나 근로조건의 결정에서 지배력을 행사할 수 있는 노동시장을 의미한다. 특히, 노동수요자(기업)가 하나인 경우를 수요독점적 노동시장이라고 한다.

2 내부 노동시장과 외부 노동시장

(1) 내부 노동시장의 의의
2011년 1회, 2009년 3회

① 내부 노동시장(internal labor market)이란 임금, 상여금, 부가급여로 구성되는 노동의 가격결정과 직무배치·전환, 현장훈련 및 승진 등 고용의 여러 측면이 일련의 관리규칙과 절차에 의해 지배되는 노동시장이다. 즉, 내부 노동시장은 기업 내부의 구조화된 고용관계를 말한다.
② 내부 노동시장에서의 임금, 직무배치 및 승진은 외부 노동시장의 작용으로부터 단절된 채로 기업 내부에서 정해진 규칙과 절차에 의해 결정된다. 다만, 입직문(ports of entry), 즉 기업으로 들어오는 통로는 외부 노동시장과 연결되어 외부 노동시장에서 신규채용이 이루어진다.

(2) 내부 노동시장의 형성요인
2023년 2회, 2022년 3회, 2018년 1회, 2016년 2회, 2015년 2회, 2010년 3회, 2009년 3회, 2008년 3회

도린저와 피오르(P. B. Doeringer & M. J. Piore)는 내부 노동시장이 형성되는 요인으로 숙련의 특수성, 현장훈련, 관습 등 세 가지를 제시한다.

① **숙련의 특수성**(skill specificity)
특수한 또는 고유한 숙련은 기록이나 문서를 통한 전수가 불가능하고 기업의 내부 노동력만이 유일하게 소유하는 숙련을 말한다. 기업은 이러한 기업특수적 숙련의 유지를 위해 기업 내부의 노동력을 유지하려고 하므로 내부 노동시장을 강화하게 된다.

② 현장훈련(On-the-Job Training)
실제 직무수행에 이용되는 기술 및 숙련의 대부분은 현장훈련을 통해 얻어진다. 그리고 현장훈련은 숙련의 특수성과 상호 작용하여 생산과정을 통해 선임자가 습득한 기술과 숙련을 직접 전수하도록 하는 계기가 된다. 이로 인해 기업은 내부 노동시장을 형성한다.

③ 관습(custom)
작업장에서의 관습은 선례로 내려온 문서화되지 않은 규정의 체계를 말한다. 이러한 관습이 노동에 대한 보수나 징계 등 노동관계의 각종 사안을 규율하게 된다. 노동현장에서의 관습은 대부분 노동시장 내부의 고용안정성에서 형성된 것으로, 사용자나 근로자 모두에게 중요한 의미를 갖기 때문에 내부 노동시장을 형성하는 또 하나의 요인으로 작용하게 된다.

(3) 내부 노동시장의 장점　　2022년 3회, 2016년 2회, 2010년 3회
① 고용 안정성과 승진기회의 보장으로 기업에 대한 소속감이 향상된다.
② 기업의 특수한 인적자원 육성에 유리하다.
③ 임금 및 근로조건이 향상되므로 생산성을 향상시킨다.
④ 합리적인 인적자원의 확보 및 유지에 유리하다.

바로 확인하는! 기출문제
▶ 내부 노동시장의 형성요인과 장점을 각각 3가지씩 쓰시오.

3 노동시장의 경쟁과 분단

(1) 경쟁시장가설
① 경쟁시장가설(competitive market hypothesis)은 노동력의 이동에는 큰 장애가 없고, 동일한 지역권 내에서는 동질적 노동력이 하나의 시장을 형성한다고 보는 가설이다.
② 노동력의 이동과 노동자의 채용·배치에 따르는 제도적인 장애요인이 존재하지 않고, 다른 시장의 경우와 마찬가지로 수요자와 공급자 간의 경쟁에 의해 균형임금이 성립하며, 노동자와 기업은 이 균형임금을 수용한다고 본다.
③ 경쟁시장가설에서는 경쟁적인 노동시장을 통해 노동력의 수요와 공급을 조절하는 것이 장기적으로 기업이나 노동자 모두에게 가장 유리하며, 경제의 효율성 면에서도 가장 좋은 결과를 낳는다는 것을 암묵적으로 가정하고 있다.

바로 확인하는! 기출문제
▶ 신고전학파의 경쟁시장가설에서 설명하는 노동시장 불균형의 원인을 여섯 가지 쓰시오.

(2) 분단노동시장가설
분단노동시장가설은 노동시장에는 자유로운 노동력의 이동을 저해하는 제도적인 요인이 있고, 노동시장을 하나의 경쟁적인 시장으로 파악하기는 어렵다고 보는 견해이다.
① 직무경쟁 이론(job competition theory)
㉠ 직무경쟁 이론에서는 노동시장에서 의미가 있는 경쟁은 임금경쟁이 아니라 자리(직무)를 차지하기 위한 경쟁이라고 보고 기업과 노동자의 시장행동을 설명한다.

ⓒ 즉, 기업의 노무관리 정책에 따라 기업의 직무는 단기적으로 고정되는 제도를 가지고 있는데 일의 내용, 임금 및 대우는 직무의 서열에 따라 달라지고, 이러한 제도하에 고용되어 있는 노동자들은 보다 높은 서열의 직무를 차지하기 위해 경쟁한다는 이론이다.

② 이중 노동시장론(dual labor market theory)

2020년 2회, 2019년 1회, 2011년 1회, 2009년 3회

㉠ 이중 노동시장론은 도린저와 피오르(P. B. Doeringer & M. J. Piore) 등에 의해 주장된 것으로, 한 나라의 노동시장은 상당히 이질적인 1차 노동시장과 2차 노동시장으로 나뉘어 있다는 이론이다.

㉡ 이들 노동시장 간 노동력의 이동은 매우 제한적이며 임금이나 기타 근로조건이 상이한 여건하에서 결정된다고 본다. 노동시장의 분단을 설명하는 대표적인 이론이다.

㉢ 1차 노동시장은 주로 내부 노동시장에 형성되는데, 상대적으로 높은 임금, 양호한 근로조건, 고용의 안정성과 승진기회가 보장되고 인적자본에 대한 투자기회가 많으며, 경력에 따라 임금과 권한·책임·지위 등이 향상되는 노동시장이다.

㉣ 반면, 2차 노동시장은 저임금, 열악한 근로조건, 승진기회의 부재, 높은 이직률과 결근율을 보이는 노동시장이다.

㉤ 이처럼 노동의 수요측인 기업과 직무에 있어서의 차이, 공급되는 노동력의 차이가 현저하게 존재하기 때문에, 서로 다른 부문 간의 노동력 이동은 매우 드문 현상이다.

4 노동의 이동

(1) 노동이동의 두 가지 의미

① 노동이동(labor mobility)

㉠ 노동자들이 더 좋은 일자리를 찾아 다른 지역으로 이주(migration)하거나, 또는 산업 간, 직종 간 및 기업 간에 이동하는 것을 의미한다.

㉡ 노동이동은 노동자를 적재적소에 배치시켜 그들의 생산성을 높이고 노동에 대한 보상을 높인다는 점에서 인적자원을 효율적으로 배분하는 결과를 가져온다. 또한 경제 전체적으로는 노동의 생산성을 높이게 된다.

② 노동이동(labor turnover)

2015년 1회, 2014년 1회

㉠ 노동자의 이동을 하나의 기업을 중심으로 파악하는 것이다. 이는 노동자의 입직(accessions)과 이직(separations)을 의미한다.

㉡ **입직**: 새로운 노동자의 채용인 신규채용(new hires), 기존 노동자의 해고 후 재채용(rehires), 회사 내 공장 간 전직(transfers)으로 구성된다.

㉢ **이직**: 고용이 종료되는 것으로, 사직(quits), 해고(layoffs), 파면, 군복무나 정년퇴직 또는 사망 등에 기인하는 기타 이직 등으로 구성된다.

> **한발 더 나아가기**
>
> **입직률**
>
> 노동이동률 지표의 하나로, 입직자 수를 전월말 근로자 수로 나누어 계산한다.
>
> $$입직률(\%) = \frac{입직자\ 수}{전월\ 말\ 노동자\ 수} \times 100$$
>
> 예) A회사의 5월 말 사원 수는 500명이었고, 신규채용인원 수는 10명, 전입인원 수는 40명을 때, 6월의 입직률은 다음과 같이 구한다.
>
> $$6월\ 입직률(\%) = \frac{입직자\ 수}{전월말\ 노동자\ 수} \times 100 = \frac{10명 + 40명}{500명} \times 100 = 10\%$$

(2) 노동이동(labor mobility)의 원인

① **임금격차설**
  ㉠ 노동력의 이동이 자유로운 경쟁노동시장에서 노동력이 부족한 부문에서는 임금 및 근로조건이 다른 부문에 비해 개선되어 새로운 노동력이 유입되며, 노동력이 과잉인 부문에서는 반대의 이유로 노동력이 유출된다는 주장이다.
  ㉡ 즉, 두 부문 간의 임금률의 격차가 있는 경우 노동자는 임금률이 높은 부문으로 이동한다는 것이다.

② **취업기회설**
  슐츠(T. Schultz)는 노동력이 다른 산업, 다른 지역으로 이동하는 것은 소득격차나 임금격차가 아니라 취업기회의 존재 여부에 의해서 결정된다고 주장한다. 이 주장은 노동력의 수요측면이 노동이동을 가져온다는 주장이다.

③ **인적자본이론**
  ㉠ 인적자본이론은 노동이동을 인적자원의 생산성을 향상시키는 투자로 파악하고 투자에 따른 비용과 수익을 고려하여 파악함으로써 비현실적인 가정에 기초한 신고전학파 이론의 한계를 극복한다.
  ㉡ 노동이동을 결정하는 요인은 이전 직장과 새로운 직장 간 수익의 차이, 새로운 직장에서의 예상근속연수, 장래의 기대수익을 현재가치로 할인해 주는 할인율, 노동이동에 수반되는 직접비용 및 심리적 비용 등이다.

CHAPTER 02 임금의 이해

제1절 임금과 임금제도

1 임금의 의의

(1) 명목임금과 실질임금

① 명목임금(nominal wage)
화폐액으로 표시된 임금을 명목임금 또는 화폐임금(money wage)이라고 한다.

② 실질임금(real wage)
실질임금은 일정한 액수의 명목임금으로 살 수 있는 상품의 양, 즉 명목임금의 구매력(purchase power)을 나타낸다. 물가가 상승하면 실질임금은 하락한다.

③ 양자의 차이
명목임금과 실질임금의 차이는 물가수준에 의해 결정된다. 실질임금은 명목임금을 물가지수로 나누어 구한다.

$$실질임금 = \frac{명목임금}{물가지수} \times 100$$

(2) 생산성 임금제 2020년 4회, 2014년 3회, 2012년 1회, 2009년 1회

① 생산성 임금제의 의미

㉠ 생산성 임금제란 매년의 실질임금 상승률을 노동생산성의 증가율과 일치시키거나 연계시키는 임금제도이다. 이는 신고전파의 임금, 물가 및 노동생산성의 관계에 바탕을 두고 있다.

$$명목임금\ 상승률 = 물가상승률 + 노동생산성\ 증가율$$

㉡ 명목임금 상승률에서 물가상승률을 빼면 실질임금 상승률이 되므로 이 관계를 다시 변형하면 다음과 같이 된다.

$$실질임금\ 상승률 = 노동생산성\ 증가율$$

㉢ 노동생산성은 노동투입량에 대한 산출을 의미하는 것으로, 산출을 '양'으로 파악하면 '물적 생산성'이고, 산출을 '현재금액'으로 표시하면 '부가가치 생산성'이 된다.

$$부가가치\ 노동생산성 = \frac{생산량 \times 생산물\ 단가}{근로자\ 수}$$

㉣ 생산성 임금제에서는 '명목임금 상승률 = 부가가치 생산성 증가율'이다.

바로 확인하는! 기출문제

▶ 생산성 임금제에 의하면, 명목임금의 상승률을 결정할 때 부가가치 노동생산성 상승률과 일치시키는 것이 적정하다고 한다. 어떤 기업의 2010년 근로자 수가 40명, 생산량이 100개, 생산물 단가는 10원, 자본비용이 150원이었으나, 2011년에는 근로자 수는 50명, 생산량은 120개, 생산물 단가는 12원, 자본비용은 200원으로 올랐다고 가정하자. 생산성 임금제에 근거할 때 이 기업의 2011년 적정임금 상승률을 계산하시오.

▶ 생산성 임금제에 의하면 명목임금의 상승률은 부가가치 노동생산성 상승률과 일치시키는 것이 적정하다고 한다. 어떤 기업이 2014년 근로자 수가 40명, 생산량 100개, 생산물 단가 10원, 자본비용 150원이었으나, 2015년에는 근로자 수가 50명, 생산량 120개, 생산물 단가 12원, 자본비용 200원으로 올랐다고 가정하자. 생산성 임금제에 근거할 때 이 기업의 2015년도 적정임금 상승률을 구하시오.

② 생산성 임금제의 효과

생산성 임금제는 명목임금 상승률을 노동의 부가가치 생산성과 일치시키거나 연계시키는 임금결정 방식이므로, 매년의 임금상승률이 노동생산성의 증가율과 일치할 때는 임금상승에 의한 물가상승은 이루어지지 않는다.

2 최저임금제

(1) 최저임금제의 효과

① 긍정적 효과[1]

2022년 1회, 2021년 1회, 2020년 2회, 2018년 2·3회, 2016년 3회, 2015년 2회, 2011년 3회, 2007년 1회, 2004년 3회

⊙ 노동자에 대하여 임금의 최저수준을 보장함으로써 노동자의 최저생활을 보장하고 생활안정을 이룰 수 있다.

ⓒ 노동자들의 생활수준 향상으로 노동력의 질적 향상이 이루어지고 노동의 생산성을 증가시켜 고임금의 경제(economies of high wage) 효과를 얻을 수 있다.

ⓒ 저임금이 해소되므로 산업 간·직종 간의 임금격차가 완화되어 계층별 소득분배 상태가 개선될 수 있다.

ⓔ 저임금으로 인한 노사분규를 사전에 예방하여 노사관계가 개선되고 노동시장에서 산업평화를 유지할 수 있게 된다.

ⓜ 임금의 상승은 소득을 증대시키고, 이로 인해 소비가 증가하여 유효수요(총수요)를 증대시키므로 경기 활성화와 경제성장, 고용증대 효과를 기대할 수 있다.

ⓑ 기업 간에 저임금을 바탕으로 한 불공정 경쟁을 지양하고 적정한 임금을 지급하도록 하여 공정한 경쟁과 기업의 경영합리화를 촉진할 수 있다.

ⓢ 기업에 충격효과(shock effect)를 주어 저임금에 의존하는 데서 벗어나게 하고, 기업경영의 합리화와 경쟁력 강화를 유도할 수 있다.

ⓞ 국가 간의 경쟁에서 저임금을 무기로 한 소셜 덤핑(social dumping)이 해소되고 공정한 경쟁이 이루어지며, 대외적인 신뢰도를 높일 수 있다.

ⓩ 산업구조의 고도화에 기여한다. 최저임금제는 생산성이 낮은 산업에서 어느 정도의 해고가 불가피하게 이루어지는데, 해고된 노동자가 생산성이 높은 부문에 취업할 수 있다면 산업구조의 고도화에 기여하게 되는 것이다.

ⓩ 사회계층 간의 위화감, 저소득 계층의 소외감을 해소하여 국민적 일체감을 조성한다.

바로 확인하는! 기출문제

▶ 최저임금제의 기대효과(장점) 6가지를 기술하시오.

---

1) 최저임금위원회(www.minimumwage.go.kr) 참조, 배무기, 『노동경제학』, 경문사, 2002, pp. 258~259 참조

> **바로 확인하는! 기출문제**
>
> ▶ 최저임금제의 부정적 효과를 3가지 쓰시오.

② 부정적 효과 2012년 2회
  ㉠ 기업의 노동수요량을 감소시켜 미숙련 노동자의 실업을 유발한다.
  ㉡ 정부에 의한 노동시장의 통제는 사중손실(deadweight loss)을 야기하여 인적자원의 비효율적 배분을 초래한다.
  ㉢ 노동시장에서 불법행위를 야기한다. 즉, 많은 실업자들이 최저임금보다 임금이 낮더라도 일하기를 원하므로 노동시장에 암시장(black market)이 형성될 수 있다.
  ㉣ 기업의 경영상태가 악화될 수 있다. 최저임금이 높을수록 기업의 인건비 부담이 증가하고, 이는 재정상태가 좋지 않은 중소기업의 경영상태 악화로 이어질 수 있다.
  ㉤ 기업은 인건비 상승의 부담을 줄이기 위해 유급휴가, 자녀 학자금 지원, 출퇴근 교통편 제공 등의 부가급여를 축소할 수 있다.

(2) 최저임금제가 고용을 증가시키는 경우
전통적인 신고전학파의 경쟁이론에서는 최저임금제가 고용에 부정적인 결과를 가져온다고 주장한다. 그러나 최저임금제가 고용을 증가시킬 수 있다는 주장도 있다.

① 노동시장이 수요독점인 경우
  노동시장이 수요독점(monopsony)이라면 최저임금제는 고용을 증가시킬 수도 있다. 수요독점적 노동시장에서 최저임금의 지급을 강제하면 이것은 수요독점력을 상쇄하는 힘으로 작용하여 보다 경쟁균형에 가까운 상태를 만들어 임금상승과 동시에 고용도 증가시킨다는 것이다.

② 생산성 증대효과
  최저임금제의 실시에 따른 노동력의 질 향상 및 생산성의 증대효과는 노동수요곡선을 우측으로 이동시키고 노동수요를 증가시킨다. 따라서 최저임금제의 생산성 증대효과가 충분히 크다면 고용은 오히려 증가할 수 있다.

③ 유효수요의 증대효과
  최저임금제의 실시로 근로자들의 소득이 증가하면 소비도 증가하므로 유효수요를 증대시켜 생산과 고용을 증대시키는 효과가 있다. 즉, 유효수요의 증대는 나라 경제 전체의 고용수준을 증가시키게 된다.

제2절 임금의 관리

1 임금관리의 3측면

(1) 임금수준의 관리
종업원들에게 제공하는 임금의 크기와 관련된 것으로, 가장 기본적이면서도 적정한 임금수준은 종업원의 생계비 수준, 기업의 지불능력, 사회 일반의 임금수준을 충분히 고려하며 관리되어야 한다.

(2) 임금체계의 관리

임금체계(wage structure)의 관리는 임금의 구성내용과 관련하여 개인 간의 임금격차를 가장 공정하게 설정함으로써 종업원들의 동기유발이 되도록 하는 데 그 내용의 중점이 있다. 이는 임금체계의 유형인 연공급, 직능급, 직무급 체계와 관련된다.

(3) 임금형태의 관리

① 임금의 계산 및 지불방법에 관한 것으로서, 종업원의 작업의욕 향상과 직접적으로 관련되고 있어서 그 적용에 합리성이 요구된다.

② 임금형태로는 시간급, 성과급 이외에 이러한 구분에 해당되지 않는 특수임금제의 형태로 주로 집단자극임금제, 순응임금제, 이윤분배제, 성과분배제도를 들 수 있다.

2 임금수준의 관리

(1) 임금수준의 의의

① 임금수준(wage level)은 초임의 수준 또는 기업전체의 상대적인 임금수준을 나타내는 의미로도 쓰일 수 있으나, 일정한 기간에 특정 기업 내의 모든 종업원에게 지급되는 평균임금으로 이해하는 것이 일반적이다.

② 이러한 의미에서 임금수준은 초임의 수준 또는 임금예산의 수준, 전체 기업의 상대적인 임금수준을 나타내는 의미로도 쓰일 수 있으나, 보통 임금수준의 논의는 기업 전체의 임금수준, 즉 일정한 기간에 특정 기업 내의 모든 종업원에게 지급되는 평균임금으로 이해하는 것이 타당하다.

(2) 임금수준의 결정

① 학자들의 견해

임금수준 결정요인의 내용이나 분류는 학자에 따라 서로 다르다. 플리포(E. B. Flippo)는 숙련종업원의 수급, 노동조직, 기업의 지불능력, 기업의 생산성과 경제성, 생계비, 정부 등 6가지를 제시하고 있으며, 머긴슨(L. C. Megginson)은 수요공급의 법칙, 행정적 요인, 산업임금, 지역임금, 표준생계비, 단체교섭, 지불능력 등 7가지를 들고 있다.

② 임금수준 결정의 3요소

㉠ 생계비 수준: 임금은 생계를 유지하는 가장 기본적이고 원천적인 수입원으로서, 노동자 가족의 생계비를 충당할 수 있는 정도의 수준이 되어야 타당하다고 할 수 있다.

㉡ 기업의 지불능력: 한 기업이 종업원에게 임금으로서 지급하는 인건비는 우선적으로 그 기업의 지불능력 내에서 이루어져야 한다. 기업의 지불능력을 판정하는 주요한 지표로는 수익성과 생산성을 들 수 있다.

㉢ 사회 일반의 임금수준: 임금은 그 수준의 결정에 있어서 사회 일반의 임금수준을 고려해야 하는데, 특히 동종기업 간의 임금수준 균형은 더욱 큰 의미를 갖는다. 이 점을 고려한 임금을 동일노동의 동일보상(equal pay for equal work)원칙에 입각한 공정임금(fair wage)이라고 하는데, 이는 직무만족요인으로서도 매우 중요하게 취급되고 있다.

바로 확인하는! 기출문제

▶ 선진국이 후진국보다 임금수준이 높은 이유 3가지 쓰시오.

3 임금체계의 관리

(1) 임금체계의 의의
임금체계(wage structure)는 임금의 구성내용을 의미하는 것으로, 특히 기본급 부분이 어떠한 원리로 지급되는가에 초점을 맞춘 것이다. 임금체계는 연공급, 직무급, 직능급으로 나누어 볼 수 있다.

(2) 연공급
① 연공급의 의의
연공급이란 임금이 개인의 근속연수·학력·연령 등 인적요소기준을 중심으로 변화하는 것으로, 기본적으로는 생활급적 사고원리에 따른 임금체계라고 할 수 있다.

② 연공급의 장단점

장점	• 고용의 안정화 및 노동력의 정착화에 유리하다. • 노동자의 생활보장으로 기업에 대한 귀속의식을 제고한다. • 동양적인 기업풍토에서 질서확립과 사기유지에 유리하다.
단점	• 동일직무에 대한 동일임금의 지급이 불가능하다. • 전문 기술인력의 확보가 곤란하다. • 기업의 인건비 부담이 높아진다. • 종업원들의 소극적·무사안일주의적인 근무태도를 야기한다.

(3) 직능급
① 직능급의 의의
직능급체계는 직무의 내용과 종업원의 직무수행 능력에 따라 기본급을 산정하는 방식으로, 연공급과 직무급의 절충형태이다.

② 직능급의 장단점

장점	• 능력에 따른 임금결정으로 종업원의 불평이 해소된다. • 능력자극으로 유능한 인재 확보가 용이하다. • 완전한 직무급 도입이 어려운 동양적 기업풍토에 적합하다.
단점	• 직무수행 능력이 떨어지는 노동자의 근로의욕이 상실될 수 있다. • 직무수행에 치우쳐 노동자가 일상업무를 소홀히 하는 경향이 나타난다.

(4) 직무급
① 직무급의 의의
㉠ 직무급체계는 직무의 중요성과 곤란도 등에 따라서 각 직무의 상대적 가치를 평가하고, 그 결과에 의거하여 임금액을 결정하는 체계이다.
㉡ 이는 동일한 직무에 대하여는 동일한 임금을 지급한다는 원칙(equal pay for equal work)에 입각한 것으로서, 적정한 임금수준의 책정과 더불어 각 직무 간에 공정한 임금격차를 유지할 수 있는 기반이 된다.

② 직무급의 장단점

장점	• 동일직무에 동일임금을 지급한다. • 개인별 임금격차에 대한 불만을 해소할 수 있다. • 전문기술인력의 확보가 용이하다. • 능력 위주의 인사풍토가 조성된다. • 불합리한 노무비 상승을 방지한다.
단점	• 공정하고 철저한 직무분석과 직무평가의 실시가 곤란하다. • 임금수준이 종업원의 생활을 보장할 수 있을 만큼 높지 않을 때는 실시가 곤란하다. • 연공중심의 풍토에서 오는 저항감이 강한 경우에는 적용이 곤란하다. • 인적자원관리의 융통성이 결여된다.

(3) 성과급

① 성과급제(output payment)의 의의

노동성과를 측정하여 측정된 성과에 따라 임금을 산정·지급하는 제도로, 이 제도에서 임금은 성과와 비례한다.

② 성과급제의 장단점

장점	• 작업성과와 임금이 정비례하므로 노동자에게 합리성과 공평감을 준다. • 작업능률을 크게 자극할 수 있으므로 생산성 제고·원가절감·노동자의 소득증대에 효과가 있다 • 직접노무비가 일정하므로 시간급제도다 원가계산이 용이하다.
단점	• 표준단가의 결정과 정확한 작업량의 측정이 어렵다. • 임금액을 올리고자 무리하게 노동한 결과 심신의 과로를 가져오기 쉽다. • 임금액이 확정적이 아니므로 노동자의 수입이 불안정하고 미숙련자에게는 불리하다. • 작업량에만 치중하므로 제품의 품질이 저하된다.

③ 성과급제가 유용한 경우

㉠ 생산량 단위의 측정이 가능한 경우
㉡ 작업자의 노력과 생산량과의 관계가 명확한 경우
㉢ 직무가 표준화되어 있고 작업의 흐름이 정규적인 경우
㉣ 제품의 질이 양보다 덜 중요하거나 그 질이 표준화되어 일정한 경우
㉤ 각 작업자에 대한 감독을 철저히 할 수 없는 경우
㉥ 경쟁적이어서 사전에 단위생산비 중 노무비가 결정되어 있는 경우

제3절 임금격차

1 임금격차의 경쟁적 요인과 경쟁 외적 요인

임금격차의 요인은 신고전학파(neo classical school)가 주로 주장하는 경쟁적 요인과 제도학파(institutional school)가 주로 주장하는 경쟁 외적 요인, 즉 제도적 요인으로 구분할 수 있다.

(1) 임금격차의 경쟁적 요인 2018년 2회, 2017년 3회, 2009년 2회

임금격차의 경쟁적 요인으로는 노동자의 생산성 격차, 보상적 임금격차, 시장의 단기적 불균형 등이 있다. 학자에 따라서는 기업주의 효율임금 정책을 경쟁적 요인에 포함시키기도 한다.

(2) 임금격차의 경쟁 외적 요인

임금격차의 경쟁 외적 요인으로는 차별화 및 노동시장의 분단, 노동자의 독점지대 배당, 기업주의 효율임금정책, 노동조합의 요구 등을 들 수 있다.

2 임금격차의 경쟁적 요인 2017년 3회, 2009년 2회

(1) 노동자의 생산성 격차

① 경쟁시장이론에 따르면 임금은 노동자 개인의 생산적 기여에 의하여 결정되므로 노동자 사이의 임금격차는 결국 노동자의 생산적 기여의 차이를 반영한다고 본다.
② 특히, 인적자본이론(human capital theory)에 의하면 노동자의 인적자본에 대한 투자의 차이가 노동자 사이의 생산적 기여에 차이를 가져오고 임금격차를 가져온다. 한편, 동일한 인적자본을 가진 노동자 간 임금격차는 관찰되지 않는 노동자의 질적인 차이(자질의 차이)에서 비롯된다.
③ 이러한 주장에 따를 때 저임금 노동자의 해소를 위해서는 이들의 생산성 증대를 위한 여러 가지 정책이 필요하다.
   예 노동자의 교육훈련 지원, 저소득층 자녀에 대한 의무교육 연한의 확대나 장학금 지원과 같은 정책

(2) 보상적 임금격차 2016년 1회, 2014년 3회, 2013년 3회, 2011년 1회, 2010년 4회, 2005년 1회, 2002년 1회

① 임금의 보상격차는 애덤 스미스(A. Smith)에 의해 주장되었는데, 그는 노동자들의 직업선택 및 전직이 자유로운 사회에서는 각 직업의 좋은 점과 나쁜 점을 모두 고려한 순이익이 한 사회의 여러 가지 대체적인 직업 사이에서 균등해진다고 보았다.
② 이와 같은 경우의 임금격차는 직업의 임금 외적인 불리한 측면을 상쇄하여 노동자에게 돌아가는 순이익을 다른 직업과 같게 해 주기 위한 것이므로 균등화 격차(equalizing wage differentials)라고 한다. 애덤 스미스는 균등화 격차를 가져오는 직업의 성격으로 다음을 제시하였다.

고용의 안정성 여부	고용의 불안정으로 실업의 가능성이 높아지면 실업으로 인한 소득상실을 보상해 줄 정도로 높은 임금을 지급해야 한다.
작업의 쾌적성 여부	어떤 직업의 작업내용이 다른 직업에 비해 더 위험하고 작업환경이 열악하다면, 더 높은 임금을 지급하여 작업에서의 비금전적 불이익을 보상해 주어야 한다.
교육 및 훈련비용	어떤 직업에 취업하기 위하여 교육 및 훈련비용이 들어간다면 이 비용은 이자까지 포함하여 임금으로 회수되어야 한다.
책임의 정도	변호사, 의사처럼 책임이 따르는 일에 종사하면 그 책임 때문에 더 높은 임금이 지급되어야 한다.
성공 또는 실패의 가능성	장래에 대한 불확실성이 평균 이상인 직업에 대해서는 보다 높은 임금을 지급해야 한다.

③ 보상적 임금격차는 직종의 상대적 불리함 내지 부담이 발생하는 요인에 따라 비금전적 차이, 금전적 위험(불안정) 및 교육훈련의 차이 등 세 가지로 나눌 수 있다.

> **바로 확인하는! 기출문제**
> ▶ 보상적 임금격차를 초래하는 3가지 요인에 대해 설명하시오

㉠ **비금전적 차이**: 노동의 유쾌한 정도, 노동의 난이도, 작업환경의 차이, 직업이 주는 위신이나 명성, 직업에 대한 만족도 등에서 불리한 특성을 가진 직종은 그에 대한 보상으로 높은 임금을 지불하지 않으면 안 된다. 이러한 비금전적인 요인으로 발생하는 임금격차를 비금전적 임금격차라고 한다.

㉡ **금전적 위험(불안정)**: 직종에 따라 매 기간의 임금이 확실하게 보장되지 않거나 불안정한 경우, 이러한 금전적인 위험성 내지는 불안정성에 대한 보상을 해 주는 어떤 가산적인 임금이 있어야 한다. 이러한 이유로 발생하는 임금격차를 금전적 위험에 따르는 임금격차라고 한다.

㉢ **교육훈련의 차이**: 어떤 직종이 다른 직종에 비해 더 높은 교육훈련을 받은 근로자를 수요할 때 그 직종에 종사하는 근로자는 교육훈련에 투입된 직·간접적 비용 때문에 그에 대한 보상으로 보다 높은 임금을 받게 된다. 인적자본이론은 직종별 임금격차의 발생원인 중에서 이와 같은 교육훈련의 차이에 의한 임금격차를 가장 중시한다.

(3) 시장의 단기적 불균형

① 예상하지 못한 요인으로 일정한 훈련을 요하는 어떤 직종에 대한 노동수요가 갑자기 증가하게 되면, 단기적으로는 노동공급이 비탄력적(inelastic)이므로 초과수요(excess demand)가 발생하여 이 직종에 대한 임금이 상승한다. 그러나 장기적으로는 이 직종에 대한 노동공급이 증가하므로 임금은 다시 하락한다.

② 단기 노동공급곡선으로 발생하는 임금상승 폭과 장기 노동공급곡선으로 발생하는 임금상승 폭 간의 이 같은 차액을 과도적 임금격차(transitional wage differentials)라고 한다.

3 성별 임금격차

(1) 성별 임금격차의 원인
<small>2006년 3회, 2003년 3회</small>

성별 임금격차가 발생하는 원인은 학력·연령·경력 등의 차이에서 오는 노동생산성의 차이와 소위 차별대우에서 오는 임금격차로 나누어 볼 수 있다.

① 노동생산성의 차이

여성근로자에 대한 노동시장 내부적인 차별, 즉 저임금(교육투자에 대한 낮은 투자수익률)과 여성에게 불리한 각종 고용관행 등이 노동시장의 외부적인 차별, 즉 여성에 대한 낮은 학력(교육투자의 기피로 인한)의 원인으로 작용하고 있다. 그리고 이러한 낮은 학력은 낮은 노동생산성으로 이어져 저임금의 원인으로 작용하고 있다.

② 차별대우

㉠ 노동생산성의 차이가 아닌 순수한 여성근로자에 대한 차별대우에 기인하는 임금격차는 다시 채용 시의 직종차별(occupational segregation)과 순수한 임금차별(wage discrimination)로 나눌 수 있다.

㉡ 일반적으로 채용 시의 직종차별(고용차별)과 임금차별은 동시에 나타나는 것으로 알려져 있지만, 바바라 버그만(B. R. Bergman)은 직종차별이 임금차별을 가져온다고 보고 직종차별이 더 중요하다고 하였다.

(2) 채용 시의 직종차별

① 혼잡효과

㉠ 여러 가지 여성에 대한 편견 때문에 여성들은 어느 나라에서나 임금이나 근로조건이 유리한 직종에 고용되는 비율이 아주 낮으며, 주로 여성근로자들로 구성되는 일부 저임금 직종에 집중적으로 고용된다.

㉡ 저임금 직종에의 집중화 현상으로 여성근로자 간의 경쟁이 격화되는데, 이로 인해 임금이 낮아지는 현상을 혼잡효과(crowding effect) 또는 쇄도효과라고 한다.

② 혼잡시설

일부 직종에서의 여성근로자 간의 경쟁격화에 의한 저임금 현상을 설명하는 모형은 바바라 버그만에 의해 제시되었는데, 이를 혼잡가설(crowding hypothesis) 또는 쇄도가설, 과밀가설이라고 한다.

4 기타 임금격차

(1) 산업별 임금격차

① 특징

산업별 임금격차는 많은 나라에서 장기에 걸쳐 안정적이며 변화가 적은 것으로 나타나고 있다.

② 임금격차의 원인
<small>2022년 3회, 2019년 3회, 2013년 1회</small>

㉠ 노동생산성의 차이: 임금이론의 한계생산력설에 의하면 노동생산성이 높은 산업은 다른 사정이 동일할 경우 임금수준도 높아진다. 따라서 산업 간 생산성의 차이가 클수록 산업 간의 임금격차는 커진다.

ⓒ **노동조합의 존재**: 노동조합이 광범위하게 조직되어 있는 산업 또는 교섭력이 강한 산업일수록 그렇지 않은 산업과 비교할 때 임금격차가 커진다.
ⓒ **산업별 집중도의 차이**: 산업별 집중도의 차이는 상품시장에서의 독과점의 정도를 나타낸다. 산업별 집중도의 차이가 클수록 산업별 임금격차는 커진다.

(2) 기업규모별 임금격차

① 의의

대기업과 중소기업 간에는 상당히 큰 임금격차가 존재한다. 대기업에는 중소기업보다 종신고용제나 연공임금제적인 관행이 잘 갖추어져 있으므로 중소기업보다 높은 임금을 지급하는 것으로 볼 수 있다.

② 임금격차의 원인

㉠ **자본집중도 가설**: 대기업은 자본집중도가 높아 근로자 1인당 부가가치 생산성이 높고, 이러한 부가가치 생산성에 대응하여 임금이 높아질 수 있다는 것이다.
㉡ **생산물 시장구조 가설**: 생산물 시장구조 가설은 기업의 제품판매 과정에서 시장지배력을 행사할 수 있느냐의 문제와 관련된다. 대기업일수록 시장지배력이 높고 시장점유율이 높을 가능성이 크며, 상대적으로 고임금을 지불할 수 있게 된다.
㉢ **노동조합의 존재**: 대기업일수록 노동조합이 조직되어 있을 가능성이 높다는 것도 한 가지 이유로 제시할 수 있다.
㉣ **이질 노동력 가설**: 대기업일수록 학력이나 경력에서 우수한 인재를 채용할 수 있으므로 중소기업에 비해 더 높은 노동생산성을 실현할 수 있고, 따라서 더 높은 임금이 지급된다는 것이다.

CHAPTER 03 실업과 노사관계

제1절 자발적 실업

1 실업의 의의와 분류

(1) 실업과 실업자의 의미

① 실업의 의미
  실업(unemployment)은 일할 능력과 의사를 가지고 있지만 취업기회가 주어지지 않은 상태를 의미한다.

② 실업자의 정의 2017년 1회, 2013년 1회
  ㉠ 일반적으로 실업자는 일할 능력과 의사가 있음에도 불구하고 일자리가 없는 사람을 의미한다.
  ㉡ 통계적으로는 조사대상 기간(15일이 포함된 1주일) 중 적극적으로 일자리를 구해 보았으나 수입이 있는 일에 전혀 종사하지 못한 사람으로서, 일자리가 있으면 즉시 취업이 가능한 사람으로 정의된다.
  ㉢ 실업자에는 과거에 구직활동을 계속 하였으나 일시적인 질병, 일기불순, 구직결과 대기, 자영업 준비 등 특별한 사유로 조사기간 중에 구직활동을 하지 못한 사람도 포함된다.

(2) 실업의 분류

① 자발적 실업과 비자발적 실업
  ㉠ 자발적 실업(voluntary unemployment)은 여러 가지 이유로 인해서 자발적으로 실업을 선택한 경우를 의미한다. 자발적 실업에는 마찰적 실업과 탐색적 실업이 있다.
  ㉡ 비자발적 실업(involuntary unemployment)은 일할 의사와 능력이 있음에도 불구하고 일자리를 얻지 못한 경우를 의미한다. 비자발적 실업에는 경기적 실업, 구조적 실업, 계절적 실업 및 기술적 실업 등이 포함된다.
  ㉢ 고전학파 경제학에서는 '보이지 않는 손'의 작용에 의해 완전고용을 전제로 하므로 비자발적 실업은 존재할 수 없고 자발적 실업만이 존재할 수 있다. 그러나 케인즈(J. M. Keynes)는 총수요(유효수요)의 부족으로 인해 경기가 침체상태에 빠져 있는 경우 비자발적 실업이 존재한다고 주장한다.

② 수요부족 실업과 비수요부족 실업 2021년 2회, 2017년 2회, 2013년 1회, 2012년 2회
  ㉠ 수요부족 실업(demand deficient unemployment)은 총수요(유효수요)의 부족으로 경기침체가 나타남에 따라 노동력에 대한 수요가 감소하여 발생하는 실업이다. 수요부족 실업의 가장 전형적인 것으로는 경기적 실업이 있다.

> **바로 확인하는! 기출문제**
> ▶ 실업자에 대한 정의를 쓰고, 마찰적 실업과 구조적 실업의 공통점과 차이점을 기술하시오.

ⓒ 비수요부족 실업(non-demand deficient unemployment)은 나라경제의 총수요의 크기와는 관계없이 다른 요인에 의해 발생하는 실업으로, 마찰적 실업, 구조적 실업, 계절적 실업 등이 있다.

ⓒ 실업을 수요부족 실업과 비수요부족 실업으로 나누는 것은 이 두 가지 실업에 대한 대책이 매우 다르기 때문이다. 수요부족 실업은 정부지출 증가와 통화량 증가 등 총수요 확대정책을 통해 해결할 수 있으나, 비수요부족 실업은 총수요 확대정책을 실시해도 해결할 수 없다.

2 마찰적 실업
2024년 2호, 2021년 2회, 2018년 1회, 2015년 2회, 2013년 3회, 2012년 2회, 2009년 3회, 2007년 3회

(1) 마찰적 실업의 의의
① 신고전학파 경제학자들은 노동시장에서의 마찰을 노동력 수요·공급의 불일치를 가져오고 실업을 초래하는 주요 원인으로 보았다. 즉, 실업문제란 노동시장에서 정보의 부족으로 인하여 기업에서는 빈자리가 생겨도 여기에 배치할 노동자를 찾지 못하고, 노동자는 기업에 빈자리가 생겨도 그것을 쉽게 발견하지 못하는 데서 생기는 문제라고 본 것이다.

② 이처럼 노동시장의 정보의 불완전으로 발생하는 실업을 마찰적 실업(frictional unemployment)이라고 한다. 마찰적 실업은 자발적이고 불가피한 실업이고, 대부분의 경우에는 자연적인 실업이므로 인위적으로 줄이기가 어렵다.

(2) 마찰적 실업의 대책
마찰적 실업은 노동자의 전직과정에서 정도의 불완전성 때문에 주로 발생하므로 취업에 관한 정보제공을 포함한 노동시장의 기능이 효과적일수록 감소한다. 따라서 취업정보를 효율적으로 제공함으로써 줄일 수 있다.

제2절 비자발적 실업

1 비자발적 실업

(1) 비자발적 실업의 의미
① 일할 능력과 현재의 임금수준에서 일할 의사를 가지고 있음에도 불구하고 취업기회가 주어지지 않는 실업으로, 케인즈(J.M. Keynes)가 처음 제시한 개념이다.
② 일반적으로 경기적 실업, 구조적 실업, 기술적 실업 등이 비자발적 실업에 해당한다.

(2) 실업통계의 문제점
2011년 2회

통계청이 발표하는 통계상의 실업률과 피부로 느끼는 체감실업률 간에는 큰 차이가 존재한다. 그 이유는 현재 실업률 통계를 산출하는 데 적용되고 있는 분류기준을 알면 이해할 수 있다.

바로 확인하는! 기출문제
▶ 우리나라에서 통계상의 실업률이 체감실업률보다 낮게 나타나는 이유를 2가지만 쓰시오.

① 사실상 실업자인 구직단념자(실망노동자)가 비경제활동인구로 분류되기 때문이다. 즉, 지난 1년간 일자리를 구한 적이 있지만 조사대상기간 중에 구직의사가 없었던 구직단념자를 실업자가 아닌 비경제활동인구로 분류하기 때문에 그 수가 늘어날 경우 실업률은 오히려 낮아진다.
② 사실상 실업자인 취업준비자가 비경제활동인구로 분류되고 있는 것도 한 이유가 된다.
③ 국제노동기구(ILO)의 기준에 따르면 임시직 또는 시간제로 1주일에 1시간 이상 수입이 있는 일에 종사하면(불완전취업자) 취업자로 분류되기 때문이다. 이들처럼 불안정한 준실업상태에 있는 사람의 입장에서는 자신들이 구직하고 있는 상황에 비해 통계상의 실업률이 상대적으로 낮게 느껴질 수 있다.

2 케인즈의 실업이론

(1) 케인즈 실업이론의 의의

① 케인즈(J. M. Keynes) 이전의 신고전학파 경제학자들은 실업의 원인을 정보의 부족과 같은 노동시장의 불완전성이나 노동시장이 균형을 이루는 데 걸리는 시간이 장기간인 데 있다고 보고, 실업을 정책적으로 대처해야 할 중대한 사회문제라고는 생각하지 않았다.
② 그러나 1930년대 세계대공황(the great depression)을 배경으로 등장한 케인즈는 실업을 사회의 유효수요(총수요) 부족과 관련지어 설명함으로써 실업에 대한 인식과 정부의 대응자세에 일대 전환을 가져왔다.

(2) 케인즈 실업이론의 내용

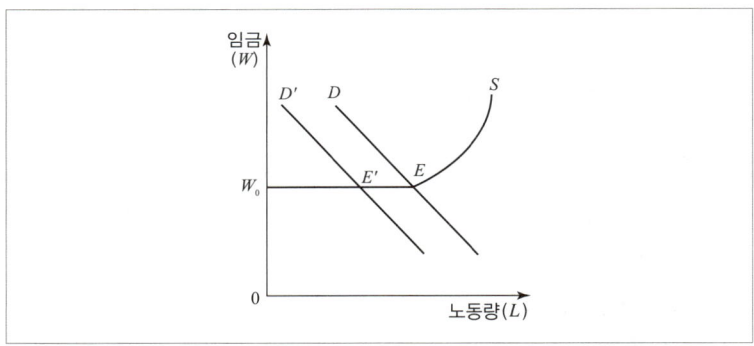

① 실업은 노동시장에서 노동에 대한 수요보다 공급이 많기 때문에 발생하는 현상이다. 위 [그림]에서 노동수요곡선(D)은 노동의 한계생산가치(VMP$_L$)를 반영하여 우하향하는 곡선이 된다. 그러나 노동공급곡선(S)은 E점에서 불연속적으로 구부러지는 형태를 보인다.
② 노동공급곡선이 수평인 구간은 노동자들이 화폐환상(money illusion)을 갖고 있어 명목임금(또는 화폐임금)의 하락에 저항하며, 이로 인해 시장의 명목임금이 하방경직성(downward rigidity)을 갖기 때문이라고 본다.

③ 위 [그림]에서 수요곡선이 D인 경우 실업은 존재하지 않고 시장임금에서 취업하려는 사람은 모두 취업할 수 있다. 그러나 총수요가 감소하여 수요곡선이 D'가 되면 E'E만큼의 실업이 발생한다. 임금의 하방경직성 때문에 시장임금은 하락하지 않고 노동공급이 감소하지 않았는데도, 총수요의 감소로 노동에 대한 수요는 감소한다. 그 결과 주어진 시장임금 하에서 일하려고 하는 사람들 중의 일부는 일자리를 잡지 못하고 실업자가 된다.

④ 이와 같이 케인즈가 중시한 실업은 유효수요 부족 때문에 나타나는 실업이었다. 따라서 실업에 대한 정부의 대책은 재정투·융자의 확대나 통화량의 증대와 같은 유효수요를 늘릴 수 있는 거시적인 정책이 되어야 한다.

(3) 임금의 하방경직성
2024년 3회, 2023년 1회, 2020년 3회, 2018년 2회, 2017년 3회, 2012년 3회, 2011년 3회, 2010년 2회, 2009년 1회, 2004년 1회

① 임금의 하방경직성의 의미
  ㉠ 임금의 하방경직성은 케인즈가 주장한 것으로, 시장에서 노동수요와 노동공급에 의해 결정된 임금은 경제여건이 변화하여 하락할 요인이 있어도 하락하지 않고 현재의 수준을 유지한다는 것이다.
  ㉡ 이 경우 노동공급곡선은 수평선의 형태가 되고, 경기침체 시 노동수요가 감소하면 비자발적 실업이 크게 증가한다.

② 임금이 하방경직적이 되는 이유
케인즈 이후 새케인즈학파(new-Keynesian economics) 경제학자들은 임금이 하방경직적인 이유를 주로 연구했다. 임금이 하방경직적인 이유는 다음과 같다.
  ㉠ **노동자들의 화폐환상으로 인한 역선택**: 경기침체 시 노동수요의 감소로 인해 명목임금이 하락해도 물가가 더 크게 하락하면 실질임금은 상승하므로 노동공급을 증가시켜야 한다. 그러나 노동자들은 물가에 대한 정보가 부족하여 실질임금의 상승을 인식하지 못하므로 명목임금의 하락을 수용하지 않아서 실업(비자발적 실업)이 발생한다.
  ㉡ **노동자와 사용자 간의 장기근로계약**: 통상적인 근로계약이 2~3년 단위로 체결되므로 근로계약 기간 중에는 임금이 하락할 요인이 있어도 하락하지 않고 그대로 유지된다.
  ㉢ **노동조합의 저항**: 노동조합이 조직되어 있는 경우에는 임금이 하락할 요인이 발생해도 노동조합이 저항하면 임금은 하락하지 않고 경직적이 된다.
  ㉣ **최저임금제**: 최저임금제가 도입되면 노동수요가 감소하여도 임금이 최저임금 아래로는 하락할 수 없으므로 명목임금은 하방경직적이 된다.
  ㉤ **연공급 임금제도**: 임금이 근속연수나 학력 등에 의해 결정되는 연공급 임금제를 채택하는 경우 임금은 매년 상승하므로 하락하는 일은 있을 수 없다.

바로 확인하는! 기출문제

▶ 임금의 하방경직성의 의미를 설명하고, 임금이 하방경직이 되는 원인을 5가지 쓰시오
▶ 임금의 하방경직성 의미와 이에 영향을 미칠 수 있는 요인 4가지를 쓰시오

(4) 필립스 곡선

① **필립스 곡선의 의의**

영국의 경제학자인 아서 필립스(A. Phillips)는 1861년에서 1957년까지 영국경제를 대상으로 실증분석한 결과, 실업률과 명목임금 상승률 간에 안정적인 음(-)의 관계가 있다는 사실을 발견하였는데, 이 관계를 회귀곡선으로 표시한 것을 필립스 곡선(Phillips curve)이라고 한다.

② **필립스 곡선의 의미**

㉠ 필립스 곡선은 실업률과 물가상승률의 관계를 나타내는 곡선으로 그릴 수도 있다. 이 경우 다음 [그림]에서 보는 바와 같이, 필립스 곡선은 높은 실업률이 물가의 안정이나 하락을 수반하며, 실업률이 낮을 때는 물가상승률이 높아짐으로써 실업률과 물가상승률 간에 음(-)의 상관관계가 존재함을 보여 준다.

㉡ 필립스 곡선은 물가안정과 완전고용이라는 두 가지 정책목표를 동시에 달성하기는 매우 어려우며, 두 목표 중에서 어느 한쪽을 중점적으로 추진할 때는 다른 한쪽을 포기할 수밖에 없음을 보여 준다.

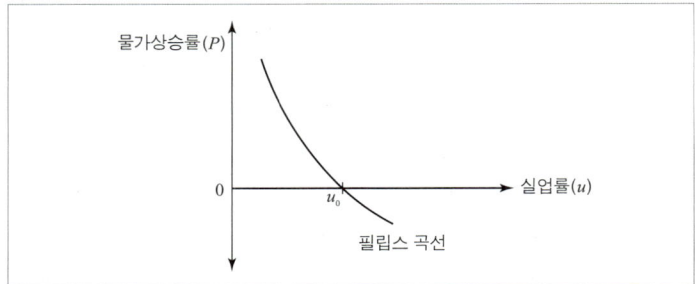

③ **필립스 곡선의 이동** 2012년 3회

경제학자들의 연구에 의하면 실업률과 인플레이션율 간의 상충관계는 1960년대에 비해 1980년대에 들어 악화되어, 필립스 곡선이 원점에서 멀리 이동(오른쪽으로 이동)하였다.

④ **필립스 곡선이 이동하는 원인**

㉠ **가격인플레이션에 대한 예상**: 인플레이션이 심화될수록 노동자들은 실질임금을 유지하기 위하여 점점 더 높은 명목임금의 인상을 요구한다. 이로 인해 동일한 실업률에 대해서도 보다 높은 물가상승률이 대응되는 경제로 가게 되어 필립스 곡선이 원점에서 멀어져 우측으로 이동한다.

㉡ **노동력의 연령 및 성별 구성의 변화**: 전체 실업률보다 실업률이 더 높은 청소년이나 여성노동자의 구성비율이 높아지면 실업률과 인플레이션율 간의 상충관계가 악화되어 필립스 곡선은 원점에서 더 멀리 이동한다.

㉢ **실업률의 각 부문 간의 격차**: 실업률의 각 부문 간의 격차가 클수록 실업률과 인플레이션율 간의 상충관계는 악화된다. 예컨대 대학졸업자 노동시장과 고등학교졸업자 노동시장이 분리되어 있는 경우 두 시장의 실업률 격차가 클수록 전체적인 실업률은 동일하더라도 임금상승률은 전체적으로 더 높아지기 때문이다.

바로 확인하는! 기출문제

▶ 실업률과 인플레이션 간의 상충관계를 나타내는 필립스 곡선이 오른쪽으로 이동하는 요인 3가지를 쓰시오.

⑤ 필립스 곡선의 이동에 대한 대책
  ㉠ 예상가격상승률을 낮추는 조치: 통화정책이나 재정정책을 긴축적으로 운영하거나 소득정책(income policy)을 사용하여 예상가격상승률을 낮추면 필립스 곡선은 원점 방향으로 이동한다.
  ㉡ 노동시장을 경쟁시장으로 전환: 노동시장을 보다 경쟁적으로 만들고, 임금의 하방경직성을 가져오는 제도적 장애물을 제거해야 한다.
  ㉢ 노동시장의 효율성 증대: 구직이나 구인에 대한 정보를 보다 효과적으로 제공하고 직업소개 업무의 효율성을 높여야 한다. 나아가 기술부족에 따른 고용부진을 해소하기 위해 정부차원의 직업훈련 프로그램을 마련한다.
  ㉣ 지역 간의 실업률 격차 해소: 지역 간의 실업률 격차를 감소시킬 수 있도록 각 지역별로 취업에 관한 정보를 효율적으로 제공해야 한다.

3 경기적 실업 2024년 2회, 2017년 2회, 2015년 2회, 2013년 3회, 2012년 2회, 2009년 3회, 2007년 3회

(1) 경기적 실업의 의의
① 경기적 실업(cyclical unemployment)은 불경기에 수반하여 발생하는 실업이므로 주된 원인은 총수요(유효수요)의 부족이라고 할 수 있다.
② 경기적 실업의 존재는 케인즈(J. M. Keynes)에 의해 처음 언급되었기 때문에 이를 케인즈적 실업이라고도 한다.

(2) 경기적 실업의 대책
① 경기적 실업은 재정정책과 통화정책을 이용한 총수요(유효수요)의 증대를 통해 해결할 수 있다.
② 즉, 정부가 공공투자를 확대하여 정부지출을 늘리고 조세를 감면해 주는 확장적 재정정책을 실시하거나, 중앙은행이 통화량을 늘리는 확장적 통화정책을 실시하여 총수요를 늘리면 생산의 증가와 함께 고용이 증가하므로 경기적 실업을 해결할 수 있다.

4 구조적 실업
2024년 2회, 2021년 2회, 2018년 1회, 2017년 2회, 2015년 2회, 2013년 3회, 2012년 2회, 2009년 3회

(1) 구조적 실업의 의의
① 구조적 실업(structural unemployment)이란 전체 노동력에 대한 수요가 부족하여 발생하는 것이 아니라 어떤 특수한 종류의 노동에 대한 수요부족으로 발생하는 실업을 말한다.
② 즉, 산업구조의 변화로 산업 간·지역 간의 발전이 불균등하게 이루어지고, 이로 인해 노동력의 수급불균형이 존재함에 따라 특정한 산업이나 지역에서 발생하는 실업이다.

바로 확인하는! 기출문제

▶ 비수요부족실업에 해당하는 대표적인 실업을 3가지 쓰고 각각에 대해 설명하시오.
▶ 마찰적 실업, 구조적 실업, 경기적 실업에 대해 설명하시오.
▶ 실업은 그 발생 원인에 따라 경기적 실업, 마찰적 실업, 구조적 실업, 계절적 실업으로 나누고 있다. 그 구체적인 내용과 대책을 설명하시오.

(2) 구조적 실업의 대책
① 구조적 실업을 해결하기 위해서는 인력정책(human power policy)의 필요성이 강조된다.
② 그 구체적인 내용으로는 직업소개·직업보도 등과 같은 직업알선, 교육 및 재훈련, 노동자의 지역적 이동을 촉진하는 방안의 강구, 장래의 노동수요 예측 등 다양한 정책이 요구된다.

> **한발 더 나아가기**
>
> **구조적 실업의 다른 해석**
> 새케인즈학파(new-Keynesian school) 경제학의 대표적인 학자인 하버드대학교의 맨큐(N. G. Mankiw)는 실업을 마찰적 실업과 구조적 실업으로 구분하고, 구조적 실업은 노동시장에서 제공되는 일자리의 수가 직장을 찾고 있는 노동자들의 수에 비해 적기 때문에 발생하는 실업으로 설명한다. 그러므로 구조적 실업은 오래 지속되는 실업을 설명하는 데 적합한 것으로 본다.
> 여기서 일자리의 수가 적은 이유는 어떤 이유로 임금이 노동의 수요와 공급이 같아지는 임금(균형임금)보다 높기 때문이다. 그리고 임금이 균형임금보다 높아지는 이유로 최저임금제, 노동조합의 임금인상 압력, 효율임금(efficiency wage)을 제시하였다.

5 계절적 실업
2021년 2회, 2012년 2회

(1) 계절적 실업의 의미
사회전반에 걸친 광범위한 실업이 없더라도 건설업, 농업, 관광업 등에서는 계절에 따라 산업의 가동률이 크게 달라지고 노동수요가 달라지는 일이 흔히 발생한다. 이처럼 산업 자체의 계절성으로 인해 발생하는 실업을 계절적 실업(seasonal unemployment)이라고 한다.

(2) 계절적 실업의 성격
① 경기적 실업과의 비교
계절적 실업은 그 산업 내에서 보면 경기적 실업과 상당히 유사한 성격을 가지고 있지만, 계절성에 의하여 확실하게 실업을 예측할 수 있는 점에서 경기적 실업과 다르다.

② 계절적 실업의 원인과 대책
㉠ 계절적 실업의 원인: 계절적 요인으로 노동에 대한 수요가 감소하기 때문이다.
㉡ 계절적 실업의 대책: 계절적 요인과는 관계없이 일을 할 수 있도록 여건을 조성해 준다. 즉, 농가에 시설자금을 지원하여 농한기에도 일할 수 있도록 해 주거나, 실업자를 구제하기 위한 공공근로사업 등을 실시한다.

6 기타의 실업

(1) 부가노동자 효과
2014년 3회

① 경기가 후퇴하여 노동력에 대한 수요가 감소하면 실업이 증가한다. 이 때 가구주의 실직이나 노동시간의 감소를 보전하기 위하여 그 가구의 배우자나 자녀들이 새롭게 취업하기 위해 노동시장에 참가하여 구직활동을 하게 된다. 즉, 비경제활동인구가 경제활동인구로 전환된다.

② 경기후퇴가 진행되는 경우에는 부가적인 노동자들의 노동시장 참가로 말미암아 실업률이 더욱 증가한다는 가설을 부가노동자 가설(added worker hypothesis)이라 하고, 이러한 사정으로 실업률이 증가하는 효과를 부가노동자 효과(added worker effect)라고 한다.

(2) 실망노동자 효과
2014년 3회, 2000년 1회

① 실망노동자의 의의

부가노동자 효과와는 대조적으로 실업률이 높을 때는 일부 실업자들이 취업 가능성의 감소로 실망한 나머지 노동시장 참가 자체를 포기하여 비경제활동인구로 전환된다. 그리고 비경제활동인구로서 만약 사정이 좋았더라면 노동시장에 참가했을 사람들 경제 전반의 높은 실업률 때문에 노동시장 참가 자체를 포기하게 된다.

② 실망노동자 효과

불경기에 실망하는 노동자들로 인해 실업률이 낮아진다는 가설을 실망노동자 가설(discouraged worker hypothesis)이라 하고, 이러한 사정으로 실업자(경제활동인구)들이 비경제활동인구로 전환되어 실업률이 낮아지는 효과를 실망노동자 효과(discouraged worker effect)라고 한다. 최근에는 실망노동자를 실망실업자로 번역하는 경우도 있다.

③ 실증적 연구의 결과

부가노동자 효과와 실망노동자 효과의 크기에 대하여 많은 경제학자들이 실증적 연구를 한 결과를 보면, 대체로 실망노동자 효과가 부가노동자 효과보다 더 큰 것으로 나타난다. 이에 따라 불경기에는 이들 효과가 실업률을 감소시키는 결과를 가져오는 것으로 보인다.

7 노사관계와 노동조합

(1) 노사관계의 구조
2024년 2회, 2019년 1회, 2016년 3회, 2003년 3회

던롭(J. T. Dunlop)은 하나의 노사관계가 3주체로 구성되어 있다고 가정한다. 그리고 이들 주체가 직·간접으로 영향을 받으면서 행동하게 되는 환경조건 내지 노사관계를 규제하는 여건을 몇 가지 들고 있다. 이러한 던롭의 노사관계이론을 노사관계 시스템이론이라고 한다.

① 노사관계의 3주체
  ㉠ 근로자와 그 조직(노동조합)
  ㉡ 경영자와 그 조직(협회, 경제단체, 협동조합 등)
  ㉢ 노동문제와 관련이 있는 정부 기구 및 기관

바로 확인하는! 기출문제

▶ 불경기 시 부가노동자와 실망노동자 수의 증가가 실업률에 미치는 효과를 비교 설명하시오.

▶ 1997년 실업률은 2.6%였으나 IMF로 인해 1998년에는 3.8%로 증가하였고, 경제활동 참가율은 1997년 62.2%에서 1998년에는 60.1%로 하락하였다. 경기침체는 경제활동 참가율을 감소시키거나 증가시키는데 이 경우는 감소된 경우이다. 이러한 경우를 경제용어로 무엇이라고 하며 그 내용은 무엇인가?

바로 확인하는! 기출문제

▶ 노사관계의 3주체와 3요건을 적으시오.

▶ 던롭의 시스템이론에서 노사관계를 규제하는 3가지 요건을 쓰시오.

② 노사관계를 규제하는 환경적 요건
　㉠ 기술적 특성: 주로 생산현장에서의 근로자의 질이나 양 그리고 생산과정, 생산방법 등이 포함된다.
　㉡ 시장 또는 예산제약: 제품시장의 형태와 기업을 경영하는 조건으로 비용, 이윤 등의 내용을 포괄한다.
　㉢ 각 주체의 세력관계: 노사관계를 포함하여 더욱 광범위한 사회 내에서 주체들의 세력관계 또는 세력균형관계를 들 수 있다.

(2) 노동조합이 노동시장에 미치는 영향
① 노동조합의 두 얼굴　　　　　　　　　　　　　　　　　2018년 3회
　㉠ 프리먼과 메도프(R. Freeman & J. Medoff)는 노동조합은 노동공급 독점자로서 부정적인 기능만 갖는 것이 아니라 집단적 발언기구(collective voice mechanism)로서 성공적으로 노동자의 불만을 표출시키며 이를 집약하여 단체협약을 통해 그 불만을 해결할 때 노동생산성을 높이는 긍정적인 기능을 한다고 본다.
　㉡ 따라서 노동조합은 부정적인 측면과 긍정적인 측면을 함께 고려하여야 하는데, 이를 노동조합의 두 얼굴(two face of unionism)이라고 한다.
② 노동공급 독점자 ⇨ 자원의 비효율적 배분효과
　노동조합은 단결력을 바탕으로 임금을 인상시킨다. 즉, 노동의 공급독점을 형성하여 노동공급에 관한 의사결정을 공동으로 하는 것이다. 이로 인해 노동조합은 노동공급면에 있어서 왜곡을 초래하여 자원의 효율적 배분을 저해한다.
③ 집단적 발언기구 ⇨ 노동생산성의 증대효과
　노동조합은 이해의 갈등 또는 노동자의 불만을 제도적으로 표출시키고 이를 해결하기 위해 노력하는 집단적 발언(collective voice)기구로, 노동조합은 집단적 발언을 통해 노동생산성의 증대에 기여한다.

(3) 노동공급 독점자로서의 노동조합
① 노동조합의 임금효과　　　　　　　　　　　　　　　　2018년 3회
　㉠ 노동공급 독점에 의한 임금인상 ⇨ 실업효과: 노동조합은 임금과 근로조건을 개선하는 데 그 존재의 의의가 있다. 노동조합에 의한 임금인상은 산업 전체의 고용수준을 감소시키고 실업을 증가시킨다. 이 경우 노동에 대한 수요가 비탄력적일수록 실업은 적게 발생하고, 노동조합은 임금인상 교섭에서 강력한 힘을 발휘할 수 있다.
　㉡ 노동조합의 파급효과 ⇨ 임금하락 효과: 노동조합의 임금인상으로 실업자가 된 노동자들은 노동조합이 조직되어 있지 않은 부문으로 이동한다. 이에 따라 비조직 부문에서는 노동공급이 증가하여 임금이 하락하는데, 이를 파급효과(spillover effect) 또는 노조의 축출효과(displacement effect)라고 한다.

> **바로 확인하는! 기출문제**
> ▶ 노동조합의 임금효과가 발생하는 경로 중 이전효과와 위협효과에 대해 설명하시오.

ⓒ 노동조합의 위협효과 ⇨ 임금상승 효과: 비조직 부문에서의 임금하락은 비조직 부문 노동자들에게 위기감을 주고 이에 따라 비조직 부문에서도 노동조합 결성 움직임이 나타난다. 이에 위협을 느낀 사용자들은 임금을 인상하여 노동조합의 결성을 저지하게 되는데, 이를 위협효과(threat effect)라고 한다.
② 노동조합의 자원배분 효과
ⓐ 최적 인적자원 배분: 동일노동에 대해 동일임금이 성립하는 경쟁노동시장에서는 한 나라의 산출량이 최대가 되는 최적 인적자원 배분이 이루어진다.
ⓑ 비효율적 자원배분: 노동조합에 의한 임금인상으로 기업이 노동수요량을 감소시키면 자원의 비효율적 배분인 사중손실(deadweight loss)이 발생한다.

(4) 노동조합 운동의 이념
① 정치적 조합주의(정치주의)
ⓐ 정치적 조합주의는 노사관계를 적대적 대립관계, 즉 이해대립의 조정이 불가능한 관계로 본다.
ⓑ 노동조합의 목적을 자본주의 체제의 타파와 사회주의의 실현에 있다고 보고, 노동조합 운동이 정치에 종속된다는 입장이다.
② 경제적 조합주의(경제주의) 2017년 2회, 2013년 3회
ⓐ 경제적 조합주의는 노사관계를 이해대립의 관계로 보고 있으나 이해조정이 가능한 비적대적 관계로 이해한다. 따라서 노동자들의 정치적·경제적·사회적 지위향상과 복지실현은 자본주의 체제하에서도 얼마든지 가능하고 또 바람직한 것으로 본다.
ⓑ 노동조합 운동의 목적은 노동자들의 생활조건(근로조건 포함)의 개선과 유지에 있다고 본다. 그리고 그 방법으로 가장 중요한 것이 단체교섭이다.
ⓒ 노동조합 운동은 정치로부터 독립되어야 한다고 본다. 즉, 노동조합 운동의 독자성·자주성 확보 및 조합 내 민주주의의 실현이 중요한 조직원리이며 운동의 기본원칙이다.

(5) 노동조합과 숍 시스템
① 숍 시스템의 의의
노동조합의 가입방법으로 숍 시스템(shop system)은 조합비 일괄징수 제도인 체크 오프 시스템(check off system)과 함께 노동조합의 안정을 유지하기 위한 제도이다. 따라서 단체협약의 중요한 내용이 된다.

> **사중손실(deadweight loss)**
> 사중손실은 소비자 잉여와 생산자 잉여를 합한 총잉여가 감소하는 것을 의미한다. 그리고 이는 자원배분이 비효율적으로 되었음을 의미한다. 사중손실은 사회후생의 순손실, 사장손실 또는 자중손실이라고도 번역한다.

바로 확인하는! 기출문제
▶ 경제적 조합주의의 특징 3가지를 쓰시오.

> **바로 확인하는! 기출문제**
>
> ▸ 노동조합의 양적인 측면의 단결 강제는 shop 제도이다. 노동조합 shop의 종류 4가지를 쓰고 설명하시오.

② 숍 시스템의 유형   2017년 3회, 2013년 2회

 ㉠ **오픈 숍**(open shop): 기업이 노동자를 채용할 때 조합원이 아니더라도 자유롭게 채용할 수 있는 숍 제도이다. 즉, 조합에의 가입이 고용 조건이 아니고, 채용된 후 조합에의 가입도 노동자의 자유이다.

 ㉡ **유니언 숍**(union shop): 기업이 노동자를 채용할 때는 노동조합에 가입하지 않은 노동자를 채용할 수 있지만 일단 채용된 노동자는 일정 기간 내에 노동조합에 가입하여야 하며, 조합에서 탈퇴하거나 제명되는 경우 종업원 자격을 상실하도록 되어 있는 숍 제도이다.

 ㉢ **클로즈드 숍**(closed shop): 조합에 가입한 노동자만을 채용하고 일단 고용된 노동자라도 조합원 자격을 상실하면 종업원이 될 수 없는 숍 제도이다. 이 방법은 조합이 노동의 공급을 통제할 수 있어 임금수준과는 관계없이 노동의 공급이 고정되므로 노동의 공급곡선은 수직형태이다.

 ㉣ **에이전시 숍**(agency shop): 조합에의 가입은 노동자의 자유이나 조합원이 아니더라도 조합비를 징수하는 숍 제도이다.

8 단체교섭에 관한 힉스의 이론   2012년 1회

(1) 이론의 아이디어

① 힉스(J. R. Hicks)는 단체교섭이 결렬되어 파업이 발생하면 파업의 기간에 따라 노사 양측의 요구임금(asking wages) 및 제안임금(offering wages)의 수준이 달라진다고 보았다.

② 즉, 노사 양측이 수락하는 임금수준은 그 임금수준에 도달되기까지 필요한 파업기간의 함수라고 보았다.

> **바로 확인하는! 기출문제**
>
> ▸ 힉스(J. R. Hicks)의 단체교섭 이론을 그래프로 그리고 간략히 설명하시오.

(2) 이론의 내용

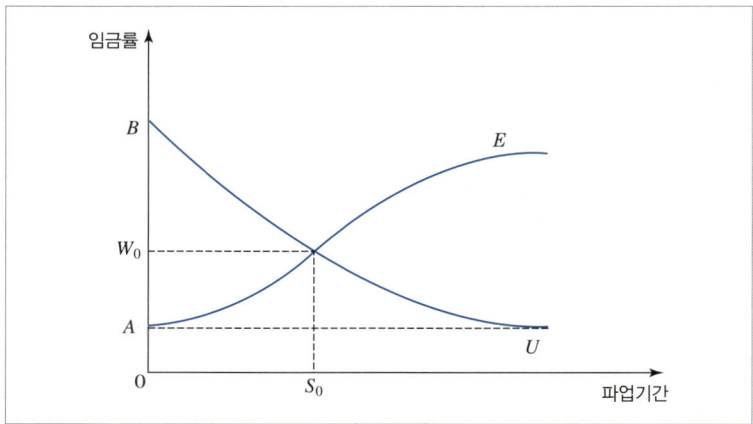

① 위 [그림]에는 우하향하는 형태의 노동조합의 저항곡선(union's resistance curve)과 우상향하는 형태의 사용자의 양보곡선(employer's concession curve)이 표시되어 있다.
② 노동조합의 요구임금은 파업기간이 경과할수록 조금씩 양보하여 낮아지므로 노동조합의 저항곡선은 우하향하는 반면, 사용자의 양보곡선은 파업기간이 길어짐에 따라 조금씩 양보하여 제안임금을 높이게 되므로 우상향한다.
③ 협상의 타결은 두 곡선이 교차하는 임금수준인 W_0에서 이루어진다. 만일, 노동조합이 보다 더 높은 임금을 요구하면, 노동조합이 사용자가 양보하도록 오랜 기간 파업을 지속하지 못할 것이라고 생각하여 그 사용자는 요구를 거부하게 된다.
④ 노동조합이 W_0보다 낮은 임금을 수락하게 되면 노동조합 내부에서 교섭대표들과 일반조합원 간의 마찰이 발생할 수 있으므로 노동조합은 그 임금을 수락하지 않을 것이다.

**에듀윌이
너를
지지할게**
ENERGY

인생에 있어서 가장 큰 기쁨은
'너는 그것을 할 수 없다'라고 세상 사람들이 말하는
그 일을 성취시키는 일이다.

– 월터 배젓(Walter Bagehot)

에듀윌
직업상담사 2급
2차 실기 핵심이론+8개년 기출

최신 8개년 기출문제

최신 8개년
기출문제

Vocational Counselor

에듀윌 직업상담사 2급
2차 실기 8개년 기출

직업상담실무

1회 ········· 4
2회 ········· 13
3회 ········· 24

2024년 1회

2021년 2회, 2014년 2회

01 행동주의 상담의 치료기법 중 적응행동 증진기법 3가지를 설명하시오. [6점]

[정답]

1. 강화
   학습자에게 강화물을 제공하여 특정 행동의 빈도가 높아지도록 하는 행동수정방법이다.

2. 변별학습
   자극의 차이에 따라 서로 다른 반응을 보이도록 유도하는 학습촉진기법이다.

3. 모델링(모방)
   다른 사람들의 행동이나 결과를 관찰함으로써 결정행동 학습을 촉진시킨다.

4. 토큰법
   내담자의 바람직한 행동이 일어날 때 원하는 다양한 물건과 교환할 수 있는 강화물로 토큰이 주어지는 체계적인 강화기법이다.

[꿀팁] 적응행동 증진기법은 학습촉진 기법을 의미합니다.
KEY 행동주의 상담의 치료기법 중 적응행동 증진기법

+ 더 나아가기

불안감소기법
① 홍수법: 특정 불안 공포증을 가진 환자를 단번에 강한 공포자극에 장시간 직면케 하여 불안을 치료하는 방법이다.
② 주장훈련: 불안을 역제지하는 방법으로 대인관계에서 오는 불안 제지 효과를 갖는다.
③ 체계적둔감법: 불안과 공포증이 있는 환자에게 불안 조건을 점차로 노출시켜 둔감화시키는 치료법이다.
④ 금지조건형성: 내담자에게 추가적 강화 없이 불안반응을 일으킬만한 단서를 지속적으로 제시함으로써, 불안 감정을 점차로 소거하는 기법이다.

2021년 2회, 2019년 1회

02 성격검사는 성격의 5요인 모델에 근거하고 있다. 5요인을 열거하고 설명하시오. 10점

정답
1. 외향성
   타인과의 상호작용을 원하고 타인의 관심을 끌고자 하는 경향 정도를 말함

2. 호감성
   타인과 편안하고 조화로운 관계를 유지하려는 경향 정도를 말함

3. 성실성
   사회적 규칙, 규범, 원칙들을 기꺼이 지키려는 경향 정도를 말함

4. 정서적 불안정성
   정서적으로 얼마나 안정되어 있는지를 측정함

5. 경험에 대한 개방성
   세계에 대한 관심, 호기심, 다양한 경험에 대한 추구 및 포용력 정도를 측정함

꿀팁 2021년 2회, 2019년 1회에는 "설명하시오."가 없었으나, 이번 기출에서는 "설명하시오."가 제시되었습니다.
KEY 성격의 5요인 모델(Big five)

2023년 3회, 2020년 1회, 2016년 1회, 2015년 3회, 2015년 1회, 2009년 3회, 2007년 3회, 2006년 1회

03 내담자 중심 상담을 성공적으로 이끌기 위해 상담자가 갖춰야 할 기본적인 태도 3가지를 설명하시오. 6점

정답
1. 일치성 또는 진실성
   내담자와의 관계에서 상담자의 감정이나 생각을 있는 그대로 인정하고 일치화시키되, 있는 그대로 솔직하게 표현하는 것을 말한다.

2. 무조건적인 수용
   내담자의 말을 비판하거나 평가하지 않고 그대로 수용함으로써 내담자를 존중하는 상담자의 태도이다.

3. 공감적 이해
   내담자의 감정과 경험을 마치 상담자 자신의 경험인 것처럼 이해하고자 하는 태도이다.

꿀팁 출제 빈도가 높은 문제입니다. 반드시 숙지하세요.
KEY 내담자 중심 상담의 상담자가 갖추어야 할 태도

2024년 1회

04 '자기보고식 가치사정하기'에서 가치사정법 6가지를 쓰시오. 6점

2019년 3회, 2016년 3회, 2012년 3회, 2011년 1회, 2010년 3회

정답
1. 존경하는 사람 기술
2. 백일몽 말하기
3. 체크목록 가치순위 매기기
4. 과거의 선택 회상
5. 자유시간과 금전의 사용 기록하기
6. 절정경험을 조사하기

KEY 자기보고식 가치사정법

05 규준제작 시 사용되는 확률표집방법 3가지를 쓰고, 각각에 대해 설명하시오. 6점

2022년 3회, 2018년 3회, 2016년 3회, 2015년 2·3회, 2011년 3회, 2010년 1회

정답
1. 단순무선표집
   구성원들에게 일련번호를 부여하고, 이 번호들 중에서 무선적으로 필요한 만큼 표집한다.

2. 층화표집
   모집단이 서로 다른 하위집단으로 구성되어 있는 경우, 각 집단에서 필요한 만큼의 단순무작위표집을 사용해 표본을 추출한다.

3. 집락표집(군집표집)
   집락표집은 모집단을 서로 동질적인 집단으로 구분하여 해당되는 집단 자체를 표본으로 추출한다.

KEY 확률표집방법

06 생애진로사정을 통해 얻을 수 있는 정보를 3가지 쓰시오. 6점

2020년 2회, 2016년 2회, 2014년 1회, 2011년 2회, 2010년 3회, 2009년 1회

정답
1. 내담자의 가치관과 자기인식의 정도
2. 내담자의 교육수준과 직업경험에 대한 객관적 정보
3. 내담자 자신의 기술과 유능성에 대한 자기평가 및 상담자의 평가정보

꿀팁 출제 빈도가 매우 높은 문제입니다. 반드시 숙지하세요.
KEY 생애진로사정(LCA)

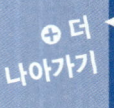

생애진로사정(LCA)의 의미
생애진로사정은 상담자와 내담자가 처음 만났을 때 비교적 짧은 시간 내에 사용해 볼 수 있는 구조화된 면접기법으로, 내담자의 정보와 행동을 이해하는 데 도움을 주는 질적 평가절차이다.

2022년 3회, 2021년 2회, 2019년 2회, 2014년 3회, 2009년 3회, 2006년 3회, 2002년 1회, 2001년 3회, 2000년 3회

07 투사적 검사와 비교하여 객관적 검사의 장점 3가지를 쓰시오. 6점

정답
1. 검사의 실시, 채점, 해석이 간편하다.
2. 검사의 신뢰도와 타당도가 검증되어 있다.
3. 검사 시행시간이 짧다.
4. 비용측면에서 경제적이다.
5. 검사자나 상황변인이 검사반응에 영향을 미치지 않아 객관성이 보장된다.

꿀팁 객관적 검사는 자기보고식 검사, 구조적 검사라고도 합니다. 2019년 2회에서는 선다형 객관식 형태의 자기보고식 검사의 장점으로도 출제된 바 있는데 이는 같은 문제입니다. 제시된 답안 중 3가지만 쓰시면 됩니다.

KEY 객관적 검사(선다형 객관식 형태의 자기보고식 검사)의 중점

2022년 2회, 2019년 3회, 2016년 3회, 2010년 2회

08 심리검사 사용 시 윤리적 문제와 관련하여 주의하여야 할 사항을 3가지만 쓰시오. 6점

정답
1. 알기 쉬운 언어로 설명해 주어야 한다.
2. 시대에 뒤떨어질 수 있음을 인정한다.
3. 타당도와 신뢰도가 높은 표준화된 검사를 사용한다.

KEY 심리검사 사용의 윤리적 문제

> **심리검사 사용의 윤리적 문제와 관련한 주의사항**
> 1. 알기 쉬운 언어로 설명해 주어야 한다.
> 2. 심리검사는 오래전에 개발된 것이 많으므로 시대에 뒤떨어질 수 있음을 인정한다.
> 3. 검사의 사용여부, 비밀보장 등 의뢰인의 권리를 존중한다.
> 4. 신뢰도와 타당도한계의 제한점을 지적한다.
> 5. 타당도와 신뢰도가 높은 표준화된 검사를 사용한다.
> 6. 심리검사에 대한 자격을 가진 자가 검사를 실시한다.

09 직업심리검사 신뢰도에는 검사-재검사 신뢰도, 동형검사 신뢰도, 내적합치도가 있다. 이 3가지 방법에 대해 설명하시오. 6점

정답

1. 검사-재검사 신뢰도
   동일한 사람에게 동일한 검사를 시간 간격을 두고 두 번 실시하여 검사 점수 간의 상관관계를 통하여 신뢰도를 추정하는 방법이다.

2. 동형검사 신뢰도
   신뢰도가 검증된 검사와 유사한 동형의 검사를 함께 실시하여 두 검사 점수 간 상관관계를 통해 신뢰도를 추정하는 방법이다.

3. 내적합치도
   한 검사의 문항 각각을 독립된 검사로 보고 문항 간의 동질성, 일치성, 합치성의 상관계수를 파악하는 방법이다.

KEY 검사-재검사 신뢰도, 동형검사 신뢰도, 내적합치도

2010년 3회

10 경력개발 프로그램의 초기·중기·말기 단계별로 예시를 쓰시오. 3점

정답

1. 초기
   사전직무안내, 인턴십, 경력워크숍, 후견인 프로그램 등이 필요하다.

2. 중기
   직무순환제도, 특정분야 교육프로그램, 경력상담 등이 필요하다.

3. 말기
   은퇴 전 프로그램, 전직지원 프로그램, 유연성 있는 작업계획(변형근무, 임금피크제, 파트타임) 등이 필요하다.

KEY 경력개발 프로그램 단계

11   수퍼가 제시한 흥미사정기법 3가지를 쓰고 설명하시오. 6점

정답

1. 조사된 흥미
   심리검사를 통해 흥미를 파악한다(표준화된 검사를 통한 사정).

2. 표현된 흥미
   질문을 통해 흥미를 파악한다(좋고, 싫음을 간단하게 말하도록 요청).

3. 조작된 흥미
   관찰을 통해 흥미를 파악한다(활동에 대한 관찰).

KEY 수퍼(Super)의 흥미사정기법

2022년 3회, 2013년 1회

12   직업적응이론(TWA)에서 중요하게 다루는 직업가치 4가지를 쓰시오. 4점

정답

1. 성취(Achievement)
   자신의 능력을 발휘하고 성취감을 얻는 일을 하려는 욕구이다.

2. 지위(Status)
   타인에 의해 자신이 어떻게 지각되는지와 사회적 명성에 대한 욕구이다.

3. 편안함(Comfort)
   직무에 대해 스트레스를 받지 않고, 편안한 직업 환경을 바라는 욕구이다.

4. 이타심(Altruism)
   타인을 돕고 그들과 함께 일하고자 하는 욕구이다.

5. 자율성(Autonomy)
   자신의 의사대로 일할 기회를 가지고 자유롭게 생각하고 결정하고자 하는 욕구이다.

6. 안정성(Safety)
   불규칙적이거나 혼란스러운 조건이나 환경을 피하고 정돈되고 예측 가능한 환경에서 일하고자 하는 욕구이다.

꿀팁 제시된 답안 중 4가지만 쓰시면 됩니다.
KEY 직업적응이론(TWA)의 직업가치

> **더 나아가기**
>
> **미네소타 중요도 질문지(MIQ)**
> 개인이 일의 환경에 대해 지니는 20가지 욕구와 6가지 가치관을 측정하는 도구로 190개의 문항으로 구성되어 있다.

2020년 3회, 2018년 1회, 2016년 2회, 2014년 3회, 2013년 2회

13 직무분석 자료 활용의 용도 6가지를 쓰시오. (6점)

정답
1. 모집공고 및 인사선발에 활용된다.
2. 선발된 사람의 배치, 승진 등 인사관리에 활용된다.
3. 종업원의 교육 및 훈련 등 경력개발에 활용된다.
4. 직무수행평가 및 인사결정(인사고과)에 활용된다.
5. 직무평가의 기초자료에 활용된다.
6. 직무의 재설계 및 작업환경개선, 산업안전관리에 활용된다.
7. 해당 직무에 필요한 적정인원 산정, 향후 인력수급계획 수립에 활용된다.
8. 직무분류에 활용된다.

꿀팁 제시된 답안 중 6가지만 작성하면 됩니다.
KEY 직무분석의 용도

2021년 1회, 2018년 1회, 2013년 2회, 2010년 1회

14 한국직업사전에 수록된 부가직업정보를 5가지만 쓰시오. (5점)

정답
1. 정규교육
2. 숙련기간
3. 직무기능
4. 작업강도
5. 육체활동

KEY 부가직업정보

> **＋더 나아가기**
> **한국직업사전의 부가직업정보**
> 한국직업사전의 부가직업정보는 정규교육, 숙련기간, 직무기능, 작업강도, 육체활동, 작업장소, 작업환경, 유사명칭, 관련 직업, 자격·면허, 표준산업분류 코드, 조사연도 등으로 모두 13개 항목이다.

15. 한국표준산업분류에서 산업과 산업활동의 정의를 쓰시오. (4점)

정답

1. 산업
   산업은 유사한 성질을 갖는 산업활동에 주로 종사하는 생산단위의 집합을 말한다.

2. 산업활동
   산업활동은 각 생산단위가 노동, 자본, 원료 등 자원을 투입하여, 재화 또는 서비스를 생산 또는 제공하는 일련의 활동과정을 의미한다.

KEY 한국표준산업분류

---

16. 한국표준직업분류에서 일반적으로 "직업"으로 규정하기 위한 4가지 요건을 쓰고 설명하시오. (4점)

정답

1. 일의 계속성
   일의 계속성이란 주기적으로 행하는 것, 계절적으로 행해지는 것, 명확한 주기는 없으나 계속적으로 행해지는 것, 현재 하고 있는 일을 계속적으로 행할 의지와 가능성이 있는 것 등을 말한다.

2. 경제성
   경제성은 경제적인 거래관계가 성립하는 활동을 수행해야 함을 의미한다. 따라서 무급 자원봉사와 같은 활동이나 전업학생의 학습행위는 경제활동 혹은 직업으로 보지 않는다.

3. 윤리성과 사회성
   윤리성은 비윤리적인 영리행위나 반사회적인 활동을 통한 경제적인 이윤추구는 직업 활동으로 인정되지 못한다는 것이다. 사회성은 직업은 사회적인 기여를 전제로 해야 한다는 것이다.

4. 속박된 상태에서의 활동이 아닐 것
   속박된 상태에서의 제반활동은 경제성이나 계속성의 여부와 관계없이 직업으로 보지 않는다.

KEY 직업으로 규정하기 위한 요건

빈출

2020년 4회, 2019년 3회, 2018년 1회, 2017년 3회, 2015년 2·3회, 2014년 2·3회, 2011년 3회, 2010년 1·2·3회

17 특정 시기의 고용 동향이 다음과 같을 때, 임금근로자의 인원수를 계산하시오. `4점`

> * 15세 이상 인구: 35,986천 명
> * 비경제활동인구: 14,716천 명
> * 취업자: 20,149천 명 (자영업자 5,646천 명, 무급가족종사자 1,684천 명, 상용근로자 6,113천 명, 임시근로자 4,481천 명, 일용근로자 2,225천 명)

정답 제시된 사례에서 임금근로자 수는 두 가지 방법으로 계산할 수 있다.
(1) 취업자 = 임금근로자 + 비임금근로자(자영업주 + 무급가족종사자)이다.
   따라서 임금근로자 = 취업자 − 비임금근로자 = 20,149천 명 − 7,330천 명 = 12,819천 명이다.
(2) 임금근로자 = 상용근로자 + 임시근로자 + 일용근로자
   = 6,113천 명 + 4,481천 명 + 2,225천 명 = 12,819천 명이다.

KEY 고용통계, 임금근로자 수

2016년 2회

18 고용률이 50%이고 비경제활동인구 수가 400명인 가상경제에서 실업자 수가 50명이라고 가정할 때 실업률을 구하시오(단, 계산과정을 함께 제시하시오.). `6점`

> • 고용률 = (취업자 수 ÷ 생산가능인구 수) × 100
> • 실업률 = (실업자 수 ÷ 경제활동인구 수) × 100

정답 실업률 = (실업자 수 ÷ 경제활동인구 수) × 100이므로 실업률을 구하기 위해서는 경제활동인구 수를 구해야 한다.
• 경제활동인구 수 = 생산가능인구 수 − 비경제활동인구 수 = 취업자 수 + 실업자 수이다.
• 취업자 수를 x라고 하면 생산가능인구 수 = 경제활동인구 수 + 비경제활동인구 수 = x + 50 + 400이다.
• 고용률 = {x ÷ (x + 50 + 400)} × 100 = 50%이므로 x = 0.5x + 225이므로, 0.5x = 225이고,
  따라서 취업자 수 x = 450명이다.
• 따라서 실업률 = 50명 ÷ (450명 + 50명) × 100 = 10%이다.

KEY 실업률 계산

2024년 2회

🔖 공부한 날: _____월 _____일   ⏰ 문제풀이 시간: 2시간 30분(150분)

2019년 3회, 2017년 1회, 2012년 3회

01 반분신뢰도를 추정하기 위해 사용하는 방법 3가지를 쓰고, 각각 설명하시오. `6점`

정답
1. 기우반분법: 한 검사의 문항을 홀수와 짝수로 나누어 반분하는 방법이다.
2. 전후반분법: 한 검사의 문항을 전반과 후반으로 나누어 반분하는 방법이다.
3. 짝진 임의배치법: 각 문항의 통계치에서 가까이 있는 문항끼리 짝지어 양분하는 방법

KEY 반분신뢰도 추정법

반분신뢰도 추정방법
① 전후반분법(전후절반법): 한 검사의 문항을 배열된 순서에 따라 전반부와 후반부로 나누어 두 점수 간의 상관계수를 추정하여 신뢰도를 구하는 방법이다.
② 기우반분법(기우절반법): 검사 문항의 번호를 홀수와 짝수로 검사를 두 부분검사로 나누어 두 점수 간의 상관계수를 추정하여 신뢰도를 구하는 방법이다.
③ 짝진 임의배치법: 전체 검사를 문항의 난이도와 문항-총점 간의 상관계수를 산출하고, 통계치의 산포도를 작성하여 비교적 가까이 있는 두 문항끼리 짝을 지은 다음에 검사를 양분하는 방법이다.

2022년 3회, 2021년 1회, 2019년 1회, 2017년 3회, 2016년 3회, 2012년 3회, 2001년 3회

02 직무분석 방법 중 최초분석법에 해당하는 방법을 4가지만 쓰고 각각에 대해 설명하시오. `4점`

정답
1. 관찰법
   직무를 수행하는 사람들을 현장에서 직접 관찰함으로써 직무활동과 내용을 파악하는 방법이다.

2. 면접법
   직무분석자가 직무담당자와 면접을 통하여 직무를 분석하는 방법이다.

3. 체험법
   체험법은 분석자가 직접 직무 활동에 참여하여 체험함으로써 직무분석 자료를 얻는 방법이다.

4. 설문지(질문지)법
   설문지를 통하여 직무담당자가 기록하도록 하여 정보를 얻는 방법으로 각 활동들의 빈도와 중요도를 평정한다.

KEY 최초분석법

2018년 2·3회, 2011년 1·2회, 2008년 2회

03 수퍼(Super)는 직업상담에서 자아탐색, 의사결정, 현실검증 등의 이성적 측면들과 정서적 측면들이 모두 다루어져야 한다고 주장하며, 발달적 직업상담의 6단계를 제안하였다. 수퍼가 제안한 6단계를 설명하시오. [6점]

정답

1단계 – 문제의 탐색 및 자아개념 묘사
비지시적 방법에 의해 문제를 탐색하고 자아개념을 표출하는 단계이다.

2단계 – 심층적 탐색
지시적 방법으로 진로탐색의 문제를 설정하는 단계이다.

3단계 – 자아수용 및 자아통찰
비지시적 방법으로 사고와 감정을 명료화하여 자아수용과 자아통찰을 얻는다.

4단계 – 현실검증
지시적 방법으로 심리검사, 직업정보, 활동 경험 등을 통해 수집된 사실적 자료들을 탐색하여 현실을 검증한다.

5단계 – 태도와 감정의 탐색과 처리
비지시적인 방법으로 현실검증에서 얻은 태도, 감정을 통하여 자신과 일의 세계를 탐색하고 처리하는 단계이다.

6단계 – 의사결정
비지시적인 방법으로 의사결정을 위한 대안과 행동에 대해 검토하는 단계이다.

KEY 발달적 직업상담의 6단계

2017년 1회, 2015년 3회, 2012년 3회, 2010년 4회, 2008년 3회, 2003년 3회

04 Williamson의 심리검사 해석 시 사용하는 상담기법 3가지를 쓰고 설명하시오. [6점]

정답

1. 직접 충고
   검사결과를 토대로 상담자가 느끼는 솔직한 견해를 직접적으로 전달하는 방법이다.

2. 설득
   상담자가 검사자료와 수집한 정보를 분석하여 합리적 의사결정을 하도록 설득하는 기법이다.

3. 설명
   검사자료 및 정보에 대해서 상담자가 내담자에게 이해할 수 있도록 설명하는 기법이다.

꿀팁 출제 빈도가 높은 문제입니다. 숙지하시길 바랍니다.
KEY 윌리암슨(Williamson)의 심리검사 해석 시 사용하는 상담기법

05
모집단에서 규준집단을 구성하기 위한 표본 추출방법은 크게 확률표집과 비확률표집으로 구분할 수 있다. 이 중 비 확률표집방법 3가지를 쓰고 각각에 대해 설명하시오. 6점

정답

1. 편의표집(임의표집)
   연구자의 편의에 의해 쉽게 이용 가능한 대상을 표집하는 방법으로, 모집단의 정보가 전혀 없는 경우 사용된다.

2. 유의표집(판단표집)
   조사자의 판단 또는 조사목적에 의해 표집을 선정하는 방법으로, 모집단의 정보가 많은 경우 연구에 반영하기 위해 사용된다.

3. 할당표집
   모집단이 서로 다른 하위집단으로 구성되어 있는 경우 각 집단에서 필요한 만큼을 편의나 판단에 의해 표본을 추출한다.

4. 눈덩이표집
   최초의 표본에서 시작하여 조사대상자를 점진적으로 확대해 나가는 방법으로 표본의 크기를 눈덩이처럼 늘리는 방법이다.

KEY 비확률표집방법

06
실존주의 상담에서 인간 본성에 대한 기본 가정 4가지를 쓰시오. 4점

정답

1. 인간은 자각하는 능력을 가지고 있다.
2. 인간은 선택의 자유와 책임을 지닌 존재이다.
3. 인간은 자유로운 존재이며, 스스로를 만들어 가는 존재이다.
4. 인간은 자신을 초월할 수 있는 능력을 가지고 있다.
5. 인간은 정적 실체가 아니며 변화·발전의 계속적인 상태에 있다.
6. 인간은 장래에 무존재가 될 운명을 지니고 있으며, 이를 자각하고 있는 존재이다.

KEY 실존주의 상담의 인간 본성에 대한 기본 가정

2019년 1회, 2014년 3회

07 로(Roe)의 수직차원 6단계를 쓰시오. 3점

1단계. 고급 전문관리
2단계. 중급 전문관리
3단계. 준 전문관리
4단계. 숙련직
5단계. 반숙련직
6단계. 비숙련직

KEY 로(Roe)의 수직차원

수직차원의 6단계의 세부 내용
① 고급 전문관리: 중요한 정책에 독립적인 책임을 진다. 최고 경영자, 관리자, 정책책임자, 입안자 등이 이에 속한다.
② 중급 전문관리: 타인에 대한 중간 정도의 책임을 지거나 부분적인 독립 지위를 갖는다. 정책을 집행하거나 해석한다.
③ 준 전문관리: 타인에 대해 낮은 수준의 책임을 진다. 정책을 적용하거나 자신만을 위한 의사결정을 한다.
④ 숙련직: 견습이나 다른 특수한 훈련 및 경험을 요한다.
⑤ 반숙련직: 숙련직에 비해 낮은 수준의 훈련 및 경험을 필요로 한다.
⑥ 비숙련직: 훈련이나 경험이 필요하지 않으며, 단순하고 반복활동을 한다.

2023년 1회, 2020년 4회, 2019년 1회, 2017년 3회, 2015년 1회, 2013년 3회, 2011년 3회, 2010년 1·4회, 2009년 1회, 2005년 1회, 2001년 3회

08 개인직업상담과 비교하여 집단직업상담이 가지는 장점 5가지를 쓰시오. 5점

1. 집단 구성원 간의 활발한 피드백을 통해 자기탐색을 돕는다.
2. 일반적으로 성숙도가 낮은 이에게 적합하다.
3. 집단상담의 경우 개인 상담보다 부담이 적어 받아들이기 쉽다.
4. 타인과의 상호 작용을 통해 대인교류와 사회성을 기를 수 있다.
5. 한정된 시간에 일대 다수 상담으로 경제성이 높다.
6. 타인을 통한 대리학습(관찰학습)의 기회를 준다.

KEY 집단상담의 장점

2023년 1·2·3회, 2021년 2회, 2019년 1회, 2018년 3회, 2017년 3회, 2015년 1회, 2014년 3회, 2012년 2·3회, 2010년 4회, 2009년 1·3회, 2008년 1회, 2007년 1회

09 표준화된 심리검사에는 집단 내 규준이 포함되어 있다. 집단 내 규준의 종류 3가지를 쓰고 설명하시오. 6점

정답

1. 백분위 점수
  100개의 동일한 구간으로 점수들을 분포하여 개인의 상대적 위치를 백분율로 나타낸 점수이다.

2. 표준점수
  집단의 평균을 중심으로 표준편차단위를 사용하여 평균에서 얼마나 떨어져 있는지 알 수 있는 점수이다.

3. 표준등급
  원점수를 비율에 따라 1~9구간으로 구분하여 구간마다 일정점수와 등급을 부여한 것이다.

꿀팁 출제 빈도가 높은 문제입니다. 반드시 숙지하세요.
KEY 집단 내 규준

2016년 1·2회, 2012년 1회, 2006년 1회, 2003년 3회

10 직업심리검사에서 측정의 기본 단위인 척도(scale)의 4가지 유형을 쓰고, 각각에 대해 설명하시오. 8점

정답

1. 명명척도
  가장 낮은 수준의 척도로, 단지 측정대상 속성 간의 차이만 구분할 수 있다.

2. 서열척도
  측정대상의 속성 차이에 관한 정보뿐만 아니라 그 순위 관계에 대한 정보도 포함하고 있는 척도이다.

3. 등간척도
  명목척도와 서열척도의 특징을 모두 가지고 있으면서 크기가 어느 정도가 되는지, 속성의 차이가 동일하다는 등간정보를 포함한다.

4. 비율척도
  차이정보와 서열정보, 등간정보 외에 수의 비율에 관한 정보도 담고 있는 척도이다.

꿀팁 출제빈도가 높은 문제입니다. 반드시 숙지하세요.
KEY 측정의 기본 단위인 척도

2021년 1회, 2015년 1회, 2013년 2회, 2010년 3회, 2008년 1회, 2004년 3회

11 체계적 둔감법의 의미와 단계를 쓰고 설명하시오. `6점`

정답
1. 의미
   불안과 공포증이 있는 환자에게 불안 조건을 점차로 노출시켜 둔감화시키는 치료법이다.

2. 단계
   ① 근육이완훈련: 근육을 이완시켜 긴장 상태에서 벗어날 수 있도록 훈련한다.
   ② 불안위계목록 작성: 불안의 정도가 낮은 자극부터 높은 자극까지 불안위계목록을 작성한다.
   ③ 둔감화: 점차로 위계목록 상위로 노출시켜 불안이 완전이 소거될 때까지 훈련한다.

KEY 체계적 둔감법의 단계

---

12 초기면담 시 내담자에게 좋은 영향을 주는 언어적 표현기법을 4가지 쓰시오. `4점`

정답
1. 공감(공감적 표현)
2. 반영
3. 수용(수용적 존중)
4. 재진술

KEY 내담자에게 좋은 영향을 주는 언어적 표현기법

상담의 기초기법
① 공감적 표현: 내담자의 내면적 감정을 거의 같은 수준으로 이해하고 있음을 알리는 표현이다.
② 재진술: 내담자가 전달하는 이야기의 표면적 의미를 상담자가 다른 말로 바꾸어서 말하는 것이다.
③ 반영: 내담자의 생각과 말을 상담자가 다른 참신한 말로 부연하는 것을 말한다.
④ 수용(수용적 존중): 내담자의 이야기에 주의 집중하고 내담자를 인격적으로 존중하는 기법이다.
⑤ 경청: 내담자가 표현하는 언어적 의미 외에 비언어적인 의미까지 세심하게 주목하는 것을 말한다.
⑥ 명료화: 내담자의 말 속에 포함되어 있는 생각과 감정의 불분명한 표현을 상담자가 분명하게 밝히는 것이다.
⑦ 해석: 내담자가 직접 진술하지 않은 내용이나 개념을 그의 과거 경험이나 진술을 토대로 하여 추론해서 말하는 것이다.

13 형태주의(게슈탈트) 상담의 상담기법을 3가지 쓰고 설명하시오. 6점

2023년 2회, 2019년 3회, 2018년 2회, 2015년 3회, 2013년 2회, 2012년 1회, 2011년 1회, 2010년 4회

1. 욕구와 감정의 자각
   내담자의 현재 느껴지는 욕구와 감정을 자각시킨다.

2. 신체자각
   현재 내담자의 신체적 느낌을 통해 자신의 감정을 자각하도록 한다.

3. 언어자각
   내담자의 언어를 통해 자신의 욕구에 대한 책임을 자각시킨다.

4. 과장하기
   욕구와 감정을 명확히 지각하도록 자신의 행동과 언어를 과장하게 한다.

5. 빈 의자 기법
   중요한 타인을 빈 의자에 투사하여 자신의 감정을 표현하게 한다.

6. 꿈 작업
   마치 꿈이 현재 사건인 것처럼 상상하게 하여 꿈의 각 부분을 연기하게 한다.

꿀팁 제시된 답안 중 3가지만 쓰시면 됩니다.
KEY 게슈탈트(형태주의) 이론의 상담기법

게슈탈트(형태주의) 이론의 상담기법
게슈탈트(형태주의) 이론의 상담기법은 내담자 자신의 욕구와 감정을 자각시키는 방법들로, 자각(알아차림)은 개체가 자신의 욕구나 감정을 지각한 다음 게스탈트로 형성하여 전경으로 떠올리는 행위를 말한다. 이러한 알아차림은 누구에게나 자연적으로 갖추어져 있는 능력이다.

14. 던롭이 노사관계 시스템이론에서 제시한 노사관계를 규제하는 요인 3가지를 쓰고 설명하시오. 6점

정답

1. **기술적 특성**
   기술적 특성(technical characteristics)은 주로 생산현장에서의 근로자의 질이나 양 그리고 생산과정, 생산방법 등이 포함된다.

2. **시장 또는 예산제약**
   시장 또는 예산제약(budget constraints)은 제품시장의 형태와 기업을 경영하는 조건으로서 비용, 이윤 등의 내용을 포괄한다.

3. **각 주체의 세력관계**
   노사관계를 포함하여 더욱 광범위한 사회 내에서 주체들의 세력관계 또는 세력균형관계를 들 수 있다.

KEY 던롭(J. T. Dunlop)의 노사관계를 규제하는 3가지 요건

---

15. 한국 표준산업분류 개요 중 산업활동의 범위와 통계단위에 관하여 설명하시오. 6점

정답

1. **산업활동의 범위**
   산업활동은 각 생산단위가 노동, 자본, 원료 등 자원을 투입하여, 재화 또는 서비스를 생산 또는 제공하는 일련의 활동과정을 의미한다. 산업활동에는 영리적·비영리적 활동이 모두 포함되나, 가정 내의 가사활동은 제외된다.

2. **통계단위**
   - 한국표준산업분류에서 통계단위는 생산단위의 활동에 관한 통계 작성을 위하여 필요한 정보를 수집 또는 분석할 대상이 되는 관찰 또는 분석단위를 말한다.
   - 산업활동과 장소의 동질성의 차이에 따라 통계단위는 다음과 같이 구분한다.

구 분	하나 이상의 장소	단일장소
하나 이상 산업활동	기업집단 단위	지역 단위
	기업체 단위	
단일 산업활동	활동유형 단위	사업체 단위

KEY 산업활동의 범위, 통계단위

16 실업의 유형 중 경기적 실업, 마찰적 실업, 구조적 실업에 대해 각각 설명하시오. 6점

2021년 2회, 2018년 1회, 2017년 1·2회, 2015년 2회, 2013년 3회, 2012년 2회

정답

1. 경기적 실업
   - 경기적 실업(cyclical unemployment)은 유효수요의 부족으로 생산활동이 위축되면 경기는 침체상태에 빠지게 되고, 이로 인해 고용이 감소하여 발생하는 실업을 의미한다. 케인즈(J. M. Keynes)가 처음 주장한 것으로, 케인즈적 실업이라고도 한다.
   - 재정투융자의 확대, 통화량의 증대, 조세감면 등 확대 재정·금융정책을 통하여 유효수요를 늘리면 줄일 수 있다.

2. 마찰적 실업
   - 마찰적 실업(frictional unemployment)은 직업의 탐색 과정에서 노동시장의 비효율성과 노동시장 정보의 부족으로 발생하는 일시적이고 자발적인 실업이다.
   - 이는 불가피하게 존재하는 실업이므로 마찰적 실업만이 존재하는 경우를 완전고용이라고 하고, 이때의 실업률을 자연실업률이라고 한다.
   - 이 유형의 실업은 노동시장에 대한 정보를 효율적으로 제공함으로써 어느 정도 줄일 수 있다.

3. 구조적 실업
   - 구조적 실업(structural unemployment)은 산업구조의 변화로 인한 노동력의 수요와 공급의 구조적 불일치로 사양산업에서 발생하는 실업이다. 즉, 산업 간·지역 간 노동의 이동성이 부족하여 발생한다.
   - 직업소개·직업보도 등과 같은 직업알선, 교육 및 재훈련, 노동자의 지역적 이동을 촉진하기 위한 이주비의 지원, 장래의 노동수요 예측 등 인력정책(human power policy)으로 해결할 수 있다.

KEY 경기적 실업, 마찰적 실업, 구조적 실업

17 한국직업사전에서 제공하는 부가직업정보 중 직무기능은 해당 직무를 수행하는 작업자가 자료, 사람, 사물과 맺는 관계를 나타내는 것이다. 아래 표를 보고 빈칸에 알맞은 기능을 쓰시오. 6점

2023년 1·3회, 2022년 3회, 2022년 2회, 2021년 3회

수준	자료(Data)	사람(People)	사물(Thing)
0	종합	(③)	설치
1	(①)	협의	정밀작업
2	분석	교육	(⑤)
3	수집	(④)	조작운전
4	계산	오락제공	(⑥)
5	(②)	설득	유지
6	비교	말하기-신호	투입-인출
7		서비스제공	단순작업

정답
① 조정
② 기록
③ 자문
④ 감독
⑤ 제어조작
⑥ 수동조작

KEY 한국직업사전 직무기능

2022년 2회, 2020년 1회, 2019년 3회, 2015년 1회, 2014년 2회, 2010년 1·3·4회, 2009년 2회, 2008년 1회

18 한국표준직업분류에서 직업으로 보지 않는 활동 6가지를 쓰시오. 6점

정답
1. 자기 집의 가사활동에 전념하는 경우
2. 교육기관에 재학하며 학습에만 전념하는 경우
3. 시민봉사활동 등에 의한 무급 봉사적인 일에 종사하는 경우
4. 사회복지시설 수용자의 시설 내 경제활동
5. 수형자의 활동과 같이 법률에 의한 강제노동을 하는 경우
6. 이자, 주식배당, 임대료(전세금, 월세금) 등과 같은 자산 수입이 있는 경우

KEY 한국표준직업분류에서 직업으로 보지 않는 활동

직업으로 보지 않는 활동
1. 자기 집의 가사활동에 전념하는 경우
2. 교육기관에 재학하며 학습에만 전념하는 경우
3. 시민봉사활동 등에 의한 무급 봉사적인 일에 종사하는 경우
4. 사회복지시설 수용자의 시설 내 경제활동
5. 수형자의 활동과 같이 법률에 의한 강제노동을 하는 경우
6. 이자, 주식배당, 임대료(전세금, 월세금) 등과 같은 자산 수입이 있는 경우
7. 연금법, 국민기초생활보장법, 국민연금법 및 고용보험법 등의 사회보장이나 민간보험에 의한 수입이 있는 경우
8. 경마, 경륜, 경정, 복권 등에 의한 배당금이나 주식투자에 의한 시세차익이 있는 경우
9. 예·적금 인출, 보험금 수취, 차용 또는 토지나 금융자산을 매각하여 수입이 있는 경우
10. 도박, 강도, 절도, 사기, 매춘, 밀수와 같은 불법적인 활동

2024년 3회

공부한 날: ____월 ____일   문제풀이 시간: 2시간 30분(150분)

빈출 01

2020년 1회, 2017년 3회, 2016년 2회, 2014년 1회, 2011년 2회, 2010년 3회, 2009년 1회

직업상담의 구조화된 면담법으로 생애진로사정(LCA)의 구조 4가지를 쓰시오. [4점]

정답
1. 진로사정
2. 전형적인 하루
3. 강점과 장애
4. 요약

KEY 생애진로사정(LCA)의 구조

> **+ 더 나아가기**
>
> **생애진로사정(LCA) 구조의 세부 내용**
> ① 진로사정: 내담자의 직업경험, 교육 또는 훈련과정과 관련된 문제들, 여가활동에 대해 사정한다.
> ② 전형적인 하루: 내담자가 생활을 어떻게 조직하는지를 시간의 흐름에 따라 체계적으로 기술한다.
> ③ 강점과 장애: 내담자가 스스로 생각하는 자신의 주요 강점 및 장애에 대해 질문한다.
> ④ 요약: 내담자 스스로 자신에 대해 알게 된 내용을 요약해 보도록 함으로써 자기인식을 증진시킨다.

2022년 2회, 2017년 3회, 2013년 2회

02 직업상담에서 내담자 이해를 위한 질적 측정도구 3가지를 쓰시오. 6점

정답
1. 자기효능감 척도
2. 직업가계도(제노그램)
3. 직업카드분류
4. 역할놀이

꿀팁 제시된 답안 중 3가지만 쓰시면 됩니다.
KEY 질적 측정도구

> **직업상담에 사용되는 주요 질적 측정도구**
> ① 자기효능감 척도: 자기효능감 척도는 어떤 과제를 어느 정도 수준으로 수행할 수 있는 능력을 갖추었다고 스스로 판단하는지의 정도를 측정한다.
> ② 직업가계도(제노그램): 내담자의 가족 내 직업적 계보를 통해 내담자의 직업에 대한 고정관념이나 직업가치 및 흥미 등의 근본 원인을 파악한다.
> ③ 직업카드분류: 홀랜드 6각형 모형과 관련된 직업카드를 사용하여 직업을 선호군·혐오군·미결정중성군으로 분류하여, 개인의 직업선택의 동기와 흥미 및 가치관을 탐색할 수 있다.
> ④ 역할놀이: 역할놀이에서는 내담자의 수행 행동을 나타낼 수 있는 업무상황을 제시해준다. 내담자의 역할활동에 대한 관찰을 통해 내담자의 직업관련 기술들을 파악한다.

2018년 1회, 2016년 1회, 2013년 1회, 2011년 3회, 2010년 3회, 2001년 3회

03 [빈출] 심리검사유형 중 투사적 검사의 장점을 3가지만 쓰시오. 6점

정답
1. 보다 다양하고 독특한 개인의 반응을 이끌어 낼 수 있다.
2. 검사에 대한 방어 자체를 무력하게 한다.
3. 검사를 통해 무의식적인 내용을 이끌어 낼 수 있다.

꿀팁 출제빈도가 높은 문제입니다. 반드시 숙지하세요.
KEY 투사적 검사의 장점

> **투사적 검사의 단점**
> ① 검사의 신뢰도나 타당도가 매우 빈약하다.
> ② 검사자나 상황변인이 검사반응에 영향을 받는다.
> ③ 검사의 채점과 해석에 있어 높은 전문성이 요구된다.

2022년 3회, 2018년 1·3회, 2017년 2회, 2012년 3회, 2011년 1회

04 심리검사에서 준거타당도 계수의 크기에 영향을 미치는 요인을 3가지만 쓰고, 각각에 대해 설명하시오. `6점`

정답
1. 표집오차
   모집단을 조사를 위한 표집과정에서 생기는 오차로, 표본이 모집단을 잘 대표하지 못하는 오차이다.

2. 준거측정치의 타당도
   준거결핍, 준거오염 등으로 준거가 왜곡되는 경우 검사의 타당도는 낮아진다.

3. 준거측정치의 신뢰도
   준거측정치의 신뢰도가 낮으면 검사의 준거타당도도 낮아지게 된다.

꿀팁 출제 빈도가 높은 문제입니다. 반드시 숙지하시길 바랍니다.
KEY 준거타당도 계수의 크기에 영향을 미치는 요인

2019년 3회, 2009년 3회

05 발달적 직업상담에서 직업상담사가 사용할 수 있는 기법 중 진로자서전과 의사결정일기를 각각 설명하시오. `4점`

정답
1. 진로자서전
   내담자가 과거에 어떤 진로의사결정을 했는가를 자유롭게 기술하게 한다. 일상의 경험, 학과 선택, 일 경험 등이 포함된다.

2. 의사결정일기
   '진로자서전'의 보충역할을 하며, 내담자의 진로 상황에서 일상적인 의사결정 방식을 작성해 보도록 한다.

KEY 진로자서전과 의사결정일기

2022년 3회, 2021년 1·3회, 2017년 2회, 2015년 2·3회, 2014년 1회, 2013년 3회, 2012년 2회, 2010년 3회, 2004년 1회

06 부처(Butcher)의 집단직업상담의 3단계 모델을 쓰고 설명하시오. 6점

1. **탐색단계**
   자기개방, 흥미와 적성에 대한 탐색, 측정결과에 대한 피드백(feedback), 불일치에 대한 해결 등이 이루어진다.

2. **전환단계**
   집단원들은 자신의 지식과 직업세계와의 연결, 일과 삶의 가치에 대한 조사, 자신의 가치에 대한 피드백, 가치와 피드백 간의 불일치 해결 등이 이루어진다.

3. **행동단계**
   목표설정과 행동계획의 개발, 목표달성을 촉진시키기 위한 자원의 탐색, 정보의 수집과 공유, 즉각적·장기적 의사결정을 위한 구체적인 행동을 실천하는 단계이다.

꿀팁 출제 빈도가 높은 문제입니다. 반드시 숙지하시길 바랍니다.
KEY 부처(Butcher)의 집단직업상담 과정

07 인지·정서·행동적(REBT) 상담의 기본개념인 ABCDEF모델의 의미를 쓰시오. 6점

2022년 2회, 2021년 1·2·3회, 2020년 2·3회, 2018년 1·3회, 2016년 2·3회, 2004년 2회

1. A
   선행사건

2. B
   비합리적 신념

3. C
   결과

4. D
   논박

5. E
   효과

6. F
   새로운 감정

 출제빈도가 높고 다양한 사례형으로도 출제되는 문항이오니 반드시 숙지하시길 바랍니다.
KEY ABCDEF모델의 의미

> **엘리스(Ellis)의 ABCDEF 모델**
> ① A(선행사건): 개인의 감정이나 정서적 혼란을 가져오게 되는 행동 또는 사건을 말한다.
> ② B(비합리적 신념): 선행사건에 의해 경험하게 되는 내담자의 비합리적 신념체계를 말한다.
> ③ C(결과): 비합리적 신념으로 비롯되는 정서적, 행동적 결과로 불안, 초조, 우울, 분노, 죄책감 등이 나타난다.
> ④ D(논박): 논리적인 원리를 제시하여 비합리적 신념을 논박하는 것을 말한다.
> ⑤ E(효과): 논박의 결과로 내담자의 비합리적 신념의 결과가 해소되며, 합리적 신념으로 전환된다.
> ⑥ F(새로운 감정): 논박의 효과로 인한 합리적인 신념에서 비롯된 수용적이고 긍정적 태도를 의미한다.

2017년 3회, 2015년 2·3회, 2013년 3회, 2009년 2회, 2005년 3회, 2002년 3회

08 진로성숙도검사(CMI)의 태도척도 3가지를 쓰고 설명하시오. 6점

정답

1. 결정성
   선호하는 진로의 방향에 대한 확신의 정도

2. 참여도
   진로선택 과정에 능동적으로 참여하는 정도

3. 독립성
   진로선택을 독립적으로 할 수 있는 정도

4. 성향
   진로결정에 필요한 사전 이해와 준비의 정도

5. 타협성
   진로선택 시에 욕구와 현실에 타협하는 정도

꿀팁 제시된 답안 중 3가지만 쓰시면 됩니다.
KEY 태도척도(상담척도)의 하위영역

> **더 나아가기**
>
> 능력척도의 하위영역
> ① 자기평가: 자신의 흥미, 성격 등을 명확히 이해하는 능력
> ② 직업정보: 자신의 관심분야의 직업세계에 대한 정보의 획득 및 분석능력
> ③ 목표선정: 자신의 정보와 직업세계와 연결을 통한 직업목표 선정능력
> ④ 계획: 자신의 직업적 목표를 달성하기 위한 실제적 계획능력
> ⑤ 문제해결: 자신의 진로과정에서 장애가 되는 다양한 문제들을 해결하는 능력

2020년 3회, 2018년 1회, 2016년 2회, 2014년 3회, 2013년 2회

09 직무분석 자료 활용의 용도 4가지를 쓰시오. 4점

정답

1. 모집공고 및 인사선발에 활용된다.
2. 선발된 사람의 배치, 승진 등 인사관리에 활용된다.
3. 종업원의 교육 및 훈련 등 경력개발에 활용된다.
4. 직무수행평가 및 인사결정(인사고과)에 활용된다.
5. 직무평가의 기초자료에 활용된다.
6. 직무의 재설계 및 작업환경개선, 산업안전관리에 활용된다.
7. 해당 직무에 필요한 적정인원 산정, 향후 인력수급계획 수립에 활용된다.
8. 직무분류에 활용된다.

꿀팁 제시된 답안 내용 중 4가지만 작성하면 됩니다.
KEY 직무분석 자료 활용의 용도

10. 긴즈버그에 따르면 직업선택은 환상기, 잠정기 및 현실기 3단계로 거쳐 이루어진다. 현실기의 3가지 하위단계를 쓰고 설명하시오. 6점

정답

1. 탐색단계
   본격적인 직업탐색이 시작되며 직업선택에 필요한 교육과 경험을 쌓는 단계이다.

2. 구체화단계
   직업목표가 구체화되는 시기이며, 자신의 직업결정에 있어 내적, 외적 요인을 모두 고려하여 특정 직업분야에 몰두하는 단계이다.

3. 특수화단계
   정교화단계라고도 하며, 직업진로를 구체화하고 자신의 진로결정에 있어 세밀한 계획을 세워 고도로 세분화, 전문화된 의사결정이 이루어지는 단계이다.

KEY 현실기의 하위단계

> **현실기**(realistic period, 18세~성인 초기 또는 청·장년기)
> 흥미와 능력의 통합단계로서 직업선택을 구체화하고 발달시키는 시기이다. 자신의 흥미, 능력, 가치뿐만 아니라 직업의 요구조건, 기회 등과 같은 현실요인을 고려하고 타협해서 의사결정을 시도한다.
> 현실적인 요인의 고려로 직업선택은 개인의 정서 상태, 경제적 여건 등으로 인해 늦어지기도 한다.

11. 직업상담사가 갖추어야 할 자질 5가지를 기술하시오. 5점

정답

1. 내담자에 대한 존경심을 가져야 한다.
2. 자아의 편견에서 벗어나는 능력을 가져야 한다.
3. 객관적인 통찰력을 가져야 한다.
4. 도덕적인 입장을 취하여야 한다.
5. 심리학적 지식을 가져야 한다.

KEY 직업상담사의 자질

12 심리검사는 검사내용에 따라 능력적인 요소를 측정하는 성능검사와 습관적인 행동경향을 측정하는 성향검사로 분류할 수 있다. 성능검사에 해당하는 검사를 6가지 쓰시오. 6점

정답
1. 한국판 웩슬러 성인용 지능검사(K-WAIS)
2. 한국판 웩슬러 아동용 지능검사(K-WISC)
3. 일반적성검사(GATB)
4. 적성분류검사(DAT)
5. 학업성취도검사
6. 토익(TOEIC), 토플(TOEFL)

KEY 성능검사(극대수행검사)

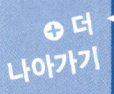

성향검사
① 성격검사: 성격유형검사(MBTI)
② 흥미검사: 직업선호도 검사 중 흥미검사
③ 태도검사: 직무만족도 검사

2022년 2회, 2019년 3회, 2016년 2회, 2013년 1회, 2011년 2회

13 표준화를 위해 수집된 자료가 정규분포에서 벗어나는 것은 검사도구의 문제보다 표집절차의 오류에 원인이 있을 수 있다. 이를 해결하기 위한 방법 3가지를 쓰고, 각각 설명하시오. 6점

정답
1. 완곡화하는 방법
   정상분포의 모양을 갖추도록 점수를 보태거나 빼주는 방법이다. 정상분포와 비슷하게 나왔을 때만 사용할 수 있다.

2. 절미법
   분포의 꼬리를 잘라내는 방법이다. 이는 꼬리가 작을 때에만 쓸 수 있다.

3. 면적환산법
   각 점수들의 백분위를 찾아서 그 백분위에 해당하는 Z점수를 찾는 방법이다.

KEY 정규분포

14 한국표준산업분류에서 통계단위의 산업을 결정하는 방법을 3가지 쓰시오. 6점

2023년 1·3회, 2020년 3·4회, 2016년 2회, 2012년 1회, 2008년 3회

정답
1. 생산단위의 산업활동은 그 생산단위가 수행하는 주된 산업활동의 종류에 따라 결정된다.
2. 해당 활동의 종업원 수 및 노동시간, 임금 및 급여액 또는 설비의 정도에 의하여 결정한다.
3. 계절에 따라 정기적으로 산업을 달리하는 사업체의 경우에는 조사시점에서 경영하는 사업과는 관계없이 조사대상 기간 중 산출액이 많았던 활동에 의하여 분류된다.

KEY 산업결정방법

> **+ 더 나아가기**
>
> **통계단위의 산업결정방법**
> - 생산단위의 산업활동은 그 생산단위가 수행하는 주된 산업활동의 종류에 따라 결정된다.
> - 해당 활동의 종업원 수 및 노동시간, 임금 및 급여액 또는 설비의 정도에 의하여 결정한다.
> - 계절에 따라 정기적으로 산업을 달리하는 사업체의 경우에는 조사시점에서 경영하는 사업과는 관계없이 조사대상 기간 중 산출액이 많았던 활동에 의하여 분류된다.
> - 휴업 중 또는 자산을 청산 중인 사업체의 산업은 영업 중 또는 청산을 시작하기 전의 산업활동에 의하여 결정하며, 설립 중인 사업체는 개시하는 산업활동에 따라 결정한다.
> - 단일사업체의 보조단위는 그 사업체의 일개 부서로 포함하며, 여러 사업체를 관리하는 중앙보조단위는 별도의 사업체로 처리한다.

2021년 2회, 2020년 1회

15 직업사전의 작업강도 중 힘의 강도를 〈보기〉에서 찾아 쓰시오. 6점

〈보기〉 10kg, 20kg, 30kg, 40kg, 50kg, 60kg

(1) 보통 작업: 최고 (ㄱ)의 물건을 들어올리고, (ㄴ) 정도의 물건을 빈번히 들어올리거나 운반한다.
(2) 힘든 작업: 최고 (ㄷ)의 물건을 들어올리고, (ㄹ) 정도의 물건을 빈번히 들어올리거나 운반한다.
(3) 아주 힘든 작업: (ㅁ) 이상의 물건을 들어올리고, (ㅂ) 이상의 물건을 빈번히 들어올리거나 운반한다.

정답
(1) 보통 작업: 최고 (20kg)의 물건을 들어올리고, (10kg) 정도의 물건을 빈번히 들어올리거나 운반한다.
(2) 힘든 작업: 최고 (40kg)의 물건을 들어올리고, (20kg) 정도의 물건을 빈번히 들어올리거나 운반한다.
(3) 아주 힘든 작업: (40kg) 이상의 물건을 들어 올리고, (20kg) 이상의 물건을 빈번히 들어올리거나 운반한다.

KEY 작업강도의 구분

➕ 더 나아가기

작업강도의 구분
- 아주 가벼운 작업: 최고 4kg의 물건을 들어올리고, 때때로 장부, 대장, 소도구 등을 들어올리거나 운반한다.
- 가벼운 작업: 최고 8kg의 물건을 들어올리고, 4kg 정도의 물건을 빈번히 들어올리거나 운반한다.
- 보통 작업: 최고 20kg의 물건을 들어올리고, 10kg 정도의 물건을 빈번히 들어올리거나 운반한다.
- 힘든 작업: 최고 40kg의 물건을 들어올리고, 20kg 정도의 물건을 빈번히 들어올리거나 운반한다.
- 아주 힘든 작업: 40kg 이상의 물건을 들어올리고, 20kg 이상의 물건을 빈번히 들어올리거나 운반한다.

2022년 1·3회, 2021년 3회, 2019년 2회, 2012년 2회, 2011년 1·3회, 2010년 3회, 2008년 3회, 2000년 1회

16 한국표준직업분류의 '다수직업 종사자' 직업을 분류하는 일반적인 원칙을 순서대로 쓰고 설명하시오. 6점

정답
1. 취업시간 우선의 원칙: 가장 먼저 분야별로 취업시간을 고려하여 보다 긴 시간을 투자하는 직업으로 결정한다.
2. 수입 우선의 원칙: 위의 경우로 분별하기 어려운 경우는 수입(소득이나 임금)이 많은 직업으로 결정한다.
3. 조사 시 최근의 직업 원칙: 위의 두 가지 경우로 판단할 수 없는 경우에는 조사시점을 기준으로 최근에 종사한 직업으로 결정한다.

KEY 다수직업 종사자

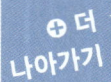
'다수직업종사자'의 의미
다수직업 종사자는 한 사람이 전혀 상관성이 없는 두 가지 이상의 직업에 종사할 경우를 말한다.

2023년 1회, 2020년 3회, 2018년 2회, 2017년 3회, 2012년 3회, 2011년 3회, 2010년 2회

17 임금의 하방경직성 의미에 대해 설명하고, 임금이 하방경직성이 되는 이유 4가지를 쓰시오. 6점

정답
1. 임금의 하방경직성의 의미
   임금의 하방경직성은 케인즈(J.M. Keynes)가 주장한 것으로, 시장에서 노동수요와 노동공급에 의해 결정된 균형임금이 경기침체로 인한 노동수요의 감소와 같은 경제여건의 변화로 하락할 요인이 있어도 하락하지 않고 현재의 수준을 유지한다는 것이다.

2. 임금이 하방경직적이 되는 이유
   (1) 노동자들의 화폐환상으로 인한 역선택
   (2) 노동자와 사용자 간의 장기고용계약
   (3) 노동조합의 존재
   (4) 최저임금제
   (5) 연공급 임금제도

KEY 임금의 하방경직성

2022년 1회, 2018년 2회, 2015년 3회, 2013년 1회, 2010년 4회, 2008년 2회

18 완전경쟁시장에서 A제품을 생산하는 어떤 기업의 단기 생산함수가 다음과 같을 때 이 기업의 이윤 극대화를 위한 최적고용량을 도출하고 그 근거를 설명하시오. (단, 생산물 단가는 100원, 단위당 임금은 150원이다.) 5점

노동투입량(단위)	0	1	2	3	4	5	6
총생산량(개)	0	2	4	7	8.5	9	9

정답

노동투입량(단위)	0	1	2	3	4	5	6
총생산량(개)	0	2	4	7	8.5	9	9
한계생산량(개)	0	2	2	3	1.5	0.5	0
한계생산가치(원)	0	200	200	300	150	50	0

1. [표]에서 한계생산량(MP_L)은 노동 1단위를 추가로 투입할 때 그로 인한 총생산량의 증가분이다. 한계생산가치(MP_L)는 한계생산량을 시장에 판매했을 때 기업이 얻는 수입으로 한계생산량(MP_L) × 생산물 단가(P)이다.

2. 기업의 이윤 극대화를 위한 최적고용량은 노동의 한계생산가치와 노동 1단위의 가격이 일치하는 수준, 즉 $VMP_L = P \times MP_L = W$에서 결정된다. 따라서 노동 1단위 가격 150원과 노동의 한계생산가치가 일치하는 수준인 최적고용량은 4단위이다.

KEY 기업의 이윤 극대화 조건

2023 2차 직업상담실무

1회 ········· 38
2회 ········· 48
3회 ········· 60

2023년 1회

공부한 날: ____월 ____일   문제풀이 시간: 2시간 30분(150분)

01 직무분석방법 중 면접법의 장단점을 각각 2가지씩 쓰시오. [4점]

정답
1. 장점
   ① 직무에 관한 정확한 지식을 확보할 수 있다.
   ② 다양한 직무들에 광범위하게 적용이 가능하다.

2. 단점
   ① 자료의 수집에 많은 시간과 노력이 든다.
   ② 수량화된 정보를 얻기 어렵다.

KEY 최초분석법 중 면접법

02 검사-재검사신뢰도에 영향을 미치는 요인 4가지를 쓰시오. [4점]

2020년 3회, 2018년 2회, 2013년 3회, 2012년 2회, 2009년 1·2·3회, 2003년 1회

정답
1. 검사 환경상의 변화
2. 검사 시행 사이의 기간
3. 응답자 속성의 변화(성숙요인이나 반응민감성 요인에 따른 변화)
4. 개인적 요인의 변화(질병, 피로, 기분 등 개인적 요인의 차이에 따른 변화)

꿀팁 검사-재검사신뢰도에 영향을 미치는 요인은 검사-재검사신뢰도의 단점과 연관지어 연상해 볼 수 있습니다.
KEY 검사-재검사신뢰도에 영향을 미치는 요인

> **더 나아가기**
>
> **검사-재검사신뢰도의 단점**
> ① 이월효과(기억효과): 두 검사 사이의 시간 간격이 너무 짧을 경우 앞 검사에서 답한 내용을 기억해서 뒤 검사의 응답 시 활용할 수 있다.
> ② 성숙효과: 두 검사 사이의 시간 간격이 너무 클 경우 측정대상의 속성이나 특성이 변화할 수 있다.
> ③ 반응민감성효과: 반응민감성의 영향으로 검사를 치르는 경험이 후속 반응에 영향을 줄 수 있다. 즉, 검사를 치르는 경험으로 인한 새로운 학습요인이 다음 검사점수에 영향을 미칠 수 있다.
> ④ 환경상의 변화: 검사 시기의 물리적인 환경 변화가 검사 결과에 영향을 미칠 수 있다. 즉, 날씨, 소음, 기타 방해요인 같은 환경요인에 따라 두 검사 결과에 차이가 발생할 수 있다.

2018년 3회, 2014년 3회, 2010년 4회

03 Rogers의 인간중심상담의 기본바탕이 되는 철학적 가정 5가지를 쓰시오. 5점

정답
1. 인간은 가치를 지닌 유일한 존재이다.
2. 인간은 적극적 성장력을 지닌 존재이다.
3. 인간은 선하며 이성적이고 믿을 수 있는 존재이다.
4. 인간을 알기 위해서는 개인의 주관적 생활에 초점을 두어야 한다.
5. 인간은 자신이 결정을 내릴 권리와 장래를 선택할 권리를 지니고 있다.

KEY Rogers의 철학적 가정

2023년 3회, 2020년 1회, 2005년 3회

04 진로상담 과정에서 관계수립을 위한 기본 상담기술 6가지를 기술하시오. 6점

정답
1. 공감
   상담자가 자신이 직접 경험하지 않고도 내담자의 감정을 거의 같은 수준으로 이해하는 능력을 말한다.

2. 경청
   내담자가 표현하는 언어적 의미 외에 비언어적인 의미까지 세심하게 주목하는 것을 말한다.

3. 반영
   내담자의 생각과 말을 상담자가 다른 참신한 말로 부연하는 것을 말한다.

4. 직면
   상담자가 내담자로 하여금 자신의 문제에 회피하지 않고 도전하도록 하는 것이다.

5. 명료화
   내담자의 말 속에 포함되어 있는 생각과 감정의 불분명한 표현을 상담자가 분명하게 밝히는 것이다.

6. 수용
   내담자의 이야기에 주의를 집중하고 내담자를 인격적으로 존중하는 기법이다.

KEY 관계수립을 위한 기본상담기술

2021년 1회, 2018년 2회, 2014년 1회, 2013년 2회, 2012년 1회, 2010년 2회, 2008년 3회, 2006년 1회, 2005년 1회

05 예언타당도와 동시(공인)타당도에 대해 각각의 예를 포함하여 설명하시오. 6점

정답

1. 예언타당도
   예언타당도란 검사점수와 미래 행위 측정치 간의 상관계수를 추정하는 것이다. 예를 들어 적성검사에서 높은 점수를 받은 사람들일수록 입사 후 업무 수행이 우수한 것으로 나타났다면, 이 검사는 예언 타당도가 높은 것으로 볼 수 있다.

2. 동시타당도
   동시타당도란 공인된 기존 검사와 새로 만든 검사 간의 상관계수를 추정하는 것이다. 예를 들어 영어면접시험의 타당도를 입증하기 위해 동시 실시된 토익 등 공인영어시험 점수와 비교하는 것이다.

꿀팁 출제 빈도가 매우 높은 문제입니다. 반드시 숙지하시기 바랍니다.
KEY 예언타당도와 동시타당도

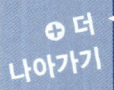
준거타당도
준거타당도는 어떤 심리검사가 특정 준거와 어느 정도 관련성이 있는지를 알아보는 것이다. 이러한 준거타당도는 동시타당도(공인타당도)와 예언타당도(예측타당도)로 구분된다.

2020년 1·2회, 2013년 2회, 2010년 1회, 2000년 2회

06 직업상담을 위한 심리검사 선정 시 고려사항 4가지를 쓰시오. 4점

정답

1. 심리검사의 목적을 분명히 하고 일치성을 확인해야 한다.
2. 내담자의 문제점을 정확히 파악한 후 사용 여부를 결정해야 한다.
3. 신뢰도와 타당도가 높은 표준화된 검사방법을 사용해야 한다.
4. 심리검사 시행 시 간편성, 경제성 등 실용성을 고려해야 한다.
5. 검사 선택에 있어 내담자를 포함해야 한다.
6. 정상집단에서 적합성이 있어야 한다.

꿀팁 제시된 답안 중 4가지만 적으시면 됩니다.
KEY 심리검사 선정 시 고려사항

2023년 3회, 2022년 1회, 2016년 1·3호, 2015년 1·2회, 2012년 3회, 2011년 1회

07 행동주의 상담기법인 불안감소기법과 학습촉진기법에 대해서 각각 2가지씩 쓰고 설명하시오. 8점

정답
1. 불안감소기법
   ① 홍수법: 특정 불안과 공포증을 가진 환자를 단번에 강한 공포자극에 장시간 직면케 하여 불안을 치료하는 방법이다.
   ② 주장훈련: 불안을 역제지하는 방법으로 대인관계에서 오는 불안제지 효과를 갖는다.
   ③ 체계적둔감법: 불안과 공포증이 있는 환자에게 불안 조건을 점차적으로 노출시켜 둔감화시키는 치료법이다.
   ④ 금지조건 형성: 내담자에게 추가적 강화 없이 불안반응을 일으킬만한 단서를 지속적으로 제시함으로써, 불안 감정을 점차적으로 소거시키는 방법이다.

2. 학습촉진기법
   ① 강화: 학습자에게 강화물을 제공하여, 특정 행동의 빈도가 높아지도록 하는 행동수정방법이다.
   ② 변별학습: 자극의 차이에 따라 서로 다른 반응을 보이도록 유도하는 학습촉진기법이다.
   ③ 모델링(모방): 다른 사람들의 행동이나 결과를 관찰함으로써 결정행동학습을 촉진시킨다.
   ④ 토큰법: 내담자의 바람직한 행동이 일어날 때 원하는 다양한 물건과 교환할 수 있는 강화물로 토큰을 부여하는 체계적인 강화기법이다.

꿀팁 제시된 답안 중 2가지씩만 쓰시면 됩니다.
KEY 불안감소기법과 학습촉진기법

2024년 2회, 2020년 4회, 2019년 1회, 2017년 3회, 2015년 1회, 2013년 3회, 2011년 3회, 2010년 1·4회, 2009년 1회, 2005년 1회, 2001년 3회

08 집단상담의 장점 6가지를 쓰시오. 6점

정답
1. 집단 구성원 간의 활발한 피드백을 통해 자기탐색을 돕는다.
2. 일반적으로 성숙도가 낮은 이에게 적합하다.
3. 개인상담보다 부담이 적어 받아들이기 쉽다.
4. 타인과의 상호 작용을 통해 대인교류 능력과 사회성을 기를 수 있다.
5. 한정된 시간에 일대 다수 상담으로 경제성이 높다.
6. 타인을 통한 대리학습(관찰학습)의 기회를 부여한다.

KEY 집단상담의 장점

2023년 1회

2023년 2회, 2020년 2회, 2017년 2회, 2012년 3회, 2010년 2회, 2009년 3회

09 실존주의 상담자들이 내담자의 궁극적 관심사와 관련하여 중요하게 생각하는 주제를 3가지 쓰고 설명하시오. 6점

정답
1. 삶의 의미성
   인간은 삶을 통해 스스로의 존재 의미를 발견해야 한다.

2. 진실성
   개인의 실존을 회복하기 위한 진실성 있는 노력을 해야 한다.

3. 자유와 책임
   인간은 자기결정적인 존재로서 선택할 능력과 책임이 있다.

4. 죽음과 비존재
   삶과 죽음은 분리될 수 없는 연속성을 지니며, 인간은 비존재에 대한 불안감을 가진다.

꿀팁 이 문제는 두 가지 답안이 존재합니다. 제시된 해설 답안은 일반적인 실존주의 상담자들의 견해이고 다른 하나로는 얄롬(Yolom)이라는 학자가 제시한 답안이 있습니다.

KEY 실존주의의 궁극적 관심사

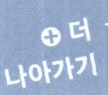

얄롬(Yolom)의 실존주의의 궁극적 관심사
① 죽음: 죽음의 불가피성이 삶의 유한성을 더욱 가치 있게 만든다.
② 자유: 인간은 자기결정적인 존재로서 선택할 능력과 책임이 있다.
③ 소외(고립): 인간은 자신의 실존적 고립에 직면함으로써 타인과 성숙한 관계를 맺을 수 있다.
④ 무의미성: 인간은 인생을 살아가면서 끊임없이 삶의 의미를 추구한다.

2020년 3회, 2015년 2회

10 내담자와의 상담목표 설정 시 유의사항을 5가지 쓰시오. 5점

정답
1. 내담자가 바라고 원하는 것을 상담목표로 설정한다.
2. 상담자의 기술과 양립 가능한 것을 상담목표로 설정한다.
3. 구체적인 것을 상담목표로 설정한다.
4. 실현 가능한 것을 상담목표로 설정한다.
5. 목표는 기한이 있어야 한다.

KEY 상담목표 설정의 기본원칙

목표의 기한성
해당 목표가 달성되는 구체적인 시기와 일정을 말한다.

11 홀랜드(Holland) 직업흥미검사의 6가지 유형을 쓰고, 각각에 대해 간략히 설명하시오.

2023년 2·3회, 2022년 1회, 2021년 1회, 2020년 1·3·4회, 2019년 2회, 2018년 2회, 2016년 1회, 2014년 3회, 2009년 1회, 2008년 1회, 2007년 1회, 2004년 1회

6점

정답

1. 현실형(R)
   기계, 도구, 동물에 관한 체계적인 조작활동을 좋아하며 현장 일을 선호하나 사회적 기술이 부족하다.

2. 탐구형(I)
   호기심이 많고 분석적이어서 과학적 탐구활동을 선호하나, 리더십 기술이 부족하다.

3. 예술형(A)
   창의적이며 감성이 풍부하고 개방적이나 틀에 박힌 일을 싫어하며 규범적인 기술이 부족하다.

4. 사회형(S)
   친절하고 이해심이 많으며 다른 사람을 돕는 것을 즐기나, 과학적이거나 기계적인 활동 능력이 부족하다.

5. 진취형(E)
   외향적이며 지도력이 있고 말을 잘하나, 상징적·체계적·과학적 활동에 대한 능력이 부족하다.

6. 관습형(C)
   자료를 잘 정리하고 순응적이며 책임감이 강한 반면, 변화에 약하고 융통성이 부족하다.

꿀팁 출제빈도가 높은 문제입니다. 반드시 숙지하세요.
KEY 홀랜드(Holland)의 흥미유형

12 표준화된 심리검사에는 집단 내 규준이 포함되어 있다. 집단 내 규준의 종류 3가지를 적고 설명하시오.

2024년 2회, 2023년 2·3회, 2020년 1회, 2019년 1회, 2018년 3회, 2017년 3회, 2015년 1회, 2014년 3회, 2012년 2회, 2012년 3회, 2010년 4회, 2009년 1·3회, 2008년 1회, 2007년 1회

6점

정답

1. 백분위점수
   개인이 표준화된 집단에서 차지하는 상대적 위치를 가리키는 것으로, 개인의 점수에 대해 100개의 동일한 구간에서 순위를 정한다.

2. 표준점수
   원점수를 주어진 집단의 평균을 중심으로 분포의 표준편차(등간 척도)로 환산시킨 점수이다.

3. 표준등급
   9등급 또는 스테나인 점수라고 하며, 원점수를 1~9등급까지 범주로 나누는 것이다.

꿀팁 출제빈도가 매우 높은 문제입니다. 반드시 숙지하세요.
KEY 집단 내 규준의 종류

2023년 1회

2010년 1회

13 검사의 신뢰도란 검사가 얼마나 일관성 있는가를 의미한다. 심리검사의 신뢰도 종류와 신뢰도에 영향을 주는 요인을 각각 3가지씩 쓰시오. 6점

정답

1. 신뢰도의 종류
   ① **동형검사신뢰도**: 동형의 2가지 검사를 동일인에게 시행하여 두 검사 점수 간의 일관성을 추정하는 방법이다.
   ② **반분신뢰도**: 1가지 검사를 적절히 두 부분으로 나누어 두 검사 간 동질성과 일치성을 비교하는 방법이다.
   ③ **검사-재검사신뢰도**: 동일한 사람에게 동일 검사를 서로 다른 시기에 두 번 실시하여 반복 측정하는 방법이다.

2. 신뢰도에 영향을 주는 요인
   ① 개인차 ② 검사 문항의 수 ③ 문항반응 수 ④ 신뢰도 측정방법 ⑤ 문항의 난이도

꿀팁 신뢰도에 영향을 주는 요인은 시험에 따라 6가지까지 묻는 문제도 있으니, 22년 3회차 문제의 답안을 참고하시면 좋겠습니다.
KEY 심리검사의 신뢰도의 종류와 영향을 주는 요인

2019년 2·3회, 2018년 3회, 2017년 2회, 2017년 1회, 2016년 2회, 2014년 1·2회, 2013년 2회, 2012년 2회, 2009년 3회, 2007년 3회, 2006년 1회, 2005년 1회

14 노동수요의 탄력성을 구하는 공식과 노동수요의 탄력성에 영향을 미치는 요인 4가지를 쓰시오. 6점

정답

1. 노동수요의 탄력성 공식
   노동수요의 탄력성은 임금의 변화에 대한 노동수요량의 변화정도를 나타내는 개념으로, 공식은 다음과 같다.

$$\text{노동수요의 탄력성} = -\frac{\text{노동수요량의 변화율(\%)}}{\text{임금의 변화율(\%)}} = -\frac{\dfrac{\text{노동수요량의 변동분}}{\text{원래의 노동수요량}}}{\dfrac{\text{임금의 변동분}}{\text{원래의 임금}}}$$

2. 노동수요의 탄력성 결정요인
   ① **상품에 대한 수요 탄력성**: 노동수요는 파생수요이므로 상품에 대한 수요 탄력성이 커지면 노동수요 탄력성도 커진다.
   ② **노동비용이 총생산비에서 차지하는 비중**: 노동비용이 총생산비에서 차지하는 비중이 큰 경우 임금상승 시 노동수요량이 크게 감소하므로 노동수요 탄력성은 커진다.
   ③ **다른 생산요소와 노동의 대체 가능성**: 노동을 다른 생산요소로 쉽게 대체할 수 있다면 임금상승 시 노동 대신 다른 생산요소로 대체하므로 노동수요가 크게 감소하여 노동수요 탄력성은 커진다.
   ④ **다른 생산요소의 공급 탄력성**: 노동 이외 생산요소의 공급탄력성이 커지면 노동을 다른 생산요소로 쉽게 대체할 수 있어 노동수요 탄력성이 커진다.

KEY 노동수요의 탄력성

2024년 2회, 2023년 3회, 2022년 2회, 2021년 3회

15 한국직업사전 부가직업정보의 직무기능 중 '자료' 관련 기능에 대한 오른쪽 설명을 보고 왼쪽 빈칸을 채우시오. 6점

자료	설명
( )	데이터의 분석에 기초하여, 시간, 장소, 작업순서, 활동 등을 결정한다. 결정을 실행하거나 상황을 보고한다.
( )	조사하고 평가한다. 평가와 관련된 대안적 행위의 제시가 빈번하게 포함된다.
( )	자료, 사람, 사물에 관한 정보를 수집, 대조, 분류한다. 정보와 관련한 규정된 활동의 수행 및 보고가 자주 포함된다.
( )	사칙연산을 실시하고 사칙연산과 관련하여 규정된 활동을 수행하거나 보고한다. 수를 세는 것은 포함되지 않는다.
( )	데이터를 옮겨 적거나 입력하거나 표시한다.
( )	자료, 사람, 사물의 쉽게 관찰되는 기능적, 구조적, 조합적 특성(유사성 또는 표준과의 차이)을 판단한다.

정답 자료 관련 기능은 순서대로 조정, 분석, 수집, 계산, 기록, 비교이다.

자료	설명
(조정)	데이터의 분석이 기초하여, 시간, 장소, 작업순서, 활동 등을 결정한다. 결정을 실행하거나 상황을 보고한다.
(분석)	조사하고 평가한다. 평가와 관련된 대안적 행위의 제시가 빈번하게 포함된다.
(수집)	자료, 사람, 사물에 관한 정보를 수집, 대조, 분류한다. 정보와 관련된 규정된 활동의 수행 및 보고가 자주 포함된다.
(계산)	사칙연산을 실시하고 사칙연산과 관련하여 규정된 활동을 수행하거나 보고한다. 수를 세는 것은 포함되지 않는다.
(기록)	데이터를 옮겨 적거나 입력하거나 표시한다.
(비교)	자료, 사람, 사물의 쉽게 관찰되는 기능적, 구조적, 조합적 특성(유사성 또는 표준과의 차이)을 판단한다.

KEY 부가직업정보 직무기능(자료)

+ 더 나아가기

부가직업정보 직무기능 중 자료의 직무기능
부가직업정보 직무기능 중 '자료'의 하위 직무기능은 '종합-조정-분석-수집-계산-기록-비교'이다.

2022년 1·3회, 2021년 3회, 2020년 2·4회, 2019년 2회, 2016년 2회, 2012년 2·3회, 2011년 1·3회, 2010년 3회, 2009년 2·3회

16 한국표준직업분류에서 포괄적인 업무에 대한 직업분류 원칙 3가지를 설명하시오.
(단, 예시는 쓰지 않아도 된다.) 6점

정답
1. 주된 직무 우선 원칙
   2개 이상의 직무를 수행하는 경우는 수행되는 직무내용과 관련 분류 항목에 명시된 직무내용을 비교·평가하여 관련 직무내용상의 상관성이 가장 많은 항목에 분류한다.

2. 최상급 직능수준 우선 원칙
   수행된 직무가 상이한 수준의 훈련과 경험을 통해서 얻어지는 직무능력을 필요로 한다면, 가장 높은 수준의 직무능력을 필요로 하는 일에 분류한다.

3. 생산업무 우선 원칙
   재화의 생산과 공급이 같이 이루어지는 경우는 생산단계에 관련된 업무를 우선적으로 분류한다.

KEY 포괄적인 업무에 대한 직업분류 원칙

2024년 3회, 2021년 3회, 2020년 3회, 2016년 2회, 2012년 1회, 2008년 3회

17 한국표준산업분류에서 통계단위의 산업을 결정하는 방법을 2가지만 쓰시오. 4점

정답
1. 생산단위의 산업활동은 그 생산단위가 수행하는 주된 산업활동(판매 또는 제공되는 재화 및 서비스)의 종류에 따라 결정된다.
2. 계절에 따라 정기적으로 산업을 달리하는 사업체의 경우에는 조사시점에서 경영하는 사업과는 관계없이 조사대상 기간 중 산출액이 많았던 활동에 의하여 분류된다.
3. 휴업 중 또는 자산을 청산 중인 사업체의 산업은 영업 중 또는 청산을 시작하기 전의 산업활동에 의하여 결정하며, 설립 중인 사업체는 개시하는 산업활동에 따라 결정한다.

 제시된 답안 중 2가지만 작성하시면 됩니다.
KEY 통계단위의 산업결정방법

18 2024년 3회, 2020년 3회, 2018년 2회, 2017년 3회, 2012년 3회, 2011년 3회, 2010년 2회, 2009년 1회, 2004년 1회

임금의 하방경직성의 의미를 설명하고, 임금의 하방경직성의 원인 5가지를 쓰시오. 6점

 1. 임금의 하방경직성의 의미

임금의 하방경직성은 케인즈(J.M. Keynes)가 주장한 것으로, 시장에서 노동수요와 노동공급에 의해 결정된 균형임금이 경기침체로 인한 노동수요의 감소와 같은 경제 여건의 변화로 하락할 요인이 있어도 하락하지 않고 현재의 수준을 유지한다는 것이다.

2. 임금이 하방경직적으로 되는 원인
   ① 노동자들의 화폐환상으로 인한 역선택
   ② 노동자와 사용자 간의 장기근로계약
   ③ 노동조합의 존재
   ④ 최저임금제
   ⑤ 연공급 임금제도

KEY 임금의 하방경직성의 의미와 원인

2023년 2회

공부한 날: ___월 ___일   문제풀이 시간: 2시간 30분(150분)

빈출

01 2021년 1회, 2019년 2회, 2018년 3회, 2015년 3회, 2014년 1·3회, 2013년 3회, 2011년 1회, 2010년 2회, 2009년 2회, 2006년 1회

보딘은 정신역동적 직업상담을 체계화하면서 직업문제의 진단에 관한 새로운 관점을 제시하였다. 보딘이 제시한 직업문제의 심리적 원인 5가지를 쓰고 설명하시오. [10점]

정답
1. 내적 갈등(자아갈등)
   자아개념과 다른 심리적 기능 간의 갈등으로 직업결정에 어려움을 가지는 경우이다.

2. 정보의 부족
   개인이 진로 관련 정보를 받지 못하여 직업선택과 진로문제 해결에 어려움을 가지게 되는 경우이다.

3. 의존성
   개인이 진로문제를 책임지는 것이 어렵다고 느끼며, 스스로 해결하지 못하고 주변이나 타인에 의존하는 경우이다.

4. 확신의 결여(문제는 없지만 확신이 부족함)
   잠정적인 진로 및 직업선택과 미래 진로에 대한 확신이 부족한 상황으로, 내담자가 진로에 관한 선택을 내린 이후에도 단지 그것을 확인하기 위해서 상담자를 찾는 경우이다.

5. 진로선택의 불안
   자신이 원하는 일과 중요한 타인의 요구가 다를 때 개인이 진로선택의 불안을 느끼게 되는 경우이다.

꿀팁 이 문제는 빈출 문제를 확장한 문제입니다. 기존에는 3가지만 요구하였으나, 처음으로 5가지를 모두 쓰도록 요구한 문제입니다.
KEY 보딘(Bordin)의 심리적 원인

02 롭퀴스트와 데이비스의 직업적응이론에서 직업적응방식의 유형 3가지를 쓰고 설명하시오. 6점

정답

1. 끈기
   환경이 자신에게 맞지 않아도 오래 견뎌낼 수 있는지의 정도를 말한다.

2. 적극성
   작업환경을 개인적 방식과 좀 더 조화롭게 만들어 가려고 노력하는 정도를 말한다.

3. 반응성
   작업성격의 변화 시 직업환경에 반응하는 정도를 말한다.

4. 융통성
   작업환경과 개인적 환경 간의 부조화를 참아내는 정도를 말한다.

꿀팁 이 문제는 기출 문제를 확장한 문제로, 직업적응방식의 유형과 각 유형에 대한 설명까지 숙지해야 풀 수 있습니다. 제시된 답안 중 3가지만 적으면 됩니다.

KEY 롭퀴스트와 데이비스(Lofquist & Dawis)의 직업적응방식

2020년 4회

03 틴슬레이(Tinsley)와 브래들리(Bradley)가 제시한 검사해석의 4단계를 설명하시오. 4점

정답

1. 해석 준비하기
   검사결과와 내담자의 개인적 정보들이 어떻게 통합되어 해석되는지를 검토한다.

2. 내담자 준비시키기
   내담자가 검사결과 해석을 받아들일 수 있도록 준비시킨다.

3. 결과 전달하기
   내담자가 이해하기 쉬운 용어를 사용하여 검사결과가 의미하는 바를 전달한다.

4. 추후활동
   상담결과에 대한 의견을 나누며 내담자가 그것을 어떻게 이해했는지 확인한다.

KEY 틴슬레이와 브래들리(Tinsley & Bradley)가 제시한 검사해석의 4단계

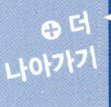

틴슬레이와 브래들리(Tinsley & Bradley)가 제시한 검사 결과 검토의 2단계
① 1단계–이해: 내담자의 검사결과 해석이 있어 규준과 참조하여 검사점수의 의미를 충분히 이해한다.
② 2단계–통합: 이해를 통해 얻어진 검사 정보와 상담자가 수집한 내담자에 대한 다른 정보를 통합한다.

04 고트프레드슨(Gottfredson)의 직업과 관련된 개인발달의 4단계를 쓰고, 각각에 대해 설명하시오. 4점

정답
1. 힘과 크기 지향성(3~5세)
   사고과정이 구체화되며 어른이 된다는 것의 의미를 알게 된다.

2. 성역할 지향성(6~8세)
   자아개념이 성의 발달에 의해서 영향을 받게 된다.

3. 사회적 가치 지향성(9~13세)
   사회계층에 대한 개념이 생겨나기 시작하면서 '상황 속 자아'를 인식하기에 이른다.

4. 내적, 고유한 자아 지향성(14세 이후)
   자아성찰과 사회계층의 맥락에서 직업적 포부가 더욱 발달하게 된다.

KEY 고트프레드슨(Gottfredson)의 직업포부 발달단계

05 형태주의(게슈탈트) 상담의 상담기법을 4가지만 쓰시오. 4점

정답
1. 욕구와 감정의 자각   2. 신체자각   3. 언어자각   4. 과장하기
5. 빈 의자 기법   6. 꿈 작업   7. 자기 부분들 간의 대화

꿀팁 제시된 답안 중 4가지만 적으시면 됩니다.
KEY 형태주의(게슈탈트) 상담의 상담기법

> **게슈탈트(형태주의) 이론의 상담기법**
> 내담자 자신의 욕구와 감정을 자각시키는 방법으로 자각(알아차림)은 개체가 자신의 욕구나 감정을 지각한 다음 게슈탈트로 형성하여 전경으로 떠올리는 행위를 말한다. 이러한 알아차림은 누구에게나 자연적으로 갖추어져 있는 능력이다.
> ① 욕구와 감정의 자각: 현재 상황에서 느껴지는 내담자의 욕구와 감정을 자각시킨다.
> ② 신체자각: 현재 내담자가 느끼고 있는 욕구와 감정을 신체적 감각을 통해 자각시킨다.
> ③ 언어자각: 내담자가 언어를 통해 자신의 욕구에 대해 책임을 지고 언어와 행동을 알아차릴 수 있도록 한다.
> ④ 과장하기: 욕구와 감정을 명확히 지각하도록 자신의 행동과 언어를 과장하게 한다.
> ⑤ 빈 의자 기법: 현재 상담장면에 와 있지 않은 사람이 실제 앉아 있는 것처럼 빈 의자에 투사하여 내담자의 감정을 표현하게 한다.
> ⑥ 꿈 작업: 마치 꿈이 현재 일어난 사건인 것처럼 꿈의 각 부분을 연기하게 한다.
> ⑦ 자기 부분들 간의 대화: 내담자에게 내재되어 있는 상반된 자아 간의 대화를 유도한다.

06 Super의 발달단계 5단계를 쓰고, 각 단계에 대해 설명하시오. 5점

2020년 4회, 2017년 1회, 2009년 2회, 2003년 3회

정답

1. 성장기
   가정이나 학교에서 주요 인물과 자신을 동일시하여 자아개념을 발달시키는 시기로, 초기에는 욕구와 환상이 지배적이나 점차 흥미와 능력을 중시한다.

2. 탐색기
   학교, 여가활동, 시간제 일과 같은 활동을 통해 자아를 검증하고 역할을 수행하며 자신에게 적합한 직업을 탐색하는 시기이다.

3. 확립기
   자신에게 적합한 직업을 발견·종사하여 기반을 다져 나가는 시기이다.

4. 유지기
   직업에서 자신의 위치가 공고해지고 자신의 자리를 유지하기 위해 노력하며 안정된 삶을 살아가는 시기이다.

5. 쇠퇴기
   정신적·육체적으로 기능이 쇠퇴함에 따라 직업에서 은퇴하게 되어 새로운 역할과 활동을 찾게 되는 시기이다.

KEY 수퍼(Super)의 직업(진로)발달단계

07 구성타당도를 분석하는 방법 2가지를 쓰고, 각각 설명하시오. (4점)

2020년 3·4회, 2019년 3회, 2016년 1회, 2015년 1·2회, 2010년 1·4회, 2009년 3회, 2008년 1회, 2006년 3회, 2003년 1·3회, 2001년 1회

정답

1. 변별타당도
   검사의 결과가 그 속성과 관계없는 변인들과 낮은 상관관계를 지니고 있는지의 정도를 측정하는 것으로, 상관계수가 낮을수록 변별타당도가 높다.

2. 수렴타당도
   검사의 결과가 그 속성과 관계있는 변인들과 높은 상관관계를 지니고 있는지의 정도를 측정하는 것으로, 상관계수가 높을수록 수렴타당도가 높다.

3. 요인분석법
   검사문항들 간의 상관관계를 분석하여 상관이 높은 문항이나 변인들을 묶어 주는 통계적 방법이다.

꿀팁 변별타당도, 수렴타당도, 요인분석법 중 변별타당도, 수렴타당도 2가지를 답안으로 작성하는 것을 추천합니다.
KEY 구성타당도의 종류

> **더 나아가기**
> **다속성·다측정 방법 행렬표(MTMM)**
> 둘 이상의 특성에 대해 둘 이상의 방법으로 측정하여 그 결과를 분석한 후 두 가지 측정결과가 어느 정도 상관관계가 있는지 알아보는 방법이다. 수렴타당도 측정 후 변별타당도를 측정하고, 다시 이 두 점수 간의 상관관계를 확인한다.

2021년 3회

08 직무평가방법 3가지를 쓰고 설명하시오. 6점

정답

1. 서열법
   가장 오래되고 간단한 방법으로, 전체적·포괄적인 관점에서 각 직무를 상호 비교하여 순위를 결정하는 방법이다.

2. 분류법
   서열법에서 좀 더 발전된 방식으로, 어떠한 기준에 따라 사전에 만들어 놓은 등급에 각 직무를 적절히 판정하여 맞추어 넣는 평가방법이다.

3. 점수법
   직무를 구성요소로 분해하고 그 요소별로 중요도에 따라 점수를 부여한 후, 점수를 계산하여 각 직무별 가치를 평가하는 방법으로 평가요소를 등급화하는 것이다.

4. 요인비교법
   가장 핵심이 되는 몇 개의 기준직무를 선출하고 각 직무의 평가요소를 기준직무의 평가요소와 결부시켜 비교함으로써 모든 직무의 상대적 가치를 결정하는 방법이다.

꿀팁 제시된 답안 중 3가지만 적으면 됩니다.
KEY 직무평가방법

+ 더 나아가기

직무평가방법의 구분
① 질적 평가방법: 서열법(ranking method), 분류법(classification method)
② 양적 평가방법: 점수법(point method), 요인비교법(factor comparison method)

2023년 1·3회, 2022년 1회, 2021년 1회, 2020년 1·3·4회, 2019년 2회, 2018년 2회, 2016년 1회, 2014년 3회, 2009년 1회, 2008년 1회, 2007년 1회, 2004년 1회

09 홀랜드(Holland) 직업흥미검사의 6가지 유형을 쓰고, 각각에 대해 간략히 설명하시오. 6점

정답

1. 현실형(R)
   기계, 도구, 동물에 관한 체계적인 조작활동을 좋아하며 현장 일을 선호하나, 사회적 기술이 부족하다.

2. 탐구형(I)
   호기심이 많고 분석적이어서 과학적 탐구활동을 선호하나, 리더십 기술이 부족하다.

3. 예술형(A)
   창의적이며 감성이 풍부하고 개방적이나, 틀에 박힌 일을 싫어하며 규범적인 기술이 부족하다.

4. 사회형(S)
   친절하고 이해심이 많으며 다른 사람을 돕는 것을 즐기나, 과학적이거나 기계적인 활동 능력이 부족하다.

5. 진취형(E)
   외향적이며 지도력이 있고 말을 잘하나, 상징적·체계적·과학적 활동에 대한 능력이 부족하다.

6. 관습형(C)
   자료를 잘 정리하고 순응적이며 책임감이 강한 반면, 변화에 약하고 융통성이 부족하다.

꿀팁 출제빈도가 높은 문제입니다. 반드시 숙지하세요.
KEY 홀랜드(Holland) 직업흥미검사의 흥미유형

 2024년 2회, 2023년 1·3회, 2021년 2회, 2020년 1회, 2019년 1회, 2018년 3회, 2017년 3회, 2015년 1회, 2014년 3회, 2012년 2·3회, 2010년 4회, 2009년 2·3회, 2008년 1회, 2007년 1회

10 집단 내 규준의 종류 3가지를 쓰고 설명하시오. 6점

정답

1. 백분위점수
   개인이 표준화된 집단에서 차지하는 상대적 위치를 가리키는 것으로, 개인의 점수에 대해 100개의 동일한 구간에서 순위를 정한다.

2. 표준점수
   원점수를 주어진 집단의 평균을 중심으로 분포의 표준편차(등간척도)로 환산시킨 점수이다.

3. 표준등급
   9등급 또는 스테나인 점수라고 하며, 원점수를 1~9등급까지의 범주로 나누는 것이다.

꿀팁 출제빈도가 높은 문제입니다. 반드시 숙지하세요.
KEY 집단 내 규준의 종류

2021년 3회, 2020년 2회, 2018년 1회, 2013년 1회

11 직업심리검사의 신뢰도를 추정하는 방법 3가지를 쓰고 설명하시오. 6점

정답
1. 동형검사신뢰도
   동일한 수검자에게 첫 번째 실시한 검사와 동일한 유형의 검사를 실시하여 두 검사 점수 간의 일관성을 추정하는 방법이다.

2. 반분신뢰도
   하나의 검사를 두 부분으로 나누어 두 검사 간 동질성과 일치성을 비교하는 방법이다.

3. 검사 – 재검사신뢰도
   동일한 사람에게 동일한 검사를 서로 다른 시기에 두 번 실시하여 반복 측정하는 방법이다.

KEY 신뢰도를 추정하는 방법(종류)

2023년 1회, 2020년 2회, 2017년 2회, 2012년 3회, 2010년 2회, 2009년 3회

12 실존주의 상담자들이 내담자의 궁극적 관심사와 관련하여 중요하게 생각하는 주제를 4가지 쓰고 설명하시오. 8점

정답
1. 삶의 의미성
   인간은 삶을 통해 스스로의 존재 의미를 발견해야 한다.

2. 진실성
   개인의 실존을 회복하기 위한 진실성 있는 노력을 해야 한다.

3. 자유와 책임
   인간은 자기결정적인 존재로서 선택할 능력과 책임이 있다.

4. 죽음과 비존재
   삶과 죽음은 분리될 수 없는 연속성을 지니며, 인간은 비존재에 대한 불안감을 가진다.

꿀팁 이 문제는 두 가지 답안이 존재합니다. 제시된 답안은 일반적인 실존주의 상담자들의 견해이고, 다른 하나로는 얄롬(Yalom)이라는 학자가 제시한 답안이 있습니다.

KEY 실존주의의 궁극적 관심사

얄롬(Yalom)의 실존주의의 궁극적 관심사
① 죽음: 죽음의 불가피성이 삶의 유한성을 더욱 가치 있게 만든다.
② 자유: 인간은 자기결정적인 존재로서 선택할 능력과 책임이 있다.
③ 소외(고립): 인간은 자신의 실존적 고립더 직면함으로써 타인과 성숙한 관계를 맺을 수 있다.
④ 무의미성: 인간은 인생을 살아가면서 끊임없이 삶의 의미를 추구한다.

2022년 3회, 2018년 1회, 2016년 2회, 2015년 2회, 2010년 3회, 2009년 3회, 2008년 3회

13. 내부 노동시장의 형성요인 3가지를 쓰고 각각 설명하시오. (6점)

정답

1. **숙련의 특수성(skill specificity)**
   특수한 또는 고유한 숙련은 기록이나 문서를 통한 전수가 불가능하고, 유일하게 기업의 내부 노동력만이 소유하는 숙련을 말한다. 기업은 이러한 기업특수적 숙련의 유지를 위해 기업 내부의 노동력을 유지하려고 하므로 내부노동시장이 강화된다.

2. **현장훈련(on-the-job training)**
   실제 직무수행에 이용되는 기술 및 숙련의 대부분은 현장훈련을 통해 얻어진다. 그리고 현장훈련은 숙련의 특수성과 상호 작용하여 생산과정을 통해 선임자가 습득한 기술과 숙련을 직접 전수하도록 하는 계기가 된다. 이로 인해 기업은 내부 노동시장을 형성하는 것이다.

3. **관습(custom)**
   작업장에서의 관습은 선례로 내려온 문서화되지 않은 규정의 체계를 말한다. 이러한 관습이 노동에 대한 보수나 징계 등 노동관계의 각종 사안을 규율하게 된다. 노동현장에서의 관습은 대부분 노동시장 내부의 고용 안정성에서 형성된 것으로, 사용자나 근로자 모두에게 중요한 의미를 갖기 때문에 내부 노동시장을 형성시키는 요인으로 작용하게 된다.

KEY 내부 노동시장의 형성요인

2020년 4회

14 한국직업사전의 부가직업정보 중 육체활동의 구분 5가지를 쓰시오. 5점

정답
1. 균형감각
2. 웅크림
3. 손사용
4. 언어력
5. 청각
6. 시각

꿀팁 제시된 답안 중 5가지만 적으면 됩니다.
KEY 육체활동의 구분

➕ 더 나아가기

육체활동의 구분
육체활동은 해당 직업의 직무를 수행하기 위해 필요한 신체적 능력을 나타내는 것으로, 균형감각, 웅크림, 손사용, 언어력, 청각, 시각 등이 요구되는 직업인지를 보여 준다.

① 균형감각: 손, 발, 다리 등을 사용하여 사다리, 계단, 발판, 경사로, 기둥, 밧줄 등을 올라가거나 몸 전체의 균형을 유지하고 좁거나 경사지거나 또는 움직이는 물체 위를 걷거나 뛸 때 신체의 균형을 유지하는 것이 필요한 직업이다.
② 웅크림: 허리를 굽히거나 몸을 앞으로 굽히고 뒤로 젖히는 동작, 다리를 구부려 무릎을 꿇는 동작, 다리와 허리를 구부려 몸을 아래나 위로 굽히는 동작, 손과 무릎 또는 손과 발로 이동하는 동작 등이 필요한 직업이다.
③ 손사용: 일정 기간의 손사용 숙련기간을 거쳐 직무의 전체 또는 일부분에 지속적으로 손을 사용하는 직업으로 통상적인 손사용이 아닌 정밀함과 숙련을 필요로 하는 직업에 한정한다.
④ 언어력: 말로 생각이나 의사를 교환하거나 표현하는 직업으로 개인이 다수에게 정보 및 오락 제공을 목적으로 말을 하는 직업이다.
⑤ 청각: 단순히 일상적인 대화내용 청취 여부가 아니라 작동하는 기계의 소리를 듣고 이상 유무를 판단하거나 논리적인 결정을 내리는 청취활동이 필요한 직업이다.
⑥ 시각: 일상적인 눈 사용이 아닌 시각적 인식을 통해 반복적인 판단을 하거나 물체의 길이, 넓이, 두께를 알아내고 물체의 재질과 형태를 알아내기 위한 거리와 공간관계를 판단하는 직업이다. 또한 색의 차이를 판단할 수 있어야 하는 직업이다.

15. 다음은 한국표준직업분류와 직능수준의 관계를 나타낸 것이다. ( ) 안에 알맞은 숫자를 쓰시오. [5점]

2021년 1회, 2014년 1회

직업분류	직능수준
관리자	제( ) 직능수준 혹은 제( ) 직능수준 필요
판매종사자	제( ) 직능수준 필요
장치·기계 조작 및 조립종사자	제( ) 직능수준 필요
군인	제( ) 직능수준 이상 필요

정답

직업분류	직능수준
관리자	제(4) 직능수준 혹은 제(3) 직능수준 필요
판매종사자	제(2) 직능수준 필요
장치·기계 조작 및 조립종사자	제(2) 직능수준 필요
군인	제(2) 직능수준 이상 필요

KEY 직능수준

---

16. 한국표준산업분류의 생산단위 활동형태 중 주된 산업활동과 보조적 활동을 각각 설명하시오. [4점]

2022년 3회, 2021년 2회

정답

1. 주된 산업활동
   산업활동이 복합 형태로 이루어질 경우 생산된 재화 또는 제공된 서비스 중에서 부가가치(액)가 가장 큰 활동을 말한다.

2. 보조적 활동
   주된 산업활동과 부차적 활동을 지원하는 활동이다. 보조적 활동에는 회계, 창고, 운송, 구매, 판매 촉진, 수리 서비스 등이 포함된다. 보조적 활동은 모 생산단위에서 사용되는 비내구재 또는 서비스를 제공하는 활동으로서 생산활동을 지원해 주기 위하여 존재한다.

꿀팁 해당 문제는 산업활동, 보조적 활동과 함께 부차적 산업활동까지 함께 묻는 경우가 있으니 부차적 산업활동에 대한 내용도 숙지하세요.
KEY 한국표준산업분류의 생산단위 활동형태의 구분

> **+ 더 나아가기**
> **부차적 산업활동**
> 주된 산업활동 이외의 재화 생산 및 서비스 제공 활동을 말한다.

2021년 1회, 2018년 3회, 2014년 2회, 2013년 1회, 2012년 1회, 2010년 3회, 2007년 1회, 2006년 3회

17 기혼여성의 경제활동참가율을 낮추는 요인 6가지를 쓰시오. 6점

1. 성별 임금격차나 혼인에 따른 경력단절로 인한 낮은 실질임금률
2. 배우자나 다른 가구원의 높은 소득
3. 국가의 전체적인 높은 실업률
4. 기혼여성에 대한 취업기회와 취업직종의 제한
5. 육아를 위한 법적 지원이나 육아시설 지원의 미비
6. 기혼여성에 대한 시간제 근무의 편의제공이나 기혼여성의 노동력에 적합한 직종 개발의 미비

KEY 기혼여성의 경제활동참가율을 낮추는 요인

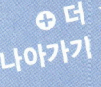

추가 답안
① 비정규직 및 임시 일용직 고용의 확대
② 제한적인 취업기회와 취업직종의 제한
③ 출산, 육아 및 가사부담
④ 사회적 편견, 성차별적 관행

2012년 2회, 2005년 3회, 2001년 1회

18 실업과 관련된 야호다(Jahoda)의 박탈이론에 따르면, 일반적으로 고용 상태에 있게 되면 실직 상태에 있는 것보다 여러 가지 잠재적 효과가 있다고 한다. 고용으로 인한 잠재효과 5가지를 쓰시오. 5점

1. 공동의 목표 참여
   직장 공동체의 목표에 참여함으로써 자신의 가치를 인식한다.

2. 시간의 조직화
   규칙적인 하루 일과를 통해서 조직적인 생활을 한다.

3. 사회적 접촉
   타인과의 접촉을 통해 사회적 경험을 공유한다.

4. 의미 있는 활동
   생산적이고 의미 있는 활동을 한다.

5. 사회적 정체감과 지위 확보
   직업을 통해 사회적 신분과 정체성을 확보한다.

KEY 야호다(Jahoda)의 박탈이론에 따른 고용의 잠재효과

2023년 3회

🕮 공부한 날: ___월 ___일   ⏰ 문제풀이 시간: 2시간 30분(150분)

2020년 4회, 2012년 2회

01 현재 사용되고 있는 흥미검사의 종류 5가지를 쓰시오. [5점]

[정답]
1. 직업선호도검사(VPI: Vocational Preference Inventory)
2. 청소년 직업흥미검사
3. 자기방향탐색검사(SDS: Self Directed Search)
4. 스트롱 흥미검사 (SII: Strong Interest Inventory)
5. 스트롱-캠벨 흥미검사(SCII: Strong-Campbell Interest Inventory)
6. 쿠더 직업흥미검사(KOIS: Kuder Occupational Interest Survey)
7. 경력의사결정검사(CDM: Career Decision Making System)

[꿀팁] 제시된 답안 중 5가지만 적으면 됩니다.
[KEY] 직업흥미검사의 종류

02 행동주의 직업상담의 상담기법은 크게 불안감소기법과 학습촉진기법의 유형으로 구분할 수 있다. 각 유형별 대표적인 방법을 각각 2가지씩 쓰고 설명하시오. 8점

정답

1. 불안감소기법
   ① 홍수법
      특정 불안과 공포증을 가진 환자를 단번에 강한 공포자극에 장시간 직면케 하여 불안을 치료하는 방법이다.
   ② 주장훈련
      불안을 역제지하는 방법으로, 대인관계에서 오는 불안에 대해 제지 효과를 갖는다.
   ③ 체계적 둔감법
      불안과 공포증이 있는 환자에게 불안 조건을 점차적으로 노출시켜 둔감화시키는 치료법이다.
   ④ 금지조건 형성
      내담자에게 추가적 강화 없이 불안반응을 일으킬만한 단서를 지속적으로 제시함으로써, 불안 감정을 점차적으로 소거시키는 방법이다.

2. 학습촉진기법
   ① 강화
      학습자에게 강화물을 제공하여 특정 행동의 빈도가 높아지도록 하는 행동수정방법이다.
   ② 변별학습
      자극의 차이에 따라 서로 다른 반응을 보이도록 유도하는 학습촉진기법이다.
   ③ 모델링(모방)
      다른 사람의 행동이나 결과를 관찰함으로써 결정행동학습을 촉진시킨다.
   ④ 토큰법
      내담자의 바람직한 행동이 일어날 때 원하는 물건과 교환할 수 있는 강화물(토큰)을 수여하는 체계적인 강화기법이다.

꿀팁 출제빈도가 높은 문제입니다. 반드시 숙지하세요. 제시된 답안 중 2가지씩 쓰시면 됩니다.
KEY 불안감소기법과 학습촉진기법

2023년 1회, 2020년 1회, 2005년 3회

03 진로상담 과정에서 관계수립을 위한 기본상담기술 5가지를 쓰시오. 5점

정답

1. 공감
   상담자가 자신이 직접 경험하지 않고도 내담자의 감정을 거의 같은 수준으로 이해하는 능력이다.

2. 경청
   내담자가 표현하는 언어적 의미 외에 비언어적인 의미까지 세심하게 주목하는 것을 말한다.

3. 반영
   내담자의 생각과 말을 상담자가 다른 참신한 말로 부연하는 것을 말한다.

4. 직면
   상담자가 내담자로 하여금 자신의 문제에 회피하지 않고 도전하도록 하는 것이다.

5. 명료화
   내담자의 모호한 생각과 감정의 표현을 상담자가 분명하게 밝히는 것이다.

6. 수용
   내담자의 이야기에 주의 집중하고 내담자를 인격적으로 존중하는 기법이다.

꿀팁 제시된 답안 중 5가지만 적으면 됩니다.
KEY 관계수립을 위한 기본상담기술

2021년 3회, 2020년 4회, 2018년 1회, 2013년 3회, 2012년 1회, 2010년 3회, 2009년 2회

04 성향검사의 종류를 6가지 쓰시오. 6점

정답

1. 성격 5요인 검사
2. MBTI 성격유형검사
3. 미네소타 다면적 인성검사
4. 직업선호도검사 중 흥미검사
5. 스트롱-캠벨 흥미검사(SCII)
6. 직무만족도 검사

KEY 성향검사(습관적 수행검사)

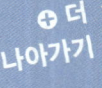
성향검사의 분류
① 성격검사: 성격 5요인 검사, MBTI 성격유형검사, 미네소타 다면적 인성검사(MMPI), 캘리포니아 성격검사(CPI)
② 흥미검사: 직업선호도검사 중 흥미검사, 스트롱-캠벨 흥미검사(SCII), 쿠더 직업흥미검사(KOIS)
③ 태도검사: 직무만족도검사, 구직욕구검사

05

2024년 1회, 2020년 1회, 2016년 1회, 2015년 1·3회, 2009년 3회, 2007년 3회, 2006년 1회

로저스는 내담자 중심 상담을 성공적으로 이끄는 데 있어서 상담자의 능동적 성향을 강조하였다. 내담자 중심 상담을 성공적으로 이끌기 위해 상담자가 갖추어야 할 3가지 기본 태도에 대해 설명하시오. [6점]

[정답]

1. 일치성 또는 진실성
   내담자와의 관계에서 상담자의 감정이나 생각을 있는 그대로 인정하고 일치화 시키되, 있는 그대로 솔직하게 표현하는 것이다.

2. 무조건적인 수용
   내담자의 말을 비판하거나 평가하지 않고 그대로 수용함으로써 내담자를 존중하는 것이다.

3. 공감적 이해
   상담자는 상담자의 입장을 유지하면서도, 내담자의 감정과 경험을 마치 상담자 자신의 경험인 것처럼 느끼고 이해하는 것이다.

[KEY] 내담자 중심 상담의 상담자가 갖추어야 할 태도

06

2024년 2회, 2023년 1·2회, 2021년 2회, 2020년 1회, 2019년 1회, 2018년 3회, 2017년 3회, 2015년 1회, 2014년 3회, 2012년 2·3회, 2010년 4회, 2009년 2·3회, 2008년 1회, 2007년 1회

표준화된 심리검사에는 집단 내 규준이 포함되어 있다. 집단 내 규준인 백분위점수(percentile score), 표준점수(standard score), 표준등급(stanine scale)의 의미를 각각 설명하시오. [6점]

[정답]

1. 백분위점수
   개인이 표준화된 집단에서 차지하는 상대적 위치를 가리키는 것으로, 개인의 점수에 대해 100개의 동일한 구간에서 순위를 정한다.

2. 표준점수
   원점수를 주어진 집단의 평균을 중심으로 분포의 표준편차(등간척도)로 전환시킨 점수이다.

3. 표준등급
   9등급 또는 스테나인 점수라고 하며, 원점수를 1~9등급까지의 범주로 나누는 것이다.

[꿀팁] 출제빈도가 매우 높은 문제입니다. 반드시 숙지하세요.
[KEY] 집단 내 규준의 종류

2017년 2회, 2010년 4회, 2006년 3회

07 다음은 준거타당도에 관한 사항이다. 물음에 답하시오. 7점

(1) 준거타당도의 2가지 종류를 쓰고 각각에 대해 설명하시오.
(2) 여러 가지 타당도 중에서 특히 직업상담사에게 준거타당도가 중요한 이유 2가지를 설명하시오.
(3) 실증연구에서 얻은 타당도계수와 실제연구에서 얻은 타당도계수가 다른데, 실제연구에서 타당도계수가 낮은 이유를 3가지 쓰시오.

정답

(1) 준거타당도의 종류
　① 예언타당도
　　예언타당도란 검사점수와 미래 행위 측정치 간의 상관계수를 추정하는 것이다. 예를 들어 적성검사에서 높은 점수를 받은 사람들일수록 입사 후 업무 수행이 우수한 것으로 나타났다면, 이 검사는 예언타당도가 높은 것으로 볼 수 있다.
　② 동시타당도
　　동시타당도란 공인된 기존 검사와 새로 만든 검사 간의 상관계수를 추정하는 것이다. 예를 들어 영어면접 시험의 타당도를 입증하기 위해 동시 실시된 토익 등 공인영어시험 점수와 비교하는 것이다.

(2) 준거타당도가 직업상담에서 중요한 이유
　① 직업에서의 성공가능성이나 장래의 직무수행 성과를 예측할 수 있다.
　② 인사관리에 관한 의사결정의 공정성을 높일 수 있다.

(3) 실제연구에서 타당도계수가 낮은 이유
　① 실제연구는 실증연구에 비해 독립변인의 조작 및 가외변인의 통제가 어렵다.
　② 실제연구에서는 독립변인에 의한 효과와 가외변인의 효과를 명확히 구분하기 어렵다.
　③ 실제연구는 실증연구에 비해 내적 타당도가 취약하다.

꿀팁 준거타당도는 출제빈도가 높은 문제입니다. 또한 문제에서 '실제(현장)연구의 타당도'를 묻는지 '실증(실험실)연구의 타당도'를 묻는지에 따라 답안이 달라질 수 있습니다.
KEY 준거타당도

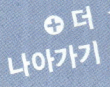

실증연구에서 타당도가 낮아지는 이유는 준거타당도의 크기에 영향을 미치는 요인과 같다. 즉, 표집오차, 범위제한, 준거측정치의 타당도, 준거측정치의 신뢰도가 영향을 미친다.

08 실험실연구의 장점 3가지를 쓰시오. 6점

정답
1. 단순한 예측을 넘어 원인-결과의 관계를 파악할 수 있다.
2. 변인들 사이에 존재하는 인과관계를 설명하기에 유리하다.
3. 인과관계가 잘 설명되어 내적 타당성이 높다.

KEY 실험실(실증)연구

> **+ 더 나아가기**
> 1. **실험실(실증)연구**
>   연구대상 변수의 거의 완벽한 통제가 가능한 실험실 환경에서 수행하는 실험이다.
> 2. **현장(실제)연구**
>   가외변수(외생변인)의 영향을 통제하기 힘든 자연 상태에서 독립변인을 조작하지 않고 현장에서 면접, 설문조사, 관찰 등을 이용해서 이루어지는 연구를 말하는 것으로, 관련 방법으로는 전수조사, 표본조사, 참여관찰법 등이 있고 현장 실험처럼 외적타당도가 높다.

09 질문지법(설문지법)의 장점과 단점을 각각 2가지씩 쓰시오. 6점

정답
1. 장점
   ① 관찰법이나 면접법과는 달리 양적인 자료를 얻는 데 적합하다.
   ② 많은 사람들로부터 짧은 시간 내에 정보를 얻을 수 있다.

2. 단점
   ① 질문지의 설계 및 작성이 어렵고, 완전한 사실을 얻기 힘들다.
   ② 응답자가 성실성이 부족할 경우 회수율이 낮을 수 있다.

KEY 직무분석의 질문지법(설문지법)

> **+ 더 나아가기**
> **질문지법(설문지법)**
> 설문지를 배부해 직무담당자가 기록하도록 하여 정보를 얻는 방법으로, 직무수행에 요구되는 지식, 기술, 능력들이 얼마나 자주 사용되는지, 얼마나 중요한지 등을 평가한다.

2023년 1·2회, 2022년 1회, 2021년 1회, 2020년 1·3·4회, 2019년 2회, 2018년 2회, 2016년 1회, 2014년 3회, 2009년 1회, 2008년 1회, 2007년 1회, 2004년 1회

10 홀랜드(Holland) 직업흥미검사의 6가지 유형을 쓰고, 각각에 대해 간략히 설명하시오. 6점

정답

1. 현실형(R)
   기계, 도구, 동물에 관한 체계적인 조작활동을 좋아하며 현장 일을 선호하나, 사회적 기술이 부족하다.

2. 탐구형(I)
   호기심이 많고 분석적이어서 과학적 탐구활동을 선호하나, 리더십 기술이 부족하다.

3. 예술형(A)
   창의적이며 감성이 풍부하고 개방적이나, 틀에 박힌 일을 싫어하며 규범적인 기술이 부족하다.

4. 사회형(S)
   친절하고 이해심이 많으며 다른 사람을 돕는 것을 즐기나, 과학적이거나 기계적인 활동 능력이 부족하다.

5. 진취형(E)
   외향적이며 지도력이 있고 말을 잘하나, 상징적·체계적·과학적 활동에 대한 능력이 부족하다.

6. 관습형(C)
   자료를 잘 정리하고 순응적이며 책임감이 강한 반면, 변화에 약하고 융통성이 부족하다.

꿀팁 출제빈도가 높은 문제입니다. 반드시 숙지하세요.
KEY 홀랜드(Holland) 직업흥미검사의 흥미유형

11 인지·정서 상담기법의 기본가정, 기본개념, 상담의 목표를 쓰시오. 6점

정답

1. 기본가정
   인간을 합리적인 사고를 할 수 있는 동시에 비합리적인 사고의 가능성도 가지고 있는 존재로 보았다.
   모든 내담자의 행동적·정서적 문제는 비논리적이고 비합리적인 사고에서 발생한 것이다.

2. 기본개념
   문제해결을 위해 사고의 분석과 논박 그리고 상담자의 교육적 접근을 강조한다.
   비합리적 사고를 합리적 사고로 전환하고자 ABCDE모형을 적용한다.

3. 상담의 목표
   자기관심, 자기수용, 불확실성의 수용, 관용, 융통성 등을 통해 자기 책임감 등 합리적인 신념의 변화를 유도한다.

KEY 인지·정서 상담기법

2020년 3회, 2018년 2회, 2017년 3회, 2015년 3회, 2013년 2회, 2012년 1회

12 정신역동 직업상담 모형을 구체화시킨 보딘의 3단계 직업상담과정을 쓰고 각각에 대해 설명하시오. 6점

정답
1. 탐색과 계약 설정의 단계
   내담자의 욕구와 정신역동을 탐색할 수 있도록 돕고, 상담전략을 합의하는 단계이다.

2. 중대한(핵심) 결정의 단계
   개인의 성격에 맞추어 직업을 변경할 것인지, 직업에 맞추어 성격을 변경할 것인지를 결정하는 단계이다.

3. 변화를 위한 노력의 단계
   자신이 선택한 직업이 필요로 하는 부분에 대하여 변화를 모색하고 자신의 성격, 욕구 등을 변화시키고자 노력하는 단계이다.

KEY 보딘(Bordin)의 직업상담과정

2020년 3회, 2007년 1·2회

13 내담자와의 초기면담 수행 시 상담자가 유의해야 할 사항 4가지를 쓰시오. 4점

정답
1. 상담 전 가능한 모든 사례자료를 검토한다.
2. 내담자와 만난다.(내담자와 긍정적인 관계를 형성할 수 있는 기법을 사용한다.)
3. 내담자의 초기목표를 명확히 제시한다.
4. 비밀유지에 대해 설명한다.
5. 상담 시 필수 질문들을 확인한다.

꿀팁 제시된 답안 중 4가지만 적으면 됩니다.
KEY 초기면담 수행 시 유의사항

14 한국직업사전의 부가직업정보 중 직무기능은 자료, 사람, 사물과 연관된 특성을 나타낸다. 그 중 사물의 세부사항에 대한 아래 설명을 보고 빈칸에 해당하는 기능을 쓰시오. 5점

기능	설명
설치	기계의 성능, 재료의 특성, 작업장의 관례 등에 대한 지식을 적용하여 연속적인 기계가공작업을 수행하기 위한 기계 및 설비의 준비, 공구 및 기타 기계장비의 설치 및 조정, 가공물 또는 재료의 위치조정, 제어장치 설정, 기계의 기능 및 완제품의 정밀성 측정 등을 수행한다.
( )	설정된 표준치를 달성하기 위하여 궁극적인 책임이 존재하는 상황하에서 신체부위, 공구, 작업도구를 사용하여 가공물 또는 재료를 가공, 조종, 이동, 안내하거나 또는 정위치시킨다. 그리고 도구, 가공물 또는 원료를 선정하고 작업에 알맞게 공구를 조정한다.
( )	기계 또는 설비를 시동, 정지, 제어하고 작업이 진행되고 있는 기계나 설비를 조정한다.
( )	다양한 목적을 수행하고자 사물 또는 사람의 움직임을 통제하는 데 있어 일정한 경로를 따라 조작되고 안내되어야 하는 기계 또는 설비를 시동, 정지하고 그 움직임을 제어한다.
( )	기계, 설비 또는 재료를 가공, 조정, 이동 또는 위치할 수 있도록 신체부위, 공구 또는 특수장치를 사용한다. 정확도 달성 및 적합한 공구, 기계, 설비 또는 원료를 산정하는 데 있어서 어느 정도의 판단력이 요구된다.
( )	기계 및 장비를 시동, 정지하고 그 기능을 관찰한다. 체인징가이드, 조정타이머, 온도게이지 등의 계기의 제어장치를 조정하거나 원료가 원활히 흐르도록 밸브를 돌려주고 빛의 반응에 따라 스위치를 돌린다. 이러한 조정업무에 판단력은 요구되지 않는다.
투입-인출	자동적으로 또는 타 작업원에 의하여 가동, 유지되는 기계나 장비 안에 자재를 삽입, 투척, 하역하거나 그 안에 있는 자재를 다른 장소로 옮긴다.
단순작업	신체부위, 수공구 또는 특수장치를 사용하여 기계, 장비, 물건 또는 원료 등을 정리, 운반, 처리한다. 정확도 달성 및 적합한 공구, 장비, 원료를 선정하는 데 판단력이 요구되지 않는다.

정답

기능	설명
설치	기계의 성능, 재료의 특성, 작업장의 관례 등에 대한 지식을 적용하여 연속적인 기계가공작업을 수행하기 위한 기계 및 설비의 준비, 공구 및 기타 기계장비의 설치 및 조정, 가공물 또는 재료의 위치 조정, 제어장치 설정, 기계의 기능 및 완제품의 정밀성 측정 등을 수행한다.
(정밀작업)	설정된 표준치를 달성하기 위하여 궁극적인 책임이 존재하는 상황하에서 신체부위, 공구, 작업도구를 사용하여 가공물 또는 자료를 가공, 조종, 이동, 안내하거나 또는 정위치 시킨다. 그리고 도구, 가공물 또는 원료를 선정하고 작업에 알맞게 공구를 조정한다.
(제어조작)	기계 또는 설비를 시동, 정지, 제어하고 작업이 진행되고 있는 기계나 설비를 조정한다.
(조작운전)	다양한 목적을 수행하고자 사물 또는 사람의 움직임을 통제하는 데 있어 일정한 경로를 따라 조작되고 안내되어야 하는 기계 또는 설비를 시동, 정지하고 그 움직임을 제어한다.
(수동조작)	기계, 설비 또는 재료를 가공, 조정, 이동 또는 위치할 수 있도록 신체부위, 공구 또는 특수장치를 사용한다. 정확도 달성 및 적합한 공구, 기계, 설비 또는 원료를 산정하는 데 있어서 어느 정도의 판단력이 요구된다.
(유지)	기계 및 장비를 시동, 정지하고 그 기능을 관찰한다. 체인징가이드, 조정타이머, 온도게이지 등의 계기의 제어장치를 조정하거나 원료가 원활히 흐르도록 밸브를 돌려주고 빛의 반응에 따라 스위치를 돌린다. 이러한 조정업무에 판단력은 요구되지 않는다.
투입-인출	자동적으로 또는 타 작업원에 의하여 가동, 유지되는 기계나 장비 안에 자재를 삽입, 투척, 하역하거나 그 안에 있는 자재를 다른 장소로 옮긴다.
단순작업	신체부위, 수공구 또는 특수장치를 사용하여 기계, 장비, 물건 또는 원료 등을 정리, 운반, 처리한다. 정확도 달성 및 적합한 공구, 장비, 원료를 선정하는 데 판단력이 요구되지 않는다.

꿀팁 직무기능 중 나머지 자료(data), 사람(people)에 대한 기능도 정리해 두셔야 합니다.
KEY 한국직업사전 직무기능 중 사물과 관련된 기능

15 한국표준직업분류에서 직업분류의 일반원칙 2가지를 쓰고 설명하시오. 4점

정답

1. 포괄성의 원칙
   우리나라에 존재하는 모든 직무는 어떤 수준에서든지 분류에 포괄되어야 한다. 특정한 직무가 누락되어 분류가 불가능할 경우에는 포괄성의 원칙을 위배한 것으로 볼 수 있다.

2. 배타성의 원칙
   동일하거나 유사한 직무는 어느 경우에든 같은 단위직업으로 분류되어야 한다. 하나의 직무가 동일한 직업단위 수준에서 2개 혹은 그 이상의 직업으로 분류될 수 있다면 배타성의 원칙을 위반한 것이라 할 수 있다.

꿀팁 모범답안에서 각 원칙의 예로 제시한 두 번째 문장도 꼭 써야합니다.
KEY 한국표준직업분류에서 직업분류의 일반원칙

2024년 3회, 2021년 3회, 2020년 3·4회, 2020년 3회, 2016년 2회, 2012년 1회, 2008년 3회

16 한국표준산업분류(10차)에서 산업결정방법 4가지를 쓰시오. 4점

정답

1. 생산단위의 산업활동은 그 생산단위가 수행하는 주된 산업활동(판매 또는 제공되는 재화 및 서비스)의 종류에 따라 결정된다.
2. 계절에 따라 정기적으로 산업을 달리하는 사업체의 경우에는 조사시점에서 경영하는 사업과는 관계없이 조사대상 기간 중 산출액이 많았던 활동에 의하여 분류된다.
3. 휴업 중 또는 자산을 청산 중인 사업체의 산업은 영업 중 또는 청산을 시작하기 전의 산업활동에 의하여 결정한다.
4. 설립 중인 사업체는 개시하는 산업활동에 따라 결정한다.

KEY 산업결정방법

17 아래 내용을 참조하여 물음에 답하시오. 6점

노동공급단위	임금	한계수입생산
5단위	6	62
6단위	8	50
7단위	10	38
8단위	12	26
9단위	14	14
10단위	16	2

(1) 노동공급이 7단위일 때 한계노동비용을 구하시오.
(2) 이윤 극대화가 이루어지는 노동공급과 임금을 구하시오.

정답

(1) 노동공급이 7단위일 때 한계노동비용

노동공급단위	임금	노동총비용	한계노동비용	한계수입생산
5	6	30		62
6	8	48	48 − 30 = 18	50
7	10	70	70 − 48 = 22	38
8	12	96	96 − 70 = 26	26
9	14	126	126 − 96 = 30	14
10	16	160	160 − 126 = 34	2

한계노동비용(노동의 한계비용)은 노동 1단위를 추가로 투입할 때 그로 인한 노동총비용의 증가분을 의미한다.
노동공급 6단위일 때 노동총비용 = 6 × 8 = 48, 노동공급이 7단위일 때 노동총비용 = 7 × 10 = 70이다.
따라서 한계노동비용 = 70 − 48 = 22이다.

(2) 이윤 극대화가 이루어지는 노동공급과 임금

이 시장은 노동공급의 증가에 따라 단위당 임금이 상승하므로 완전경쟁 노동시장이 아니고 수요독점 노동시장이다. 수요독점 노동시장에서는 '한계노동비용 = 한계수입생산'에서 이윤의 극대화가 이루어진다.
따라서 이윤을 극대화하는 노동공급은 8단위, 단위당 임금은 12이다.

꿀팁 표를 새로 그려 노동총비용과 한계노동비용을 구한 후 답을 제시하는 것이 좋습니다.
KEY 한계노동비용과 이윤 극대화

18 다음은 비정규직 근로자에 대한 설명이다. (   ) 안에 알맞은 내용을 쓰시오. 6점

- (㉠)는 근로계약기간을 정한 자 또는 정하지 않았으나 비자발적 사유로 계속 근무를 기대할 수 없는 자이다.
- (㉡)는 기간의 정함이 있는 근로계약을 체결하여 고용의 지속성을 기대할 수 없는 자이다.
- 시간제 근로자는 근로시간이 짧은 비상근 파트타임 근로자이다.
- (㉢)는 파견근로자, 용역근로자, 특수고용근로자, 가정 내 근로자(재택, 가내), 일일(호출) 근로자 등이 있다.

정답
- (한시적 근로자)는 근로계약기간을 정한 자 또는 정하지 않았으나 비자발적 사유로 계속 근무를 기대할 수 없는 자이다.
- (기간제 근로자)는 기간의 정함이 있는 근로계약을 체결하여 고용의 지속성을 기대할 수 없는 자이다.
- 시간제 근로자는 근로시간이 짧은 비상근 파트타임 근로자이다.
- (비전형 근로자)는 파견근로자, 용역근로자, 특수고용근로자, 가정 내 근로자(재택, 가내), 일일(호출) 근로자 등이 있다.

꿀팁 유사문제로 한시적 근로자, 기간제 근로자, 시간제 근로자, 비전형 근로자에 대해 설명하는 문제가 출제될 수도 있으니 내용을 숙지하세요.

KEY 비정규직 근로자

에듀윌이
너를
지지할게

ENERGY

인생은 끊임없는 반복.
반복에 지치지 않는 자가 성취한다.

– 윤태호 「미생」 중

2022

2차 직업상담실무

1회 ········· 76

2회 ········· 89

3회 ········· 103

2022년 1회

2024년 3회, 2018년 2회, 2015년 3회, 2013년 1회, 2010년 4회, 2008년 2회

01 완전경쟁시장에서 A제품(단가 100원)을 생산하는 어떤 기업의 단기생산함수가 다음과 같다고 할 때 이 기업의 이윤극대화를 위한 최적고용량을 도출하고 그 근거를 설명하시오. (단, 단위당 임금 150원) 4점

노동투입량	0	1	2	3	4	5	6
총생산량	0	2	4	7	8.5	9	9

정답

노동투입량	0	1	2	3	4	5	6
총생산량	0	2	4	7	8.5	9	9
한계생산량	0	2	2	3	1.5	0.5	0
한계생산가치	0	200	200	300	150	50	0

1. [표]에서 한계생산량은 노동 1단위를 추가로 투입할 때 그로 인한 총생산량의 증가분이다. 한계생산가치는 한계생산량을 시장에 판매했을 때 기업이 얻는 수입으로 '한계생산량 × 시장가격(생산물 단가)'이다.
2. 기업의 이윤극대화를 위한 최적고용량은 노동의 한계생산가치와 노동 1단위의 가격이 일치하는 수준에서 결정된다. 따라서 노동 1단위 가격 150원과 노동의 한계생산가치가 일치하는 수준인 최적고용량은 4단위이다.

꿀팁 제시된 답안의 표를 확장하여 계산한 후 질문에 답하는 것이 좋습니다.
KEY 최적고용량

2024년 3회, 2022년 3회, 2021년 3회, 2019년 2회, 2012년 2회, 2011년 1·3회, 2010년 3회, 2008년 3회, 2000년 1회

02 한국표준직업분류에서 다수직업 종사자의 의미와 분류원칙을 순서대로 쓰고, 각각에 대해 설명하시오. 6점

정답
1. 다수직업 종사자의 의미
    한 사람이 전혀 상관성이 없는 두 가지 이상의 직업에 종사하는 경우를 말한다.

2. 다수직업 종사자의 분류원칙
    ① 취업시간 우선의 원칙: 가장 먼저 분야별로 취업시간을 고려하여 보다 긴 시간을 투자하는 직업으로 결정한다.
    ② 수입 우선의 원칙: 위의 경우로 분별하기 어려운 경우는 수입(소득이나 임금)이 많은 직업으로 결정한다.
    ③ 조사 시 최근의 직업 원칙: 위의 두 가지 경우로 판단할 수 없는 경우에는 조사 시점을 기준으로 최근에 종사한 직업으로 결정한다.

꿀팁 다수직업 종사자의 분류원칙 3가지를 순서대로 쓰고, 이에 대한 설명도 함께 제시하시기 바랍니다.
KEY 다수직업 종사자의 의미와 분류원칙

2020년 4회, 2016년 1회, 2012년 1회, 2008년 3회

03 한국표준산업분류에서 산업분류의 적용원칙을 4가지 쓰시오. 8점

정답
1. 생산단위는 산출물 뿐만 아니라 투입물과 생산공정 등을 함께 고려하여 그들의 활동을 가장 정확하게 설명된 항목에 분류해야 한다.
2. 복합적인 활동단위는 우선적으로 최상급 분류단계(대분류)를 정확히 결정하고, 순차적으로 중, 소, 세, 세세분류 단계 항목을 결정하여야 한다.
3. 산업활동이 결합되어 있는 경우에는 그 활동단위의 주된 활동에 따라서 분류하여야 한다.
4. 수수료 또는 계약에 의하여 활동을 수행하는 단위는 동일한 산업활동을 자기계정과 자기책임 하에서 생산하는 단위와 같은 항목에 분류하여야 한다.

KEY 산업분류의 적용원칙

기타 산업분류의 적용원칙
- 자기가 직접 실질적인 생산 활동은 하지 않고, 다른 계약업자에 의뢰하여 재화 또는 서비스를 자기계정으로 생산하게 하고, 이를 자기명의로, 자기책임 아래 판매하는 단위는 이들 재화나 서비스 자체를 직접 생산하는 단위와 동일한 산업으로 분류하여야 한다.
- 동일단위에서 제조한 재화의 소매활동은 별개 활동으로 분류하지 않고 제조활동으로 분류되어야 한다. 그러나 자기가 생산한 재화와 구입한 재화를 함께 판매한다면 그 주된 활동에 따라 분류한다.

2018년 1회, 2014년 1회, 2011년 3회

04 의사교류분석 상담(TA)의 제한점 3가지를 쓰시오. 6점

1. TA의 주요 개념에 대한 실증적 연구도 있었지만, 아직은 그러한 개념들이 과학적인 증거로 제시되었다고 보기는 어렵다.
2. TA의 많은 개념이 인지적이므로 지적 능력이 낮은 내담자에게는 부적절할 수 있다.
3. TA의 주요 개념이 창의적인 면도 있지만 추상적이어서 실제 적용에 어려움이 있다.

KEY 의사교류분석 상담(TA)의 제한점

2016년 3회

05 스피어만(Spearman)의 지능에 관한 2요인을 쓰고 설명하시오. 4점

1. 일반요인
   폭넓게 사용될 수 있도록 모든 지적 활동에 포함된 단일한 추론능력을 말한다.

2. 특수요인
   특정 과제를 수행하는 데 포함된 여러 가지 구체적인 능력을 말한다.

KEY 스피어만(Spearman)의 2요인 이론

2021년 2회, 2018년 2·3회, 2016년 3회, 2015년 2회, 2011년 3회, 2007년 1회, 2004년 3회

06 최저임금제의 긍정적 효과 6가지를 기술하시오. 5점

1. 노동자에 대하여 임금의 최저수준을 보장함으로써 노동자의 최저생활을 보장하고 생활안정을 이룰 수 있다.
2. 노동자들의 생활수준이 향상되어 노동력의 질적 향상이 이루어지고 노동의 생산성을 향상시켜 고임금의 경제(economies of high wage)효과를 얻을 수 있다.
3. 저임금이 해소되므로 산업 간·직종 간의 임금격차가 완화되어 계층별 소득분배 상태가 개선될 수 있다.
4. 저임금으로 인한 노사분규를 사전에 예방하여 노사관계가 개선되고 노동시장에서 산업평화를 유지할 수 있게 된다.
5. 임금의 상승은 소득을 증대시키고, 이로 인해 소비가 증가하여 유효수요(총수요)를 증대시키므로 경기 활성화와 경제성장, 고용증대 효과를 기대할 수 있다.
6. 기업 간에 저임금을 바탕으로 한 불공정 경쟁을 지양하고 적정한 임금을 지급하도록 하여 공정한 경쟁을 촉진하고 기업의 경영합리화를 촉진할 수 있다.
7. 기업에게 충격효과(shock effect)를 주어 저임금에의 의존에서 벗어나게 하고 기업경영의 합리화와 경쟁력 강화를 유도할 수 있다.
8. 국가 간의 경쟁에서 저임금을 무기로 한 소셜 덤핑(social dumping)이 해소되고 공정한 경쟁이 이루어지며, 대외적인 신뢰도를 높일 수 있다.
9. 산업구조의 고도화에 기여한다. 최저임금제는 생산성이 낮은 산업에서 어느 정도의 해고를 불가피하게 하는데, 해고된 노동자가 생산성이 높은 부문에 취업할 수 있다면 산업구조의 고도화에 기여하게 된다.

꿀팁 출제빈도가 높은 문제 중 하나입니다. 제시된 답안 중 6가지만 적으면 됩니다.
KEY 최저임금제의 긍정적 효과

2008년 1회

07 직업상담(진로지도)의 목적 5가지를 쓰시오. 5점

정답
1. 잠정적인 진로선택을 통한 진로결정을 확고하게 한다.
2. 직업목표를 명확하게 한다.
3. 자기 자신 및 직업세계에 대한 올바른 이해를 돕는다.
4. 올바른 진로계획을 수립하게 한다.
5. 합리적인 의사결정능력을 증진시킨다.
6. 성숙한 직업의식을 확립하게 한다.
7. 내담자의 성장과 능력을 향상하게 한다.

KEY 직업상담(진로지도)의 목적

일반적인 상담의 목표
① 내담자 행동의 변화를 촉진시킨다.
② 내담자 문제의 해결을 촉진시킨다.
③ 내담자의 정신건강을 증진시킨다.
④ 내담자의 의사결정을 촉진시킨다.
⑤ 내담자의 개인적 효율성을 향상시킨다.

2018년 3회, 2014년 3회, 2013년 3회

08 신뢰도 추정방법 중 검사-재검사법의 단점 4가지를 쓰시오. 4점

정답
1. 이월효과(기억효과)
   두 검사 사이의 시간 간격이 너무 짧을 경우 앞 검사에서 답한 내용을 기억해서 뒤 검사의 응답 시 활용할 수 있다.

2. 성숙효과
   두 검사 사이의 시간 간격이 너무 클 경우 측정 대상의 속성이나 특성이 변화할 수 있다.

3. 반응민감성효과
   반응민감성의 영향으로 검사를 치르는 경험이 후속 반응에 영향을 줄 수 있다. 즉, 검사를 치르는 경험으로 인한 새로운 학습요인이 다음 검사 점수에 영향을 미칠 수 있다.

4. 환경상의 변화
   검사 시기의 물리적인 환경 변화가 검사 결과에 영향을 미칠 수 있다. 즉, 날씨, 소음, 기타 방해요인 같은 환경요인에 따라 두 검사 결과에 차이가 발생할 수 있다.

KEY 검사-재검사법의 단점

2023년 1·2·3회, 2021년 1회, 2020년 1·3·4회, 2019년 2회, 2018년 2회, 2016년 1회, 2014년 3회, 2009년 1회, 2008년 1회, 2007년 1회, 2004년 1회

09 Holland 직업흥미검사의 6가지 유형을 쓰고, 각각에 대해 간략히 설명하시오. 6점

정답

1. 현실형(R)
   기계, 도구, 동물에 관한 체계적인 조작활동을 좋아하며 현장 일을 선호하나, 사회적 기술이 부족하다.

2. 탐구형(I)
   호기심이 많고 분석적이어서 과학적 탐구활동을 선호하나, 리더십 기술이 부족하다.

3. 예술형(A)
   창의적이며 감성이 풍부하고 개방적이나, 틀에 박힌 일을 싫어하며 규범적인 기술이 부족하다.

4. 사회형(S)
   친절하고 이해심이 많으며 다른 사람을 돕는 것을 즐기나, 과학적이거나 기계적인 활동 능력이 부족하다.

5. 진취형(E)
   외향적이며 지도력이 있고 말을 잘하나, 상징적·체계적·과학적 활동에 대한 능력이 부족하다.

6. 관습형(C)
   자료를 잘 정리하고 순응적이며 책임감이 강한 반면, 변화에 약하고 융통성이 부족하다

꿀팁 출제빈도가 높은 문제입니다. 반드시 숙지하세요.
KEY 홀랜드(Holland) 직업흥미검사의 흥미유형

10 다음 내용은 내담자의 짧은 호소문이다. 이 호소문 내용을 참고하여 아래의 각 물음에 답하시오. 10점

> 저는 어렸을 때부터 모범생이었으며, 항상 부모님을 실망시키지 않았습니다. 대학교에서도 우수한 성적으로 졸업하였습니다. 그리고 부모님이나 친척들이 저에게 많은 기대를 하고 있지요. 좋은 직업을 갖고 내로라하는 직장에 취업할 수 있다고 믿고 있습니다. 사실 제 형제들은 저보다 공부도 잘하지 못했고 좋은 대학도 나오지 못했습니다. 그래서 항상 부모님은 제가 기쁘게 해드릴 수 있다고 생각합니다. 대학의 학과 선택도 부모님의 의견을 존중했었습니다. 전 부모님을 실망시켜 드리고 싶지 않아 열심히 취업 준비를 하였습니다. 그런데 어쩐 일인지 아무리 노력해도 취업하기가 쉽지 않습니다. 이번에 Y 회사에 이력서를 냈는데 그르칠까 봐 걱정입니다. 더군다나 이번이 그럴듯한 회사의 채용공고가 거의 마지막이기 때문에 실패하게 된다고 생각하니 숨이 막힐 것 같습니다. 어떻게 해서라도 좋은 회사에 취업을 해야만 한다고 생각하니 하루하루 생활이 힘듭니다.

(1) 이 내담자를 진단하고, 어떤 기법을 사용해야 하는지를 제시하시오.
(2) 직업상담을 실시한다면 각 치료단계(5단계)마다 어떤 내용으로 상담을 진행해야 하는지 간략하게 가상적인 상담 내용을 기록하시오.
(3) 호소문에 제시되지는 않았으나 내담자가 갖고 있는 예측 가능한 문제는 무엇이 있는지 6가지를 쓰시오.

정답

(1) 내담자에게 사용해야 하는 기법
    내담자는 좋은 회사에 취직하는 것만이 부모의 기대에 부응하는 것이라는 비합리적 신념과 강박적 사고에서 비롯된 정서·행동적 문제를 갖고 있다. ABCDE기법을 통해 상담을 진행하고자 한다.

(2) 치료의 5단계와 상담 내용
    ① A(선행사건): 구체적인 사건으로서 내담자의 Y 회사의 입사지원을 말한다.
    ② B(비합리적 신념체계): 만일 Y 회사에 취업이 실패하게 된다면 자신이 무가치한 존재라고 생각하게 되는 비합리적인 신념을 의미한다.
    ③ C(결과): 내담자는 비합리적인 신념에 의한 정서적·행동적 결과로 숨이 막히고, 힘들게 생활하고 있다.
    ④ D(논박): 좋은 회사에 취직하는 것만이 가치 있는 것은 아니며, Y 회사 이외에도 좋은 일자리는 있다고 논박하여 내담자의 비합리적 신념을 변화시킨다.
    ⑤ E(효과): 내담자는 비합리적 사고에서 벗어나, 합리적 사고로 취업에 대한 긍정적 사고를 가지게 된다.

(3) 내담자가 갖고 있는 문제 6가지
    ① 우울한 감정   ② 심리적 스트레스   ③ 무기력 및 무가치감
    ④ 좌절감과 자신감 하락   ⑤ 긴장과 초조로 인한 압박감   ⑥ 진로선택에 대한 몰입 부재

꿀팁 해당 문제는 사례형으로 출제된 문제입니다. 문제 (3)의 경우 내담자는 다양한 문제가 발생할 수 있어 여러 가지 답안이 도출될 수 있습니다. 되도록 암기보다는 내담자 입장에서 생각해 보시고 자유롭게 작성하시기 바랍니다.

KEY 인지·정서·행동 상담

2023년 1·3회, 2016년 1·3회, 2015년 1·2회, 2012년 3회, 2011년 1회

11 행동주의 직업상담의 상담기법은 크게 불안감소기법과 학습촉진기법의 유형으로 구분할 수 있다. 각 유형별 대표적인 방법을 각각 3가지 쓰시오. 6점

정답

1. 불안감소기법
   ① 홍수법
   ② 주장훈련
   ③ 체계적 둔감법
   ④ 금지조건 형성

2. 학습촉진기법
   ① 강화
   ② 변별학습
   ③ 모델링(모방)
   ④ 토큰법

꿀팁 출제빈도가 높은 문제입니다. 반드시 숙지하세요. 제시된 답안 중 3가지씩 쓰시면 됩니다.

KEY 불안감소기법과 학습촉진기법

+ 더 나아가기

불안감소기법과 학습촉진기법의 대표적인 방법

1. 불안감소기법
   ① 홍수법: 특정 불안과 공포증을 가진 환자를 단번에 강한 공포자극에 장시간 직면케 하여 불안을 치료하는 방법이다.
   ② 주장훈련: 불안을 억제시키는 방법으로, 대인관계에서 오는 불안에 대해 제지 효과를 갖는다.
   ③ 체계적 둔감법: 불안과 공포증이 있는 환자에게 불안 조건을 점차적으로 노출시켜 둔감화시키는 치료법이다.
   ④ 금지조건 형성: 내담자에게 추가적 강화 없이 불안반응을 일으킬만한 단서를 지속적으로 제시함으로써 불안 감정을 점차적으로 소거시키는 방법이다.

2. 학습촉진기법
   ① 강화: 학습자에게 강화물을 제공하여 특정 행동의 빈도가 높아지도록 하는 행동수정방법이다.
   ② 변별학습: 자극의 차이에 따라 서로 다른 반응을 보이도록 유도하는 학습촉진기법이다.
   ③ 모델링(모방): 다른 사람의 행동이나 결과를 관찰함으로써 결정행동학습을 촉진시킨다.
   ④ 토큰법: 내담자의 바람직한 행동이 일어날 때 원하는 물건과 교환할 수 있는 강화물(토큰)을 수여하는 체계적인 강화기법이다.

2015년 1회

12 일반직업적성검사(GATB)의 내용을 3가지 쓰고 설명하시오. 6점

정답

지능(G)	일반적인 학습능력, 설명이나 지도 내용과 원리를 이해하는 능력, 추리·판단하는 능력, 새로운 환경에 빨리 순응하는 능력을 말한다.
언어능력(V)	언어의 뜻과 그에 관련된 개념을 이해하고 사용하는 능력, 언어 상호 간의 관계와 문자의 뜻을 이해하는 능력, 보고 들은 것이나 자신의 생각을 발표하는 능력을 말한다.
수리능력(N)	신속하고 정확하게 계산하는 능력을 말한다.
사무지각(Q)	문자나 인쇄물, 전표 등의 세부를 식별하는 능력, 잘못된 문자나 숫자를 찾아 교정하고 대조하는 능력, 직관적인 인지능력의 정확도나 비교·판별하는 능력을 말한다.
형태지각(P)	실물이나 도해 또는 표에 나타나는 것을 세부까지 바르게 지각하는 능력, 시각으로 비교·판별하는 능력, 도형의 형태나 음영 및 근소한 선의 길이나 넓이 차이를 지각하는 능력 등을 말한다.
공간적성(S)	공간상의 형태 및 평면과 물체의 관계를 이해하는 능력, 기하학적 문제해결능력, 2차원이나 3차원의 형체를 시각적으로 이해하는 능력을 말한다.
운동반응(K)	눈과 손 또는 눈과 손가락을 함께 사용하여 빠르고 정확하게 운동할 수 있는 능력, 눈으로 겨누면서 정확하게 손이나 손가락의 운동을 조절하는 능력을 말한다.
손 재치(M)	손을 마음대로 정교하게 조절하는 능력, 물건을 집고, 놓고, 뒤집을 때 손과 손목을 정교하고 자유롭게 운동할 수 있는 능력을 말한다.
손가락 재치(F)	손가락을 정교하고 신속하게 움직이는 능력, 작은 물건을 정확하게 또는 신속하게 다루는 능력을 말한다.

꿀팁 일반직업적성검사의 내용을 묻는 문제의 경우 6가지의 설명을 요구할 수도 있으므로 6가지 이상 숙지하시는 것이 좋습니다. 제시된 답안 중 3가지만 작성하시면 됩니다.
KEY 일반직업적성검사(GATB)에서 검출되는 적성

2010년 3회, 2008년 3회, 2007년 1회

13 공공직업정보의 특성 4가지를 쓰시오. 4점

정답
1. 정부 또는 공공기관이 생산하므로 무료로 지공된다.
2. 특정한 시기에 국한되지 않고 지속적으로 조사·분석하여 제공된다.
3. 특정분야 및 대상에 국한되지 않고 전체 산업 및 업종에 걸친 직업을 대상으로 한다.
4. 보편적인 항목으로 이루어진 기초적인 직업정보 체계로 구성된다.
5. 관련 직업정보 간의 비교 및 활용이 용이하다.
6. 공공직업정보 체계에 대한 직접적이고 객관적인 평가가 가능하다.

꿀팁 제시된 답안 중 4가지만 적으면 됩니다.
KEY 공공직업정보의 특성

2019년 2회, 2017년 3회, 2015년 1회, 2011년 2회, 2008년 2회, 2006년 1회

14 특성-요인 직업상담이론에서 브레이필드(Brayfield)가 제시한 직업정보의 기능 3가지를 쓰고 각각에 대해 설명하시오. 6점

정답
1. 정보적 기능(정보제공 기능)
   정보를 제공함으로써 내담자의 모호한 의사결정을 돕고 내담자의 직업선택에 관한 지식을 증가시킨다.

2. 재조정 기능
   내담자가 냉철한 현실에 비추어 부적절한 직업선택을 한 것은 아닌지 점검해 보는 기초를 마련해 준다.

3. 동기화 기능
   내담자가 직업선택에 대한 의사결정과정에 적극적으로 참여하도록 동기화시킨다.

KEY 브레이필드(Brayfield)가 제시한 직업정보의 기능

15 다음의 예시를 보고 실업률을 구하시오. 4점

- 15세 이상 인구: 35,986천 명
- 비경제활동인구: 14,716천 명
- 취업자 수: 20,149천 명

정답
- 경제활동인구 = 15세 이상 인구 − 비경제활동인구 = 35,986천 명 − 14,716천 명 = 21,270천 명
- 실업자 수 = 경제활동인구 − 취업자 수 = 21,270천 명 − 20,149천 명 = 1,121천 명
- 따라서, 실업률(%) = $\dfrac{\text{실업자 수}}{\text{경제활동인구}} \times 100 = \dfrac{1,121\text{천 명}}{21,270\text{천 명}} \times 100 = 5.27\%$

KEY 실업률

2021년 3회, 2019년 2회, 2017년 1회, 2009년 1회, 2004년 1회

16 정신분석적 상담은 내담자의 자각을 증진시키고 직접적인 방법으로 불안을 통제할 수 없을 때 무의식적으로 방어기제를 사용한다. 방어기제 종류 3가지를 쓰고 설명하시오. 6점

정답

1. 억압
   의식에서 받아들이기 곤란한 욕망, 충동, 생각들을 무의식으로 밀어 넣는 것이다.

2. 부정
   고통스러운 현실을 무의식적으로 인정하지 않으려는 것이다.

3. 투사
   자신의 생각, 감정, 동기 등을 다른 사람의 탓으로 돌리는 것이다.

4. 퇴행
   과거 수준의 미숙한 행동양식으로 되돌아가는 것이다.

5. 승화
   본능적 욕구를 사회적으로 용납되는 형태로 표출하는 것이다.

6. 동일시
   어떤 사람이나 집단과 실제적 또는 상상적으로 동일시하는 것이다.

꿀팁 제시된 답안 중 3가지만 작성하시면 됩니다.
KEY 정신분석적 상담의 방어기제

> **더 나아가기**
>
> **방어기제**
> - 불안의 위협에서 자신을 보호하기 위해 무의식적으로 사용하는 사고 및 행동수단을 방어기제라고 한다.
> - 프로이트(Freud)는 모든 행동이 본능에 의해 동기화되는 것처럼 인간은 기본적으로 불안을 원치 않으며 그것에서 벗어나기를 원한다고 했다. 따라서 인간은 갈등에서 비롯된 불안으로부터 자신을 보호하기 위해 다양한 방어기제를 사용하게 된다.
> - 지나친 방어기제의 사용은 바람직하지 못한 결과를 초래하지만 적절하게 사용한다면 오히려 정신건강에 도움이 될 수 있다.

17 역전이의 의미를 설명하고 해결방안을 3가지 쓰시오. 4점

정답

1. 역전이의 의미

   상담자가 과거에 중요한 타인에게 느꼈던 감정이나 생각을 내담자에게 옮기는 것을 말한다.

2. 해결방안

   ① 자기분석과 교육분석을 통한 자기 성찰을 한다.
   ② 수퍼바이저의 교육, 지도, 감독을 받는다.
   ③ 다른 상담자에게 위임한다.

 역전이의 의미와 해결방안

2007년 1회

18 다음 (   )에 알맞은 타당도의 종류를 쓰시오. 6점

- (A)는 검사의 각 문항을 주의 깊게 검토하여, 그 문항이 검사에서 측정하고자 하는 것을 재는지의 여부를 결정하는 것이다. 이것은 그 분야의 자격을 갖춘 사람들에 의해 판단된다.
- (B)의 유형으로는 동시타당도와 예언타당도가 있다.
- (C)는 조작적으로 정의되지 않은 인간의 심리적인 특성이나 성질을 심리적 구인으로 분석하여 조작적 정의를 부여한 후, 검사점수가 이러한 심리적 구인으로 구성되어 있는가를 검정하는 방법이다.

정답

1. (A) 내용타당도
2. (B) 준거타당도
3. (C) 구성타당도

KEY 타당도의 종류

타당도의 종류

① 내용타당도: 검사의 문항들이 그 검사가 측정하고자 하는 내용 영역을 얼마나 잘 반영하고 있는지를 의미한다.
② 준거타당도: 어떤 심리검사가 특정 준거와 어느 정도 관련성이 있는지를 알아보는 것이다. 예언타당도와 동시타당도가 있다.
③ 구성타당도: 측정하고자 하는 추상적 개념인자들이 실제로 측정도구에 의해 제대로 측정되었는지의 정도를 말한다. 변별타당도, 수렴타당도, 요인분석법이 있다.
④ 안면타당도: 검사를 받는 사람들에게 타당도를 묻는 것으로, 일반인에게 검사가 타당한 것처럼 보이는가를 뜻한다.

2022년 2회

공부한 날: ____월 ____일   문제풀이 시간: 2시간 30분(150분)

2019년 3회, 2015년 1회, 2013년 1회, 2003년 1회

01 직무분석방법 중 결정적 사건법의 단점 4가지를 쓰시오. 4점

정답
1. 응답자들이 사건을 왜곡하여 기술할 가능성이 있다.
2. 일상적인 수행과 관련된 지식, 기술, 능력이 배제될 수 있다.
3. 정확한 조사를 위해서는 특별히 훈련받은 사람이 필요하다.
4. 수집된 자료를 분류하는 데 시간과 노력이 많이 들어간다.

꿀팁 결정적 사건법의 단점은 자주 출제되는 문제로, 보통 3가지 답안을 요구하였으나 이번 회차는 4가지 답안을 요구하였습니다.
KEY 결정적 사건법(중요사건기록법)의 단점

> **더 나아가기**
> **결정적 사건법(중요사건기록법)**
> 종업원이 직무를 매우 성공적으로 수행한 경우 혹은 실패한 경우에 대한 자료를 수집한 후 그 사건들의 구체적인 행동을 알아내고, 이 행동으로부터 지식, 기술, 능력을 수집하는 직무분석방법이다.

2020년 1회, 2017년 2회, 2002년 1회

02 부정적인 심리검사 결과가 나온 내담자에게 검사결과를 통보하는 방법을 4가지 쓰시오. 4점

정답
1. 내담자의 방어를 최소화하기 위한 해석을 한다.
2. 내담자가 검사결과에 대해 충격을 받지 않도록 유의한다.
3. 되도록 통계적 숫자나 용어보다는 일상적인 용어로 설명한다.
4. 기계적으로 검사결과를 전달하기보다는 적절한 해석을 담은 설명과 함께 전달한다.
5. 타인에게 부정적인 결과가 알려지지 않도록 검사결과의 비밀보장에 유의한다.

꿀팁 제시된 답안 중 4가지만 적으시면 됩니다.
KEY 부정적인 검사결과를 통보하는 방법

2017년 2회, 2012년 2회

03 형태주의 상담의 목표 6가지를 쓰시오. 6점

정답
1. 자신에 대한 지각 또는 인식
2. 자각을 통한 성숙
3. 통합의 성취
4. 내담자의 자유로운 선택과 책임의식
5. 잠재력 실현에 따른 변화와 성장
6. 알아차림과 접촉의 증진
7. 실존적 삶의 추구

꿀팁 해당 문제는 기존 형태주의 상담의 3가지 목표를 확장한 문제로, 형태주의 상담의 개념에서 답안을 유추할 수 있습니다. 제시된 답안 중 6가지만 적으시면 됩니다.

KEY 형태주의 상담의 목표

> **+ 더 나아가기**
>
> **형태주의 상담의 목표 3가지**
> 형태주의 상담의 목표 3가지를 묻는 문제의 경우 아래와 같이 적어야 한다.
> 1. 자각: 자각에 의한 성숙과 통합의 성취
> 2. 책임: 내담자의 자유로운 선택과 책임의식 고취
> 3. 성장: 잠재력 실현에 따른 변화와 성장 도모

2024년 3회, 2020년 4회

04 직업상담사가 갖추어야 할 자질 5가지를 기술하시오. 5점

정답
1. 내담자에 대한 존경심을 가져야 한다.
2. 자아의 편견에서 벗어나는 능력을 가져야 한다.
3. 객관적인 통찰력을 가져야 한다.
4. 도덕적인 입장을 취하여야 한다.
5. 심리학적 지식을 가져야 한다.

KEY 직업상담사의 일반적 자질

> **직업상담사가 갖추어야 할 지식 및 능력**
> ① 직업문제를 갖고 있는 내담자에 대한 심리치료능력
> ② 진로발달과 의사결정이론에 대한 지식
> ③ 직업정보를 수집·보충하여 전달하는 전략에 대한 지식
> ④ 국가정책, 인구구조 변화, 인력수급 추계, 산업발전 추세, 미래사회 특징 등에 관한 지식
> ⑤ 변화하는 남녀의 역할과 일, 가족, 여가의 관련성에 관한 지식
> ⑥ 직업상담의 연구 및 평가능력

2020년 1회, 2018년 3회, 2014년 2회, 2011년 2·3회

05 Beck의 인지적 상담에서 인지적 오류 3가지를 제시하고 간략히 설명하시오. 6점

정답

1. 흑백논리(이분법적 사고)
   사고의 판단과정을 단순히 이분법화하여 생기는 오류이다.

2. 과잉일반화
   특정 사건의 결과를 관계없는 상황에 적용해 일반화하려는 오류이다.

3. 선택적 추상(정신적 여과)
   부정적인 일부 세부사항(실패 또는 부족한 점)만을 기초로 결론을 내리고 전체를 보려는 것이다.

4. 의미확대 및 축소
   사건의 중요성과 무관하게 특정 의미를 과대 확대 혹은 축소하는 경향이다.

5. 임의적 추론(자의적 추론)
   결론을 지지하는 증거가 없음에도 임의적으로 결론을 내리는 오류이다.

6. 개인화
   자신과 관련 없는 상황임에도 불구하고 자신과 관련시키는 경향이다.

꿀팁 이 문제는 3가지 또는 5가지로 답안을 요구합니다. 따라서 5가지 모두 숙지해 두는 것이 좋습니다.
KEY 벡(Beck)의 인지적 오류(왜곡)의 유형

선택적 추상과 의미확대 및 축소의 차이
'선택적 추상'은 긍정적인 부분은 여과하는 것이고, '의미확대 및 축소'는 긍정적인 부분은 축소시키고 부정적인 부분은 확대한다는 점에서 다르다.
- '선택적 추상'의 예시: 발표가 끝난 후 대부분 박수를 쳤으나 한두 사람이 무반응이라면 발표에 실패했다고 생각하는 것
- '의미확대 및 축소'의 예시: 자신에 대한 칭찬은 인사치레라고 생각하고 단점은 매우 중요하게 여기며 걱정하는 것

2021년 3회, 2020년 4회, 2018년 1회, 2016년 2회, 2015년 1회, 2014년 3회, 2010년 1회, 2009년 2회

06 윌리암슨(Williamson)의 특성-요인 직업상담에서 직업의사결정에서 나타나는 여러 가지 문제들에 대한 변별진단 결과를 분류하는 4가지 범주를 쓰고 각각에 대해 설명하시오. 4점

정답
1. 흥미와 적성의 불일치(모순)
   내담자 자신의 흥미와 적성이 일치하지 않는 모순적인 선택을 말한다.

2. 어리석은 선택(현명하지 못한 선택)
   자신의 특성과 관계없는 목표나 특정 직업에 대한 특권이나 갈망으로 직업을 선택하는 경우이다.

3. 불확실한 직업선택(확신 부족)
   직업을 선택하기는 하였으나 자신 및 직업세계에 대한 이해의 부족으로 직업 선택에 확신을 갖지 못하는 경우이다.

4. 진로(직업) 무선택
   선호하는 몇 가지 진로가 있지만 어느 것을 선택할지 모르는 경우를 말한다. 내담자는 자신이 무엇을 원하는지 모르며, 진로에 대한 인식이 부족한 상태이다.

KEY 윌리암슨(Williamson)의 변별진단

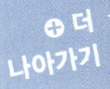 특성-요인 직업상담에서 진단은 변별진단이라고 지칭한다. 변별진단은 일련의 관련 있는 또는 관련 없는 사실들로부터 일관된 의미를 논리적으로 파악하여 문제를 하나씩 해결하는 과정이다.

2024년 1회, 2019년 3회, 2016년 3회, 2010년 2회

07 심리검사 사용의 윤리적 문제와 관련하여 주의하여야 할 사항 6가지만 쓰시오. 6점

정답
1. 피검사자가 이해하기 쉬운 언어로 설명해야 한다.
2. 심리검사의 개발시기가 오래되어 평가 결과가 시대에 뒤떨어질 수 있음을 인정한다.
3. 검사의 사용 여부, 비밀보장 등 피검사자의 권리를 존중한다.
4. 심리검사의 결과는 평가기관의 사용목적에 맞게 제한적으로 사용되어야 한다.
5. 타당도와 신뢰도가 높은 표준화된 검사를 사용한다.
6. 적절한 훈련을 받거나 자격을 가진 자가 검사를 실시한다.

KEY 심리검사 사용의 윤리적 문제와 관련한 주의사항

08 직업상담에서 내담자 이해를 위한 질적 측정도구 3가지를 쓰고 설명하시오. 6점

2024년 3회, 2017년 3회, 2013년 2회

정답

1. 자기효능감 척도
   어떤 과제를 어느 정도 수준으로 수행할 수 있는 능력을 갖추었다고 스스로 판단하는지의 정도를 측정한다.

2. 직업가계도(제노그램)
   내담자의 가족 내 직업적 계보를 통해 내담자의 직업에 대한 고정관념이나 직업가치 및 흥미 등의 근본 원인을 파악한다.

3. 직업카드분류
   홀랜드(Holland)의 육각형 성격모형과 관련된 직업카드를 사용하여 직업을 선호군, 혐오군, 미결정·중성군으로 분류하여 개인의 직업선택의 동기와 흥미 및 가치관을 탐색한다.

4. 역할놀이
   내담자의 수행 행동을 나타낼 수 있는 업무상황을 제시해 준다. 가상의 상황에서 내담자의 역할활동에 대한 관찰을 통해 내담자의 직업관련 사회적 기술들을 파악한다.

꿀팁 제시된 답안 중 3가지만 적으면 됩니다.
KEY 질적 측정도구

2022년 3회, 2018년 1·3회, 2012년 3회, 2011년 1회

09 심리검사에서 준거타당도 계수의 크기에 영향을 미치는 요인을 3가지만 쓰고, 각각에 대해 설명하시오. 6점

정답
1. 표집오차
   모집단 조사를 위한 표본의 표집과정에서 초래되는 데이터 수집의 오차이다.

2. 범위제한
   준거타당도 계산을 위해 얻은 자료들이 검사점수와 준거점수의 전체 범위를 포괄하지 않고 일부 범위만을 포괄하는 경우 상관계수가 실제 상관계수보다 낮게 나타난다.

3. 준거측정치의 타당도
   준거측정도구의 준거측정치(실제준거)가 해당 개념준거를 얼마나 잘 반영하는가 하는 준거측정치의 타당도가 검사의 준거타당도에 영향을 미친다.

4. 준거측정치의 신뢰도
   준거측정치의 신뢰도가 낮으면 검사의 준거타당도도 낮아지게 된다. 따라서 어떤 검사의 준거타당도 계산을 위해 사용하는 준거측정치의 신뢰도가 그 검사의 타당도계수에 영향을 미친다.

꿀팁 제시된 답안 중 3가지만 적으면 됩니다.
KEY 준거타당도 계수의 크기에 영향을 미치는 요인

2020년 1회

10 심리검사의 사용 목적 3가지를 쓰고 설명하시오. 6점

정답
1. 개인적 기능
   심리검사를 통하여 자기이해를 증진시켜 강점과 단점을 파악하게 하고, 자신이 강점을 지닌 분야로 진로를 결정하도록 도와서 성공 가능성을 높인다.

2. 예측적 기능
   심리검사를 통하여 개인의 특성(성격, 적성, 지능 등)을 파악하여 개인의 수행을 예측하도록 한다. 기업에서는 인사선발과 배치를 하는 데 유용하게 사용될 수 있다.

3. 진단적 기능(분류적 기능)
   진단을 목적으로 심리검사를 사용할 때는 일반적으로 개인의 장단점을 파악할 수 있으며 직업문제를 분류하고 진단할 수 있다. 개인의 특성을 측정하여 내담자의 행동상의 문제 원인을 파악하고 해결하기 위한 도구로 활용할 수 있다.

4. 조사적 기능
   특정 집단의 성향이나 일반적 행동경향을 조사하고 연구를 통해 해당 집단의 특징을 규명하는 목적으로 사용할 수 있다.

꿀팁 제시된 답안 중 3가지만 적으면 됩니다.
KEY 심리검사의 사용 목적

2019년 1·3회

11 Gelatt가 제시한 직업의사결정의 상담과정 8단계를 순서대로 쓰시오. 6점

1. 목표의식
2. (   )
3. (   )
4. (   )
5. (   )
6. (   )
7. (   )
8. 평가 및 재투입

정답

1. 목표의식
2. 정보수집
3. 대안 열거
4. 대안의 결과 예측
5. 대안의 실현가능성 예측
6. 가치평가
7. 의사결정
8. 평가 및 재투입

꿀팁 겔라트(Gelatt)는 처방적 진로 의사모형을 주장한 학자입니다. 겔라트(Gelatt)의 진로의사결정은 직업선택에서 실수를 미리 방지하기 위한 처방적 차원에 이루어지기 때문에 암기 시 '대안'이라는 용어가 반복되는 점을 기억하세요.

KEY 겔라트(Gelatt)가 제시한 직업(진로)의사결정의 상담과정 3단계

2024년 3회, 2021년 1·2·3회, 2020년 2·3회, 2018년 1·3회, 2016년 2·3회, 2015년 1회, 2004년 2회

12 인지·정서·행동적(REBT) 상담의 기본개념인 ABCDEF모델의 의미를 쓰고 설명하시오. 6점

정답
1. A(선행사건)
   개인의 감정적·정서적 혼란을 가져오는 구체적인 행동 또는 사건이다.

2. B(신념체계)
   선행사건에 의해 경험하게 되는 내담자의 비합리적 신념체계이다.

3. C(결과)
   비합리적인 신념으로 초래되는 인지·정서·행동적 결과로 불안, 초조, 우울, 분노, 죄책감이 나타나는 것이다.

4. D(논박)
   비합리적 신념의 결과를 논리적인 원리를 제시하여 논박하는 것이다.

5. E(효과)
   논박의 결과로 내담자의 비합리적 신념의 결과가 해소되며, 합리적 신념으로 전환되는 것이다.

6. F(느낌)
   논박의 효과로 인한 합리적인 신념에서 비롯된 수용적이고 긍정적인 태도이다.

KEY ABCDEF모델의 의미

2024년 3회, 2019년 3회, 2016년 2회, 2013년 1회, 2011년 2회

13 표준화를 위해 수집된 자료가 정규분포에서 벗어나는 것은 검사도구의 문제보다 표집 절차의 오류에 원인이 있을 수 있다. 이를 해결하기 위한 방법 3가지를 쓰고, 각각에 대해 설명하시오. 6점

정답
1. 완곡화 방법
   수집된 자료가 정상분포의 모양을 갖추도록 점수를 더하거나 빼 주는 방법이다. 정상분포와 비슷하게 나왔을 때 사용할 수 있다.

2. 절미법
   평균을 기준으로 하여 최빈치에 따른 분포곡선의 형태에서 한쪽으로 치우친 꼬리인 편포를 잘라내 주는 방법이다.

3. 면적 환산법
   각 점수들의 백분위를 찾아서 그 백분위에 해당하는 Z점수(표준점수)를 찾는 방법이다.

KEY 표집절차의 오류 해결 방법

2024년 2회, 2020년 1회, 2019년 3회, 2015년 1회, 2014년 2회, 2010년 1·2·4회, 2009년 2회, 2008년 1회

14 한국표준직업분류에서 직업으로 보지 않는 활동을 6가지 쓰시오. 6점

정답
1. 자기 집의 가사활동에 전념하는 경우
2. 교육기관에 재학하며 학습에만 전념하는 경우
3. 시민봉사활동 등에 의한 무급 봉사적인 일에 종사하는 경우
4. 사회복지시설 수용자의 시설 내 경제활동
5. 수형자의 활동과 같이 법률에 의한 강제노동을 하는 경우
6. 이자, 주식배당, 임대료(전세금, 월세금) 등과 같은 자산 수입이 있는 경우
7. 연금법, 국민기초생활보장법, 국민연금법 및 고용보험법 등의 사회보장이나 민간보험에 의한 수입이 있는 경우
8. 경마, 경륜, 경정, 복권 등에 의한 배당금이나 주식투자에 의한 시세차익이 있는 경우
9. 예·적금 인출, 보험금 수취, 차용 또는 토지나 금융자산을 매각하여 수입이 있는 경우
10. 도박, 강도, 절도, 사기, 매춘, 밀수와 같은 불법적인 활동

꿀팁 직업정보론 영역에서 출제가능성이 높은 문제 중 하나입니다. 제시된 답안 중 짧고 기억하기 좋은 것 위주로 6가지를 적으시면 됩니다.
KEY 한국표준직업분류에서 직업으로 보지 않는 활동

2024년 2회, 2023년 1·3회, 2022년 3회, 2021년 3회

15 한국직업사전의 부가직업정보 중 직무기능은 자료, 사람, 사물과 연관된 특성을 나타낸다. 사람과 관련된 세부영역을 5가지 쓰시오. (단, 수준에 해당하는 숫자는 기재할 필요 없음) 5점

정답
1. 자문
2. 협의
3. 교육
4. 감독
5. 오락 제공
6. 설득
7. 말하기-신호
8. 서비스 제공

꿀팁 사람과 관련된 기능 8가지 중 5가지를 작성하시면 됩니다. 직무기능 중 나머지 자료(data), 사물(thing)에 대한 기능도 정리해 두셔야 합니다.
KEY 한국직업사전 직무기능 중 사람과 관련된 기능

2019년 2회, 2017년 1회, 2011년 2회

16 아래의 주어진 표를 보고 다음을 계산하시오. 5점

(단위: 천 명)

구분	15~19세	20~24세	25~29세	30~50세
생산가능인구	3,284	2,650	3,846	22,982
경제활동인구	203	1,305	2,797	17,356
취업자	178	1,181	2,598	16,859
실업자	25	124	199	497
비경제활동인구	3,082	1,346	1,049	5,627

(1) 30~50세 고용률(%)을 계산하시오. (단, 소수점 둘째 자리에서 반올림)
(2) 30~50세 고용률을 29세 이하 고용률과 비교하여 분석하시오.

정답 (1) 30~50세 고용률(%)

$$\text{고용률(\%)} = \frac{\text{취업자}}{\text{15세 이상 인구(생산가능인구)}} \times 100$$

따라서 30~50세의 고용률(%) = $\frac{16,859천 명}{22,982천 명} \times 100 = 73.4\%$

(2) 30~50세 고용률과 29세 이하 고용률의 비교

① 29세 이하의 고용률(%) = $\frac{178천 명 + 1,181천 명 + 2,598천 명}{3,284천 명 + 2,650천 명 + 3,846천 명} \times 100$

  = $\frac{3,957천 명}{9,780천 명} \times 100 = 40.5\%$

② 통계에서 30~50세의 고용률이 29세 이하의 고용률보다 크게 나타나고 있다. 그 이유는 두 가지로 나누어 설명할 수 있다.
  • 30~50세는 가정의 생계를 책임지는 가장이 많으므로 고용조건이 좋지 않아도 계속 일을 하게 된다. 따라서 주당 근로시간이 18시간 미만인 불완전취업자도 많이 있지만 이들은 모두 취업자로 분류되므로 그만큼 고용률을 높이는 효과가 있다.
  • 29세 이하는 현재 학생이거나, 더 좋은 직장을 구하기 위해 취업을 준비하고 있는 취업준비자가 많기 때문에 29세 이하의 인구 중 상당수가 비경제활동인구로 분류되고 있다. 이들은 고용률을 낮추는 요인으로 작용한다.

꿀팁 계산문제는 반드시 식을 제시하고 단위(천 명)를 써주어야 합니다.
KEY 고용률 계산과 비교분석

더 나아가기 — 고용률의 의의

- 실업률 통계에서는 취업준비자 및 구직단념자(실망노동자)가 비경제활동인구로 분류된다. 따라서 취업준비자나 구직단념자가 증가해도 실업률에 영향을 미치지 않거나 오히려 실업률을 낮아지게 한다(실망노동자 효과). 따라서 국민이 실제 피부로 느끼는 체감실업률과 정부가 발표하는 실업률 간에 괴리가 발생할 수 있다.
- 최근에는 이와 같은 실업률의 문제점을 해소하기 위하여 고용률을 보조지표로 이용하고 있다. 고용률은 실업률과 달리 실업자와 비경제활동인구 간의 잦은 이동으로 인한 경제활동인구 변동의 영향을 받지 않는다.
- 다만, 주당 근로시간이 18시간 미만인 단시간근로자 및 일시휴직자 등 불완전취업자가 증가하는 경우에는 체감실업률은 크게 개선되지 않았음에도 고용률은 높게 나타나므로 고용률 통계도 노동시장 상황을 나타내는 데는 한계가 있다.

빈출

2024년 2회, 2021년 1회, 2020년 1회, 2018년 3회, 2013년 2회, 2010년 2회, 2007년 3회

17 한국표준산업분류 개요 중 산업, 산업활동, 산업분류의 정의 및 산업활동의 범위를 쓰시오. 6점

정답

1. 산업
   유사한 성질을 갖는 산업활동에 주로 종사하는 생산단위의 집합을 말한다.

2. 산업활동
   각 생산단위가 노동·자본·원료 등 자원을 투입하여 재화 또는 서비스를 생산 또는 제공하는 일련의 활동과정을 말한다.

3. 산업분류
   생산단위가 주로 수행하고 있는 산업활동을 그 유사성에 따라 유형화한 것으로, 산출물(생산된 재화 또는 제공된 서비스)의 특성, 투입물의 특성 및 생산활동의 일반적인 결합형태를 기준으로 분류한다.

4. 산업활동의 범위
   산업활동에는 영리적·비영리적 활동이 모두 포함되나, 가정 내의 가사활동은 제외된다.

 꿀팁 산업분류의 정의를 제외한 나머지 세 가지는 여러 번 출제된 내용입니다.
KEY 산업, 산업활동, 산업분류의 정의 및 산업활동의 범위

18 노동수요 $L_D = 5{,}000 - 2W$이고, 1시간당 임금이 $W = 2{,}000$원일 때 노동수요의 임금탄력성의 절댓값과 근로자의 수입이 얼마인지 계산하시오. 7점

정답

1. 노동수요의 임금탄력성

   노동수요의 임금탄력성은 임금의 변화에 대한 노동수요량의 변화 정도를 나타내는 개념으로 다음의 식에 의해 구해진다.

   노동수요의 임금탄력성 $= - \dfrac{\text{노동수요량의 변화율(\%)}}{\text{임금의 변화율(\%)}}$

   $= - \dfrac{\dfrac{\text{노동수요량의 변동분}(\Delta L_D)}{\text{원래의 노동수요량}(L_D)}}{\dfrac{\text{임금의 변동분}(\Delta W)}{\text{원래의 임금}(W)}}$

   노동수요함수가 수식으로 주어진 경우,

   노동수요의 임금탄력성 $= - \dfrac{dL_D}{dW} \times \dfrac{W}{L_D} = -(-2) \times \dfrac{2{,}000원}{1{,}000원} = 4$이다.

   즉, 노동수요를 임금에 대해 미분한 값에 $\dfrac{W}{L_D}$를 곱한 값이다.

   구하고자 하는 값은 노동수요의 임금탄력성의 절댓값이므로 |4| = 4이다.

2. 근로자의 수입

   근로자의 수입 = 노동공급량 × 시간당 임금이다.

   시간당 임금 2,000원은 균형임금이므로 이 임금수준에서 '노동수요량 = 노동공급량'이다.

   따라서 시간당 임금이 2,000원인 경우,

   노동공급량 = 노동수요량(L_D) = 5,000 − 2 × 2,000 = 1,000시간이다.

   따라서 근로자의 수입 = 1,000시간 × 2,000원 = 200만 원이다.

KEY 노동수요의 임금탄력성과 근로자의 수입

2022년 3회

공부한 날: ____월 ____일   문제풀이 시간: 2시간 30분(150분)

빈출

2024년 3회, 2021년 1·3회, 2020년 2회, 2017년 1·2회, 2015년 2·3회, 2014년 1회, 2013년 3회, 2012년 2회, 2010년 3회, 2004년 1회

01 부처(Butcher)의 집단직업상담의 3단계 모델을 쓰고 설명하시오. 6점

정답
1. 탐색단계
   자기개방, 흥미와 적성에 대한 탐색, 측정결과에 대한 피드백(feedback), 불일치에 대한 해결 등이 이루어진다.

2. 전환단계
   자신의 지식과 직업세계와의 연결, 일과 삶의 가치에 대한 조사, 자신의 가치에 대한 피드백, 가치와 피드백 간의 불일치 해결 등이 이루어진다.

3. 행동단계
   목표설정과 행동계획의 개발, 목표달성을 촉진시키기 위한 자원의 탐색, 정보의 수집과 공유, 즉각적·장기적 의사결정을 위한 구체적인 행동의 실천이 이루어진다.

꿀팁 출제빈도가 높은 문제입니다. 반드시 숙지하세요.
KEY 부처(Butcher)의 집단직업상담 3단계 모델

2020년 1회, 2018년 2회, 2016년 1회, 2013년 3회

02 아들러(Adler)의 개인주의 상담과정의 목표를 5가지 쓰시오. 5점

정답
1. 내담자가 사회적 관심을 갖도록 돕는다.
2. 패배감을 극복하고 열등감을 감소시킬 수 있도록 돕는다.
3. 내담자의 잘못된 가치와 목표를 수정하도록 돕는다.
4. 내담자의 동기수정에 초점을 두고 잘못된 동기를 바꾸도록 돕는다.
5. 사회 구성원으로서 사회에 기여하도록 돕는다.

KEY 아들러(Adler)의 개인주의 상담과정의 목표

2024년 2회, 2023년 1·3회, 2021년 3회

03 한국직업사전의 부가직업정보 중 직무기능에는 자료, 사람, 사물이 있는데 그 중에서 사물의 세부사항 5개를 쓰시오. 5점

정답
1. 설치
2. 정밀작업
3. 제어조작
4. 조작운전
5. 수동조작
6. 유지
7. 투입-인출
8. 단순작업

꿀팁 사물과 관련된 기능 8가지 중 5가지를 작성하시면 됩니다. 직무기능 중 나머지 자료(data), 사람(people)에 대한 기능도 정리해 두셔야 합니다.

KEY 한국직업사전 직무기능 중 사물과 관련된 기능

2018년 2회, 2014년 1회, 2012년 3회, 2010년 2·4회

04 진로선택이론 중 사회학습이론에서 크롬볼츠(Krumboltz)가 제시한 진로선택에 영향을 주는 요인 4가지를 쓰시오. 4점

정답
1. 유전적 요인과 특별한 능력
   개인의 진로기회를 제한하는 생득적인 특질로, 인종, 성별, 신체적인 모습 및 특징, 지능, 재능 등이 여기에 해당한다.

2. 환경적 조건과 사건
   환경상의 조건이나 특정한 사건, 즉 사회적·정치적·문화적·경제적 상황 등은 기술개발, 활동, 진로선호 등 개인의 진로에 영향을 미친다.

3. 학습경험
   과거에 학습한 경험은 현재 또는 미래의 교육적·직업적 의사결정에 영향을 미친다.

4. 과제접근기술
   개인이 환경을 이해하고 대처하며 미래를 예견하는 능력이나 경향을 의미한다. 문제해결기술, 정보수집능력, 일하는 습관, 감성적 반응, 인지적 과정 등이 여기에 해당한다.

KEY 크롬볼츠(Krumboltz)가 제시한 진로선택에 영향을 주는 요인

2024년 3회, 2022년 2회, 2018년 1·3회, 2012년 3회, 2011년 1회

05 심리검사에서 준거타당도 계수의 크기에 영향을 미치는 요인을 3가지만 쓰고, 각각에 대해 설명하시오. 6점

정답

1. 표집오차
   모집단 조사를 위한 표본의 표집과정에서 초래되는 데이터 수집의 오차이다.

2. 범위제한
   준거타당도 계산을 위해 얻은 자료들이 검사점수와 준거점수의 전체 범위를 포괄하지 않고 일부 범위만을 포괄하는 경우 상관계수가 실제 상관계수보다 낮게 나타난다.

3. 준거측정치의 타당도
   준거측정도구의 준거측정치(실제준거)가 해당 개념준거를 얼마나 잘 반영하는가 하는 준거측정치의 타당도가 검사의 준거타당도에 영향을 미친다.

4. 준거측정치의 신뢰도
   준거측정치의 신뢰도가 낮으면 검사의 준거타당도도 낮아지게 된다. 따라서 어떤 검사의 준거타당도 계산을 위해 사용하는 준거측정치의 신뢰도가 그 검사의 타당도계수에 영향을 미친다.

꿀팁 제시된 답안 중 3가지만 적으면 됩니다.
KEY 준거타당도 계수의 크기에 영향을 미치는 요인

2024년 1회, 2020년 2회, 2018년 3회, 2016년 3회, 2015년 2·3회, 2011년 3회, 2010년 1회

06 규준 제작 시 사용되는 확률표집방법 3가지를 쓰고, 각각에 대해 설명하시오. 6점

정답

1. 단순무선표집
   구성원들에게 일련번호를 부여하고, 이 번호들 중에서 무작위로 필요한 만큼 표집한다.

2. 층화표집
   모집단이 서로 다른 하위집단으로 구성되어 있는 경우, 각 집단에서 필요한 만큼의 단순무작위표집을 사용해 표본을 추출한다.

3. 집락표집(군집표집)
   모집단을 서로 동질적인 집단으로 구분하여 해당되는 집단 자체를 표본으로 추출한다.

KEY 규준 제작 시 확률표집방법

2022년 3회

 2024년 1회, 2021년 2회, 2019년 2·3회, 2017년 1회, 2014년 3회, 2009년 3회, 2006년 3회, 2002년 1회, 2001년 3회, 2000년 3회

07 객관적 형태의 자기보고형 검사의 장점 5가지를 쓰시오. [5점]

1. 검사의 실시, 채점, 해석이 간편하다.
2. 검사의 신뢰도와 타당도가 검증되어 있다.
3. 검사자나 상황변인이 검사반응에 영향을 미치지 않아 객관성이 보장된다.
4. 검사시행 시간이 짧다.
5. 비용 측면에서 경제적이다.

꿀팁 출제 빈도가 높은 문제입니다. 반드시 숙지하시길 바랍니다.
KEY 객관적 검사(선다형의 자기보고식 검사)의 장점

객관적 검사(선다형의 자기보고식 검사)의 단점
- 내담자가 사회적 바람직성이라는 차원에서 검사문항들에 대한 방어를 할 수 있다.
- 개인이 응답하는 방식에 부정적 또는 긍정적 응답과 같은 일정한 흐름이 있을 수 있는데, 이러한 반응의 경향성이나 묵종의 경향성에 따라 반응이 오염될 수 있다.
- 문항의 응답이 제한적이어서 수검자의 감정, 신념 등 무의식적 요인을 밝히는 데는 한계가 있다.

2019년 1회, 2014년 2회, 2011년 3회, 2008년 3회, 2005년 3회

08 Crites의 포괄적 직업상담의 상담과정을 단계별로 설명하시오. [6점]

1단계 – 진단단계
상담자는 내담자의 진로문제를 파악하기 위해 관련 자료를 모은다.

2단계 – 명료화 또는 해석의 단계
내담자와 상담자가 협력을 통해 의사결정과정을 방해하는 태도와 행동을 확인하며 함께 대안을 탐색한다.

3단계 – 문제해결의 단계
내담자가 자신의 문제를 확인하고 적극적으로 참여하여 문제해결을 위해 앞으로 어떤 행동을 취해야 하는가를 결정한다.

KEY 크릿츠(Crites)의 포괄적 직업상담의 상담과정

2020년 3회, 2017년 3회, 2015년 2·3회, 2013년 3회, 2009년 2회, 2005년 3회, 2002년 3회

09 발달적 직업상담에서 활용되는 진로성숙도검사(CMI)의 태도척도와 능력척도를 각각 3가지씩 쓰시오. 6점

정답

1. 태도척도(상담척도)의 하위영역
   ① **진로 결정성**: 선호하는 진로의 방향에 대한 확신의 정도
   ② **참여도**: 진로선택 과정에 능동적으로 참여하는 정도
   ③ **독립성**: 진로선택을 독립적으로 할 수 있는 정도
   ④ **성향**: 진로결정에 필요한 사전 이해와 준비의 정도
   ⑤ **타협성**: 진로선택 시에 욕구와 현실에 타협하는 정도

2. 능력척도의 하위영역
   ① **자기평가**: 자신의 흥미, 성격 등을 명확히 이해하는 능력
   ② **직업정보**: 자신의 관심분야의 직업세계에 대한 정보의 획득 및 분석 능력
   ③ **목표선정**: 자신의 정보와 직업세계의 연결을 통한 직업목표 선정 능력
   ④ **계획**: 자신의 직업적 목표를 달성하기 위한 실제적 계획 능력
   ⑤ **문제해결**: 진로선택이나 의사결정 과정에서 부딪치는 다양한 문제들을 해결하는 능력

꿀팁 제시된 답안 중 3가지씩만 적으면 됩니다.
KEY 진로성숙도검사(CMI)

2024년 2회, 2021년 1회, 2020년 4회, 2019년 1회, 2017년 3회, 2016년 3회, 2012년 3회, 2001년 3회

10 직무분석방법 중 최초분석법에 해당하는 방법을 4가지만 쓰고 각각에 대해 설명하시오. 4점

정답

1. 관찰법
   직무분석자가 직무를 수행하는 사람들을 현장에서 직접 관찰함으로써 직무활동과 내용을 파악하는 방법이다.

2. 면접법
   직무분석자가 직무담당자와의 면접을 통하여 직무를 분석하는 방법이다.

3. 체험법
   직무분석자가 직접 직무활동에 참여하여 체험함으로써 직무분석 자료를 얻는 방법이다.

4. 설문지법(질문지법)
   직무담당자에게 설문지를 배부하여 직무 내용을 기술하도록 하여 정보를 얻는 방법이다.

5. 중요사건기록법(결정적 사건법)
   종업원이 직무를 매우 성공적으로 수행한 경우 혹은 실패한 경우에 대한 자료를 수집한 후 그 사건들의 구체적인 행동을 알아내고, 이 행동으로부터 지식, 기술, 능력을 수집하는 방법이다.

꿀팁 제시된 답안 중 4가지만 적으면 됩니다.
KEY 최초분석법의 종류

2023년 1회, 2022년 1회, 2021년 3회, 2020년 3·4회, 2019년 2회, 2016년 2회, 2012년 2회, 2011년 1·3회, 2010년 3회, 2009년 2·3회, 2008년 3회, 2005년 1회, 2001년 1회, 2000년 1회

11 한국표준직업분류 중 포괄적인 업무에 대한 분류원칙과 다수직업 종사자의 분류원칙을 3가지씩 쓰시오. 6점

정답

1. 포괄적인 업무에 대한 직업분류원칙
   ① 주된 직무 우선 원칙
   ② 최상급 직능수준 우선 원칙
   ③ 생산업무 우선 원칙

2. 다수직업 종사자의 직업분류원칙
   ① 취업시간 우선의 원칙
   ② 수입 우선의 원칙
   ③ 조사 시 최근의 직업 원칙

꿀팁 각각의 원칙을 "예를 들어 설명하라"는 문제가 여러 번 출제되었습니다. 각각의 원칙을 설명할 수 있게 정리해 두셔야 합니다.
KEY 한국표준직업분류 중 포괄적인 업무에 대한 분류원칙과 다수직업 종사자의 분류원칙

2023년 2회, 2018년 1회, 2016년 2회, 2015년 2회, 2010년 3회, 2009년 3회, 2008년 3회

12 내부 노동시장의 형성요인과 장점을 각각 3가지씩 쓰시오. 6점

정답
1. 내부 노동시장의 형성요인
   ① **숙련의 특수성**: 그 기업의 내부 노동력단이 유일하게 소유하는 숙련을 말한다.
   ② **현장훈련**: 실제 직무수행에 이용되는 기술 및 숙련의 대부분은 현장훈련을 통해 얻어진다
   ③ **관습**: 작업장에서의 관습을 선례로 내려온 문서화되지 않은 규정의 체계를 말한다.

2. 내부 노동시장의 장점
   ① 고용의 안정성과 승진기회를 보장하여 기업에 대한 소속감이 향상된다.
   ② 임금 및 근로조건이 향상되므로 생산성을 향상시킨다.
   ③ 합리적인 인적자원의 확보 및 유지에 우리하다.

KEY 내부노동시장의 형성요인과 장점

2020년 2회, 2016년 2회, 2015년 2회, 2010년 3회

13 직업적응이론에서 개인이 환경과 상호 작용하는 특성을 나타내는 4가지 성격유형요소를 제시하고 설명하시오. 8점

정답
1. 민첩성
   과제를 얼마나 빠르게 완성하느냐에 대한 측면으로, 정확성보다는 속도를 중시한다.

2. 역량
   근로자들의 평균 활동수준을 의미한다.

3. 리듬
   활동에 대한 다양성을 의미한다.

4. 지구력
   다양한 활동수준의 기간을 의미한다.

KEY 직업적응이론에서 성격유형요소

2024년 1회, 2013년 1회

14. 직업적응이론(TWA)에서 중요하게 다루는 직업가치 5가지를 쓰시오. [5점]

정답

1. 성취(Achievement)
   자신의 능력을 발휘하고 성취감을 얻는 일을 하려는 욕구이다.

2. 지위(Status)
   타인에 의해 자신이 어떻게 지각되는지와 사회적 명성에 대한 욕구이다.

3. 편안함(Comfort)
   직무에 대해 스트레스를 받지 않고, 편안한 직업 환경을 바라는 욕구이다.

4. 이타심(Altruism)
   타인을 돕고 그들과 함께 일하고자 하는 욕구이다.

5. 자율성(Autonomy)
   자신의 의사대로 일할 기회를 가지고 자유롭게 생각하고 결정하고자 하는 욕구이다.

6. 안정성(Safety)
   불규칙적이거나 혼란스러운 조건이나 환경을 피하고 정돈되고 예측 가능한 환경에서 일하고자 하는 욕구이다.

꿀팁 제시된 답안 중 5가지만 쓰시면 됩니다.
KEY 직업적응이론(TWA)의 직업가치

2023년 2회, 2021년 2회

15. 한국표준산업분류에서 산업분류의 결정방법 중 생산단위 활동 형태는 주된 산업활동, 부차적 산업활동, 보조적 활동으로 구분할 수 있는데 이 3가지를 각각 설명하시오. [6점]

정답

1. 주된 산업활동
   산업활동이 복합 형태로 이루어질 경우 생산된 재화 또는 제공된 서비스 중에서 부가가치(액)가 가장 큰 활동을 말한다.

2. 부차적 산업활동
   주된 산업활동 이외의 재화 생산 및 서비스 제공 활동을 말한다.

3. 보조적 활동
   주된 산업활동과 부차적 산업활동을 지원하는 활동이다. 보조적 활동에는 회계, 창고, 운송, 구매, 판매 촉진, 수리 서비스 등이 포함된다. 보조적 활동은 모 생산단위에서 사용되는 비내구재 또는 서비스를 제공하는 활동으로서 생산활동을 지원해 주기 위하여 존재한다.

KEY 한국표준산업분류의 생산단위 활동 형태의 구분

2019년 3회, 2013년 1회

16 산업별 임금격차를 발생하게 하는 원인 4가지를 쓰시오. 4점

정답
1. 노동생산성의 차이
2. 노동조합의 존재 여부
3. 산업별 집중도(독과점도)의 차이
4. 산업별 노동수요 구성의 차이

꿀팁 "3가지를 쓰고 설명하라"는 문제도 출제되었으므로 설명까지 정리해 두셔야 합니다
KEY 산업별 임금격차의 발생 원인

2019년 2회, 2013년 2회, 2010년 3회, 2001년 3회

17 측정의 신뢰성을 높이기 위해선 측정오차를 최소로 줄여야 한다. 측정오차를 줄이기 위한 구체적인 방법 6가지를 쓰시오. 6점

정답
1. 표준화된 검사를 사용한다.
2. 신뢰도에 나쁜 영향을 주는 문항을 제거한다.
3. 검사문항 수와 반응 수를 늘린다.
4. 균일한 검사조건을 유지하여 오차변량을 줄인다.
5. 검사실시와 채점 과정을 표준화한다.
6. 측정자 태도와 측정방식의 일관성을 유지한다.
7. 표본추출방법을 적절히 선택한다.

꿀팁 제시된 답안 중 6가지만 적으면 됩니다.
KEY 측정오차를 줄이기 위한 방법

2017년 2회, 2010년 4회

18 인터넷을 이용한 사이버 상담의 필요성을 6가지 쓰시오. 6점

정답
1. 인터넷의 보급과 활용으로 경제성 및 효율성이 높다.
2. 내담자의 익명성이 보장되어 솔직한 표현이 가능하다.
3. 상담사를 직접 대면하지 않으므로 심리적 부담감이 적다.
4. 가명을 이용하여 상담사례를 소개하고 대처방안을 제시할 수 있다.
5. 문제해결을 위한 자료탐색이 용이하다.
6. 내담자 주도에 의한 자기성찰 능력을 향상시킬 수 있다.

KEY 사이버 상담의 필요성

2021

2차 직업상담실무

1회 ———————————— 114

2회 ———————————— 125

3회 ———————————— 136

2021년 1회

빈출 01

2023년 2회, 2019년 2회, 2018년 3회, 2015년 3회, 2014년 1·3회, 2013년 3회, 2011년 1회, 2010년 2회, 2009년 2회, 2006년 1회

보딘(Bordin)은 정신역동적 직업상담을 체계화하면서 직업문제의 진단에 관한 새로운 관점을 제시하였다. 그가 제시한 직업문제의 심리적 원인 3가지를 쓰고 설명하시오. 6점

정답

1. 내적 갈등(자아갈등)
   자아개념과 다른 심리적 기능 간의 갈등으로 직업결정에 어려움을 가지는 경우이다.

2. 정보의 부족
   개인이 진로 관련 정보를 받지 못하여 직업선택과 진로문제 해결에 어려움을 가지게 되는 경우이다.

3. 의존성
   개인이 진로문제를 책임지는 것이 어렵다고 느끼며, 스스로 해결하지 못하고 주변이나 타인에 의존하는 경우이다.

4. 확신의 결여(문제는 없지만 확신이 부족함)
   잠정적인 진로 및 직업선택과 미래 진로에 대한 확신이 부족한 상황으로, 내담자가 진로에 관한 선택을 내린 이후에도 단지 그것을 확인하기 위해서 상담자를 찾는 경우이다.

5. 진로선택의 불안
   자신이 원하는 일과 중요한 타인의 요구가 다를 때 개인이 진로선택의 불안을 느끼게 되는 경우이다.

꿀팁 출제빈도가 높은 문제입니다. 반드시 숙지하세요. 제시된 답안 중 3가지만 적으면 됩니다.
KEY 보딘(Bordin)의 직업문제의 심리적 원인

02

2022년 2회, 2021년 2·3회, 2020년 2·3회, 2018년 1·3회, 2016년 2·3회, 2015년 1회, 2004년 2회

김 씨는 정리해고로 인해 자신이 무가치한 존재라 여기고 자살을 시도하려고 한다. 엘리스 상담이론의 ABCDEF기법을 사용하여 설명하시오. 6점

정답

1. A(선행사건)
   개인의 감정적·정서적 혼란을 가져오는 구체적인 사건으로서, 김 씨의 정리해고를 말한다.

2. B(신념체계)
   정리해고를 당한 스스로를 무가치한 존재라고 생각하게 되는 비합리적인 신념이다.

3. C(결과)
   김 씨는 비합리적인 신념에 따른 정서적·행동적 결과로 우울증, 자살 충동 등을 경험한다.

4. D(논박)
   비합리적 신념의 결과를 논리적인 원리를 제시하여 논박하는 것으로, '정리해고가 곧 자신의 무능함을 의미하는 것은 아니다.'라고 논박하여 내담자의 비합리적 신념의 변화를 시도한다.

5. E(효과)
   김 씨의 비합리적 사고가 합리적 사고로 대치됨으로써, 자괴감이나 무가치감에서 벗어나 자신을 재평가하게 된다.

6. F(느낌)
   합리적 사고는 김 씨에게 긍정적인 감정을 갖게 함으로써, 자신에 대한 수용적 태도와 긍정적인 감정을 습득하고 새로운 직장에 도전하도록 한다.

꿀팁 엘리스의 ABCDEF기법은 사례형으로 자주 출제되는 문제입니다. 실직, 직업적응 상황 등과 연관하여 충분히 기술해 보시기 바랍니다.
KEY 엘리스(Ellis)의 ABCDEF기법(모델)

03

2024년 2회, 2017년 3회, 2016년 2회, 2015년 1회, 2013년 2회, 2010년 3회, 2008년 1회, 2004년 3회

체계적 둔감법의 의미와 단계를 쓰고 설명하시오. 6점

정답

1. 의미
   불안과 공포증이 있는 환자에게 불안 조건을 점차로 노출하여 둔감화시키는 치료법이다.

2. 단계
   ① 근육이완훈련: 근육을 이완시켜 긴장 상태에서 벗어날 수 있도록 훈련한다.
   ② 불안위계목록 작성: 불안의 정도가 낮은 자극부터 높은 자극까지 불안위계목록을 작성한다.
   ③ 둔감화: 환자에게 점차로 위계목록 상위를 노출시켜 불안이 완전히 소거될 때까지 훈련한다.

KEY 체계적 둔감법

2016년 1회

04 인지적 명확성의 부족을 나타내는 내담자 유형을 5가지 쓰시오. 5점

정답
1. 가정된 불가능·불가피성
2. 단순 오정보
3. 복잡한 오정보
4. 강박적 사고
5. 원인과 결과의 착오

KEY 인지적 명확성의 부족을 나타내는 내담자 유형

+ 더 나아가기

인지적 명확성이 부족한 내담자 유형에 따른 개입 방법
- 가정된 불가능·불가피성 → 논리적 분석 및 격려
- 단순 오정보 → 정확한 정보 제공
- 복잡한 오정보 → 논리적 분석
- 강박적 사고 → REBT 기법
- 원인과 결과의 착오 → 논리적 분석
- 파행적 의사소통 → 저항에 초점 맞추기
- 구체성의 결여 → 구체화시키기

빈출 2024년 3회, 2022년 3회, 2021년 3회, 2020년 2회, 2017년 1·2회, 2015년 2·3회, 2014년 1회, 2013년 3회, 2012년 2회, 2010년 3회, 2004년 1회

05 부처(Butcher)의 집단직업상담의 3단계 모델을 쓰고 설명하시오. 6점

정답
1. 탐색단계
   자기개방, 흥미와 적성에 대한 탐색, 측정결과에 대한 피드백(feedback), 불일치에 대한 해결 등이 이루어진다.

2. 전환단계
   자신의 지식과 직업세계와의 연결, 일과 삶의 가치에 대한 조사, 자신의 가치에 대한 피드백, 가치와 피드백 간의 불일치 해결 등이 이루어진다.

3. 행동단계
   목표설정과 행동계획의 개발, 목표달성을 촉진시키기 위한 자원의 탐색, 정보의 수집과 공유, 즉각적·장기적 의사결정을 위한 구체적인 행동의 실천이 이루어진다.

꿀팁 출제빈도가 높은 문제입니다. 반드시 숙지하시기 바랍니다.
KEY 부처(Butcher)의 집단직업상담 3단계 모델

2015년 1회

06 상담에서는 언어적 행동뿐 아니라 비언어적 행동도 중요하다. 상담에 도움이 되는 언어적 행동과 비언어적 행동을 각각 3가지씩 쓰시오. [6점]

정답

1. 언어적 행동 측면
   ① 내담자가 이해 가능한 언어를 사용한다.
   ② 내담자의 기본적인 신호에 반응을 한다.
   ③ 내담자에게 적절한 호칭을 사용하면서 상담한다.
   ④ 긴장을 줄이기 위해 가끔 유머를 사용한다.
   ⑤ 개방적 질문을 한다.

2. 비언어적 행동 측면
   ① 기울임: 내담자에게 신체적으로 가깝게 기울이며 근접하여 상담한다.
   ② 끄덕임: 내담자의 말을 경청하는 중 가끔 고개를 끄덕인다.
   ③ 미소: 상대를 이해하고 있음을 보여 주며, 상담 중 긴장을 풀어 줄 수 있다.
   ④ 눈 맞춤: 내담자와의 눈 맞춤은 상담자가 내담자의 말에 주목하고 있음을 보여 준다.

꿀팁 제시된 답안 중 각각 3가지씩만 적으면 됩니다.
KEY 직업상담에서 도움이 되는 면담행동

2021년 3회, 2019년 2회, 2018년 3회, 2016년 1·3회, 2011년 2회, 2010년 1회, 2005년 1회

07 검사는 사용목적에 따라 규준참조검사와 준거참조검사로 분류될 수 있다. 규준참조검사와 준거참조검사의 의미를 각각 예를 들어 설명하시오. [6점]

정답

1. 규준참조검사
   개인의 점수를 다른 사람의 점수와 비교해서 상대적으로 어떤 수준인지를 알아보는 검사로, 대부분의 심리검사가 규준참조검사에 해당한다.

2. 준거참조검사
   검사 점수를 타인과 비교하는 것이 아니라 어떤 기준점수와 비교해서 이용하는 검사로, 대부분의 국가자격시험이 준거참조검사에 해당한다.

꿀팁 심리검사 분류 문제 중 비교적 출제비중이 높은 문제입니다. 반드시 숙지하세요.
KEY 규준참조검사와 준거참조검사

08 심리검사의 신뢰도에 영향을 주는 요인 3가지를 쓰고 설명하시오. 3점

2023년 1회, 2021년 2회, 2017년 1·3회, 2014년 3회, 2010년 2회, 2007년 3회

정답

1. 개인차
   신뢰도계수는 개인차가 클수록 커진다.

2. 검사문항의 수
   신뢰도계수는 검사문항의 수가 증가할수록 높아진다. 다만, 정비례하여 커지는 것은 아니다.

3. 문항반응 수
   신뢰도계수는 문항반응 수가 적정한 크기를 유지할 때 커진다.

KEY 심리검사의 신뢰도에 영향을 주는 요인

추가 답안
① 신뢰도 측정방법: 신뢰도계수는 신뢰도 측정방법에 따라서 달라질 수 있다.
② 문항의 난이도: 문항의 난이도가 지나치게 높거나 낮은 경우에는 신뢰도가 낮아진다.

---

09 예언타당도와 동시타당도에 대해 각각의 예를 포함하여 설명하시오. 6점

2023년 1회, 2018년 2회, 2014년 1회, 2013년 2회, 2012년 1회, 2010년 2회, 2008년 3회, 2006년 1회, 2005년 1회

정답

1. 예언타당도
   검사의 점수를 가지고 다른 준거점수들을 얼마나 잘 예측해 낼 수 있는가의 정도로, 검사점수와 미래 행위 측정치 간의 상관계수를 추정하는 것이다. 예를 들어, 적성검사에서 높은 점수를 받은 사람들일수록 입사 후 업무 수행이 우수한 것으로 나타났다면, 이 검사는 예언타당도가 높은 것으로 볼 수 있다.

2. 동시타당도
   이미 널리 타당성을 인정받고 있는 기존의 검사와 새로 만든 검사 간의 상관계수를 추정하는 것이다. 예를 들어, 영어 면접시험의 타당도를 입증하기 위해 동시 실시된 TOEIC 등 공인 영어시험 점수와 비교하는 것이다.

꿀팁 출제빈도가 매우 높은 문제입니다. 반드시 숙지하시기 바랍니다.
KEY 예언타당도와 동시타당도

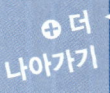
준거타당도
어떤 심리검사가 특정 준거와 어느 정도의 관련성이 있는지를 알아보는 것이다. 이러한 준거타당도는 예언타당도(예측타당도)와 동시타당도(공인타당도)로 구분된다.

2020년 3호, 2018년 2회, 2014년 2회, 2011년 1회

10 스트롱 직업흥미검사의 척도 3가지를 쓰고 설명하시오. 6점

1. 일반직업분류(GOT)
   흥미영역에 대한 포괄적인 정보를 제공하며, 홀랜드의 6가지 유형으로 나뉘어 있다.

2. 기본흥미척도(BIS)
   특정 활동주제에 대한 개인의 흥미평가를 제공하며, 일반직업분류의 하위척도 25개 항목으로 구성되어 6가지 흥미유형에 대한 더욱 구체적인 정보를 얻을 수 있다.

3. 개인특성척도(PSS)
   일상생활과 일의 세계에 대한 광범위한 특성을 측정하는 것으로, 업무유형, 학습, 리더십, 모험심 등의 유형들에 대한 개인의 선호를 측정한다.

KEY 스트롱(Strong) 직업흥미검사의 척도

2023년 1·2·3회, 2022년 1회, 2020년 1·3·4회, 2019년 2호, 2018년 2회, 2016년 1회, 2014년 3회,
2009년 1회, 2008년 1회, 2007년 1회, 2004년 1회

11 홀랜드(Holland)의 흥미에 관한 유형 6가지를 쓰시오. 6점

1. 현실형(R)
   기계, 도구, 동물에 관한 체계적인 조작활동을 좋아하며 현장 일을 선호하나, 사회적 기술이 부족하다.

2. 탐구형(I)
   호기심이 많고 분석적이어서 과학적 탐구활동을 선호하나, 리더십 기술이 부족하다.

3. 예술형(A)
   창의적이며 감성이 풍부하고 개방적이나, 틀에 박힌 일을 싫어하며 규범적인 기술이 부족하다.

4. 사회형(S)
   친절하고 이해심이 많으며 다른 사람을 돕는 것을 즐기나, 과학적이거나 기계적인 활동 능력이 부족하다.

5. 진취형(E)
   외향적이며 지도력이 있고 말을 잘하나, 상징적·체계적·과학적 활동에 대한 능력이 부족하다.

6. 관습형(C)
   자료를 잘 정리하고 순응적이며 책임감이 강한 반면, 변화에 약하고 융통성이 부족하다.

KEY 홀랜드(Holland)의 흥미유형

12 직무분석방법 중 최초분석법에 해당하는 방법을 5가지만 쓰고 각각에 대해 설명하시오.

2024년 2회, 2022년 3회, 2020년 4회, 2019년 1회, 2017년 3회, 2016년 3회, 2012년 3회, 2001년 3회

5점

정답

1. 관찰법
   직무분석자가 직무를 수행하는 사람들을 현장에서 직접 관찰함으로써 직무활동과 내용을 파악하는 방법이다.

2. 면접법
   직무분석자가 직무담당자와의 면접을 통하여 직무를 분석하는 방법이다.

3. 체험법
   직무분석자가 직접 직무활동에 참여하여 체험함으로써 직무분석 자료를 얻는 방법이다.

4. 설문지법(질문지법)
   직무담당자에게 설문지를 배부하여 직무 내용을 기술하도록 하여 정보를 얻는 방법이다.

5. 중요사건기록법(결정적 사건법)
   종업원이 직무를 매우 성공적으로 수행한 경우 혹은 실패한 경우에 대한 자료를 수집한 후 그 사건들의 구체적인 행동을 알아내고, 이 행동으로부터 지식, 기술, 능력을 수집하는 방법이다.

KEY 최초분석법의 종류

+더 나아가기

추가 답안
① 작업일지법: 직무수행자가 매일 작성하는 작업일지를 가지고 해당 직무에 대한 정보를 수집하는 방법이다.
② 녹화법: 비디오테이프로 작업장면을 보면서 분석하는 방법으로, 반복되는 단순 직무이면서 작업환경이 소음, 분진, 진동, 습윤 등으로 인하여 장시간 관찰하기 어려운 경우에 사용된다.

2016년 3회

13 직무 스트레스로 인해 나타나는 직장 내 행동결과를 5가지 쓰시오. 5점

정답

1. 직무수행 능력 저하
   직무수행 능력의 저하로 생산의 질과 양이 감소한다.

2. 직무 불만족 증가
   스트레스로 인해 해당 직무에 대한 불만족이 증가한다.

3. 직무수행자의 부적응 행동 증가
   스트레스를 받는 상황에 대한 인내심이 부족해지며, 공격적이고 신경질적인 행동이 증가한다.

4. 결근과 이직
   자신의 직무에 대한 흥미를 잃고 결근을 하거나 다른 직무 혹은 회사를 알아보며 이직을 할 확률이 높아진다.

5. 산업재해 및 사고 증가
   스트레스로 인해 직무 집중도가 떨어지면서 각종 산업재해나 사고가 일어날 수 있다.

꿀팁 이 문제의 경우 직무 스트레스를 받는 당사자를 떠올리면서 답안을 연상하는 것이 좋습니다. 추가로 조직몰입의 어려움이나 조직에 대한 충성심 하락, 사기저하 등도 좋은 답변이 될 수 있습니다.

KEY 직무 스트레스의 행동결과

14 어느 기업의 근로자 수와 하루 생산량이 다음과 같다. 제품가격은 2,000원, 근로자의 시간당 임금은 10,000원이다. 다음 물음에 답하시오. 6점

2016년 1·2회

근로자 수(명)	시간당 생산량
0	0
1	10
2	18
3	23
4	27
5	30

(1) 근로자 수가 5명일 때 노동의 평균생산량을 구하시오. (계산과정, 답)
(2) 이 기업이 이윤을 극대화하기 위해 고용해야 할 근로자 수와 노동의 한계생산량을 구하시오. (계산과정, 답)

정답

(1) 근로자 수가 5명일 때 노동의 평균생산량

$$\text{노동의 평균생산량} = \frac{\text{시간당 생산량}}{\text{근로자 수}} = \frac{30개}{5명} = 6개\text{이다.}$$

(2) 이 기업이 이윤을 극대화하기 위해 고용해야 할 근로자 수와 노동의 한계생산량

근로자 수(명)	시간당 생산량	시간당 한계생산량	시간당 한계생산가치
0	0		
1	10	10	20,000원
2	18	8	16,000원
3	23	5	10,000원
4	27	4	8,000원
5	30	3	6,000원

1. [표]에서 시간당 한계생산량은 근로자 한 명을 더 고용했을 때 그로 인한 시간당 생산량의 증가분이다. 그리고 '시간당 한계생산가치 = 제품가격 × 시간당 한계생산량'이다.
2. 이윤을 극대화하기 위해 고용해야 할 근로자 수는 '시간당 임금 = 시간당 한계생산가치'에서 결정된다. 근로자 3명을 고용하는 경우 시간당 임금 = 10,000원, 시간당 한계생산가치 = 제품가격 × 시간당 한계생산량 = 2,000원 × 5개 = 10,000원으로 같다.
3. 따라서 이윤을 극대화하기 위해 고용해야 할 근로자 수는 3명, 노동의 한계생산량은 5개이다.

꿀팁 표를 확장하여 계산하고 설명해야 합니다(권장사항). 답안을 작성할 때 식과 단위(개, 명)는 매번 써 주어야 합니다.
KEY 노동의 평균생산량과 한계생산량

2023년 2회, 2018년 3회, 2014년 2회, 2013년 1회, 2012년 회, 2010년 3회, 2007년 1회, 2006년 3회

15 OECD 국가 중 우리나라는 기혼여성의 경제활동참가율이 낮다. 이에 영향을 미치는 요인을 6가지 쓰시오. 6점

정답
1. 성별 임금격차나 혼인에 따른 경력단절로 인한 낮은 실질임금률
2. 배우자나 다른 가구원의 높은 소득
3. 국가의 전체적인 높은 실업률
4. 기혼여성에 대한 취업기회와 취업직종의 제한
5. 육아를 위한 법적 지원이나 육아시설 지원의 미비
6. 기혼여성에 대한 시간제 근무의 편의제공이나 기혼여성의 노동력에 적합한 직종 개발의 미비

KEY 기혼여성의 경제활동참가율을 낮추는 요인

2024년 1회, 2018년 1회, 2013년 2회, 2010년 1회, 2009년 1회, 2007년 3회

16 2020 한국직업사전에 수록된 부가직업정보 중 5가지를 쓰시오. 5점

정답
1. 정규교육
2. 숙련기간
3. 직무기능
4. 작업강도
5. 육체활동

꿀팁 1차 시험에서도 자주 출제되는 내용입니다. 6가지 정도 꼭 외워두시기 바랍니다.
KEY 부가직업정보

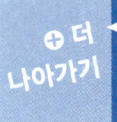
한국직업사전(2020)의 부가직업정보
정규교육, 숙련기간, 직무기능, 작업강도, 육체활동, 작업장소, 작업환경, 유사명칭, 관련직업, 자격 면허, 한국표준산업분류 코드, 한국표준직업분류 코드, 조사연도로 모두 13개 항목이다.

2024년 2회, 2022년 2회, 2020년 1회, 2018년 3회, 2013년 2회, 2010년 2회, 2007년 3회

17 한국표준산업분류 개요 중 산업, 산업활동, 산업분류의 정의를 쓰시오. 6점

정답

1. 산업
   유사한 성질을 갖는 산업활동에 주로 종사하는 생산단위의 집합을 말한다.

2. 산업활동
   ① 각 생산단위가 노동·자본·원료 등 자원을 투입하여 재화 또는 서비스를 생산 또는 제공하는 일련의 활동과정을 의미한다.
   ② 산업활동에는 영리적·비영리적 활동이 모두 포함되나, 가정 내의 가사활동은 제외된다.

3. 산업분류
   ① 생산단위가 주로 수행하고 있는 산업활동을 그 유사성에 따라 유형화한 것이다.
   ② 산출물(생산된 재화 또는 제공된 서비스)의 특성, 투입물의 특성 및 생산활동의 일반적인 결합형태를 기준으로 분류한다.

꿀팁 답안에 각각의 내용에 대한 키워드가 전부 포함되어야 만점입니다.
KEY 산업, 산업활동, 산업분류의 정의

2023년 2회, 2014년 1회

18 한국표준직업분류의 대분류 중 다음에 해당하는 직능수준을 쓰시오. 5점

직업분류	직능수준
관리자	
판매종사자	
단순노무종사자	
전문가 및 관련 종사자	
군인	

정답

직업분류	직능수준
관리자	제4 직능수준 혹은 제3 직능수준 필요
판매종사자	제2 직능수준 필요
단순노무종사자	제1 직능수준 필요
전문가 및 관련 종사자	제4 직능수준 혹은 제3 직능수준 필요
군인	제2 직능수준 이상 필요

KEY 직능수준

2021년 2회

01 규준의 종류 중 백분위점수(percentile score), 표준점수(standard score), 표준등급(stanine scale)의 의미를 각각 설명하시오. 6점

정답

1. 백분위점수
   개인이 표준화된 집단에서 차지하는 상대적 위치를 가리키는 것으로, 개인의 점수에 대해 100개의 동일한 구간에서 순위를 정한다.

2. 표준점수
   원점수를 주어진 집단의 평균을 중심으로 분포의 표준편차(등간척도)로 환산시킨 점수이다.

3. 표준등급
   9등급 또는 스테나인 점수라고 하며, 원점수를 1~9등급까지의 범주로 나누는 것이다.

꿀팁 출제빈도가 매우 높은 문제입니다. 반드시 숙지하세요.
KEY 집단 내 규준의 종류

---

02 심리검사의 신뢰도에 영향을 주는 요인 5가지를 쓰시오. 5점

정답

1. 개인차
2. 검사문항의 수
3. 문항반응 수
4. 신뢰도 측정방법
5. 문항의 난이도

KEY 심리검사의 신뢰도에 영향을 주는 요인

+ 더 나아가기

신뢰도계수
① 신뢰도계수는 개인차가 클수록 커진다.
② 신뢰도계수는 검사문항의 수가 증가할수록 높아진다. 다만, 정비례하여 커지는 것은 아니다.
③ 신뢰도계수는 문항반응 수가 적정한 크기를 유지할 때 커진다.
④ 신뢰도계수는 신뢰도 측정방법에 따라서 달라질 수 있다.
⑤ 문항의 난이도가 지나치게 높거나 낮은 경우에는 신뢰도가 낮아진다.

2018년 2회

03 어떤 사람의 적성을 알아보기 위해 같은 명칭의 A 적성검사와 B 적성검사를 두 번 반복 실시를 했는데 두 검사의 점수가 차이를 보여 이 사람의 정확한 적성을 판단하기 매우 어려운 상황이 발생하였다. 이와 같은 동일명의 유사한 심리검사의 결과가 서로 다르게 나타날 수 있는 원인을 5가지 쓰시오. 5점

 1. 두 검사 시행기간의 차이
2. 시행 절차의 차이
3. 검사 환경의 차이
4. 응답자 속성의 변화
5. 문항의 반응 수 차이
6. 문항 수 차이
7. 문항의 난이도 차이
8. 문항 속성 차이

꿀팁 제시된 답안 중 5가지만 적으면 됩니다.
KEY 유사한 심리검사의 결과가 다른 원인

2024년 1회, 2019년 1회

04 노동부 성격검사는 성격의 5요인 모델(Big five)에 근거하고 있다. 5요인을 쓰시오. 5점

 1. 외향성
2. 호감성
3. 성실성
4. 정서적 불안정성
5. 경험에 대한 개방성

KEY 성격의 5요인 모델(Big five)의 요인

+더 나아가기

5요인 모델(Big five)의 요인별 정의
① 외향성: 타인과의 상호 작용을 원하고 타인의 관심을 끌고자 하는 경향의 정도를 말한다.
② 호감성: 타인과 편안하고 조화로운 관계를 유지하려는 경향의 정도를 말한다.
③ 성실성: 사회적 규칙, 규범, 원칙들을 기꺼이 지키려는 경향의 정도를 말한다.
④ 정서적 불안정성: 정서적으로 얼마나 안정되어 있는지의 정도를 말한다.
⑤ 경험에 대한 개방성: 자기 자신을 둘러싼 세계에 대한 관심, 호기심, 다양한 경험에 대한 추구 및 포용력 정도를 말한다.

2016년 1회, 2012년 1회, 2011년 1회, 2010년 1회, 2007년 1회

05 내담자와 관련된 정보를 수집하고 내담자의 행동을 이해하고 해석하는 데 기본이 되는 상담기법을 6가지만 쓰시오. 6점

정답
1. 가정 사용하기
2. 전이된 오류 정정하기
3. 저항감 재인식하기
4. 근거 없는 믿음 확인하기
5. 의미 있는 질문 던지기
6. 왜곡된 사고 확인하기
7. 반성의 장 마련하기
8. 변명에 초점 맞추기
9. 분류 및 재구성하기

꿀팁 제시된 답안 중 6가지만 적으면 됩니다.
KEY 내담자의 정보 및 행동에 대한 이해

> **더 나아가기**
>
> **내담자의 정보 및 행동에 대한 이해**
> ① 가정 사용하기: 내담자의 행동을 예측하기 위해 내담자에게 그 행동이 존재했다는 것을 가정하고 이야기함으로써 내담자의 방어를 최소화하고 내담자의 행동을 추측하려는 것이다.
> ② 전이된 오류 정정하기: 내담자가 가지고 있는 정보, 한계, 논리적 오류를 정정하는 것이다.
> ③ 저항감 재인식하기: 저항의 목적이 무엇인지 이해하고 재인식시켜 줌으로써 자기인식을 돕는다.
> ④ 근거 없는 믿음 확인하기: 어떤 일이 일어나기 전에 확신은 있지만 그 근거는 제시할 수 없는 내담자들에게는 내담자의 믿음과 노력이 근거가 없는 잘못된 것임을 알게 함으로써 다른 새로운 대안을 찾게 하는 것이다.
> ⑤ 의미 있는 질문 던지기: 대답의 범위를 광범위하게 개방시킬 수 있는 공손한 명령의 의미를 담고 있는 질문을 던져 내담자의 자유롭고 다양한 반응을 유도한다.
> ⑥ 왜곡된 사고 확인하기: 내담자가 가지고 있는 여과하기, 정당화하기, 인과응보의 오류, 변화의 오류, 마음 읽기 등과 같은 왜곡된 사고를 확인한다.
> ⑦ 반성의 장 마련하기: 자신이나 타인 또는 세상 등에 대한 부정적인 판단을 내리는 과정을 알 수 있게 상황을 조성한다.
> ⑧ 변명에 초점 맞추기: 책임을 회피하기, 결과를 다르게 하기, 책임을 변형시키기와 같은 내담자의 변명의 종류를 확인하고 초점을 맞춘다.
> ⑨ 분류 및 재구성하기: 내담자의 표현을 분류 및 재구성함으로써 내담자 자신의 세계를 다른 각도에서 볼 수 있는 기회를 제공한다.

2010년 1회

06 심리검사 제작을 위한 예비문항 작성 시 고려해야 할 5가지를 쓰시오. 5점

정답
1. 문항이 참신해야 한다.
2. 문항이 구조화되어 있어야 한다.
3. 문항의 난이도가 적절해야 한다.
4. 적절한 문항으로 구성되어야 한다.
5. 문항의 변별도가 있어야 한다.

꿀팁 이 문제는 2010년에는 3가지, 2021년에는 5가지 답변을 요구하였습니다. 2014년 2회 9번 문제 '심리검사 제작을 위한 예비문항 제작 시 고려해야 할 사항인 문항의 난이도, 문항의 변별도, 오답의 능률도의 의미를 설명하시오.'라는 문제와 결합하면 총 6가지 답안을 제시할 수 있으니 함께 정리하시기 바랍니다.
KEY 심리검사의 문항

07 인지·정서·행동적(REBT) 상담의 기본개념인 ABCDEF모델의 의미를 쓰고 설명하시오.

2024년 3회, 2022년 2회, 2021년 1·3회, 2020년 2·3회, 2018년 1·3회, 2016년 2·3회, 2015년 1회, 2004년 2회

6점

정답

1. A(선행사건)
   개인의 감정적·정서적 혼란을 가져오는 구체적인 행동 또는 사건이다.

2. B(신념체계)
   선행사건에 의해 경험하게 되는 내담자의 비합리적 신념체계이다.

3. C(결과)
   비합리적인 신념으로 초래되는 인지·정서·행동적 결과로 불안, 초조, 우울, 분노, 죄책감 등이 나타나는 것이다.

4. D(논박)
   비합리적 신념의 결과를 논리적인 원리를 제시하여 논박하는 것이다.

5. E(효과)
   논박의 결과로 내담자의 비합리적 신념의 결과가 해소되며, 합리적 신념으로 전환되는 것이다.

6. F(느낌)
   논박의 효과로 인한 합리적인 신념에서 비롯된 수용적이고 긍정적인 태도이다.

KEY ABCDEF모델의 의미

2017년 1회, 2012년 2회

08 정신분석 상담에서 필수적 개념인 불안의 3가지 유형을 쓰고, 각각에 대해 설명하시오. 6점

정답

1. 현실적 불안
   현실에서 지각하는 실제적 위험에서 느끼는 자아의 불안을 말한다.

2. 신경증적 불안
   자아와 원초아 간의 갈등이며, 본능이 통제되지 않아 생기는 불안을 말한다.

3. 도덕적 불안
   원초아와 초자아 간의 갈등이며, 수치심과 죄의식을 느끼게 되는 불안을 말한다.

KEY 정신분석 상담에서 불안의 유형

2020년 3회, 2016년 2회, 2014년 1회, 2013년 3회, 2010년 2회, 2009년 2회

09 내담자의 흥미를 사정하려고 할 때 사용되는 흥미사정기법을 3가지 쓰고 설명하시오. 6점

정답

1. 직업선호도검사
    홀랜드(Holland)가 제시한 흥미유형 6가지에 대입하여 내담자의 흥미를 사정하는 기법이다.

2. 직업카드분류법
    직업선택의 동기와 가치를 알아보기 위한 것으로 직업카드를 선호군, 혐오군, 미결정·중성군으로 분류하여 흥미를 사정하는 기법이다.

3. 흥미평가기법
    내담자에게 알파벳에 맞추어서 흥밋거리를 종이에 기입하도록 하여 사정하는 기법이다.

4. 작업경험의 분석
    내담자가 경험했던 일과 관련된 작업들을 분석하여 직업적 흥미를 찾아내는 기법이다.

꿀팁 제시된 답안 중 3가지만 적으면 됩니다.
KEY 일반적인 흥미사정기법

2024년 1회, 2014년 2회

10 행동주의 상담의 치료기법 중 적응행동 증진기법 3가지를 설명하시오. 6점

정답
1. 강화
   학습자에게 강화물을 제공하여 특정 행동의 빈도가 높아지도록 하는 행동수정방법이다.

2. 변별학습
   자극의 차이에 따라 서로 다른 반응을 보이도록 유도하는 학습촉진기법이다.

3. 모델링(모방)
   다른 사람의 행동이나 결과를 관찰함으로써 결정행동학습을 촉진시키는 방법이다.

4. 토큰법
   내담자의 바람직한 행동이 일어날 때 원하는 물건과 다양하게 교환할 수 있는 강화물인 토큰이 주어지는 체계적인 강화기법이다.

꿀팁 적응행동 증진기법은 학습촉진기법을 말합니다. 제시된 답안 중 3가지만 적으면 됩니다.
KEY 행동주의 상담의 치료기법 중 적응행동 증진기법

➕ 더 나아가기

불안감소기법
① 홍수법: 특정 공포증을 가진 환자를 강한 공포자극에 단번에 장시간 노출시켜 불안을 치료하는 방법이다.
② 주장훈련: 불안을 역제지하는 방법으로, 대인관계에서 오는 불안에 대해 제지 효과를 갖는다.
③ 체계적 둔감법: 불안과 공포증이 있는 환자에게 불안 조건을 점차적으로 노출시켜 둔감화시키는 치료법이다.
④ 금지조건 형성: 내담자에게 추가적 강화 없이 불안 반응을 일으킬 만한 단서를 지속적으로 제시함으로써, 불안 감정을 점차적으로 소거시키는 기법이다.

빈출
2024년 1회, 2022년 3회, 2019년 2·3회, 2017년 1회, 2014년 3회, 2009년 3회, 2006년 3회, 2002년 1회, 2001년 3회, 2000년 3회

11 투사적 검사와 비교하여 객관적 검사의 장점 3가지를 쓰시오. 6점

정답
1. 검사의 실시, 채점, 해석이 간편하다.
2. 검사의 신뢰도와 타당도가 검증되어 있다.
3. 검사자나 상황변인이 검사반응에 영향을 미치지 않아 객관성이 보장된다.
4. 검사시행 시간이 짧다.
5. 비용 측면에서 경제적이다.

꿀팁 객관적 검사는 자기보고식 검사, 구조적 검사라고도 합니다. 2019년 2회에서는 '선다형이나 객관식 형태의 자기보고식 검사의 장점'으로도 출제된 바 있는데, 이는 같은 문제로 보면 됩니다. 제시된 답안 중 3가지만 적으면 됩니다.
KEY 객관적 검사(선다형의 자기보고식 검사)의 장점

2018년 2회, 2015년 2회, 2012년 2회

12 내담자의 흥미를 사정하는 목적 5가지를 쓰시오. 5점

정답
1. 여가선호와 직업선호를 구별한다.
2. 자기인식을 발전시킨다.
3. 직업·교육상의 불만족 원인을 규명한다.
4. 직업대안을 규명한다.
5. 직업탐색을 유도한다.

꿀팁 흥미사정의 목적 3가지를 질문하는 경우도 있으나 5가지를 질문하는 경우도 있으니 모두 알고 있어야 합니다.
KEY 흥미사정의 목적

2022년 1회, 2018년 2·3회, 2016년 3회, 2015년 2회, 2011년 3회, 2007년 1회, 2004년 3회

13 최저임금제의 긍정적 효과 6가지를 기술하시오. 6점

정답
1. 노동자에 대하여 임금의 최저수준을 보장함으로써 노동자의 최저생활을 보장하고 생활안정을 이룰 수 있다.
2. 노동자들의 생활수준이 향상되어 노동력의 질적 향상이 이루어지고 노동의 생산성을 향상시켜 고임금의 경제(economies of high wage)효과를 얻을 수 있다.
3. 저임금이 해소되므로 산업 간·직종 간의 임금격차가 완화되어 계층별 소득분배 상태가 개선될 수 있다.
4. 저임금으로 인한 노사분규를 사전에 예방하여 노사관계가 개선되고 노동시장에서 산업평화를 유지할 수 있게 된다.
5. 임금의 상승은 소득을 증대시키고, 이로 인해 소비가 증가하여 유효수요(총수요)를 증대시키므로 경기 활성화와 경제성장, 고용증대 효과를 기대할 수 있다.
6. 기업 간에 저임금을 바탕으로 한 불공정 경쟁을 지양하고 적정한 임금을 지급하도록 하여 공정한 경쟁을 촉진하고 기업의 경영합리화를 촉진할 수 있다.

꿀팁 출제빈도가 높은 문제 중 하나입니다. 제시된 답안 중 6가지만 적으면 됩니다.
KEY 최저임금제의 긍정적 효과

14 한국표준산업분류(2017)에서 산업분류의 결정방법 중 생산단위 활동 형태 3가지를 쓰고 의미를 설명하시오. 6점

정답

1. 주된 산업활동
   산업활동이 복합 형태로 이루어질 경우 생산된 재화 또는 제공된 서비스 중에서 부가가치(액)가 가장 큰 활동을 말한다.

2. 부차적 산업활동
   주된 산업활동 이외의 재화 생산 및 서비스 제공 활동을 말한다.

3. 보조적 활동
   주된 산업활동과 부차적 산업활동을 지원하는 활동이다. 보조적 활동에는 회계, 창고, 운송, 구매, 판매 촉진, 수리 서비스 등이 포함된다. 보조적 활동은 모 생산단위에서 사용되는 비내구재 또는 서비스를 제공하는 활동으로서 생산활동을 지원해 주기 위하여 존재한다.

KEY 생산단위 활동 형태

15 한국표준직업분류(2018)에서 직무유사성을 구분하는 기준 4가지를 쓰시오. 4점

정답

1. 해당 직무를 수행하는 사람에게 필요한 지식(knowledge)
2. 경험(experience)
3. 기능(skill)
4. 직무수행자가 입직을 하기 위해서 필요한 요건(skill requirements)

 영어 표기까지 쓰시기 바랍니다. 다 알고 있으므로 감점하지 말라는 신호가 됩니다.
KEY 직무유사성의 기준

2024년 3회, 2020년 1회, 2007년 1회

16 다음 설명의 빈칸을 완성하시오. 5점

- 아주 가벼운 작업: 최고 (   )kg의 물건을 들어올리고, 때때로 장부, 대장, 소도구 등을 들어올리거나 운반한다.
- 보통 작업: 최고 (   )kg의 물건을 들어올리고, (   )kg 정도의 물건을 빈번히 들어올리거나 운반한다.
- 힘든 작업: 최고 (   )kg의 물건을 들어올리고, (   )kg 정도의 물건을 빈번히 들어올리거나 운반한다.

- **아주 가벼운 작업**: 최고 (4)kg의 물건을 들어올리고, 때때로 장부, 대장, 소도구 등을 들어올리거나 운반한다.
- **보통 작업**: 최고 (20)kg의 물건을 들어올리고, (10)kg 정도의 물건을 빈번히 들어올리거나 운반한다.
- **힘든 작업**: 최고 (40)kg의 물건을 들어올리고, (20)kg 정도의 물건을 빈번히 들어올리거나 운반한다.

KEY 작업강도의 구분

기타 작업강도의 구분
- 가벼운 작업: 최고 8kg의 물건을 들어올리고, 4kg 정도의 물건을 빈번히 들어올리거나 운반한다.
- 아주 힘든 작업: 40kg 이상의 물건을 들어올리고, 20kg 이상의 물건을 빈번히 들어올리거나 운반한다.

2024년 2회, 2018년 1회, 2017년 2회, 2013년 3회, 2012년 2회, 2009년 3회, 2007년 3회, 2001년 3회

17 비수요부족 실업에 해당하는 대표적인 실업 3가지를 쓰고 설명하시오. 6점

1. 마찰적 실업
   ① 직업의 탐색과정에서 노동시장에 대한 정보의 부족으로 발생하는 일시적이고 자발적인 실업을 말한다.
   ② 노동시장에 대한 정보를 효율적으로 제공함으로써 어느 정도 줄일 수 있다. 예를 들면 한국고용정보원이 워크넷(work.go.kr)을 구축하여 운영하는 것은 주로 마찰적 실업을 줄이기 위한 것이다.

2. 구조적 실업
   ① 산업구조의 변화에 따른 노동력의 수요와 공급의 구조적 불일치로 인해 발생하는 실업이다. 즉, 산업 간·지역 간 노동의 이동성이 부족하여 발생한다.
   ② 직업소개와 같은 취업알선, 교육 및 재훈련, 노동자의 지역적 이동을 쉽게 하기 위한 이주비 지원, 장래의 노동수요 예측 등을 통해 해결할 수 있다.

3. 계절적 실업
   ① 계절에 따른 노동수요의 감소로 건설업, 농업, 관광업, 음식료업 등 계절의 영향을 많이 받는 산업에서 발생하는 실업이다.
   ② 이러한 실업은 경제가 발전하고 생산방법이 진보되어 계절적인 노동수요의 변동요인이 사라지면 점차 없어진다. 그리고 농가 시설자금 지원, 공공근로사업 등의 정책으로 해결할 수 있다.

KEY 비수요부족 실업

2022년 1회, 2020년 4회, 2019년 3회, 2017년 2회, 2015년 2·3회, 2014년 2회, 2013년 2회, 2011년 3회, 2010년 1·2·3회, 2009년 2회, 2000년 1회

18 다음 자료를 보고 경제활동참가율, 고용률, 실업률을 계산하시오. (단, 소수점 아래 둘째 자리에서 반올림하여 소수점 아래 첫째 자리까지 구하시오.) 6점

- 총인구: 500천 명
- 15세 이상 인구: 400천 명
- 취업자: 200천 명
- 실업자: 20천 명
- 정규직을 희망하는 단시간 근로자: 10천 명

정답

1. 경제활동참가율
   - 경제활동인구 = 취업자 수 + 실업자 수 = 200천 명 + 20천 명 = 220천 명
   - 경제활동참가율(%) = $\dfrac{\text{경제활동인구}}{\text{15세 이상 인구}} \times 100 = \dfrac{220\text{천 명}}{400\text{천 명}} \times 100 = 55\%$

2. 고용률

   고용률(%) = $\dfrac{\text{취업자 수}}{\text{15세 이상 인구}} \times 100 = \dfrac{200\text{천 명}}{400\text{천 명}} \times 100 = 50\%$

3. 실업률

   실업률(%) = $\dfrac{\text{실업자 수}}{\text{경제활동인구}} \times 100 = \dfrac{20\text{천 명}}{220\text{천 명}} \times 100 = 9.1\%$

꿀팁 정규직을 희망하는 단시간 근로자는 취업자로 분류되므로 이미 취업자 200천 명에 포함되어 있습니다. 따라서 경제활동인구는 220천 명입니다.

KEY 경제활동참가율, 고용률 및 실업률 계산

2021년 3회

공부한 날: ____월 ____일   문제풀이 시간: 2시간 30분(150분)

2022년 1회, 2019년 2회, 2017년 1회, 2009년 1회, 2004년 1회

01 정신분석적 상담은 내담자의 자각을 증진시키고 직접적인 방법으로 불안을 통제할 수 없을 때 무의식적으로 방어기제를 사용한다. 방어기제의 종류 5가지만 쓰시오. [5점]

정답

1. 억압
   의식에서 받아들이기 곤란한 욕망, 충동, 생각들을 무의식으로 밀어 넣는 것이다.

2. 부정
   고통스러운 현실을 무의식적으로 인정하지 않으려는 것이다.

3. 투사
   자신의 생각, 감정, 동기 등을 다른 사람의 탓으로 돌리는 것이다.

4. 퇴행
   과거 수준의 미숙한 행동양식으로 되돌아가는 것이다.

5. 승화
   본능적 욕구를 사회적으로 용납되는 형태로 표출하는 것이다.

6. 동일시
   어떤 사람이나 집단과 실제적 또는 상상적으로 동일시하는 것이다.

꿀팁 제시된 답안 중 5가지만 적으면 됩니다.
KEY 정신분석적 상담의 방어기제

+ 더 나아가기

방어기제
- 불안의 위협에서 자신을 보호하기 위해 무의식적으로 사용하는 사고 및 행동수단을 방어기제라고 한다.
- 프로이트(Freud)는 모든 행동이 본능에 의해 동기화되는 것처럼 인간은 기본적으로 불안을 원치 않으며 그것에서 벗어나기를 원한다고 했다. 따라서 인간은 갈등에서 비롯된 불안으로부터 자신을 보호하기 위해 다양한 방어기제를 사용하게 된다.
- 지나친 방어기제의 사용은 바람직하지 못한 결과를 초래하지만 적절하게 사용한다면 오히려 정신건강에 도움이 될 수도 있다.

02 2022년 2회, 2020년 4회, 2018년 1회, 2016년 2회, 2015년 1회, 2014년 3회, 2010년 1회, 2009년 2회

윌리암슨(Williamson)의 특성-요인 직업상담에서 직업의사결정에서 나타나는 여러 가지 문제들에 대한 변별진단 결과를 분류하는 3가지 범주를 쓰고 각각에 대해 설명하시오.

6점

정답

1. 흥미와 적성의 불일치(모순)
   내담자 자신의 흥미와 적성이 일치하지 않는 모순적인 선택을 말한다.

2. 어리석은 선택(현명하지 못한 선택)
   자신의 특성과 관계없는 목표나 특정 직업에 대한 특권이나 갈망으로 직업을 선택하는 경우이다.

3. 불확실한 직업선택(확신 부족)
   직업을 선택하기는 하였으나 자신 및 직업세계에 대한 이해의 부족으로 직업선택에 확신을 갖지 못하는 경우이다.

4. 진로(직업) 무선택
   선호하는 몇 가지 진로가 있지만 어느 것을 선택할지 모르는 경우를 말한다. 내담자는 자신이 무엇을 원하는지 모르며, 진로에 대한 인식이 부족한 상태이다.

꿀팁 출제빈도가 높은 문제입니다. 반드시 숙지하시기 바랍니다.
KEY 윌리암슨(Williamson)의 변별진단

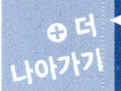

특성-요인 직업상담에서 진단은 변별진단이라고 지칭한다. 변별진단은 일련의 관련 있는 또는 관련 없는 사실들로부터 일관된 의미를 논리적으로 파악하여 문제를 하나씩 해결하는 과정이다.

03 인지·정서·행동적(REBT) 상담의 기본개념인 ABCDEF모델의 의미를 쓰고 설명하시오.

2024년 3회, 2022년 2회, 2021년 1·2회, 2020년 2·3회, 2018년 1·3회, 2016년 2·3회, 2015년 1회, 2004년 2회

6점

정답

1. A(선행사건)
   개인의 감정적·정서적 혼란을 가져오는 구체적인 행동 또는 사건이다.

2. B(신념체계)
   선행사건에 의해 경험하게 되는 내담자의 비합리적 신념체계이다.

3. C(결과)
   비합리적인 신념으로 초래되는 인지·정서·행동적 결과로 불안, 초조, 우울, 분노, 죄책감 등이 나타나는 것이다.

4. D(논박)
   비합리적 신념의 결과를 논리적인 원리를 제시하여 논박하는 것이다.

5. E(효과)
   논박의 결과로 내담자의 비합리적 신념의 결과가 해소되며, 합리적 신념으로 전환되는 것이다.

6. F(느낌)
   논박의 효과로 인한 합리적인 신념에서 비롯된 수용적이고 긍정적인 태도이다.

꿀팁 출제빈도가 높고 다양한 사례형으로도 출제되는 문항이니 반드시 숙지하시기 바랍니다.
KEY ABCDEF모델의 의미

2020년 4회, 2013년 1·3회

04 발달적 직업상담에서 수퍼(super)는 진단이라는 용어 대신에 평가라는 말을 사용했다. 수퍼(super)의 평가 3가지를 설명하시오. 6점

정답
1. 문제의 평가
   내담자가 겪고 있는 문제의 어려움이나 직업상담에 대한 내담자의 기대를 평가한다.

2. 개인의 평가
   심리검사, 사례연구 등을 통해 내담자의 심리적·사회적·신체적 차원에서 개인의 상태에 대한 분석이 이루어진다.

3. 예언의 평가
   문제의 평가와 개인의 평가를 바탕으로 내담자가 직업적·개인적으로 성공하고 만족할 수 있는가에 대한 예언이 이루어진다.

KEY 수퍼(Super)의 발달적 직업상담의 평가(진단)유형

수퍼(Super)는 내담자의 잠재능력에 중점을 둔 3가지의 평가를 강조하였다. 특히 개인의 평가에서는 통계자료 및 사례연구를 통해 내담자의 교육적·직업적 경험에 관한 정보가 산출되고, 다른 사람들과 비교·평가하는 과정을 통해 내담자의 직업선택 및 직업적응을 예언할 수 있다고 보았다. 또한 수퍼는 '진단(diagnosis)'이라는 표현 대신 '평가(appraisal)'라는 말을 사용하였다. 이는 평가라는 개념이 진단이라는 개념보다 포괄적이고 긍정적이기 때문이다.

2019년 2회

05 생애진로사정의 구조 중 진로사정의 3가지 부분을 쓰고 각각에 대해 설명하시오. 6점

정답

1. 일의 경험
   내담자의 일의 경험과 관련하여 좋았던 점과 싫었던 점에 대해 사정한다.

2. 교육 또는 훈련과정
   내담자의 교육 또는 훈련과정과 관련하여 좋았던 점과 싫었던 점에 대해 사정한다.

3. 여가시간(오락)
   내담자의 여가시간과 활동에 대하여 사정한다.

KEY 생애진로사정의 구조 중 진로사정

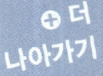

생애진로사정의 구조
① 진로사정: 내담자의 직업경험(시간제·전임, 유·무보수), 교육 또는 훈련과정과 관련된 문제들, 여가활동에 대해 사정한다.
② 전형적인 하루: 내담자가 의존적인지 또는 독립적인지, 자발적(임의적)인지 또는 체계적인지 자신의 성격차원을 파악하도록 돕는다.
③ 강점과 장애: 현재 내담자의 강점 및 직면하고 있는 문제나 환경적 장애, 장애를 극복하기 위해 가지고 있는 대처자원이나 잠재력을 탐구한다.
④ 요약: 내담자 스스로 자신에 대해 알게 된 내용을 요약해 보도록 함으로써 자기인식을 증진시킨다.

2024년 3회, 2022년 3회, 2021년 1회, 2020년 2회, 2017년 1·2회, 2015년 2·3회, 2014년 1회, 2013년 3회, 2012년 2회, 2010년 3회, 2004년 1회

06 부처(Butcher)의 집단직업상담의 3단계 모델을 쓰고 설명하시오. 6점

정답

1. 탐색단계
   자기개방, 흥미와 적성에 대한 탐색, 측정결과에 대한 피드백(feedback), 불일치에 대한 해결 등이 이루어진다.

2. 전환단계
   자신의 지식과 직업세계의 연결, 일과 삶의 가치에 대한 조사, 자신의 가치에 대한 피드백, 가치와 피드백 간의 불일치 해결 등이 이루어진다.

3. 행동단계
   목표설정과 행동계획의 개발, 목표달성을 촉진시키기 위한 자원의 탐색, 정보의 수집과 공유, 즉각적·장기적 의사결정을 위한 구체적인 행동의 실천이 이루어진다.

꿀팁 출제빈도가 높은 문제입니다. 반드시 숙지하시기 바랍니다.
KEY 부처(Butcher)의 집단직업상담 3단계 모델

2021년 1회, 2019년 2회, 2018년 3회, 2016년 1·3회, 2011년 2회, 2010년 1회, 2005년 1회

07 검사는 사용목적에 따라 규준참조검사와 준거참조검사로 분류될 수 있다. 규준참조검사와 준거참조검사의 의미를 각각 예를 들어 설명하시오. 6점

정답

1. 규준참조검사

   개인의 점수를 다른 사람의 점수와 비교해서 상대적으로 어떤 수준인지를 알아보는 검사로, 대부분의 심리검사가 규준참조검사에 해당한다.

2. 준거참조검사

   검사 점수를 타인과 비교하는 것이 아니라 어떤 기준점수와 비교해서 이용하는 검사로, 대부분의 국가자격시험이 준거참조검사에 해당한다.

꿀팁 심리검사 분류 문제 중 비교적 출제비중이 높은 문제입니다. 반드시 숙지하세요.
KEY 규준참조검사와 준거참조검사

2019년 1회

08 심리검사에서 준거장면에 따른 분류 3가지를 쓰고 설명하시오. 6점

1. 모의장면 검사

   실제적인 장면을 인위적으로 만들어 놓고, 그 장면에서 수검자의 수행과 성과를 관찰하고 평가하는 검사이다.

2. 실제장면 검사

   수검자의 실제적 생활상황 또는 작업장면에서 수행하는 행동과 그 결과를 관찰하고 측정하는 검사이다.

3. 경쟁장면 검사

   작업장면과 같은 상황에서 실제 문제 또는 작업을 제시하고, 문제해결을 요구하되, 특히 경쟁적으로 수행하도록 하는 검사이다.

4. 축소상황 검사

   실제적인 장면과 같지만 구체적인 과제나 직무를 매우 축소시켜 제시하고 수검사의 수행 또는 결과를 관찰하고 평가하는 검사이다.

꿀팁 제시된 모범답안 중 3가지만 적으면 됩니다.
KEY 심리검사 시 준거장면에 따른 분류

2023년 2회, 2020년 2회, 2018년 1회, 2013년 1회

09 직업심리검사의 신뢰도를 추정하는 방법 3가지를 쓰고 설명하시오. 6점

정답
1. 동형검사신뢰도
   동일한 수검자에게 첫 번째 실시한 검사와 동일한 유형의 검사를 실시하여 두 검사 점수 간의 일관성을 추정하는 방법이다.

2. 반분신뢰도
   하나의 검사를 두 부분으로 나누어 두 검사 간 동질성과 일치성을 비교하는 방법이다.

3. 검사 - 재검사신뢰도
   동일한 사람에게 동일한 검사를 서로 다른 시기에 두 번 실시하여 반복 측정하는 방법이다.

KEY 신뢰도를 추정하는 방법(종류)

2012년 1회

10 직업상담사는 내담자의 검사결과를 해석하기에 앞서 검사결과를 검토해야 한다.
Tinsley와 Bradley가 언급한 검사결과 검토의 2단계를 쓰고 각각에 대해 설명하시오. 4점

정답
1단계 - 이해
내담자의 점수를 해석하기 전에 우선적으로 규준을 참조하여 검사점수의 의미를 이해한다.

2단계 - 통합
이해를 통해서 얻어진 정보들을 내담자의 다른(개인적, 상황적) 정보들과 통합한다.

KEY 틴슬레이(Tinsley)와 브래들리(Bradley)의 검사결과 검토의 2단계

> **⊕ 더 나아가기**
> **Tinsley & Bradley가 제시한 검사 해석의 4단계**
> ① 해석 준비: 검사결과와 내담자의 개인적 정보들이 어떻게 통합되어 해석되는지를 검토한다.
> ② 내담자 준비시키기: 내담자가 검사결과 해석을 받아들일 수 있도록 준비시킨다.
> ③ 결과 전달하기: 내담자가 이해하기 쉬운 용어를 사용하여 검사결과가 의미하는 바를 전달한다.
> ④ 추후활동: 상담결과에 대한 의견을 나누며 내담자가 그것을 어떻게 이해했는지 확인한다.

11 진로시간전망 검사 중 원형검사에서 시간전망 개입의 3가지 차원을 쓰고 각각에 대해 설명하시오. 6점

2017년 2회, 2014년 1회, 2011년 1회

정답
1. 방향성
   방향성의 목표는 미래지향성을 증진시키기 위한 것으로 미래에 대한 낙관적인 입장을 구성하는 것이다.

2. 변별성
   변별성의 목표는 미래를 현실처럼 느끼게 하고 미래 계획에 대한 긍정적 태도를 강화시키며 목표설정을 신속하게 하는 것이다.

3. 통합성
   통합성의 목표는 현재 행동과 미래의 결과를 연결시키고, 계획한 기법을 실습하여 미래에 대한 인식을 증진시키는 것이다.

KEY 시간전망 개입의 3가지 차원

12 직무평가방법 4가지를 쓰고 설명하시오. 4점

2023년 2회

정답
1. 서열법
   가장 오래되고 간단한 방법으로, 전체적·포괄적인 관점에서 각 직무를 상호 비교하여 순위를 결정하는 방법이다.

2. 분류법
   서열법에서 좀 더 발전된 방식으로, 어떠한 기준에 따라 사전에 만들어 놓은 등급에 각 직무를 적절히 판정하여 맞추어 넣는 평가방법이다.

3. 점수법
   직무를 구성요소로 분해하고 각 요소별로 중요도에 따라 점수를 부여한 후, 점수를 계산하여 각 직무별 가치를 평가하는 방법으로 평가요소를 등급화하는 것이다.

4. 요인비교법
   가장 핵심이 되는 몇 개의 기준직무를 선정하고 각 직무의 평가요소를 기준직무의 평가요소와 결부시켜 비교함으로써 모든 직무의 상대적 가치를 결정하는 방법이다.

KEY 직무평가방법

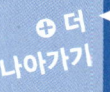

직무평가방법의 구분
① 질적 평가방법: 서열법(ranking method), 분류법(classification method)
② 양적 평가방법: 점수법(point method), 요인비교법(factor comparison method)

2016년 2·3회, 2013년 3회, 2010년 2회

13 홀랜드(Holland)의 육각형 모델과 관련된 해석 차원 중에서 일관성, 변별성, 정체성에 대해 설명하시오. 6점

정답

1. 일관성
   6가지 흥미유형 중 어떤 쌍은 다른 유형의 쌍보다 공통점을 더 많이 가지고 있다.

2. 차별성(변별성)
   특정 유형의 점수가 다른 유형의 점수보다 높은 경우 변별성과 분화도가 높은 것이다.

3. 정체성
   개인에게 있어 정체성이란 목표, 흥미, 재능에 대한 견고한 청사진을 말하고, 환경에 있어 정체성이란 투명성, 안정성, 목표, 일, 보상의 통합이라고 규정된다.

꿀팁 홀랜드 모형의 해석 차원은 주요 개념이라는 말로 출제되기도 합니다. 또한 이 문제는 '5가지를 기술하시오.'라고도 출제될 수 있으니 모두 숙지하시기 바랍니다

KEY 홀랜드(Holland)의 해석 차원

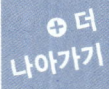

기타 홀랜드(Holland)의 해석 차원
① 일치성: 개인과 환경이 부합되는 정도이며, 유형이 같을 때 일치성이 높아진다.
② 계측성: 유형들 간의 거리는 그것들 사이의 이론적인 관계에 반비례한다.

2023년 1회, 2019년 2·3회, 2016년 2회, 2013년 2회, 2009년 3회, 2007년 3회, 2006년 1회, 2005년 1회

14 노동수요의 탄력성 결정요인 4가지를 쓰시오. 4점

정답

1. 상품에 대한 수요 탄력성
   노동수요는 파생수요이므로 상품에 대한 수요 탄력성이 커지면 노동수요의 탄력성도 커진다.

2. 노동비용이 총생산비에서 차지하는 비중
   총생산비에서 차지하는 노동비용의 비중이 큰 경우 임금상승 시 노동수요량이 크게 감소하므로 노동수요의 탄력성은 커진다.

3. 다른 생산요소와 노동과의 대체 가능성
   노동을 다른 생산요소로 쉽게 대체할 수 있다면 임금상승 시 노동 대신 다른 생산요소로 대체하므로 노동수요가 크게 감소하여 노동수요의 탄력성은 커진다.

4. 노동과 함께 이용되는 다른 생산요소의 공급 탄력성
   다른 생산요소의 공급 탄력성이 커지면 노동을 다른 생산요소로 쉽게 대체할 수 있어 노동수요의 탄력성이 커진다.

KEY 노동수요의 탄력성 결정요인

2020년 2회, 2018년 3회, 2017년 2회

15 A기업은 시간당 임금이 4,000원일 때 20,000시간의 노동을 필요로 한다. 임금이 5,000원으로 인상되면 10,000시간의 노동을 필요로 한다. B기업은 임금이 시간당 6,000원일 때 30,000시간의 노동을 필요로 한다. 임금이 5,000원으로 인하되면 33,000시간의 노동을 필요로 한다. 7점

(1) A기업과 B기업의 노동수요의 임금탄력성을 구하시오.
(2) A, B 각 기업의 노동조합이 임금협상을 시도하려고 할 때 그 타결 가능성이 높은 기업은 어느 기업인가?
(3) 그 이유는 무엇인지 설명하시오.

정답 (1) 노동수요의 임금탄력성

- 노동수요의 임금탄력성 $= -\dfrac{\text{노동수요량의 변화율(\%)}}{\text{임금의 변화율(\%)}} = -\dfrac{\dfrac{\text{노동수요량의 변동분}}{\text{원래의 노동수요량}}}{\dfrac{\text{임금의 변동분}}{\text{원래의 임금}}}$

- A기업의 노동수요 탄력성 $= -\dfrac{\dfrac{-10,000\text{시간}}{20,000\text{시간}}}{\dfrac{1,000\text{원}}{4,000\text{원}}} = -\dfrac{-50\%}{25\%} = 2$

- B기업의 노동수요 탄력성 $= -\dfrac{\dfrac{3,000\text{시간}}{30,000\text{시간}}}{\dfrac{-1,000\text{원}}{6,000\text{원}}} = -\dfrac{10\%}{-16.67\%} = 0.6$

(2) 임금협상 타결 가능성이 높은 기업

임금협상의 타결 가능성이 높은 기업은 B기업이다.

(3) 그 이유

노동조합의 교섭력은 노동수요의 임금탄력성이 비탄력적일수록 커진다. 노동수요의 임금탄력성이 비탄력적이면 임금을 높게 인상해도 고용량 감소가 적어, 실업이 적게 발생하기 때문이다.

꿀팁 계산식, 계산과정, 단위(시간, 원)는 반드시 적어야 합니다.
KEY 노동수요의 임금탄력성과 노동조합의 임금교섭력

16 한국직업사전의 부가직업정보 직무기능은 자료·사람·사물과 연관된 특성을 나타낸다. 자료의 하위직무기능으로 다음 (   ) 안에 들어갈 직무기능은 무엇인지 쓰시오. [6점]

종합 – (   ) – (   ) – (   ) – (   ) – (   ) – (   )

정답 종합 – (조정) – (분석) – (수집) – (계산) – (기록) – (비교)

KEY 한국직업사전의 직무기능 중 자료(data)의 직무기능

17 한국표준직업분류에서 '다수직업 종사자'란 무엇인지 설명하고 이의 직업을 분류하는 일반적인 원칙을 순서대로 나열하시오. [6점]

정답
1. 다수직업 종사자의 의미
   한 사람이 전혀 상관성이 없는 두 가지 이상의 직업에 종사하는 경우를 말한다.

2. 다수직업 종사자의 분류원칙
   ① **취업시간 우선의 원칙**: 가장 먼저 분야별로 취업시간을 고려하여 보다 긴 시간을 투자하는 직업으로 결정한다.
   ② **수입 우선의 원칙**: 위의 경우로 분별하기 어려운 경우는 수입(소득이나 임금)이 많은 직업으로 결정한다.
   ③ **조사 시 최근의 직업 원칙** : 위의 두 가지 경우로 판단할 수 없는 경우에는 조사 시점을 기준으로 최근에 종사한 직업으로 결정한다.

KEY 다수직업 종사자의 의미와 분류원칙

2024년 3회, 2023년 1·3회, 2020년 3·4회, 2016년 2회, 2012년 1회, 2008년 3회

18 한국표준산업분류에서 통계단위의 산업을 결정하는 방법을 2가지만 쓰시오. 4점

정답
1. 생산단위의 산업활동은 그 생산단위가 수행하는 주된 산업활동(판매 또는 제공되는 재화 및 서비스)의 종류에 따라 결정된다.
2. 계절에 따라 정기적으로 산업을 달리하는 사업체의 경우에는 조사 시점에서 경영하는 사업과는 관계없이 조사대상 기간 중 산출액이 많았던 활동에 의하여 분류된다.
3. 휴업 중 또는 자산을 청산 중인 사업체의 산업은 영업 중 또는 청산을 시작하기 전의 산업활동에 의하여 결정하며, 설립 중인 사업체는 개시하는 산업활동에 따라 결정한다.

꿀팁 제시된 답안 중 2가지만 적으면 됩니다.
KEY 통계단위의 산업결정방법

2020

2차 직업상담실무

- **1회** ········ 150
- **2회** ········ 162
- **3회** ········ 173
- **4회** ········ 184

2020년 1회

01 진로상담 과정에서 관계수립을 위한 기본상담기술 5가지를 기술하시오. 5점

정답

1. 공감
   상담자가 자신이 직접 경험하지 않고도 내담자의 감정을 거의 같은 수준으로 이해하는 능력을 말한다.

2. 경청
   내담자가 표현하는 언어적 의미 외에 비언어적인 의미까지 이해하는 능력으로, 언어적·비언어적 반응을 수반한다.

3. 반영
   내담자의 생각과 말을 상담자가 다른 참신한 말로 부연하는 것을 말한다.

4. 직면
   상담자가 내담자가 모르고 있거나 인정하기를 거부하는 생각과 느낌에 대해 주목하도록 하고, 이러한 자신의 문제를 회피하지 않고 도전하도록 하는 것이다.

5. 명료화
   내담자의 말 속에 포함되어 있는 생각과 감정의 불분명한 표현을 상담자가 분명하게 밝히는 것이다.

KEY 관계수립을 위한 기본상담기술

2005년 3회

02 직업상담의 과정 5단계를 쓰시오. 5점

정답

1. 관계형성
   상담 초기 내담자와 상담자 간의 상호존중과 신뢰감의 관계(라포)를 형성한다.

2. 진단 및 측정
   직업문제와 심리검사를 통한 개인적 특성 등을 진단하고 측정한다.

3. 목표설정
   내담자가 바라고 원하는 목표를 설정하고 목표의 우선순위를 정한다.

4. 개입
   내담자의 목표달성을 돕기 위하여 상담자가 중재, 처치, 상담 등의 개입을 한다.

5. 평가
   상담 초기에 설정한 상담목표에 얼마나 도달했는지, 상담자의 개입이 얼마나 효과적이었는지를 평가한다.

KEY 직업상담의 과정 5단계

2022년 3회, 2018년 2회, 2016년 1회, 2013년 3회

03 아들러(Adler)의 개인주의 상담과정의 목표 4가지를 쓰시오. 8점

정답

1. 내담자가 사회적 관심을 갖도록 돕는다.
2. 패배감을 극복하고 열등감을 감소시킬 수 있도록 돕는다.
3. 내담자의 잘못된 가치와 목표를 수정하도록 돕는다.
4. 내담자의 동기수정에 초점을 두고 잘못된 동기를 바꾸도록 돕는다.
5. 사회 구성원으로 사회에 기여하도록 돕는다.

꿀팁 제시된 답안 중 4가지만 적으면 됩니다.
KEY 아들러(Adler)의 개인주의 상담과정의 목표

04 내담자 중심 상담기법에서 상담자의 태도 3가지를 쓰시오. 6점

2016년 1회, 2015년 1·3회, 2009년 3회, 2007년 3회, 2006년 1회

정답

1. 일치성 또는 진실성
   내담자와의 관계에서 상담자의 감정이나 생각을 있는 그대로 인정하고 일치화시키되, 있는 그대로 솔직하게 표현하는 것이다.

2. 무조건적인 수용
   내담자의 말을 비판하거나 평가하지 않고 그대로 수용함으로써 내담자를 존중하는 것이다.

3. 공감적 이해
   상담자가 상담자의 입장을 유지하면서도, 내담자의 감정과 경험을 마치 상담자 자신의 경험인 것처럼 느끼고 이해하는 것이다.

꿀팁 출제빈도가 높은 문제입니다. 반드시 숙지하세요.
KEY 내담자 중심 상담에서 상담자가 갖추어야 할 태도

2024년 3회, 2022년 2회, 2018년 3회, 2014년 2회, 2011년 2·3회

05 Beck의 인지적 상담에서 인지적 오류 3가지를 제시하고 간략히 설명하시오. 6점

정답

1. 흑백논리(이분법적 사고)
   사고의 판단과정을 단순히 이분법화하여 생기는 오류이다.

2. 과잉일반화
   특정 사건의 결과를 관계없는 상황에 적용해 일반화하려는 오류이다.

3. 선택적 추상(정신적 여과)
   부정적인 일부 세부사항(실패 또는 부족한 점)만을 기초로 결론을 내리고 전체를 보려는 것이다.

4. 의미확대 및 축소
   사건의 중요성과 무관하게 특정 의미를 과대 확대 혹은 축소하는 경향이다.

5. 임의적 추론(자의적 추론)
   결론을 지지하는 증거가 없음에도 임의적으로 결론을 내리는 오류이다.

6. 개인화
   자신과 관련 없는 상황임에도 불구하고 자신과 관련시키는 경향이다.

꿀팁 이 문제는 3가지 또는 5가지로 답안을 요구합니다. 따라서 5가지 모두 숙지해 두는 것이 좋습니다. 제시된 답안 중 3가지만 작성하면 됩니다.

KEY 벡(Beck)이 제시한 인지적 오류(왜곡)의 유형

선택적 추상과 의미확대 및 축소의 차이
'선택적 추상'은 긍정적인 부분은 여과하는 것이고, '의미확대 및 축소'는 긍정적인 부분은 축소시키고 부정적인 부분은 확대한다는 점에서 다르다.
- '선택적 추상'의 예시: 발표가 끝난 후 대부분 박수를 쳤으나 한두 사람이 무반응이라면 발표에 실패했다고 생각하는 것
- '의미확대 및 축소'의 예시: 자신에 대한 칭찬은 인사치레라고 생각하고 단점은 매우 중요하게 여기며 걱정하는 것

06 홀랜드(Holland)의 흥미에 관한 유형 6가지를 쓰시오. 6점

2023년 1·2·3회, 2022년 1회, 2021년 1회, 2020년 3·4회, 2019년 2회, 2018년 2회, 2016년 1회, 2014년 3회, 2009년 1회, 2008년 1회, 2007년 1회, 2004년 1회

정답

1. 현실형(R)
   기계, 도구, 동물에 관한 체계적인 조작활동을 좋아하며 현장 일을 선호하나, 사회적 기술이 부족하다.

2. 탐구형(I)
   호기심이 많고 분석적이어서 과학적 탐구활동을 선호하나, 리더십 기술이 부족하다.

3. 예술형(A)
   창의적이며 감성이 풍부하고 개방적이나, 틀에 박힌 일을 싫어하며 규범적인 기술이 부족하다.

4. 사회형(S)
   친절하고 이해심이 많으며 다른 사람을 돕는 것을 즐기나, 과학적이거나 기계적인 활동 능력이 부족하다.

5. 진취형(E)
   외향적이며 지도력이 있고 말을 잘하나, 상징적·체계적·과학적 활동에 대한 능력이 부족하다.

6. 관습형(C)
   자료를 잘 정리하고 순응적이며 책임감이 강한 반면, 변화에 약하고 융통성이 부족하다.

꿀팁 이 문제는 "~쓰시오." 또는 "~쓰고 설명하시오."로 출제됩니다. 이 문제에서는 "~쓰시오."로 출제되었으므로 명칭만 적어도 됩니다만, 만일을 대비하여 설명까지 숙지하시기 바랍니다.

KEY 홀랜드(Holland)의 흥미유형

2024년 3회, 2019년 3회, 2017년 3회, 2011년 2회, 2010년 3회, 2009년 1회

07 직업상담의 구조화된 면담법으로 생애진로사정(LCA)의 구조 4가지에 대해 설명하시오. 8점

정답

1. 진로사정
   내담자의 직업경험(시간제·전임, 유·무보수), 교육 또는 훈련과정과 관심사, 오락(여가활동)에 대해 사정한다.

2. 전형적인 하루
   내담자가 의존적인지 또는 독립적인지, 자발적(임의적)인지 또는 체계적인지 자신의 성격차원을 파악하도록 돕는다.

3. 강점과 장애
   현재 내담자의 강점 및 직면하고 있는 문제나 환경적 장애, 장애를 극복하기 위해 가지고 있는 대처자원이나 잠재력을 탐구한다.

4. 요약
   내담자 스스로 자신에 대해 알게 된 내용을 요약해 보도록 함으로써 자기인식을 증진시킨다.

KEY 생애진로사정(LCA)의 구조

2022년 2회

08 심리검사의 사용목적 3가지를 쓰고 설명하시오. 6점

정답

1. 개인적 기능
   심리검사를 통하여 자기이해를 증진시켜 강점과 단점을 파악하게 하고, 자신이 강점을 지닌 분야로 진로를 결정하도록 도와서 성공 가능성을 높인다.

2. 예측적 기능
   심리검사를 통하여 개인의 특성(성격, 적성, 지능 등)을 파악하여 개인의 수행을 예측하도록 한다. 기업에서는 인사선발과 배치를 하는 데 유용하게 사용될 수 있다.

3. 진단적 기능(분류적 기능)
   진단을 목적으로 심리검사를 사용할 때는 일반적으로 개인의 장단점을 파악할 수 있으며 직업문제를 분류하고 진단할 수 있다. 개인의 특성을 측정하여 내담자의 행동상의 문제 원인을 파악하고 해결하기 위한 도구로 활용할 수 있다.

4. 조사적 기능
   특정 집단의 성향이나 일반적 행동경향을 조사하고 연구를 통해 해당 집단의 특징을 구명하는 목적으로 사용할 수 있다.

꿀팁 제시된 답안 중 3가지만 적으면 됩니다.
KEY 심리검사의 사용목적

09 직업상담을 위한 심리검사 선정 시 고려사항 4가지를 쓰시오. 4점

정답
1. 심리검사의 목적을 분명히 하고 일치성을 확인해야 한다.
2. 내담자의 문제점을 정확히 파악한 후 사용 여부를 결정해야 한다.
3. 신뢰도와 타당도가 높은 표준화된 검사방법을 사용해야 한다.
4. 심리검사 시행 시 간편성, 경제성 등 실용성을 고려해야 한다.
5. 검사 선택에 있어 내담자를 포함해야 한다.
6. 정상집단에서 적합성이 있어야 한다.

꿀팁 제시된 답안 중 4가지만 적으면 됩니다.
KEY 검사 선정 시 고려해야 할 사항

10 부정적인 심리검사 결과가 나온 내담자에게 검사결과를 통보하는 방법에 대해서 설명하시오. 4점

정답
1. 내담자의 방어를 최소화하기 위한 해석을 한다.
2. 내담자가 검사결과에 충격을 받지 않도록 유의한다.
3. 되도록 통계적 숫자나 용어보다는 일상적인 용어로 설명한다.
4. 기계적으로 검사결과를 전달하기보다는 적절한 해석을 담은 설명과 함께 전달한다.
5. 타인에게 부정적인 결과가 알려지지 않도록 검사결과의 비밀보장에 유의한다.

꿀팁 부정적인 검사결과를 통보하는 방법은 4가지를 물어보는 경우가 있으니 이에 유의하여 알아두어야 합니다.
KEY 부정적인 검사결과를 통보하는 방법

11. 타당도의 종류 4가지를 기술하시오. 4점

정답

1. 준거타당도
   어떤 심리검사가 특정 준거와 어느 정도 관련성이 있는지를 알아보는 것이다. 준거타당도의 종류에는 예언타당도와 동시타당도가 있다.

2. 안면타당도
   검사를 받는 사람들에게 타당도를 묻는 것으로, 일반인에게 그 검사가 타당한 것처럼 보이는가를 뜻한다.

3. 내용타당도
   검사의 문항들이 그 검사가 측정하고자 하는 내용 영역을 얼마나 잘 반영하고 있는지를 의미한다.

4. 구성타당도
   측정하고자 하는 추상적 개념인자들이 실제로 측정도구에 의해 제대로 측정되었는지의 정도를 말한다. 구성타당도의 종류에는 수렴타당도, 변별타당도, 요인분석법이 있다.

KEY 타당도의 종류

12. 역량검사와 속도검사에 대해서 설명하시오. 4점

2015년 1회, 2012년 2회

정답

1. 역량검사
   사실상 시간제한이 없고, 어려운 문제들로 구성되며, 숙련도보다는 문제해결력을 측정한다.
   예 수학경시대회문제

2. 속도검사
   시간제한이 있고, 보통 쉬운 문제로 구성하는 것이 일반적이며, 문제해결력보다는 숙련도를 측정한다.
   예 웩슬러 지능검사의 소검사

 역량검사와 속도검사는 시간에 따른 분류입니다.
KEY 역량검사와 속도검사

2024년 2회, 2021년 2회, 2019년 1회, 2018년 3회, 2017년 3회, 2015년 1회, 2014년 3회, 2012년 2·3회, 2010년 4회,
2009년 2·3회, 2008년 1회, 2007년 1회

13 표준화된 심리검사에는 집단 내 규준이 포함되어 있다. 집단 내 규준의 종류 3가지를 적고 설명하시오. 6점

정답

1. 백분위점수
   개인이 표준화된 집단에서 차지하는 상대적 위치를 가리키는 것으로, 개인의 점수에 대해 100개의 동일한 구간에서 순위를 정한다.

2. 표준점수
   원점수를 주어진 집단의 평균을 중심으로 분포의 표준편차(등간척도)로 환산시킨 점수이다.

3. 표준등급
   9등급 또는 스테나인 점수라고 하며, 원점수를 1~9등급까지의 범주로 나누는 것이다.

꿀팁 출제빈도가 매우 높은 문제입니다. 반드시 숙지하세요.
KEY 집단 내 규준의 종류

2024년 1회, 2022년 2회, 2021년 1회, 2018년 3회, 2013년 2회, 2010년 2회, 2007년 3회

14 한국표준산업분류 개요 중 산업, 산업활동의 정의를 기술하시오. 4점

정답

1. 산업
   유사한 성질을 갖는 산업활동에 주로 종사하는 생산단위의 집합을 말한다.

2. 산업활동
   각 생산단위가 노동·자본·원료 등 자원을 투입하여 재화 또는 서비스를 생산 또는 제공하는 일련의 활동 과정을 말한다.

KEY 산업, 산업활동의 정의

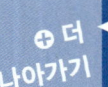
산업활동의 범위
산업활동에는 영리적·비영리적 활동이 모두 포함되나, 가정 내의 가사활동은 제외된다.

15 한국직업사전의 부가직업정보 중 작업강도는 해당 직업의 직무를 수행하는 데 필요한 육체적 힘의 강도를 나타낸 것으로 5단계로 분류하였다. 이 5단계를 쓰시오. (단, 순서는 상관없음) 5점

정답
1. 아주 가벼운 작업
   최고 4kg의 물건을 들어올리고, 때때로 장부, 대장, 소도구 등을 들어올리거나 운반한다.
2. 가벼운 작업
   최고 8kg의 물건을 들어올리고, 4kg 정도의 물건을 빈번히 들어올리거나 운반한다.
3. 보통 작업
   최고 20kg의 물건을 들어올리고, 10kg 정도의 물건을 빈번히 들어올리거나 운반한다.
4. 힘든 작업
   최고 40kg의 물건을 들어올리고, 20kg 정도의 물건을 빈번히 들어올리거나 운반한다.
5. 아주 힘든 작업
   40kg 이상의 물건을 들어올리고, 20kg 이상의 물건을 빈번히 들어올리거나 운반한다.

KEY 작업강도의 구분

16 한국표준직업분류에서 직업으로 보지 않는 활동 6가지를 쓰시오. 6점

정답
1. 자기 집의 가사활동에 전념하는 경우
2. 교육기관에 재학하며 학습에만 전념하는 경우
3. 시민봉사활동 등에 의한 무급 봉사적인 일에 종사하는 경우
4. 사회복지시설 수용자의 시설 내 경제활동
5. 수형자의 활동과 같이 법률에 의한 강제노동을 하는 경우
6. 이자, 주식배당, 임대료(전세금, 월세금) 등과 같은 자산 수입이 있는 경우
7. 연금법, 국민기초생활보장법, 국민연금법 및 고용보험법 등의 사회보장이나 민간보험에 의한 수입이 있는 경우
8. 경마, 경륜, 경정, 복권 등에 의한 배당금이나 주식투자에 의한 시세차익이 있는 경우
9. 예·적금 인출, 보험금 수취, 차용 또는 토지나 금융자산을 매각하여 수입이 있는 경우
10. 도박, 강도, 절도, 사기, 매춘, 밀수와 같은 불법적인 활동

꿀팁 가장 많이 출제된 문제 중 하나입니다. 잘 정리해 두셔야 합니다. 제시된 답안 중 6가지만 적으면 됩니다.
KEY 한국표준직업분류에서 직업으로 보지 않는 활동

17 가상적인 국가의 고용동향(2019년 7월)이 다음과 같다. 다음의 질문에 답하시오. 8점

경제활동인구	비경제활동인구	임금근로자	비임금근로자
350천 명	150천 명	190천 명	140천 명

(1) 이 국가의 실업률을 구하시오.
(2) 이 국가의 경제활동참가율을 구하시오.
(3) 자영업주가 90천 명일 때 무급가족종사자는 최소한 얼마인가?
(4) 경제활동가능인구 중 취업자 비율을 구하시오.

정답

(1) 실업률
- 취업자 수 = 임금근로자 + 비임금근로자 = 190천 명 + 140천 명 = 330천 명
- 실업자 수 = 경제활동인구 - 취업자 수 = 350천 명 - 330천 명 = 20천 명
- 실업률(%) = $\frac{\text{실업자 수}}{\text{경제활동인구}} \times 100 = \frac{20천 명}{350천 명} \times 100 = 5.71\%$

(2) 경제활동참가율
- 15세 이상 인구 = 경제활동인구 + 비경제활동인구 = 350천 명 + 150천 명 = 500천 명
- 경제활동참가율(%) = $\frac{\text{경제활동인구}}{\text{15세 이상 인구}} \times 100 = \frac{350천 명}{500천 명} \times 100 = 70\%$

(3) 자영업주가 90천 명일 때 무급가족종사자 수
- 비임금근로자 = 자영업주 + 무급가족종사자
- 무급가족종사자 = 비임금근로자 - 자영업주 = 140천 명 - 90천 명 = 50천 명

(4) 경제활동가능인구 중 취업자 비율
- 경제활동가능인구(15세 이상의 인구) = 350천 명 + 150천 명 = 500천 명
- 취업자 = 임금근로자 + 비임금근로자 = 190천 명 + 140천 명 = 330천 명
- 취업자의 비율(고용률) = $\frac{\text{취업자 수}}{\text{15세 이상 인구}} \times 100 = \frac{330천 명}{500천 명} \times 100 = 66\%$

꿀팁 실업률, 경제활동참가율 등의 계산문제는 자주 출제됩니다. 계산식과 단위 표시에 유의하여 감점 당하지 않으셔야 합니다.
KEY 실업률, 경제활동참가율, 무급가족종사자 수, 취업자 비율 계산

2022년 2회, 2014년 2회

18 노동수요 $L_D = 5,000 - 2W$이고, 1시간당 임금이 $W = 2,000$원일 때 노동수요의 임금탄력성의 절댓값과 근로자의 수입이 얼마인지 계산하시오. 5점

정답

1. 노동수요의 임금탄력성

    노동수요의 임금탄력성은 임금의 변화에 대한 노동수요량의 변화 정도를 나타내는 개념으로 다음의 식에 의해 구해진다.

    $$\text{노동수요 탄력성} = -\frac{\text{노동수요량의 변화율(\%)}}{\text{임금의 변화율(\%)}} = -\frac{\dfrac{\text{노동수요량의 변동분}(\Delta L_D)}{\text{원래의 노동수요량}(L_D)}}{\dfrac{\text{임금의 변동분}(\Delta W)}{\text{원래의 임금}(W)}}$$

    노동수요함수가 수식으로 주어진 경우

    노동수요의 임금탄력성 $= -\dfrac{dL_D}{dW} \times \dfrac{W}{L_D} = -(-2) \times \dfrac{2,000}{1,000} = 4$이다.

    즉, 노동수요함수를 임금에 대해 미분한 값에 $\dfrac{W}{L_D}$를 곱한 값이다.

2. 근로자의 수입

    근로자의 수입 = 노동공급량 × 시간당 임금이다.

    시간당 임금 2,000원은 균형임금이므로 이 임금수준에서 '노동수요량 = 노동공급량'이다.

    따라서 시간당 임금이 2,000원인 경우,

    노동공급량 = 노동수요량(L_D) = 5,000 − 2 × 2,000 = 1,000시간이다.

    따라서 근로자의 수입 = 1,000시간 × 2,000원 = 200만 원이다.

KEY 노동수요의 임금탄력성과 근로자의 수입

2020년 2회

01 부처(Butcher)의 집단직업상담의 3단계 모델을 쓰고 설명하시오. [6점]

2024년 3회, 2022년 3회, 2021년 1·3회, 2017년 1·2회, 2015년 2·3회, 2014년 1회, 2013년 3회, 2012년 2회, 2010년 3회, 2004년 1회

정답

1. 탐색단계
   자기개방, 흥미와 적성에 대한 탐색, 측정결과에 대한 피드백(feedback), 불일치에 대한 해결 등이 이루어진다.

2. 전환단계
   자신의 지식과 직업세계와의 연결, 일과 삶의 가치에 대한 조사, 자신의 가치에 대한 피드백, 가치와 피드백 간의 불일치 해결 등이 이루어진다.

3. 행동단계
   목표설정과 행동계획의 개발, 목표달성을 촉진시키기 위한 자원의 탐색, 정보의 수집과 공유, 즉각적·장기적 의사결정을 위한 구체적인 행동의 실천이 이루어진다.

꿀팁 출제빈도가 높은 문제입니다. 반드시 숙지하세요.
KEY 부처(Butcher)의 집단직업상담 3단계 모델

2023년 1·2회, 2017년 2회, 2012년 3회, 2010년 2회, 2009년 3회

02 실존주의 상담자들이 내담자의 궁극적 관심사와 관련하여 중요하게 생각하는 주제 3가지를 쓰고 설명하시오. 6점

정답

1. 삶의 의미성
   인간은 삶을 통해 스스로의 존재 의미를 발견해야 한다.

2. 진실성
   개인의 실존을 회복하기 위한 진실성 있는 노력을 해야 한다.

3. 자유와 책임
   인간은 자기결정적인 존재로서 선택할 능력과 책임이 있다.

4. 죽음과 비존재
   삶과 죽음은 분리될 수 없는 연속성을 지니며, 인간은 비존재에 대한 불안감을 가진다.

꿀팁 이 문제는 두 가지 답안이 존재합니다. 제시된 해설 답안은 일반적인 실존주의 상담자들의 견해이고 다른 하나로는 얄롬(Yolom)이라는 학자가 제시한 답안이 있습니다. 제시된 답안 중 3가지만 적으면 됩니다.

KEY 실존주의의 궁극적 관심사

> **더 나아가기**
>
> **얄롬(Yolom)의 실존주의의 궁극적 관심사**
> ① 죽음: 죽음의 불가피성이 삶의 유한성을 더욱 가치 있게 만든다.
> ② 자유: 인간은 자기결정적인 존재로서 선택할 능력과 책임이 있다.
> ③ 소외(고립): 인간은 자신의 실존적 고립에 직면함으로써 타인과 성숙한 관계를 맺을 수 있다.
> ④ 무의미성: 인간은 인생을 살아가면서 끊임없이 삶의 의미를 추구한다.

03 의사교류분석 상담기법에서 주장하는 역동적 자아상태 3가지를 쓰시오. [3점]

정답
1. 부모자아(어버이자아)
2. 어른자아(성인자아)
3. 어린이자아

KEY 의사교류분석 상담기법의 역동적 자아상태

1. **부모자아**(P: Parent ego): 프로이트(Freud)의 초자아에 대응될 수 있는 개념으로 5세 이전에 주로 부모나 그 외 정서적으로 중요한 연장자들의 말이나 행동을 무비판적으로 받아들여 내면화한 것이다. 비판적 어버이자아와 양육적 어버이자아로 구분된다.
2. **어른자아**(A: Adult ego): 프로이트(Freud)의 자아와 같이 합리적인 사고와 현실지향적인 행동을 특징으로 한다.
3. **어린이자아**(C: Child ego): 프로이트(Freud)의 원초아에 대응시킬 수 있는 것으로서 어린 시절에 실제로 느꼈거나 행동했던 것과 똑같은 감정 또는 행동을 나타내는 자아상태를 말한다. 자유 어린이자아, 순응적 어린이자아, 어린이 교수자아로 구분된다.

04 인지·정서·행동적 상담의 기본개념인 ABCDE의 의미를 쓰시오. [5점]

정답
1. A(선행사건)
   개인의 감정적·정서적 혼란을 가져오게 되는 구체적인 행동 또는 사건이다.
2. B(신념체계)
   선행사건에 의해 경험하게 되는 내담자의 비합리적 신념체계이다.
3. C(결과)
   비합리적 신념으로 초래되는 인지·정서·행동적 결과로 불안, 초조, 우울, 분노, 죄책감 등이 나타나는 것이다.
4. D(논박)
   비합리적 신념의 결과를 논리적인 원리를 제시하여 논박하는 것이다.
5. E(효과)
   논박의 결과로 내담자의 비합리적 신념의 결과가 해소되며, 합리적 신념으로 전환되는 것이다.

꿀팁 출제빈도가 높고 사례형으로도 응용되어 출제되는 문항이므로 반드시 숙지하시기 바랍니다.
KEY ABCDE모델의 의미

F(느낌)
논박의 효과로 인한 합리적인 신념에서 비롯된 수용적이고 긍정적인 태도이다.

05 구조조정 당한 실직자 상담에 대해 다음 물음에 답하시오. [4점]

(1) 구조조정 당한 실직자의 심리적 특성 2가지를 기술하시오.
(2) 이 내담자에게 적용할 수 있는 지도방법 2가지를 제시하시오.

정답

(1) 실직자의 심리적 특성
　① 자신의 무능감과 무가치성을 느낄 수 있다.
　② 자신의 실직에 대한 좌절과 우울증에 빠질 수 있다.

(2) 내담자에게 적용할 수 있는 지도방법
　① 논박을 통해서 자신이 무능하다는 비합리적 신념에서 벗어나도록 한다.
　② 실패와 좌절을 극복한 사람들의 사례를 조사하게 하여 자기수용적이고 긍정적 태도를 갖도록 한다.

꿀팁 이 문제는 엘리스(Ellis)의 ABCDEF모형의 응용형 문제입니다. 2018년 1회 3번 문제의 사례를 참고하여 정리하시기 바랍니다.
KEY ABCDEF모형

06 생애진로사정을 통해 얻을 수 있는 정보를 3가지 쓰시오. [6점]

2024년 1회, 2019년 3회, 2018년 1회, 2016년 2회, 2014년 1회, 2011년 2회, 2010년 3회, 2009년 1회

정답
1. 내담자 가치관과 자기인식의 정도를 얻을 수 있다.
2. 내담자의 교육수준과 직업경험에 대한 객관적 정보를 얻을 수 있다.
3. 내담자 자신의 기술과 유능성에 대한 자기평가 및 상담자의 평가정보를 얻을 수 있다.

꿀팁 출제빈도가 매우 높은 문제입니다. 반드시 숙지하세요.
KEY 생애진로사정(LCA)을 통해 얻을 수 있는 정보

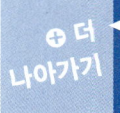

생애진로사정(LCA)의 의미
상담자와 내담자가 처음 만났을 때 비교적 짧은 시간 내에 사용해 볼 수 있는 구조화된 면접기법으로, 내담자의 정보와 행동을 이해하는 데 도움을 주는 질적 평가절차이다.

2022년 3회, 2016년 2회, 2015년 2회, 2010년 3회

07 직업적응이론에서는 개인과 환경이 상호 작용하는 특성을 나타내는 4가지 성격유형요소를 가정한다. 성격유형요소 중 3가지를 제시하고 설명하시오. 6점

정답
1. 민첩성
   과제를 얼마나 빠르게 완성하느냐에 대한 측면으로, 정확성보다는 속도를 중시한다.

2. 역량
   근로자들의 평균 활동수준을 의미한다.

3. 리듬
   활동에 대한 다양성을 의미한다.

4. 지구력
   다양한 활동수준의 기간을 의미한다.

꿀팁 제시된 답안 중 3가지만 적으면 됩니다.
KEY 직업적응이론의 성격유형요소

빈출

2024년 1회, 2022년 3회, 2018년 3회, 2016년 3회, 2015년 2·3회, 2011년 3회, 2010년 1회

08 모집단에서 규준집단을 구성하기 위한 표본추출방법은 크게 확률표집과 비확률표집으로 구분할 수 있다. 확률표집방법 3가지를 쓰고, 각각에 대해 설명하시오. 6점

정답
1. 단순무선표집
   구성원들에게 일련번호를 부여하고, 이 번호들 중에서 무작위로 필요한 만큼 표집한다.

2. 층화표집
   모집단이 서로 다른 하위집단으로 구성되어 있는 경우, 각 집단에서 필요한 만큼의 단순무작위표집을 사용해 표본을 추출한다.

3. 집락표집(군집표집)
   모집단을 서로 동질적인 집단으로 구분하여 해당되는 집단 자체를 표본으로 추출한다.

KEY 확률표집방법

2023년 2회, 2021년 3회, 2018년 1회, 2013년 1회

09 직업심리검사의 신뢰도를 추정하는 방법 3가지를 쓰고 설명하시오. 6점

정답
1. 동형검사신뢰도
   동일한 수검자에게 첫 번째 실시한 검사와 동일한 유형의 검사를 실시하여 두 검사 점수 간의 일관성을 추정하는 방법이다.

2. 반분신뢰도
   하나의 검사를 두 부분으로 나누어 두 검사 간 동질성과 일치성을 비교하는 방법이다.

3. 검사 – 재검사신뢰도
   동일한 사람에게 동일한 검사를 서로 다른 시기에 두 번 실시하여 반복 측정하는 방법이다.

KEY 신뢰도를 추정하는 방법(종류)

2024년 2회, 2016년 1·2회, 2012년 1회, 2006년 1회, 2003년 3회

10 직업심리검사에서 측정의 기본 단위인 척도(scale)의 4가지 유형을 쓰고, 각각에 대해 설명하시오. 8점

정답
1. 명명척도(명목척도)
   가장 낮은 수준의 척도로, 단지 측정대상 속성 간의 차이만 구분할 수 있다.

2. 서열척도
   숫자의 차이가 측정 대상의 속성 차이에 관한 정보뿐 아니라 그 순위관계에 대한 정보도 포함하고 있는 척도이다.

3. 등간척도
   명명척도와 서열척도의 특징을 모두 가지고 있으면서 크기가 어느 정도가 되는지 파악이 가능한 등간성을 갖고 있는 척도이다.

4. 비율척도
   차이정보와 서열정보, 등간정보 외에 수의 비율에 관한 정보도 담고 있는 척도이다.

꿀팁 출제빈도가 높은 문제입니다. 반드시 숙지하세요.
KEY 척도(scale)의 유형

2020년 1회, 2013년 2회

11. 직업상담에서 검사 선택 시 고려해야 할 사항 4가지를 쓰시오. 8점

1. 심리검사의 목적을 분명히 하고 일치성을 확인해야 한다.
2. 내담자의 문제점을 정확히 파악한 후 사용 여부를 결정해야 한다.
3. 신뢰도와 타당도가 높은 표준화된 검사방법을 사용해야 한다.
4. 심리검사 시행 시 간편성, 경제성 등 실용성을 고려해야 한다.
5. 검사 선택에 있어 내담자를 포함해야 한다.
6. 정상집단에서 적합성이 있어야 한다.

꿀팁 제시된 답안 중 4가지만 적으면 됩니다. 이 문제는 답안이 3가지 또는 5가지가 제시될 수 있으므로 되도록 5가지를 암기하시기 바랍니다.
KEY 검사 선택 시 고려해야 할 사항

2014년 3회

12. 다음 표에서 내담자 C의 점수가 7점이고, 평균과 표준편차가 아래와 같을 때 C의 표준점수 Z를 구하시오. (소수점 셋째 자리에서 반올림할 것) 4점

내담자	A	B	C	D	E	F	평균	표준편차
점 수	3	6	7	10	14	20	10	5.77

- 원점수(X) = 7, 평균(M) = 10, 표준편차(SD) = 5.77
- Z점수 = $\dfrac{원점수(X) - 평균(M)}{표준편차(SD)}$
- Z점수 = $\dfrac{7-10}{5.77} = \dfrac{-3}{5.77} = -0.5199306759 = -0.52$

꿀팁 표준점수를 구하는 문제는 간혹 출제되니 Z점수와 T점수 공식을 기억해 두시기 바랍니다.
KEY 표준점수(Z점수)

⊕ 더 나아가기 — Z점수와 T점수 공식
- X = 원점수, M = 평균, SD = 표준편차
- Z점수 = $\dfrac{원점수(X) - 평균(M)}{표준편차(SD)}$
- T점수 = $10 \times Z + 50$

13 한국표준직업분류에서 포괄적인 업무에 대한 직업분류 원칙 각각에 대해 설명하시오.

1. 주된 직무 우선 원칙
   2개 이상의 직무를 수행하는 경우는 수행되는 직무내용과 관련 분류 항목에 명시된 직무내용을 비교·평가하여 관련 직무내용상의 상관성이 가장 많은 항목에 분류한다.

2. 최상급 직능수준 우선 원칙
   수행된 직무가 상이한 수준의 훈련과 경험을 통해서 얻어지는 직무능력을 필요로 한다면, 가장 높은 수준의 직무능력을 필요로 하는 일에 분류한다.

3. 생산업무 우선 원칙
   재화의 생산과 공급이 같이 이루어지는 경우는 생산단계에 관련된 업무를 우선적으로 분류한다.

꿀팁: 포괄적인 업무는 한 사람이 업무를 수행하는 과정에서 2개 이상의 직무를 수행하는 경우를 의미함을 기억해 두도록 합니다.
KEY: 포괄적인 업무에 대한 직업분류 원칙

14 한국표준산업분류에서 산업분류의 정의를 쓰시오.

한국표준산업분류(KSIC)는 생산단위(사업체 단위, 기업체 단위 등)가 주로 수행하는 산업활동을 그 유사성에 따라 체계적으로 유형화한 것이다.

KEY: 산업분류의 정의

15 고용정보를 미시정보와 거시정보로 나누어 각각 2가지씩 쓰시오.

1. 미시적 고용정보
   각 직업에 대한 정보, 임금이나 근로시간 등 근로조건에 대한 정보, 구인·구직에 대한 정보, 채용·승진 등 고용관리에 대한 정보, 직업훈련에 대한 정보 등이 있다.

2. 거시적 고용정보
   경제 및 산업동향에 대한 정보, 노동시장 및 고용·실업동향에 대한 정보 등이 있다.

KEY: 미시적 고용정보와 거시적 고용정보

16. 내부 노동시장이론, 이중노동시장이론, 인적자본론에 대해 각각 설명하시오. [6점]

정답

1. **내부 노동시장이론**
   ① 기업의 규모가 커지고 노동조합이 성장하면 기업 내부의 노동시장이 외부시장과 내부시장으로 분리된다는 이론이다.
   ② 내부 노동시장은 숙련의 특수성, 현장훈련, 기업 내부의 관습 등에 의해 기업 내부에 형성되는 노동시장을 의미한다. 즉 임금의 결정과 직무배치·전환, 승진, 현장훈련 등이 외부 노동시장과는 단절된 채 기업 내부의 규칙이나 절차에 의해 형성되는 노동시장을 말한다.

2. **이중노동시장이론**
   ① 한 나라의 노동시장은 상당히 이질적인 1차 노동시장과 2차 노동시장으로 분단되어 있어 이들 노동시장 간 노동력의 이동은 매우 제한적이며 임금이나 기타 근로조건이 상이한 여건하에서 결정된다는 이론이다. 노동시장의 분단을 설명하는 대표적인 이론이다.
   ② 1차 노동시장은 주로 내부 노동시장에 형성되는데 상대적으로 높은 임금, 양호한 근로조건, 고용의 안정성과 승진기회가 보장되고, 인적자본에 대한 투자기회가 많으며, 경력에 따라 임금과 권한, 책임, 지위 등이 향상되는 노동시장이다. 반면 2차 노동시장은 저임금, 열악한 근로조건, 승진기회의 부재, 높은 이직률과 결근률을 보이는 노동시장이다.

3. **인적자본론**
   ① 인간을 투자에 의해 경제적 가치를 높이고 생산성을 향상시킬 수 있는 자본으로 파악하는 이론이다.
   ② 인적자본이란 미래에 보다 큰 수익을 얻기 위하여 인간에게 투자함으로써 인간에게 축적되어 있는 생산적 자원의 저량을 의미하는데, 인적자본론은 인적자본의 양과 생산성 사이에 정(+)의 상관관계가 있는 것으로 본다.

KEY 내부 노동시장이론, 이중노동시장이론, 인적자본론

2021년 3회, 2018년 3회, 2017년 2회

17 다음 표를 보고 물음에 답하시오. 7점

구분	시간당 임금				
	5,000원	6,000원	7,000원	8,000원	9,000원
A기업의 노동수요량	22	21	20	19	18
B기업의 노동수요량	24	22	20	18	16

(1) 임금이 7,000원에서 8,000원으로 인상될 때 각 기업의 노동수요의 임금탄력성을 구하시오.
(2) A, B 각 기업의 노동조합이 임금인상 협상을 시도할 때 임금인상을 타결할 가능성이 높은 기업과 그 이유를 설명하시오.

정답 (1) 임금이 7,000원에서 8,000원으로 인상될 때 각 기업의 노동수요의 임금탄력성

- 노동수요의 임금탄력성 = $-\dfrac{\text{노동수요량의 변화율(\%)}}{\text{임금의 변화율(\%)}}$ 이다

- A기업의 임금탄력성 = $-\dfrac{\frac{-1}{20}}{\frac{1,000원}{7,000원}} = -\dfrac{-5\%}{14\%} = 0.36$

- B기업의 임금탄력성 = $-\dfrac{\frac{-2}{20}}{\frac{1,000원}{7,000원}} = -\dfrac{-10\%}{14\%} = 0.7$

(2) 임금인상을 타결할 가능성이 높은 기업과 그 이유

임금인상의 실행가능성이 높은 기업은 A기업이다. 노동조합의 교섭력은 노동수요의 임금탄력성이 비탄력적일수록 커진다. 즉, 노동수요의 임금탄력성이 비탄력적이면 임금을 높게 인상해도 고용량 감소가 적어, 실업이 적게 발생하기 때문이다.

KEY 노동수요의 임금탄력성과 노동조합의 임금교섭력

2016년 3회, 2010년 4회, 2009년 2회

18. 임금이 상승하면 노동공급곡선은 우상향한다. 이것이 참인지, 거짓인지, 불확실한지 판정하고 여가와 소득의 선택모형에 의거하여 그 이유를 설명하시오. 5점

정답

1. 판정

   이 말은 불확실하다.

2. 이유

   ① 임금률 상승의 효과는 두 가지로 구분된다. 하나는 임금률 상승 시 여가의 기회비용이 증가하므로 노동공급량을 늘리는 대체효과이고, 다른 하나는 임금률 상승 시 전보다 적게 일을 해도 전과 동일한 소득을 얻으므로 노동공급량을 줄이는 소득효과이다.

   ② 일반적으로 임금률이 낮은 경우에는 '대체효과 > 소득효과'이므로 임금률 상승 시 노동공급량이 증가하여 노동공급곡선이 우상향한다. 그러나 임금률이 높은 경우에는 '대체효과 > 소득효과'이므로 임금률 상승 시 노동공급량이 감소하여 노동공급곡선은 우하향한다.

   ③ 따라서 임금률이 상승함에 따라 노동공급곡선은 우상향하다가 우하향한다. 즉 후방굴절형의 노동공급곡선이 나타난다.

KEY 여가와 소득의 선택모형

2020년 3회

📖 공부한 날: ____월 ____일   ⏰ 문제풀이 시간: 2시간 30분(150분)

01 2024년 3회, 2022년 2회, 2021년 1·2·3회, 2020년 2회, 2018년 1·3회, 2016년 2·3회, 2015년 1회, 2004년 2회

인지·정서·행동적(REBT) 상담의 기본개념인 ABCDE모델의 의미를 쓰고 설명하시오. 5점

1. A(선행사건)
   개인의 감정적·정서적 혼란을 가져오게 되는 구체적인 행동 또는 사건이다.

2. B(신념체계)
   선행사건에 의해 경험하게 되는 내담자의 비합리적 신념체계이다.

3. C(결과)
   비합리적 신념으로 초래되는 인지·정서·행동적 결과로 불안, 초조, 우울, 분노, 죄책감 등이 나타나는 것이다.

4. D(논박)
   비합리적 신념의 결과를 논리적인 원리를 제시하여 논박하는 것이다.

5. E(효과)
   논박의 결과로 내담자의 비합리적 신념의 결과가 해소되며, 합리적 신념으로 전환되는 것이다.

꿀팁 이 문제는 F까지 제시되어 6점으로 배점되기도 합니다. 출제빈도가 높고 사례형으로도 응용되어 출제되는 문항이므로 반드시 숙지하시기 바랍니다.

KEY ABCDE모델의 의미

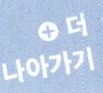

F(느낌)
논박의 효과로 인한 합리적인 신념에서 비롯된 수용적이고 긍정적인 태도이다.

2021년 2회, 2016년 2회, 2014년 1회, 2013년 3회, 2010년 2회, 2009년 2회

02 내담자의 흥미를 사정하려고 할 때 사용되는 흥미사정기법 3가지를 쓰고 설명하시오. 6점

정답

1. 직업선호도검사
   홀랜드(Holland)가 제시한 흥미유형 6가지에 대입하여 내담자의 흥미를 사정하는 기법이다.

2. 직업카드분류법
   직업선택의 동기와 가치를 알아보기 위한 것으로, 직업카드를 선호군, 혐오군, 미결정·중성군으로 분류하여 흥미를 사정하는 기법이다.

3. 흥미평가기법
   내담자에게 알파벳에 맞추어서 흥밋거리를 종이에 기입하도록 하여 사정하는 기법이다.

4. 작업경험의 분석
   내담자가 경험했던 일과 관련된 작업들을 분석하여 직업적 흥미를 찾아내는 기법이다.

꿀팁 제시된 답안 중 3가지만 적으면 됩니다.
KEY 일반적인 흥미사정기법

2023년 1회, 2018년 2회, 2012년 2회, 2009년 1·3회

03 검사-재검사신뢰도에 영향을 미치는 요인 4가지를 쓰시오. 4점

정답

1. 검사 환경상의 변화
2. 검사 시행 사이의 기간
3. 응답자 속성의 변화(성숙요인이나 반응민감성 요인에 따른 변화)
4. 개인적 요인의 변화(질병, 피로, 기분 등 개인적 요인의 차이에 따른 변화)

꿀팁 검사-재검사신뢰도에 영향을 미치는 요인은 검사-재검사신뢰도의 단점과 연관지어서 연상해 볼 수 있습니다.
KEY 검사-재검사신뢰도에 영향을 미치는 요인

검사-재검사신뢰도의 단점
① 이월효과(기억효과): 두 검사 사이의 시간 간격이 너무 짧을 경우 앞 검사에서 답한 내용을 기억해서 뒤 검사의 응답 시 활용할 수 있다.
② 성숙효과: 두 검사 사이의 시간 간격이 너무 클 경우 측정대상의 속성이나 특성이 변화할 수 있다.
③ 반응민감효과: 반응민감성의 영향으로 검사를 치르는 경험이 후속 반응에 영향을 줄 수 있다. 즉, 검사를 치르는 경험으로 인한 새로운 학습요인이 다음 검사점수에 영향을 미칠 수 있다.
④ 환경상의 변화: 검사 시기의 물리적인 환경 변화가 검사 결과에 영향을 미칠 수 있다. 즉, 날씨, 소음, 기타 방해요인 같은 환경요인에 따라 두 검사 결과에 차이가 발생할 수 있다.

2023년 3회, 2007년 1·2회

04 내담자와의 초기면담 수행 시 상담자가 유의해야 할 사항 4가지를 쓰시오. 4점

정답
1. 상담 전 가능한 모든 사례자료를 검토한다.
2. 내담자와 만난다.(내담자와 긍정적인 관계를 형성할 수 있는 기법을 사용한다.)
3. 내담자의 초기목표를 명확히 제시한다.
4. 비밀유지에 대해 설명한다.
5. 상담 시 필수 질문들을 확인한다.

꿀팁 제시된 답안 중 4가지만 적으면 됩니다.
KEY 초기면담 수행 시 유의사항

빈출

2023년 1·2·3회, 2022년 1회, 2021년 1회, 2020년 1·4회, 2019년 2회, 2018년 2회, 2016년 1회, 2014년 3회,
2009년 1회, 2008년 1회, 2007년 1회, 2004년 1회

05 홀랜드(Holland)의 흥미에 관한 유형 6가지를 쓰시오. 6점

정답
1. 현실형(R)
   기계, 도구, 동물에 관한 체계적인 조작활동을 좋아하며 현장 일을 선호하나, 사회적 기술이 부족하다.

2. 탐구형(I)
   호기심이 많고 분석적이어서 과학적 탐구활동을 선호하나, 리더십 기술이 부족하다.

3. 예술형(A)
   창의적이며 감성이 풍부하고 개방적이나, 틀에 박힌 일을 싫어하며 규범적인 기술이 부족하다.

4. 사회형(S)
   친절하고 이해심이 많으며 다른 사람을 돕는 것을 즐기나, 과학적이거나 기계적인 활동 능력이 부족하다.

5. 진취형(E)
   외향적이며 지도력이 있고 말을 잘하나, 상징적·체계적·과학적 활동에 대한 능력이 부족하다.

6. 관습형(C)
   자료를 잘 정리하고 순응적이며 책임감이 강한 반면, 변화에 약하고 융통성이 부족하다.

꿀팁 이 문제는 "~쓰시오." 또는 "~쓰고 설명하시오."로 출제됩니다. 이 문제에서는 "~쓰시오."로 출제되었으므로 명칭만 적어도 됩니다만, 만일을 대비하여 설명까지 숙지하시기 바랍니다.
KEY 홀랜드(Holland)의 흥미유형

2023년 1회, 2015년 2회

06 내담자와의 상담목표 설정 시 유의사항을 4가지 쓰시오. 4점

1. 내담자가 바라고 원하는 것을 상담목표로 설정한다.
2. 상담자의 기술과 양립 가능한 것을 상담목표로 설정한다.
3. 구체적인 것을 상담목표로 설정한다.
4. 실현 가능한 것을 상담목표로 설정한다.
5. 목표는 기한이 있어야 한다.

꿀팁 이 문제의 경우 사례형으로도 출제된 바가 있으니, 2015년 2회 문제를 참조하시기 바랍니다. 제시된 답안 중 4가지만 적으면 됩니다.
KEY 상담목표 설정의 기본원칙

> **목표의 기한성**
> 해당 목표가 달성되는 구체적인 시기와 일정을 말한다.

2018년 2회, 2017년 3회, 2015년 3회, 2013년 2회, 2012년 1회

07 정신역동 직업상담 모형을 구체화시킨 보딘의 3단계 직업상담과정을 쓰고 각각에 대해 설명하시오. 6점

1. 탐색과 계약설정의 단계
   내담자의 욕구와 정신역동을 탐색할 수 있도록 돕고, 상담전략을 합의하는 단계이다.

2. 중대한(핵심) 결정의 단계
   개인의 성격에 맞추어 직업을 변경할 것인지, 직업에 맞추어 성격을 변경할 것인지 결정하는 단계이다.

3. 변화를 위한 노력의 단계
   자신이 선택한 직업이 필요로 하는 부분에 대하여 변화를 모색하고 자신의 성격, 욕구 등을 변화시키고자 노력하는 단계이다.

KEY 보딘(Bordin)의 직업상담과정

2023년 2회, 2020년 4회, 2019년 3회, 2016년 1회, 2015년 1·2회, 2010년 1·4회, 2009년 3회, 2008년 1회, 2006년 3회, 2003년 1·3회, 2001년 1회

08 구성타당도의 유형에 속하는 타당도 2가지를 쓰고, 각각 설명하시오. 4점

정답

1. 변별타당도
  검사의 결과가 그 속성과 관계 없는 변인들과 낮은 상관관계를 지니고 있는지의 정도를 측정하는 것으로, 상관계수가 낮을수록 변별타당도가 높다.

2. 수렴타당도
  검사의 결과가 그 속성과 관계 있는 변인들과 높은 상관관계를 지니고 있는지의 정도를 측정하는 것으로, 상관계수가 높을수록 수렴타당도가 높다.

3. 요인분석법
  검사문항들 간의 상관관계를 분석하여 상관이 높은 문항이나 변인들을 묶어 주는 통계적 방법이다.

꿀팁 변별타당도와 수렴타당도 2가지를 답안으로 작성하는 것을 추천합니다.
KEY 구성타당도의 종류

> **+ 더 나아가기**
>
> **다속성·다측정 방법 행렬표(MTMM)**
> 둘 이상의 특성에 대해 둘 이상의 방법으로 측정하여 그 결과를 분석한 후 두 가지 측정 결과가 어느 정도 상관관계가 있는지 알아보는 방법이다. 수렴타당도 측정 후 변별타당도를 측정하고, 다시 이 두 점수 간의 상관관계를 확인한다.

2014년 1회

09 지필검사에서 평정이 요구되는 관찰 혹은 면접을 할 때 채점자나 평정자로 인해 발생하는 오차(오류)의 유형 3가지를 쓰시오. 6점

정답

1. 관용의 오류
  채점자가 일반적으로 후한 점수를 주는 성향일 때 나타나는 오류이다.

2. 논리적 오류
  특정 행동특성에 대해 판단한 것이 관련이 있어 보이는 다른 특성의 평정에 영향을 미치는 것을 말한다.

3. 중앙집중경향의 오류
  평정점수가 아주 높거나 아주 낮은 점수를 피하고 중간 부분에 모이는 경향을 말한다.

4. 후광효과(인상)의 오류
  채점자가 느끼는 수검자의 특정 인상이 채점이나 평정에 영향을 미치는 것을 말한다.

꿀팁 제시된 답안 중 3가지만 적으면 됩니다.
KEY 평정자로 인해 발생하는 오차(오류)의 유형

10 투사적 검사의 장점과 단점을 각 3가지씩 쓰시오. 6점

2024년 3회, 2018년 1회, 2016년 1회, 2014년 2회, 2013년 1회, 2011년 3회, 2010년 3회, 2001년 3회

정답

1. 장점
   ① 보다 다양하고 독특한 개인의 반응을 이끌어 낼 수 있다.
   ② 검사에 대한 방어 자체를 무력하게 한다.
   ③ 강한 자극으로 인해 평소에 의식하지 못했던 무의식적인 내용을 이끌어 낼 수 있다.

2. 단점
   ① 검사의 신뢰도나 타당도가 매우 낮다.
   ② 검사자나 상황 변인이 검사반응에 영향을 미친다.
   ③ 검사의 채점과 해석에 있어 높은 전문성이 요구된다.

KEY 투사적 검사의 장단점

11 스트롱 직업흥미검사의 척도 3가지를 쓰시오. 6점

2021년 1회, 2018년 2회, 2014년 2회, 2011년 1회

정답

1. 일반직업분류(GOT)
   흥미영역에 대한 포괄적인 정보를 제공하며, 홀랜드의 6가지 유형으로 나뉘어 있다.

2. 기본흥미척도(BIS)
   특정 활동주제에 대한 개인의 흥미평가를 제공하며, 일반직업분류의 하위척도 25개 항목으로 구성되어 6가지 흥미유형에 대한 더욱 구체적인 정보를 얻을 수 있다.

3. 개인특성척도(PSS)
   일상생활과 일의 세계에 대한 광범위한 특성을 측정하는 것으로, 업무유형, 학습, 리더십, 모험심 등의 유형들에 대한 개인의 선호를 측정한다.

KEY 스트롱(Strong) 직업흥미검사의 척도

2022년 3회, 2017년 3회, 2015년 2회

12 CMI검사에서 능력척도 3가지를 쓰고 설명하시오. 6점

정답

1. 자기평가
   자신의 흥미, 성격 등을 명확히 이해하는 능력을 말한다.

2. 직업정보
   자신의 관심분야의 직업세계에 대한 정보의 획득 및 분석 능력을 말한다.

3. 목표선정
   자신의 정보와 직업세계의 연결을 통한 직업목표 선정 능력을 말한다.

4. 계획
   자신의 직업적 목표를 달성하기 위한 실제적 계획 능력을 말한다.

5. 문제해결
   자신의 진로과정에서 장애가 되는 다양한 문제들을 해결하는 능력을 말한다.

꿀팁 제시된 답안 중 3가지만 적으면 됩니다.
KEY 진로성숙도검사(CMI) 능력척도의 하위영역

2024년 3회, 2018년 1회, 2014년 3회, 2013년 2회

13 직무분석 자료 활용의 용도 4가지를 쓰시오. 4점

정답

1. 모집공고 및 인사선발에 활용된다.
2. 선발된 사람의 배치, 승진 등 인사관리에 활용된다.
3. 종업원의 교육 및 훈련 등 경력 개발에 활용된다.
4. 직무수행평가 및 인사결정(인사고과)에 활용된다.
5. 직무평가의 기초자료에 활용된다.
6. 직무의 재설계 및 작업환경 개선, 산업안전관리에 활용된다.
7. 해당 직무에 필요한 적정 인원 산정, 향후 인력수급계획 수립에 활용된다.
8. 직무분류에 활용된다.

꿀팁 제시된 답안 중 4가지만 적으면 됩니다.
KEY 직무분석 자료 활용의 용도

2023년 3회, 2016년 3회

14 아래 내용을 참조하여 기업의 한계노동비용과 이윤 극대화가 이루어질 때 노동공급 등을 구하시오. 6점

노동공급단위	임금	한계수입생산
5단위	6	62
6단위	8	50
7단위	10	38
8단위	12	26
9단위	14	14
10단위	16	2

(1) 노동공급이 7단위일 때 한계노동비용을 구하시오.
(2) 이윤 극대화가 이루어지는 노동공급과 임금을 구하시오.

정답 (1) 노동공급이 7단위일 때 한계노동비용

노동공급단위	임금	노동총비용	한계노동비용	한계수입생산
5	6	30		62
6	8	48	48 − 30 = 18	50
7	10	70	70 − 48 = 22	38
8	12	96	96 − 70 = 26	26
9	14	126	126 − 96 = 30	14
10	16	160	160 − 126 = 34	2

한계노동비용(노동의 한계비용)은 노동 1단위를 추가로 투입할 때 그로 인한 노동총비용의 증가분을 의미한다. 노동공급 6단위일 때 노동총비용 = 6 × 8 = 48, 노동공급 7단위일 때 노동총비용 = 7 × 10 = 70이다. 따라서 한계노동비용 = 70 − 48 = 22이다.

(2) 이윤 극대화가 이루어지는 노동공급과 임금

이 시장은 노동공급의 증가에 따라 단위당 임금이 상승하므로 완전경쟁 노동시장이 아니고 수요독점 노동시장이다. 수요독점 노동시장에서는 '한계노동비용 = 한계수입생산'에서 이윤의 극대화가 이루어진다. 따라서 이윤을 극대화하는 노동공급은 8단위, 단위당 임금은 12이다.

꿀팁 표를 새로 그려 노동총비용과 한계노동비용을 구한 후 답을 제시하는 것이 좋습니다.
KEY 한계노동비용과 이윤 극대화

15 한국표준산업분류에서 통계단위의 산업을 결정하는 방법 3가지를 쓰시오. 6점

정답
1. 생산단위의 산업활동은 그 생산단위가 수행하는 주된 산업활동(판매 또는 제공되는 재화 및 서비스)의 종류에 따라 결정된다.
2. 계절에 따라 정기적으로 산업을 달리하는 사업체의 경우에는 조사시점에서 경영하는 사업과는 관계없이 조사대상 기간 중 산출액이 많았던 활동에 의하여 분류된다.
3. 휴업 중 또는 자산을 청산 중인 사업체의 산업은 영업 중 또는 청산을 시작하기 전의 산업활동에 의하여 결정하며, 설립 중인 사업체는 개시하는 산업활동에 따라 결정한다.

KEY 통계단위의 산업결정방법

16 한국직업사전에 수록된 부가직업정보 중 정규교육, 숙련기간, 직무기능의 의미를 기술하시오. 6점

정답
1. 정규교육
   해당 직업의 직무를 수행하는 데 필요한 일반적인 정규교육 수준을 의미하는 것으로 해당 직업 종사자의 평균학력을 나타내는 것은 아니다. 현행 우리나라 정규교육과정의 연한을 고려하여 그 수준을 6개로 분류하였으며, 독학, 검정고시 등을 통해 정규교육과정을 이수하였다고 판단되는 기간도 포함된다.

2. 숙련기간
   정규교육과정을 이수한 후 해당 직업의 직무를 평균적인 수준으로 스스로 수행하기 위하여 필요한 각종 교육, 훈련, 숙련기간을 의미한다. 해당 직무를 평균적인 수준 이상으로 수행하기 위한 향상훈련은 숙련기간에 포함되지 않는다.

3. 직무기능
   해당 직업 종사자가 직무를 수행하는 과정에서 자료(data), 사람(people), 사물(thing)과 갖는 것과 관련된 특성을 나타낸다. 각각의 작업자 직무기능은 광범위한 행위를 표시하고 있으며 작업자가 자료, 사람, 사물과 어떤 관련을 가지고 있는지를 보여 준다.

KEY 정규교육, 숙련기간, 직무기능의 의미

17 임금의 하방경직성의 의미를 설명하고, 임금의 하방경직성의 원인 5가지를 쓰시오. 6점

2024년 3회, 2023년 1회, 2018년 2회, 2017년 3회, 2012년 3회, 2011년 3회, 2010년 2회, 2009년 1회

정답

1. 임금의 하방경직성의 의미

임금의 하방경직성은 케인즈(J. M. Keynes)가 주장한 것으로, 시장에서 노동수요와 노동공급에 의해 결정된 균형임금이 경기침체로 인한 노동수요의 감소와 같은 경제 여건의 변화로 하락할 요인이 있어도 하락하지 않고 현재의 수준을 유지한다는 것이다.

2. 임금이 하방경직적이 되는 원인

① 노동자들의 화폐환상으로 인한 역선택

경기침체 시 노동수요의 감소로 인해 명목임금이 하락해도 물가가 더 크게 하락하면 실질임금은 상승하므로 노동공급을 증가시켜야 한다. 그러나 노동자들은 물가에 대한 정보가 부족하여 실질임금의 상승을 인식하지 못하므로(화폐환상) 명목임금의 하락을 수용하지 않아 실업(경기적 실업)이 발생하게 된다.

② 노동자와 사용자 간의 장기근로계약

통상적인 고용계약이 2~3년 단위로 체결되므로 고용계약 기간 중에는 임금이 하락할 요인이 있어도 임금은 하락하지 않고 그대로 유지된다.

③ 노동조합의 존재

노동조합이 조직되어 있는 경우에는 임금이 하락할 요인이 발생해도 노동조합이 저항하게 되면 임금은 하락하지 않고 그대로 유지된다.

④ 최저임금제

최저임금제가 도입되면 노동수요가 감소하여도 임금이 최저임금 아래로는 하락할 수 없으므로 명목임금은 하방경직적이 된다.

⑤ 연공급 임금제도

임금이 근속연수나 학력 등에 의해 결정되는 연공급 임금제를 채택하는 경우 임금은 매년 상승하므로 하락하는 일은 있을 수 없다.

꿀팁 케인즈(J. M. Keynes)의 이름을 영어까지 표기하여 제시하고, 모범답안의 순서대로 알아 두어야 합니다.
KEY 임금의 하방경직성의 의미와 원인

18 한국표준직업분류의 포괄적인 업무에 대한 직업분류 원칙을 적용하는 순서대로 쓰고 각각 예를 들어 설명하시오. 9점

2020년 2·4회, 2016년 2회, 2012년 3회, 2009년 2·3회, 2007년 1회, 2005년 1회, 2001년 1회

정답

1. **주된 직무 우선 원칙**
   ① 2개 이상의 직무를 수행하는 경우는 수행되는 직무내용과 관련 분류 항목에 명시된 직무내용을 비교·평가하여 관련 직무내용상의 상관성이 가장 많은 항목에 분류한다.
   ② 예를 들면 교육과 진료를 겸하는 의과대학 교수는 강의, 평가, 연구 등과 진료, 처치, 환자상담 등의 직무내용을 파악하여 관련 항목이 많은 분야로 분류한다.

2. **최상급 직능수준 우선 원칙**
   ① 수행된 직무가 상이한 수준의 훈련과 경험을 통해서 얻어지는 직무능력을 필요로 한다면, 가장 높은 수준의 직무능력을 필요로 하는 일에 분류하여야 한다.
   ② 예를 들면 조리와 배달의 직무비중이 같을 경우에는, 조리의 직능수준이 높으므로 조리사로 분류한다.

3. **생산업무 우선 원칙**
   ① 재화의 생산과 공급이 같이 이루어지는 경우는 생산단계에 관련된 업무를 우선적으로 분류한다.
   ② 예를 들면 한 사람이 빵을 생산하여 판매도 하는 경우에는, 판매원으로 분류하지 않고 제빵원으로 분류하여야 한다.

KEY 포괄적인 업무에 대한 직업분류 원칙

2020년 4회

빈출

2023년 1·2·3회, 2022년 1회, 2021년 1회, 2020년 1·3회, 2019년 2회, 2018년 2회, 2016년 1회, 2014년 3회, 2009년 1회, 2008년 1회, 2007년 1회, 2004년 1회

01 홀랜드(Holland)의 흥미에 관한 유형 6가지를 쓰시오. 6점

정답

1. 현실형(R)
   기계, 도구, 동물에 관한 체계적인 조작활동을 좋아하며 현장 일을 선호하나, 사회적 기술이 부족하다.

2. 탐구형(I)
   호기심이 많고 분석적이어서 과학적 탐구활동을 선호하나, 리더십 기술이 부족하다.

3. 예술형(A)
   창의적이며 감성이 풍부하고 개방적이나, 틀에 박힌 일을 싫어하며 규범적인 기술이 부족하다.

4. 사회형(S)
   친절하고 이해심이 많으며 다른 사람을 돕는 것을 즐기나, 과학적이거나 기계적인 활동 능력이 부족하다.

5. 진취형(E)
   외향적이며 지도력이 있고 말을 잘하나, 상징적·체계적·과학적 활동에 대한 능력이 부족하다.

6. 관습형(C)
   자료를 잘 정리하고 순응적이며 책임감이 강한 반면, 변화에 약하고 융통성이 부족하다.

꿀팁 이 문제는 "~쓰시오." 또는 "~쓰고 설명하시오."로 출제됩니다. 이 문제에서는 "~쓰시오."로 출제되었으므로 명칭만 적어도 됩니다만, 만일을 대비하여 설명까지 숙지하시기 바랍니다.

KEY 홀랜드(Holland)의 흥미유형

02 틴슬레이와 브래들리(Tinsley & Bradley)가 제시한 검사해석의 4단계를 설명하시오. 4점

정답

1. 해석 준비하기
   검사결과와 내담자의 개인적 정보가 어떻게 통합되어 해석되는지를 검토한다.

2. 내담자 준비시키기
   내담자가 검사결과에 대한 해석을 받아들일 수 있도록 준비시킨다.

3. 결과 전달하기
   내담자가 이해하기 쉬운 용어를 사용하여 검사결과가 의미하는 바를 전달한다.

4. 추후활동
   검사결과에 대한 의견을 나누며 내담자가 그것을 어떻게 이해했는지 확인한다.

KEY 틴슬레이와 브래들리(Tinsley & Bradley)가 제시한 검사해석의 4단계

> **더 나아가기**
> 틴슬레이와 브래들리(Tinsley & Bradley)의 검사결과 검토의 2단계
> ① 1단계-이해: 내담자의 검사결과 해석에 있어 규준을 참조하여 검사점수의 의미를 충분히 이해한다.
> ② 2단계-통합: 이해를 통해 얻어진 검사 정보와 상담자가 수집한 내담자에 대한 다른 정보들을 통합한다.

2023년 2회, 2017년 1회, 2009년 2회, 2003년 3회

03 Super의 진로발달 5단계를 설명하시오. 5점

정답

1. 성장기
   가정이나 학교에서 주요 인물과 자신을 동일시하여 자아개념을 발달시키는 시기로, 초기에는 욕구와 환상이 지배적이나 점차 흥미와 능력을 중시한다.

2. 탐색기
   학교, 여가활동, 시간제 일과 같은 활동을 통해 자아를 검증하고 역할을 수행하며 자신에게 적합한 직업을 탐색하는 시기이다.

3. 확립기
   자신에게 적합한 직업을 발견·종사하여 기반을 다져 나가는 시기이다.

4. 유지기
   직업에서 자신의 위치가 공고해지고 자신의 자리를 유지하기 위해 노력하며 안정된 삶을 살아가는 시기이다.

5. 쇠퇴기
   정신적·육체적으로 기능이 쇠퇴함에 따라 직업에서 은퇴하게 되어 새로운 역할과 활동을 찾게 되는 시기이다.

KEY 수퍼(Super)의 직업(진로)발달단계

2020년 4회

2023년 3회, 2012년 2회

04 인지·정서 상담기법의 기본가정, 기본개념, 상담의 목표를 쓰시오. 6점

 1. 기본가정
① 인간을 합리적인 사고를 할 수 있는 동시에 비합리적인 사고의 가능성도 가지고 있는 존재로 본다.
② 모든 내담자의 행동적·정서적 문제는 비논리적이고 비합리적인 사고에서 발생한 것이다.

2. 기본개념
① 문제해결을 위해 사고의 분석과 논박 그리고 상담사의 교육적 접근을 강조한다.
② 비합리적 사고를 합리적 사고로 전환하고자 ABCDE모형을 적용한다.

3. 상담의 목표
자기관심, 자기수용, 불확실성의 수용, 관용, 융통성 등을 통해 합리적인 신념의 변화를 유도한다.

KEY 인지·정서 상담기법

2023년 2회, 2020년 3회, 2019년 3회, 2016년 1회, 2015년 1·2회, 2010년 1·4회, 2009년 3회, 2008년 1회, 2006년 3회, 2003년 1·3회, 2001년 1회

빈출 **05** 구성타당도를 분석하는 방법 3가지를 쓰고, 각각 설명하시오. 6점

 1. 변별타당도
검사의 결과가 그 속성과 관계없는 변인들과 낮은 상관관계를 지니고 있는지의 정도를 측정하는 것으로, 상관계수가 낮을수록 변별타당도가 높다.

2. 수렴타당도
검사의 결과가 그 속성과 관계있는 변인들과 높은 상관관계를 지니고 있는지의 정도를 측정하는 것으로, 상관계수가 높을수록 수렴타당도가 높다.

3. 요인분석법
검사문항들 간의 상관관계를 분석하여 상관이 높은 문항이나 변인들을 묶어 주는 통계적 방법이다.

KEY 구성타당도의 종류

2021년 3회, 2013년 1·3회

06 발달적 직업상담에서 수퍼(Super)는 진단이라는 용어 대신에 평가라는 말을 사용했다. 수퍼(Super)의 평가 3가지를 설명하시오. [6점]

정답

1. 문제의 평가
   내담자가 겪고 있는 문제의 어려움이나 직업상담에 대한 내담자의 기대를 평가한다.

2. 개인의 평가
   심리검사, 사례연구 등을 통해 내담자의 심리적·사회적·신체적 차원에서 개인의 상태에 대한 분석이 이루어진다.

3. 예언의 평가
   문제의 평가와 개인의 평가를 바탕으로 내담자가 직업적·개인적으로 성공하고 만족할 수 있는가에 대한 예언이 이루어진다.

KEY 수퍼(Super)의 발달적 직업상담의 평가(진단)유형

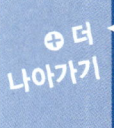 수퍼(Super)는 내담자의 잠재능력에 중점을 둔 3가지의 평가를 강조하였다. 특히 개인의 평가에서는 통계자료 및 사례연구를 통해 내담자의 교육적·직업적 경험에 관한 정보가 산출되고, 다른 사람들과 비교·평가하는 과정을 통해 내담자의 직업선택 및 직업적응을 예언할 수 있다고 보았다. 또한 수퍼는 '진단(diagnosis)'이라는 표현 대신 '평가(appraisal)'라는 말을 사용하였다. 이는 평가라는 개념이 진단이라는 개념보다 포괄적이고 긍정적이기 때문이다.

2013년 3회

07 직업심리검사의 분류에서 극대수행검사와 습관적 수행검사를 설명하고 각각의 대표적인 유형 2가지를 쓰시오. [8점]

정답

1. 극대수행검사
   ① 제한된 시간 내에 최대한의 능력발휘를 요구하는 검사로, 수검자의 인지적 능력을 측정하는 데 목적이 있고 문항의 정답이 있으며 시간제한이 있다.
   ② 지능검사, 적성검사, 성취도검사 등이 있다.

2. 습관적 수행검사
   ① 일상생활에서의 습관적인 행동에 대하여 최대한의 정직한 응답을 요구하는 검사이다. 수검자의 흥미, 정서, 가치 등 성향을 측정하는 데 목적이 있고, 문항의 정답이 없으며 시간제한이 없다.
   ② 성격검사, 흥미검사, 태도검사 등이 있다.

꿀팁 이 문제의 경우 8번 문항과 유사한 내용을 묻는 문제로 한 회차에 중복 출제되었으나 7번 문항은 개념 위주의 답안을 요구하였고 8번 문항은 종류를 묻는 문제였습니다.

KEY 극대수행검사(성능검사)와 습관적 수행검사(성향검사)

2023년 3회, 2018년 1회, 2013년 3회, 2012년 1회, 2010년 3회, 2009년 2회

08 성능검사와 성향검사에 해당하는 검사를 각각 3가지씩 쓰시오. 6점

[정답]

1. 성능검사(인지적 검사, 극대수행검사)

지능검사	• 스탠포드–비네 지능검사(Stanford – Binet Intelligence Scale) • 한국판 웩슬러 성인용 지능검사(K–WAIS)
적성검사	일반직업적성검사(GATB)
성취도검사	토익(TOEIC), 토플(TOEFL) 등

2. 성향검사(정서적 검사, 습관적 수행검사)

성격검사	• 성격 5요인 검사 • MBTI 성격유형검사 • 미네소타 다면적 인성검사 • 캘리포니아 성격검사
흥미검사	• 직업선호도검사 중 흥미검사 • 스트롱 – 캠벨 흥미검사(SCII) • 쿠더 직업흥미검사(KOIS)
태도검사	직무만족도검사

[꿀팁] 제시된 답안 중 3가지씩만 적으면 됩니다.
[KEY] 성능검사와 성향검사

2022년 2회, 2021년 3회, 2018년 1회, 2016년 2회, 2015년 1회, 2014년 3회, 2010년 1회, 2009년 2회

09 윌리암슨(Williamson)의 특성-요인 직업상담에서 직업의사결정에서 나타나는 여러 가지 문제들에 대한 변별진단 결과를 분류하는 4가지 범주를 쓰고 각각에 대해 설명하시오. [4점]

정답
1. 흥미와 적성의 불일치(모순)
   내담자 자신의 흥미와 적성이 일치하지 않는 모순적인 선택을 말한다.

2. 어리석은 선택(현명하지 못한 선택)
   자신의 특성과 관계없는 목표나 특정 직업에 대한 특권이나 갈망으로 직업을 선택하는 경우이다.

3. 불확실한 직업선택(확신 부족)
   직업을 선택하기는 하였으나 자신 및 직업세계에 대한 이해의 부족으로 직업선택에 확신을 갖지 못하는 경우이다.

4. 진로(직업) 무선택
   선호하는 몇 가지 진로가 있지만 어느 것을 선택할지 모르는 경우를 말한다. 내담자는 자신이 무엇을 원하는지 모르며, 진로에 대한 인식이 부족한 상태이다.

꿀팁 출제빈도가 높은 문제입니다. 반드시 숙지하시기 바랍니다.
KEY 윌리암슨(Williamson)의 변별진단

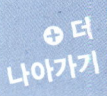 특성-요인 직업상담에서 진단은 변별진단이라고 지칭한다. 변별진단은 일련의 관련 있는 또는 관련 없는 사실들로부터 일관된 의미를 논리적으로 파악하여 문제를 하나씩 해결하는 과정이다.

2023년 3회, 2012년 2회

10 현재 사용되고 있는 흥미검사의 종류 5가지를 쓰시오. [5점]

1. 직업선호도검사(VPI: Vocational Preference Inventory)
2. 청소년 직업흥미검사
3. 자기방향탐색검사(SDS: Self Directed Search)
4. 스트롱 흥미검사 (SII: Strong Interest Inventory)
5. 스트롱-캠벨 흥미검사(SCII: Strong-Campbell Interest Inventory)
6. 쿠더 직업흥미검사(KOIS: Kuder Occupational Interest Survey)
7. 경력의사결정검사(CDM: Career Decision Making System)

꿀팁 제시된 답안 중 5가지만 적으면 됩니다.
KEY 흥미검사의 종류

11 직업상담사가 갖추어야 할 자질 3가지를 기술하시오. 6점

2024년 3회, 2022년 2회

정답
1. 내담자에 대한 존경심을 가져야 한다.
2. 자아의 편견에서 벗어나는 능력을 가져야 한다.
3. 객관적인 통찰력을 가져야 한다.
4. 도덕적인 입장을 취하여야 한다.

꿀팁 이 문제의 경우 직업상담사의 일반적 자질과 직업상담사가 갖추어야 할 지식 및 능력 중 어떤 것으로 작성해도 상관이 없으며, 제시된 답안 중 3가지만 적으면 됩니다.

KEY 직업상담사의 일반적 자질

> **직업상담사가 갖추어야 할 지식 및 능력**
> ① 직업문제를 갖고 있는 내담자에 대한 심리치료능력
> ② 진로발달과 의사결정이론에 대한 지식
> ③ 직업정보를 수집·보충하여 전달하는 전략에 대한 지식
> ④ 국가정책, 인구구조 변화, 인력수급 추계, 산업발전 추세, 미래사회 특징 등에 관한 지식
> ⑤ 변화하는 남녀의 역할과 일, 가족, 여가의 관련성에 관한 지식
> ⑥ 직업상담의 연구 및 평가능력

12 집단상담의 장점과 단점을 각각 3가지씩 쓰시오. 6점

2024년 2회, 2023년 1회, 2019년 1회, 2017년 3회, 2015년 1회, 2013년 3회, 2011년 3회, 2010년 1·4회, 2009년 1회, 2005년 1회, 2001년 3회

정답

1. 장점
   ① 집단 구성원 간의 활발한 피드백을 통해 자기탐색을 돕는다.
   ② 일반적으로 성숙도가 낮은 이에게 적합하다.
   ③ 개인상담보다 부담이 적어 받아들이기 쉽다.
   ④ 타인과의 상호 작용을 통해 대인교류 능력과 사회성을 기를 수 있다.
   ⑤ 한정된 시간에 일 대 다수 상담으로 경제성이 높다.
   ⑥ 타인을 통한 대리학습(관찰학습)의 기회를 부여한다.

2. 단점
   ① 집단 위주의 상담으로 개인적인 문제가 충분히 깊이 있게 다루어지지 않을 수 있다.
   ② 집단의 압력으로 감당하기 어려운 피드백을 강요당하는 참여자가 생길 수 있다.
   ③ 사적인 경험의 공유 등으로 비밀유지가 어려울 수 있다.
   ④ 집단상담의 성격과 목적에 맞게 집단을 구성하기 어렵다.
   ⑤ 집단 단위의 상담으로 개인의 개성이 상실될 수 있다.
   ⑥ 집단 구성원 개개인 모두를 만족시킬 수 없으며, 모든 내담자에게 적합한 방법은 아닐 수 있다.
   ⑦ 집단상담에 대한 체계적인 교육, 자격, 경험 등이 부족한 지도자는 집단의 운영을 어렵게 할 수 있다.

꿀팁 이 문제의 경우 집단상담의 장점으로만 출제되다가 단점을 포함한 답안을 요구하였습니다. 제시된 답안 중 장점과 단점을 각각 3가지씩만 적으면 됩니다.

KEY 집단상담의 장단점

2022년 3회, 2021년 1회, 2019년 1회, 2017년 3회, 2016년 3회, 2012년 3회, 2001년 3회

13 직무분석방법을 3가지만 쓰고 설명하시오. 6점

정답

1. 관찰법
   직무분석자가 직무를 수행하는 사람들을 현장에서 직접 관찰함으로써 직무활동과 내용을 파악하는 방법이다.

2. 면접법
   직무분석자가 직무담당자와의 면접을 통하여 직무를 분석하는 방법이다.

3. 체험법
   직무분석자가 직접 직무활동에 참여하여 체험함으로써 직무분석 자료를 얻는 방법이다.

4. 설문지법(질문지법)
   직무담당자에게 설문지를 배부하여 직무 내용을 기술하도록 하여 정보를 얻는 방법이다.

5. 작업일지법
   직무수행자가 매일 작성하는 작업일지를 가지고 해당 직무에 대한 정보를 수집하는 방법이다.

6. 중요사건기록법(결정적 사건법)
   종업원이 직무를 매우 성공적으로 수행한 경우나 실패한 경우들에 대한 자료를 수집한 후 그 사건들의 구체적인 행동을 알아내고, 이 행동으로부터 지식, 기술, 능력을 수집하는 방법이다.

7. 녹화법
   비디오테이프로 작업장면을 보면서 분석하는 방법으로, 반복되는 단순 직무이면서 작업환경이 소음, 분진, 진동, 습윤 등으로 인하여 장시간 관찰하기 어려운 경우에 사용된다.

꿀팁 제시된 답안 중 3가지만 적으면 됩니다.
KEY 직무분석방법

2023년 2회

14 한국직업사전의 부가직업정보 중 육체활동의 구분 4가지를 쓰시오. 4점

정답 육체활동은 해당 직업의 직무를 수행하기 위해 필요한 신체적 능력을 나타내는 것으로 균형감각, 웅크림, 손 사용, 언어력, 청각, 시각 등이 요구되는 직업인지를 보여준다.

1. **균형감각**
   손, 발, 다리 등을 사용하여 사다리, 계단, 발판, 경사로, 기둥, 밧줄 등을 올라가거나 몸 전체의 균형을 유지하고 좁거나 경사지거나 또는 움직이는 물체 위를 걷거나 뛸 때 신체의 균형을 유지하는 것이 필요한 직업이다.

2. **웅크림**
   허리를 굽히거나 몸을 앞으로 굽히고 뒤로 젖히는 동작, 다리를 구부려 무릎을 꿇는 동작, 다리와 허리를 구부려 몸을 아래나 위로 굽히는 동작, 손과 무릎 또는 손과 발로 이동하는 동작 등이 필요한 직업이다.

3. **손사용**
   일정기간의 손사용 숙련기간을 거쳐 직무의 전체 또는 일부분에 지속적으로 손을 사용하는 직업으로 통상적인 손사용이 아닌 정밀함과 숙련을 필요로 하는 직업에 한정한다.

4. **언어력**
   말로 생각이나 의사를 교환하거나 표현하는 직업으로 개인이 다수에게 정보 및 오락 제공을 목적으로 말을 하는 직업이다.

5. **청각**
   단순히 일상적인 대화내용 청취여부가 아니라 작동하는 기계의 소리를 듣고 이상 유무를 판단하거나 논리적인 결정을 내리는 청취활동이 필요한 직업이다.

6. **시각**
   일상적인 눈 사용이 아닌 시각적 인식을 통해 반복적인 판단을 하거나 물체의 길이, 넓이, 두께를 알아내고 물체의 재질과 형태를 알아내기 위한 거리와 공간관계를 판단하는 직업이다. 또한 색의 차이를 판단할 수 있어야 하는 직업이다.

꿀팁 제시된 답안 중 4가지만 적으면 됩니다.
KEY 육체활동의 구분

15 주어진 예시를 보고 다음을 계산하시오. 6점

- 15세 이상 인구: 35,986천 명
- 비경제활동인구: 14,716천 명
- 취업자: 20,149천 명(자영업자 5,646천 명, 무급가족종사자 1,684천 명, 상용근로자 6,113천 명, 임시근로자 4,481천 명, 일용근로자 2,225천 명)

(1) 실업률을 구하시오.
(2) 임금근로자 수를 구하시오.
(3) 경제활동참가율을 구하시오.

정답

(1) 실업률
- 경제활동인구 = 15세 이상 인구 − 비경제활동인구 = 35,986천 명 − 14,716천 명 = 21,270천 명
- 실업자 수 = 경제활동인구 − 취업자 수 = 21,270천 명 − 20,149천 명 = 1,121천 명
- 따라서 실업률(%) = $\dfrac{실업자\ 수}{경제활동인구} \times 100 = \dfrac{1,121천\ 명}{21,270천\ 명} \times 100 = 5.27\%$

(2) 임금근로자 수
- 임금근로자 수 = 취업자 − 비임금근로자 수(자영업자 + 무급가족종사자)
  = 20,149천 명 − (5,646천 명 + 1,684천 명) = 12,819천 명
- 또는 임금근로자 수 = 상용근로자 수 + 임시근로자 수 + 일용근로자 수
  = 6,113천 명 + 4,481천 명 + 2,225천 명 = 12,819천 명

(3) 경제활동참가율
- 경제활동참가율(%) = $\dfrac{경제활동인구}{15세\ 이상\ 인구} \times 100 = \dfrac{21,270천\ 명}{35,986천\ 명} \times 100 = 59.11\%$

KEY 실업률, 임금근로자 수, 경제활동참가율

빈출 16 2023년 1회, 2022년 3회, 2020년 2·3회, 2016년 2회, 2012년 3회, 2009년 2·3회, 2007년 1회, 2005년 1회

한국표준직업분류의 분류원칙 중 포괄적인 업무에 대한 분류 원칙 3가지를 예를 들어 설명하시오. 6점

정답

1. 주된 직무 우선 원칙
   ① 2개 이상의 직무를 수행하는 경우는 수행되는 직무내용과 관련 분류 항목에 명시된 직무내용을 비교·평가하여 관련 직무내용상의 상관성이 가장 많은 항목에 분류한다.
   ② 예를 들면 교육과 진료를 겸하는 의과대학 교수는 강의, 평가, 연구 등과 진료, 처치, 환자상담 등의 직무내용을 파악하여 관련 항목이 많은 분야로 분류한다.

2. 최상급 직능수준 우선 원칙
   ① 수행된 직무가 상이한 수준의 훈련과 경험을 통해서 얻어지는 직무능력을 필요로 한다면, 가장 높은 수준의 직무능력을 필요로 하는 일에 분류하여야 한다.
   ② 예를 들면 조리와 배달의 직무비중이 같을 경우에는, 조리의 직능수준이 높으므로 조리사로 분류한다.

3. 생산업무 우선 원칙
   ① 재화의 생산과 공급이 같이 이루어지는 경우는 생산단계에 관련된 업무를 우선적으로 분류한다.
   ② 예를 들면 한 사람이 빵을 생산하여 판매도 하는 경우에는, 판매원으로 분류하지 않고 제빵원으로 분류하여야 한다.

KEY 포괄적인 업무에 대한 직업분류 원칙

17 어떤 기업의 2007년 근로자 수가 40명, 생산량 100개, 생산물 단가 10원, 자본비용 150원이었으나 2008년에는 근로자 수 50명, 생산량 120개, 생산물 단가는 12원, 자본비용은 200원으로 올랐다고 가정하자. 생산성 임금제에 근거할 때 이 기업의 2008년도 적정임금상승률을 구하시오. [4점]

정답
- 생산성 임금제는 명목임금 상승률을 부가가치 노동생산성 상승률과 일치하도록 결정하는 것이다.

  여기서 부가가치 노동생산성 = $\dfrac{\text{생산량} \times \text{생산물 단가}}{\text{노동투입량}}$ 이다. 자본비용은 부가가치 노동생산성과 관련이 없다.

- 2007년 부가가치 노동생산성 = $\dfrac{100개 \times 10원}{40명}$ = 25원

  2008년 부가가치 노동생산성 = $\dfrac{120개 \times 12원}{50명}$ = 28.8원

  부가가치 노동생산성 상승률(%) = $\dfrac{28.8원 - 25원}{25원} \times 100$ = 15.2이다.

- 따라서, 2008년도 적정임금상승률 = 부가가치 노동생산성 상승률 = 15.2%이다.

KEY 적정임금상승률

2024년 3회, 2023년 3회, 2022년 1회, 2021년 3회, 2020년 4회, 2016년 2회, 2012년 1회, 2008년 3회

18 한국표준산업분류(10차)에서 산업결정방법과 산업분류의 적용원칙을 쓰시오. 6점

정답

1. **산업결정방법**
   ① 생산단위의 산업활동은 그 생산단위가 수행하는 주된 산업활동(판매 또는 제공되는 재화 및 서비스)의 종류에 따라 결정된다.
   ② 계절에 따라 정기적으로 산업을 달리하는 사업체의 경우에는 조사 시점에서 경영하는 사업과는 관계없이 조사대상 기간 중 산출액이 많았던 활동에 의하여 분류된다.
   ③ 휴업 중 또는 자산을 청산 중인 사업체의 산업은 영업 중 또는 청산을 시작하기 전의 산업활동에 의하여 결정하며, 설립 중인 사업체는 개시하는 산업활동에 따라 결정한다.

2. **산업분류의 적용원칙**
   ① 생산단위는 산출물뿐만 아니라 투입물과 생산공정 등을 함께 고려하여 그들의 활동을 가장 정확하게 설명된 항목에 분류해야 한다.
   ② 복합적인 활동단위는 우선적으로 최상급 분류 단계(대분류)를 정확히 결정하고, 순차적으로 중, 소, 세, 세세분류 단계 항목을 결정하여야 한다.
   ③ 산업활동이 결합되어 있는 경우에는 그 활동단위의 주된 활동에 따라서 분류하여야 한다.

KEY 산업결정방법과 산업분류의 적용원칙

+더 나아가기

기타 산업분류의 적용원칙
- 수수료 또는 계약에 의하여 활동을 수행하는 단위는 동일한 산업활동을 자기계정과 자기책임하에서 생산하는 단위와 같은 항목에 분류하여야 한다.
- 자기가 직접 실질적인 생산활동은 하지 않고, 다른 계약업자에 의뢰하여 재화 또는 서비스를 자기계정으로 생산하게 하고, 이를 자기명의로, 자기책임 아래 판매하는 단위는 이들 재화나 서비스 자체를 직접 생산하는 단위와 동일한 산업으로 분류하여야 한다.
- 동일단위에서 제조한 재화의 소매활동은 별개 활동으로 분류하지 않고 제조활동으로 분류되어야 한다. 그러나 자기가 생산한 재화와 구입한 재화를 함께 판매한다면 그 주된 활동에 따라 분류한다.

2019 2차 직업상담실무

- 1회 200
- 2회 210
- 3회 222

2019년 1회

01 심리검사에서 준거장면에 따른 분류 3가지를 쓰고 설명하시오. 6점

정답

1. 모의장면 검사
   실제적인 장면을 인위적으로 만들어 놓고, 그 장면에서 수검자의 수행과 성과를 관찰하고 평가하는 검사이다.

2. 실제장면 검사
   수검자의 실제적 생활상황 또는 작업장면에서 수행하는 행동과 그 결과를 관찰하고 측정하는 검사이다.

3. 경쟁장면 검사
   작업장면과 같은 상황에서 실제 문제 또는 작업을 제시하고, 문제해결을 요구하되, 특히 경쟁적으로 수행하도록 하는 검사이다.

4. 축소상황 검사
   실제적인 장면과 같지만 구체적인 과제나 직무를 매우 축소시켜 제시하고 수검자의 수행 또는 결과를 관찰하고 평가하는 검사이다.

꿀팁 제시된 답안 중 3가지만 적으면 됩니다.
KEY 심리검사 시 준거장면에 따른 분류

02 표준화된 심리검사에는 집단 내 규준이 포함되어 있다. 집단 내 규준의 종류 3가지를 적고 설명하시오. 6점

정답

1. 백분위점수
   개인이 표준화된 집단에서 차지하는 상대적 위치를 가리키는 것으로, 개인의 점수에 대해 100개의 동일한 구간에서 순위를 정한다.

2. 표준점수
   원점수를 주어진 집단의 평균을 중심으로 분포의 표준편차(등간척도)로 환산시킨 점수이다.

3. 표준등급
   9등급 또는 스테나인 점수라고 하며, 원점수를 1~9등급까지의 범주로 나누는 것이다.

꿀팁 출제빈도가 매우 높은 문제입니다. 반드시 숙지하세요.
KEY 집단 내 규준의 종류

2011년 1회

03 심리검사의 결과에 영향을 미치는 검사자 변인과 수검자 변인 중에서 강화효과, 기대효과, 코칭효과를 설명하시오. 6점

정답

1. 강화효과
   검사자가 수검자에게 제공하는 물질적 보상이나 언어적 보상이 검사 결과에 영향을 미치는 것이다.

2. 기대효과
   검사자가 수검자에게 어떠한 기대를 표명하는가가 검사 결과에 영향을 미치는 것이다.

3. 코칭효과
   검사자가 수검자에게 검사 내용이나 방법에 대해 설명, 지시, 지도, 조언하는 등의 코칭 행위가 검사 결과에 영향을 미치는 것이다.

KEY 강화효과, 기대효과, 코칭효과

2024년 1회, 2021년 2회

04 성격검사는 성격의 5요인 모델(Big five)에 근거하고 있다. 5요인을 열거하고 설명하시오. 5점

정답

1. 외향성
   타인과의 상호 작용을 원하고 타인의 관심을 끌고자 하는 경향의 정도를 말한다.

2. 호감성
   타인과 편안하고 조화로운 관계를 유지하려는 경향의 정도를 말한다.

3. 성실성
   사회적 규칙, 규범, 원칙들을 기꺼이 지키려는 경향의 정도를 말한다.

4. 정서적 불안정성
   정서적으로 얼마나 안정되어 있는지의 정도를 말한다.

5. 경험에 대한 개방성
   자기 자신을 둘러싼 세계에 대한 관심, 호기심, 다양한 경험에 대한 추구 및 포용력 정도를 말한다.

KEY 성격의 5요인 모델(Big five)의 요인

2024년 2회, 2022년 3회, 2021년 1회, 2020년 4회, 2017년 3회, 2016년 3회, 2012년 3회, 2001년 3회

05 직무분석방법 중 최초분석법에 해당하는 방법을 4가지만 쓰고 각각에 대해 설명하시오.

4점

정답

1. 관찰법
   직무분석자가 직무를 수행하는 사람들을 현장에서 직접 관찰함으로써 직무활동과 내용을 파악하는 방법이다.

2. 면접법
   직무분석자가 직무담당자와의 면접을 통하여 직무를 분석하는 방법이다.

3. 체험법
   직무분석자가 직접 직무활동에 참여하여 체험함으로써 직무분석 자료를 얻는 방법이다.

4. 설문지법(질문지법)
   직무담당자에게 설문지를 배부하여 직무 내용을 기술하도록 하여 정보를 얻는 방법이다.

꿀팁 제시된 답안 중 4가지만 적으면 됩니다.
KEY 최초분석법의 종류

> **+ 더 나아가기**
>
> **기타 최초분석법에 해당하는 방법**
> ① 작업일지법: 직무수행자가 매일 작성하는 작업일지를 가지고 해당 직무에 대한 정보를 수집하는 방법이다.
> ② 중요사건기록법(결정적 사건법): 종업원이 직무를 매우 성공적으로 수행한 경우 혹은 실패한 경우에 대한 자료를 수집한 후 그 사건들의 구체적인 행동을 알아내고, 이 행동으로부터 지식, 기술, 능력을 수집하는 방법이다.
> ③ 녹화법: 비디오테이프로 작업장면을 보면서 분석하는 방법으로, 반복되는 단순 직무이면서 작업환경이 소음, 분진, 진동, 습윤 등으로 인하여 장시간 관찰하기 어려운 경우에 사용된다.

2024년 2회, 2014년 3회

06 로(Roe)의 수직차원의 6단계를 분류하시오. 6점

정답
1단계. 고급 전문관리
2단계. 중급 전문관리
3단계. 준전문관리
4단계. 숙련직
5단계. 반숙련직
6단계. 비숙련직

KEY 로(Roe)의 수직차원 6단계

➕ 더 나아가기

수직차원의 6단계의 세부 내용		
1단계	고급 전문관리	• 중요한 정책의 독립적인 책임을 진다. • 최고 경영자, 관리자, 정책 책임자, 입안자 등이 여기에 속한다.
2단계	중급 전문관리	• 타인에 대한 중간 정도의 책임을 지거나 부분적으로 독립적 지위를 갖는다. • 정책을 집행하거나 해석한다.
3단계	준전문관리	• 타인에 대해 낮은 수준의 책임을 진다. • 정책을 적용하거나 자신만을 위한 의사결정을 한다.
4단계	숙련직	견습이나 다른 특수한 훈련 및 경험을 필요로 한다.
5단계	반숙련직	숙련직에 비해 낮은 수준의 훈련 및 경험을 필요로 한다.
6단계	비숙련직	훈련이나 경험이 필요하지 않으며, 단순하고 반복적인 활동을 한다.

07 롭퀴스트와 데이비스의 직업적응이론에서 직업적응방식의 유형 3가지를 쓰시오. 6점

정답
1. 끈기
   환경이 자신에게 맞지 않아도 오래 견뎌낼 수 있는지의 정도를 말한다.

2. 적극성
   작업환경을 개인적 방식과 좀 더 조화롭게 만들어 가려고 노력하는 정도를 말한다.

3. 반응성
   작업성격의 변화 시 직업환경에 반응하는 정도를 말한다.

4. 융통성
   작업환경과 개인적 환경 간의 부조화를 참아내는 정도를 말한다.

꿀팁 제시된 답안 중 3가지만 적으면 됩니다.
KEY 롭퀴스트와 데이비스(Lofquist & Dawis)의 직업적응방식

2023년 2회, 2022년 2회, 2019년 3회

08 Gelatt가 제시한 진로의사결정의 8단계를 순서대로 쓰시오. [6점]

> 1. 목표의식
> 2. (   )
> 3. (   )
> 4. (   )
> 5. (   )
> 6. (   )
> 7. (   )
> 8. 평가 및 재투입

정답
1. 목표의식
2. 정보수집
3. 대안 열거
4. 대안의 결과 예측
5. 대안의 실현가능성 예측
6. 가치평가
7. 의사결정
8. 평가 및 재투입

꿀팁 겔라트(Gelatt)는 처방적 진로의사모형을 주장한 학자입니다. 겔라트(Gelatt)의 진로의사결정은 직업선택에서 실수를 미리 방지하기 위한 처방적 차원에 이루어지기 때문에 암기 시 '대안'이라는 용어가 반복되는 점을 기억하세요.

KEY 겔라트(Gelatt)가 제시한 진로의사결정의 8단계

➕ 더 나아가기

겔라트(Gelatt)가 제시한 진로의사결정 8단계의 세부 내용

단계	내용
1. 목표의식	진로·직업목표를 수립한다.
2. 정보수집	관련 직업정보를 수집한다.
3. 대안 열거	선택 가능한 직업목록을 작성한다.
4. 대안의 결과 예측	선택했을 때 예상되는 결과를 예측한다.
5. 대안의 실현가능성 예측	각 결과들의 실현 가능성을 예측한다.
6. 가치평가	결과들의 가치를 평가한다.
7. 의사결정	대안을 선택한다.
8. 평가 및 재투입	의사결정에 대한 평가 및 피드백을 한다.

2022년 3회, 2014년 2회, 2011년 3회, 2008년 3회, 2005년 3회

09 Crites의 포괄적 직업상담의 상담과정을 단계별로 설명하시오. 6점

정답

1단계 – 진단단계
상담자는 내담자의 진로문제를 파악하기 위해 관련 자료를 모은다.

2단계 – 명료화 또는 해석의 단계
내담자와 상담자가 협력을 통해 의사결정과정을 방해하는 태도와 행동을 확인하며 함께 대안을 탐색한다.

3단계 – 문제해결의 단계
내담자가 자신의 문제를 확인하고 적극적으로 참여하여 문제해결을 위해 앞으로 어떤 행동을 취해야 하는가를 결정한다.

KEY 크릿츠(Crites)의 포괄적 직업상담의 과정

10 실존주의 상담의 양식세계 3가지를 쓰고 설명하시오. 6점

정답

1. 고유세계(내면적 세계)
   개인이 자기 자신과 맺는 관계, 즉 자신만의 세계를 말한다.

2. 공존세계(사회적 세계)
   사회적 존재로서 인간만이 갖게 되는 대인관계의 세계를 말한다.

3. 영적세계
   개인의 영적·종교적 세계에 대한 믿음이나 신념을 말한다.

4. 주변세계(물리적 세계)
   인간이 접하면서 살아가는 환경 혹은 생물학적 세계를 말한다.

꿀팁 제시된 답안 중 3가지만 적으면 됩니다.
KEY 실존주의 상담의 양식세계

11 교류분석 상담(TA)에서 개인의 생활각본을 구성하는 주요 요소인 기본적인 생활자세를 4가지 쓰고 설명하시오. 4점

정답
1. 자기긍정, 타인긍정
   타인에 대하여 생산적 인간관계를 가진다.

2. 자기긍정, 타인부정
   타인에 대하여 공격적 태도를 보인다.

3. 자기부정, 타인긍정
   타인과 비교하여 자신을 피해자로 보며, 자기비하적 태도를 보인다.

4. 자기부정, 타인부정
   세상에 대하여 파괴적 태도를 가지며 모든 것을 포기하려 한다.

KEY 교류분석 상담(TA)에서 생활각본을 구성하는 생활자세

12 Tolbert가 제시한 집단상담 과정에서 나타나는 활동 유형 3가지를 제시하시오. 6점

정답
1. 자기탐색
2. 상호작용
3. 개인적 정보의 검토 및 목표와의 연결
4. 직업적 정보의 획득과 검토
5. 의사결정

꿀팁 제시된 답안 중 3가지만 적으면 됩니다.
KEY 톨버트(Tolbert)가 제시한 집단상담 과정의 활동 유형

Tolbert가 제시한 집단상담 과정에서 나타나는 활동 유형
- 자기탐색: 상호 수용적 분위기 속에서 감정, 태도, 가치 등을 탐색한다.
- 상호작용: 개인적인 직업계획과 목표에 대한 집단 구성원들의 피드백이 이루어진다.
- 개인적 정보의 검토 및 목표와의 연결: 피드백을 통한 개인적 정보의 검토와 직업적 목표와의 연결이 이루어진다.
- 직업적 정보의 획득과 검토: 직업적 목표를 이루기 위해 직업 관련 정보를 획득하고 직업세계에서의 성공 가능성 검토가 이루어진다.
- 의사결정: 목표의 대안적 행동을 탐색하고 구체적인 실행으로 옮기기 위한 의사결정의 촉진이 이루어진다.

13 집단상담의 장점 5가지를 쓰시오. 5점

정답
1. 집단 구성원 간의 활발한 피드백을 통해 자기탐색을 돕는다.
2. 일반적으로 성숙도가 낮은 이에게 적합하다.
3. 개인상담보다 부담이 적어 받아들이기 쉽다.
4. 타인과의 상호 작용을 통해 대인교류 능력과 사회성을 기를 수 있다.
5. 한정된 시간에 일 대 다수 상담으로 경제성이 높다.
6. 타인을 통한 대리학습(관찰학습)의 기회를 부여한다.

꿀팁 제시된 답안 중 5가지만 적으면 됩니다.
KEY 집단상담의 장점

14 A국의 15세 이상 생산가능인구의 수가 100만 명, 경제활동참가율이 70%, 실업률이 10%라고 할 때 실업자의 수를 구하시오. 5점

정답
• 경제활동참가율(%) = $\dfrac{경제활동인구}{15세\ 이상\ 인구} \times 100 = \dfrac{경제활동인구}{100만\ 명} \times 100 = 70\%$이므로

  경제활동인구 = 100만 명 × 70% = 70만 명이다.

• 실업률(%) = $\dfrac{실업자\ 수}{경제활동인구} \times 100 = \dfrac{실업자\ 수}{70만\ 명} \times 100 = 10\%$이므로

  실업자 수 = 70만 명 × 10% = 7만 명이다.

꿀팁 고용통계는 자주 출제되는 내용입니다. 감점 없이 확실하게 만점을 맞을 수 있도록 합시다.
KEY 실업자 수 계산

2011년 1회, 2009년 3회 일부 유사

15 이중노동시장 이론에서 1차 노동시장의 직무 혹은 소속 근로자들이 갖는 특징 5가지를 쓰시오. 5점

정답

1. 1차 노동시장 내 직무의 특징
   ① 상대적으로 높은 임금
   ② 양호한 근로조건
   ③ 고용의 안정성과 승진 및 승급의 기회 보장의 공평성
   ④ 적절하고 합리적인 노무관리

2. 1차 노동시장에 종사하는 근로자들의 노동 특징
   ① 낮은 이직률과 지각 및 결근율
   ② 낮은 실업률
   ③ 직업훈련을 받을 기회가 많음
   ④ 경력에 따른 임금과 권한, 책임, 지위 등의 향상

꿀팁 1차 노동시장 내 직무 및 근로자들의 특징을 섞어서 5가지로 제시하되, 추가로 3가지를 더 알아 두시기 바랍니다.
KEY 도린저와 피오르(Doeringer & Piore) 등이 제시한 1차 노동시장의 특징

2012년 1회, 2010년 4회

16 여가와 소득의 선호에 대해서 대체효과와 소득효과의 의미를 쓰고, 여가가 정상재일 때와 열등재일 때 소득 증가에 따른 노동공급의 변화를 설명하시오. 6점

정답

1. 임금상승의 대체효과
   임금상승의 대체효과는 임금상승이 여가의 기회비용을 증가시켜 여가시간 대신 노동공급 시간을 증가시키는 효과이다.

2. 임금상승의 소득효과
   임금상승의 소득효과는 임금상승으로 노동공급시간을 줄이더라도 전과 동일한 소득을 얻기 때문에 여가시간을 늘리고 노동공급 시간을 감소시키고자 하는 것을 의미한다.

3. 여가가 정상재일 경우 노동공급의 변화
   임금상승으로 소득이 증가할 때 여가가 정상재(normal goods)라면 임금수준이 낮은 경우에는 대체효과가 더 크기 때문에 노동공급량은 증가하지만, 임금수준이 높은 경우에는 소득효과가 더 크기 때문에 노동공급량은 감소한다. 따라서 노동공급곡선은 후방굴절하는 형태를 보인다.

4. 여가가 열등재일 경우 노동공급의 변화
   여가가 열등재(inferior goods)라면 임금수준에 상관없이 노동공급은 증가한다. 즉, 임금상승으로 소득수준이 높아져도 여가의 수요는 감소한다. 임금상승에 따른 여가의 수요 감소는 노동공급량의 증가를 의미하므로 노동의 공급곡선은 우상향한다.

KEY 임금상승의 대체효과와 소득효과의 의미 및 노동공급의 변화

2024년 2회, 2016년 3회, 2003년 3회

17 던롭의 노사관계 시스템이론에서 노사관계의 3주체와 노사관계를 규제하는 환경적 여건 3가지를 쓰시오. 6점

1. 노사관계의 3주체
   ① 근로자와 그 조직(노동조합)
   ② 경영자와 그 조직(협회, 경제단체, 협동조합 등)
   ③ 노동현장과 노동계에 관심이 있는 정부의 기구 및 기관

2. 노사관계를 규제하는 여건
   ① 기술적 특성: 주로 생산현장에서의 근로자의 질이나 양, 생산과정, 생산방법 등이 포함된다.
   ② 시장 또는 예산제약: 제품시장의 형태와 기업을 경영하는 조건으로서 비용, 이윤 등의 내용을 포괄한다.
   ③ 각 주체의 세력관계: 노사관계를 포함하여 더욱 광범위한 사회 내에서 주체들의 세력관계 또는 세력 균형관계를 들 수 있다.

꿀팁 모범답안처럼 제시해야 합니다. 환경적 여건 3가지를 쓰라고 했지만 간단한 설명도 함께 제시하는 것이 좋습니다.
KEY 노사관계의 3주체와 노사관계를 규제하는 여건

2017년 1회, 2012년 3회, 2011년 3회, 2009년 2회, 2008년 1회, 2007년 1회

빈출 18 한국표준산업분류는 생산단위가 주로 수행하고 있는 산업활동을 그 유사성에 따라 유형화한 것으로 3가지 분류기준에 의해 분류된다. 이 3가지 분류기준을 쓰시오. 6점

1. 산출물(생산된 재화 또는 제공된 서비스)의 특성
   ① 산출물의 물리적 구성 및 가공단계
   ② 산출물의 수요처
   ③ 산출물의 기능 및 용도 등

2. 투입물의 특성
   ① 원재료
   ② 생산공정
   ③ 생산기술 및 시설 등

3. 생산활동의 일반적인 결합형태

꿀팁 모범답안대로 정확하게 쓰는 것이 중요합니다.
KEY 한국표준산업분류의 산업분류기준

2019년 2회

공부한 날: ___월 ___일 문제풀이 시간: 2시간 30분(150분)

2022년 1회, 2021년 3회, 2017년 1회, 2009년 1회, 2004년 1회

01 정신분석적 상담은 이성적이고 직접적인 방법으로 불안을 통제할 수 없을 때 무의식적으로 방어기제를 사용한다고 한다. 방어기제의 종류 5가지만 쓰시오. [5점]

정답

1. 억압
   의식에서 받아들이기 곤란한 욕망, 충동, 생각들을 무의식으로 밀어 넣는 것이다.

2. 부정
   고통스러운 현실을 무의식적으로 인정하지 않으려는 것이다.

3. 투사
   자신의 생각, 감정, 동기 등을 다른 사람의 탓으로 돌리는 것이다.

4. 퇴행
   과거 수준의 미숙한 행동양식으로 되돌아가는 것이다.

5. 승화
   본능적 욕구를 사회적으로 용납되는 형태로 표출하는 것이다.

6. 동일시
   어떤 사람이나 집단과 실제적 또는 상상적으로 동일시하는 것이다.

꿀팁 제시된 답안 중 5가지만 적으면 됩니다.
KEY 정신분석적 상담의 방어기제

+ 더 나아가기

방어기제
- 불안의 위협에서 자신을 보호하기 위해 무의식적으로 사용하는 사고 및 행동수단을 방어기제라고 한다.
- 프로이트(Freud)는 모든 행동이 본능에 의해 동기화되는 것처럼 인간은 기본적으로 불안을 원치 않으며 그것에서 벗어나기를 원한다고 했다. 따라서 인간은 갈등에서 비롯된 불안으로부터 자신을 보호하기 위해 다양한 방어기제를 사용하게 된다.
- 지나친 방어기제의 사용은 바람직하지 못한 결과를 초래하지만 적절하게 사용한다면 오히려 정신건강에 도움이 될 수도 있다.

2023년 2회, 2021년 1회, 2018년 3회, 2015년 3회, 2014년 1·3회, 2013년 3회, 2011년 1회, 2010년 2회, 2009년 2회, 2006년 1회

02 정신역동적 직업상담의 보딘이 주장한 직업문제의 심리적 원인을 쓰시오. 5점

정답
1. 내적 갈등(자아갈등)
2. 정보의 부족
3. 의존성
4. 확신의 결여(문제는 없지만 확신이 부족함)
5. 진로선택의 불안

KEY 보딘(Bordin)의 직업문제의 심리적 원인

보딘(Bordin)의 직업문제의 심리적 원인
① 내적 갈등(자아갈등): 자아개념과 다른 심리적 기능 간의 갈등으로 직업결정에 어려움을 가지는 경우이다.
② 정보의 부족: 개인이 진로 관련 정보를 받지 못하여 직업선택과 진로문제 해결에 어려움을 가지게 되는 경우이다.
③ 의존성: 개인의 진로문제를 책임지는 것이 어렵다고 느끼며, 스스로 해결하지 못하고 주변이나 타인에 의존하는 경우이다.
④ 확신의 결여(문제는 없지만 확신이 부족함): 잠정적인 진로 및 직업선택과 미래 진로에 대한 확신이 부족한 상황으로, 내담자가 진로에 관한 선택을 내린 이후에도 단지 그것을 확인하기 위해서 상담자를 찾는 경우이다.
⑤ 진로선택의 불안: 자신이 원하는 일과 중요한 타인의 요구가 다를 때 개인이 진로선택의 불안을 느끼게 되는 경우이다.

03 특성-요인 직업상담의 과정을 순서대로 쓰고, 각각 설명하시오. 6점

정답

1. 분석
   내담자의 적성, 흥미, 지식 및 특성 등 내담자에 관한 자료를 수집·분석하는 단계이다.

2. 종합
   내담자의 진단에 활용할 수 있도록 자료를 요약하고 정리하는 단계이다.

3. 진단
   내담자가 가진 문제의 원인을 찾고 해결을 위해 진단하는 단계이다.

4. 예후(예측)
   진단을 통해 나온 결과로 진로문제를 해결할 수 있는 대안을 탐색하고 성공 가능성을 예측하는 단계이다.

5. 상담
   내담자가 바람직한 적응을 할 수 있도록 상담자가 조언해 주고 상담하는 단계이다.

6. 추수지도
   향후 직업문제 해결과 목표달성을 위해 지속적인 도움을 주고 지도하는 단계이다.

꿀팁 특성-요인 직업상담의 과정을 묻는 문제에서는 선행단계의 내용을 각 단계의 설명에 활용할 수 있습니다. 예컨대 분석한 자료를 종합하는 것이고, 종합한 내용을 통해서 진단이 이루어지는 것입니다.

KEY 특성-요인 직업상담의 과정

2022년 1회, 2017년 3회, 2015년 1회, 2011년 2회, 2008년 3회, 2006년 1회

04 브레이필드(Brayfield)가 제시한 직업정보의 기능 3가지를 쓰고 각각에 대해 설명하시오. 6점

정답

1. 정보적 기능(정보제공 기능)
   정보를 제공함으로써 내담자의 모호한 의사결정을 돕고 내담자의 직업선택에 관한 지식을 증가시킨다.

2. 재조정 기능
   내담자가 냉철한 현실에 비추어 부적절한 직업선택을 한 것은 아닌지 점검해 보는 기초를 마련해 준다.

3. 동기화 기능
   내담자가 직업선택에 대한 의사결정과정에 적극적으로 참여하도록 동기화시킨다.

KEY 브레이필드(Brayfield)가 제시한 직업정보의 기능

2012년 3회

05 실직하고 나서 "나는 무능하다"라는 부정적인 자동적 사고가 떠올라 우울감에 빠진 내담자에게 벡(Beck)의 인지행동적 상담을 한다고 하자. 이 내담자의 부정적인 사고를 반박하고 긍정적인 대안적 사고를 찾게 하기 위해 사용할 수 있는 방법 3가지를 설명하시오.

6점

정답
1. 언어적 기법(인지적 기법)
   비합리적 신념을 논박하여 내담자의 언어를 변화시킨다.

2. 정서적 기법
   내담자로 하여금 합리적 정서를 상상하도록 한다.

3. 행동적 기법
   목표행동을 하게 함으로써 신념 체계를 변화시킨다.

KEY 벡(Beck)의 인지행동적 상담기법

➕ 더 나아가기

인지행동적 상담기법		
언어적 기법	비합리적 신념 논박하기	비합리적 신념을 반박하여 사건, 상황의 문제가 아니라 자신의 지각과 신념 때문에 장애를 느낀다는 것을 보여 준다.
	내담자의 언어 변화시키기	부정확한 언어가 왜곡된 사고의 원인 중 하나라고 보고 내담자의 언어를 변화시킨다.
정서적 기법	합리적 정서 상상하기	실생활에서 원하는 방식으로 생각하고 느끼고 행동하는 자신을 상상하게 한다.
행동적 기법	행동을 통해 신념체계 변화시키기	행동적 과제 제시, 새로운 행동 제시를 통해 목표행동을 하게 함으로써 신념체계를 변화시킨다.

06 수퍼(Super)의 경력개발 단계 중 성장기의 3단계를 쓰고, 각각에 대해 설명하시오. 5점

정답

1. 환상기
   아동적 욕구가 지배적이고 직업에 환상을 갖는 시기이다.

2. 흥미기
   개인의 취향에 따라 목표를 결정하며, 흥미를 중시하는 시기이다.

3. 능력기
   직업의 요구조건을 고려하며, 능력을 보다 중시한다.

꿀팁 수퍼(Super)의 직업(진로)발달단계는 1차 필기에서의 비중에 비해 2차 실무에서는 출제빈도가 낮은 편입니다만, 기본적으로 숙지해야 할 내용입니다.
KEY 수퍼(Super)의 직업(진로)발달 단계 중 성장기의 3단계

+더 나아가기

성장기(출생~14세)
가정이나 학교에서 중요한 타인과 자신을 동일시하여 자아개념을 발달시키는 시기로, 초기에는 욕구와 환상이 지배적이나 점차 흥미와 능력을 중시한다. 자기에 대한 지각이 생겨나고 직업세계에 대한 기본적인 이해가 이루어진다.

2021년 3회

07 생애진로사정의 구조 중 진로사정의 3가지 부분을 각각 설명하시오. 6점

정답
1. 일의 경험
   내담자의 일의 경험과 관련하여 좋았던 점과 싫었던 점에 대해 사정한다.

2. 교육 또는 훈련과정
   내담자의 교육 또는 훈련과정과 관련하여 좋았던 점과 싫었던 점에 대해 사정한다.

3. 여가시간(오락)
   내담자의 여가시간과 활동에 대해 사정한다.

KEY 생애진로사정의 구조 중 진로사정

더 나아가기

생애진로사정의 구조
① 진로사정: 내담자의 직업경험(시간제·전임, 유·무보수), 교육 또는 훈련과정과 관련된 문제들, 여가활동에 대해 사정한다.
② 전형적인 하루: 내담자가 의존적인지 또는 독립적인지, 자발적(임의적)인지 또는 체계적인지 자신의 성격차원을 파악하도록 돕는다.
③ 강점과 장애: 현재 내담자의 강점 및 직면하고 있는 문제나 환경적 장애, 장애를 극복하기 위해 가지고 있는 대처자원이나 잠재력을 탐구한다.
④ 요약: 내담자 스스로 자신에 대해 알게 된 내용을 요약해 보도록 함으로써 자기인식을 증진시킨다.

2013년 1회

08 집단상담은 그 형태와 접근 방식에 따라 여러 가지로 나눌 수 있다. 집단상담의 형태를 3가지 쓰고 각각 설명하시오. 6점

정답
1. 상담집단
   집단 구성원의 대인관계 문제 해결, 자기 이해 증진, 부적응 행동의 극복 등을 도와주는 것을 목적으로 한다.

2. 치료집단
   주로 병원이나 임상장면에서 치료를 목적으로 하며, 정상적인 기능을 할 수 없는 사람들을 대상으로 구성한다.

3. 자조집단
   공통의 문제나 관심을 가진 사람들이 도여 문제를 효율적으로 대처해 나갈 수 있도록 지지체계를 형성하는 집단이다.

꿀팁 집단상담의 형태는 무수히 많습니다. 모범답안에 제시 된 형태 이외에도 교육집단, 지도집단, 마라톤집단, T집단, 참만남 집단, 구조화집단, 비구조화집단, 반구조화집단 등이 있습니다. 본 교재에서는 가급적 답하기 쉬운 내용을 선정하였습니다.
KEY 집단상담의 형태

2021년 1·3회, 2018년 3회, 2016년 1·3회, 2011년 2회, 2010년 1회, 2005년 1회

09 검사는 사용목적에 따라 규준참조검사와 준거참조검사로 분류될 수 있다. 규준참조검사와 준거참조검사의 의미를 각각 예를 들어 설명하시오. 6점

정답

1. 규준참조검사
   개인의 점수를 다른 사람의 점수와 비교해서 상대적으로 어떤 수준인지를 알아보는 검사로, 대부분의 심리검사가 규준참조검사에 해당한다.

2. 준거참조검사
   검사 점수를 타인과 비교하는 것이 아니라 어떤 기준점수와 비교해서 이용하는 검사로, 대부분의 국가자격시험이 준거참조검사에 해당한다.

꿀팁 심리검사 분류를 묻는 문제 중 비교적 출제비중이 높은 문제입니다. 반드시 숙지하세요.
KEY 규준참조검사와 준거참조검사

2022년 3회, 2021년 2회, 2019년 3회, 2017년 1회, 2014년 3회, 2009년 3회, 2006년 3회, 2002년 1회, 2001년 3회, 2000년 3회

10 심리검사에는 선다형이나 '예, 아니요' 등 객관적 형태의 자기보고형 검사(설문지 형태 검사)가 가장 많이 사용된다. 이런 형태의 검사가 가지는 장점 5가지를 쓰시오. 5점

정답

1. 검사의 실시, 채점, 해석이 간편하다.
2. 검사의 신뢰도와 타당도가 검증되어 있다.
3. 검사자나 상황변인이 검사반응에 영향을 미치지 않아 객관성이 보장된다.
4. 검사시행 시간이 짧다.
5. 비용 측면에서 경제적이다.

꿀팁 객관적 검사의 장점은 투사적 검사의 단점이고, 객관적 검사의 단점은 투사적 검사의 장점입니다. 이를 참고하여 답안을 작성하면 됩니다.
KEY 객관적 검사(선다형의 자기보고식 검사)의 장점

＋ 더 나아가기

객관적 검사(선다형의 자기보고식 검사)의 단점
- 내담자가 사회적 바람직성이라는 차원에서 검사문항들에 대한 방어를 할 수 있다.
- 개인이 응답하는 방식에 부정적 또는 긍정적 응답과 같은 일정한 흐름이 있을 수 있는데, 이러한 반응의 경향성이나 묵종의 경향성에 따라 반응이 오염될 수 있다.
- 문항의 응답이 제한적이어서 수검자의 감정, 신념 등 무의식적 요인을 밝히는 데는 한계가 있다.

2023년 1·2·3회, 2022년 1회, 2021년 1회, 2020년 1·3·4회, 2018년 2회, 2016년 1회, 2014년 3회, 2009년 1회, 2008년 1회, 2007년 1회, 2004년 1회

11 홀랜드(Holland)의 흥미에 관한 유형 6가지를 쓰시오. 6점

정답

1. 현실형(R)
   기계, 도구, 동물에 관한 체계적인 조작활동을 좋아하며 현장 일을 선호하나, 사회적 기술이 부족하다.

2. 탐구형(I)
   호기심이 많고 분석적이어서 과학적 탐구활동을 선호하나, 리더십 기술이 부족하다.

3. 예술형(A)
   창의적이며 감성이 풍부하고 개방적이나 틀에 박힌 일을 싫어하며 규범적인 기술이 부족하다.

4. 사회형(S)
   친절하고 이해심이 많으며 다른 사람을 돕는 것을 즐기나, 과학적이거나 기계적인 활동 능력이 부족하다.

5. 진취형(E)
   외향적이며 지도력이 있고 말을 잘하나, 상징적·체계적·과학적 활동에 대한 능력이 부족하다.

6. 관습형(C)
   자료를 잘 정리하고 순응적이며 책임감이 강한 반면, 변화에 약하고 융통성이 부족하다.

꿀팁 홀랜드(Holland)의 흥미유형을 묻는 문제는 주로 "~ 쓰시오." 또는 "~ 쓰고 설명하시오."로 출제됩니다. 이 문제에서는 "~ 쓰시오."로 출제되었으므로 명칭만 적어도 됩니다. 하지만 만일을 대비하여 설명까지 숙지하시기 바랍니다

KEY 홀랜드(Holland)의 흥미유형

2022년 3회, 2013년 2회, 2010년 3회, 2001년 3회

12 측정의 신뢰성을 높이기 위해선 측정오차를 최소로 줄여야 한다. 측정오차를 줄이기 위한 구체적인 방법 3가지를 쓰시오. 6점

정답

1. 표준화된 검사를 사용한다.
2. 신뢰도에 나쁜 영향을 주는 문항을 제거한다.
3. 검사 문항 수와 반응 수를 늘린다.
4. 균일한 검사조건을 유지하여 오차변량을 줄인다.
5. 검사실시와 채점 과정을 표준화한다.
6. 측정자 태도와 측정방식의 일관성을 유지한다.
7. 표본추출방법을 적절히 선택한다.

꿀팁 제시된 답안 중 3가지만 적으면 됩니다.
KEY 측정오차를 줄이기 위한 방법

2009년 2회

13 직무기술서에 포함되는 정보 5가지를 적으시오. 5점

1. 직무의 명칭, 급수, 조직 내 위치, 보고체계, 임금과 같은 직무정의에 관한 정보
2. 직무의 목적이나 사명, 직무에서 산출되는 재화나 서비스에 관한 직무요약
3. 직무에서 사용하는 기계, 도구, 장비, 기타 보조장비
4. 직무에서 사용하는 원재료, 반가공품, 물질, 기타 물품
5. 재료로부터 최종 산물을 만들어 내는 방식
6. 감독의 형태, 작업의 양과 질에 관한 규정 등의 지침이나 통제
7. 직무의 목적을 달성하기 위해 작업자가 하는 과제나 활동
8. 직무가 이루어지는 물리적 · 심리적 · 정서적 환경 등

꿀팁 제시된 답안 중 5가지만 적으면 됩니다.
KEY 직무기술서에 포함되는 정보

2016년 1회, 2010년 3회

14 롭퀴스트(Lofquist)와 데이비스(Dawis)의 직업적응이론에 기초하여 개발한 직업적응과 관련된 검사도구 3가지를 쓰시오. 6점

1. 미네소타 중요도 질문지(MIQ)
2. 미네소타 직무기술 질문지(MJDQ)
3. 미네소타 직무만족 질문지(MSQ)

KEY 롭퀴스트와 데이비스(Lofquist & Dawis)의 직업적응과 관련된 검사도구

롭퀴스트와 데이비스(Lofquist & Dawis)의 직업적응 관련 검사도구
① 미네소타 중요도 질문지(MIQ: Minnesota Importance Questionnaire): 개인이 일의 환경에 대해 지니는 20가지 욕구와 6가지 가치관을 측정하는 도구로, 190개의 문항으로 구성되어 있다.
② 미네소타 직무기술 질문지(MJDQ: Minnesota Job Description Questionnaire): 일의 환경이 20개의 욕구를 만족시켜 주는 정도를 측정하는 도구로, 하위척도는 미네소타 중요도 질문지와 동일하다.
③ 미네소타 직무만족 질문지(MSQ: Minnesota Satisfaction Questionnaire): 직무만족의 원인이 되는 일의 강화요인을 측정하는 도구로, 능력의 사용, 성취, 승진, 활동, 다양성, 작업조건, 회사의 명성, 인간자원의 관리체계 등의 척도로 구성되어 있다.

2012년 2회

15 인적자본에 대한 투자의 대상을 3가지만 쓰고, 각각에 대해 설명하시오. 6점

정답

1. 정규교육 또는 학교교육
   가장 중요한 인적자본 투자의 대상이다. 학교교육을 통하여 지식과 기술을 습득하게 되고, 이러한 지식과 기술이 개인의 노동능력을 높이는 요인이기 때문이다.

2. 현장훈련
   취업자가 취업 후에 사업장에 작업현장에서 작업을 통하여 획득하는 기술훈련을 말한다. 정규교육과 함께 인적자본의 투자에 있어서 큰 비중을 차지한다.

3. 이주
   노동자가 자신의 생산능력을 최대한 발휘할 수 있는 곳으로 이동함으로써 자신의 가치를 더욱 증가시키는 과정이다. 이주에는 비용이 들지만 이주에 의해 더 높은 수익을 얻을 수 있기 때문에 인적자본 투자로 간주된다.

4. 건강
   건강에 대한 투자를 통해 건강수준이 높아지면 노동공급시간을 일정수준 이상으로 유지시킬 수 있고 결근 등에 따른 경제적 손실을 줄일 수 있다.

5. 정보
   정보에 대한 투자도 인적자본 투자의 대상으로 생각할 수 있다. 특히 노동시장은 정보가 불완전한 상태에 있으므로 일정한 탐색비용의 지출, 기타 노동시장 관련 정보를 얻기 위한 투자비용의 지출은 더 많은 수익을 확보해 줄 수 있게 한다.

꿀팁 문제가 "~ 쓰고, ~설명하시오."로 출제되었으므로, 모범답안과 같이 설명을 함께 제시해야 합니다. 제시된 답안 중 3가지만 적으면 됩니다.

KEY 인적자본에 대한 투자대상

2023년 1회, 2021년 3회, 2019년 3회, 2016년 2회, 2013년 2회, 2009년 3회, 2007년 3회, 2006년 1회, 2005년 1회

16 노동수요의 탄력성 결정요인 4가지를 쓰시오. 4점

정답
1. 상품에 대한 수요 탄력성
   노동수요는 파생수요이므로 상품의 수요 탄력성이 커지면 노동수요의 탄력성도 커진다.

2. 노동비용이 총생산비에서 차지하는 비중
   노동비용이 총생산비에서 차지하는 비중이 큰 경우 임금상승 시 노동수요량이 크게 감소하므로 노동수요 탄력성은 커진다.

3. 다른 생산요소와 노동의 대체 가능성
   노동을 다른 생산요소로 쉽게 대체할 수 있다면 임금상승 시 노동 대신 다른 생산요소로 대체하므로 노동수요가 크게 감소하여 노동수요 탄력성은 커진다.

4. 노동 이외의 생산요소의 공급 탄력성
   다른 생산요소의 공급 탄력성이 커지면 노동을 다른 생산요소로 쉽게 대체할 수 있어 노동수요 탄력성이 커진다.

꿀팁 각 요인을 정확히 제시하고, 4가지 모두 각각이 클수록 탄력성이 커진다는 것도 함께 설명해야 합니다.
KEY 노동수요의 탄력성 결정요인

2024년 3회, 2022년 1·3회, 2021년 3회, 2012년 2회, 2011년 1·3회, 2010년 3회, 2008년 3회, 2000년 1회

17 한국표준직업분류에서 다수직업 종사자의 의미와 분류원칙을 순서대로 쓰고, 각각에 대해 설명하시오. 6점

정답
1. 다수직업 종사자의 의미
   한 사람이 전혀 상관성이 없는 두 가지 이상의 직업에 종사하는 경우를 말한다.

2. 다수직업 종사자의 분류원칙
   ① 취업시간 우선의 원칙: 가장 먼저 분야별로 취업시간을 고려하여 보다 긴 시간을 투자하는 직업으로 결정한다.
   ② 수입 우선의 원칙: 위 ①로 분별하기 어려운 경우는 수입(소득이나 임금)이 많은 직업으로 결정한다.
   ③ 조사 시 최근의 직업 원칙: 위의 ①, ②로 판단할 수 없는 경우에는 조사 시점을 기준으로 최근에 종사한 직업으로 결정한다.

꿀팁 다수직업 종사자의 분류원칙 3가지를 순서대로 쓰고, 이에 대한 설명도 함께 제시하시기 바랍니다.
KEY 다수직업 종사자의 의미와 분류원칙

18 아래의 주어진 표를 보고 다음을 계산하시오. 5점

2022년 2회, 2017년 1회, 2011년 2회

(단위: 천 명)

구분	15~19세	20~24세	25~29세	30~50세
생산가능인구	3,284	2,650	3,846	22,982
경제활동인구	203	1,305	2,797	17,356
취업자	178	1,181	2,598	16,859
실업자	25	124	199	497
비경제활동인구	3,082	1,346	1,049	5,627

(1) 30~50세 고용률(%)을 계산하시오. (소수점 둘째 자리에서 반올림)
(2) 30~50세 고용률을 29세 이하 고용률과 비교하여 분석하시오.

정답

(1) 30~50세 고용률(%)

$$고용률(\%) = \frac{취업자\ 수}{15세\ 이상\ 인구(생산가능인구)} \times 100$$

따라서 30~50세의 고용률(%) = $\frac{16,859천\ 명}{22,982천\ 명} \times 100 = 73.4\%$

(2) 30~50세 고용률과 29세 이하 고용률의 비교

① 29세 이하의 고용률(%) = $\frac{178천\ 명 + 1,181천\ 명 + 2,598천\ 명}{3,284천\ 명 + 2,650천\ 명 + 3,846천\ 명} \times 100$

= $\frac{3,957천\ 명}{9,780천\ 명} \times 100 = 40.5\%$

② 통계에서 30~50세의 고용률이 29세 이하의 고용률보다 크게 나타나고 있다. 그 이유는 두 가지로 나누어 설명할 수 있다.
- 30~50세는 가정의 생계를 책임지는 가장이 많으므로 고용조건이 좋지 않아도 계속 일을 하게 된다. 따라서 주당 근로시간이 18시간 미만인 불완전취업자도 많이 있지만 이들은 모두 취업자로 분류되므로 그만큼 고용률을 높이는 효과가 있다.
- 29세 이하는 현재 학생이거나, 더 좋은 직장을 구하기 위해 취업을 준비하고 있는 취업준비자가 많기 때문에 29세 이하의 인구 중 상당수가 비경제활동인구로 분류되고 있다. 이들은 고용률을 낮추는 요인으로 작용한다.

KEY 고용률 계산과 비교분석

2019년 3회

01 [빈출]
2023년 2회, 2020년 3·4회, 2016년 1회, 2015년 1·2회, 2010년 1·4회, 2009년 3회, 2008년 1회, 2006년 3회, 2003년 1·3회, 2001년 1회

구성타당도의 유형에 속하는 타당도 2가지를 쓰고, 각각 설명하시오. [4점]

[정답]

1. 변별타당도
   검사의 결과가 그 속성과 관계없는 변인들과 낮은 상관관계를 지니고 있는지의 정도를 측정하는 것으로, 상관계수가 낮을수록 변별타당도가 높다.

2. 수렴타당도
   검사의 결과가 그 속성과 관계있는 변인들과 높은 상관관계를 지니고 있는지의 정도를 측정하는 것으로, 상관계수가 높을수록 수렴타당도가 높다.

3. 요인분석법
   검사문항들 간의 상관관계를 분석하여 상관이 높은 문항이나 변인들을 묶어 주는 통계적 방법이다.

[꿀팁] 변별타당도, 수렴타당도 2가지를 답안으로 작성하는 것을 추천합니다.
[KEY] 구성타당도의 종류

[+더 나아가기]
다속성-다측정 방법 행렬표(MTMM)
둘 이상의 특성에 대해 둘 이상의 방법으로 측정하여 그 결과를 분석한 후 두 가지 측정결과가 어느 정도 상관관계가 있는지 알아보는 방법이다. 수렴타당도 측정 후 변별타당도를 측정하고, 다시 이 두 점수 간의 상관관계를 확인한다.

02
2024년 3회, 2009년 3회

발달적 직업상담에서 직업상담사가 사용할 수 있는 기법 중 진로 자서전과 의사결정 일기를 각각 설명하시오. [4점]

[정답]

1. 진로 자서전
   내담자가 과거에 어떤 진로의사결정을 했는지를 자유롭게 기술하게 하는 자료이다. 일상의 경험, 학과선택, 일 경험 등이 포함된다.

2. 의사결정 일기
   내담자의 진로 상황에서 일상적인 의사결정 방식을 작성해 보도록 하는 것으로, 진로 자서전의 보충역할을 한다.

[KEY] 진로 자서전과 의사결정 일기

03. 노동수요의 탄력성을 구하는 공식을 쓰고, 노동수요의 탄력성에 영향을 주는 4가지 요인을 쓰시오. 6점

2023년 1회, 2021년 3회, 2019년 2회, 2018년 3회, 2017년 1·2회, 2016년 2회, 2014년 1·2회, 2013년 2회, 2012년 2회, 2009년 3회, 2007년 3회, 2006년 1회, 2005년 1회

정답

1. 노동수요의 탄력성을 구하는 공식

$$\text{노동수요의 탄력성} = -\frac{\text{노동수요량의 변화율(\%)}}{\text{임금의 변화율(\%)}} = -\frac{\dfrac{\text{노동수요량의 변동분}}{\text{원래의 노동수요량}}}{\dfrac{\text{임금의 변동분}}{\text{원래의 임금}}}$$

2. 노동수요의 탄력성에 영향을 주는 요인
   ① 상품에 대한 수요 탄력성: 노동수요는 파생수요이므로 상품의 수요 탄력성이 커지면 노동수요의 탄력성도 커진다.
   ② 노동비용이 총생산비에서 차지하는 비중: 노동비용이 총생산비에서 차지하는 비중이 큰 경우 임금상승 시 노동수요량이 크게 감소하므로 노동수요 탄력성은 커진다.
   ③ 다른 생산요소와 노동의 대체 가능성: 노동을 다른 생산요소로 쉽게 대체할 수 있다면 임금상승 시 노동 대신 다른 생산요소로 대체하므로 노동수요가 크게 감소하여 노동수요 탄력성은 커진다.
   ④ 다른 생산요소의 공급 탄력성: 노동 이외 생산요소의 공급 탄력성이 커지면 노동을 다른 생산요소로 쉽게 대체할 수 있어 노동수요 탄력성이 커진다.

꿀팁 힉스-마셜법칙, 즉 노동수요 탄력성의 결정요인은 빈출되는 주제이므로 반드시 숙지하시기 바랍니다.
KEY 노동수요의 탄력성

04. 인지-정서적 상담이론에서 비합리적 신념의 뿌리를 이루고 있는 것으로 가정한 3가지 당위성을 쓰고, 각각 예를 들어 설명하시오. 6점

2013년 1회, 2011년 3회, 2010년 2회, 2009년 2회

정답

1. 나에 대한 당위성
   나는 어떤 사람이 되어야 한다는 당위적 신념이다.
   예 나는 반드시 훌륭한 사람이 되어야 한다.

2. 타인에 대한 당위성
   타인에 대한 당위적 신념이다.
   예 타인은 반드시 나를 공정하게 대해야 한다.

3. 세상에 대한 당위성
   상황이나 환경이 자신이 원하는 방향으로 돌아가야 한다는 신념이다.
   예 세상은 반드시 항상 내가 원하는 방향으로 돌아가야만 한다.

KEY 인지-정서적 상담이론에서 비합리적 신념의 3가지 당우성

2024년 1회, 2022년 2회, 2016년 3회, 2010년 2회

05 심리검사 사용의 윤리적 문제와 관련하여 주의하여야 할 사항 6가지만 쓰시오. 6점

정답
1. 피검사자가 이해하기 쉬운 언어로 설명해야 한다.
2. 심리검사의 개발시기가 오래되어 평가 결과가 시대에 뒤떨어질 수 있음을 인정한다.
3. 검사의 사용 여부, 비밀보장 등 피검사자의 권리를 존중한다.
4. 심리검사의 결과는 평가기관의 사용목적에 맞게 제한적으로 사용되어야 한다.
5. 타당도와 신뢰도가 높은 표준화된 검사를 사용한다.
6. 적절한 훈련을 받거나 자격을 가진 자가 검사를 실시한다.

KEY 심리검사 사용의 윤리적 문제와 관련한 주의사항

2024년 2회, 2022년 2회, 2020년 1회, 2015년 1회, 2014년 2회, 2010년 1·2·4회, 2009년 2회, 2008년 1회

06 한국표준직업분류에서 직업으로 보지 않는 활동을 4가지 쓰시오. 4점

정답
1. 자기 집의 가사활동에 전념하는 경우
2. 교육기관에 재학하며 학습에만 전념하는 경우
3. 시민봉사활동 등에 의한 무급 봉사적인 일에 종사하는 경우
4. 사회복지시설 수용자의 시설 내 경제활동
5. 수형자의 활동과 같이 법률에 의한 강제노동을 하는 경우
6. 이자, 주식배당, 임대료(전세금, 월세금) 등과 같은 자산 수입이 있는 경우
7. 연금법, 국민기초생활보장법, 국민연금법 및 고용보험법 등의 사회보장이나 민간보험에 의한 수입이 있는 경우
8. 경마, 경륜, 경정, 복권 등에 의한 배당금이나 주식투자에 의한 시세차익이 있는 경우
9. 예·적금 인출, 보험금 수취, 차용 또는 토지나 금융자산을 매각하여 수입이 있는 경우
10. 도박, 강도, 절도, 사기, 매춘, 밀수와 같은 불법적인 활동

꿀팁 한국표준직업분류에서 경제성이 없는 활동, 속박된 상태에서의 활동, 윤리성이 없는 활동은 직업으로 보지 않습니다. 제시된 답안 중 4가지만 적으면 됩니다.
KEY 한국표준직업분류에서 직업으로 보지 않는 활동

2024년 3회, 2022년 2회, 2016년 2회, 2013년 1회, 2011년 2회

07 표준화를 위해 수집된 자료가 정규분포에서 벗어나는 것은 검사도구의 문제보다 표집 절차의 오류에 원인이 있을 수 있다. 이를 해결하기 위한 방법 3가지를 쓰고, 각각 설명하시오. 6점

정답

1. 완곡화 방법
   표준화를 위해 수집된 자료가 정상분포의 모양을 갖추도록 점수를 더하거나 빼 주는 방법이다. 정상분포와 비슷하게 나왔을 때 사용할 수 있다.

2. 절미법
   평균을 기준으로 하여 최빈치에 따른 분포곡선의 형태에서 한쪽으로 치우친 꼬리인 편포를 잘라내 주는 방법이다.

3. 면적 환산법
   각 점수들의 백분위를 찾아서 그 백분위에 해당하는 Z점수(표준점수)를 찾는 방법이다.

KEY 표집절차의 오류 해결 방법

2016년 2회, 2013년 3회

08 K제과점 근로자 수와 하루 생산량은 다음과 같다. 아래의 물음에 답하시오. (케이크 1개당 가격은 10,000원, 근로자의 일당은 80,000원) 6점

근로자 수	케이크 생산량	근로자 수	케이크 생산량	근로자 수	케이크 생산량
0명	0개	1명	10개	2명	18개
3명	23개	4명	27개		

(1) 근로자 수가 2명인 경우 노동의 한계생산은? (계산식과 답)
(2) 근로자 수가 3명인 경우 노동의 한계수입생산은? (계산식과 답)
(3) 근로자 한 명의 임금이 하루 8만 원이라면 이윤 극대화가 이루어지는 때의 제과점의 채용근로자 수와 케이크의 생산량은? (계산식과 답)

정답

(1) 근로자 수가 2명인 경우 노동의 한계생산

노동의 한계생산은 노동(근로자) 1명을 더 투입할 때 그로 인한 생산량의 증가분이다.

따라서, 노동의 한계생산 = 18개 − 10개 = 8개

(2) 근로자 수가 3명인 경우 노동의 한계수입생산

노동의 한계수입생산 = 노동의 한계생산 × 생산물의 가격이다.

노동의 한계생산 = 23개 − 18개 = 5개

따라서, 노동의 한계수입생산 = 5개 × 10,000원 = 50,000원

(3) 근로자 한 명의 임금이 하루 8만 원이라면 이윤 극대화가 이루어지는 때의 제과점의 채용근로자 수와 케이크의 생산량

이윤 극대화는 '임금(근로자 일당) = 노동의 한계수입생산'에서 이루어진다. 근로자가 2명일 때 노동의 한계수입생산 = 8개 × 10,000원 = 80,000원이고, 이는 임금 80,000원과 같으므로, 근로자 2명을 채용하여 케이크 18개를 생산할 때 이윤극대화가 이루어진다.

꿀팁 각 개념과 계산식은 꼭 함께 제시해야 합니다.
KEY 노동의 한계생산과 한계수입생산, 이윤 극대화

2024년 2회, 2023년 2회, 2018년 2회, 2015년 3회, 2013년 2회, 2012년 1회, 2011년 1회, 2010년 4회

09 게슈탈트 상담의 상담기법 3가지만 쓰고 각각에 대해 설명하시오. 6점

정답

1. 욕구와 감정의 자각
   현재 상황에서 느껴지는 내담자의 욕구와 감정을 자각시킨다.

2. 신체자각
   현재 내담자가 느끼고 있는 욕구와 감정을 신체적 감각을 통해 자각시킨다.

3. 언어자각
   내담자가 언어를 통해 자신의 욕구에 대해 책임을 지고 언어와 행동을 알아차릴 수 있도록 한다.

4. 과장하기
   욕구와 감정을 명확히 지각하도록 자신의 행동과 언어를 과장하게 한다.

5. 빈 의자 기법
   현재 상담장면에 와 있지 않은 사람이 실제 앉아 있는 것처럼 빈 의자에 투사하여 내담자의 감정을 표현하게 한다.

6. 꿈 작업
   마치 꿈이 현재 일어난 사건인 것처럼 꿈의 각 부분을 연기하게 한다.

7. 자기 부분들 간의 대화
   내담자에게 내재되어 있는 상반된 자아 간의 대화를 유도한다.

꿀팁 제시된 답안 중 3가지만 적으면 됩니다.
KEY 게슈탈트(형태주의) 상담의 상담기법

2022년 3회, 2021년 2회, 2019년 2회, 2017년 1회, 2014년 3회, 2009년 3회, 2006년 3회, 2002년 1회, 2001년 3회, 2000년 3회

10 심리검사 중 선다형이나 '예', '아니요' 등 객관식 형태의 자기보고형 검사(설문지 형태의 검사)가 가지는 단점 3가지를 쓰시오. 6점

1. 내담자가 사회적 바람직성이라는 차원에서 검사문항들에 대한 방어를 할 수 있다.
2. 개인이 응답하는 방식에 부정적 또는 긍정적 응답과 같은 일정한 흐름이 있을 수 있는데, 이러한 반응 경향성이나 묵종 경향성에 따라 반응이 오염될 수 있다.
3. 문항의 응답이 제한적이어서 수검자의 감정, 신념 등 무의식적인 요인을 밝히는 데는 한계가 있다.

꿀팁 객관식 형태의 자기보고형 검사는 단점보다 장점을 물어보는 경우가 더 많습니다.
KEY 객관식 형태의 자기보고형 검사(설문지 형태의 검사)의 단점

> **투사적 검사와 비교한 객관적 검사의 장점**
> - 검사의 실시, 채점, 해석이 간편하다.
> - 검사의 신뢰도와 타당도가 검증되어 있다.
> - 검사자나 상황변인이 검사반응에 영향을 미치지 않아 객관성이 보장된다.
> - 검사시행 시간이 짧다.
> - 비용 측면에서 경제적이다.

2022년 2회, 2019년 1회

11 Gelatt가 제시한 직업의사결정의 상담과정 8단계를 순서대로 쓰시오. 6점

1. 목표의식
2. (   )
3. (   )
4. (   )
5. (   )
6. (   )
7. (   )
8. 평가 및 재투입

정답
1. 목표의식
2. 정보수집
3. 대안 열거
4. 대안의 결과 예측
5. 대안의 실현가능성 예측
6. 가치평가
7. 의사결정
8. 평가 및 재투입

KEY 겔라트(Gelatt)가 제시한 직업(진로)의사결정의 상담과정 8단계

2022년 2회, 2015년 1회, 2013년 1회, 2003년 1회

12 직무분석의 방법 중 결정적 사건법의 단점 3가지를 쓰시오. 6점

정답
1. 응답자들이 사건을 왜곡하여 기술할 가능성이 있다.
2. 일상적인 수행과 관련된 지식, 기술, 능력이 배제될 수 있다.
3. 정확한 조사를 위해서 특별히 훈련받은 사람이 필요하다.

KEY 결정적 사건법(중요사건기록법)의 단점

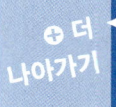
결정적 사건법(중요사건기록법)
종업원이 직무를 매우 성공적으로 수행한 경우 혹은 실패한 경우에 대한 자료를 수집한 후 그 사건들의 구체적인 행동을 알아내고, 이 행동으로부터 지식, 기술, 능력을 수집하는 직무분석방법이다.

13 생애진로사정(LCA)의 구조 4가지와 생애진로사정을 통해 얻을 수 있는 정보 3가지를 쓰시오. 7점

정답
1. 생애진로사정의 구조
   ① 진로사정
   ② 전형적인 하루
   ③ 강점과 장애
   ④ 요약

2. 생애진로사정을 통해 얻을 수 있는 정보
   ① 내담자 가치관과 자기인식의 정도
   ② 내담자의 교육수준과 직업경험에 대한 객관적 정보
   ③ 내담자 자신의 기술과 유능성에 대한 자기평가 및 상담자의 평가정보

KEY 생애진로사정(LCA)

14 반분신뢰도를 추정하기 위해 사용하는 방법 3가지를 쓰고, 각각 설명하시오. 6점

정답
1. 기우반분법(기우절반법)
   검사 문항의 번호를 홀수와 짝수로 반분하는 방법이다.

2. 전후반분법(전후절반법)
   검사의 문항을 배열된 순서에 따라 전반과 후반으로 반분하는 방법이다.

3. 짝진 임의배치법
   각 문항의 통계치에서 가까이 있는 두 문항을 짝을 지은 다음, 각 짝에서 한 문항을 임의로 선택하여 양분하는 방법이다.

KEY 반분신뢰도를 추정하는 방법

2024년 1회, 2022년 1회, 2020년 4회, 2017년 3회, 2015년 2·3회, 2014년 2회, 2011년 3회, 2010년 1·2·3회, 2009년 2회, 2000년 1회

15 특정 시기의 고용동향이 다음과 같을 때 임금근로자는 몇 명인지 계산하시오. (단, 계산식과 답 모두 쓰시오) 3점

> (1) 15세 이상 인구: 35,986천 명
> (2) 비경제활동인구: 14,716천 명
> (3) 취업자: 20,148천 명(자영업주 5,645천 명, 무급가족종사자 1,684천 명, 상용근로자 6,113천 명, 임시근로자 4,481천 명, 일용근로자 2,225천 명)

- '취업자 수 = 임금근로자 수 + 비임금근로자 수(자영업주 + 무급가족종사자)'이므로
  '임금근로자 수 = 취업자 수 − 비임금근로자 수'이다.
  따라서 20,148천 명 − 7,329천 명 = 12,819천 명이다.
- 또 다른 방법으로는 '임금근로자 수 = 상용근로자 수 + 임시근로자 수 + 일용근로자 수'가 있다.
  따라서 6,113천 명 + 4,481천 명 + 2,225천 명 = 12,819천 명이다.

KEY 임금근로자 수

2024년 1회, 2016년 3회, 2012년 3회, 2011년 1회, 2010년 3회

16 '자기보고식 가치사정하기'에서 가치사정법 6가지를 쓰시오. 6점

1. 존경하는 사람 기술하기
2. 백일몽 말하기
3. 체크목록 가치에 순위 매기기
4. 과거의 선택 회상하기
5. 자유시간과 금전의 사용계획 조사하기
6. 절정 경험 조사하기

KEY 자기보고식 가치사정법

17 산업별로 임금격차가 발생하는 원인 3가지를 쓰고 설명하시오. 6점

정답

1. 노동생산성의 차이
   임금이론의 한계생산력설에 의하면 노동생산성이 높은 산업은 다른 사정이 동일할 경우 임금수준도 높게 된다. 따라서 산업 간 생산성의 차이가 클수록 산업 간의 임금격차는 커지게 된다.

2. 노동조합의 존재 여부
   노동조합이 광범위하게 조직되어 있는 산업 또는 교섭력이 강한 산업일수록 그렇지 않은 산업과 비교할 때 임금격차는 커지게 된다.

3. 산업별 집중도의 차이
   산업별 집중도의 차이는 상품시장에서의 독과점의 정도를 나타낸다. 산업별 집중도의 차이가 클수록 산업별 임금격차는 커지게 된다.

KEY 산업별 임금격차의 발생 원인

2015년 2회

18 진로시간전망 검사지의 주요 용도 3가지를 쓰고 각각 설명하시오. 6점

정답
1. 미래의 방향을 이끌어 내기 위해서
2. 미래에 대한 희망을 심어 주기 위해서
3. 미래가 실제인 것처럼 느끼도록 하기 위해서
4. 계획에 대해 긍정적 태도를 강화하기 위해서
5. 목표설정을 촉구하기 위해서
6. 현재의 행동을 미래의 결과와 연계시키기 위해서
7. 계획기술을 연습하기 위해서
8. 진로의식을 높이기 위해서

꿀팁 진로시간전망 검사지의 사용 목적은 내담자로 하여금 미래지향적 태도를 갖게 하는 것이기 때문에 암기 시 '미래'라는 용어가 반복된다는 점을 기억하세요. 제시된 답안 중 3가지만 적으면 됩니다.

KEY 진로시간전망 검사지의 주요 용도

2018

2차 직업상담실무

1회 ……………………… 236
2회 ……………………… 248
3회 ……………………… 263

2018년 1회

2011년 3회, 2003년 1회

01 특성-요인 직업상담의 직업상담 3요인의 원리를 설명하시오. [6점]

정답 파슨스(Parsons)가 제시한 직업선택 3요인은 다음과 같다. 이후 파슨스(Parsons)의 직업지도모델(3요인설)에 기초하여, 윌리암슨(Williamson)이 특성-요인 상담을 발전시켰다.

1. 자신에 대한 이해
   자신의 흥미, 적성, 능력, 가치관 등 자신에 대해 명확히 이해한다.

2. 직업에 대한 이해
   직업에서의 성공, 이점, 보상, 자격 요건, 기회 등 직업세계에 대한 지식을 습득한다.

3. 자신과 직업세계의 연결
   개인적인 요인과 직업관련 자격요건 등의 정보를 기초로 한 현명한 선택을 한다.

꿀팁 본 문제는 문항 자체가 다소 불분명한 측면이 있습니다. 특성-요인 상담이론에 관련한 클레인(Klein) & 위너(Weiner)의 가설, 윌리암슨(Williamson)의 기본가정이 있으나 이를 원리 또는 요인이라 하지 않기 때문에, 파슨스(Parsons)의 직업선택 3요인설로 답하면 됩니다.

KEY 특성-요인 직업상담의 3요인 원리

2022년 2회, 2021년 3회, 2020년 4회, 2016년 2회, 2015년 1회, 2014년 3회, 2010년 1회, 2009년 2회

02 직업문제에 대한 대표적 분류법 중 Williamson의 변별진단 4가지를 쓰고 설명하시오.

4점

정답

1. 흥미와 적성의 불일치(모순)
   내담자 자신의 흥미와 적성이 일치하지 않는 모순적인 선택을 말한다.

2. 어리석은 선택(현명하지 못한 선택)
   자신의 특성과 관계없는 목표나 특정 직업에 대한 특권이나 갈망으로 직업을 선택하는 경우이다.

3. 불확실한 직업선택(확신 부족)
   직업을 선택하기는 하였으나 자신 및 직업세계에 대한 이해의 부족으로 직업선택에 확신을 갖지 못하는 경우이다.

4. 진로(직업) 무선택
   선호하는 몇 가지 진로가 있지만 어느 것을 선택할지 모르는 경우를 말한다. 내담자는 자신이 무엇을 원하는지 모르며, 진로에 대한 인식이 부족한 상태이다.

꿀팁 출제빈도가 높은 문제입니다. 반드시 숙지하시기 바랍니다.
KEY 윌리암슨(Williamson)의 변별진단

 특성-요인 직업상담에서 진단은 변별진단이라고 지칭한다. 변별진단은 일련의 관련 있는 또는 관련 없는 사실들로부터 일관된 의미를 논리적으로 파악하여 문제를 하나씩 해결하는 과정이다.

03 아래의 사례에 대해 인지정서행동 상담의 ABCDEF기법을 사용하여 설명하시오. 6점

2024년 3회, 2022년 2회, 2021년 1·2·3회, 2020년 2·3회, 2018년 3회, 2016년 2·3회, 2015년 1회, 2004년 2회

> 김 씨는 최근 회사에서 정리해고를 당했다. 자신 스스로를 쓸모없는 무가치한 존재라 여기게 되었고, 이로 인해 우울증까지 겹치게 되었다. 김 씨는 극단적인 생각을 하게 되면서 자살까지 시도하였지만 실패하였다. 그 이후 상담과정을 거치면서 점차 회복하게 되었다.

정답

1. **A(선행사건)**
   개인의 감정적·정서적 혼란을 가져오는 구체적인 행동 또는 사건으로서, 김 씨의 정리해고를 말한다.

2. **B(신념체계)**
   정리해고를 당한 스스로를 무가치한 존재라고 생각하게 되는 비합리적인 신념이다.

3. **C(결과)**
   김 씨는 비합리적인 신념에 따른 정서적·행동적 결과로 우울증, 자살 충동 등을 경험한다.

4. **D(논박)**
   비합리적 신념의 결과를 논리적인 원리를 제시하여 논박하는 것으로, '정리해고가 곧 자신의 무능함을 의미하는 것은 아니다.'라고 논박하여 내담자의 비합리적 신념의 변화를 시도한다.

5. **E(효과)**
   김 씨의 비합리적 사고가 합리적 사고로 대치됨으로써, 자괴감이나 무가치감에서 벗어나 자신을 재평가하게 된다.

6. **F(느낌)**
   합리적 사고는 김 씨에게 긍정적인 감정을 갖게 함으로써, 자신에 대한 수용적 태도와 긍정적인 감정을 습득하게 한다.

꿀팁 엘리스(Ellis)의 ABCDEF기법은 사례형 문제로 자주 출제되는 내용입니다. 실직이나 직업적응 상황 등 다양한 상황에 적용할 수 있도록 충분히 기술해 보시기 바랍니다.

KEY 엘리스(Ellis)의 ABCDEF기법(모델)

2022년 1회, 2014년 1회, 2011년 3회

04 의사교류분석 상담(TA)의 제한점 3가지를 쓰시오. 6점

정답
1. TA의 주요 개념에 대한 실증적 연구도 있었지만 아직은 그러한 개념들이 과학적인 증거로 제시되었다고 보기는 어렵다.
2. TA의 많은 개념이 인지적이므로 지적 능력이 낮은 내담자에게는 부적절할 수 있다.
3. TA의 주요 개념이 창의적인 면도 있지만 추상적이어서 실제 적용에 어려움이 있다.

KEY 의사교류분석 상담(TA)의 제한점

빈출

2024년 1회, 2020년 2회, 2019년 3회, 2017년 3회, 2016년 2회, 2014년 1회, 2011년 2회, 2010년 3회, 2009년 1회

05 직업상담의 구조화된 면담법인 생애진로사정(LCA)의 의미와 생애진로사정으로 얻을 수 있는 정보 3가지를 적으시오. 5점

정답
1. 생애진로사정의 의미
   상담자와 내담자가 처음 만났을 때 비교적 짧은 시간 내에 사용해 볼 수 있는 구조화된 면접기법으로, 내담자의 정보와 행동을 이해하는 데 도움을 주는 질적 평가절차이다.

2. 생애진로사정으로 얻을 수 있는 정보
   ① 내담자 가치관과 자기인식의 정도를 얻을 수 있다.
   ② 내담자의 교육수준과 직업경험에 대한 객관적 정보를 얻을 수 있다.
   ③ 내담자 자신의 기술과 유능성에 대한 자기평가 및 상담자의 평가정보를 얻을 수 있다.

꿀팁 출제빈도가 매우 높은 문제입니다. 반드시 숙지하세요.
KEY 생애진로사정(LCA)

06 아들러가 주장한 열등감 콤플렉스의 원인 3가지를 쓰시오. 6점

[정답]

1. 기관열등감: 부모에게서 물려받은 신체적 부족함으로부터 비롯된 콤플렉스이다.

2. 과잉보호: 부모의 과잉보호에 따른 자신감의 부족에서 비롯된 콤플렉스이다.

3. 양육태만: 부모의 양육태만에 따른 자존감 부족에서 비롯된 콤플렉스이다.

KEY 아들러(Adler)가 주장한 열등감 콤플렉스의 원인

> **➕더 나아가기**
> **열등감에 대한 아들러(Adler)의 견해**
> • 아들러는 열등감 콤플렉스를 아동기 때의 부모와의 관계로 설명하였다.
> • 모든 인간은 열등감을 가진다고 보았고, 이러한 열등감이 동기의 근원이 된다고 보았다.

2024년 2회, 2018년 3회, 2015년 2회, 2011년 1·2회, 2008년 3회

07 Super는 직업상담에서 자아탐색, 의사결정, 현실검증 등의 이성적 측면들과 정서적 측면들이 모두 다루어져야 한다고 주장하며, 발달적 직업상담의 6단계를 제안하였다. Super가 제안한 6단계를 설명하시오. 6점

[정답]

1단계 – 문제의 탐색 및 자아개념 묘사
비지시적 방법으로 문제를 탐색하고 자아개념을 표출한다.

2단계 – 심층적 탐색
지시적 방법으로 진로탐색의 문제를 설정한다.

3단계 – 자아수용 및 자아통찰
비지시적 방법으로 사고와 감정을 명료화하여 자아수용과 자아통찰을 얻는다.

4단계 – 현실검증
지시적 방법으로 심리검사, 직업정보, 활동 경험 등을 통해 수집된 사실적 자료들을 탐색하여 현실을 검증한다.

5단계 – 태도와 감정의 탐색과 처리
비지시적인 방법으로 현실검증에서 얻은 태도, 감정을 통하여 자신과 일의 세계를 탐색하고 처리한다.

6단계 – 의사결정
비지시적인 방법으로 의사결정을 위한 대안과 행동을 검토한다.

KEY 수퍼(Super)가 제안한 발달적 직업상담의 6단계

2023년 3회, 2020년 4회, 2013년 3회, 2012년 1회, 2010년 3회, 2009년 2회

08 성능검사와 성향검사의 종류를 각 3가지씩 쓰시오. 6점

정답

1. 성능검사(인지적 검사, 극대 수행검사)

지능검사	• 스탠포드–비네 지능검사(Stanford–Binet Intelligence Scale) • 한국판 웩슬러 성인용 지능검사(K–WAIS)
적성검사	일반직업적성검사(GATB)
성취도검사	토익(TOEIC), 토플(TOEFL) 등

2. 성향검사(정서적 검사, 습관적 수행검사)

성격검사	• 성격 5요인 검사 • MBTI 성격유형검사 • 미네소타 다면적 인성검사 • 캘리포니아 성격검사
흥미검사	• 직업선호도검사 중 흥미검사 • 스트롱–캠벨 흥미검사(SCII) • 쿠더 직업흥미검사(KOIS)
태도검사	직무만족도검사

KEY 성능검사와 성향검사

빈출

2024년 3회, 2020년 3회, 2016년 1회, 2014년 2회, 2013년 1회, 2011년 3회, 2010년 3회, 2001년 3회

09 투사적 검사의 장점과 단점을 각각 3가지씩 쓰시오. 6점

정답

1. 장점
   ① 보다 다양하고 독특한 개인의 반응을 이끌어 낼 수 있다.
   ② 검사에 대한 방어 자체를 무력하게 한다.
   ③ 강한 자극으로 인해 평소에 의식하지 못했던 무의식적인 내용을 이끌어 낼 수 있다.

2. 단점
   ① 검사의 신뢰도나 타당도가 매우 낮다.
   ② 검사자나 상황 변인이 검사반응에 영향을 미친다.
   ③ 검사의 채점과 해석에 있어 높은 전문성이 요구된다.

KEY 투사적 검사의 장단점

2023년 2회, 2021년 3회, 2020년 2회, 2013년 1회

10 직업심리검사의 신뢰도를 추정하는 방법 3가지를 쓰고 설명하시오. 6점

정답

1. 동형검사신뢰도
   동일한 수검자에게 첫 번째 실시한 검사와 동일한 유형의 검사를 실시하여 두 검사점수 간의 일관성을 추정하는 방법이다.

2. 반분신뢰도
   하나의 검사를 두 부분으로 나누어 두 검사 간 동질성과 일치성을 비교하는 방법이다.

3. 검사 – 재검사신뢰도
   동일한 사람에게 동일한 검사를 서로 다른 시기에 두 번 실시하여 반복 측정하는 방법이다.

KEY 신뢰도를 추정하는 방법(종류)

2024년 3회, 2022년 2·3회, 2018년 3회, 2012년 3회, 2011년 1회

11 심리검사에서 준거타당도계수의 크기에 영향을 미치는 요인을 3가지만 쓰고, 각각에 대해 설명하시오. 6점

정답

1. 표집오차
   모집단 조사를 위한 표본의 표집과정에서 초래되는 데이터 수집의 오차이다.

2. 범위제한
   준거타당도 계산을 위해 얻은 자료들이 검사점수와 준거점수의 전체 범위를 포괄하지 않고 일부 범위만을 포괄하는 경우 상관계수가 실제 상관계수보다 낮게 나타난다.

3. 준거측정치의 타당도
   준거측정도구의 준거측정치(실제준거)가 해당 개념준거를 얼마나 잘 반영하는가 하는 준거측정치의 타당도가 검사의 준거타당도에 영향을 미친다.

4. 준거측정치의 신뢰도
   준거측정치의 신뢰도가 낮으면 검사의 준거타당도도 낮아지게 된다. 따라서 어떤 검사의 준거타당도 계산을 위해 사용하는 준거측정치의 신뢰도가 그 검사의 타당도계수에 영향을 미친다.

꿀팁 제시된 답안 중 3가지만 적으면 됩니다.
KEY 준거타당도계수의 크기에 영향을 미치는 요인

12. 웩슬러의 지능검사는 비네 지능검사와는 다르게 지능검사에 동작성 검사를 추가하고 있다. 동작성 검사의 장점 3가지를 쓰시오. 6점

 정답

1. 선천적으로 타고난 문제해결 능력을 알 수 있다.
2. 문자 해독이 불가능한 상황에서도 실시할 수 있다.
3. 동작을 수행함으로써 관찰되는 다양한 행동을 알아볼 수 있다.

KEY 동작성 검사의 장점

> **웩슬러의 지능검사(WAIS)의 언어성 및 동작성 검사**
> ① 언어성 검사: 조직화된 경험과 지식에 바탕을 두고 있는 검사이다. 대체로 결정적 지능과 관련이 있다.
> ② 동작성 검사: 비교적 덜 조직화되어 있으면서 보다 즉각적인 문제해결력을 요구하는 검사이다. 대체로 유동적 지능과 관련이 있다.
> 예 내담자의 언어성 지능이 높고 동작성 지능이 낮은 경우라면 교육수준이 높고 지적 활동에 유리한 사람으로 볼 수 있는 반면, 동작성 지능이 높고 언어성 지능이 낮다면 교육수준은 낮을 수 있지만 실제 생활에서의 대처능력이 높은 사람으로 해석할 수 있다.

2024년 3회, 2020년 3회, 2014년 3회, 2013년 2회

13. 직무분석 자료 활용의 용도 4가지를 쓰시오. 4점

 정답

1. 모집공고 및 인사선발에 활용된다.
2. 선발된 사람의 배치, 승진 등 인사관리에 활용된다.
3. 종업원의 교육 및 훈련 등 경력개발에 활용된다.
4. 직무수행평가 및 인사결정(인사고과)에 활용된다.
5. 직무평가의 기초자료에 활용된다.
6. 직무의 재설계 및 작업환경 개선, 산업안전관리에 활용된다.
7. 해당 직무에 필요한 적정 인원 산정, 향후 인력수급계획 수립에 활용된다.
8. 직무분류에 활용된다.

꿀팁 제시된 답안 중 4가지만 적으면 됩니다.
KEY 직무분석 자료 활용의 용도

14 한국직업사전(2012)에 수록된 부가직업정보 중 5가지를 쓰시오. [5점]

2024년 1회, 2021년 1회, 2013년 2회, 2010년 1회, 2009년 1회, 2007년 3회

정답
1. 정규교육
2. 숙련기간
3. 직무기능
4. 작업강도
5. 육체활동

꿀팁 부가직업정보 6가지를 질문하는 경우가 가장 많습니다. 모범답안 외 더 나아가기에 수록된 부가직업정보도 확인하세요. 시험 전 한국직업사전 최신 개정 내용을 확인하시기 바랍니다.

KEY 부가직업정보

> **+ 더 나아가기**
> **한국직업사전(2012)의 부가직업정보**
> 정규교육, 숙련기간, 직무기능, 작업강도, 육체활동, 작업장소, 작업환경, 유사명칭, 관련직업, 자격·면허, 표준산업분류 코드, 표준직업분류 코드, 조사연도로 모두 13개 항목이다.

빈출

2024년 1회, 2022년 1회, 2021년 2회, 2020년 4회, 2019년 3회, 2017년 3회, 2015년 3회, 2014년 2회, 2011년 3회, 2010년 1·2·3회, 2009년 2회, 2000년 1회

15 아래 주어진 자료를 보고 경제활동참가율을 계산하시오. [4점]

- 15세 이상 인구: 35,986천 명
- 비경제활동 인구: 14,716천 명
- 취업자 수: 20,148천 명(자영업자: 5,645천 명, 무급가족종사자: 1,684천 명, 상용근로자: 6,113천 명, 임시근로자: 4,481천 명, 일용근로자: 2,225천 명)

정답
- 경제활동참가율(%) = $\dfrac{\text{경제활동인구}}{\text{15세 이상 인구}} \times 100$

  경제활동인구 = 15세 이상 인구 − 비경제활동인구
  = 35,986천 명 − 14,716천 명 = 21,270천 명

- 따라서, 경제활동참가율(%) = $\dfrac{\text{경제활동인구}}{\text{15세 이상 인구}} \times 100 = \dfrac{21,270\text{천 명}}{35,986\text{천 명}} \times 100 = 59.11\%$

꿀팁 수치의 단위(천 명, %)와 계산식은 반드시 제시해야 합니다. 실업률과 임금근로자 수 계산도 꼭 한번 해 보시기 바랍니다. 소수점 자릿수에 대한 단서가 없을 때는 소수점 아래 3자리까지 구한 후 2자리까지 답을 제시해야 합니다.

KEY 경제활동참가율

16 실업의 유형 중 마찰적 실업, 구조적 실업의 발생 원인과 대책을 쓰시오. 6점

2024년 2회, 2021년 2회, 2017년 2회, 2015년 2회, 2013년 3회, 2012년 2회, 2009년 3회, 2007년 3회, 2001년 3회

정답

1. 마찰적 실업
   ① 원인: 실업과 미충원상태에 있는 공석이 공존하는 경우의 실업, 즉 노동시장의 정보가 불완전하여 구직자와 구인처가 적절히 대응되지 못하기 때문에 발생하는 일시적이고 자발적인 실업이다.
   ② 대책: 구인 및 구직에 대한 전국적 전산망 연결, 고용실태 및 전망에 관한 자료제공, 직업안내와 직업상담 등 직업알선기관에 의한 효과적인 알선 등을 통해 노동시장에 대한 정보를 효율적으로 제공하면 감소하게 된다.

2. 구조적 실업
   ① 원인: 산업구조의 변화로 노동력에 대한 수요구조가 변화하여 구인기업이 요구하는 기술이나 자격을 갖춘 근로자가 없거나 또는 노동자의 지역 간 이동이 불완전하기 때문에 발생한다.
   ② 대책: 직업전환교육 및 훈련, 지역 간 이주에 대한 보조금 지급, 산업구조 변화 예측에 따른 인력수급정책 등 인력정책을 통해 해결할 수 있다.

꿀팁 원인고· 대책을 쓰라고 했으므로 이를 구분해서 제시해야 합니다. 1차 시험에서 출제되었던 대책을 전부 제시하면 완벽한 답안이 됩니다.
KEY 실업의 종류

경기적 실업
① 경기적 실업은 총수요의 부족으로 생산활동이 위축되어 경기가 침체상태에 빠지게 되고, 이로 인해 고용이 감소하여 발생하는 실업을 의미한다. 케인즈(J. M. Keynes)가 처음 주장한 것으로 케인즈적 실업이라고도 한다.
② 재정투·융자의 확대, 통화량의 증대, 조세감면 등 확대 재정·금융 정책을 통하여 총수요를 늘리면 해소할 수 있다.

2015년 3회, 2014년 1회, 2011년 1회, 2010년 1회, 2004년 3회

17 부가급여가 무엇인지 예를 들어 설명하고, 사용자와 근로자가 부가급여를 선호하는 이유를 각각 2가지씩 쓰시오. 6점

 1. 부가급여의 의미

기업차원에서의 노동자에 대한 보상은 화폐임금에 부가급여를 더한 것이다. 부가급여는 사용자가 종업원에게 개별적 또는 집단적으로 지급하는 화폐임금이 아닌 형태의 모든 보상을 의미한다.

예 사용자가 적립하는 퇴직금, 유급휴가(월차 및 연차휴가, 산전·산후휴가), 유급휴일, 사용자부담 보험료(국민연금, 건강보험, 고용보험 등), 사용자부담 교육훈련비, 자녀 학자금 지원, 출퇴근 교통편 제공 등

2. 사용자가 부가급여를 선호하는 이유

① 부가급여만큼 화폐임금액이 줄어들면 그만큼 조세나 보험료 부담(사회보험에 대한 기업부담)이 줄어든다.
② 사용자는 이직률이 높은 데서 오는 각종 채용 및 훈련비용을 절감하고 근로자의 장기근속을 유도하는 방편으로 부가급여를 이용한다.

3. 근로자가 부가급여를 선호하는 이유

① 근로의 대가 중 일부를 부가급여로 받게 되면 화폐임금이 감소하여 근로자가 내야 하는 근로소득세가 줄어들기 때문이다.
② 화폐임금액을 기준으로 부담하는 국민연금, 건강보험, 고용보험 등 근로자의 사회보험료 부담이 줄기 때문이다.

꿀팁 사용자가 부가급여를 선호하는 이유 4가지를 쓰라는 문제가 더 자주 출제됩니다.
KEY 부가급여

사용자가 부가급여를 선호하는 이유(추가답안)
① 사용자가 원하는 어떤 특성을 가진 근로자들을 채용하고자 할 때 근로자들의 기호에 알맞은 부가급여를 제공하여 채용을 쉽게 할 수 있다.
② 정부가 물가안정 등을 이유로 임금 등에 대한 규제를 강화할 때, 임금인상 대신 정부 측에서 식별하기 어려운 부가급여 수준을 높일 수 있다. 또한 전반적인 임금통제 시기에 양질의 우수한 근로자를 용이하게 채용할 수 있는 수단으로 이용할 수 있다.
③ 인사관리 수단으로서 사기를 진작시키며 기업에 대한 근로자의 충성심을 발휘하게 하고 근로자에 대한 내부통제를 용이하게 하는 데 이용된다.

2023년 2회, 2016년 2회, 2015년 2회, 2010년 3회, 2009년 3회, 2008년 3회

18 내부 노동시장의 형성요인 3가지를 간단히 설명하시오. 6점

정답

1. **숙련의 특수성**(skill specificity)
   특수한 또는 고유한 숙련은 기록이나 문서를 통한 전수가 불가능하고, 유일하게 기업의 내부 노동력만이 소유하는 숙련을 말한다. 기업은 이러한 기업특수적 숙련의 유지를 위해 기업 내부의 노동력을 유지하려고 하므로 내부 노동시장이 강화된다.

2. **현장훈련**(on-the-job training)
   실제 직무수행에 이용되는 기술 및 숙련의 대부분은 현장훈련을 통해 얻어진다. 그리고 현장훈련은 숙련의 특수성과 상호작용하여 생산과정을 통해 선임자가 습득한 기술과 숙련을 직접 전수하도록 하는 계기가 된다. 이로 인해 기업은 내부 노동시장을 형성하는 것이다.

3. **관습**(custom)
   작업장에서의 관습은 선례로 내려온 문서화되지 않은 규정의 체계를 말한다. 이러한 관습이 노동에 대한 보수나 징계 등 노동관계의 각종 사안을 규율하게 된다. 노동현장에서의 관습은 대부분 노동시장 내부의 고용안정성에서 형성된 것으로, 사용자나 근로자 모두에게 중요한 의미를 갖기 때문에 내부 노동시장을 형성시키는 요인으로 작용하게 된다.

KEY 내부 노동시장의 형성요인

2018년 2회

2024년 3회, 2022년 1회, 2015년 3회, 2013년 1회, 2010년 4회, 2008년 2회

01 완전경쟁시장에서 A제품(단가 100원)을 생산하는 어떤 기업의 단기생산함수가 다음과 같다. 기업의 이윤극대화를 위한 최적고용량을 도출하고 그 근거를 설명하시오. (단위당 임금 150원이다) 4점

노동투입량(단위)	0	1	2	3	4	5	6
총생산량(개)	0	2	4	7	8.5	9	9

[정답]

노동투입량	0	1	2	3	4	5	6
총생산량	0	2	4	7	8.5	9	9
한계생산량	0	2	2	3	1.5	0.5	0
한계생산가치	0	200	200	300	150	50	0

1. [표]에서 한계생산량은 노동 1단위를 추가로 투입할 때 그로 인한 총생산량의 증가분이다. 한계생산가치는 한계생산량을 시장에 판매했을 때 기업이 얻는 수입으로, 한계생산량×시장가격(생산물 단가)이다.
2. 기업의 이윤극대화를 위한 최적의 고용단위는 노동의 한계생산가치 = 노동 1단위의 가격(단위당 임금)에서 결정된다. 따라서 노동 1단위 가격 150원과 노동의 한계생산가치가 일치하는 수준인 최적고용 단위는 4단위이다.

꿀팁 모범답안과 같이 표를 제시하고 한계생산량, 한계생산가치 계산 후 설명을 덧붙여야 합니다.
KEY 최적고용량

2023년 1회, 2021년 1회, 2014년 1회, 2013년 2회, 2012년 1회, 2010년 2회, 2008년 3회, 2006년 1회, 2005년 1회

02 예언타당도와 동시타당도에 대해 각각의 예를 포함하여 설명하시오. 6점

1. 예언타당도

검사의 점수를 가지고 다른 준거점수들을 얼마나 잘 예측해 낼 수 있는가의 정도로, 검사점수와 미래 행위 측정치 간의 상관계수를 추정하는 것이다. 예를 들어, 적성검사에서 높은 점수를 받은 사람들일수록 입사 후 업무 수행이 우수한 것으로 나타났다면, 이 검사는 예언타당도가 높은 것으로 볼 수 있다

2. 동시타당도

이미 널리 타당성을 인정받고 있는 기존의 검사와 새로 만든 검사 간의 상관계수를 추정하는 것이다. 예를 들어, 영어 면접시험의 타당도를 입증하기 위해 동시 실시된 TOEIC 등 공인 영어시험 점수와 비교하는 것이다.

 출제빈도가 매우 높은 문제입니다. 반드시 숙지하시기 바랍니다.
KEY 예언타당도와 동시타당도

준거타당도
어떤 심리검사가 특정 준거와 어느 정도의 관련성이 있는지를 알아보는 것이다. 이러한 준거타당도는 예언타당도(예측타당도)와 동시타당도(공인타당도)로 구분된다.

03 행동주의 상담에서 노출치료법의 3가지 방법을 쓰고, 각각에 대해 설명하시오. 6점

2011년 3회

정답

1. 실제적 노출법
   실제로 공포자극에 노출시키는 방법이다.

2. 심상적 노출법
   공포자극을 심상적으로 상상하게 하여 노출시키는 방법이다.

3. 점진적 노출법
   공포자극의 수위를 낮은 것에서부터 높은 쪽으로 점차 높여 노출시키는 방법이다.

4. 홍수법
   단번에 강한 강도의 공포자극에 직면시키는 방법이다.

꿀팁 제시된 답안 중 3가지만 적으면 됩니다.
KEY 행동주의 상담에서 노출치료법

⊕ 더 나아가기

행동주의 직업상담에서 특정 공포를 치료하는 방법
- 체계적 둔감법: 근육이완훈련, 불안위계목록 작성, 둔감화
- 노출치료: 실제적 노출법, 심상적 노출법, 점진적 노출법, 홍수법
- 모방학습: 다른 사람이 공포자극을 대하는 것을 관찰함으로써 치료하는 방법
- 이완훈련: 신체적 이완을 통해 공포를 감소시키는 방법

2024년 2회, 2023년 2회, 2019년 3회, 2015년 3회, 2013년 2회, 2012년 1회, 2011년 1회, 2010년 4회

04 게슈탈트 상담의 상담기법을 3가지만 쓰고 각각에 대해 설명하시오. 6점

정답

1. 욕구와 감정의 자각
   현재 상황에서 느껴지는 내담자의 욕구와 감정을 자각시킨다.

2. 신체자각
   현재 내담자가 느끼고 있는 욕구와 감정을 신체적 감각을 통해 자각시킨다.

3. 언어자각
   내담자가 언어를 통해 자신의 욕구에 대해 책임을 지고 언어와 행동을 알아차릴 수 있도록 한다.

4. 과장하기
   욕구와 감정을 명확히 지각하도록 자신의 행동과 언어를 과장하게 한다.

5. 빈 의자 기법
   현재 상담장면에 와 있지 않은 사람이 실제 앉아 있는 것처럼 빈 의자에 투사하여 내담자의 감정을 표현하게 한다.

6. 꿈 작업
   마치 꿈이 현재 일어난 사건인 것처럼 꿈의 각 부분을 연기하게 한다.

7. 자기 부분들 간의 대화
   내담자에게 내재되어 있는 상반된 자아 간의 대화를 유도한다.

꿀팁 제시된 답안 중 3가지만 적으면 됩니다.
KEY 게슈탈트(형태주의) 상담의 상담기법

2023년 1·2·3회, 2022년 1회, 2021년 1회, 2020년 1·3·4회, 2019년 2회, 2016년 1회, 2014년 3회, 2009년 1회, 2008년 1회, 2007년 1회, 2004년 1회

05 홀랜드 직업흥미검사의 6가지 유형을 쓰고, 각각에 대해 간략히 설명하시오. 6점

정답
1. 현실형(R)
   기계, 도구, 동물에 관한 체계적인 조작활동을 좋아하며 현장 일을 선호하나, 사회적 기술이 부족하다.

2. 탐구형(I)
   호기심이 많고 분석적이어서 과학적 탐구활동을 선호하나, 리더십 기술이 부족하다.

3. 예술형(A)
   창의적이며 감성이 풍부하고 개방적이나, 틀에 박힌 일을 싫어하며 규범적인 기술이 부족하다.

4. 사회형(S)
   친절하고 이해심이 많으며 다른 사람을 돕는 것을 즐기나, 과학적이거나 기계적인 활동 능력이 부족하다.

5. 진취형(E)
   외향적이며 지도력이 있고 말을 잘하나, 상징적·체계적·과학적 활동에 대한 능력이 부족하다.

6. 관습형(C)
   자료를 잘 정리하고 순응적이며 책임감이 강한 반면, 변화에 약하고 융통성이 부족하다.

꿀팁 출제빈도가 높은 문제입니다. 반드시 숙지하세요.
KEY 홀랜드(Holland)의 흥미유형

2021년 2회, 2015년 2회, 2012년 2회

06 내담자의 흥미를 사정하는 목적 3가지를 쓰시오. 3점

정답
1. 여가선호와 직업선호를 구별한다.
2. 자기인식을 발전시킨다.
3. 직업·교육상의 불만족 원인을 규명한다.
4. 직업대안을 규명한다.
5. 직업탐색을 유도한다.

꿀팁 이 문제는 흥미사정의 용도라는 발문으로 출제되기도 합니다. 제시된 답안 중 3가지만 적으면 됩니다.
KEY 흥미사정의 목적

2024년 3회, 2023년 1회, 2020년 3회, 2017년 3회, 2012년 3회, 2011년 3회, 2010년 2회, 2009년 1회

07 임금의 하방경직성의 의미를 설명하고, 임금의 하방경직성의 원인 5가지를 쓰시오. 6점

1. 임금의 하방경직성의 의미

   임금의 하방경직성은 케인즈(J. M. Keynes)가 주장한 것으로, 시장에서 노동수요와 노동공급에 의해 결정된 임금이 노동수요의 감소와 같은 경제 여건의 변화로 하락할 요인이 있어도 하락하지 않고 현재의 수준을 유지한다는 것이다.

2. 임금이 하방경직적이 되는 원인

   ① 노동자들의 화폐환상으로 인한 역선택

   경기침체 시 노동수요의 감소로 인해 명목임금이 하락해도 물가가 더 크게 하락하면 실질임금은 상승하므로 노동공급을 증가시켜야 한다. 그러나 노동자들은 물가에 대한 정보가 부족하여 실질임금의 상승을 인식하지 못하므로(화폐환상) 명목임금의 하락을 수용하지 않아 실업(경기적 실업)이 발생하게 된다.

   ② 노동자와 사용자 간의 장기근로계약

   통상적인 고용계약이 2~3년 단위로 체결되므로 고용계약 기간 중에는 임금이 하락할 요인이 있어도 임금은 하락하지 않고 그대로 유지된다.

   ③ 노동조합의 존재

   노동조합이 조직되어 있는 경우에는 임금이 하락할 요인이 발생해도 노동조합이 저항하게 되면 임금은 하락하지 않고 그대로 유지된다.

   ④ 최저임금제

   최저임금제가 도입되면 노동수요가 감소하여도 임금이 최저임금 아래로는 하락할 수 없으므로 명목임금은 하방경직적이 된다.

   ⑤ 연공급 임금제도

   임금이 근속연수나 학력 등에 의해 결정되는 연공급 임금제를 채택하는 경우 임금은 매년 상승하므로 하락하는 일은 있을 수 없다.

 케인즈(J. M. Keynes)의 이름을 영어까지 표기하여 제시하고, 모범답안의 순서대로 알아 두어야 합니다.
KEY 임금의 하방경직성의 의미와 원인

08 직무 스트레스의 조절변인 3가지를 쓰고 설명하시오. 3점

정답

1. **A/B 성격유형**
   직무수행에 있어 공격적이고 경쟁적인 A 성격유형이 상대적으로 성취욕구와 포부수준이 낮은 B 성격유형에 비해 스트레스에 취약하다.

2. **통제의 위치**
   직무의 성공과 실패의 원인을 외부에 두고 있는 외적 통제자가 그 원인을 자신의 행위에 달려 있다고 보는 내적 통제자보다 스트레스에 더 취약하다.

3. **사회적 지원**
   스트레스 상황에서의 심리적·신체적 적응에 도움을 주는 것으로, 직무수행자의 가족 또는 조직 내 동료를 통해 스트레스를 감소시키고 안정감을 얻을 수 있다.

KEY 직무 스트레스의 조절변인

2010년 3회

09 아래의 표는 한국직업사전에 수록된 '특수교육교사'의 직업정보에 관한 내용이다. 아래 표의 숙련기간의 의미와 작업강도의 의미를 설명하시오. 4점

정규교육	14년 초과 ~ 16년 이하(대졸 정도)
숙련기간	1년 초과 ~ 2년 이하
직무기능	자료(수집) / 사람(교육) / 사물(수동조작)
작업강도	보통작업
육체활동	웅크림, 언어력

정답

1. 숙련기간의 의미
   ① 정규교육과정을 이수한 후 해당 직업의 직무를 평균적인 수준으로 스스로 수행하기 위하여 필요한 각종 교육, 훈련, 숙련기간을 의미한다.
   ② 해당 직무를 평균적인 수준 이상으로 수행하기 위한 향상훈련은 숙련기간에 포함되지 않는다.
   ③ 숙련기간 1년 초과~2년 이하는 숙련범주 수준 6에 해당한다.

2. 작업강도의 의미
   ① 해당 직업의 직무를 수행하는 데 필요한 육체적 힘의 강도를 나타낸 것으로 5단계로 분류한다. 심리적·정신적 노동강도는 고려하지 않는다.
   ② 각각의 작업강도는 들어올림, 운반, 밈, 당김 등을 기준으로 결정한다.
   ③ 보통작업은 최고 20kg의 물건을 들어올리고, 10kg 정도의 물건을 빈번히 들어올리거나 운반하는 것을 의미한다.

꿀팁 숙련기간과 작업강도에 대해 알고 있는 것을 전부 제시하고, 숙련기간 1~2년과 보통작업에 대해 정확히 설명해야 합니다.
KEY 한국직업사전의 숙련기간과 작업강도의 의미

2017년 3회, 2009년 2회

10. 노동시장에서 임금격차를 발생시키는 경쟁적 요인 5가지를 쓰시오. [5점]

정답

1. **인적자본에 대한 투자의 차이로 인한 생산성 격차**
    경쟁적인 노동시장에서 임금은 노동의 생산성을 반영하여 결정된다. 따라서 인적자본 투자의 차이로 인해 노동자의 생산적 기여에 차이가 있게 되면 임금격차가 발생한다.

2. **관찰되지 않은 질적 차이로 인한 생산성 격차**
    동일한 인적자본을 가진 노동자라도 자질이 뛰어난 사람은 더 높은 생산성을 가져오므로 높은 임금을 받게 되어 임금격차가 발생한다.

3. **보상적 임금격차**
    애덤 스미스(A. Smith)가 주장한 것으로, 고용의 안정성 여부, 작업의 쾌적함 정도, 교육·훈련 비용, 책임의 정도, 실패의 가능성 등 일자리 근무여건의 차이에서 오는 직업의 유리·불리함을 반영하여 임금이 결정되면 임금격차가 발생한다. 이는 균등화 격차라고도 한다.

4. **시장의 단기적 불균형**
    노동공급의 비탄력성으로 인하여 어떤 직종에서 노동수요가 증가해도 단기에는 노동공급이 증가하지 못하므로 임금이 상승하여 과도기적으로 임금격차가 발생한다. 그러나 장기에는 노동공급이 증가하여 임금이 다시 하락하므로 임금격차는 사라지게 된다.

5. **기업의 효율임금 정책**
    노동시장이 경쟁적이라고 해도 기업주가 생산성을 높이기 위해 시장임금보다 높은 임금(효율임금)을 지급하는 경우 유사한 직종이라고 해도 임금격차가 발생하게 된다.

꿀팁 임금격차를 발생시키는 경쟁적 요인으로 3가지를 질문하는 경우에는 노동자의 생산성 격차, 보상적 임금격차, 시장의 단기적 불균형을 제시해야 합니다. 4가지를 질문하는 경우에는 이 3가지에 기업의 효율임금 정책을 제시해야 합니다.

KEY 임금격차를 발생시키는 경쟁적 요인

2022년 1회, 2021년 2회, 2018년 3회, 2016년 3회, 2015년 2회, 2011년 3회, 2007년 1회, 2004년 3회

11 최저임금제의 긍정적 효과(장점)를 3가지 기술하시오. 3점

1. 저임금이 해소되므로 산업 간·직종 간의 임금격차가 완화되어 계층별 소득분배 상태가 개선될 수 있다.
2. 노동자들의 생활수준이 향상되어 노동력의 질적 향상이 이루어지고 노동의 생산성을 향상시켜 고임금의 경제(economies of high wage)효과를 얻을 수 있다.
3. 기업에 충격효과(shock effect)를 주어, 저임금에의 의존에서 벗어나게 하고 기업경영의 합리화와 경쟁력 강화를 유도할 수 있다.
4. 임금의 상승은 소득을 증대시키고, 이로 인해 소비가 증가하여 유효수요(총수요)를 증대시키므로 경기 활성화와 경제성장, 고용증대 효과를 기대할 수 있다.
5. 기업 간에 저임금을 바탕으로 한 불공정 경쟁을 지양하고 적정한 임금을 지급하도록 하여 공정한 경쟁을 촉진하고 기업의 경영합리화를 촉진할 수 있다.
6. 저임금으로 인한 노사분규를 사전에 예방하여 노사관계가 개선되고 노동시장에서 산업평화를 유지할 수 있게 된다.
7. 국가 간의 경쟁에서 저임금을 무기로 한 소셜 덤핑(social dumping)이 해소되고 공정한 경쟁이 이루어지며, 대외적인 신뢰도를 높일 수 있다.
8. 산업구조의 고도화에 기여한다. 최저임금제는 생산성이 낮은 산업에서 어느 정도의 해고를 불가피하게 하는데, 해고된 노동자가 생산성이 높은 부문에 취업할 수 있다면 산업구조의 고도화에 기여하게 된다.

꿀팁 출제빈도가 높은 문제 중 하나입니다. 제시된 답안 중 3가지만 적으면 됩니다.
KEY 최저임금제의 긍정적 효과(장점)

2022년 3회, 2020년 1회, 2016년 1회, 2013년 3회

12 Adler의 개인주의 상담과정의 목표를 3가지만 쓰시오. 3점

1. 내담자가 사회적 관심을 갖도록 돕는다.
2. 패배감을 극복하고 열등감을 감소시킬 수 있도록 돕는다.
3. 내담자의 잘못된 가치와 목표를 수정하도록 돕는다.
4. 내담자의 동기수정에 초점을 두고 잘못된 동기를 바꾸도록 돕는다.
5. 사회 구성원으로서 사회에 기여하도록 돕는다.

꿀팁 제시된 답안 중 3가지만 적으면 됩니다.
KEY 아들러(Adler)의 개인주의 상담과정의 목표

13 정신역동 직업상담 모형을 구체화시킨 보딘의 3단계 직업상담과정을 쓰고 각각에 대해 설명하시오. 6점

정답
1. 탐색과 계약설정의 단계
   내담자의 욕구와 정신역동을 탐색할 수 있도록 돕고, 상담전략을 합의하는 단계이다.

2. 중대한(핵심) 결정의 단계
   개인의 성격에 맞추어 직업을 변경할 것인지, 직업에 맞추어 성격을 변경할 것인지를 결정하는 단계이다.

3. 변화를 위한 노력의 단계
   자신이 선택한 직업이 필요로 하는 부분에 대하여 변화를 모색하고 자신의 성격, 욕구 등을 변화시키고자 노력하는 단계이다.

KEY 보딘(Bordin)의 직업상담과정

14 사용자는 다른 조건이 일정할 때 사직률이 낮은 근로자를 선호하지만 사회적인 관점에서는 바람직하지 않다. 사용자가 사직률이 낮은 근로자를 선호하는 이유와 사직률이 낮은 근로자가 사회적으로 좋지 않은 영향을 주는 이유를 설명하시오. 6점

정답
1. 사용자가 사직률이 낮은 근로자를 선호하는 이유
   ① 근로자가 사직하면 기업은 사직한 근로자에게 그동안 투입된 교육훈련비용을 회수하지 못할 뿐만 아니라, 신규로 채용하는 경우에도 직접적인 채용비용과 훈련비용이 소요된다.
   ② 또한 근로자가 사직하면 숙련이 향상될 기회가 없어지므로 노동생산성의 향상이 어려워진다.
   ③ 이러한 이유로 비용절감을 통해 이윤을 극대화하려는 기업으로서는 사직률이 낮은 근로자를 선호하게 된다.

2. 낮은 사직률이 사회적으로 바람직하지 않은 이유
   ① 사회적으로 노동의 자유로운 이동은 근로자를 적재적소에 배치시킴으로써 그들의 생산성을 높이고, 노동에 대한 보상을 높이는 효과가 있다. 그리고 이를 통해 사회전체의 인적자원을 효율적으로 배분함으로써 사회전체의 생산성을 향상시키게 된다.
   ② 그러나 사직률이 낮으면 노동의 이동이 원활히 이루어지지 못함으로써 인적자원의 효율적 배분을 저해하여 사회 전체의 생산성을 저하시키기 때문에 바람직하지 못하다고 할 수 있다.

제시된 답안의 내용을 전부 적어야 합니다.
KEY 낮은 사직률

2012년 1회

15 한국표준직업분류에서 직업분류 개념인 직능, 직능수준, 직능유형에 대해 설명하시오. 6점

정답

1. 직능(skill)
   주어진 직무의 업무와 과업을 수행하는 능력을 의미한다.

2. 직능수준(skill level)
   직무수행능력의 높낮이를 말하는 것으로, 정규교육, 직업훈련, 직업경험 그리고 선천적 능력과 사회·문화적 환경 등에 의해 결정된다.

3. 직능유형(skill specialization)
   직무수행에 요구되는 지식의 분야, 사용하는 도구 및 장비, 투입되는 원재료, 생산된 재화나 서비스의 종류와 관련된다.

꿀팁 한국표준직업분류에 제시된 설명을 정확하게 써야 합니다.
KEY 직능, 직능수준, 직능유형

2023년 1회, 2020년 3회, 2012년 2회, 2009년 1·3회

16 검사-재검사신뢰도에 영향을 미치는 요인 3가지를 쓰시오. 3점

정답

1. 검사 환경상의 변화
2. 검사 시행 사이의 기간
3. 응답자 속성의 변화(성숙요인이나 반응민감성 요인에 따른 변화)
4. 개인적 요인의 변화(질병, 피로, 기분 등 개인적 요인의 차이에 따른 변화)

꿀팁 검사-재검사신뢰도에 영향을 미치는 요인은 검사-재검사신뢰도의 단점과 연관지어서 연상해 볼 수 있습니다. 제시된 답안 중 3가지만 적으면 됩니다.
KEY 검사-재검사신뢰도에 영향을 미치는 요인

검사-재검사신뢰도의 단점
① 이월효과(기억효과): 두 검사 사이의 시간 간격이 너무 짧을 경우 앞 검사에서 답한 내용을 기억해서 뒤 검사의 응답 시 활용할 수 있다.
② 성숙효과: 두 검사 사이의 시간 간격이 너무 클 경우 측정대상의 속성이나 특성이 변화할 수 있다.
③ 반응민감성효과: 반응민감성의 영향으로 검사를 치르는 경험이 후속 반응에 영향을 줄 수 있다. 즉, 검사를 치르는 경험으로 인한 새로운 학습요인이 다음 검사점수에 영향을 미칠 수 있다.
④ 환경상의 변화: 검사 시기의 물리적인 환경 변화가 검사 결과에 영향을 미칠 수 있다. 즉 날씨, 소음, 기타 방해요인 같은 환경요인에 따라 두 검사 결과에 차이가 발생할 수 있다.

17. 스트롱 직업흥미검사의 척도 3가지를 쓰시오. [3점]

정답

1. 일반직업분류(GOT)
   흥미영역에 대한 포괄적인 정보를 제공하며, 홀랜드의 6가지 유형으로 나뉘어 있다.

2. 기본흥미척도(BIS)
   특정 활동주제에 대한 개인의 흥미평가를 제공하며, 일반직업분류의 하위척도 25개 항목으로 구성되어 6가지 흥미유형에 대한 더욱 구체적인 정보를 얻을 수 있다.

3. 개인특성척도(PSS)
   일상생활과 일의 세계에 대한 광범위한 특성을 측정하는 것으로, 업무유형, 학습, 리더십, 모험심 등의 유형들에 대한 개인의 선호를 측정한다.

KEY 스트롱(Strong) 직업흥미검사의 척도

18. 진로선택이론 중 사회학습이론에서 Krumboltz가 제시한 진로선택에 영향을 주는 요인을 3가지만 쓰시오. [6점]

정답

1. 유전적 요인과 특별한 능력
   개인의 진로기회를 제한하는 생득적인 특질로, 인종, 성별, 신체적인 모습 및 특징, 지능, 재능 등이 여기에 해당한다.

2. 환경적 조건과 사건
   환경상의 조건이나 특정한 사건, 즉 사회적·정치적·문화적·경제적 상황 등은 기술개발, 활동, 진로선호 등 개인의 진로에 영향을 미친다.

3. 학습경험
   과거에 학습한 경험은 현재 또는 미래의 교육적·직업적 의사결정에 영향을 미친다.

4. 과제접근기술
   개인이 환경을 이해하고 대처하며 미래를 예견하는 능력이나 경향을 의미한다. 문제해결기술, 정보수집능력, 일하는 습관, 감성적 반응, 인지적 과정 등이 여기에 해당한다.

꿀팁 제시된 답안 중 3가지만 적으면 됩니다.
KEY 크롬볼츠(Krumboltz)가 제시한 진로선택에 영향을 주는 요인

2013년 2회

19 교류분석 상담이론에서 상담자가 내담자를 조력하기 위해서 생활을 분석할 때 사용할 수 있는 분석 유형 3가지를 설명하시오. 6점

정답

1. 구조분석
   내담자의 성격을 구성하는 자아 상태로 자아의 내용이나 기능을 분석하는 것이다. 내담자의 자아 상태는 부모자아(P), 성인자아(A), 어린이자아(C)로 구분된다.

2. 교류분석
   내담자가 타인과 어떤 자아로 교류하는지 행동과 태도를 분석하는 것이다. 교류 유형에는 상보교류, 교차교류, 이면교류가 있다.

3. 게임분석
   내담자의 암시적이고 저의적인 교류를 정형화하여 분석하는 것이다.

4. 각본분석
   내담자가 '여기-지금'에서 따르는 인생 유형을 확인해 주는 과정이다. 내담자의 과거 부적응적인 사고, 감정, 행동을 효율적인 신념으로 대체하도록 돕는다.

꿀팁 제시된 답안 중 3가지만 적으면 됩니다.
KEY 교류분석 상담이론의 분석 유형

20 긴즈버그에 따르면 직업선택은 환상기, 잠정기 및 현실기 3단계로 거쳐 이루어진다. 현실기의 3가지 하위단계를 쓰고 설명하시오. 6점

정답
1. 탐색단계
   본격적인 직업탐색이 시작되며 직업선택에 필요한 교육을 받고 경험을 쌓는 단계이다.

2. 구체화단계
   직업목표가 구체화되는 시기이며, 자신의 직업결정에 있어 내적·외적 요인을 모두 고려하여 특정 직업분야에 몰두하는 단계이다.

3. 특수화단계(정교화단계)
   직업진로를 구체화하고 자신의 진로결정에 있어 세밀한 계획을 세워 고도로 세분화·전문화된 의사결정이 이루어지는 단계이다.

KEY 긴즈버그(Ginzberg)의 현실기의 하위단계

현실기(17세 이후 ~ 성인 초기 또는 청·장년기)
- 흥미와 능력의 통합단계로서, 직업선택을 구체화하고 발달시키는 시기이다. 자신의 흥미, 능력, 가치뿐만 아니라 직업의 요구조건, 기회 등과 같은 현실요인을 고려하고 타협해서 의사결정을 시도한다.
- 현실적인 요인의 고려로 직업선택이 개인의 정서 상태, 경제적 여건 등으로 인해 늦어지기도 한다.

21 사람의 적성을 알아보기 위해 같은 명칭의 A 적성검사와 B 적성검사를 두 번 반복 실시했는데 두 검사의 점수가 차이를 보여 이 사람의 정확한 적성을 판단하기 매우 어려운 상황이 발생하였다. 이와 같은 동일명의 유사한 심리검사의 결과가 서로 다르게 나타날 수 있는 원인을 3가지 쓰시오. 3점

정답
1. 두 검사 시행기간의 차이
2. 시행 절차의 차이
3. 검사 환경의 차이
4. 응답자 속성의 변화
5. 문항의 반응 수 차이
6. 문항 수 차이
7. 문항의 난이도 차이
8. 문항 속성 차이

꿀팁 제시된 답안 중 3가지만 적으면 됩니다.
KEY 유사한 심리검사의 결과가 서로 다르게 나타날 수 있는 원인

2018년 3회

2021년 3회, 2020년 2회, 2017년 2회

01 A노동조합의 기업은 시간당 임금이 4,000원일 때 20,000시간의 노동을 필요로 한다. 임금이 5,000원으로 인상되면 10,000시간의 노동을 필요로 한다. B노동조합의 기업은 시간당 임금이 6,000원일 때 30,000시간의 노동을 필요로 한다. 임금이 5,000원으로 인하되면 33,000시간의 노동을 필요로 한다. [7점]

(1) A, B노동조합의 기업의 노동수요의 임금탄력성을 구하시오. (단, 계산과정을 함께 제시하시오)
(2) 어느 노동조합이 임금교섭력이 강한지를 쓰고, 그 이유를 설명하시오.

[정답]

(1) 노동수요의 임금탄력성

- 노동수요의 임금탄력성 $= -\dfrac{\text{노동수요량의 변화율(\%)}}{\text{임금의 변화율(\%)}}$

- A기업의 노동수요 탄력성 $= -\dfrac{\dfrac{-10,000\text{시간}}{20,000\text{시간}}}{\dfrac{1,000\text{원}}{4,000\text{원}}} = -\dfrac{-50\%}{25\%} = 2$

- B기업의 노동수요 탄력성 $= -\dfrac{\dfrac{3,000\text{시간}}{30,000\text{시간}}}{\dfrac{-1,000\text{원}}{6,000\text{원}}} = -\dfrac{10\%}{-16.7\%} = 0.6$

(2) 임금교섭력이 강한 노동조합과 그 이유

임금인상의 실행가능성이 높은 기업은 B노동조합의 기업이다. 노동조합의 교섭력은 노동수요의 임금탄력성이 비탄력적일수록 커진다. 노동수요의 임금탄력성이 비탄력적이면 임금을 높게 인상해도 고용량 감소가 적어, 실업이 적게 발생하기 때문이다.

꿀팁 공식, 계산과정, 단위(시간, 원)는 꼭 써야 합니다.
KEY 노동수요의 임금탄력성과 노동조합의 임금교섭력

02 최저임금제의 긍정적 효과(기대효과) 4가지를 기술하시오. 4점

2022년 1회, 2021년 2회, 2018년 2회, 2016년 3회, 2015년 2회, 2011년 3회, 2007년 1회, 2004년 3회

1. 노동자에 대하여 임금의 최저수준을 보장함으로써 노동자의 최저생활을 보장하고 생활안정을 이룰 수 있다.
2. 노동자들의 생활수준이 향상되어 노동력의 질적 향상이 이루어지고 노동의 생산성을 향상시켜 고임금의 경제(economies of high wage)효과를 얻을 수 있다.
3. 임금의 상승은 소득을 증대시키고, 이로 인해 소비가 증가하여 유효수요(총수요)를 증대시키므로 경기 활성화와 경제성장, 고용증대 효과를 기대할 수 있다.
4. 기업 간에 저임금을 바탕으로 한 불공정 경쟁을 지양하고 적정한 임금을 지급하도록 하여 공정한 경쟁을 촉진하고 기업의 경영합리화를 촉진할 수 있다.
5. 기업에 충격효과(shock effect)를 주어, 저임금에의 의존에서 벗어나게 하고 기업경영의 합리화와 경쟁력 강화를 유도할 수 있다.
6. 국가 간의 경쟁에서 저임금을 무기로 한 소셜 덤핑(social dumping)이 해소되고 공정한 경쟁이 이루어지며, 대외적인 신뢰도를 높일 수 있다.
7. 산업구조의 고도화에 기여한다. 최저임금제는 생산성이 낮은 산업에서 어느 정도의 해고를 불가피하게 하는데, 해고된 노동자가 생산성이 높은 부문에 취업할 수 있다면 산업구조의 고도화에 기여하게 된다.
8. 사회계층 간의 위화감, 저소득 계층의 소외감을 해소하여 국민적 일체감을 조성한다.
9. 저임금이 해소되므로 산업 간·직종 간의 임금격차가 완화되어 계층별 소득분배 상태가 개선될 수 있다.
10. 저임금으로 인한 노사분규를 사전에 예방하여 노사관계가 개선되고 노동시장에서 산업평화를 유지할 수 있게 된다.

꿀팁 제시된 답안 중 4가지만 적으면 됩니다.
KEY 최저임금제의 긍정적 효과(기대효과)

2024년 3회, 2022년 2회, 2021년 1·2·3회, 2020년 2·3회, 2018년 1회, 2016년 2·3회, 2015년 1회, 2004년 2회

03 인지·정서·행동적 상담에서 ABCDEF모델의 의미를 쓰시오. (단, 영문표기는 기재할 필요 없음) 6점

정답

1. A(선행사건)
   개인의 감정적·정서적 혼란을 가져오게 되는 구체적인 행동 또는 사건이다.

2. B(신념체계)
   선행사건에 의해 경험하게 되는 내담자의 비합리적 신념체계이다.

3. C(결과)
   비합리적 신념으로 초래되는 인지·정서·행동적 결과로 불안, 초조, 우울, 분노, 죄책감 등이 나타나는 것이다.

4. D(논박)
   비합리적 신념의 결과를 논리적인 원리를 제시하여 논박하는 것이다.

5. E(효과)
   논박의 결과로 내담자의 비합리적 신념의 결과가 해소되며, 합리적 신념으로 전환되는 것이다.

6. F(느낌)
   논박의 효과로 인한 합리적인 신념에서 비롯된 수용적이고 긍정적인 태도이다.

꿀팁 출제빈도가 높고 다양한 사례형으로도 응용되어 출제되는 문항이므로 반드시 숙지 하시기 바랍니다.
KEY ABCDEF모델의 의미

04 Super의 진로발달상담 6단계를 설명하시오. (6점)

2024년 2회, 2018년 1회, 2015년 2회, 2011년 1·2회, 2008년 3회

정답

1단계 – 문제의 탐색 및 자아개념 묘사
비지시적 방법으로 문제를 탐색하고 자아개념을 표출한다.

2단계 – 심층적 탐색
지시적 방법으로 진로탐색의 문제를 설정한다.

3단계 – 자아수용 및 자아통찰
비지시적 방법으로 사고와 감정을 명료화하여 자아수용과 자아통찰을 얻는다.

4단계 – 현실검증
지시적 방법으로 심리검사, 직업정보, 활동 경험 등을 통해 수집된 사실적 자료들을 탐색하여 현실을 검증한다.

5단계 – 태도와 감정의 탐색과 처리
비지시적인 방법으로 현실검증에서 얻은 태도, 감정을 통하여 자신과 일의 세계를 탐색하고 처리한다.

6단계 – 의사결정
비지시적인 방법으로 의사결정을 위한 대안과 행동을 검토한다.

KEY 수퍼(Super)의 직업(진로)발달상담 6단계

2023년 2회, 2021년 1회, 2019년 2회, 2015년 3회, 2014년 1·3회, 2013년 3회, 2011년 1회, 2010년 2회, 2009년 2회, 2006년 1회

05 Bordin은 정신역동적 직업상담을 체계화하면서 직업문제의 진단에 관한 새로운 관점을 제시하였다. Bordin이 제시한 직업문제의 심리적 원인 3가지를 쓰시오. 6점

정답
1. 내적 갈등(자아갈등)
2. 정보의 부족
3. 의존성
4. 확신의 결여(문제는 없지만 확신이 부족함)
5. 진로선택의 불안

꿀팁 제시된 답안 중 3가지만 적으면 됩니다.
KEY 보딘(Bordin)의 직업문제의 심리적 원인

보딘(Bordin)의 직업문제의 심리적 원인
① 내적 갈등(자아갈등): 자아개념과 다른 심리적 기능 간의 갈등으로 직업결정에 어려움을 가지는 경우이다.
② 정보의 부족: 개인이 진로와 관련된 정보를 받지 못하여 직업선택과 진로문제 해결에 어려움을 가지게 되는 경우이다.
③ 의존성: 개인의 진로문제를 책임지는 것이 어렵다고 느끼며, 스스로 해결하지 못하고 주변이나 타인에 의존하는 경우이다.
④ 확신의 결여(문제는 없지만 확신이 부족함): 잠정적인 진로 및 직업선택과 미래 진로에 대한 확신이 부족한 상황으로, 내담자가 진로에 관한 선택을 내린 이후에도 단지 그것을 확인하기 위해서 상담자를 찾는 경우이다.
⑤ 진로선택의 불안: 자신이 원하는 일과 중요한 타인의 요구가 다를 때 개인이 진로선택의 불안을 느끼게 되는 경우이다.

2023년 2회, 2021년 1회, 2014년 2회, 2013년 1회, 2012년 1회, 2010년 3회, 2007년 1회, 2006년 3회

06 기혼여성의 경제활동참가율을 낮게 하는 요인 5가지를 쓰시오. 5점

정답
1. 성별 임금격차나 혼인에 따른 경력단절로 인한 낮은 실질임금률
2. 배우자나 다른 가구원의 높은 소득
3. 국가의 전체적인 높은 실업률
4. 기혼여성에 대한 취업기회와 취업직종의 제한
5. 육아를 위한 법적 지원이나 육아시설 지원의 미비
6. 기혼여성에 대한 시간제 근무의 편의제공이나 기혼여성의 노동력에 적합한 직종 개발의 미비

꿀팁 기혼여성의 경제활동참가율을 낮추는 요인은 기혼여성의 경제활동 참가에 영향을 미치는 요인과 연관지어서 연상해 볼 수 있습니다. 제시된 답안 중 5가지만 적으면 됩니다.
KEY 기혼여성의 경제활동참가율을 낮추는 요인

07 노동공급의 결정요인 5가지를 쓰시오. 5점

2011년 1·2회, 2010년 1회, 2008년 1회

정답
1. 인구의 규모(크기)와 구성
2. 경제활동참가율
3. 주당 노동시간 및 연간 노동시간
4. 일에 대한 노력, 즉 노동의 강도
5. 노동력의 질, 즉 교육 및 숙련의 정도

KEY 노동공급의 결정요인

08 Rogers의 인간중심 상담의 기본바탕이 되는 철학적 가정 5가지를 쓰시오. 5점

2023년 1회, 2014년 3회, 2010년 4회

정답
1. 인간은 가치를 지닌 유일한 존재이다.
2. 인간은 적극적 성장력을 지닌 존재이다.
3. 인간은 선하며 이성적이고 믿을 수 있는 존재이다.
4. 인간을 알기 위해서는 개인의 주관적 생활에 초점을 두어야 한다.
5. 인간은 자신이 결정을 내릴 권리와 장래를 선택할 권리를 지니고 있다.

KEY 로저스(Rogers)의 인간중심 상담의 철학적 가정

09 한국표준산업분류 개요 중 산업, 산업활동의 정의 및 산업활동의 범위를 기술하시오. 6점

2024년 2회, 2022년 2회, 2021년 1회, 2020년 1회, 2013년 2회, 2010년 2회, 2007년 3회

정답
1. 산업의 정의
   유사한 성질을 갖는 산업활동에 주로 종사하는 생산단위의 집합을 말한다.

2. 산업활동의 정의
   각 생산단위가 노동·자본·원료 등 자원을 투입하여 재화 또는 서비스를 생산 또는 제공하는 일련의 활동 과정을 말한다.

3. 산업활동의 범위
   산업활동에는 영리적·비영리적 활동이 모두 포함되나, 가정 내의 가사활동은 제외된다.

꿀팁 답안에 각각의 내용에 대한 핵심키워드가 전부 포함되어야 만점입니다.
KEY 산업, 산업활동의 정의 및 산업활동의 범위

2024년 2회, 2023년 1·2·3회, 2021년 2호, 2020년 1호, 2019년 1회, 2017년 3회, 2015년 1회, 2014년 3회, 2012년 2·3회, 2010년 4회, 2009년 2·3회, 2008년 1회, 2007년 1회

10 집단 내 규준 3가지를 쓰고 각각에 대해 설명하시오. 6점

정답

1. 백분위점수
   개인이 표준화된 집단에서 차지하는 상대적 위치를 가리키는 것으로, 개인의 점수에 대해 100개의 동일한 구간에서 순위를 정한다.

2. 표준점수
   원점수를 주어진 집단의 평균을 중심으로 분포의 표준편차(등간척도)로 전환시킨 점수이다.

3. 표준등급
   9등급 또는 스테나인 점수라고 하며, 원점수를 1~9등급까지의 범주로 나누는 것이다.

꿀팁 출제빈도가 매우 높은 문제입니다. 반드시 숙지하세요.
KEY 집단 내 규준의 종류

11 다음 사례를 읽고 물음에 답하시오. 4점

> 김 대리는 능력이 뛰어나 모두에게 그 능력을 인정받고 있다. 매사에 꼼꼼하여 업무처리능력이 뛰어난 그가 최근 한 가지 실수를 하였다. 그 실수는 주변 사람들도 모두 괜찮다고 할 만큼 사소한 실수였지만, 김 대리는 스스로 "내 인생은 이제 끝이야", "나는 더 이상 쓸모가 없는 사람이야."라고 생각하며 이 회사에서 더 이상 인정받기는 힘들다는 생각을 하게 되었고, 그로 인해 이직을 결심하게 되었다. 상담사는 이렇게 이직을 결심하고 자신을 찾아온 김 대리를 보며 합리적 상담(RET)을 이용하여 심리상담을 해야겠다고 생각하였다.

(1) 이 내담자를 상담할 때 적합한 상담목표를 쓰시오.
(2) 합리적 정서치료 관점에서 볼 때, 내담자가 혼란을 겪고 전직을 고려하게 된 이유를 쓰시오.

정답

(1) 내담자에게 적합한 상담목표
   김 대리가 지니고 있는 자기 패배적이고 비합리적인 신념을 논박하여 수정해 주고, 자기수용을 통해 합리적 신념을 갖도록 돕는다.

(2) 내담자가 혼란을 겪고 전직을 고려하게 된 이유
   "나는 반드시 유능해야 한다."는 당위적 사고에서 비롯된 "실수하면 안 된다. 실수하면 내 인생은 끝이다. 나는 더 이상 쓸모가 없는 사람이다."라는 비합리적 신념이 전직을 고려하게 된 이유이다.

꿀팁 ABCDEF모형을 응용한 사례형 문제입니다.
KEY 엘리스(Ellis)의 합리적·정서적 상담기법(RET)

12. 노동조합의 임금효과가 발생하는 경로 중 이전효과(spillover effect)와 위협효과(threat effect)에 대해 설명하시오. 4점

정답

노동조합이 조직되어 있는 조직부문이 노동조합이 조직되지 않은 부문의 임금에 미치는 영향은 두 가지가 있다.

1. 이전효과(spillover effect)
   노동조합이 조직되어 조직부문의 임금이 상승하면 고용이 감소하고 실업이 발생한다. 이때 실업자가 비조직부문으로 이동하면 비조직부문의 노동공급이 증가하여 비조직부문의 임금이 하락하게 되는 효과를 말한다. 이는 파급효과 또는 해고효과(displacement effect)라고도 한다.

2. 위협효과(threat effect)
   이전효과로 인한 비조직부문에서의 임금하락은 비조직부문의 노동자들에게 위기감을 주고 이에 따라 비조직부문에서도 노동조합 결성 움직임이 나타난다. 이에 위협을 느낀 사용자들은 임금을 인상하여 노동조합의 결성을 저지하게 되는데, 이를 위협효과라고 한다.

꿀팁 논리적인 서술이 필요한 문제입니다. 영어도 같이 표기하면 좋습니다.
KEY 이전효과와 위협효과

2024년 3회, 2022년 2·3회, 2018년 1회, 2012년 3회, 2011년 1회

13. 심리검사에서 준거타당도계수의 크기에 영향을 미치는 요인을 3가지만 쓰고 설명하시오. 6점

정답

1. 표집오차
   모집단 조사를 위한 표본의 표집과정에서 초래되는 데이터 수집의 오차이다.

2. 범위제한
   준거타당도 계산을 위해 얻은 자료들이 검사점수와 준거점수의 전체 범위를 포괄하지 않고 일부 범위만을 포괄하는 경우 상관계수가 실제 상관계수보다 낮게 나타난다.

3. 준거측정치의 타당도
   준거측정도구의 준거측정치(실제준거)가 해당 개념준거를 얼마나 잘 반영하는가 하는 준거측정치의 타당도가 검사의 준거타당도에 영향을 미친다.

4. 준거측정치의 신뢰도
   준거측정치의 신뢰도가 낮으면 검사의 준거타당도도 낮아지게 된다. 따라서 어떤 검사의 준거타당도 계산을 위해 사용하는 준거측정치의 신뢰도가 그 검사의 타당도계수에 영향을 미친다.

꿀팁 제시된 답안 중 3가지만 적으면 됩니다.
KEY 준거타당도계수의 크기에 영향을 미치는 요인

2014년 3회

14 상담에서 상담자와 내담자의 대화를 가로막을 수 있는 상담사의 반응을 3가지만 쓰고 설명하시오. 6점

 1. 너무 이른 조언
   내담자에 대해 잘 알지 못하는 상태에서 섣불리 하는 조언은 부적절하다.

2. 가르치기
   상담사가 가르치기 시작하는 순간 내담자는 자신에 대한 이야기를 더 이상 하지 않거나 상담자에게 의존하려는 경향이 생기게 된다.

3. 지나친 질문
   상담에 있어 지나친 질문은 내담자를 수동적으로 만들 수 있다.

KEY 상담자와 내담자의 대화를 가로막을 수 있는 상담사의 반응

2022년 1회, 2014년 3회, 2013년 3회

15 신뢰도 추정방법 중 재검사법의 단점 3가지를 쓰시오. 6점

 1. 이월효과(기억효과)
   두 검사 사이의 시간 간격이 너무 짧을 경우 앞 검사에서 답한 내용을 기억해서 뒤 검사의 응답 시 활용할 수 있다.

2. 성숙효과
   두 검사 사이의 시간 간격이 너무 클 경우 측정 대상의 속성이나 특성이 변화할 수 있다.

3. 반응민감성효과
   반응민감성의 영향으로 검사를 치르는 경험이 후속 반응에 영향을 줄 수 있다. 즉, 검사를 치르는 경험으로 인한 새로운 학습요인이 다음 점수에 영향을 미칠 수 있다.

4. 환경상의 변화
   검사 시기의 물리적인 환경 변화가 검사 결과에 영향을 미칠 수 있다. 즉 날씨, 소음, 기타 방해요인 같은 환경요인에 따라 두 검사 결과에 차이가 발생할 수 있다.

꿀팁 제시된 답안 중 3가지만 적으면 됩니다.
KEY 검사-재검사법의 단점

16 심리검사는 사용목적에 따라 규준참조검사와 준거참조검사로 구분할 수 있다. 각각에 대해 예를 들어 설명하시오. 6점

2021년 1·3회, 2019년 2회, 2016년 1·3회, 2011년 2회, 2010년 1회, 2005년 1회

정답

1. 규준참조검사
   개인의 점수를 다른 사람의 점수와 비교해서 상대적으로 어떤 수준인지를 알아보는 검사로, 대부분의 심리검사가 규준참조검사에 해당한다.

2. 준거참조검사
   검사점수를 타인과 비교하는 것이 아니라 어떤 기준점수와 비교해서 이용하는 검사로, 대부분의 국가자격시험이 준거참조검사에 해당한다.

꿀팁 심리검사의 분류 중 비교적 출제비중이 높은 문제입니다. 반드시 숙지하세요.
KEY 규준참조검사와 준거참조검사

17 모집단에서 규준집단을 구성하기 위한 표본추출방법은 크게 확률표집과 비확률표집으로 구분할 수 있다. 확률표집방법 3가지를 쓰고, 각각에 대해 설명하시오. 6점

2024년 1회, 2022년 3회, 2020년 2회, 2016년 3회, 2015년 2·3회, 2011년 3회, 2010년 1회

정답

1. 단순무선표집
   구성원들에게 일련번호를 부여하고, 이 번호들 중에서 무작위로 필요한 만큼 표집한다.

2. 층화표집
   모집단이 서로 다른 하위집단으로 구성되어 있는 경우, 각 집단에서 필요한 만큼의 단순무작위표집을 사용해 표본을 추출한다.

3. 집락표집(군집표집)
   모집단을 서로 동질적인 집단으로 구분하여 해당되는 집단 자체를 표본으로 추출한다.

KEY 확률표집방법

2022년 2회, 2020년 1회, 2014년 2회, 2011년 2·3회

18 Beck은 주변의 사건이나 상황의 의미를 해석하는 정보처리 과정에서 범하는 체계적 잘못의 인지적 오류를 제시하였다. Beck이 제시한 인지적 오류 3가지를 쓰고 각각에 대해 설명하시오. 6점

정답

1. 흑백논리(이분법적 사고)
    사고의 판단과정을 단순히 이분법화하여 섬기는 오류이다.

2. 과잉일반화
    특정 사건의 결과를 관계없는 상황에 적용해 일반화하려는 오류이다.

3. 선택적 추상(정신적 여과)
    부정적인 일부 세부사항(실패 또는 부족한 점)만을 기초로 결론을 내리고 전체를 보려는 것이다.

4. 의미확대 및 축소
    사건의 중요성과 무관하게 특정 의미를 과대 확대 혹은 축소하는 경향이다.

5. 임의적 추론(자의적 추론)
    결론을 지지하는 증거가 없음에도 임의적으로 결론을 내리는 오류이다.

6. 개인화
    자신과 관련 없는 상황임에도 불구하고 자신과 관련시키는 경향이다.

꿀팁 이 문제는 3가지 또는 5가지로 답안을 요구합니다. 따라서 5가지까지 숙지해 두는 것이 좋습니다.
KEY 벡(Beck)이 제시한 인지적 오류(왜곡)의 유형

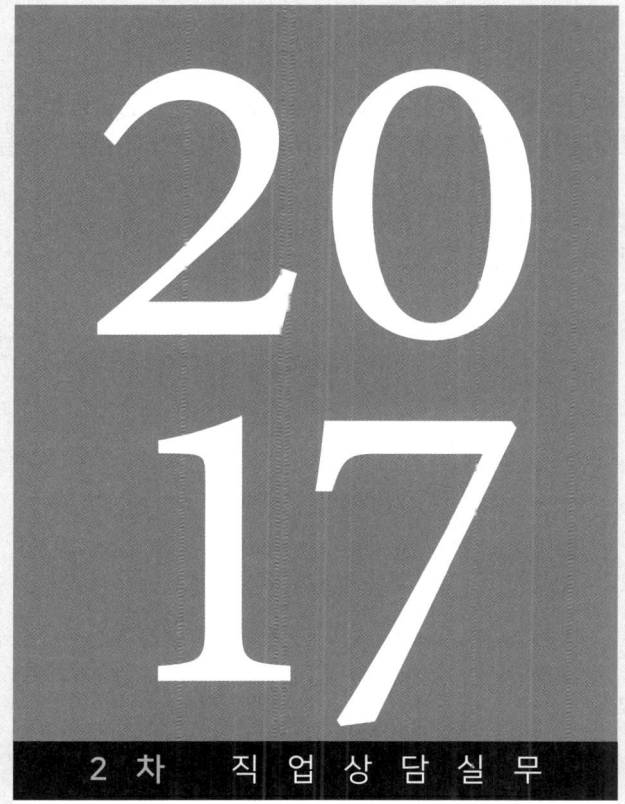

2017
2차 직업상담실무

1회 ········· 276
2회 ········· 287
3회 ········· 297

2017년 1회

공부한 날: ____월 ____일   문제풀이 시간: 2시간 30분(150분)

빈출

2019년 1회, 2012년 3회, 2011년 2회, 2009년 2회, 2008년 1회, 2007년 1회

01 한국표준산업분류는 생산단위가 주로 수행하고 있는 산업활동을 그 유사성에 따라 유형화한 것으로 3가지 분류기준에 의해 분류된다. 이 3가지 분류기준을 쓰시오. [6점]

정답
1. 산출물(생산된 재화 또는 제공된 서비스)의 특성
   ① 산출물의 물리적 구성 및 가공단계
   ② 산출물의 수요처
   ③ 산출물의 기능 및 용도

2. 투입물의 특성
   ① 원재료
   ② 생산공정
   ③ 생산기술 및 시설 등

3. 생산활동의 일반적인 결합형태

꿀팁 산출물의 특성 3가지와 투입물의 특성 3가지는 반드시 제시해야 합니다. 재출제 가능성이 매우 높은 문제이므로 숙지하시기 바랍니다.
KEY 한국표준산업분류의 산업분류기준

2024년 2회, 2019년 3회, 2012년 3회

02 반분신뢰도를 추정하기 위해 가장 많이 사용하는 3가지 방법을 쓰고, 각각에 대해 설명하시오. [6점]

정답
1. 기우반분법(기우절반법)
   검사 문항의 번호를 홀수와 짝수로 반분하는 방법이다.

2. 전후반분법(전후절반법)
   검사의 문항을 배열된 순서에 따라 전반과 후반으로 반분하는 방법이다.

3. 짝진 임의배치법
   각 문항의 통계치에서 가까이 있는 두 문항을 짝을 지은 다음, 각 짝에서 한 문항을 임의로 선택하여 양분하는 방법이다.

KEY 반분신뢰도를 추정하는 방법

2023년 3회, 2015년 1회

03 한국표준직업분류에서 직업분류의 일반원칙 2가지를 설명하시오. 4점

정답

1. 포괄성의 원칙
   우리나라에 존재하는 모든 직무는 어떤 수준에서든지 분류에 포괄되어야 한다. 특정한 직무가 누락되어 분류가 불가능할 경우에는 포괄성의 원칙을 위배한 것으로 볼 수 있다.

2. 배타성의 원칙
   동일하거나 유사한 직무는 어느 경우에든 같은 단위직업으로 분류되어야 한다. 하나의 직무가 동일한 직업단위 수준에서 2개 혹은 그 이상의 직업으로 분류될 수 있다면 배타성의 원칙을 위반한 것이라 할 수 있다.

꿀팁 모범답안에서 각 원칙의 예로 제시한 두 번째 문장도 꼭 써야 합니다.
KEY 한국표준직업분류에서 직업분류의 일반원칙

2013년 2회

04 사회인지이론(SCCT)에서 3가지 영역모델을 쓰고 설명하시오. 6점

정답

1. 흥미모형
   흥미는 결과기대, 자기효능감과 함께 목표를 예언하고 수행 결과로 이어진다.

2. 선택모형
   성별, 인종, 성격 등의 개인차와 환경이 학습경험에 영향을 주고, 학습경험이 자기효능감과 결과기대에 영향을 준다.

3. 수행모형
   목표를 추구함에 있어 어느 정도 수준으로 수행할지, 그리고 어느 정도 지속할 것인가를 예측한다. 과거의 수행성취도는 자기효능감과 결과기대에 영향을 주고 이것이 수행목표에 영향을 주어 최종적으로 수행수준을 이끈다.

KEY 사회인지이론(SCCT)의 3가지 영역모델

05 Super의 발달단계 다섯 단계를 설명하시오. 5점

정답

1. 성장기
   가정이나 학교에서 주요 인물과 자신을 동일시하여 자아개념을 발달시키는 시기로, 초기에는 욕구와 환상이 지배적이나 점차 흥미와 능력을 중시한다.

2. 탐색기
   학교, 여가활동, 시간제 일과 같은 활동을 통해 자아를 검증하고 역할을 수행하며 자신에게 적합한 직업을 탐색하는 시기이다.

3. 확립기
   자신에게 적합한 직업을 발견·종사하여 기반을 다져 나가는 시기이다.

4. 유지기
   직업에서 자신의 위치가 공고해지고 자신의 자리를 유지하기 위해 노력하며 안정된 삶을 살아가는 시기이다.

5. 쇠퇴기
   정신적·육체적으로 기능이 쇠퇴함에 따라 직업에서 은퇴하게 되어 새로운 역할과 활동을 찾게 되는 시기이다.

KEY 수퍼(Super)의 직업(진로)발달단계

2024년 1회, 2022년 3회, 2021년 2회, 2019년 2·3회, 2014년 3회, 2009년 3회, 2006년 3회, 2002년 1회, 2001년 3회, 2000년 3회

06 투사적 검사와 비교하여 객관적 검사의 장점 3가지를 쓰시오. 6점

정답
1. 검사의 실시, 채점, 해석이 간편하다.
2. 검사의 신뢰도와 타당도가 검증되어 있다.
3. 검사자나 상황변인이 검사반응에 영향을 미치지 않아 객관성이 보장된다.
4. 검사시행 시간이 짧다.
5. 비용 측면에서 경제적이다.

꿀팁 객관적 검사는 자기보고식 검사, 구조적 검사라고도 합니다. 2019년 2회에서는 '선다형이나 객관식 형태의 자기보고식 검사의 장점'으로도 출제된 바 있는데, 이는 같은 문제로 볼 수 있습니다. 제시된 답안 중 3가지만 적으면 됩니다.

KEY 객관적 검사(선다형의 자기보고식 검사)의 장점

2021년 2회, 2012년 2회

07 정신분석 상담에서 필수적 개념인 불안의 3가지 유형을 쓰고, 각각에 대해 설명하시오. 6점

정답
1. 현실적 불안
   현실에서 지각하는 실제적 위험에서 느끼는 자아의 불안을 말한다.

2. 신경증적 불안
   자아와 원초아 간의 갈등이며, 본능이 통제되지 않아 생기는 불안을 말한다.

3. 도덕적 불안
   원초아와 초자아 간의 갈등이며, 수치심과 죄의식을 느끼게 되는 불안을 말한다.

KEY 정신분석 상담에서 불안의 유형

2022년 1회, 2021년 3회, 2019년 2회, 2009년 1회, 2004년 1회

08 정신분석적 상담은 이성적이고 직접적인 방법으로 불안을 통제할 수 없을 때 무의식적으로 방어기제를 사용한다고 한다. 방어기제 종류 3가지를 쓰고 설명하시오. `6점`

정답

1. 억압
   의식에서 받아들이기 곤란한 욕망, 충동, 생각들을 무의식으로 밀어 넣는 것이다.

2. 부정
   고통스러운 현실을 무의식적으로 인정하지 않으려는 것이다.

3. 투사
   자신의 생각, 감정, 동기 등을 다른 사람의 탓으로 돌리는 것이다.

4. 퇴행
   과거 수준의 미숙한 행동양식으로 되돌아가는 것이다.

5. 승화
   본능적 욕구를 사회적으로 용납되는 형태로 표출하는 것이다.

6. 동일시
   어떤 사람이나 집단과 실제적 또는 상상적으로 동일시하는 것이다.

꿀팁 제시된 답안 중 3가지만 적으면 됩니다.
KEY 정신분석적 상담의 방어기제

> **＋더 나아가기**
>
> **방어기제**
> - 불안의 위협에서 자신을 보호하기 위해 무의식적으로 사용하는 사고 및 행동수단을 방어기제라고 한다.
> - 프로이트(Freud)는 모든 행동이 본능에 의해 동기화되는 것처럼 인간은 기본적으로 불안을 원치 않으며 그것을 벗어나기를 원한다고 본다. 따라서 인간은 갈등에서 비롯된 불안으로부터 자신을 보호하기 위해 다양한 방어기제를 사용하게 된다.
> - 지나친 방어기제의 사용은 바람직하지 못한 결과를 초래하지만 적절하게 사용한다면 오히려 정신건강에 도움이 될 수 있다.

2022년 2회, 2019년 2회, 2011년 2회

09 아래의 물음에 답하시오. 5점

(단위: 천 명)

구분	15~19세	20~24세	25~29세	30~50세
생산가능인구	3,284	2,650	3,846	22,982
경제활동인구	203	1,305	2,797	17,356
취업자	178	1,181	2,598	16,859
실업자	25	124	199	497
비경제활동인구	3,082	1,346	1,049	5,627

(1) 30~50세 고용률(%)을 계산하시오. (단, 소수점 둘째 자리에서 반올림)
(2) 30~50세 고용률을 29세 이하 고용률과 비교하여 분석하시오.

정답

(1) 30~50세 고용률(%)

$$\text{고용률(\%)} = \frac{\text{취업자 수}}{\text{15세 이상 인구(생산가능인구)}} \times 100 \quad \text{따라서 30~50세의 고용률(\%)} = \frac{16{,}859\text{천 명}}{22{,}982\text{천 명}} \times 100 = 73.4\%$$

(2) 30~50세 고용률과 29세 이하 고용률의 비교

① 29세 이하의 고용률(%) $= \frac{178\text{천 명} + 1{,}181\text{천 명} + 2{,}598\text{천 명}}{3{,}284\text{천 명} + 2{,}650\text{천 명} + 3{,}846\text{천 명}} \times 100 = \frac{3{,}957\text{천 명}}{9{,}780\text{천 명}} \times 100 = 40.5\%$

② 통계에서 30~50세의 고용률이 29세 이하의 고용률보다 높게 나타나고 있다. 그 이유는 다음의 두 가지로 나누어 설명할 수 있다.
- 30~50세는 가정의 생계를 책임지는 가장이 많으므로 고용조건이 좋지 않아도 계속 일을 하게 된다. 따라서 주당 근로시간이 18시간 미만인 불완전취업자도 많이 있지만 이들은 모두 취업자로 분류되므로 그만큼 고용률을 높이는 효과가 있다.
- 29세 이하는 대학 진학률이 높고, 더 좋은 직장을 구하기 위해 취업을 준비하고 있는 취업준비자가 많기 때문에 29세 이하의 인구 중 상당수가 비경제활동인구로 분류되고 있다. 이들은 고용률을 낮추는 요인으로 작용한다.

KEY 고용률 계산과 비교분석

더 나아가기

고용률의 의의
- 실업률 통계에서는 취업준비자 및 구직단념자(실망노동자)가 비경제활동인구로 분류된다. 따라서 취업준비자나 구직단념자가 증가해도 실업률에 영향을 미치지 않거나 오히려 실업률을 낮아지게 한다(실망노동자 효과). 따라서 국민이 실제 피부로 느끼는 체감실업률과 정부가 발표하는 실업률 간에 괴리가 발생할 수 있다.
- 최근에는 이와 같은 실업률의 문제점을 해소하기 위하여 고용률을 보조지표로 이용하고 있다. 고용률은 실업률과 달리 실업자와 비경제활동인구 간의 잦은 이동으로 인한 경제활동인구수 변동의 영향을 받지 않는다.
- 다만 주당 근로시간이 18시간 미만인 단시간근로자 및 일시휴직자 등 불완전취업자가 증가하는 경우에는 체감실업률은 크게 개선되지 않았음에도 고용률은 높게 나타나므로 고용률 통계도 노동시장 상황을 나타내는 데는 한계가 있다.

2024년 2회, 2015년 3회, 2012년 3회, 2010년 4회, 2008년 3회, 2003년 3회

10 Williamson의 심리검사 해석 시 사용하는 상담기법 3가지를 쓰고 설명하시오. 6점

정답

1. 직접 충고
   상담자는 검사결과를 토대로 느끼는 솔직한 견해를 내담자에게 직접적으로 전달한다.

2. 설득
   상담자는 검사자료와 수집한 정보를 분석하여 내담자가 합리적 의사결정을 하도록 설득한다.

3. 설명
   상담자는 내담자가 이해할 수 있도록 검사자료 및 정보를 설명한다.

꿀팁 출제빈도가 높은 문제입니다. 반드시 숙지하세요.
KEY 윌리암슨(Williamson)의 심리검사 해석 시 상담기법

2010년 1·2회, 2005년 1회

11 100억 원의 복권에 당첨되었을 때 노동공급과 여가 선호의 변화를 대체효과와 소득효과로 설명하시오. 5점

정답

1. 노동자가 경제활동 참가를 결정할 때 비노동소득(비임금소득)이 영향을 미치게 된다. 100억 원의 복권에 당첨되어 은행에 예금하면 그로부터 나오는 이자소득이 비노동소득이다.

2. 여가가 정상재라면 임금률이 상승하는 경우 노동공급에 미치는 효과는 두 가지로 구분된다. 하나는 임금률 상승 시 여가의 기회비용이 증가하므로 노동공급량을 증가시키는 대체효과이고, 다른 하나는 전보다 적게 일을 해도 전과 동일한 소득을 얻으므로 노동공급량을 감소시키는 소득효과이다. 그러나 비노동소득만 증가하는 경우에는 대체효과는 없고 소득효과만 있게 되어 노동공급량을 감소시키게 된다. 이는 노동공급곡선의 좌측이동으로 설명할 수 있다.

3. 그러나 여가가 열등재라면 비노동소득이 증가하는 경우 여가시간을 감소시키고 노동시간을 증가시키게 된다.

꿀팁 소득-여가 모형의 예산선과 무차별곡선으로 설명해야 합니다. [더 나아가기] 내용처럼 그래프까지 그려 설명하면 완벽하게 점수를 받을 수 있습니다.
KEY 대체효과와 소득효과의 구분

+ 더 나아가기

대체효과와 소득 효과
- 소득-여가의 선택모형에서, 복권당첨으로 인한 비노동소득으로 이 노동자의 예산선은 상방으로 평행이동하여(BL₂) 전보다 더 높은 효용을 주는 무차별곡선(IC₂)과 접하게 된다.
- 여가가 정상재라면 이 노동자의 노동시간은 H₁T에서 H₂T로 감소하고 여가시간은 증가한다. 그리고 이자소득이 많을수록 예산선이 상방으로 크게 이동하면 무차별곡선 IC₃와 예산선 BL₃가 코너에서 접하게 되고 따라서 이 노동자는 더 이상 노동을 하지 않고 주어진 시간 전부를 여가에 투입한다.

2024년 2회, 2021년 2회, 2018년 1회, 2017년 1·2회, 2015년 2회, 2013년 1회

12 실업자에 대한 정의를 쓰고, 마찰적 실업과 구조적 실업의 공통점과 차이점을 기술하시오.

5점

정답

1. **실업자의 정의**
   ① 일반적으로 실업자는 일할 능력과 의사가 있음에도 불구하고 일자리가 없는 사람을 의미한다.
   ② 통계적으로는 조사대상기간 동안 적극적으로 일자리를 구하 보았으나 수입이 있는 일에 전혀 종사하지 못한 사람으로서, 일자리가 있으면 즉시 취업이 가능한 사람으로 정의된다.
   ③ 실업자에는 과거에 구직활동을 계속 하였으나 일시적인 질병, 일기불순, 구직결과 대기, 자영업 준비 등 특별한 사유로 조사기간 중에 구직활동을 하지 못한 사람도 포함된다.

2. **마찰적 실업과 구조적 실업의 공통점**
   ① 두 가지 실업의 공통점은 모두 비수요부족 실업이라는 것이다. 따라서 재정투융자의 확대나 통화량 증대 같은 총수요 확대정책을 통해서는 해결할 수 없다는 공통점이 있다.
   ② 두 가지 실업 모두 해고에 대한 사전예고와 통보가 실업을 감소시킬 수 있다.

3. **마찰적 실업과 구조적 실업의 차이점**
   ① 마찰적 실업은 자발적 실업이고, 구조적 실업은 비자발적 실업이라는 점에서 차이가 있다.
   ② 실업이 발생하는 원인에 차이가 있다. 마찰적 실업은 노동시장의 정보부족으로 발생한다. 구조적 실업은 산업구조가 변화해도 산업 간에 노동력이 쉽게 이동할 수 없기 때문에 발생한다.
   ③ 실업대책에도 차이가 있다. 마찰적 실업은 노동시장 정보를 효율적으로 제공하여 해소할 수 있다. 구조적 실업은 직업전환 교육 및 훈련이나 이주비 보조, 노동수요의 예측과 같은 정책으로 해결할 수 있다.

꿀팁 1차 시험에 출제되었던 문항을 이용하면 정확한 답이 나옵니다.
KEY 실업자의 정의 및 마찰적 실업과 구조적 실업의 공통점과 차이점

> **➕ 더 나아가기**
>
> **마찰적 실업과 구조적 실업**
> - 마찰적 실업(frictional unemployment)은 새로 직장을 구하거나 직장을 옮길 때 발생하는 자발적이고 일시적인 실업이다. 주로 노동시장의 정보부족으로 발생한다. 마찰적 실업은 워크넷(work-net)을 구축하는 등의 방법으로 노동시장의 정보를 효율적으로 제공함으로써 줄일 수 있다.
> - 구조적 실업(structural unemployment)은 노동시장에서 제공되는 일자리의 수가 직장을 찾고 있는 노동자들의 수에 비해 적기 때문에 발생하는 실업이다. 여기서 일자리의 수가 적은 이유는 어떤 이유로 임금이 노동의 수요와 공급이 같아지는 임금(균형임금)보다 높기 때문이다.

2017년 1회

2022년 3회, 2021년 1·3회, 2020년 2회, 2017년 2회, 2015년 2·3회, 2014년 1회, 2013년 3회, 2012년 2회, 2010년 3회, 2004년 1회

13 A 직업상담사는 고등학교 졸업을 앞둔 학생들을 대상으로 진로와 직업에 대한 청소년 집단상담을 하려고 한다. A 직업상담사가 체계적 상담을 진행하기 위해 실행할 수 있는, Butcher가 바라본 집단직업상담의 과정 3단계를 설명하시오. 6점

[정답]

1. 탐색단계
   자기개방, 흥미와 적성에 대한 탐색, 측정결과에 대한 피드백(feedback), 불일치에 대한 해결 등이 이루어진다.

2. 전환단계
   자신의 지식과 직업세계와의 연결, 일과 삶의 가치에 대한 조사, 자신의 가치에 대한 피드백, 가치와 피드백 간의 불일치 해결 등이 이루어진다.

3. 행동단계
   목표설정과 행동계획의 개발, 목표달성을 촉진시키기 위한 자원의 탐색, 정보의 수집과 공유, 즉각적·장기적 의사결정을 위한 구체적인 행동의 실천이 이루어진다.

[꿀팁] 출제빈도가 높은 문제입니다. 반드시 숙지하세요.
[KEY] 부처(Butcher)의 집단직업상담 3단계 모델

2019년 3회, 2012년 2회, 2007년 3회

14 시간당 임금이 500원일 때 1,000명을 고용하던 기업에서 시간당 임금이 400원으로 하락하였을 때 1,100명을 고용할 경우, 이 기업의 노동수요 탄력성을 계산하시오. 6점

[정답]

노동수요 탄력성 $= -\dfrac{\text{노동수요량의 변화율(\%)}}{\text{임금의 변화율(\%)}} = -\dfrac{\dfrac{\text{노동수요량의 변동분}}{\text{원래의 노동수요량}}}{\dfrac{\text{임금의 변동분}}{\text{원래의 임금}}}$ 이다.

따라서 노동수요 탄력성 $= -\dfrac{\dfrac{100\text{명}}{1{,}000\text{명}}}{\dfrac{-100\text{원}}{500\text{원}}} = -\dfrac{10\%}{-20\%} = 0.5$ 이다.

[꿀팁] 공식, 계산 과정, 단위(명, 원)는 꼭 써야 합니다.
[KEY] 노동수요 탄력성

15 외적행동변화의 자기주장훈련 절차를 쓰시오. 6점

정답
1. 자기주장에 대해 설명을 실시한다.
2. 자기주장의 구체적 목표를 설정한다.
3. 주장훈련이 가능한 행동과제를 부여한다.
4. 대화를 주고받는 연습을 실시한다.
5. 거절하기와 요청하기 연습을 실시한다.
6. 역할연기를 통해 행동 시연을 실시한다.

꿀팁 본 문제는 2가지 종류로 답안을 작성할 수 있으므로 암기가 편한 답안으로 학습하시기 바랍니다.
KEY 외적행동변화의 자기주장훈련 절차

> **+더 나아가기**
> 외적행동변화의 자기주장훈련 절차에 관한 또 다른 답안
> ① 주장적 행동, 비주장적 행동을 구분한다.
> ② 주장성검사를 통해 자기주장경향을 진단한다.
> ③ 비주장적 사고, 정서 및 행동의 이유를 확인한다.
> ④ 비주장적 행동과 관련된 사고를 전환하여 주장적 사고를 한다.
> ⑤ 주장훈련기법을 훈련한다.
> ⑥ 주장적으로 행동한다.

16 심리검사의 실시방식에 따른 종류 3가지를 쓰시오. 6점

정답
1. 검사 도구에 따른 분류로 지필검사와 수행검사가 있다.
2. 검사 시간에 따른 분류로 속도검사와 역량검사가 있다.
3. 검사 인원에 따른 분류로 개인검사와 집단검사가 있다.

KEY 심리검사의 실시방식에 따른 종류

17 검사점수의 변량에 영향을 미치는 요인 중 개인의 일시적이고 일반적인 특성 5가지를 쓰시오. 5점

 정답
1. 개인의 건강, 피로 상태
2. 개인의 정서적 긴장 정도
3. 검사에 임하는 개인의 동기
4. 개인의 검사를 받는 기교
5. 개인의 검사에 대한 이해 정도

KEY 검사점수의 변량에 영향을 미치는 요인(일시적이고 일반적인 특성)

> **더 나아가기**
> **개인의 일시적이고 독특한 특성**
> ① 독특한 검사과제의 이해
> ② 검사자료나 도구를 다루는 특수한 기교나 기술
> ③ 특수한 검사의 연습 정도
> ④ 특정 검사에 대해 일시적으로 독특하게 반응하는 습관
> ⑤ 검사문항에 대한 독특성

2023년 1회, 2021년 1·2회, 2017년 3회, 2014년 3회, 2010년 2회, 2007년 3회

18 심리검사의 신뢰도에 영향을 주는 요인 5가지를 쓰시오. 5점

 정답
1. 개인차
2. 검사문항의 수
3. 문항반응 수
4. 신뢰도 측정방법
5. 문항의 난이도

KEY 심리검사의 신뢰도에 영향을 주는 요인

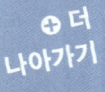
> **신뢰도계수**
> ① 신뢰도계수는 개인차가 클수록 커진다.
> ② 신뢰도계수는 검사문항의 수가 증가할수록 높아진다. 다만 정비례하여 커지는 것은 아니다.
> ③ 신뢰도계수는 문항반응 수가 적정한 크기를 유지할 때 커진다.
> ④ 신뢰도계수는 신뢰도 측정방법에 따라서 달라질 수 있다.
> ⑤ 문항의 난이도가 지나치게 높거나 낮은 경우에는 신뢰도가 낮아진다.

2017년 2회

2022년 2회, 2020년 1회, 2002년 1회

01 부정적인 심리검사 결과가 나온 내담자에게 검사결과를 통보하는 방법에 대해서 설명하시오. 4점

1. 내담자의 방어를 최소화하기 위한 해석을 한다.
2. 내담자가 검사결과에 대해 충격을 받지 않도록 유의한다.
3. 되도록 통계적 숫자나 용어보다는 일상적인 용어로 설명한다.
4. 기계적으로 검사결과를 전달하기보다는 적절한 해석을 담은 설명과 함께 전달한다.
5. 타인에게 부정적인 결과가 알려지지 않도록 검사결과의 비밀보장에 유의한다.

꿀팁 부정적인 검사결과를 통보하는 방법은 4가지를 물어보는 경우가 있으니 이에 유의하여 알아두어야 합니다.
KEY 부정적인 검사결과를 통보하는 방법

02 문항의 난이도와 변별력을 각각 점수의 예(특정 점수의 의미 등)를 포함해서 설명하시오.
6점

1. 문항 난이도
  문항 난이도 지수는 문항의 어렵고 쉬운 정도를 나타내는 것으로 0.00에서 1.00의 범위 내에 있으며, 문항 난이도 지수가 높을수록 쉬운 문제임을 뜻한다. 예를 들어 수검자 70%가 정확히 맞힌 문항(p = 0.70)은 30%가 정확히 맞힌 문항(p = 0.30)에 비해 난이도가 낮다고 본다.

2. 문항 변별도
  어떤 검사의 각 문항이 그 검사에서 득점이 낮은 사람과 높은 사람을 식별해 줄 수 있는 변별력을 말한다. 문항 변별력 측정에 있어서 문항 난이도 지수가 극단적으로 높거나(p = 0.00) 극단적으로 낮은(p =1.00) 문항들로만 구성된 검사는 변별력이 낮다고 본다.

KEY 문항의 난이도와 변별도

2017년 2회

2011년 1회

03 진로개발을 평가하는 데 사용되는 방법으로 진로결정척도가 있다. 이 방법 외에 진로개발을 평가할 때 사용될 수 있는 검사를 3가지 쓰시오. 6점

 1. 진로성숙척도 혹은 진로성숙도검사(CMI)
2. 진로개발검사 혹은 진로발달검사(CDI)
3. 진로신념검사(CBI)
4. 자기직업상황(MVS)

꿀팁 제시된 답안 중 3가지만 적으면 됩니다.
KEY 진로개발 평가 시 사용될 수 있는 검사

04 반두라의 사회인지이론(SCCT)에서 진로발달의 개인적 결정요인 3가지를 쓰고 설명하시오. 6점

 1. 자기효능감
특정 과업을 수행할 수 있다는 자신의 능력수준에 대한 신념을 말한다.

2. 결과기대(성과기대)
특정 과업을 수행했을 때 얻게 되는 결과에 대한 평가를 말한다.

3. 개인적 목표
자기효능감과 결과기대에 의한 개인의 목표 설정을 말한다.

KEY 반두라(Bandura)의 사회인지이론의 진로결정요인

2022년 2회, 2012년 2회

05 형태주의 상담의 주요 목표를 3가지 쓰고 설명하시오. 6점

정답 1. 자각
자각에 의한 성숙과 통합의 성취

2. 책임
내담자의 자유로운 선택과 책임의식 고취

3. 성장
잠재력 실현에 따른 변화와 성장 도모

KEY 형태주의 상담의 목표

2021년 3회, 2014년 1회, 2011년 1회

06 진로시간전망 검사 중 원형검사에서 시간전망 개입의 3가지 차원을 쓰고 각각에 대해 설명하시오. 6점

1. 방향성
   방향성의 목표는 미래지향성을 증진시키기 위한 것으로 미래에 대한 낙관적인 입장을 구성하는 것이다.

2. 변별성
   변별성의 목표는 미래를 현실처럼 느끼게 하고 미래 계획에 대한 긍정적 태도를 강화시키며 목표설정을 신속하게 하는 것이다.

3. 통합성
   통합성의 목표는 현재 행동과 미래의 결과를 연결시키고, 계획한 기법을 실습하여 미래에 대한 인식을 증진시키는 것이다.

KEY 시간전망 개입의 3가지 차원

2024년 3회, 2022년 3회, 2021년 1·3회, 2020년 2회, 2017년 1회, 2015년 2·3회, 2014년 1회, 2013년 3회, 2012년 2회, 2010년 3회, 2004년 1회

07 Butcher가 제시한 집단직업상담 3단계를 쓰고 설명하시오. 6점

1. 탐색단계
   자기개방, 흥미와 적성에 대한 탐색, 측정결과에 대한 피드백(feedback), 불일치에 대한 해결 등이 이루어진다.

2. 전환단계
   자신의 지식과 직업세계와의 연결, 일과 삶의 가치에 대한 조사, 자신의 가치에 대한 피드백, 가치와 피드백 간의 불일치 해결 등이 이루어진다.

3. 행동단계
   목표설정과 행동계획의 개발, 목표달성을 촉진시키기 위한 자원의 탐색, 정보의 수집과 공유, 즉각적·장기적 의사결정을 위한 구체적인 행동의 실천이 이루어진다.

 출제빈도가 높은 문제입니다. 숙지하시기 바랍니다.
KEY 부처(Butcher)의 집단직업상담 3단계 모델

2024년 3회, 2023년 3회, 2010년 4회, 2006년 3회

08 다음은 준거타당도에 관한 사항이다. 물음에 답하시오. 7점

(1) 준거타당도의 2가지 종류와 그에 대해서 설명하시오.
(2) 여러 가지 타당도 중에서 특히 직업상담에서 준거타당도가 중요한 이유 2가지를 설명하시오.
(3) 실증연구에서 얻은 타당도계수와 실제연구에서의 타당도계수가 다른데, 실제연구에서 타당도계수가 낮은 이유를 3가지 적으시오.

정답

(1) 준거타당도의 종류
① **예언타당도**: 예언타당도란 검사점수와 미래 행위 측정치 간의 상관계수를 추정하는 것이다. 예를 들어 적성검사에서 높은 점수를 받은 사람들일수록 입사 후 업무 수행이 우수한 것으로 나타났다면, 이 검사는 예언타당도가 높은 것으로 볼 수 있다.
② **동시타당도**: 동시타당도란 이미 타당성을 인정받고 있는 검사와 새로 만든 검사 간의 상관계수를 추정하는 것이다. 예를 들어 영어 면접시험의 타당도를 입증하기 위해 동시 실시된 TOEIC 등 공인영어시험 점수와 비교하는 것이다.

(2) 준거타당도가 직업상담에서 중요한 이유
① 직업에서의 성공 가능성이나 장래의 직무수행 성과를 예측할 수 있다.
② 인사관리에 관한 의사결정의 공정성을 높일 수 있다.

(3) 실제연구에서 타당도가 낮아지는 이유
① 실제연구는 실증연구에 비해 독립변인의 조작 및 가외변인의 통제가 어렵다.
② 실제연구에서는 독립변인에 의한 효과와 가외변인의 효과를 명확히 구분하기 어렵다.
③ 실제연구는 실증연구에 비해 내적 타당도가 취약하다.

 문제에서 '실제(현장)연구의 타당도'를 묻는지 '실증(실험실)연구의 타당도'를 묻는지에 따라 답안이 달라질 수 있습니다.
KEY 준거타당도

➕ 더 나아가기

실증연구에서 타당도가 낮아지는 이유
실증연구에서 타당도가 낮아지는 이유는 준거타당도의 크기에 영향을 미치는 요인과 같다. 즉, 표집오차, 범위제한, 준거측정치의 타당도, 준거측정치의 신뢰도가 영향을 미친다.

2022년 3회, 2010년 4회

09 인터넷을 이용한 사이버 상담의 필요성을 6가지 쓰시오. 6점

정답
1. 인터넷의 보급과 활용으로 경제성 및 효율성이 높다.
2. 내담자의 익명성이 보장되어 솔직한 표현이 가능하다.
3. 상담사를 직접 대면하지 않으므로 심리적 부담감이 적다.
4. 가명을 이용하여 상담사례를 소개하고 대처방안을 제시할 수 있다.
5. 문제해결을 위한 자료탐색이 용이하다.
6. 내담자 주도에 의한 자기성찰 능력을 향상시킬 수 있다.

KEY 사이버 상담의 필요성

2013년 2회, 2010년 2회, 2008년 1회

10 특성-요인상담에서 윌리암슨의 인간본성에 대한 기본가정 중 3가지를 쓰시오. 6점

정답
1. 인간은 선과 악의 잠재력을 모두 가지고 있는 존재이다.
2. 인간은 선을 실현하는 과정에서 타인의 도움이 필요하다.
3. 선의 본질은 자아의 완전한 실현이다.
4. 인간은 누구나 독특한 세계관을 갖고 있다.
5. 선한 생활을 결정하는 것은 자기 자신이다.

꿀팁 제시된 답안 중 3가지만 적으면 됩니다.
KEY 윌리암슨(Williamson)의 인간본성에 대한 기본가정

11 실존주의적 상담에서는 인간이 실존적 존재로서 갖는 궁극적 관심사에 대한 자각이 불안을 야기한다고 본다. 실존주의의 궁극적 관심사와 관련된 주제 4가지를 제시하고 각각에 대해 설명하시오. [4점]

정답

1. 삶의 의미성
   인간은 삶을 통해 스스로의 존재 의미를 발견해야 한다.

2. 진실성
   개인의 실존을 회복하기 위한 진실성 있는 노력을 해야 한다.

3. 자유와 책임
   인간은 자기결정적인 존재로서 선택할 능력과 책임이 있다.

4. 죽음과 비존재
   삶과 죽음은 분리될 수 없는 연속성을 지니며, 인간은 비존재에 대한 불안감을 가진다.

KEY 실존주의의 궁극적 관심사

---

12 실업과 관련된 Jahoda의 박탈이론에 따르면, 일반적으로 고용 상태에 있게 되면 실직 상태에 있는 것보다 여러 가지 잠재적 효과가 있다고 한다. 고용으로 인한 잠재효과를 3가지만 쓰시오. [6점]

정답

1. 공동의 목표 참여
   직장 공동체의 목표에 참여함으로써 자신의 가치를 인식한다.

2. 시간의 조직화
   규칙적인 하루 일과를 통해서 조직적인 생활을 한다.

3. 사회적 접촉
   타인과의 접촉을 통해 사회적 경험을 공유한다.

4. 의미 있는 활동
   생산적이고 의미 있는 활동을 한다.

5. 사회적 정체감과 지위 확보
   직업을 통해 사회적 신분과 정체성을 확보한다.

꿀팁 제시된 답안 중 3가지만 적으면 됩니다.
KEY 야호다(Jahoda)의 박탈이론에 따른 고용의 잠재효과

2022년 1회, 2021년 2회, 2020년 4회, 2019년 3회, 2017년 3회, 2015년 2·3회, 2014년 2회, 2013년 2회, 2011년 3회, 2010년 1·2·3회, 2009년 2회, 2000년 1회

13 제시된 조건에 따라 다음을 계산하시오. (소수점 아래 둘째 자리에서 반올림하여 소수점 아래 첫째 자리까지 구하시오.) 6점

- 총인구: 500천 명
- 15세 이상 인구: 400천 명
- 취업자: 200천 명
- 실업자: 20천 명
- 정규직을 희망하는 단시간 근로자: 10천 명

(1) 경제활동참가율
(2) 실업률
(3) 고용률

정답

(1) 경제활동참가율
- 경제활동인구 = 취업자 수 + 실업자 수 = 200천 명 + 20천 명 = 220천 명
- 경제활동참가율(%) = $\dfrac{경제활동인구}{15세 이상 인구} \times 100 = \dfrac{220천 명}{400천 명} \times 100 = 55\%$

(2) 실업률

실업률(%) = $\dfrac{실업자 수}{경제활동인구} \times 100 = \dfrac{20천 명}{220천 명} \times 100 = 9.1\%$

(3) 고용률

고용률(%) = $\dfrac{취업자 수}{15세 이상 인구} \times 100 = \dfrac{200천 명}{400천 명} \times 100 = 50\%$

꿀팁 정규직을 희망하는 단시간 근로자는 취업자로 분류되므로 이미 취업자 200천 명에 포함되어 있습니다. 따라서 경제활동인구는 220천 명입니다.

KEY 경제활동참가율, 실업률 및 고용률

2021년 2회, 2018년 1회, 2017년 2회, 2015년 2회, 2013년 3회, 2012년 2회, 2009년 3회, 2007년 3회, 2001년 3회

14 비수요부족 실업에 해당하는 대표적인 실업을 3가지 쓰고 각각에 대해 설명하시오. 6점

1. 마찰적 실업
   ① 직업의 탐색과정에서 노동시장에 대한 정보의 부족으로 발생하는 일시적이고 자발적인 실업을 말한다.
   ② 노동시장에 대한 정보를 효율적으로 제공함으로써 어느 정도 줄일 수 있는 실업이다.

2. 구조적 실업
   ① 산업구조의 변화에 따른 노동력의 수요와 공급의 구조적 불일치로 인해 발생하는 실업이다. 즉, 산업 간·지역 간 노동의 이동성이 부족하여 발생한다.
   ② 직업소개와 같은 취업알선, 교육 및 재훈련, 노동자의 지역적 이동을 쉽게 하기 위한 이주비 지원, 장래의 노동수요 예측 등을 통해 해결할 수 있다.

3. 계절적 실업
   ① 계절에 따른 노동수요의 감소로 건설업, 농업, 관광업, 음식료업 등 계절의 영향을 많이 받는 산업에서 발생하는 실업이다.
   ② 이러한 실업은 경제가 발전하고 생산방법이 진보되어 계절적인 노동수요의 변동요인이 사라지면 점차 없어진다. 그리고 농가 시설자금 지원, 공공근로사업 등의 정책으로 해결할 수 있다.

꿀팁 각 실업의 특징과 원인 및 대책을 제시해야 합니다.
KEY 비수요부족 실업

15 다음 표를 보고 물음에 답하시오. 5점

구분	임금				
	5,000원	6,000원	7,000원	8,000원	9,000원
A기업 노동수요량	22	21	20	19	18
B기업 노동수요량	24	22	20	18	17

(1) 임금이 7,000원에서 8,000원으로 인상될 때 각 기업의 임금탄력성을 구하시오.
(2-1) A, B 각 기업의 노동조합이 임금협상을 시도하려고 할 때 그 타결가능성이 높은 기업은 어디인가?
(2-2) 그 이유는 무엇인지 설명하시오.

정답

(1) 임금이 7,000원에서 8,000원으로 인상될 때 각 기업의 임금탄력성

- 노동수요의 임금탄력성 = $\dfrac{\text{노동수요량의 변화율(\%)}}{\text{임금의 변화율(\%)}}$

- A기업의 임금탄력성 = $-\dfrac{\frac{-1명}{20명}}{\frac{1,000원}{7,000원}} = -\dfrac{-5\%}{14.3\%} = 0.35$

- B기업의 임금탄력성 = $-\dfrac{\frac{-2명}{20명}}{\frac{1,000원}{7,000원}} = -\dfrac{-10\%}{14.3\%} = 0.7$

(2-1) A, B 각 기업의 노동조합이 임금협상을 시도하려고 할 때 그 타결가능성이 높은 기업

　　A기업이 타결가능성이 높다.

(2-2) 해당 기업의 타결가능성이 높은 이유

　　노동조합의 교섭력은 노동수요의 임금탄력성이 비탄력적일수록 커진다. 즉, 노동수요의 임금탄력성이 비탄력적이면 임금을 높게 인상해도 고용량 감소가 적어 실업이 적게 발생하기 때문이다.

꿀팁 식을 정확히 제시하고 계산해야 합니다. 수요탄력성은 식 앞에 마이너스(-)를 붙여 탄력성 값을 양수로 해야 합니다.
KEY 임금탄력성과 노동조합의 교섭력

2013년 3회

16. 경제적 조합주의의 특징 3가지를 쓰시오. 6점

정답
1. 노사관계를 이해대립의 관계로 보고 있으나 이해조정이 가능한 비적대적 관계로 이해한다. 따라서 노동자들의 정치적·경제적·사회적 지위향상과 복지실현은 자본주의 체제하에서도 얼마든지 가능하고 또 바람직한 것으로 본다.
2. 노동조합운동의 목적은 노동자들의 생활조건(근로조건 포함)의 개선과 유지에 있다고 본다. 그리고 그 방법으로 가장 중요한 것이 단체교섭이다.
3. 노동조합운동은 정치로부터 독립되어야 한다고 본다. 즉, 노동조합운동의 독자성·자주성 확보 및 조합 내 민주주의의 실현이 중요한 조직원리이며 기본원칙이다.

꿀팁 노사관계를 어떻게 보는가에 대한 설명, 노동조합운동의 목적, 노동조합운동과 정치의 관계를 제시해야 합니다.
KEY 경제적 조합주의의 특징

2020년 2회, 2009년 2회

17. 직업정보를 미시와 거시로 나누고 각각 2가지씩 적으시오. 4점

정답
1. 미시적 직업정보
   각 직업에 대한 정보, 임금이나 근로시간 등 근로조건에 대한 정보, 구인·구직에 대한 정보, 채용·승진 등 고용관리에 대한 정보, 직업훈련에 대한 정보 등이 있다.

2. 거시적 직업정보
   경제 및 산업동향에 대한 정보, 노동시장 및 고용·실업동향에 대한 정보 등이 있다.

꿀팁 미시적 직업정보는 직업에 대한 세부적인 정보이고, 거시적 직업정보는 나라 경제 전체의 노동시장에 대한 정보입니다.
KEY 미시적 직업정보와 거시적 직업정보

2013년 1회

18. 한국표준직업분류에서 일의 계속성에 해당하는 경우 4가지를 쓰시오. 4점

정답 직업은 유사성을 갖는 직무를 계속하여 수행하는 계속성을 가져야 하는데, '일의 계속성'이란 일시적인 것을 제외한 다음에 해당하는 것을 말한다.

1. 매일, 매주, 매월 등 주기적으로 행하는 것
2. 계절적으로 행해지는 것
3. 명확한 주기는 없으나 계속적으로 행해지는 것
4. 현재 하고 있는 일을 계속적으로 행할 의지와 가능성이 있는 것

KEY 일의 계속성

2017년 3회

공부한 날: ___월 ___일   **문제풀이 시간:** 2시간 30분(150분)

2013년 2회

01 노동조합의 양적인 측면의 단결 강제는 shop제도이다. 노동조합 shop의 종류 4가지를 쓰고 설명하시오. 6점

정답

1. 오픈 숍(open shop)
   기업이 노동자를 채용할 때 조합원이 아니라도 자유롭게 채용할 수 있는 숍 제도이다. 즉, 조합에의 가입이 고용조건이 아니고, 채용된 후 조합에의 가입도 노동자의 자유이다. 한국에서 가장 많이 채택하고 있는 숍 제도이다.

2. 클로즈드 숍(closed shop)
   조합원 자격이 있는 노동자만을 채용하고 일단 고용된 노동자라도 조합원 자격을 상실하면 종업원이 될 수 없는 숍 제도이다. 노동조합이 노동공급을 독점하므로 그 세력이 매우 강하고 단체교섭에서도 유리한 입장에 서게 된다. 또한 임금수준과는 관계없이 노동의 공급이 고정되므로 노동의 공급곡선은 수직형태이다.

3. 유니온 숍(union shop)
   기업이 노동자를 채용할 때는 노동조합에 가입하지 않은 노동자를 채용할 수 있지만 일단 채용된 노동자는 일정 기간 내에 노동조합에 가입하여야 하며, 또한 조합에서 탈퇴되거나 제명되는 경우 종업원 자격을 상실하도록 되어 있는 숍 제도이다.

4. 에이전시 숍(agency shop)
   조합에의 가입은 노동자의 자유이나 조합원이 아니더라도 조합비를 징수하는 숍 제도이다. 노동조합이 체결한 단체협약의 혜택은 비조합원에게도 적용되므로 오픈 숍 제도의 무임승차(free riding) 문제를 해결할 수 있다.

꿀팁 그동안 1차 시험에 출제된 4가지를 쓰면 됩니다. 변형적 제도 중에서는 에이전시 숍이 출제되었습니다.
KEY 노동조합 shop의 종류

노동조합 shop
1. 오픈 숍(open shop): 클로즈드 숍이나 유니온 숍에 비해 노동조합의 유지·확대 및 단체교섭에서 노동조합에 불리한 제도이다.
2. 클로즈드 숍(closed shop): 미국에서는 태프트-하틀리법(Taft-Hartley Act)에 의해 금지되고 있으나, 영국에서는 허용되고 있다.
3. 유니온 숍(union shop)
   - 이 제도는 기업 내의 노동조합 미가입 노동자를 가입시킬 수 있는 장점이 있기 때문에 노동조합의 조직확대를 위해서는 유리한 제도이다.
   - 한국에서는 유니온 숍 제도가 부당노동행위에 대한 예외로 규정되어 있다. 즉, 노동조합이 전체 노동자 2/3 이상을 대표하고 있을 때 단체협약을 체결하여 채택할 수 있다.

02 노동수요 특성별 임금격차를 발생하게 하는 경쟁적 요인 3가지를 적으시오. 6점

2018년 2회, 2009년 2회

정답 경쟁적 요인이란 노동시장이 기본적으로 경쟁적이며, 시장의 경쟁력이 임금결정에 궁극적인 힘으로 작용한다는 전제하에 발생하는 임금격차 요인이다. 주요 요인은 노동자의 생산성 격차, 보상적 임금격차, 시장의 단기적 불균형 등이다.

1. 노동자의 생산성 격차
경쟁적인 노동시장에서 임금은 노동의 생산성을 반영하여 결정된다. 따라서 인적자본 투자의 차이 및 노동자 사이의 관찰되지 않은 질적 차이로 인해 노동자의 생산적 기여에 차이가 있게 되면 임금격차가 발생한다.

2. 보상적 임금격차
애덤 스미스(A. Smith)가 주장한 것으로 고용의 안정성 여부, 작업의 쾌적함 정도, 교육·훈련비용, 책임의 정도, 실패의 가능성 등 일자리 근무여건의 차이에서 오는 직업의 유리·불리함을 반영하여 임금이 결정되면 임금격차가 발생한다. 이는 균등화 격차라고도 한다.

3. 시장의 단기적 불균형
노동공급의 비탄력성으로 인하여 어떤 직종에서 노동수요가 증가해도 단기에는 노동공급이 증가하지 못하므로 임금이 상승하여 과도기적으로 임금격차가 발생한다. 그러나 장기에는 노동공급이 증가하여 임금이 다시 하락하므로 임금격차는 사라지게 된다.

4. 기업의 효율임금정책
노동시장이 경쟁적이라고 해도 기업주가 생산성을 높이기 위해 시장임금보다 높은 임금(효율임금)을 지급하는 경우 유사한 직종이라고 해도 임금격차가 발생하게 된다.

꿀팁 문제에서 4가지를 요구하는 경우 4번까지 작성해야 하나, 본 문제에는 3가지를 물어보고 있으므로 3번까지만 작성하면 됩니다.
임금격차의 원인을 경쟁적 요인과 경쟁외적 요인으로 구분하여 설명하는 노동경제학 교과서는 딱 1권입니다. 제시된 모범답안은 그 교과서에 기초하여 작성한 예시답안입니다.

KEY 임금격차를 발생시키는 경쟁적 요인

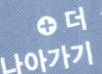

임금격차 발생의 경쟁적 요인
1. 인적자본에 대한 투자의 차이로 인한 생산성 격차
2. 관찰되지 않은 질적 차이로 인한 생산성 격차
3. 보상적 임금격차(또는 균등화 격차)
4. 시장의 단기적 불균형
5. 기업의 효율임금정책

2022년 1회, 2020년 4회, 2019년 1회, 2015년 2·3회, 2014년 2회, 2011년 3회, 2010년 1·2·3회, 2009년 2회, 2000년 1회

03 특정 시기 고용동향이 다음과 같을 때 다음 질문에 답하시오. (계산과정과 답 제시, 소수점 둘째 자리에서 반올림) 6점

- 15세 이상 인구: 35,986천 명
- 비경제활동인구: 14,715천 명
- 취업자 수: 20,148천 명(자영업자 5,645천 명, 무급가족종사자 1,684천 명, 상용근로자 6,113천 명, 임시근로자 4,481천 명, 일용근로자 2,225천 명)

(1) 실업률을 구하시오.
(2) 임금근로자 수를 구하시오.

정답

(1) 실업률

- 실업률(%) = $\dfrac{\text{실업자 수}}{\text{경제활동인구}} \times 100$
- 경제활동인구 = 15세 이상 인구 − 비경제활동인구 = 35,986천 명 − 14,715천 명 = 21,271천 명
- 실업자 수 = 경제활동인구 − 취업자 수 = 21,271천 명 − 20,148천 명 = 1,123천 명
- 따라서 실업률(%) = $\dfrac{\text{실업자 수}}{\text{경제활동인구}} \times 100 = \dfrac{1{,}123\text{천 명}}{21{,}271\text{천 명}} \times 100 = 5.3\%$

(2) 임금근로자 수

- 임금근로자 수 = 취업자 수 − (자영업자 수 + 무급가족종사자 수)
  = 20,148천 명 − (5,645천 명 + 1,684천 명) = 12,819천 명
- 또는 임금근로자 수 = 상용근로자 수 + 임시근로자 수 + 일용근로자 수
  = 6,113천 명 + 4,481천 명 + 2,225천 명 = 12,819천 명

꿀팁 수치의 단위(천 명, %)와 식은 꼭 제시해야 합니다. 경제활동참가율도 함께 계산해 보기 바랍니다.
KEY 실업률과 임금근로자 수

2017년 3회

2024년 2회, 2022년 3회, 2021년 1회, 2020년 4회, 2019년 1회, 2016년 3회, 2012년 3회, 2001년 3회

04 직무분석방법 중 최초분석법에 해당하는 방법을 3가지만 쓰고 설명하시오. 6점

1. 관찰법
   직무분석자가 직무를 수행하는 사람들을 현장에서 직접 관찰함으로써 직무활동과 내용을 파악하는 방법이다.

2. 면접법
   직무분석자가 직무담당자와의 면접을 통하여 직무를 분석하는 방법이다.

3. 체험법
   직무분석자가 직접 직무활동에 참여하여 체험함으로써 직무분석 자료를 얻는 방법이다.

4. 설문지법(질문지법)
   직무담당자에게 설문지를 배부하여 직무 내용을 기술하도록 하여 정보를 얻는 방법이다.

꿀팁) 제시된 답안 중 3가지만 적으면 됩니다.
KEY) 최초분석법의 종류

05 다면적 인성검사(MMPI)의 타당성 척도 중 L척도, F척도, K척도에 대해 설명하시오. 6점

1. L척도(거짓말 척도)
   피검자가 자신을 남들에게 실제보다 좋게 보이려는 방향으로 다소간 고의적이나 부정적이며 세련되지 못한 시도를 측정한다.

2. F척도(비전형 척도)
   비전형적인 방식으로 응답하는 사람들을 탐지하기 위한 것으로, 일반인의 생각이나 경험과 다른 정보를 측정한다.

3. K척도(교정 척도)
   분명한 정신적인 장애를 지니면서도 정상적인 프로파일을 보이는 사람들을 식별하기 위한 것이다. L척도보다는 은밀하게, 보다 세련된 사람들에게서 측정된다는 점이 다르다.

KEY) MMPI 타당도

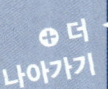
?척도(무응답 척도)
무반응 문항과 '예'와 '아니요' 모두 대답한 문항을 합하여 수검자의 태도를 측정하는 척도이다.

06 홀랜드(Holland) 검사를 실시한 대학생 한 명이 그 결과가 SAE일 때, 이를 해석하시오. 6점

1. SAE는 각각 사회형(S), 예술형(A), 진취형(E)을 의미한다. 사회형(S)은 사람들과 함께 어울리는 대인활동을 선호하고, 예술형(A)은 비순응적이고 창의적 활동을 선호한다. 또한 진취형(E)은 리더십과 조직활동을 선호한다.
2. 이 내담자에게 적합한 직업으로는 대표유형인 사회형(S)에 속하는 상담사, 사회복지사, 교육자 등 사람과 함께하기를 선호하면서도 창의적 재능을 발휘하고 앞에 나서서 설득하고 이끄는 직업군에 잘 어울린다고 볼 수 있다.

꿀팁 사회형(S), 예술형(A), 진취형(E)의 개별 특성을 기술하고 대표유형인 사회형(S)을 중심으로 직업군을 설정하고 종합적인 설명을 하면 됩니다.
KEY 홀랜드(Holland) 검사의 해석

2023년 1회, 2021년 1·2회, 2017년 1회, 2014년 3회, 2010년 2회, 2007년 3회

07 심리검사의 신뢰도계수에 영향을 미치는 요인 3가지를 제시하고 각각에 대해 설명하시오. 6점

1. 개인차
   신뢰도계수는 개인차가 클수록 커진다.

2. 검사문항의 수
   신뢰도계수는 검사문항의 수가 증가할수록 높아진다. 다만, 정비례하여 커지는 것은 아니다.

3. 문항반응 수
   신뢰도계수는 문항반응 수가 적정한 크기를 유지할 때 커진다.

4. 신뢰도 측정방법
   신뢰도계수는 신뢰도 측정방법에 따라서 달라질 수 있다.

5. 문항의 난이도
   문항의 난이도가 지나치게 높거나 낮은 경우에는 신뢰도가 낮아진다.

꿀팁 제시된 답안 중 3가지만 적으면 됩니다.
KEY 심리검사의 신뢰도에 영향을 주는 요인

08 표준화된 심리검사에는 집단 내 규준이 포함되어 있다. 집단 내 규준을 3가지만 쓰고, 각각에 대해 설명하시오.

정답
1. 백분위점수
   개인이 표준화된 집단에서 차지하는 상대적 위치를 가리키는 것으로, 개인의 점수에 대해 100개의 동일한 구간에서 순위를 정한다.

2. 표준점수
   원점수를 주어진 집단의 평균을 중심으로 분포의 표준편차(등간척도)로 전환시킨 점수이다.

3. 표준등급
   9등급 또는 스테나인 점수라고 하며, 원점수를 1~9등급까지의 범주로 나누는 것이다.

꿀팁 출제빈도가 매우 높은 문제입니다. 반드시 숙지하세요.
KEY 집단 내 규준의 종류

09 직업상담의 구조화된 면담법으로 생애진로사정(LCA)의 구조 4가지에 대해 설명하시오.

정답
1. 진로사정
   내담자의 직업경험(시간제·전임, 유·무보수), 교육 또는 훈련과정과 관심사, 오락(여가활동)에 대해 사정한다.

2. 전형적인 하루
   내담자가 의존적인지 또는 독립적인지, 자발적(임의적)인지 또는 체계적인지 자신의 성격차원을 파악하도록 돕는다.

3. 강점과 장애
   현재 내담자의 강점 및 직면하고 있는 문제나 환경적 장애, 장애를 극복하기 위해 가지고 있는 대처자원이나 잠재력을 탐구한다.

4. 요약
   내담자 스스로 자신에 대해 알게 된 내용을 요약해 보도록 함으로써 자기인식을 증진시킨다.

KEY 생애진로사정(LCA)의 구조

2024년 2회, 2023년 1회, 2020년 4회, 2019년 1회, 2015년 1회, 2013년 3회, 2011년 3회, 2010년 1·4회, 2009년 1회, 2005년 1회, 2001년 3회

10 집단상담의 장점을 5가지 쓰시오. [5점]

정답

1. 집단 구성원 간의 활발한 피드백을 통해 자기탐색을 돕는다.
2. 일반적으로 성숙도가 낮은 이에게 적합하다.
3. 개인상담보다 부담이 적어 받아들이기 쉽다.
4. 타인과의 상호작용을 통해 대인교류 능력과 사회성을 기를 수 있다.
5. 한정된 시간에 일 대 다수 상담으로 경제성이 높다.
6. 타인을 통한 대리학습(관찰학습)의 기회를 준다.

꿀팁 제시된 답안 중 5가지만 적으면 됩니다.
KEY 집단상담의 장점

2024년 2회, 2021년 1회, 2016년 2회, 2015년 1회, 2013년 2회, 2010년 3회, 2008년 1회, 2004년 3회

11 체계적 둔감화의 의미와 단계를 설명하시오. [5점]

정답

1. 체계적 둔감화의 의미
   불안과 공포증이 있는 환자에게 불안 조건을 점차로 노출하여 둔감화시키는 치료법이다.

2. 체계적 둔감화의 단계
   ① 근육이완훈련: 근육을 이완시켜 긴장 상태에서 벗어날 수 있도록 훈련한다.
   ② 불안위계목록 작성: 불안의 정도가 낮은 자극부터 높은 자극까지 불안위계목록을 작성한다.
   ③ 둔감화: 환자에게 점차로 위계목록 상위를 노출시켜 불안이 완전히 소거될 때까지 훈련한다.

KEY 체계적 둔감화

12. 정신역동적 직업상담 모형을 구체화시킨 보딘의 직업상담과정 3단계를 쓰고 각각에 대해 설명하시오. (6점)

2023년 3회, 2020년 3회, 2018년 2회, 2015년 3회, 2013년 2회, 2012년 1회

[정답]

1. 탐색과 계약설정의 단계
   내담자의 욕구와 정신역동을 탐색할 수 있도록 돕고, 상담전략을 합의하는 단계이다.

2. 중대한(핵심) 결정의 단계
   개인의 성격에 맞추어 직업을 변경할 것인지, 직업에 맞추어 성격을 변경할 것인지를 결정하는 단계이다.

3. 변화를 위한 노력의 단계
   자신이 선택한 직업이 필요로 하는 부분에 대하여 변화를 모색하고 자신의 성격, 욕구 등을 변화시키고자 노력하는 단계이다.

[KEY] 보딘(Bordin)의 직업상담과정

---

13. 이성적 · 지시적 상담이론(특성-요인 상담이론)에서 브레이필드(Brayfield)가 제시한 직업정보의 기능 3가지를 쓰고 각각에 대하여 설명하시오. (6점)

2022년 1회, 2019년 2회, 2015년 1회, 2011년 2회, 2008년 3회, 2006년 1회

[정답]

1. 정보적 기능(정보제공 기능)
   정보를 제공함으로써 내담자의 모호한 의사결정을 돕고 내담자의 직업선택에 관한 지식을 증가시킨다.

2. 재조정 기능
   내담자가 냉철한 현실에 비추어 부적절한 직업선택을 한 것은 아닌지 점검해 보는 기초를 마련해 준다.

3. 동기화 기능
   내담자가 직업선택에 대한 의사결정과정에 적극적으로 참여하도록 동기화시킨다.

[KEY] 브레이필드(Brayfield)가 제시한 직업정보의 기능

14. 임금의 하방경직성의 의미를 설명하고, 임금이 하방경직적이 되는 이유 4가지를 쓰고 설명하시오. 6점

1. 임금의 하방경직성의 의미
임금의 하방경직성은 케인즈(J. M. Keynes)가 주장한 것으로, 시장에서 노동수요와 노동공급에 의해 결정된 임금이 노동수요의 감소와 같은 경제 여건의 변화로 하락할 요인이 있어도 하락하지 않고 현재의 수준을 유지한다는 것이다.

2. 임금이 하방경직적이 되는 이유

① **노동자들의 화폐환상으로 인한 역선택**:
경기침체 시 노동수요의 감소로 인해 명목임금이 하락해도 물가가 더 크게 하락하면 실질임금은 상승하므로 노동공급을 증가시켜야 한다. 그러나 노동자들은 물가에 대한 정보가 부족하여 실질임금의 상승을 인식하지 못하므로(화폐환상) 명목임금의 하락을 수용하지 않아 실업(비자발적 실업)이 발생하게 된다.

② **노동자와 사용자 간의 장기근로계약**:
통상적인 고용계약이 2~3년 단위로 체결되므로 고용계약 기간 중에는 임금이 하락할 요인이 있어도 임금은 하락하지 않고 그대로 유지된다.

③ **노동조합의 존재**:
노동조합이 조직되어 있는 경우에는 임금이 하락할 요인이 발생해도 노동조합이 저항하게 되면 임금은 하락하지 않고 그대로 유지된다.

④ **최저임금제**:
최저임금제가 도입되면 노동수요가 감소하여도 임금이 최저임금 아래로는 하락할 수 없으므로 명목임금은 하방경직적이 된다.

꿀팁 케인즈(J. M. Keynes)의 이름을 영어까지 표기하여 제시하고, 모범답안의 순서대로 알아 두어야 합니다.
KEY 임금의 하방경직성의 의미와 발생 이유

> **임금이 하방경직적이 되는 이유 – 연공급 임금제도**
> 임금이 근속연수나 학력 등에 의해 결정되는 연공급 임금제를 채택하는 경우 임금은 매년 상승하므로 하락하는 일은 있을 수 없다.

2024년 1회, 2014년 2회, 2013년 3회, 2011년 1회, 2006년 3회

15 한국표준직업분류에서 일반적으로 "직업"으로 규정하기 위한 4가지 요건을 쓰고 설명하시오. 4점

정답

1. 일의 계속성
   일의 계속성이란 주기적으로 행하는 것, 계절적으로 행해지는 것, 명확한 주기는 없으나 계속적으로 행해지는 것, 현재 하고 있는 일을 계속적으로 행할 의지와 가능성이 있는 것 등을 말한다.

2. 경제성
   경제성은 경제적인 거래관계가 성립하는 활동을 수행해야 함을 의미한다. 따라서 무급 자원봉사와 같은 활동이나 전업학생의 학습행위는 경제활동 혹은 직업으로 보지 않는다.

3. 윤리성과 사회성
   윤리성은 비윤리적인 영리행위나 반사회적인 활동을 통한 경제적인 이윤추구는 직업활동으로 인정되지 못한다는 것이다. 사회성은 직업은 사회적인 기여를 전제로 해야 한다는 것이다.

4. 속박된 상태에서의 활동이 아닐 것
   속박된 상태에서의 제반활동은 경제성이나 계속성의 여부와 관계없이 직업으로 보지 않는다.

꿀팁 빈출 주제로, 앞으로의 시험에도 출제될 가능성이 높습니다.
KEY 직업으로 규정하기 위한 요건

2024년 3회, 2022년 2회, 2013년 2회

16 직업상담에서 내담자 이해를 위한 질적 측정도구 3가지를 쓰고 설명하시오. 6점

정답

1. 자기효능감 척도
   어떤 과제를 어느 정도 수준으로 수행할 수 있는 능력을 갖추었다고 스스로 판단하는지의 정도를 측정한다.

2. 직업가계도(제노그램)
   내담자의 가족 내 직업적 계보를 통해 내담자의 직업에 대한 고정관념이나 직업가치 및 흥미 등의 근본 원인을 파악한다.

3. 직업카드분류
   홀랜드(Holland)의 육각형 성격모형과 관련된 직업카드를 사용하여 직업을 선호군, 혐오군, 미결정·중성군으로 분류하여 개인의 직업선택의 동기와 흥미 및 가치관을 탐색한다.

4. 역할놀이
   내담자의 수행 행동을 나타낼 수 있는 업무상황을 제시해 준다. 가상의 상황에서 내담자의 역할활동에 대한 관찰을 통해 내담자의 직업 관련 사회적 기술들을 파악한다.

꿀팁 제시된 답안 중 3가지만 적으면 됩니다.
KEY 질적 측정도구

17 발달적 직업상담에서 활용되는 진로성숙도검사(CMI)의 태도척도와 능력척도를 각각 3가지씩 쓰시오. 6점

2022년 3회, 2020년 3회, 2015년 2·3회, 2013년 3회, 2009년 2회, 2005년 3회, 2002년 3회

정답

1. 태도척도(상담척도)의 하위영역
   ① **진로 결정성**: 선호하는 진로의 방향에 대한 확신의 정도
   ② **참여도**: 진로선택 과정에 능동적으로 참여하는 정도
   ③ **독립성**: 진로선택을 독립적으로 할 수 있는 정도
   ④ **성향**: 진로결정에 필요한 사전 이해와 준비의 정도
   ⑤ **타협성**: 진로선택 시에 욕구와 현실에 타협하는 정도

2. 능력척도의 하위영역
   ① **자기평가**: 자신의 흥미, 성격 등을 명확히 이해하는 능력
   ② **직업정보**: 자신의 관심분야의 직업세계에 대한 정보의 획득 및 분석 능력
   ③ **목표선정**: 자신의 정보와 직업세계의 연결을 통한 직업목표 선정 능력
   ④ **계획**: 자신의 직업적 목표를 달성하기 위한 실제적 계획 능력
   ⑤ **문제해결**: 진로선택이나 의사결정 과정에서 부딪치는 다양한 문제들을 해결하는 능력

꿀팁 제시된 답안 중 3가지씩만 적으면 됩니다.
KEY 진로성숙도검사(CMI)

2018년 2회, 2013년 1회

18 동일한 스트레스일지라도 개인이 받는 스트레스는 각각 다를 수 있다. 스트레스의 조절변인을 2가지로 설명하시오. 4점

정답

1. A/B 성격유형
   직무수행에 있어 공격적이고 경쟁적인 A 성격유형이 상대적으로 성취욕구와 포부수준이 낮은 B 성격유형에 비해 스트레스에 취약하다.

2. 통제의 위치
   직무의 성공과 실패의 원인을 외부에 두고 있는 외적 통제자가 그 원인을 자신의 행위에 달려 있다고 보는 내적 통제자보다 스트레스에 더 취약하다.

3. 사회적 지원
   스트레스 상황에서의 심리적·신체적 적응에 도움을 주는 것으로, 직무수행자의 가족 또는 조직 내 동료를 통해 스트레스를 감소시키고 안정감을 얻을 수 있다.

꿀팁 제시된 답안 중 2가지만 적으면 됩니다.
KEY 직무 스트레스의 조절변인

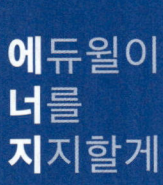

운명은 우연이 아닌, 선택이다.
기다리는 것이 아니라, 성취하는 것이다.

- 윌리엄 제닝스 브라이언(William Jennings Bryar)

여러분의 작은 소리 에듀윌은 크게 듣겠습니다.

본 교재에 대한 여러분의 목소리를 들려주세요.
공부하시면서 어려웠던 점, 궁금한 점,
칭찬하고 싶은 점, 개선할 점, 어떤 것이라도 좋습니다.

에듀윌은 여러분께서 나누어 주신 의견을
통해 끊임없이 발전하고 있습니다.

에듀윌 도서몰 book.eduwill.net
- 부가학습자료 및 정오표: 에듀윌 도서몰 → 도서자료실
- 교재 문의: 에듀윌 도서몰 → 문의하기 → 교재(내용, 출간) / 주문 및 배송

2025 에듀윌 직업상담사 2급 2차 실기 핵심이론＋8개년 기출

발 행 일	2025년 2월 13일 초판
편 저 자	김대환, 황사빈
펴 낸 이	양형남
개발책임	목진재
개 발	윤세은, 한재성
펴 낸 곳	(주)에듀윌
I S B N	979-11-360-3653-7
등록번호	제25100-2002-000052호
주 소	08378 서울특별시 구로구 디지털로34길 55 코오롱싸이언스밸리 2차 3층

* 이 책의 무단 인용 · 전재 · 복제를 금합니다.

www.eduwill.net
대표전화 1600-6700